साहित्यिक विधाएँ : पुनर्विचार

डॉ. हरिमोहन

वाणी प्रकाशन

वाणी प्रकाशन

4695, 21-ए, दरियागंज, नयी दिल्ली 110 002

फ़ोन : +91 11 23273167 फ़ैक्स : +91 11 23275710

शाखाएँ

अशोक राजपथ, पटना 800 004, बिहार

कॉफ़ी हाउस कैम्पस, महात्मा गांधी मार्ग, इलाहाबाद 211 001, उत्तर प्रदेश

महात्मा गांधी अन्तरराष्ट्रीय हिन्दी विश्वविद्यालय, वर्धा 442 001, महाराष्ट्र

www.vaniprakashan.in
marketing@vaniprakashan.in
sales@vaniprakashan.in

SAHITYIK VIDHAYEN : PUNARVICHAR
by Dr. Harimohan

ISBN : 978-93-88434-87-4
Criticism

प्रथम संस्करण 2019

मूल्य : ₹ 395

एम.एस. प्रिंटर्स, दिल्ली-110 095 में मुद्रित

वाणी प्रकाशन का लोगो मक़बूल फ़िदा हुसेन की कूची से

निवेदन

साहित्य ज्ञान और संवेदना की निरन्तर प्रवहमान धारा है। इस धारा का विकास अनेक दिशाओ में होता चला आया है। लोक से प्राप्त अनुभव साहित्य का कच्चा माल होते हैं। इस कच्चे माल को साहित्यकार अपनी प्रतिभा द्वारा 'सौन्दर्य का संस्कार' देकर नये रूप में व्यक्त करता है। इस 'सौन्दर्य संस्कार' की प्रक्रिया में कल्पना का विशेष महत्त्व है। इसीलिए कहा गया है कि 'साहित्यगत प्रतीति कल्पनाजन्य होती है!' फिर भी, यह 'प्रतीति' और साहित्य में उसका 'वर्णन' असत्य नहीं होता है। (बेशक इस 'वर्णन' को 'प्रतिभास निबंधन' कहा जाता है!) यह 'प्रतीति' एक व्यक्ति (साहित्यकार) की होते हुए भी, समाज से जुड़ी रहती है। इसलिए इसे 'लोकानुभव संवादी' माना जाता है। हां, यदि 'प्रतिभास' और 'लोकानुभव' का संवाद टूट जाय तो साहित्य असत्य हो जायेगा। इसी तरह कहें कि यदि कल्पना जीवन के यथार्थ से बहुत दूर जाकर अपनी पहचान खो दे तो वह 'कपोल कल्पना' हो जाएगी।

ज्यों-ज्यों समाज विकसित हो रहा है, उसमें व्यापकता और जटिलता आ रही है। निश्चय ही ऐसे में अनुभवों का कोश समृद्ध हो रहा है। चुनौतियां तथा विषमताएं बढ़ रही हैं। इन सब का प्रभाव समाज से निकले साहित्य पर देखा जा सकता है। आज न केवल साहित्य की प्रकृति में बदलाव आ चुका है, बल्कि उसके रूपों में परिवर्तन-परिवर्द्धन आ गया है।

साहित्य के रूप अनेक हैं। रचनाकार अपनी रुचि, अपनी प्रकृति, विषयवस्तु की आवश्यकता इत्यादि के अनुसार अपने अनुभवों को व्यक्त करने के लिए किसी भी रूप का चुनाव कर सकता है। इन साहित्यिक रूपों को 'साहित्य की विधाएं' कहते हैं। ये अभिव्यक्ति के प्रकार हैं। "कोई कृति जिस सौन्दर्यशास्त्रीय रूढ़ि में आती है, उसी से उसके स्वरूप का भी निर्धारण होता है," यह कहते हुए *रेनेवेलेक* तथा *आस्टिन वारेन* मानते हैं कि "साहित्यिक वर्गों को संस्थागत विधान माना जा सकता है, जो एक ओर तो लेखक को अपने अनुसार मोड़ते हैं और दूसरी ओर जिन्हें लेखक स्वयं भी अपने अनुसार मोड़ता है।" (साहित्य सिद्धान्त, पृष्ठ - 297)

इससे दो बातों की ओर संकेत हुआ - एक तो यह कि 'विधा' सौन्दर्यशास्त्रीय रूढ़ि है; दूसरा यह कि वह लेखक को अपने अनुसार मोड़ सकती है और स्वयं भी लेखक-द्वारा मोड़ी जा सकती है। दोनों बातें विरोधी-सी होते हुए भी सच हैं।

कई बार एक विचारणीय बिन्दु सामने आता है। 'विधा' और 'शैली' में क्या अन्तर है? क्या कोई 'विधा' 'शैली' कही जा सकती है? एक बार गोवा विश्वविद्यालय में केन्द्रीय हिन्दी निदेशालय की ओर से मुझे व्याख्यान देने जाने का सुअवसर मिला। वहां मैंने साहित्यिक विधाओं के वर्गीकरण की अपनी नयी रूपरेखा सामने रखी और प्रमुख 'गद्यविधाओं' का स्वरूप-परिचय भी प्रस्तुत किया। वहां के प्रबुद्ध शिक्षकों

तथा छात्र-छात्राओं ने उसे ध्यानपूर्वक सुना और गुना। लेकिन एक शिक्षक मित्र ने तर्क दिया कि 'विधा' के स्थान पर 'शैली' शब्द का प्रयोग किया जाना चाहिए। विचार-विमर्श हुआ। वे मित्र अनमने भाव से माने। दरअसल उनकी तरह कुछ अन्य अध्येता भी भ्रम में पड़ जाते हैं। उनके सामने औपन्यासिक शैली, संस्मरण शैली, डायरी और पत्र शैली आदि शब्द होते हैं और वे विधाओं को शैली मानने का आग्रह करने लगते हैं। वस्तुस्थिति यह है कि व्यक्ति विशेष-द्वारा किसी विधा को रचने के विशिष्ट ढंग को 'शैली' कहा जाता है। यों यह व्यक्ति विशेष की होती है, लेकिन विधाओं के सन्दर्भ में; किसी विधा के विशिष्ट गुणों, लक्षणों का समूह एक शैली बन जाती है। यह एक तरह से नियत या रूढ़ शब्द है। इसलिए प्रायः कह दिया जाता है कि औपन्यासिक शैली, नाट्य शैली, संस्मरण शैली, पत्र और डायरी शैली इत्यादि। वास्तव में 'विधा' साहित्य के किसी एक रूप का पर्याय है। उस रूप विशेष के अपने लक्षण होते हैं। शैली विधा से व्यापक नहीं है, अपितु वह विधा के भीतर का 'वैशिष्ट्य गुच्छ' है। यह 'वैशिष्ट्य गुच्छ' उस विधा विशेष की पहचान निर्धारित करता है। जब किसी विधा की विशेषताएं दूसरी विधा में दिखाई देने लगती हैं, तब वे उस विधा में उस अपनाई गई विधा की शैली के रूप में रेखांकित की जाती हैं। यानी, एक विधा में कई शैलियां हो सकती हैं, जबकि शैली अपने आप में विधा नहीं है। एक शैली में कई विधाओं के निहित होने का तो प्रश्न ही नहीं हो सकता! संक्षेप में बस इतना ही। वे शिक्षक मित्र विधाओं के वर्गीकरण से भी सहमत नहीं थे। उनका तर्क था कि इस वर्गीकरण की कोई आवश्यकता नहीं है। इस तर्क का मेरे पास कोई उत्तर नहीं है। इसके विपरीत पूना और धारवाड़ विश्वविद्यालयों में इसी क्रम में दिए गए मेरे व्याख्यानों को व्यापक सराहना मिली।

अब प्रश्न उठता है कि साहित्यिक विधाओं का अध्ययन कैसे हो? एक ओर तो वे निरन्तर गतिशील हैं, परिवर्तनशील हैं; दूसरी ओर यह भी पक्की तरह नहीं कहा जा सकता कि कोई कृति किसी एक विधा या साहित्यिक वर्ग में रखी जा सकती है। एक कृति में कई बार एक से अधिक विधाओं का समावेश भी दिखाई देता है।

वास्तव में 'विधा' को साहित्यिक कृतियों का ऐसा वर्ग माना जाना चाहिए जो सिद्धान्ततः बाहरी रूप (विशिष्ट छन्द या संरचना) पर तो आधारित हो ही, साथ ही आंतरिक रूप (अभिवृत्ति, टोन या लहजा, उद्देश्य - जिसे कुछ सीधे ढंग से कहें तो *विषय* और *भाव* कह सकते हैं) पर भी आधारित हो। यह धारणा भी *आस्टिन वारेन* और *रेनेवेलेक* की है। लेकिन जैसा हमने पहले कहा, विधाएं गत्यात्मक हैं, परिवर्तनशील हैं। लेखक तथा देश-काल के हाथों में पड़कर उनमें विलक्षण अन्तर आ जाता है।

विधाएं लेखक को तैयार मिलती हैं। अच्छा लेखक उनके साथ-साथ चलता है, लेकिन वह उनका विस्तार भी करता है। उनको नये आयाम देता है। इसीलिए कहा जाता है कि 'महान लेखक विधाओं के आविष्कारक नहीं होते।' वे उनके परिष्कारक होते हैं। फिर पुस्तकें पुस्तकों को प्रभावित करती हैं। इस सिद्धान्त के तहत उन विधाओं की विकास- यात्रा जारी रहती है। विधाओं से विधाएं भी जन्म लेती रहती हैं।

इस स्थिति के बावजूद साहित्यिक विधाओं का शास्त्रीय अध्ययन (या कहें 'स्वरूप-निबंधन') संभव है। हमें चाहिए कि विधाओं का वर्गीकरण तथा स्वरूप विश्लेषण उनके संरचनात्मक ढांचे, विषयवस्तु आदि के वैशिष्ट्य के आधार पर करें और देखें कि एक विधा में वे कौन-कौन से तत्त्व हैं जो सर्वत्र मिलते हैं, वे कौन से साहित्यिक साधन एवं प्रयोजन हैं जो एक विधा की सभी रचनाओं में मिलते हैं। उन विधाओं के सामान्य लक्षण निर्धारित करते हुए, हम उन 'सामान्य तत्त्वों' के समय-सापेक्ष परिवर्तनों को भी रेखांकित कर सकते हैं। इस क्रम में इस तथ्य का भी उल्लेख किया जा सकता है कि उस विधा के स्वरूप विकास को किसी विशिष्ट रचनाकार और उसकी विशिष्ट कृति ने कितना, किस रूप में तथा किस दिशा में प्रभावित किया है।

यहां मुझे *सर एरिक न्यूटन* का एक कथन याद आता है : *'कलाकृति एक बच्चा है और परिवेश उसका पिता!'* साहित्य में निरन्तर परिवर्तन घटित हो रहे हैं। परिवेशगत दशाएं और रचनाकारों की नित-नए की खोज की आकांक्षा इत्यादि कारण इन परिवर्तनों के मूल में निहित हैं। इन्हीं परिवर्तनों के गर्भ से नई-नई विधाएं भी जन्म ले रही हैं। तब यह भी आवश्यक हो गया है कि साहित्यिक विधाओं का विधिवत् वर्गीकरण किया जाए और उनका स्वरूप निर्धारित हो।

युगीन आवश्यकता को देखते हुए हमने इस पुस्तक में साहित्यिक विधाओं का एक नया वैज्ञानिक वर्गीकरण प्रस्तुत करने का प्रयास किया है, जो पूर्ववर्ती वर्गीकरण का विस्तार है और कहीं-कहीं उससे विरोध रखता है।

हमारा यह नया वर्गीकरण एक तरह से 'साहित्य की आनुवंशिकी' (Genetics of Literature) प्रस्तुत करता है, क्योंकि इसमें साहित्यिक विधाओं के रूप में साहित्य के आंतरिक विकास को रेखांकित करने की कोशिश की गई है। इसमें विधाओं को उनके आपसी 'रुधिर-संबंध' (Blood relation) के आधार पर देखा गया है। परवर्ती विधाओं की 'जनक' विधाओं की ओर संकेत करते हुए उनके अंदर पाये जाने वाले 'आनुवंशिक लक्षणों' को दर्शाया गया है। इसलिए इस वर्गीकरण को 'साहित्यिक विधाओं के रुधिर संबंध' के सिद्धान्त पर आधारित वर्गीकरण कहा जा सकता है।

हमने कल्पना की है कि मानव की तरह साहित्यिक विधाओं में भी चार मूल 'रुधिर वर्ग' (Blood groups) हैं - A, AB, O तथा B; इनमें से A नाट्यवर्ग का, AB कवितावर्ग का, O कथा वर्ग का तथा B कथेतर गद्य वर्ग का सूचक वर्ग है। यह आश्चर्यजनक संयोग है कि मानव में इन रुधिर वर्गों का जैसा प्राकृतिक नियम है, लगभग वैसा ही साहित्यिक विधाओं में भी देखने को मिलता है। जिस तरह एक खास रुधिर वर्ग वाले व्यक्ति को वही अथवा अन्य ऐसे वर्ग का रुधिर दिया जा सकता है, जो उसे हानि न पहुंचाए, उसी तरह साहित्यिक विधाओं में भी नियम है। मनुष्य की तरह ही AB (कविता वर्ग) 'सार्वभौम अभिग्राहक' (Universal recipient) 'रुधिर वर्ग' है। इसमें सभी तरह के रुधिर वर्ग वाला रक्त दिया जा सकता है - यानी, नाट्य, कथा अथवा कथेतर गद्य वर्ग का 'रुधिर' मिल सकता है! इसी तरह

O (कथा वर्ग) 'सार्वभौम अभिदानकर्ता ' (Universal donor) 'रुधिर वर्ग' है। यह सभी रुधिर वर्गों को रुधिर दे सकता है; यानी, कथा तत्त्व सभी तरह की रुधिर वर्ग वाली विधाओं में घुलमिल जाता है। यही नहीं इनके परस्पर संयोग से नयी विधाओं के जन्म का भी लगभग वही नियम है, जो मनुष्य में 'वल्दीयत' निर्धारण का है।

उपर्युक्त धारणा के परिप्रेक्ष्य में ही हमने विधाओं का वर्गीकरण किया है और उनके लक्षण निर्धारित किए हैं।

यह विज्ञान क्षेत्र की अवधारणा है। साहित्य में इसे ज्यों-का-त्यों लागू नहीं किया जा सकता। ध्यान यह भी रखा गया है कि साहित्य के अध्येता को विज्ञान की प्रयोगशाला में भी बन्द न कर दिया जाय। अतः प्रयास यह रहा है कि इस 'नए' के कारण उन विधाओं की परंपरागत शास्त्रीय पहचान में बहुत बाधा उत्पन्न न हो। अध्येता किसी दुरूहता या अनपहचानी घाटी में न भटक जाए। एक संतुलन बना रहे।

इस पुस्तक में एक जगह पर प्रथम बार स्वतन्त्र साहित्यिक विधाओं के रूप में ग़ज़ल, लघु कथा, साक्षात्कार, परिचर्चा, फ़ीचर, संपादकीय एवं भूमिका की विस्तृत एवं व्यवस्थित चर्चा की गई है। नयी गद्य विधाओं - जीवनी, आत्मकथा, रेखाचित्र, संस्मरण आदि के साथ स्वतन्त्र रूप से पत्र, डायरी, यात्रावृत्तान्त और रिपोर्ताज का शास्त्रीय परिचय विस्तार के साथ दिया गया है।

हमारा सोचना है कि अब लेखक को किताबी दुनिया से बाहर निकलकर जीवन के महाभारत में उतरना होगा। समाज के खुले और भीड़ भरे जंगल में चलना होगा। अपने और दूसरों के भीतर उतर कर सत्य का नए सिरे से साक्षात्कार करना होगा। साहित्य की नई विधाओं में इन सब अनुभवों को अधिक अच्छी तरह व्यक्त किया जा सकता है। ये विधाएं मानव-समाज और साहित्य की निरन्तर गत्यात्मकता की सूचक हैं। अतः अपनी भाषा की शक्ति को पहचानते हुए इन विधाओं से गहरे जुड़ने की आवश्यकता है।

अन्त में एक निवेदन यह कि साहित्य की विधाओं के वर्गीकरण का यह प्रस्ताव अन्तिम नहीं है। न अपरिवर्तनीय। साहित्य निरन्तर विकासशील है। उसमें नई-नई विधाएं आकार पा रही हैं। आगे भी नए अभिव्यक्ति-रूप उभरेंगे। उन्हें भी आगे अपना यथोचित स्थान मिलेगा।

जिन विद्वानों के विचारों ने मेरे सोचने-समझने को समृद्धि दी है, मैं उनका हृदय से आभार व्यक्त करता हूँ और सभी रचनात्मक सुझावों का स्वागत करता हूँ।

श्रीनगर (गढ़वाल), उ.प्र.

- हरिमोहन

अनुक्रम

की हैसियत का सवाल, क्या ग़ज़ल सामन्ती विधा है?, हिन्दी ग़ज़ल : संवेदना और शिल्प)

AB-2 (iv) *नव मुक्तछंद कविता*

(स्वरूप एवं लक्षण, नव मुक्तछंद कविता का संस्कार और प्रवाह)

AB-3 **प्रकीर्ण - चम्पू**

(स्वरूप एवं लक्षण)

खण्ड-3 कथावर्ग की विधाएं (139 से 166)

कथावर्ग (O)

कथावर्ग की विधाएं

O-1 **प्रबन्ध कथा**

O-1 (i) महाप्रबंध कथा-विधा - *उपन्यास*

(परिचय, उपन्यास का स्वरूप, उपन्यास के रचना-तत्त्व, उपन्यास और महाकाव्य की तुलना)

O-1 (ii) खण्ड प्रबंध कथा विधा - *कहानी*

(कहानी का स्वरूप, रचना-तत्त्व, कहानी, लघुकथा, लम्बी कहानी, कहानी और उपन्यास की तुलना)

O-2 **मुक्त कथा (लघु कथा)**

(स्वरूप एवं लक्षण, रचना-तत्त्व)

खण्ड-4 कथेतर गद्य वर्ग की विधाएं (167 से 310)

कथेतर गद्य वर्ग (B)

कथेतर गद्य वर्ग की विधाएं

B-1 **व्यक्तित्व एवं चिन्तन तत्त्व प्रधान कथेतर गद्य-विधाएं**

B-1 (i) *निबंध*

(स्वरूप, रचना तत्त्व, रचना-प्रक्रिया, वर्गीकरण, ललित निबंध, निबंध और गद्य की कथेतर अन्य विधाएं)

B-1 (ii) *समीक्षा*

(स्वरूप, महत्त्व और उद्देश्य, समीक्षक के गुण, समीक्षा के विविध रूप)

B-2 **वर्णन तत्त्व प्रधान कथेतर गद्य विधाएं**

B-2.1 जीवनीपरक कथेतर गद्य विधाएं

B-2.1.1 परात्मक जीवनीपरक कथेतर गद्य विधाएं

B-2.1.1 (i) प्रबंधात्मक-महाप्रबंध - *जीवनी (जीवनचरित)*

(स्वरूप, लक्षण और तत्त्व, रचना-प्रक्रिया, जीवनी के प्रकार, जीवनी और रेखाचित्र)

B-2.1.1 (ii) खण्ड प्रबंध विधाएं

B-2.1.1 (ii) (1) *रेखाचित्र*

(स्वरूप, रचना-तत्त्व, वर्गीकरण, रेखाचित्र और अन्य विधाएं)

B-2.1.1 (ii) (2) *संस्मरण (स्मृति-चित्र)*

(स्वरूप, रचना तत्त्व, वर्गीकरण)

B-2.1.2 आत्मक जीवनीपरक कथेतर गद्य विधाएं

B-2.1.2.(i) प्रबंधात्मक : महाप्रबंध - *आत्मकथा*

(स्वरूप, रचना-तत्त्व, रचना-प्रक्रिया, वर्गीकरण; आत्मकथा, संस्मरण, आत्मसंस्मरण और आत्मकथ्य)

B-2.1.2.1 (ii) प्रबंधात्मक : ख़ण्ड प्रबंध - *डायरी*

(स्वरूप, रचना-तत्त्व, डायरी और आत्मकथा)

B-2.1.2.1 (iii) प्रबंधमुक्त - *पत्र*

(साहित्यिक विधा के रूप में पत्र, पारिभाषिक स्वरूप, रचना-तत्त्व)

B-2.2 प्रकृतिपरक कथेतर गद्य विधा - यात्रावृत्तान्त

(पृष्ठभूमि, तात्पर्य, साहित्य की एक विधा के रूप में यात्रा वृत्तान्त, यात्रा वृतान्त तथा अन्य समानधर्मा गद्य रूप, रचना-विधान और रचना-तत्त्व, वर्गीकरण)

B-2.3 घटनापरक कथेतर गद्य विधा - रिपोर्ताज

(पारिभाषिक स्वरूप, स्वरूप, रचना-तत्त्व, रिपोर्ताज और यात्रावृत्तान्त)

B-3 **कविता तत्त्व-प्रधान कथेतर गद्य विधा - गद्य गीत**

B-4 **अन्य कथेतर गद्य विधाएं**

(साक्षात्कार, परिचर्चा, फ़ीचर, संपादकीय और भूमिका का स्वरूप परिचय एवं रचना-तत्त्व)

अन्त में

कथेतर गद्य : कुछ सवाल। (311 से 320)

●●

द्वार पर आलेख :

"जीवन में अलग-अलग टुकड़े नहीं होते। सब एक साथ होते हैं। विधाओं की ये सीमाएं हमारे द्वारा ही बनाई हुई हैं। यह सब अभ्यास की बातें हैं। इसलिए यह सब एक ही हैं, माध्यम जुदा है। गद्य में पद्य होता है और पद्य भी गद्यात्मक होता है। जो आलोचकों में ब्राह्मण होते हैं, वे शास्त्रार्थ करने वाले लोग हैं। वे मानव-व्यवहार का शास्त्र बनाते हैं और हम (रचनाकार) मानव-व्यवहार को जीने वाले हैं।"

- दिलीप चित्रे (मराठी कवि)
(धर्मयुग, अगस्त, 1995)

आरम्भ में -

साहित्यिक विधाएं : वर्गीकरण का प्रश्न

पृष्ठभूमि : साहित्य शास्त्र = साहित्य-विवेचन का शास्त्र

दुनिया की सभी वस्तुओं और विषयों का अपना एक स्वरूप होता है। उस स्वरूप का निर्धारण, विवरण तथा विवेचन शास्त्रों का विषय है। अन्य शास्त्रों की तरह साहित्यशास्त्र भी एक शास्त्र है। इस शास्त्र में साहित्यिक विधाओं का 'स्वरूप निबन्धन' होता है। अतः हम कहेंगे कि साहित्यशास्त्र स्वयं साहित्य अथवा साहित्यिक विधा नहीं है, बल्कि साहित्य और साहित्यिक विधाओं का शास्त्र है।

'साहित्य' और 'शास्त्र' के आधारभूत अन्तर से यह बात अच्छी तरह समझ में आ सकती है। इसलिए संक्षेप में पहले इस अन्तर को देख लें। साहित्य में विश्व की वस्तुएं उसी रूप में वर्णित की गई होती हैं, जैसी वे साहित्यकार को प्रतीत होती हैं। ऐसे में निश्चय ही साहित्यकार जो देखता, अनुभव करता, विचार करता है उसमें उसका अपना स्वभाव, उसका अपना व्यक्तित्व, कल्पना आदि क्रियाशील रहते हैं। इसलिए साहित्यगत वर्णन को 'प्रतिभास निबन्धन' कहा गया है। 'प्रतिभास' का शाब्दिक अर्थ है - आकस्मिक रूप से या एकाएक होने वाला ज्ञान या बोध। भ्रम। जो ऊपर से दिखाई दे। शास्त्रकार की प्रतीति साहित्यकार की प्रतीति से भिन्न होती है। उसकी प्रतीति में कार्यकारण-विवेक रहता है।

यहीं संस्कृत आचार्य उद्‌भट का यह विचार भी याद आता है कि 'लोक' को केन्द्र में रख कर अर्थ के दो भेद किए जा सकते हैं - 'विचारित सुस्थ' तथा 'अविचारित रमणीय'। 'विचारित सुस्थ' शास्त्र का विषय है, 'अविचारित रमणीय' काव्य (साहित्य) का। इससे ऐसा लगता है मानो शास्त्र में विचार ग्रथित होते हैं और साहित्य विचार-शून्य रहता है! इससे भी आगे यह कि शास्त्र सत् होता है, साहित्य असत्! वास्तव में यह धारणा ठीक नहीं है। शास्त्र और साहित्य की कक्षाएं अलग-अलग हैं। इस अलगाव के आधार पर एक को सत् तथा दूसरे को असत् नहीं कहा जा सकता।

लोक से प्राप्त अनुभव और स्वभाव साहित्य का कच्चा माल है। इसे साहित्यकार अपनी प्रतिभा अथवा कल्पना - द्वारा नया रूप देता है। उसे 'सौन्दर्य का संस्कार' देता है। इसीलिए कहा गया है कि साहित्यगत प्रतीति कल्पनाजन्य होती है। फिर भी यह प्रतीति और साहित्य में उसका वर्णन (जिसे 'प्रतिभास निबन्धन' कहा गया है) असत्य नहीं होता। यह प्रतीति एक व्यक्ति (साहित्यकार) की होते हुए भी, समाज से जुड़ी रहती है, इसलिए इसे 'लोकानुभव संवादी' माना जाता है। हां, यदि 'प्रतिभास' तथा 'लोकानुभव' का संवाद टूट जाए तो साहित्य असत्य हो जाएगा। इसी तरह कहें कि यदि कल्पना जीवन के यथार्थ से बहुत दूर जा कर अपनी पहचान खो दे, तो वह 'कपोल कल्पना' हो जाएगी।

सामान्यतः कहा जाता है कि भावों और विचारों की अभिव्यक्ति 'साहित्य' है, लेकिन वास्तव में हर अभिव्यक्ति 'साहित्य' नहीं कही जा सकती। कौन-सी अभिव्यक्ति साहित्य कही जानी चाहिए? इस प्रश्न के उत्तर के लिए साहित्य के स्वरूप तथा प्रकृति को समझना होगा।

साहित्य का स्वरूप और प्रकृति

'साहित्य' शब्द का सामान्य अर्थ तो है - समस्त मुद्रित वाङ्मय। अर्थात् लिखे हुए अक्षरों का जितना विस्तार है, वह सब साहित्य है। यह विस्तृत अर्थ 'लिट्रेचर' का है, जो 'लैटर्स' से बना है और जिसके लिए अब हिन्दी में 'साहित्य' शब्द प्रचलन में है।

इस अर्थ में कुछ भी लिखा हुआ या छपा हुआ - 'साहित्य' माना जाएगा। विभिन्न कंपनियों-द्वारा अपनी बनाई गई वस्तुओं, मशीनों तथा दवाइयों आदि के प्रचार, उनकी विशेषताओं, प्रयोग-विधियों इत्यादि से सम्बन्धित विवरण भी उनका साहित्य कहलाता है। इसी तरह विज्ञान, राजनीति, धर्मशास्त्र, इतिहास आदि का भी साहित्य होता है। इन दोनों रूपों से पृथक् कविता, नाटक, उपन्यास, कहानी इत्यादि भी साहित्य हैं। यही क्यों, केवल लिखित सामग्री ही साहित्य हो, यह आवश्यक नहीं है; मौखिक साहित्य, अलिखित साहित्य भी साहित्य की श्रेणी में आता है जिसे 'लोक साहित्य' कहते हैं। यह बहुत कम लिपिबद्ध हुआ है। इसमें जनता के मुख में जीवित रहने वाले गीतों, कहानियों, कहावतों, लोकोक्तियों, मुहावरों आदि का समावेश है।

इतने व्यापक अर्थ में प्रयुक्त होते रहने पर भी 'साहित्य' शब्द का प्रयोग एक विशिष्ट अर्थ में होता है।

हम ध्यान दें तो 'साहित्य' (लोक साहित्य को छोड़कर) तीन स्पष्ट श्रेणियों में दिखाई देता है -

(1) कुछ लिखित या मुद्रित सामग्री ऐसी होती है, जो हमारी सिर्फ जानकारी बढ़ाती है। बहुत-सी नई बातें बताती है। उससे हमारी बोध-शक्ति या अनुभूति बहुत कम उत्तेजित होती है। इसे प्रचारात्मक या शास्त्रीय शब्दों में कहें तो *'सूचनात्मक (communicative) साहित्य'* कहेंगे।

इस तरह के साहित्य में एक विचार को दूसरों तक सूचित (communicate) किया जाता है। लिखित जानकारी दी जाती है और यत्न किया जाता है कि पाठक को अपने प्रभाव में ले लिया जाए। उदाहरण के लिए किसी कंपनी ने कोई नया उत्पादन बाजार में दिया। वह कंपनी उस उत्पादन से संबंधित 'साहित्य' व्यापक स्तर पर भेजती है। इस 'साहित्य' में उस उत्पादन से सम्बन्धित लिखित (मुद्रित) जानकारी दी जाती है। अनेकानेक विशेषताओं का विवरण देते हुए, उपभोक्ताओं को विश्वास दिलाया जाता है कि इसे क्रय करना लाभदायक है और उसे प्रभावित तथा प्रेरित किया जाता है।

(2) कुछ पुस्तकें ऐसी होती हैं जो हमारी जानकारी तो बढ़ाती ही हैं, हमारी बोध-शक्ति को भी निरन्तर जागरूक और सचेष्ट बनाए रखती हैं। इनमें प्रचार नहीं होता। न उपभोक्ताओं को किसी तरह का

विश्वास दिला कर अपनी ओर खींचने का प्रयास। ये पुस्तकें तो हमारा ज्ञान बढ़ाती हैं, विवेक जाग्रत करती हैं, विभिन्न वस्तुओं, विषयों, नियमों, धर्म-संस्कृति-इतिहास-दर्शन-राजनीति-साहित्य इत्यादि की विशिष्टता स्पष्ट करती हैं। एक श्रृंखलाबद्ध तर्क-प्रणाली के आधार पर चीजों को समझाती हैं। हमारी जिज्ञासा बढ़ाती, जगाती और शान्त करती हैं। इस तरह के साहित्य को *विवेचनात्मक साहित्य'* कहेंगे। दर्शन, गणित, विज्ञान तथा साहित्यशास्त्र आदि विषयों की पुस्तकें इस श्रेणी के साहित्य के अंतर्गत आती हैं।

(3) इन दोनों से अलग एक तीसरी श्रेणी भी है। यह आवश्यक नहीं कि इस श्रेणी की पुस्तकों में नई जानकारी ही प्राप्त हो, वे हमारी जानी-पहचानी वस्तुओं को नए ढंग से सामने रखती हैं, जानी-पहचानी बातों को नए सिरे से कहती हैं और फिर भी हममें उन पहचानी वस्तुओं या बातों को बार-बार पढ़ने के लिए उत्सुकता जगा सकती हैं। ये पुस्तकें हमें व्यक्तिगत संकीर्णता से ऊपर उठा कर सम्पूर्ण मनुष्य जाति के-और, और भी आगे बढ़ कर प्राणिमात्र के- दुःख-सुख, राग-विराग, आह्लाद-आमोद को समझने, अनुभव करने की सहानुभूतिमय दृष्टि देती हैं। आचार्य हजारीप्रसाद द्विवेदी के शब्दों में, "वे पाठक के हृदय को इस प्रकार कोमल और संवेदनशील बनाती हैं कि वह अपने क्षुद्र स्वार्थ को भूल कर प्राणिमात्र के दुःख-सुख को अपना समझने लगता है- सारी दुनिया के साथ आत्मीयता का अनुभव करने लगता है। इससे पाठक को एक प्रकार का ऐसा आनन्द मिलता है जो स्वार्थगत दुःख-सुख से ऊपर की चीज है। शास्त्रकार ने इसी को 'लोकोत्तर आनन्द' कहा है।" (साहित्य का साथी, 1957, पृष्ठ-2)

इस श्रेणी के साहित्य को *'रचनात्मक या सर्जनात्मक (creative) साहित्य'* कहते हैं।

कविता, नाटक, उपन्यास, कहानी इत्यादि इसी श्रेणी के साहित्य में आती हैं। इस प्रकार की पुस्तकों को ही संक्षेप में 'साहित्य' कहते हैं। 'साहित्य' शब्द का विशिष्ट अर्थ यही है।* इसे ऊपर तीसरी श्रेणी के रूप में रखने का अर्थ यह कदापि नहीं है कि यह 'तीसरी श्रेणी' (third class) का साहित्य है! बल्कि यह तो उच्च श्रेणी की ओर बढ़ने का क्रम है।

'साहित्य' शब्द का व्यवहार नया नहीं है। प्राचीन समय से हमारे आचार्य इसका व्यवहार करते आ रहे हैं। हाँ, इतना अवश्य है कि समय की गति के साथ इसका अर्थ थोड़ा-थोड़ा बदलता रहा है। फिर भी

---

* इसके लिए भारतीय काव्यशास्त्र में 'काव्य' शब्द का प्रयोग मिलता है। 'काव्य' शब्द का प्रयोग समुचित है, लेकिन 'काव्य' शब्द से मात्र 'कविता (poetry)' का ही अर्थ लिए जाने का भ्रम बना रहता है। इसलिए प्रायः अब 'साहित्य' शब्द ही सर्वस्वीकृत हो चला है। हाँ, 'साहित्य' के व्यापक अर्थ का संवाहक एक शब्द हमारे यहाँ मिलता है- 'वाङ्मय'। 'वाङ्मय' का अर्थ भी बहुत व्यापक है। व्युत्पत्ति की दृष्टि से तो 'वाणी-द्वारा प्रकाशित समस्त अनुभव और ज्ञान 'वाङ्मय' है। लेकिन इस शब्द का सटीक अर्थ है - 'गद्य-पद्यात्मक वाक्य आदि जो पठन-पाठन का विषय हो। लिपिबद्ध विचारों का समस्त संग्रह या समूह।'

सब मिला कर इसका प्रयोग प्रायः ऊपर बताए गए अर्थ में ही होता है।

ऐतिहासिक दृष्टि से सातवीं शताब्दी में 'साहित्य' शब्द का प्रयोग *भर्तृहरि* ने सर्वप्रथम 'काव्य' के पर्याय के रूप में किया था (द्रष्टव्यः साहित्य-संगीत-कला-विहीनः, साक्षात् पशु पुच्छ-विषाणहीनः - नीतिशतकम्); लेकिन 'साहित्य' और 'काव्य' शब्दों को एक ही अर्थ में प्रयुक्त करने के साथ ही कुछ उल्लेख ऐसे भी मिल जाते हैं, जिनसे यह प्रमाणित होता है कि संस्कृत के आचार्य इस तथ्य से अवगत थे कि ये दोनों शब्द अलग-अलग अर्थ बताते हैं। *आचार्य कुन्तक* ने अपनी कृति *'वक्रोक्ति-जीवितम्'* में पहली बार अपनी ओर से 'साहित्य' शब्द का प्रयोग करने का दावा किया है। साहित्य के अंतर्गत उन्होंने शब्द और अर्थ के समान महत्त्व पर बल देते हुए किसी भी साहित्यिक रचना में दोनों की समान स्थिति को स्वीकार किया है। *राजशेखर* ने भी *'काव्यमीमांसा'* में, शब्द और अर्थ के समुचित सहभाव को ही साहित्य की महत्त्वपूर्ण विशेषता माना है। वे इसे 'विद्या' (knowledge) के लिए प्रयोग करते हैं और पुराण, न्यायदर्शन, मीमांसा तथा धर्मशास्त्र-इन चार विद्याओं का सारभूत 'साहित्य' मानते हैं, जिसे पांचवीं विद्या कहा जा सकता है। उन्होंने 'साहित्य' की व्याख्या कुछ इस प्रकार की : " 'शब्द' और 'अर्थ' के यथायोग्य सहयोग वाली उस पांचवीं विद्या का नाम साहित्य है, जो पुराण, न्यायदर्शन, मीमांसा तथा धर्मशास्त्र-इन चार विद्याओं का सारभूत है।"

'साहित्य' की प्राचीन व्याख्याएं इस सूत्र की हैं - 'सहितस्य भावः साहित्यं' अथवा 'हितेन सह सहितं'। अब कहें कि 'सहित' क्या है? उत्तर होगा - 'शब्द और अर्थ के साथ-साथ रहने का भाव' अथवा 'हित के साथ होना' - 'जिससे हित-संपादन हो'।

ये बड़ी अस्पष्ट-सी बात हो गई। शब्द और अर्थ तो सभी वाक्यों में साथ-साथ रहते हैं, लेकिन सभी वाक्य तो साहित्य नहीं हैं। और जो हित संपादन करे, वही साहित्य है; तो ऊपर बताए गए 'प्रचारात्मक' या 'सूचनात्मक' साहित्य में प्रत्यक्ष हित दिखाई देता है। विक्रेता कंपनी का भी और उपभोक्ता का भी।

इस अस्पष्टता से बचने के लिए जोड़ा गया - 'रमणीय अर्थ का प्रतिपादक शब्द ही 'काव्य' (इसे हमने 'साहित्य' कहा है) है (रमणीयार्थ प्रतिपादकः शब्दःकाव्यम्– *आचार्य जगन्नाथ*।) और 'हित-सहित' माना गया - 'मानव मात्र का हित।' लेकिन यह 'काव्य' की परिभाषा दी गई थी। फिर भी इससे जो आशय लिया गया वह 'साहित्य' का स्वरूप निर्धारित करने में बहुत सहायक सिद्ध हुआ। आशय यह था - "रमणीयता उत्पन्न करने में जब शब्द और अर्थ एक-दूसरे से स्पर्द्धा करते हुए साथ-साथ आगे बढ़ते रहें, तो ऐसे 'परस्पर स्पर्द्धा' शब्द और अर्थ का जो साथ-साथ रहना होगा वही साहित्य 'काव्य' कहा जा सकता है।" (यहाँ काव्य से तात्पर्य 'रचनात्मक साहित्य' से है।) यह 'रमणीयता' बड़ी विचित्र स्थिति है! प्राचीन समय में भाव-सौन्दर्य, कोमलता, चमत्कार आदि रमणीयता के अंतर्गत लिए गए हैं। इसीलिए 'काव्य' (रचनात्मक साहित्य) को 'सुकुमार' तथा 'शास्त्र' (विवेचनात्मक साहित्य) को 'कठोर' वस्तु माना गया था।

'रमणीयता की सृष्टि' एक जटिल, अमूर्त स्थिति है। इसी में 'कला'-निहित है। और वास्तव में यही

'रचनात्मकता' है। इस रचनात्मकता को व्याख्यायित करना, विश्लेषित करना कठिन काम है। यह किसी भी रचना में, उसके अंग-उपांगों में, उन अंग-उपांगों के संयोजन में निहित रहती है। साहित्यिक कृतियों में यह रचनात्मकता कई स्तरों पर विद्यमान होती है। इसलिए हम यह भी कह सकते हैं कि 'रचनात्मकता' 'साहित्यिकता' का ही पक्ष है ('रचनात्मक साहित्य के सन्दर्भ में)।

अभिव्यक्ति सभी करते हैं। किसी बात को (विषयवस्तु को) कैसे अभिव्यक्त किया जाए, यही 'कला' है। विषयवस्तु और कला के अंतर्सम्बन्ध में ही रचनात्मकता जन्म लेती है। कुछ लोग मानते हैं कि महत्त्वपूर्ण यह नहीं है कि क्या कहा जा रहा है, बल्कि महत्त्वपूर्ण यह है कि कैसे कहा जा रहा है? वे कलावादी या रूपवादी विचार के लोग हैं। हमारे विचार से साहित्य में अनिवार्य रूप से 'क्या' और 'कैसे' का आत्मीय सम्बन्ध रहना चाहिए, तभी वह सच्चे अर्थों में 'साहित्य' (रचनात्मक साहित्य) कहा जाएगा। यह आत्मीय और औचित्यपूर्ण सम्बन्ध ही लेखक और पाठक के बीच तादात्म्य की स्थिति संभव बनाता है।

प्रायः लोग विज्ञान तथा शास्त्र आदि को 'साहित्य' से पृथक् इस आधार पर मानते हैं कि विज्ञान तथा शास्त्र विचारप्रधान हैं, जबकि 'साहित्य' में 'आवेग' या 'भावना' होती है। इसीलिए वे साहित्यकार को एक भावुक अथवा भावना-प्रधान प्राणी ही मानते हैं। लेकिन ऐसा है नहीं। वस्तुतः 'साहित्य' में भावना की प्रधानता होती अवश्य है, किन्तु भावना विवेक से अनुशासित होती है। विवेक बुद्धि का ही एक पक्ष है। इसलिए साहित्यकार जब अपनी भावनाओं को अभिव्यक्ति प्रदान करता है और कोई सफल साहित्यिक कृति रचता है तब वह बुद्धि से ही उसे रच पाता है। भावना तो हर व्यक्ति में होती है, उसे वह किस तरह ऐसे अभिव्यक्त करे कि साहित्यिक कृति को जन्म मिले; यह बौद्धिक प्रक्रिया साहित्यकार को ही आती है। हम इस प्रक्रिया को भाषा-प्रयोग में देख पाते हैं।

भाषा के आधार पर सबसे प्राथमिक स्थिति यह है कि वैज्ञानिक भाषा (जो ज्ञान-विज्ञान, इतिहास, धर्म, राजनीति आदि विषयों वाले विवेचनात्मक साहित्य में मिलती है) 'अभिधात्मक' होती है। इसमें एक निर्देश्य के लिए एक निश्चित चिह्न होता है। चिह्न पूर्णतः यादृच्छिक होता है और इसका स्थान इसके अन्य समानार्थी चिह्न ले सकते हैं। जो कहा जाता है, उसका अर्थ वही होता है। उससे अलग कोई अर्थ नहीं लिया जाता। इसे हम तर्क भाषा कह सकते हैं।

इसके विपरीत 'साहित्य' की भाषा (यहाँ रचनात्मक साहित्य – से मतलब है) मात्र अभिधात्मक कभी नहीं होती। इसका अभिव्यंजना पक्ष भी होता है; यह लेखक के टोन और भावना को भी ध्वनित करती है। और यह जो कुछ कहती है, उतना कहना और व्यंजित करना ही इसका प्रयोजन नहीं होता; यह अपने पाठक की भावना को प्रभावित करना चाहती है, उसे प्रेरित करना चाहती है और अन्ततः उसे बदलना चाहती है। इसे हम 'काव्य-भाषा' कहते हैं।

साहित्यिक कृति में सामग्री को (भावों-विचारों या कहें विषयवस्तु को) एक व्यवस्था में, एक

विन्यास-विशेष में, एक अन्विति में जमाया जाता है। यह अन्विति आवश्यकता के अनुरूप, लेखक की अपनी प्रवृत्ति या शैली के अनुरूप शिथिल भी हो सकती है और जटिल भी। और यह सब होता है शब्दों में ही। शब्दों को अपने अभीष्ट कार्य के लिए चुनना और संयोजित करना साहित्यकार का ही उत्तरदायित्व है।

क्या 'साहित्यिक कृति' में 'रचनाकार' अपनी भावाओं को ज्यों का त्यों व्यक्त कर पाता है? नहीं। वह अपनी बात का पूरा अर्थ भी नहीं खोलता। इसका कारण है, एक तो शब्द की अपनी सीमा है, वह पूरे अर्थ को ज्यों का त्यों व्यक्त करने में सक्षम नहीं होता; दूसरे, रचनाकार भी प्रायः जानबूझ कर पूरा अर्थ प्रकट नहीं करता। रोचक बात यह है कि उस 'अनुपस्थित' अर्थ को पाठक तलाश करता है। उसे इस काम में आनन्द मिलता है। यह आनन्द भी उस रचनाकार के आनन्द से कम नहीं होता। यह अनुपस्थित या अदृश्य अर्थ रचना में निहित चिह्नों की सहायता से 'खोजा' जाता है। कविता, कहानी, नाटक आदि पढ़ते या देखते हुए पाठक को कई बार लगता है कि वह जो पढ़ या देख रहा है, वह ठीक वही नहीं है जो सामने है; बल्कि कुछ और ही है! वह इस 'कुछ और' की तलाश करता है।

यह प्रक्रिया साहित्य की रचना और समझ दोनों से जुड़ी हुई है। इसलिए हम यह कहना चाहेंगे कि साहित्यिक रचना में व्यक्त सत्य त्रिआयामी (three dimensional) होता है। उसका एक पक्ष रचनाकार से जुड़ा है (उसके अनुभवों, विचारों, दृष्टिकोण आदि से), दूसरा पक्ष रचना से, उसके संदर्भ और विषयवस्तु से तथा उसका तीसरा पक्ष पाठक (या कहें सहृदय) से (उसके विचारों, दृष्टिकोण आदि से)।

रचना में अनुपस्थित के जो पदचिह्न होते हैं, वे पाठक या श्रोता की चेतना को गति देते हैं, सक्रिय बनाते हैं। ये पदचिह्न बिम्ब हो सकते हैं, प्रतीक हो सकते हैं, शब्द-संयोजना, टोन कुछ भी हो सकता है; बल्कि इनके भीतर निहित व्यंजना या लक्षणा शक्तियां इस काम में सर्वाधिक सहायता करती हैं।

एक छोटे से उदाहरण से यह बात अच्छी तरह समझ में आ सकती है। एक वाक्य है - 'चांद छत पर उतर आया।' सामान्य अभिधात्मक अर्थ तो इसका यही होगा कि चांद दिखाई देने लगा। शाम गहरी हो गई। इससे आगे सोचने की आवश्यकता सामान्य साहित्य में शायद नहीं होगी। रचनात्मक साहित्य में यही वाक्य कुछ और ही अर्थ खोलता है। पाठक-रचनाकार से जुड़ कर कल्पना कर लेगा कि यह 'चांद' वह नहीं है जो आकाश में दिखाई दे रहा है, बल्कि 'चांद की-सी सुन्दर चमक' वाला कोई चेहरा है, कोई प्रिय पात्र छत पर है। यहां चांद उच्चरित एक शब्द मात्र नहीं है, प्रत्यय है। प्रत्यय का महत्त्व ज्यादा है। यह कृति में आकर केवल चन्द्रमा नहीं रह गया जो हमें प्रतिदिन दिखाई देता है। तो, इस 'चन्द्रमा' नामक चिह्न ने किसी चन्द्रमा-जैसे मुख तक पाठक को पहुँचा दिया। मुख प्रत्यक्षतः मौजूद नहीं है, फिर भी वह है। इसने पाठक की चेतना को गतिशील बना दिया, पाठक अब अपनी कल्पना से और बहुत-सी बातें स्वयं जोड़ लेगा। 'चन्द्रमा' का वस्तुरूप, भौतिक रूप तो वहीं छूट गया, उसके पार जा कर पाठक ने नये अर्थ का अन्वेषण कर लिया। उसके अर्थ के कई आयाम हो सकते हैं।

इस स्थिति को सामने रख कर यह भी कहा जा सकता है कि साहित्यिक रचना को केवल रचनाकार ही नहीं रचता, बल्कि पाठक (सहृदय) भी रचता है। वह रचनाकार के अधूरे छोड़ दिए गए काम को पूरा करता है। यहाँ हमें *वाल्पोल* का कथन याद आता है। वाल्पोल का कहना था कि कोई यह समझ सकता है कि कोई पुस्तक लेखक-द्वारा नहीं लिखी गई। लेखक तो एक स्थान पर कुछ नोट प्रस्तुत करता है। इसके बाद हर पाठक अपने लिए पुस्तक लिखता है! इसी तरह *बादलेयर* का मत है कि हर कला में कोई-न-कोई खामी होती है जो पाठक की कल्पना-द्वारा दूर की जाती है!

ऐसी स्थिति 'साहित्य' के अन्य रूपों –सूचनात्मक तथा विवेचनात्मक साहित्य, में नहीं मिलती। वहाँ तो जो कहा गया है, आप वहीं तक रहेंगे। उससे आगे, उसके पार आप कुछ नहीं कर सकते। तर्कों से दी गई जानकारी ग्रहण करलें, यही उस साहित्य का उद्देश्य भी होता है।

कुल मिला कर स्थिति यह है कि 'साहित्य' (रचनात्मक साहित्य) एक सादी वस्तु नहीं है, यह एक जटिल गुँफन है, जिसकी प्रकृति के अनेक स्तर हुआ करते हैं। अनेक अर्थ और सम्बन्ध हुआ करते हैं।

साहित्यिक विधाएं और उनका अध्ययन

'साहित्य' के रूप अनेक हैं। रचनाकार अपनी रुचि, अपनी प्रकृति, विषयवस्तु की आवश्यकता इत्यादि के अनुसार अपनी अभिव्यक्ति के लिए किसी भी रूप का चुनाव कर सकता है। इन साहित्यिक रूपों को साहित्य की 'विधाएं' कहते हैं। ये अभिव्यक्ति के प्रकार हैं। "कोई कृति जिस सौन्दर्यशास्त्रीय रूढ़ि में आती है, उसी से उसके स्वरूप का भी निर्धारण होता है," यह कहते हुए *रेनेवेलेक* तथा *आस्टिन वारेन* मानते हैं कि "साहित्यिक वर्गों को संस्थागत विधान माना जा सकता है जो एक ओर तो लेखक को अपने अनुसार मोड़ते हैं और दूसरी ओर जिन्हें लेखक स्वयं भी अपने अनुसार मोड़ता है।" (साहित्य सिद्धान्त, पृष्ठ - 297)

इससे दो बातों की ओर संकेत हुआ - एक तो यह कि 'विधा' सौन्दर्यशास्त्रीय रूढ़ि है; दूसरा यह कि वह लेखक को अपने अनुसार मोड़ सकती है और स्वयं भी लेखक-द्वारा मोड़ी जा सकती है। दोनों बातें विरोधी होते हुए भी सच हैं।

साहित्यिक विधाओं का अध्ययन कैसे हो? एक ओर तो ये निरन्तर गतिशील हैं, परिवर्तनशील हैं, दूसरी ओर यह भी पक्की तरह नहीं कहा जा सकता कि कोई कृति किसी न किसी एक विधा या साहित्यिक वर्ग में रखी ही जा सकती है। एक ही कृति में एक से अधिक विधाओं का समावेश हो सकता है, बल्कि होता है।

विधा को साहित्यिक कृतियों का एक ऐसा वर्गीकरण माना जाना चाहिए जो सिद्धान्ततः बाहरी रूप (विशिष्ट छन्द या संरचना) पर तो आधारित हो ही, साथ ही आन्तरिक रूप (अभिवृत्ति, टोन या लहजा, उद्देश्य - जिसे कुछ सीधे ढंग से कहें तो विषय और भाव कह सकते हैं) पर भी आधारित हो। यह धारणा

भी *आस्टिन वारेन* और *रेनेवेलेक* की है। लेकिन जैसा हमने पहले कहा विधाएं गत्यात्मक हैं, परिवर्तनशील हैं। लेखक और देश-काल के हाथों में पड़कर उनमें विलक्षण अन्तर आ जाता है। विधाओं के इतिहास-विकास के समानान्तर चलते हुए हम इस तथ्य को भली भांति जांच सकते हैं।

विधाएं लेखक को तैयार मिलती हैं। अच्छा लेखक उनके साथ-साथ चलता है, लेकिन वह उनका विस्तार करता है। उनको नए आयाम देता है। इसीलिए कहा जाता है कि 'महान् लेखक विधाओं के आविष्कारक नहीं होते'। वे उनके परिष्कारक होते हैं। फिर पुस्तकें-पुस्तकों को प्रभावित करती हैं, इस सिद्धान्त के तहत उन विधाओं की विकासयात्रा ज़ारी रहती है। विधाओं में से विधाएं भी जन्म लेती रहती हैं।

इस स्थिति के बावज़ूद साहित्यिक विधाओं का शास्त्रीय अध्ययन (जिसे हमने ठीक शुरू में 'स्वरूप निबंधन' कहा है) संभव है। यह अध्ययन उपर्युक्त स्थिति में से ही कोई दृष्टि बना कर किया जा सकता है। अर्थात् हमें चाहिए कि विधाओं का वर्गीकरण तथा रूप-विश्लेषण उनके संरचनात्मक ढांचे, विषयवस्तु आदि के वैशिष्ट्य के आधार पर करें और देखें कि एक विधा में वे कौन से तत्त्व हैं जो सर्वत्र पाए जाते हैं, वे कौन-से साहित्यिक साधन एवं प्रयोजन हैं जो एक विधा की सभी रचनाओं में मिलते हैं। उन विधाओं के सामान्य लक्षण निर्धारित करते हुए, हम उन 'सामान्य तत्त्वों' के समय-सापेक्ष परिवर्तनों को भी रेखांकित कर सकते हैं। इस क्रम में इस तथ्य का भी उल्लेख किया जा सकता है कि उस विधा के स्वरूप-विकास को किसी विशिष्ट रचनाकार और उसकी विशिष्ट कृति ने कितना, किस रूप में तथा किस दिशा में प्रभावित किया है।

इस उद्देश्य की संपूर्ति के लिए विधाओं का समुचित वर्गीकरण कर, उनका तात्त्विक अध्ययन किया जाना चाहिए।

साहित्यिक विधाओं का वर्गीकरण

लिखित साहित्य (जिसे पारिभाषिक अर्थों में शिष्ट साहित्य कहा जाता है) की जड़ें मौखिक साहित्य (जिसे पारिभाषिक अर्थों में लोक साहित्य कहा जाता है) में हैं। इस तथ्य को साहित्य की विधाओं के विकास क्रम से देखें तब हमें साहित्यिक विधाओं के वर्गीकरण में सुविधा मिल जाती है।

साहित्यिक विधाओं के वर्गीकरण के प्रयास बहुत समय पहले से होते रहे हैं। अपनी ओर से एक निश्चित वर्गीकरण स्थिर करने से पूर्व हम इन प्रयासों पर दृष्टिपात कर लें।

संस्कृत काव्यशास्त्र में, सर्वप्रथम *आचार्य भामह* ने काव्य के वर्गीकरण का प्रयास किया था; किन्तु उनके वर्गीकरण में काव्य के रूपों (विधाओं) का वर्गीकरण नहीं, बल्कि काव्य-तत्त्वों का वर्गीकरण है। उनके अनुसार, काव्य के दो तत्त्व हैं - वस्तु और बन्ध। 'वस्तु' के आधार पर चार[1] तथा बन्ध के आधार पर पांच[2] काव्य-भेद उन्होंने निर्धारित किए। इनमें गद्य एवं पद्य का उल्लेख नहीं है।

इसके बाद *आचार्य दण्डी* ने विचार किया। उन्होंने इष्ट अर्थ से विभूषित पद-समूह को 'काव्य-शरीर' कहा[3] और उसके तीन भेद माने - पद्य, गद्य तथा मिश्र। पद्य को उन्होंने 'जाति' एवं 'वृत्त' (छंद) नाम से पुनः विभाजित किया।[4]

आचार्य वामन ने 'छन्द' और 'बन्ध' को आधार बना कर काव्य-वर्गीकरण किया। छन्द के आधार पर, उनके अनुसार, काव्य के दो भेद हैं - गद्य और पद्य।[5] 'बन्ध के आधार पर - अनिबद्ध तथा निबद्ध। इसीलिए उन्होंने काव्य को गद्य-पद्यमय कहा है। वे जब इन भेदों के उप-भेद करते हैं, तब उनके वर्गीकरण में अस्पष्टता आ जाती है।

रुद्रट ने स्वरूप, वस्तु और आकार के आधार पर पहले तो काव्य के - काव्य, कथा और आख्यायिका आदि वर्ग किए हैं; फिर उनमें से प्रत्येक के 'उत्पाद्य' और 'अनुपाद्य' तथा 'लघु' और 'महत्' नामक दो-दो भेद निरूपित किए हैं।

रुद्रट के बाद संस्कृत काव्यशास्त्र में *हेमचन्द्र*-द्वारा किया गया काव्य-वर्गीकरण मिलता है। यह वर्गीकरण अपेक्षाकृत अधिक व्यवस्थित है। उन्होंने काव्य को सर्वप्रथम दो वर्गों में बांटा - प्रेक्ष्य और श्रव्य।[6] फिर तदनुरूप इनके उपभेद किए। उनके विभाजन के तीन आधार रहे - इन्द्रियों की मध्यस्थता, बन्ध तथा छन्द-संख्या।

इसी ऐतिहासिक क्रम में *आचार्य राजशेखर* तथा *मम्मट* के वर्गीकरण हैं। लेकिन वे अधिक सुसंगत न होने से उल्लेखनीय नहीं है। *राजशेखर* दिव्य, दिव्य-मानुष, मानुष, पातालीय, मर्त्यपातालीय, दिव्य पातालीय और दिव्यमर्त्यपातालीय नाम से सात प्रकार के काव्यार्थ गिना कर इन अर्थों को दो वर्गों में रखते हैं - मुक्तकगत तथा प्रबन्धगत। वे पुनः इनके पांच-पांच उपवर्ग बनाते हैं। *मम्मट* ने काव्य की तीन कोटियां निर्दिष्ट की हैं - उत्तम, मध्यम एवं अवर। इससे आगे *पण्डितराज जगन्नाथ* ने एक और कोटि जोड़ दी -

---

1 वृत्तदेवादिचरितशंसि चोत्पाद्यवस्तु च।
कलाशास्त्राश्रयंचेति चतुर्थाभिद्यते पुनः।। (काव्यालंकार; 1, 17)

2 सर्गबन्धोऽभिनेयार्थ तथैवाख्यायिकाकथे।
अनिबद्धंच काव्यादि तत्पुनः पंचधोच्यते।। (वही; 1, 18)

3 तै शरीरंच काव्यानामलंकाराश्च दर्शिताः।
शरीरं तावदिष्टार्थव्यवच्छिन्ना पदावली।। (काव्यादर्श; 1, 10)

4 पद्यं गद्यं च मिश्रं च तत् त्रिधैव व्यवस्थितम्।
पद्यं चतुष्पदी तच्च वृत्तं जातिरिति द्विधा।। (वही; 1, 11)

5 काव्यं गद्यं पद्यं च।। (काव्यालंकार सूत्र; 1, 3, 21)
पद्यमनेकभेदम्।। (वही; 1, 3, 26)

6 काव्यं प्रेक्ष्यं श्रेयं च।।
- काव्यानुशासन; 8, 1

उत्तमोत्तम। वस्तुतः ये काव्य-भेद न होकर काव्य-गुण के भेद हैं, इसलिए इन वर्गीकरणों का कोई विशेष महत्त्व नहीं है।

आचार्य विश्वनाथ (लगभग 12वीं शताब्दी का मध्यकाल) का वर्गीकरण अधिक उचित है। वे हेमचन्द्र की भांति इंद्रियों की मध्यस्थता के विचार से 'श्रव्य' और 'दृश्य' नामक दो काव्य-भेद निर्धारित करते हैं। तत्पश्चात् वर्णन-शैली के आधार पर श्रव्यकाव्य को - गद्य तथा पद्य - दो वर्गों में विभक्त करते हैं। इसके बाद उन्होंने पद्य को छन्द की दृष्टि से कई उपवर्गों में बांटा है।

हिन्दी के अधिकांश विद्वानों ने भारतीय काव्यशास्त्र की परम्परा को अंगीकार करते हुए या कुछ अंशों में पाश्चात्य प्रभाव अपना कर साहित्य की विधाओं का जो वर्गीकरण निर्धारित किया है, वह प्रायः इस रूप में मिलता है - (वर्तमान में लगभग सर्वस्वीकृत वर्गीकरण यही है। इसमें इन्द्रिय माध्यमों के आधार पर श्रव्य और दृश्य, शैली के आधार पर पद्य, गद्य एवं मिश्र, वन्ध के आधार पर प्रबन्ध तथा मुक्तक; मूलतः इन तीन आधारों को अपनाया गया है।)

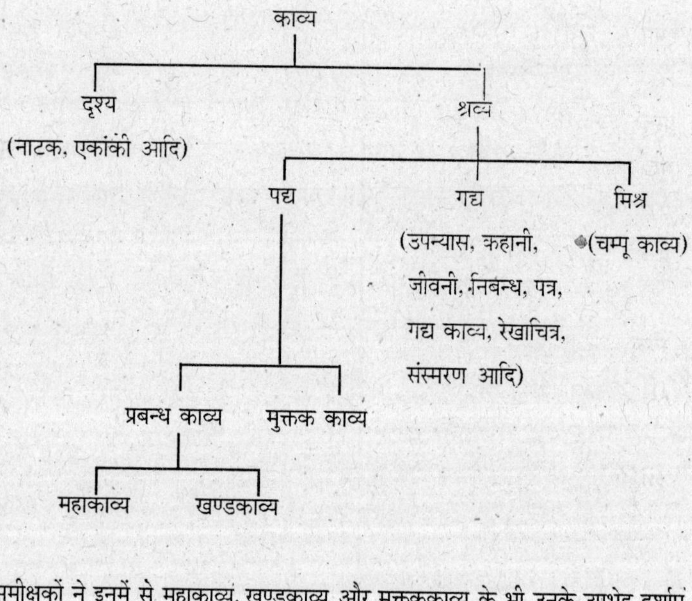

कुछ समीक्षकों ने इनमें से महाकाव्य, खण्डकाव्य और मुक्तककाव्य के भी उनके उपभेद दर्शाए हैं - यथा, महाकाव्य - पौराणिक, ऐतिहासिक, राष्ट्रीय और सांस्कृतिक, चरितात्मक और यथार्थवादी; खण्डकाव्य के दो वर्ग - एकार्थक और महाकाव्यात्मक; मुक्तककाव्य के दो वर्ग - पाठ्य तथा गेय अथवा गीति। लेकिन यह उचित नहीं है।

सबसे बड़ी बात यह है कि गद्य-काव्य के वर्गीकरण का न तो प्रयास किया गया है, न कोई आधार

बनाया गया है। यहाँ उपन्यास, कहानी, निबन्ध, जीवनी, रेखाचित्र, संस्मरण, रिपोर्ताज, यात्रावृतान्त, डायरी आदि विधाओं को बिना कोई वर्ग निश्चित किए सिर्फ गद्य काव्य मान कर एक जगह रख लिया गया है।

पश्चिम में साहित्यिक विधाओं के वर्गीकरण का सीमित इतिहास है। वहां साहित्य की प्रायः तीन मूल श्रेणियों - नाटक, महाकाव्य और गीतिकाव्य-पर ही ध्यान केन्द्रित रहा है तथा त्रासदी एवं महाकाव्य को विशिष्ट विधाएं निर्धारित कर उनकी व्यापक चर्चा की गई है। जैसा कि *रेनेवेलेक* तथा *आस्टिन वारेन* का कहना है "विधाओं के सिद्धान्त के लिए अरस्तू और होरेस हमारे शास्त्रीय आधार रहे हैं। उन्हीं के समय से हम त्रासदी और महाकाव्य को विशिष्ट (साथ ही महत्त्वपूर्ण) विधाएं समझते आए हैं। परन्तु कम से कम अरस्तू कुछ दूसरे और अधिक बुनियादी भेदों - नाटक, महाकाव्य और गीतिकाव्य के बीच-से भी परिचित रहे हैं। अधिकांश आधुनिक साहित्य सिद्धान्तों में गद्य और पद्य के दो भेद किए जाते हैं और फिर कल्पना को कथा (उपन्यास, कहानी, महाकाव्य) नाटक (चाहे पद्य में हो या गद्य में) और कविता (जिसे प्रायः प्राचीन गीतिकाव्य से मिलता-जुलता माना जाता है) में बांटा जाता है।"

जब कि *वीटर* नामक पाश्चात्य समीक्षक का मत है कि 'विधा' शब्द का प्रयोग न तो इन तीन आद्य (अल्टीमेट) श्रेणियों के लिए होना चाहिए, न त्रासदी और कामदी जैसे ऐतिहासिक भेदों के लिए। हमारे विचार से इनका प्रयोग दूसरे ऐतिहासिक रूपों के लिए किया जाना चाहिए।

प्लेटो और *अरस्तू* पाश्चात्य साहित्यशास्त्र के आधार पुरुष रहे हैं। उन्होंने 'अनुकरण की रीति' (या प्रस्तुतीकरण) के अनुसार तीन प्रमुख रूपों के विभेद इस प्रकार किए हैं - *गीतिकाव्य* कवि का अपना मुखौटा (परसोना) होता है; *महाकाव्य* (या उपन्यास) में कवि कुछ बातें कथाकार के रूप में अपनी ओर से कहता है, और कुछ अपने पात्रों के बीच सीधी बातचीत (मिश्र वर्णना) के रूप में कहलाता है; *नाटक* में कवि पात्रों की पृष्ठभूमि में अंतर्धान रहता है।

कालान्तर में समय और भाषागत पद रचना को इन तीनों रूपों के बीच बांट कर इनका आधारभूत स्वरूप दिखाने की चेष्टा कई समीक्षकों ने की है। यथा -

(i) *ह्वास* ने दुनिया को दरबार, नगर और देहात में बांट कर कविता के तीन मूल भेद किए थे - हीरोइक (महाकाव्य और त्रासदी), स्कीमैटिक (व्यंग्य तथा कामदी) तथा पैस्टोरल।

(ii) *इ.एस. डैलस* ने कविता के तीन मूल रूप माने हैं - नाटक (प्ले), कथा (टेल) और गीत (साँग) तथा इनको उसने अनेक नमूनों (स्केमेटा) में विभाजित किया है। इन्हीं को उसने दूसरे शब्दों में इस प्रकार रखा है :

- नाटक - मध्यम पुरुष, वर्तमान काल;
- महाकाव्य - अन्य पुरुष, भूतकाल;
- गीत - प्रथम पुरुष, एक वचन, भविष्यत काल।

(iii) *जान एस्काईन* इस निष्कर्ष पर पहुँचे थे कि गीत वर्तमान काल की अभिव्यक्ति करता है। परन्तु पूंपि

वह यह मान कर चलते हैं कि त्रासदी व्यक्ति के पूरे विगत जीवन की अंतिम परिणति को दर्शाती है - उसका ही चरित्र संचित हो कर उसका भाग्य बन जाता है - और महाकाव्य किसी जाति या राष्ट्र की नियति को दर्शाता है, अतः वह जो निष्कर्ष निकालते हैं उसे देखकर लगता है कि उसमें नाटक को बिल्कुल उल्टे ढंग से अतीत से और महाकाव्य को भविष्य के साथ जोड़ा गया है।

(iv) *जैकब्सन* रूसी रूपवादी हैं। उनका कहना है कि गीत प्रथम पुरुष, एक वचन, वर्तमान काल होता है, जबकि महाकाव्य अन्य पुरुष, भूतकाल होता है (महाकाव्य की कथा कहने वाले के 'मैं' को यदि कुछ पार्श्व से देखें तो यह अन्य पुरुष जैसा मालूम होगा)।

आधारभूत रूपों की इस तरह की खोजें, जिनका सम्बन्ध एक ओर तो भाषागत रूप-प्रक्रिया से और दूसरी ओर ब्रह्माण्ड के प्रति उनकी चरम अभिवृत्तियों से जोड़ा जाता है, 'सांकेतिक' तो हैं, पर इन से किसी तरह के वस्तुपरक परिणामों की आशा नहीं बंधती। सच तो यह है कि इस बात पर भी सन्देह किया जा सकता है कि इन तीनों रूपों की कोई आदिम हैसियत है भी या नहीं, यहाँ तक कि इनकी हैसियत ऐसे नियामक तत्त्वों की भी है, या नहीं, जिन्हें अलग-अलग रूपों में समन्वित किया जा सके। यह आपत्ति *रेनेवेलेक* तथा *आस्टेन वारेन* ने उठाई है।

विधाओं के वर्गीकरण के 'क्लासिकी' सिद्धान्त और 'नव्य-क्लासिकी' सिद्धान्त में दृष्टि-भेद है। आधुनिक सिद्धान्त की दृष्टि भी अलग है। 'क्लासिकी सिद्धान्त' विधेयात्मक और नियामक है। उसमें केवल यह नहीं माना जाता कि अपने स्वरूप और गौरव की दृष्टि से एक विधा दूसरी विधा से भिन्न होती है, बल्कि यह भी मान्यता है कि इन्हें एक-दूसरे में मिलने नहीं दिया जाना चाहिए। इन्हें अलग-अलग रखा जाना चाहिए। वस्तुतः इसीलिए यह विधाओं की परिशुद्धता का सिंद्धान्त है। हालाँकि इसका विवेचन कभी बहुत तर्कसंगत रूप से नहीं किया गया, फिर भी इसमें एक बहुत वास्तविक सौन्दर्य-सिद्धान्त का प्रश्न जुड़ा हुआ है - इसमें टोन की एकाग्रता, शैली की शुद्धता और सादगी का बहुत कठोरता से पालन किया जाता था। एक कथानक या विषय में एक ही आवेग (संत्रास या हँसी) पर ध्यान केन्द्रित किया जाता था। इसमें विशेषीकरण और बहुत्त्व (प्लूरलिज्म) पर भी बल दिया जाता था। तर्क यह भी था कि कविता क्यों 'चित्रात्मक' या 'संगीतात्मक' होने की कोशिश करे?

क्लासिकी सिद्धान्त में विधाओं का वर्गीकरण सामाजिक आधार पर भी किया गया था। महाकाव्य और त्रासदी का सम्बन्ध राजाओं तथा सामंतों के कार्य-व्यापार से होता है, कामदी का संबंध मध्य वर्ग (नगर और बुर्जुआ) से तथा व्यंग्य एवं प्रहसन का आम लोगों से। पात्र-सूची के इस विभेद के साथ ही प्रत्येक के 'शिष्टाचार' (वर्ग के 'आचार') शैलियों के भेद का सिद्धान्त भी था जो उत्तम, मध्यम और अधम में विभाजित था। इसके साथ ही लम्बाई या आकार (शक्ति का निर्वाह करने की क्षमता) और टोन की गंभीरता भी इन रूपों के श्रेणी-विभाजन का आधार रखा गया था। नव्य-क्लासिकी सिद्धांत विधाओं के सिद्धान्त की या उनके भिन्नन (डिफरेन्शियेशन) के आधार की न तो व्याख्या करता है न विवेचन। इसमें

विधाओं की शुद्धता, विधाओं के श्रेणी विभाजन, विधाओं की अवधि, नई विधाओं के आकर जुड़ने-जैसे विषयों पर विचार किया गया है। विधाओं का आधुनिक सिद्धान्त वर्णनात्मक है। इसमें विधाओं की संख्या को सीमित नहीं किया जाता, न ही लेखकों के लिए नियम निर्धारित किए जाते हैं। इसमें यह माना जाता है कि परम्परागत विधाओं को 'मिलाया' जा सकता है और इससे नई विधाएं तैयार की जा सकती हैं।

इससे यह निष्कर्ष निकलता है कि विधाएं 'शुद्धता' के आधार पर तो खड़ी की ही जा सकती हैं, साथ ही 'समन्वयशीलता' के आधार पर भी खड़ी की जा सकती हैं। इन्हें इनके अपने तत्त्वों के आधार पर भी तैयार किया जा सकता है, साथ ही नए तत्त्वों को जोड़ कर भी।

कुल मिला कर विधा-वर्गीकरण की पाश्चात्य दृष्टि 'सीमित' है और आधुनिक दृष्टि 'स्वच्छन्दतावादी'। यही नहीं वहाँ राजनीतिक तथा धार्मिक उपन्यासों जैसे वर्गीकरणों की ओर भी ध्यान देने की प्रवृत्ति दिखाई देती है, जोविषय-वस्तु पर आधारित हैं। यह एक विशुद्ध समाजशास्त्रीय वर्गीकरण है; लेकिन यदि इसी आधार पर हम विधाओं का निर्धारण करते चलें तो इसका कभी अन्त ही नहीं आएगा।

साहित्यिक विधाओं का प्रस्तावित नया वर्गीकरण

साहित्यिक विधाओं के वर्गीकरण की परम्परागत व्यवस्थाएं आज बिखरती-सी लगती हैं। पहली बात तो यह है कि 'दृश्य' और 'श्रव्य' का जो आधार भारतीय काव्यशास्त्र में हमारे आचार्यों ने अपनाया था, वह आज गड्ड-मड्ड हो गया है। अब तक हम नाटकों के ही दर्शक थे, किन्तु अब कविताओं, कहानियों, उपन्यासों आदि विधाओं को भी 'देख' रहे हैं। टेलीविज़न के पर्दे ने हमें यह सुविधा दे दी है। क्या सेल्यूलाइड पर उतर कर ये श्रव्य-विधाएं, दृश्य विधाओं में भी नहीं बदल चुकी हैं? इतना ही नहीं साहित्य अब क़ागज-कलम का मामला है, जो मुद्रित हो कर हम तक पहुँच रहा है। हम आँखों के माध्यम से उसे मन ही मन पढ़ते हैं। अपनी बिम्ब-धर्मिता के कारण हम प्रायः सभी विधाओं को पढ़ कर 'देखते' हैं या पढ़ते हुए मन से 'देखते' हैं। रही-सही कसर श्रव्य-दृश्य माध्यमों ने पूरी कर दी है। दूसरी बात यह है कि प्रचलित वर्गीकरण में विशेषरूप से द्वितीय विश्वयुद्ध के पश्चात् विकसित गद्य की नयीं विधाएं - रिपोर्ताज, रेखाचित्र, संस्मरण, डायरी, यात्रावृत्तान्त आदि कहीं अपने लिए ठौर नहीं पा सकी हैं। साक्षात्कार, फ़ीचर, परिचर्चा, भूमिका और संपादकीय जैसी विधाएं भी अब विधाओं का दर्जा पाने की स्थिति में हैं, जो सामान्य पाठक के लिए चौंकाने वाली बात है। सच तो यह है कि इन सब विधाओं का अपना स्वतंत्र व्यक्तित्व उभर कर सामने आ चुका है। ये नवीन विधाएं पर्याप्त समृद्ध हो चुकी हैं और हो रही हैं। इनमें भी पर्याप्त रचनात्मक क्षमता है। अतः इनको वर्गीकरण में और साहित्य-परिवार में सम्मानजनक स्थान मिलना चाहिए।

इस विचार से हम एक नया वर्गीकरण प्रस्तावित करना चाहते हैं। विधाओं का यह वर्गीकरण सर्वथा नया अथवा परम्परा से एकदम दूर हो, ऐसा भी नहीं है। हां, इसमें वैज्ञानिक दृष्टि को अपनाते हुए,

कई नई विधाओं को अवश्य पहली बार समुचित स्थान दिया गया है।

यह वर्गीकरण एक तरह से 'साहित्य की आनुवंशिकी' (Genetics of Literature) प्रस्तुत करता है, क्योंकि इसमें साहित्यिक विधाओं के रूप में साहित्य के आंतरिक विकास को रेखांकित करने की कोशिश की गई है। इसमें विधाओं को उनके आपसी 'रुधिर सम्बन्ध' (Blood relation) के आधार पर एक-दूसरे से सम्बन्धित या प्रभावित दर्शाया गया है। परवर्त्ती विधाओं की 'जनक' विधाओं की ओर संकेत करते हुए उनके अन्दर पाए जाने वाले 'आनुवंशिक लक्षणों' को दर्शाया गया है। इसलिए इस वर्गीकरण को *'साहित्यिक विधाओं के रुधिर सम्बन्ध'* के सिद्धान्त पर आधारित वर्गीकरण कहा जा सकता है।

विचार-सूत्र

हम यह मानकर चलें कि कोई भी साहित्यिक कृति जड़ पदार्थ नहीं है। इसलिए उसका विश्लेषण भौतिक जड़ पदर्थ कीतरह नहीं किया जाना चाहिए। हम उसे एक जीवन्त रचना मानते हैं। एक गत्यात्मक कृति। उसको 'शाब्दिक कला' कहने से भी यही तात्पर्य होना चाहिए कि उसमें निहित शब्द निरन्तर सक्रिय रहते हैं। वे रचनाकार की संवेदना से लैस होते हैं और युगीन सन्दर्भ लिए होते हैं। पाठक भी उनकी इस प्रकृति को अनुभव करता और पहचानता है। शब्द और अर्थ की गत्यात्मक प्रतिद्वन्द्विता किसी भी साहित्यिक कृति को जड़ पदार्थ होने से बचाती है।

इसी तरह रचनाओं के समूह-वर्ग, जिन्हें 'विधा' कहें; परस्पर सम्बन्ध रखने वाली अनेक विशेषताएं संजोए रखते हैं। इनकी रचना और संघटना में मूलभूत समानता एवं एक निश्चित क्रम भी देखा जा सकता है। एक जीव की तरह साहित्यिक विधा के गुण कुछ इस तरह निर्धारित किए जा सकते हैं -

(1) साहित्यिक रचनाएं और उनके वर्ग (विधाएं) 'शब्द' से निर्मित हैं,

(2) 'शब्द' कोई जड़ पदार्थ नहीं है, जैसे-मूर्तिकला में पत्थर हो या चित्रकला में रंग। एक व्यवस्था पा कर वह शब्द 'अर्थवान' बनते हैं। लक्षणा और व्यंजना शब्द शक्तियाँ इन शब्दों के अणु-परमाणु कही जा सकती हैं।

(3) साहित्य की सभी रचनाएँ 'गति' से युक्त होती हैं। यह गति एक तरह से जीव-पदार्थ (प्रोटोप्लाज्म) है। गति के दो रूप हैं - 'लय' तथा 'क्रिया-प्रतिक्रियात्मक' गति। 'कविता' में 'लय' तथा गद्य-रचनाओं में 'क्रिया-प्रतिक्रियात्मक' गति रहती है।

(4) सभी कृतियों की रचना में 'शब्द के विशेष समूह' ही भाग लेते हैं। इन्हें एक तरह से 'कोशारूपी' (cellular) सूक्ष्मपिण्ड कह सकते हैं।

(5) 'शब्द के विशेष समूह' (कहें कि 'कोशा रूप (cellular) सूक्ष्मपिण्ड या कोशाएं) उन कृतियों के विधायक उपकरणों या अंग-प्रत्यंगों का निर्माण करते हैं।

(6) समस्त साहित्यिक रचनाओं की अपनी-अपनी पृथक् विधाएं हैं, उसी तरह, जिस तरह कि जीवों की

अपनी-अपनी जीव-जातियां (species) हैं।

अतः कहा जा सकता है कि साहित्य विविध रचनाओं का एक अव्यवस्थित कबाड़खाना नहीं है, वरन् एक क्रमबद्ध एवं सुव्यवस्थित जटिल तन्त्र अथवा संस्था है।

आधार-भूत कल्पना

"परिवर्तन के साथ अवतरण" (Descent with change or modification) साहित्यिक विधाओं के विकास की आधारभूत कल्पना है।

इस विश्व पर हम दृष्टि डालें तो पायेंगे कि सारी चीज़ें जो हम अपने आसपास देखते हैं, अपने आरंभ में वैसी नहीं थीं, जैसी आज हैं। जितने भी वैज्ञानिक उपकरण हैं वे भी अपने आरंभिक ढांचे में एकदम भिन्न थे। उनमें निरन्तर परिवर्तन होते रहे और वे नए-नए विकसित रूप पाते गए। इसी तरह साहित्यिक रचनाओं के वर्गों (विधाओं) के लक्षणों में पीढ़ी-दर-पीढ़ी, युगीन आवश्यकताओं के अनुसार परिवर्तन होते रहते हैं। वर्षों में यही परिवर्तन एक 'विधा' से नई, अधिक संघटित एवं जटिल विधाओं के विकास का कारण बनते हैं। इस आधार पर यह कहा जा सकता है कि प्रत्येक वर्तमान साहित्यिक विधा का विकास किसी न किसी अपेक्षाकृत आरंभिक स्तर की भूतकालिक विधा (पूर्वज विधा) से हुआ है।

हमारी यह अवधारणा हमें इस निष्कर्ष की ओर ले जाती है कि साहित्यिक विधाओं की उत्पत्ति 'सहपूर्वजों' से 'बहुआयामी उद्विकास' के फल स्वरूप हुई। अतः सभी विधाओं में कम या अधिक विकासीय सम्बन्ध होते हैं, जिनके अनुसार इन्हें छोटे-बड़े समूहों में बांटा जा सकता है।

इस प्रकार हमारा वर्गीकरण *'प्राकृतिक वर्गीकरण'* कहा जाएगा। इसके अंतर्गत विधाओं को विविध समूहों में बांटने के लिए इनके ऐसे मूल (fundamental) लक्षणों की कसौटियां बनानी होंगी, जिनसे कि इनके आनुवंशिक एवं रुधिर सम्बन्धों (genetic or blood relations) का पता चले।

विकास की इस अवधारणा से साहित्य और उसकी विधाओं के महत्त्वपूर्ण रहस्यों का पता चलता है। हम पाते हैं कि -

(1) साहित्य में परिवेशगत दशाएं कभी स्थायी नहीं रहतीं, वे सदैव बदलती रहती हैं।

(2) रचनाओं में बदली हुई परिवेशगत दशाओं के अनुसार बदलने की क्षमता होती है। इस क्षमता के कारण ही रचनाओं के नए-नए रूपों अथवा वर्गों (विधाओं) की उत्पत्ति होती रहती है। इस प्रकार विधाओं के लक्षण भी अस्थायी एवं परिवर्तनशील होते हैं।

(3) जितनी साहित्यिक विधाएं आज हैं, उतनी पहले नहीं थीं; क्योंकि एक पूर्वज विधा से विभिन्न दिशाओं में कई विधाओं का विकास होता गया है।

(4) पहले की विधाएं अपनी संरचना में बाद की विधाओं से सरल होती हैं। क्योंकि परिवेशगत दशाओं के अनुकूल संरचना-गठन और संवेदनाओं की जटिलता या विशिष्टीकरण ही मौलिक विकास की प्रक्रिया होती है।

(5) किन्हीं दो विधाओं का किसी न किसी समय एक ही पूर्वज था। अतः ये विधाएं एक-दूसरे की निकट या दूर की रिश्तेदार (cousins) हैं; या सभी साहित्यिक विधाओं का प्रारंभिक रचना से लेकर एक-वंशीय इतिहास (monophyletic geneology) है।

ये कुछ उदाहरण मात्र हैं। और भी कई रहस्य हो सकते हैं। इस परिप्रेक्ष्य में हम यह पाते हैं कि-

(1) कोई भी साहित्यिक विधा निरन्तर नई रचनाओं को जन्म देने वाली रचनाओं की आबादी या समूह है;

(2) इस आबादी या समूह में परिवेशगत दशाओं के अनुसार अनुकूलन (adaptation) और प्राकृतिक चयन की प्रक्रियाएं चलती रहती हैं,

(3) इस प्रकार *उद्विकास* द्वारा इसमें नई विधाओं की उत्पत्ति करने की मूल क्षमता होती है।

विधाओं के अंतर्गत रची जाने वाली रचनाओं के समूह में संरचनात्मक अथवा प्रवृत्तिगत परिवर्तन क्यों होते हैं? इसका उत्तर बहुत लम्बा भी हो सकता है और संक्षिप्त भी। परिवर्तनों के कारण कई हो सकते हैं। विधाओं के तत्त्वों या विधायक उपकरणों, संरचना ढांचे आदि में होने वाले परिवर्तन अकस्मात् भी हो सकते हैं (जिन्हें उत्परिवर्तन कहेंगे) अथवा धीरे-धीरे भी। ये परिवर्तन अथवा उत्परिवर्तन किसी एक तत्त्व में भी हो सकते हैं या साथ-साथ एक से अधिक तत्त्वों में भी। इन परिवर्तनों के फलस्वरूप वह तत्त्व अचानक अधिक विकसित या पूरी तरह विलुप्त हो सकते हैं अथवा नए तत्त्व विकसित हो सकते हैं।

साहित्यिक विधाओं के तत्त्वों या विधायक उपकरणों में होने वाले परिवर्तन या उत्परिवर्तन मूलतः दो कारणों पर निर्भर होते हैं - एक तो *परिवेशगत दशाओं के प्रभाव* पर, दूसरे *'जीन ढांचे' में परिवर्तन* पर। साथ ही, *रचनाकार* की स्थिति भी विचारणीय है।

परिवेशगत दशाओं के प्रभाव के अंतर्गत हम सामाजिक-आर्थिक-राजनीतिक आदि स्थितियों का प्रभाव देख सकते हैं। ये स्थितियां किसी भी विधा की रचनाओं में वैचारिक ही नहीं भाषा-संरचनागत परिवर्तन तक घटित कर देती हैं। विधाओं और उनकी रचनाओं का उद्देश्य भी परिवेशगत दशाओं से प्रभावित हो जाता है। परिवेशगत दशाएं मूलतः सांस्कृतिक अभिलक्षण हैं और ये रचनाकार के अभिलक्षणों से जुड़े हैं।

'जीन ढांचे' में परिवर्तन विधाओं के संरचना-संघटन में परिवर्तन ला देता है। यह 'जीन ढांचा' साहित्यिक विधाओं के सन्दर्भ में एक नई बात अवश्य है, कुछ लोग चौंक भी सकते हैं। लेकिन ध्यान दें तो यह बड़ी महत्त्वपूर्ण चीज़ है। इसलिए इस तथाकथित 'जीन ढांचे' को समझ लेना आवश्यक है।

जिस तरह प्रत्येक जीव जाति में गुणसूत्रों (क्रोमोसोम्स) की अपनी एक निश्चिति संख्या होती है, उसी प्रकार साहित्यिक विधाओं में भी तथाकथित 'गुणसूत्रों' की 'संख्या' की कल्पना की जा सकती है। ये 'गुणसूत्र' समजात जोड़ियों में होते हैं (जैसे - मनुष्य में 23 जोड़ियां)। प्रत्येक गुणसूत्र में विविध लक्षणों के अनेक जीन्स होते हैं। गुणसूत्रों की जोड़ियों के अनुसार जीन्स भी जोड़ीदार होते हैं। प्रत्येक लक्षण से

सम्बन्धित एक जीन एक गुणसूत्र पर तथा दूसरा उसी गुणसूत्र के समजात साथी पर उसी बिन्दु पर स्थित होता है। जीव के सारे गुणसूत्रों में स्थित जीन्स मिल कर एक जीन ढांचा (gene pattern) या जीन समूह (genotype) बनाते हैं, जो इसके सारे *आनुवंशिक (heredity) लक्षणों की "जन्मपत्री"* होती है। जीव की उत्पत्ति से लेकर यदि पीढ़ी-दर-पीढ़ी यह "जन्मपत्री" ज्यों-की-त्यों सभी सन्तानों में जाती रहे तो समजाति-सदस्यों की सारी विभिन्नताएं केवल *उपार्जित* या *कायिक* होंगी और जैव विकास (नई जीवजातियों की उत्पत्ति) का प्रश्न ही नहीं उठेगा। वास्तव में, हर पीढ़ी के किसी भी सदस्य की यह जीनिक "जन्मपत्री" अन्य सदस्यों जैसी नहीं होती। सजातीय सदस्यों में जीन ढांचों की विभिन्नता के कारण कई हो सकते हैं, और ये जीव विकास में सहायक हैं।

इसी स्थिति की कल्पना साहित्यिक विधाओं में की जा सकती है। उनमें भी कुछ निश्चित गुण होते हैं। लक्षणों का समूह होता है। ये लक्षण उस विधा की अन्य रचनाओं में विद्यमान रहते हैं। साथ ही एक ही विधा की रचनाओं के अपने निजी गुण, अपनी निजी विशेषताएं भी होती हैं, जो उसी विधा की अन्य रचनाओं से अलग होती हैं। कालान्तर में ऐसी कुछ रचनाएं अन्य रचनाओं से भिन्न हो कर, अन्य विधाओं के "जीन ढांचे" को अपना कर नई विधा को जन्म दे सकती हैं। इसी आधार पर *साहित्यिक विधाओं के रुधिर सम्बन्ध का सिद्धान्त* समझा जा सकता है। क्योंकि 'जीन ढांचे' का सम्बन्ध रुधिर कणों से होता है।

इस पृष्ठभूमि के साथ हम विधाओं के अपने नए वर्गीकरण को सामने रख रहे हैं। अतः इसे इसी पृष्ठभूमि के साथ देखना चाहिए।

वर्गीकरण का स्वरूप और रूपरेखा

साहित्यिक विधाओं के हमारे वर्गीकरण का मूल आधार उनके रुधिर सम्बन्ध (Blood relation) का सिद्धान्त है। हमने कल्पना की है कि मानव की तरह साहित्यिक विधाओं में भी चार रुधिर वर्ग (Blood groups) हैं - A, B, AB तथा O; जिनमें से A नाट्य वर्ग का, B कथेतर गद्य वर्ग का, AB कविता वर्ग का तथा O कथा वर्ग का सूचक वर्ग हैं।

यह आश्चर्यजनक संयोग है कि मानव में इन रुधिर वर्गों का जैसा प्राकृतिक नियम है, लगभग वैसा ही साहित्यिक विधाओं में भी देखने को मिलता है।

उदाहरण के लिए हम देखें कि किसी A रुधिर वर्ग के मनुष्य को रक्त आधान (Blood transfusion) चाहिए। क्या B रुधिर वर्ग के व्यक्ति का रुधिर उसे चढ़ाया जा सकता है? नहीं। ऐसा करने पर उसके रक्त अणु रोगी के रक्त में पहुँचते ही परस्पर चिपक कर बड़े-बड़े पिण्ड बना लेंगे। ये पिण्ड उस व्यक्ति की महीन रुधिर कोशिकाओं में अटक कर रुधिर संचरण को रोक देंगे, और रोगी की मृत्यु हो जाएगी। यानी, रक्त आधान सामान्यतः सवर्गीय (same group) व्यक्तियों के बीच ही उचित रहता है। फिर भी आवश्यकता पड़ने पर अन्तर-वर्गीय रुधिर आधान किया जा सकता है। वैज्ञानिकों ने इसके लिए

एक सामान्य नियम बना लिया है, जो इस रेखाचित्र से समझा जा सकता है -

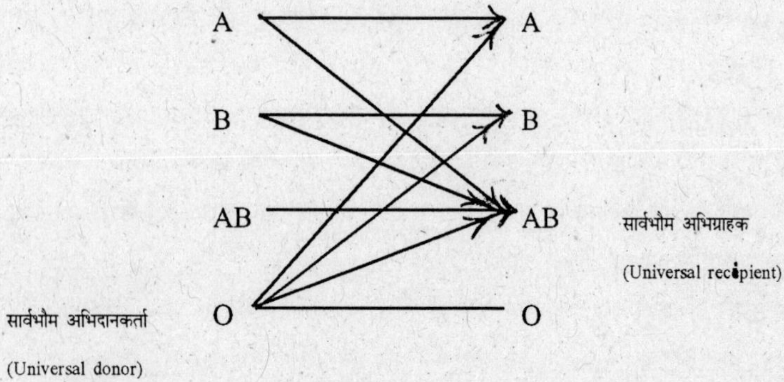

इसमें दर्शाया गया है कि AB रुधिर वर्ग ऐसा है, जो सभी रुधिर वर्गों के रुधिर को ग्रहण कर सकता है, उसे इससे कोई हानि नहीं होती। इस रुधिर वर्ग को Universal **recipient** (सार्वभौम अभिग्राहक) कहते हैं। इसी तरह O रुधिर वर्ग ऐसा है, जो सभी रुधिर वर्गों को रुधिर दे सकता है, किसी को इससे हानि नहीं होती। इस रुधिर वर्ग को Universal donor (सार्वभौम अभिदानकर्त्ता) कहते हैं।

इसी प्रकार अन्तरवर्गीय रुधिर आधान के निर्धारण के लिए इस चार्ट को देखा जा सकता है -

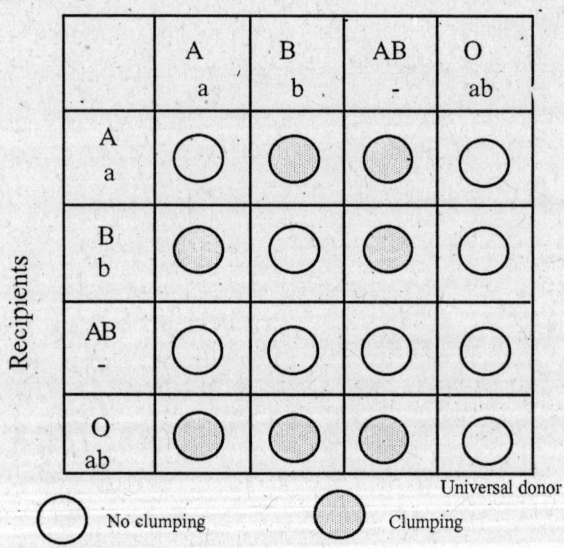

इस आधार पर साहित्यिक विधाओं के 'रुधिर वर्ग' को समझा जा सकता है और देखा जा सकता है कि कौन-कौन सी विधाएं ऐसी हैं जो अन्य विधाओं के 'रुधिर' को आत्मसात् कर सकती हैं। इस रेखाचित्र को देखें -

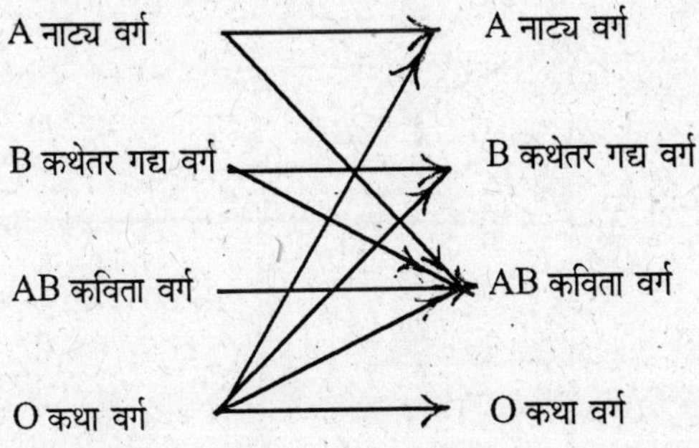

कथा वर्ग (O) ऐसा है, जो Universal donor (सार्वभौम अभिदानकर्त्ता) है और कविता वर्ग (AB) ऐसा है जो Universal recipient (सार्वभौम अभिग्राहक) है। अर्थात् 'कथा तत्त्व' सभी रुधिर वर्गों वाली विधाओं में मिल सकता है - नाटक (A) में भी, कथेतर गद्य वर्ग (B) में भी (जैसे - रेखाचित्र, जीवनी, आत्मकथा में), कवितावर्ग (AB) में (जैसे - महाकाव्य, खण्डकाव्य में) और कथा वर्ग (O) में तो रहता ही है। इसी तरह कविता वर्ग (AB) को देखें। यह बिना किसी हानि के सभी तरह के 'रुधिर वर्गों' को ग्रहण कर सकता है। यदि इसमें नाट्य वर्ग (A) मिलाया जाए तो कोई हानि नहीं (गीतिनाट्य की विधा) कथेतर गद्य वर्ग (B) मिला दें तो भी कविता चल जाएगी (गद्य गीत); कविता वर्ग (AB) तो है ही समजातीय वर्ग, कथा वर्ग (O) मिलाएं तो भी सर्वोत्तम (महाकाव्य, खण्डकाव्य)।

रुधिर वर्ग की आनुवंशिकी से किसी बच्चे की विवादास्पद वल्दियत का तो सही पता नहीं लग सकता, हाँ यह अवश्य बताया जा सकता है कि अमुक व्यक्ति इसके माता-पिता हो सकते हैं। मान लें एक AB रुधिर वर्ग के बच्चे की वल्दियत का झगड़ा है। जो माँ-बाप इसे अपना बच्चा बताते हैं, वे O और B रक्त वर्ग के हैं। तो, जैसा कि चार्ट से स्पष्ट है, यह बच्चा इनका नहीं हो सकता। रुधिर वर्ग की वंशागति से चिकित्सा कानून के ऐसे ही मुकद्दमों में सहायता मिलती है।

लगभग यही स्थिति साहित्यिक विधाओं की 'वल्दियत के निर्धारण' में देखी जा सकती है। इसे चार्ट की सहायता से समझा जा सकता है -

माता-पिता के रुधिर वर्ग	संतानों के रुधिर वर्ग	
	संभव	असंभव
O x O	O	A,B,AB
O x A A x A	O A	B, AB
O x B B x B	O B	A, AB
A x B	O, A	A, B
O x AB	A, B	O, AB
A x AB B x AB AB x AB	A, B, AB	O

संतान का रुधिर वर्ग	माता-पिता में से एक का रुधिर वर्ग	दूसरे जनक का रुधिर वर्ग	
		संभव	असंभव
O	O A B	A,B O,B O,A	AB
A	O,B	A, AB	O, B
B	O, A	B, AB	O, A
AB	A B AB	B, AB A, AB A, B, AB	O,A O, B O

इसमें A = नाट्यवर्ग, B = कथेतर गद्य वर्ग, AB = कविता वर्ग और O = कथा वर्ग रख कर देखें।

(1) माता-पिता का रुधिर वर्ग OxO (दोनों कथा वर्ग) हैं, तो जो नई विधा होगी (रचनाएँ होंगी) वे O (कथा-रचना) ही संभव हैं। वह न तो A (नाट्य विधा की रचना) होगी, न B (कथेतर गद्य वर्ग) की और न AB (कविता) वर्ग की।

(2) माता-पिता का रुधिर वर्ग OxA (क्रमशः कथा वर्ग तथा नाट्य वर्ग) अथवा AxA (दोनों नाट्य वर्ग) हैं; तो जो नई विधा होगी (रचनाएँ होंगी) वे नाट्यतत्त्व लिए O (कथावर्ग) के अंतर्गत ही आ सकती हैं अथवा AxA होने से A (नाट्यवर्ग) वर्ग की ही होंगी। वे B (कथेतर गद्य वर्ग) तथा AB (कविता वर्ग) की कदापि नहीं होंगी।

(3) माता-पिता का रुधिर वर्ग OxB (कथा वर्ग x कथेतर गद्य वर्ग) अथवा BxB (दोनों कथेतर गद्य वर्ग) है, तो नई रचनाएँ या विधाएं या तो O (कथावर्ग की) होंगी या B (कथेतर गद्य वर्ग की)। वे न तो A (नाट्य) वर्ग की हो सकती हैं और न AB (कविता) वर्ग की!

(4) माता-पिता का रुधिर वर्ग AxB (नाट्यxकथेतर गद्य) वर्ग का है, तो नई रचनाएं या विधाएं A (नाट्य) वर्ग की होंगी अथवा B (कथेतर) वर्ग की!

(यह अपवाद है। मानव रक्त वर्ग में संतान का रक्तवर्ग O, A, B, AB कुछ भी हो सकता है। साहित्यिक विधाओं में ऐसा नहीं है।)

(5) माता-पिता का रुधिर वर्ग OxAB (कथा x कविता) है; तो नई विधा या रचनाएं A (नाट्य) वर्ग की हो सकती हैं, अथवा AB (कविता) वर्ग की। (यह भी अपवाद है। मनुष्य में ऐसी स्थिति में संतान का रक्त वर्ग A या B संभव है। O एवं AB असंभव है।)

(6) माता-पिता का रक्त वर्ग AxAB (नाट्य x कविता) हो, BxAB (कथेतर x कविता) वर्ग हो, ABxAB (कविता) वर्ग हो तो नई रचनाओं (विधाओं) का वर्ग या तो A (नाट्य) होगा, या B (कथेतर) या AB (कविता)। वह O वर्ग (कथा) नहीं होगा।

रुधिर वर्ग एक आनुवांशिक लक्षण है। यह माता-पिता से प्राप्त जीन्स के आधार पर ही विकसित होते हैं।

अब विधाओं के 'रुधिर वर्ग' का चार्ट इस प्रकार बन सकता है -

दो विधाओं का (रुधिर) वर्ग	नई रचनाओं या विधाओं का वर्ग	
	संभव	असंभव
O x O कथावर्ग x कथावर्ग	O कथावर्ग	A, B, AB नाट्य, कथेतर गद्य, कविता
O x A कथा x नाट्यवर्ग A x A नाट्य x नाट्यवर्ग	O कथावर्ग A नाट्यवर्ग	B, AB कथेतर कविता गद्य वर्ग
O x B कथा x कथेतर वर्ग B x B कथेतर x कथेतर वर्ग	O कथा वर्ग B कथेतर गद्य वर्ग	A नाट्य AB कविता वर्ग वर्ग
A x B नाट्य x कथेतर वर्ग	O, A कथा, नाट्य B कथेतर गद्य	AB कविता वर्ग
O x AB कथा x कविता वर्ग	AB कविता वर्ग	O, B कथा, कथेतर गद्य A नाट्य वर्ग
A x AB नाट्य x कविता वर्ग B x AB कथेतर गद्य x कविता वर्ग AB x AB कविता x कविता वर्ग	A नाट्य वर्ग B कथेतर गद्य वर्ग AB कविता वर्ग	 O कथा वर्ग

इस समूचे परिप्रेक्ष्य में हम अपने वर्गीकरण को यह रूप दे सकते हैं (देखें, वर्गीकरण की रूपरेखा)। इस वर्गीकरण में सांकेतिक कल्पित विधा रुधिर-वर्ग भी साथ में दे दिया गया है, जो यह संकेत देता है कि उस विधा में अन्य कौन-सा 'रुधिर वर्ग' विद्यमान रहता है या रह सकता है। यानी, उस विधा में उसके अपने लक्षणों के साथ-साथ अन्य किस विधा के लक्षण विद्यमान रहते हैं।

वर्गीकरण की रूपरेखा

साहित्यिक विधाएं

- नाट्यवर्ग A
  - नाटक A x A, O x A
  - एकांकी A x A, O x A
  - गीतिनाट्य A x AB
- कविता वर्ग AB
  - प्रबंध कविता O x AB
    - महाप्रबंध (महाकाव्य) O x AB
    - खण्ड प्रबंध (खण्डकाव्य) O × AB
  - मुक्त कविता (मुक्तक, गीत-नवगीत, जनगीत, ग़ज़ल, मुक्त छंद कविता (free verse) AB x AB
  - प्रकीर्ण - चम्पू काव्य B x AB
- कथा वर्ग O
  - प्रबंध कथा O×O, A×O
    - महाप्रबंध कथा (उपन्यास) O x O, A×O
    - खण्ड प्रबंध कथा (कहानी) O x O, A×O
  - मुक्त कथा (लघु कथा) O×O, A×O
- कथेतर गद्य वर्ग B
  - व्यक्तित्व एवं चिन्तन तत्त्व प्रधान कथेतर गद्य (निबंध, समीक्षा) B x B
  - वर्णन तत्त्व प्रधान
    - जीवनीपरक O x B
      - परात्मक
        - प्रबंधात्मक (जीवनी) O×B
        - खण्ड प्रबंध O×B (रेखाचित्र, संस्मरण)
      - आत्मक
        - प्रबंधात्मक (आत्मकथा) O×B, A×B
        - खण्ड प्रबंध (डायरी)
        - प्रबंध मुक्त (पत्र) A×B
    - प्रकृतिपरक A x B, (यात्रावृत्तान्त) O×B
    - घटनापरक (रिपोर्ताज) A x B, O x B
  - कविता तत्त्व प्रधान (गद्य गीत) B x AB
  - अन्य (साक्षात्कार, परिचर्चा, फ़ीचर, संपादकीय और भूमिका) B x B
    A×B A×B O×B

खण्ड - 1

नाट्यवर्ग की विधाएँ

नाट्य वर्ग

(A)

साहित्यिक विधाओं में नाट्य वर्ग की विधाएं अत्यन्त प्राचीन तथा लोकप्रिय हैं। वर्तमान में इस वर्ग की विधाओं में - नाटक, एकांकी, गीतिनाट्य प्रमुख हैं। इनके अतिरिक्त इनमें रेडियो रूपक, टी0वी0 नाटक आदि नाट्यरूपों को भी सम्मिलित किया जा सकता है। प्राचीन समय में तो नाट्य वर्ग अनेकानेक विधाओं का पुंज था।*

नाट्य वर्ग की विधाओं में जो सामान्य लक्षण रेखांकित किए जा सकते हैं, उनमें से केन्द्रीय विशेषता अथवा लक्षण है उनका 'नाट्य-तत्त्व' प्रधान होना। यह नाट्य तत्त्व कई लक्षणों और तत्त्वों का मिश्रण है। 'नाट्य' शब्द 'नट' धातु से बना है, इस धातु का अर्थ है - अभिनय करना। अतः नाट्य वर्ग की सभी विधाओं में 'अभिनय' केन्द्रीय विशेषता है। उनमें स्थिति विशेष अथवा किसी अवस्था का अनुकरण किया जाता है। इसीलिए 'जीवन की अनुकृति' इन विधाओं का लक्ष्य होता है। नाट्य-रचनाकार अपनी प्रतिभा के बल पर एक चुनी हुई कथा को, विभिन्न पात्रों से कहलवाते और उनसे अभिनय कराते हुए, दृश्यों के रूप में इस प्रकार रंगमंच पर प्रदर्शित कराने योग्य बनाता है कि वह अपने इष्टार्थ को दर्शकों (सामाजिकों-सहृदयों) तक पहुँचा सके।

आरंभ में 'नाट्य' में अनुकरण ही था, बात-चीत (संवाद) सम्मिलित नहीं थी। वहाँ संकेत निहित रहता था कि 'अमुक पात्र अमुक कार्य का अभिनय कर रहा है'। अतः वहाँ क्रिया प्रधान थी। 'मूक-अभिनय' भी 'नाट्य' है, इससे स्वतः ही संवाद बाद की चीज़ ठहरती है। *डिडेराट* नामक पश्चिमी पंडित के बारे में प्रसिद्ध है कि उसकी यह अद्भुत आदत थी कि नाटक देखते समय वह अपने कान बन्द कर लेता था। ऐसा करने से वह नाटकीय क्रिया को बातचीत से अलग करके देख सकता था। उसकी उत्कृष्टता को ठीक-ठीक समझ सकता था। ऐसे अनेक 'डिडेराट' हमारे यहाँ भी हैं।

कहने का अर्थ यह है कि 'नाट्य' अभिनय तत्त्व प्रधान विधा का वर्ग है, अभिनय अनुकरण से

---

* तब दृश्यकाल के अंतर्गत रूपक तथा उपरूपक नाम से दो वर्ग बनाए गए थे। रूपक के 10 एवं उपरूपक के 18 भेद गिने जाते थे। ये भेद इस प्रकार थे -

रूपक - नाटक, प्रकरण, भाण, प्रहसन, व्यायोग, समवकार, डिम, वीथी, अंक, ईहामृग।

उप रूपक - नाटिका, त्रोटक, गोष्ठी, सट्टक, नाट्य रासक, प्रस्थान, उल्लाप्य, काव्य, प्रेंखण, रासक, संलापक, श्री गदित, शिल्पक, विलासिता, दुर्गमल्लिका, प्रकरणी, हल्लीश, भाणिका।

इनमें से रूपक के भेद ही अधिक प्रचलन में रहे। इनमें भी नाटक बहुश्रुत एवं व्यवहार की दृष्टि से सर्वाधिक महत्त्व रखता था।

सम्पन्न होता है और यह 'क्रिया' है। इसलिए 'नाट्य' विधाओं में क्रिया-प्रधान दृश्यांश ही मुख्य होते हैं। (पुराने शास्त्रकार इसी आधार पर नाटक-जैसी विधाओं को दृश्यकाव्य मानते रहे हैं।)

जैसा कि पहले संकेत किया गया कि नाट्य वर्ग की विधाओं में लोक व्यवहारों, स्थिति विशेष अथवा किसी अवस्था का अनुकरण किया जाता है। अनुकरण तीन तत्त्वों तक सीमित है - (1) घटना का, (2) पात्र का, और (3) बातचीत का। घटना, पात्र और बातचीत कथा-वर्ग की विधाओं में भी होते हैं, किन्तु ये अनुकरण या अभिनय के साथ मिल कर ही नाट्य कला का रूप धारण कर पाते हैं।

कुछ विद्वान 'नाट्य' शब्द की व्युत्पत्ति 'नृत्य' से मानते हैं। यह ठीक है कि अभिनय के योग से ही लयात्मक गति नृत्य कला का आधार बन सकी है। अभिनय नृत्यकला का अनिवार्य अंग है। इससे यह निष्कर्ष निकालना तो ठीक नहीं होगा कि अभिनथ ने नृत्यकला को जन्म दिया है; लेकिन यह भी भ्रम ही सिद्ध होगा कि नृत्य से 'नाट्य' ने जन्म लिया! कारण कि अभिनय पात्रों का एवं उनके कर्मों का होता है, और ये दोनों ही कथा-कहानी के अंग हैं, नृत्य के नहीं। इस सन्दर्भ में हमें *डी.आर. मांकड* का विचार सबसे उचित जान पड़ता है। श्री मांकड का मानना है कि 'नाट्य' की उत्पत्ति 'नट्' से ही हुई है, किन्तु 'नट' 'नृत्' का परवर्त्ती रूप है। प्रारंभिक दिनों में 'नृत्' से ही 'नट्' का विकास हुआ और नृत् तथा नट् के भेद से पूर्व अभिनय का प्रादुर्भाव हो चुका था। (द्रष्टव्यः द टाइप्स ऑव संस्कृत ड्रामा, प्रथम अध्याय, 1936)

समग्रतः यह कि 'नाट्य वर्ग' ऐसा 'रुधिर वर्ग' हुआ, जिसमें अभिनय या अनुकरण के "गुणसूत्र" रहते हैं। घटना, पात्र और संवादों का अनुकरण। इसकी पहचान है क्रिया-प्रधान दृश्यों की प्रधानता। इस वर्ग की विधाओं की रचनाओं में रचनाकार विलुप्त रहता है, सामने नहीं होता, वह पात्रों की पृष्ठभूमि में अंतर्धान रहता है। इसके अतिरिक्त नाट्य वर्ग की विधाओं का समस्त व्यापार वर्तमान काल पर टिका रहता है। हम (दर्शक-पाठक-श्रोता-सामाजिक-सहृदय) उसका आस्वाद वर्तमान में रह कर करते हैं। इसलिए नाट्यवर्ग की विधाओं को मध्यमपुरुष, वर्तमानकाल की विधाएं कहा गया है।

नाट्य वर्ग की विधाएं उपर्युक्त 'गुणसूत्र' के कारण अपनी निजी शैली से पहचानी जाती हैं। यह निजी शैली नाट्य शैली कही जाएगी। जब अन्य विधाओं में - जैसे - निबंध में, कहानी में, रिपोर्ताज में, उपन्यास या महाकाव्य में 'नाट्य' के 'गुणसूत्र' पहुँच जायेंगे (उन रचनाकार-द्वारा अपना कर मिला लिए जायेंगे) तो वहाँ उनकी विशेषताओं में 'नाट्यशैली' भी जुड़ जाएगी। हम अनेक रचनाओं में (वे नाट्वर्ग से पृथक् चाहे किसी भी विधा की रचनाएं क्यों न हों) 'नाट्य शैली' के दर्शन कर सकते हैं। इसीलिए 8 वीं सदी में आचार्य वामन की यह सुविचारित राय थी कि नाट्य साहित्य की सर्वश्रेष्ठ शैली है (संदर्भेषु दशरूपकम् श्रेयः - 1, 3, 30)।

अब हम नाट्यवर्ग की विधाओं का परिचय प्रस्तुत करेंगे।

A (1)

नाटक

परिचय

नाटक नाट्यवर्ग की सर्वश्रेष्ठ और सर्वाधिक महत्त्वपूर्ण साहित्यिक विधा है। परम्परागत रूप से इस विधा की गिनती 'दृश्यकाव्य' में की जाती रही है। और माना जाता रहा है - 'काव्येषु नाटकं रम्यम्'। जैसा कि नाट्य वर्ग का आधारभूत लक्षण है, नाटक में लोक-व्यवहारों अथवा अवस्था का अनुकरण होता है। कहा गया है - लोकवृत्तानुकरणं नाट्य मेतन्मयाकृतम (भरतमुनि, नाट्यशास्त्र - 1/109); अवस्थानुकृतिनट्यं रूपं दृश्यतयोच्यते (धनञ्जय, दशरूपक - 1/7)। यानी, नाटक रूप है, वह रूप जिसमें अवस्था का अनुकरण होता है। इसीलिए नाटक के लिए एक प्रचलित शब्द 'रूपक' भी है। वैसे रूप का आरोप होने के कारण इसे रूपक कहा गया (रूपारोपात्तुरूपकम्)। वास्तव में शास्त्रीय दृष्टि से नाटक, रूपक का एक भाग है।

नाटक को एक 'संयुक्त कला' अथवा 'उत्सव' कहा जा सकता है। इसमें साहित्य के साथ संगीत, नृत्य, स्थापत्य एवं चित्रकला आदि कलाओं का संयोजन रहता है, तभी इसे संपूर्णता मिलती है। यह व्यक्तिगत कला नहीं है, दलगत अनुष्ठान (team work) है, इसलिए उत्सव से कम नहीं है। एक समाज इसे पूरी तरह जुड़ कर देखता है। इस विचार से यह विधा साहित्य का भौतिक रूप ठहरती है!

नाटक के स्वरूप तथा विधायक तत्त्वों पर विचार करने से पूर्व इस साहित्यिक विधा के उद्‌भव पर संक्षेप में विचार कर लेना उचित रहेगा, क्योंकि उसकी उद्‌भव-भूमि में ही उन विधायक तत्त्वों की जड़ें मौजूद हैं।

नाटक का उद्‌भव

नाटक के उद्‌भव के संदर्भ में कई मान्यताएं पढ़ने को मिलेंगी। जैसे - (1) इसकी उत्पत्ति कठपुतली नृत्य से हुई है। नाटक का 'सूत्रधार', वही है जो कठपुतली के खेल में डोरी पकड़ कर नृत्य कराता है। (डा0 पिशेल) (2) नाटक की उत्पत्ति छाया नाटकों से हुई है। 'रूप' शब्द 'छाया' से सम्बन्धित है (प्रो0 लूडर तथा प्रो0 कोनो) (3) यूनानी नाटकों की अनुकृति से भारतीय नाटक का जन्म हुआ है। 'यवनिका' शब्द यूनान से आया है! (वेबर तथा उनके समर्थक विंडिश एवं डॉ0 कीथ)। (4) नाटकों का जन्म मृतक तथा वीर-पूजा से हुआ है (डॉ0 रिजवे)। (5) खेती पकने पर जैसे रोमन सेंटिक ग्रीक कोरट्स थे, वैसे ही भारतीय नाटकों की स्थिति रही होगी (डॉ0 कीथ)।

इस संदर्भ में इतना ही निवेदन करना पर्याप्त है कि ये सब धारणाएं अनुमान पर आधारित हैं और अंधेरे में लगाई गई छलांगें ही सिद्ध होती हैं। भारत की नाट्यकला भारत की निजी सम्पत्ति है वह किसी बाहरी देश (यूनान आदि) से उधार ली गई या मंगनी की चीज़ नहीं है।

फिलहाल किसी एक निश्चित निष्कर्ष पर पहुँचने से पहले मैं अपना एक अनुभव बताना चाहूँगा, जो नाटक के उद्भव पर कुछ रोशनी डाल सकता है।

कुछ वर्ष पूर्व मैं गढ़वाल (मध्य हिमालय) के एक गाँव में गया था। वहाँ परम्परागत 'पाण्डव-नृत्य' का आयोजन था। शाम गहरी हुई और रात का प्रथम प्रहर उतरने लगा। हम लोग जहाँ बैठाए गए वह 'मंडाण' था। 'मंडाण' यानी, गाँव के प्रायः बीचोंबीच बने मकान का ऐसा खुला विशाल चौक या पंचायती चबूतरा, जिसके एक कोने में अलाव जला कर गाँव के लोग बैठें तथा उस 'रंगस्थल' पर नर्तक आदि स्वच्छंद रूप से नृत्य कर सकें। कई दिनों से पाण्डव नृत्य चलरहे थे, इसलिए प्रथम दिन से यहाँ अलाव जल रहा था। इस अलाव को 'होमस्थल', 'धूनी' या 'औंड' कहा जाता है। इसी कोने पर 'बाजगीर' (वाद्ययंत्र बजाने वाले विशेष पेशेवर लोग) अपने वाद्ययंत्रों - ढोल - दमाऊ के साथ एकत्र होकर अग्नि प्रज्ज्वलित करते हैं। देवों के आह्वान के लिए अग्नि-पूजा की जाती है। अग्निपूजा के पश्चात् भूमिपाल, क्षेत्रपाल, कूर्म देवता की पूजा चंदन, अक्षत, रोली, धूपदीप से की जाती है। जब गाँव के लोग एकत्र हो गए तब यह काम शुरू हुआ। 'होमस्थल' की अग्नि प्रकाश-स्तंभ का काम कर रही थी। वाद्ययंत्रों के स्वरों के बीच पृथ्वी, अंतरिक्ष, पर्वत-श्रेणियों, सप्तलोक, मृत्युलोक, देवतागण, पशु-पक्षी, जड़-चेतन, ब्रह्मा-विष्णु-महेश, गौरी-मणेश आदि-आदि को जगाने के लिए स्तुति की गई। यह लम्बा गीत प्रायः हर धार्मिक नृत्य से पूर्व गाया जाता है। पुनः विघ्नहारी देवताओं की स्तुति गाई गई। इसके बाद एक बुजुर्ग व्यक्ति बीच में आए; ये 'पंडोली' थे। इन्हीं की प्रतीक्षा थी। ये महाभारत की कथा के विशेषज्ञ थे। लोकगीतों के आधार पर वह महाभारत की कथा कहते हैं। सब लोग ध्यान से सुनने लगे। लोक-गीत के स्वरों में उतार-चढ़ाव के साथ, अपने कान पर हाथ रख कर, नृत्यनायक 'पंडोली' ने कथा के एक मोड़ पर आकर 'बाजगीर' (ढोलवादक) के सामने एक प्रश्न छोड़ा और कहा .... तू 'तकनौरी रांसा' का बाजा बजा दे जिसे रांस के कारण बियावान जंगलों की कठिन चढ़ाई पाण्डवों ने कुछ भी नहीं समझी। इसे 'चाल' या 'शैली मांगना' कहते हैं। प्रत्युत्तर में ढोली ने मांगी गई 'चाल' को ढोल के 'गिजा-गिजड़ी....' शब्द के साथ आरंभ कर दिया। यह अनुकूल वातावरण की सृष्टि थी, जिसकी भाव-धारा में पहुँच कर पहले से तैयार नर्तकों ने कम्पन और किलकारी के साथ नाचना आरंभ कर दिया। पहले एक 'पश्वा' पर क्षेत्रपाल देवता आया'। यानी , 'पश्वा' वह आदमी कहलाता है, जिस पर किसी देवता विशेष की 'आत्मा आती' है! अलग-अलग देवताओं, पाण्डवों आदि के अलग-अलग 'पश्वा' थे। 'आत्मा आने' का अर्थ जो मेरे सामने खुला वह यह था कि वह 'पश्वा' तेज कम्पन के साथ, बीच-बीच में किलकारी मारता हुआ, कभी अपने दोनों हाथों को पीछे बांध कर, कभी कमर पर

रख कर, कभी अपने सिर पर रख कर, एक दिशा में टकटकी लगाए, उछल-उछल कर नाच रहा था। यानी वह आवेश में था। सफेद वस्त्र पहने पाण्डवों के 'पश्वा' इसी तरह नाचने को तत्पर थे और द्रौपदी का 'पश्वा' लाल घॉघरे-चोली में। बस देर थी 'चाल' विशेष की, ढोल के स्वरों की, 'पण्डोली'-द्वारा वार्त्ता में उन चरित्रों के गुण-कथन की। अलग-अलग 'चाल' पर एक-एक कर युधिष्ठिर, भीम, अर्जुन, नकुल, सहदेव और द्रौपदी वाले 'पश्वा' नाचने लग गए। सब उस आवेश की गिरफ्त में थे । 'पंडोली' ने सब को पांडवों के गुण-कार्य आदि गा-गा कर पाँडवों की भाव-भूमि में पहुँचा दिया था। यह नृत्य देर तक चला। फिर शिव-पार्वती की झांकी निकली। तदनन्तर कद्दू का एक हरिण बनाया गया था। जिसे 'गेंडा' कहा जाता है। 'पंडोली' ने कथा कही कि अर्जुन की पत्नी वासुदत्ता का पुत्र नागार्जुन था। नागार्जुन ने एक गेंडा पाला हुआ था। वासुदन्ता से अर्जुन की पहचान तब हुई थी, जब भगवान नारायण को कोढ़ हो गया था और कोढ़ से बचने के लिए बाण की आवश्यकता थी। यह बाण भगवान् शंकर के पास था। वाणों की रक्षक थी उछृंगा, जो पाताल लोक में रहती थी। अर्जुन जब उछृंगा को लाने के लिए पाताल लोक गया, तो पाताल लोक की स्त्री वासुदन्ता से उसकी भेंट हुई। प्रणय हो गया और दोनों ने नागार्जुन को जन्म दिया। जब एक बार पांडु के श्राद्ध के लिए गेंडे के 'ख़ाक' (राख) की जरूरत हुई (कुछ लोग कहते हैं कि गेंडे का सींग चाहिए था) तो अर्जुन उसे लेने नागलोक गए। वहाँ सबसे पहले उनके सामने नागार्जुन का गेंडा ही आ गया। अर्जुन ने उसे मार दिया। तब नागार्जुन और अर्जुन का युद्ध हुआ। नागार्जुन ने अर्जुन को मार दिया। नागार्जुन ने अपनी मां वासुदन्ता को पूरी बात बताई। जब वासुदन्ता ने मृत अर्जुन को देखा, तब पहचान कर अपने पुत्र नागार्जुन को सारी स्थिति समझाई। वासुदन्ता ने अर्जुन को जीवित किया तथा पिता-पुत्र का परिचय कराया।

अर्जुन की आत्मा वाला 'पश्वा' इसी प्रसंग को अभिनय और नृत्य से मूर्त कर रहा था। नृत्य के बाद उसने कद्दू-निर्मित 'गेंडे' का वध किया। बाद में उसके टुकड़े कर दर्शकों ने सभी दिशाओं में फेंक दिए। विश्वास किया गया कि गांव-इलाके के सारे रोग, सारी व्याधियां, सारी आपदाएं दूर हो गईं। यहीं विराम था।

जो लोग यह धारणा रखते हैं कि संप्रेषण के माध्यम के रूप में जब से हमने भाषा जैसी किसी चीज को पाया था, तभी से नाटक किसी न किसी रूप में हमारे साथ था, एक गोल-मोल निष्कर्ष निकालते हैं। हाँ, इतना अवश्य माना जा सकता है कि मनुष्य की अभिव्यक्ति की कामना ने अनुकरण की प्रवृत्ति से बल पा कर नाटक का आकार ग्रहण किया था। यह आदिम नाटक धीरे-धीरे नृत्य, आंगिक संचालन, गीत, वाद्य आदि विभिन्न तत्त्वों से जुड़ता हुआ विकास के अनेक चरणों से गुजरा।

ऊपर हमने अपने जिस अनुभव का उल्लेख किया है, उसमें नाटक की आरंभिक दशा को रेखांकित किया जा सकता है। 'मंडाण' जहाँ अग्नि प्रज्ज्वलित रहती है 'होमस्थल' और रंगस्थल है। यहाँ

'पंडोली' नाटक के सूत्रधार-कथावाचक के समकक्ष है। 'नृत्य' से 'अभिनय' की भूमि पर उतरते विभिन्न पाण्डव-पात्र नाटक के पात्र बन जाते हैं। जब तक नृत्य चलता है वे भावावेश में रहते हैं, पुनः उसी भावभूमि में रहते हुए कथा के समानान्तर नाटक करने लगते हैं।

यह स्थिति दो बातों की ओर संकेत करती है - *एक*, यज्ञ की संस्था ने नाटक को एक सुदृढ़ मंच दिया। स्वतंत्र प्रेक्षागार न होने पर यज्ञ मंडप ही नाट्य मंडप बनने लगे। यज्ञीय यूप मात्र बलिस्तम्भ न था, उसके चारों ओर उपर्युक्त नृत्य-नाट्य जैसे नृत्य-नाटक होते थे। (महाभारत भी इसका साक्ष्य देता है)। यज्ञ की संस्था से जुड़े लोग नाटक की संस्था से आ जुड़े। *डॉ. राधावल्लभ त्रिपाठी* ने इस संदर्भ में एक उल्लेखनीय बात कही है। *त्रिपाठी* के अनुसार, "नाटक केलिए बहुत महत्त्वपूर्ण बात इस काल में हुई - सूत का उदय। सूत प्रारंभ से ही प्रदर्शनकारी कलाओं के क्षेत्र में अपनी पहचान बना चुका था (साक्ष्य-यजुर्वेद)। यह सूत यज्ञवेदिका बनाने के लिए नापने की डोरी (सूत्र) हाथ में रखने के कारण सूत्रधार कहलाया तथा वही नाट्ययज्ञ की वेदिका का भी निर्माता बन कर नाटक का सूत्रधार बना।"

इस तथ्य को ऊपर उल्लिखित 'पाण्डव-नृत्य' के 'पंडोली' से जोड़ कर देखा जा सकता है। आज भी परम्परागत रूप से गढ़वाल के दुर्गम गाँवों में यह एक कर्मकाण्ड ही नहीं, समूचे समाज के उल्लास की अभिव्यक्ति का माध्यम है। यज्ञ की तरह 'पाण्डव नृत्य' ने नाटक के लिए एक रचनात्मक परिवेश प्रस्तुत किया तथा आर्यों की जातीय स्मृतियों तथा इतिहास पुरुषों की कथाओं के संचय के लिए आधार जुटाया।

दो, पाण्डवनृत्य की स्थिति नाटक के उद्‌गम का कम विकसित बिन्दु है। नाटक जैसी विधा का पूर्वनिबद्ध आलेख इस समय तक उपलब्ध नहीं था, लेकिन कुछ विशिष्ट प्रसंग संवादों के रूप में ढाले गए थे। पात्र सीमित थे। नृत्य और अधिकांशतः मूक अभिनय की प्रधानता थी, जो धीरे-धीरे कथा के आधार के लिए व्याकुल थी!

अभिनय का आदिरूप इसी मूक अभिनय में माना जा सकता है। पाण्डवनृत्य की तरह ही इस मूक अभिनय से हट कर हम लीलाओं और तमाशों की ओर चलते हैं। इनमें *कथा तत्त्व* आ जुड़ा और क्रिया-प्रतिक्रियात्मक गति का आधार ग्रहण किया गया। लीला का सम्बन्ध सीधा धार्मिक भावना से है और लीला का विषय आदर्शवाद से प्रतिपादित महापुरुषों की कहानियां हैं।

अतः निश्चय ही जब नृत्य प्रधान सामान्य अभिनय में *कथा तत्त्व* आ जुड़ा, तब नाटक ने जन्म लिया। उससे पूर्व वह नृत्य ही था. ऐतिहासिक-पौराणिक कथाओं ने उन धार्मिक अनुष्ठानमूलक नृत्यों को नाटक बनाया।

अब हम लिखित साक्ष्यों की ओर बढ़ते हैं।

प्राचीन शब्द 'इतिहास पुराण' उस परम्परागत ऐतिहासिक अनुश्रुतियों और पौराणिक संग्रहों की ओर संकेत करता है जिसका केन्द्र बिन्दु शायद वेदों जितना ही प्राचीन है, और जो यास्क के निरुक्त तथा शौनक के वृहद्देवता जितना प्राचीन है, दोनों ही संभवतः पाणिनी (ई0पू0 500 के लगभग) के पूर्ववर्ती हैं।

इस परम्परा का ब्राह्मण-ग्रंथों, उपनिषदों और वेदांग सूत्रों में उल्लेख मिलता है।[1] इनमें सबसे महत्त्वपूर्ण निर्विवाद तथ्य यह है कि पाणिनी स्वयं नट-सूत्रों (4.3.110) नटों से या शिलालिन और कृशश्य के घराने के अभिनेताओं को जानते हैं। यह भी जानने योग्य है कि वे नाट्यशास्त्र के प्रणेता भरत को नहीं जानते!

मार्गीय गद्य में आख्यायिका या रूमानी कथा का श्रेय *कात्यायन* (ई.पू. 300 के लगभग) के वार्तिक (4.3.87) और *पतंजलि* (ई.पू. 150 के लगभग) के महाभाष्य को दिया जा चुका है और इनमें इस वर्ग की 3 प्राचीन कृतियों के नाम मिलते हैं - वासवदत्ता, सुमनोत्तरा और बैमारथी। इन सभी का उद्गम प्राचीन इतिहास-पुराण परम्परा में एवं मार्गीय संस्कृत साहित्य के पूर्ण पुष्पन में प्रकट होता है। महाभाष्य (4.2.60) 'वासवदत्तिका' शब्द का उल्लेख करता है जिसका अर्थ है जो वासवदत्ता की प्रणयकथा या आख्यायिका से परिचित है या उसका अध्ययन करता है। *पाणिनि* नाट्य शब्द की व्युत्पत्ति पर विचार करते हुए बताते हैं कि यह शब्द नटों के धर्म (वृत्ति) और अम्नाय (परम्परागत कथा) का सूचक है! (कारिका 5.3.129)। *पाणिनी* द्वारा उल्लिखित कंसवध और बालीवध नाटक थे या मूक अभिनय, यह स्पष्ट नहीं, क्योंकि 'शोमनिक' का अर्थ अभिनेता भी हो सकता है और पाठकर्त्ता भी। इसके अनन्तर उदयन वासवदत्ता की कथा की व्याख्या ढूँढते हुए कुछ संदर्भों से संक्षेप में हम इस निष्कर्ष तक आ पहुँचते हैं कि "ई0पू0 270 में भी नाटकीय तकनीक उच्च कोटि की थी। इसमें लम्बे और छोटे गेय छंद होते थे और बीच में संस्कृत तथा प्राकृत के मिश्रण भरे गद्य-संवाद होते थे। नाटक में नाटक शामिल करने की तकनीक मान्य विधि थी। अन्य कई भरत-पूर्व पोथियां या नाट्यशास्त्र विद्यमान थे, और अभिनेता उनका अनुसरण करते थे।" (*डॉ. के. कृष्णामूर्ति*)

इसी क्रम में हम आगे बढ़ते हैं और पाते हैं कि संस्कृत रंगमंच की भरत-पूर्व की पृष्ठभूमि के बाद के विवरण अधिकाधिक स्पष्ट हो जाते हैं। पूर्ववर्त्ती नाटककारों का एक मुख्य बिन्दु यह है कि वे अपनी मंदी के आरंभिक उद्बोधन के श्लोक शिव को निवेदित करते हैं और नाटकों का कथानक, प्रकरणों के कथानकों से भिन्न, पौराणिक देवताओं, गंधर्वों, अप्सराओं, राक्षसों आदि के अर्ध-दैवी वातावरण में विचरण करते हैं, और विशिष्ट मानवी प्रेम तथा साहसिक कार्यों के जगत् से आ टकराते हैं। इस अर्थ में ये नाटकीय कथानक रूमानी कथाओं के सन्निकट हैं। पुराणों में शिव को नटराज कहा गया है और माना है

---

[1] ब्र0उप0 ii 1 10, छां0 डा0 vii 1-2, गौतम धर्मसूत्र viii, फोलिया-आपस्तम्ब, अस्वलायन, बोधायन, काव्ययन आदि और देखिए इनके कल्पसूत्रों में महाकाव्य और पुराणों के सर्वाधिक आदिम रूप। अधिक विस्तार के लिए द्रष्टव्यः - के0के0 हाण्डा के - कल्चरल हेरिटेज ऑफ इण्डिया, xxx खण्ड II, पृष्ठ 60, फोलियो का कात्यायन स्रौत सूत्र xxi पृष्ठ 867 स्पष्टतः नृत-गीत वदित्र का उल्लेख करता है, पारस्कर गृह्य सूत्र (II-7) वैदिक विद्यार्थी को इन मनोरंजनों में भाग लेने का निषेध करता है।

(अधिक विवरण के लिए पठनीय, डा0 के0 कृष्णामूर्ति का लेख, नाट्यशास्त्र की भरत पूर्व परम्पराएं, नाटक और रंगमंच (सं0 शर्मा एवं मेहता) इलाहाबाद, प्रभा प्रकाशन, 1985)

कि शिव ने नाटकों को प्रचण्ड नृत्य 'ताण्डव' प्रदान किया और उनकी अर्द्धांगिनी पार्वती ने कोमल नृत्य 'लास्य' दिया। पहला अभिनेताओं के लिए था और दूसरा अभिनेत्रियों के लिए। पुरुष अभिनेता स्त्रियों की भूमिका करते थे, जैसाकि पाणिनी पर लिखे गए महाभाष्य (4-1-3) में "भ्रंकुश" शब्द के उपयोग से समझा जा सकता है। (यह स्थिति हमें अनेक नाट्यग्रंथों में दिखाई देती है। इसीलिए हम यह पाते हैं कि अधिकांश हिन्दू नाटककार जैसे - शूद्रक, कालिदास, वाण, हर्ष आदि शिव की महिमा गाते हैं और यह ऐसी दृढ़ परम्परा बन गई कि कल्पलता विवेक ने नन्दी के 'नागानन्द' के नन्दी में हर्ष द्वारा बुद्ध की प्रशंसा को आगम विरुद्ध या नियमों का उल्लंघन कहा है। भवभूति नियम के दृढ़ पालक थे अतः वे 'मालती माधव' के आरंभ में गणपति की स्तुति करते हुए नृत्यमण्डप में शिव की नाट्य लीलाओं की प्रशंसा करते हैं।)

हम आगे जांच पड़ताल करें तो ज्ञात होगा कि ययाति और यवकृत जैसे आख्यान जिन्हें पतंजलि ने स्वतंत्र रूप से विद्यमान बताया था बड़ी युक्ति से महाभारत संग्रह में घुस गए। (महाभाष्य IV 2.70 और महाभारत, वनपर्व, अध्याय 133-38)। इसी प्रकार हमें हरिवंश (विष्णुपुराणः श्लोक 58-60) में एक सुनिश्चित संदर्भ प्राप्त होता है कि श्रीकृष्ण ने मंच पर एक संपूर्ण नाटक प्रस्तुत करने का प्रबंध किया।

कुल मिला कर डॉ0 के0 कृष्णामूर्ति भी यह निष्कर्ष निकालते हैं कि भरत-पूर्व के संस्कृत नाटकों के जो प्राचीनतम नाम हमें उपलब्ध हो सके हैं वे हैं - त्रिपुरदाह, अमृतमंथन और लक्ष्मी स्वयंवर। इन सभी में पौराणिक शैली में देवासुर संग्राम विद्यमान है। पुराण और गाथाओं ने नाटककारों को कथावस्तु प्रदन की होगी, जिन्हें उन लोगों ने अपनी कल्पना की सूझबूझ से उन्नत करके मंच के योग्य बनाया होगा।

यहां हम डॉ0 राधाबल्लभ त्रिपाठी की कुछ मान्यताएं भी उद्धृत करना चाहेंगे, जो हमारी धारणा से मेल खाती हैं। अपने पूर्व उल्लिखित 'पाण्डवनृत्य' के अनुभव को यज्ञ के साथ जोड़ते हुए हम पुनः यह पाते हैं कि यज्ञ ने नाटक के लिए एक अनुकूल रचनात्मक परिवेश प्रस्तुत किया तथा आर्यों की जातीय स्मृतियों तथा इतिहास पुरुषों की कथाओं के संचय के लिए आधार जुटाया। नाटक का पूर्वनिबद्ध आलेख अभी भी नहीं था, पर कुछ विशिष्ट प्रसंग संवादों के रूप ढाले गए थे। इन्द्र के साहसिक कार्य, पुरूरवा और उर्वशी, शची-वृषाकवि तथा यम-यमी आदि के इतिवृत्त नाट्य-प्रस्तुतियों के अनुकूल थे। समुद्रमंथन तथा त्रिपुरदाह जैसे अधिक बड़े नाटकों की पीठिका भी अब तैयार होने लगी थी। भारती के साथ सात्वकी और आरभटी वृत्ति नाट्य में आ जुड़ी थीं। पात्र तीन या इससे अधिक होने लगे थे तथा अंकों की संख्या में भी वृद्धि हुई थी। भौगोलिक दृष्टि से प्रथम चरण में जो नाटक हिमालय के उपान्तवर्ती क्षेत्र में उदित हुआ, वह अब वहाँ से दक्षिण की ओर प्रसृत हो रहा था।

यज्ञ की संस्था के बाद के चरण पर दृष्टिपात करते हुए डॉ0 त्रिपाठी ने कहा है कि, नाट्य अब एक सीमा तक यज्ञ की संस्था से स्वतंत्र हो कर विस्तार पाने लगा। उसके लिए अवसर बढ़ गए थे। यज्ञ के अतिरिक्त विभिन्न उत्सवों तथा समाजों के आयोजन में भी नाट्य प्रयोग होते। विभिन्न देवताओं के नाम पर "समाज" होने लगे थे, स्वयंवर आदि अनेक अवसरों पर भी 'समाज' होते तथा 'समाज' में नटों, नर्तकों,

कुशीलवों आदि की उपस्थिति तथा उनके प्रदर्शन अनिवार्य थे। राजा लोग दान-महोत्सव या इस प्रकार के अन्य महोत्सव भी करवाते, जिनमें नाट्य होता (साक्ष्य-महाभारत)। यज्ञ के संकीर्ण होते विश्व तथा पुरोहितवर्ग को पीछे छोड़ कर सूत इस नए सांस्कृतिक अभ्युदय का सूत्रधार बना। सूत जाति ने संस्कृति के कई क्षेत्रों में अगुवाई की।

नगरों का उदय तथा विस्तार, नगर निवेश में सूत-मागध, कुशीलव, नट-नर्तक आदि को अवकाश दिया जाना तथा राजधानी में सांस्कृतिक गतिविधियों का केन्द्रीयकरण इस काल की उल्लेख्य प्रवृत्तियां थीं, जबकि प्रथम दो चरणों में नाट्य एक ग्रामाभिमुख सभ्यता में पनपा था। इसके साथ ही नगरों में प्रेक्षागारों के निर्माण ने नाट्य को इस काल में नई स्फूर्ति दी। प्रेक्षागार मल्लविद्या के प्रदर्शन के लिए बनाए जाते थे तथा स्वयंवर के अवसर पर आयोजित समाज के लिए भी। (महाभारत में धृतराष्ट्र-द्वारा बनवाए गए प्रेक्षागार का उल्लेख मिलता है।) इन प्रेक्षागारों के समानान्तर राजा लोग अपने प्रासाद में छोटी रंगशाला (संगीतशाला) भी बनवाते थे। इस काल में वास्तु एवं स्थापत्य की प्रगति के कारण प्रेक्षागारों का निर्माण हुआ, तो वस्त्रोद्योग व चित्रकला की प्रगति ने रंगमंच को चित्रित जवनिका से सजा दिया। काष्ठकर्म की प्रगति ने सूत्र से चलने वाली पुतलिकाओं का प्रचार किया (साक्ष्य-महाभारत)।

इतिहास की रचना के साथ ही पुराकथाओं की धरोहर बढ़ती गयी, तो इन्हें नाट्यरूपों में ढाला जाने लगा। कुशीलव इतिहास को गा-गा कर सुनाते थे, ग्रन्थिक उसका पाठ करता, साथ में गा कर और अभिनय करके बताता। महाभारत में कुशीलव, नटनर्तक, सूत-मागध आदि के साथ ग्रन्थिक का उल्लेख भी है। ग्रन्थिक का कर्तृत्व पतंजलि, वाण तथा भोज ने आगे चल कर समझाया है। *कथा गायन के नाटक में संक्रमण की प्रक्रिया को भी भोज ने इंगित किया है।*

आरम्भ के चरण में नाटक यज्ञ की उपादान सामग्री से संवलित हुआ था। इस चरण में वह क्षत्रिय समाज के सामंती परिवेश से आ जुड़ा। मल्लविद्या के प्रदर्शनों के साथ नाट्य के संपर्क ने मल्लविद्या के अनेक अभिप्रायों को नाट्य में संक्रान्त कर दिया। द्वन्द्वयुद्ध में प्रयुक्तकरण, चारियां और मण्डल अभिनय मुद्राओं के रूप में गृहीत हुए।

कौवेर रम्भाभिसार नाटक अथवा रामायण या कृष्णकथा पर आधारित नाटक इस चरण में निबद्ध और प्रस्तुत हुए। चौथी वृत्ति, केशकी-भी नाटक में जुड़ी। सूत्रधार के साथ अब विदूषक का भी पदार्पण हुआ। स्त्री पात्रों का अभिनय प्रायः पुरुष करते। कई पात्रों, कई अंकों तथा विस्तृत इतिवृत्त वाले नाटक अब सामने आ रहे थे। पूरे नाटक का एक निश्चित पाठ भी पूर्वनिर्धारित करना अब आवश्यक हो गया था। (साक्ष्य: हरिवंशपुराण)

डॉ. त्रिपाठी ने चतुर्थ चरण को रेखांकित करते हुए लिखा है कि इस चरण में घुमन्तू नाट्य मंडलियां व्यावसायिक स्तर पर सक्रिय हुईं। ग्रन्थिक, नट, नर्तक, कुशीलव, शौभिक या शौभनिक आदि के अलग-अलग समुदाय एक स्थान से दूसरे स्थान पर घूमते हुए व्यावसायिक स्तर पर प्रदर्शन देने लगे (साक्ष्य:

कौटिल्य का अर्थशास्त्र)। नाटक में पुरा-कथाओं के साथ समकालीन विषयों को भी जोड़ा जाने लगा। बुद्ध और महावीर के चरित को नाट्य-निबद्ध किया गया। (साक्ष्यः अवदानशतक, संयुत्त निकाय आदि)।

भरत से पूर्व हम अपने परिवेश के भीतर उन अनेक अवस्थाओं से गुजरे, जिनसे लगभग उसी समय के ग्रीक या रोमन रंगमंच गुजर रहे थे। बड़े प्रेक्षागार हमारे यहाँ बने, जिनमें हजारों दर्शक एक साथ बैठकर नाटक देख सकते थे। हमने अपने परिवेश के अनुसार अपनी रंगयात्रा अग्रसर की, किसी विजातीय संस्कृति से सीख कर नहीं।

आचार्य भरत और उनके बाद तो भारतीय नाटक की अजस्र धारा पूरे वेग और गरिमा के साथ प्रवाहित हुई। नाटक लिखे गए, खेले गए और उनके शास्त्रीय विधान पर अनेक नाट्याचार्यों ने गम्भीरता से विचार किया।

नाटक का स्वरूप

'नाटक' शब्द की व्युत्पत्ति 'नट्' धातु से भी मानी गई है और 'नाट्' धातु से भी । (पाणिनि ने 'नट्' धातु से और नाट्यदर्पण के लेखक रामचन्द्र-गुणचन्द्र ने 'नाट्' धातु से।)

इसमें 'नट्' धातु से मानी गयी व्युत्पत्ति अधिकांश विद्वानों को मान्य है। नट् धातु 'नृत्त' का रूप है। इससे नाटक में नृत्य आदि का समावेश सहज ही मान लिया गया।

'नट्' धातु का मुख्य अर्थ अभिनय है।

इस प्रकार शब्द व्युत्पत्ति की दृष्टि से नाटक का अर्थ हुआ - जिसमें अभिनय की प्रधानता हो। अभनय होता है अनुकरण से। यानी, जिसमें अवस्था विशेष या प्रकृति का अनुकरण किया जाए।

प्राचीनतम नाट्यशास्त्रीय ग्रंथ - 'नाट्यशास्त्र' में आचार्य भारत मुनि ने कहा है कि यह पंचम वेद हैं, इसमें सम्पूर्ण त्रयलोक्य के भावों का अनुकरण है। (त्रैलोकस्यास्य सर्वस्य नाट्यं भावानुकीर्तनम्)।

बाद में संस्कृत के अनेक आचार्यों ने नाटक के लक्षण और स्वरूप को विस्तारपूर्वक समझाया। इन सबके मतों को अलग-अलग न गिना कर हम सार रूप में संस्कृत विद्वानों द्वारा निर्धारित नाटक के स्वरूप को इन शब्दों में समझा सकते हैं -

'नाटक वह रचना है, जिसकी कथावस्तु प्रख्यात हो अर्थात् रामायण आदि एवं इतिहास प्रसिद्ध हो। जो पौराणिक एवं एतिहासिक राज चरित का ऐसा वर्णन हो, जो धर्म, काम एवं अर्थ का फलदाता हो। अंक आय (पंच अर्थ प्रकृति), दशा (पांच अवस्थाएं) से समन्वित हो और अनेक रसों का समावेश हो। यह मनोरम दृश्यकाव्य सर्वसाधारण को आनन्द की उपलब्धि कराता है।

कुल मिला कर यह है भारतीय संस्कृत-आचार्यों द्वारा निर्धारित नाटक का स्वरूप। इसमें नाटक के तत्त्वों की भी चर्चा की गई है, जिन पर आगे विस्तार पूर्वक विचार किया जाएगा।

अब देखें कुछ पाश्चात्य विचारकों के मत। पश्चिम में भी नाटक को अनुकरण माना गया है। यथा

- अरस्तू के अनुसार - 'Tragedy is primarily imitation of action', इसी प्रकार सिसरो ने कहा है - 'Drama is a copy of life, a mirror of custom, a reflection of truth.' या विक्टर ह्यूगो के शब्द देखें - 'Drama is a mirror in which nature is reflected.'

वस्तुतः नाटक केवल अनुकरण नहीं है, अभिनय है। अभिनय भी ऐसा जो दर्शकों के आगे प्रदर्शित किया जाए। हम देखते हैं कि रंगमंच पर विभिन्न पात्र विभिन्न चरित्रों का, उनके मनोभावों और अवस्थाओं का अनुकरण करते हैं, हमें दिखाते हैं। यानी, उनका प्रदर्शन करते हैं।

आधुनिक युग में नाटक ने जहां अपने दृश्य रूप, प्रदर्शित चाक्षुष रूप के अतिरिक्त श्रव्य रूप भी ग्रहण किया है, (जैसे - रेडियो पर हम नाटक सुनते हैं) या पाठ्य रूप लिया है (हम पुस्तकों में नाटक पढ़ते हैं), उसी तरह साहित्य की अन्य विधाओं ने भी श्रव्य या पाठ्य रूप के अतिरिक्त दृश्य रूप भी ग्रहण कर लिया है, यथा - उपन्यास या कहानी को हम टेलीविज़न के पर्दे पर देखते हैं। यह ठीक है कि पढ़ते या सुनते समय हम नाटक को बिम्बों के रूप में अपने 'मन में देखते हैं' लेकिन यह बात तो साहित्य की सभी विधाओं पर समान रूप से लागू होती है।

इसलिए हमने कहा है कि नाटक केवल दृश्य काव्य नहीं है, अतः परम्परागत रूप से दृश्य काव्य के रूप में उसका जो वर्गीकरण किया गया है, वह उचित नहीं रह गया है। हम उसे साहित्य की *अभिनय प्रधान विधा* ही कहेंगे। तब नाटक का पारिभाषिक स्वरूप, हमारे विचार से यह होगा-

"नाटक, साहित्य की अभिनय - प्रधान विधा है, जिसमें संवाद और दृश्यों के माध्यम से विभिन्न चरित्रों, स्थितियों और भावों को प्रदर्शित किया जाता है। यह प्रदर्शन साहित्य की अन्य विधाओं और कलाओं के विविध रूपों के सहयोग से और अधिक प्रभावपूर्ण हो जाता है, ताकि सहृदयों (दर्शकों या श्रोताओं-पाठकों आदि) का रसास्वादन कर सके।"

नाटक के तत्त्व

प्राचीन भारतीय आचार्यों ने नाटक के तीन प्रमुख तत्त्व निर्धारित किए थे -

1. वस्तु,
2. नेता,
3. रस।

डॉ. भगीरथ मिश्र ने अपनी पुस्तक 'काव्यशास्त्र' में एक चौथा तत्त्व और बताया है - अभिनय। उन्होंने नाम-भेद से नाटक के ये चार तत्त्व माने हैं:

(1) कथावस्तु (2) नायक और पात्र (3) रस (4) अभिनय।

पाश्चात्य विचारक नाटक के छह तत्त्वों की चर्चा करते हैं-

(1) कथानक (2) चरित्र-चित्रण (3) कथोपकथन (4) उद्देश्य (5) देशकाल (6) शैली।

वास्तव में नाटक की अपनी कुछ विशेषताएं हैं, जो साहित्य की अन्य विधाओं से थोड़ा-सा अन्तर रखती हैं उन्हीं विशेषताओं के अनुकूल उसके तत्त्व होंगे। संक्षेप में ये विशेषताएं इस प्रकार हैं -

(1) उसमें कथानक होता है, लेकिन उस कथानक में वर्णनात्मकता न हो कर पात्रों के व्यक्तित्व को महत्त्व दिया गया होता है।

(2) नाटक का यह कथानक, रचनाकार - द्वारा कहा नहीं जाता, अपितु अभिनताओं के कथोपकथन, भाव-भंगिमा और क्रिया-कलापों-द्वारा रंगमंच पर घटित होता हुआ दिखाया जाता है। उसका प्रदर्शन किया जाता है।

(3) यह सब किसी उद्देश्य से किया जाता है, चाहे वह देखने वालों (सामाजिकों या सहृदयों) में रस संचार करना हो, समाज की समस्याओं को उपस्थित करना हो, कोई सन्देश देना हो या तीनों।

इन विशेषताओं के आधार पर नाटक के लिए जो तत्त्व आवश्यक हैं वे हैं -

(1) वस्तु (कथावस्तु, कथानक या प्लॉट),

(2) पात्र और उनका चरित्र-चित्रण,

(3) अभिनय,

(4) रस और उद्देश्य।

पाश्चात्य और भारतीय विचारकों द्वारा निर्दिष्ट तत्त्व इन्हीं में आ जाते हैं। इस बात की ओर यथास्थान संकेत करते हुए हम एक-एक कर इन तत्त्वों पर प्रकाश डालेंगे।

1. वस्तु या कथानक (प्लॉट)

वस्तु (या कथावस्तु अथवा कथानक) नाटक का आधार है। कथावस्तु का संगटन नाटक का प्रमुख उद्देश्य है, क्योंकि नाटक में केवल संवाद और अभिनय द्वारा ही कथावस्तु को सामने लाया जाता है।

वस्तु वास्तव में वह कथा है, जो नाटक का मूल होती है। इसे अंग्रेजी में प्लॉट (Plot) कहा जाता है। इसका विस्तार ही नाटक को आगे बढ़ाता है। इसलिए हमारे आचार्यों ने वस्तु के विन्यास आदि पर गहराई से विचार किया है।

सबसे पहले हम विचार करें कि वस्तु या कथानक कितने तरह के होते हैं? किसी नाटक को पढ़ या देखकर या सुनकर उनकी मूल कथा पर हमारा ध्यान जाता है, तब हम तीन दृष्टियों से सोचते हैं -

(i) इस नाटक की कथा का *स्रोत* या *आधार* क्या है?

इस विचार से उसके तीन भेद मिलते हैं -

(अ) *प्रख्यात*, अर्थात् उसका आधार इतिहास, पुराण या परम्परा से चली आ रही कोई जनश्रुति है; अथवा-

(ब) *उत्पाद्य*, अर्थात् वह कवि-कल्पित या कहें नाटककार ने अपनी कल्पना से रची है, या -

(स) *मिश्र*, अर्थात् इन दोनों ही प्रकार की कथाओं का मिश्रण उसमें है।

(ii) नाटक की कथा का जो *उद्देश्य* है, या जो *फल* है उसके स्वामी या *अधिकारी* (*नायक*) से उस कथा का सम्बन्ध है या नहीं?

नाटक में कई कथायें हो सकती हैं। लेकिन कोई एक कथा मुख्य होती है। इस प्रकार कथा का

संबंध अधिकारी या नायक से होता है, अन्य कथाएं उस मुख्य कथा की सहायक हुआ करती हैं। ये सहायक कथाएं थोड़ी-दूर चलकर विलीन हो जाती हैं, अन्त में मुख्य कथा ही शेष बचती है।

इस दृष्टि से वस्तु या कथानक के दो भेद हैं -

(अ) *मुख्य या आधिकारिक कथा*: अर्थात् जो कथा अधिकारी या नायक से सम्बन्ध रखती है और अन्त तक चलती है, वह आधिकारिक या मुख्य कथा कहलाती है, और-

(ब) *प्रासंगिक*, अर्थात् जो कथा मुख्य न होकर बीच-बीच में मुख्य कथा की सहायक बन कर आती हैं, वे प्रासंगिक कहलाती हैं। प्रासंगिक कथाएं दो प्रकार की होती हैं -

(i) पताका (ii) प्रकरी।

पताका ऐसी प्रासंगिक कथा को कहते हैं जो बड़ी कथा होती है, मुख्य कथा में बहुत अधिक सहायता देती है, उसे आगे बढ़ाती है और दूर तक चलती रहती है।

जबकि *प्रकरी* ऐसी प्रासंगिक कथाओं को कहते हैं, जो छोटी-छोटी होती हैं, किसी विशेष अवसर पर सामने आती हैं और दूर तक न चलकर बीच-बीच में ही समाप्त होती चलती हैं।

उदाहरण के रूप में रामायण और रामचरितमानस की कथा वस्तु को देखें। राम की कथा तो आधिकारिक है, राम फल की प्राप्ति के अधिकारी हैं, फल के स्वामी हैं। इसलिए उनका पूरा जीवन-प्रसंग आधिकारिक या मुख्य कथा है। सुग्रीव के कारण राम की कथा को गति मिली, वह आगे बढ़ी। हनुमान सीता की खोज में भेजे गए और वानरों की सेना तैयार हुई। सुग्रीव की कथा मुख्य कथा के साथ दूर तक चलती है; इसलिए वह पताका प्रासंगिक कथा है। जबकि अहिल्या आदि की छोटी-छोटी कथाएं प्रकरी हैं। वे देर तक नहीं चलतीं बीच-बीच में आती हैं, समाप्त हो जाती हैं।

(iii) नाटक में लिए गए पूरे कथानक को रंगमंच पर नहीं दिखाया जा सकता। कुछ कथा तो अभिनय द्वारा दिखा दी जाती है, लेकिन कुछ बातें ऐसी भी होती हैं जो दिखाई नहीं जातीं, उनकी केवल सूचना दे दी जाती है। इस तरह *अभिनय की दृष्टि से* कथावस्तु के दो भेद हो जाते हैं -

(अ) दृश्य, जो अभिनय-द्वारा मंच पर दिखाई जाती है,

(ब) सूच्य, जिसकी केवल सूचना दी जाती है।

सूच्य श्रेणी की कथा वस्तु पर संस्कृत के आचार्यों ने सूक्ष्मता से विचार किया है। हम इसे अधिक विस्तार में देना उचित नहीं समझ रहे।*

---

* अधिक जानकारी के लिए सूच्य कथावस्तु को सूचित करने के लिए जिन साधनों को अपनाया जाता है, उन्हें 'आर्थोपक्षेपक' कहते हैं। ये पांच माने गए हैं विष्कम्भक, प्रवेशक, चूलिका, अंकमुख (या अंकास्य) और अंकावतार। 'विष्कम्भक' वह साधन है जो नाटक के प्रारम्भ या प्रारम्भिक अंकों के बीच आता है, जिसमें पुरोहित, अमात्य, कंचुकि आदि मध्यम श्रेणी के पात्रों द्वारा मुख संधि के भीतर (यानी प्रारंभ में बीती हुई या आने वाली) घटनाओं की सूचना दी जाती है, 'प्रवेशक' में दो अंकों के बीच में प्राकृत या बोलचाल की भाषा में निम्न श्रेणी के पात्रों द्वारा सूचना दी जाती है। जहां यवनिका (पर्दे) के पीछे से पात्रों द्वारा सूचना दी जाती है वहां 'चूलिका' होती है। 'अंकमुख, (अंकास्य) वहां होता है, जहां किसी अंक के अभिनय की समाप्ति पर, आगे आने वाले अंक की सूचना दी जाती है। जहां बिना पात्रों को बदले हुए, पहले अंक में काम करने वाले पात्र फिर मंच पर आकर आगे के अंक की सूचना देते हैं, वहां 'अंकावतार' होता है।

कथानक में 'कार्यावस्थाएं'

विभिन्न दृष्टियों से वस्तु या कथानक के भाग बतलाए जाते हैं। नाटक की कथा एक सिरे से दूसरे सिरे तक फैली रहती है। इन्हीं दो सिरों के बीच 'कार्य व्यापार' चलता दिखाई देता है। दूसरे शब्दों में कहें तो, नाटक में उद्देश्य या फल की प्राप्ति के लिए जो कुछ भी किया जाता है उसे 'कार्य' कहते हैं। यह नाटक में प्रारम्भ से लेकर अन्त तक फैला रहता है। नाटक का कथानक अन्त में जाकर जब पूर्ण विकास प्राप्त करता है, तो उसमें विकास की (या कहें कार्य-व्यापार के विस्तार की) पांच अवस्थाएं दिखाई देती हैं। इन अवस्थाओं को कार्यावस्थायें कहते हैं। ये पांच कार्यावस्थाएं इस प्रकार हैं -

(1) प्रारम्भ,

(2) प्रयत्न,

(3) प्राप्त्याशा

(4) नियताप्ति, और

(5) फलागम।

'प्रारम्भ' नाटक के कथानक की आरम्भिक अवस्था है। इसमें किसी फल के लिए इच्छा या लालसा होती है। नायक में एक उत्सुकता दिखाई देती है जैसे - शकुन्तला नाटक में शकुन्तला को देखने की इच्छा।

'प्रयत्न', वहां से शुरू होता है जहां उस इच्छा की पूर्ति के लिए प्रयत्न किया जाता है। शीघ्रतापूर्ण किए जाने वाले सभी क्रिया कलाप 'प्रयत्त' माने जाते हैं जैसे - शकुन्तला के नाटक में दुष्यन्त शकुन्तला को पाने के लिए माढव्य नामक पात्र से सलाह करता है। यह सब प्रयत्न है।

'प्राप्त्याशा' का अर्थ है-फल की प्राप्ति की आशा या सम्भावना। इसमें विघ्न आते हैं और फिर उन विघ्नों का निवारण करके फल-प्राप्ति की आशा दिखाई जाती है। जैसे - शकुन्तला की प्राप्ति में दुर्वासा ऋषि का शाप विघ्न बन जाता है। चौथे अंक के विष्कम्भक में उनके कोप के कुछ शमन हो जाने पर प्राप्त्याशा शुरू हो जाती है, लेकिन यह आशा मात्र रहती है। उसमें शाप से मुक्त होने का रास्ता बताया जाता है।

'नियताप्ति' अवस्था में आकर विघ्नों के निवारण से फल की प्राप्ति का निश्चय हो जाता है। निश्चितता आने पर भी कार्य-व्यापार रुकता नहीं, वह चलता रहता है। जैसे-खोई हुई अंगूठी मिल जाने पर शकुन्तला-दुष्यन्त के मिलन की आशा निश्चित-सी हो जाती है।

'फलागम' अर्थात् फल की प्राप्ति। इच्छित फल की प्राप्ति का उद्देश्य जब पूर्ण हो जाता है, तब 'फलागम' की अवस्ता होती है। हमारे यहां पुराने नाटक प्रायः सुखान्त ही होते थे, इसलिए उसमें फल की प्राप्ति हो ही जाती थी। जैसे - सातवें अंक में शकुन्तला और दुष्यन्त का मिलन हो जाता है।

इन कार्यवस्थाओं को इस रेखाचित्र से समझ सकते हैं -

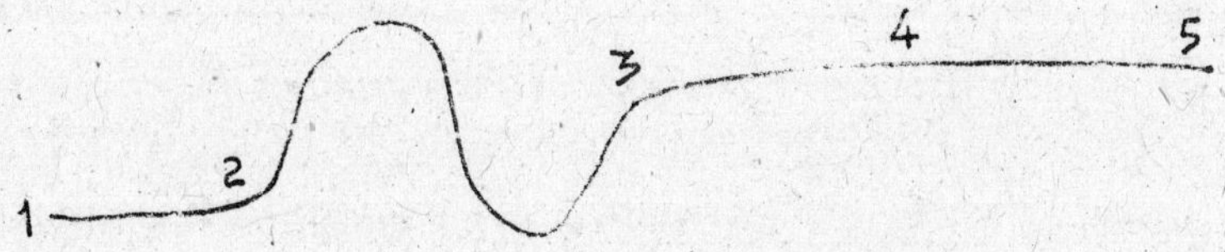

(1) से प्रारम्भ होता है, (2) में प्रयत्न शुरू होता है। वह कार्य को आगे बढ़ाता है। फिर कोई बाधा आती है, गिरी हुई रेखा बाधा बताती है, (3) में प्राप्त्याशा है, जिसमें बाधा मिटकर फल मिलने की आशा जग जाती है, (4) में नियताप्ति है, अर्थात् बाधाएं मिट गई हैं, अब फल मिलना निश्चित-सा है, (5) फलागम है। इस फल की प्राप्ति नायक या नायिका को हो गई है।

कथानक में 'अर्थ प्रकृतियां'

जिस तरह कथा के विकास की पांच अवस्थाएं मानी गयी हैं, उसी तरह कथा को फलागम की ओर ले जाने वाले चमत्कारपूर्ण अंशों की संख्या भी पांच मानी गई है। अर्थात् इच्छित फल की प्राप्ति के लिए कथानक में जो प्रयत्न या साधन दिखाई देते हैं उन्हें पांच श्रेणियों में रखा गया है। ये चमत्कार पूर्ण अंश या साधन 'अर्थ प्रकृतियां' कहलाते हैं। उन्हें 'प्रयोजनसिद्धिहेतवः' अर्थात् कार्य या प्रयोजन की सिद्धि के हेतु माना गया है। ये पांच अर्थ प्रकृतियां हैं -

(1) बीज

(2) बिन्दु

(3) पताका

(4) प्रकरी, और

(5) कार्य।

बीज 'प्रारम्भ' नामक अवस्था में मिलता है। जिस प्रकार बीज में फल छिपा होता है, उसी प्रकार 'बीज' नामक अर्थ प्रकृति में नाटक के फल की सम्भावना रहती है। जिस तरह छोटा-सा बीज आगे चलकर विशाल वृक्ष बन जाता है, उसी तरह नाटक के कथानक का 'बीज' भाग कथानक को बढ़ाने में सहायक होता है।

मुख्य कथा का बीज के द्वारा सूत्रपात हो जाने पर, जो भाग कथा को आगे बढ़ाता है, वह बिन्दु कहलाता है। जैसे पानी पर तेल की बूंद फैल जाती है, वैसे ही कथावस्तु के बिन्दु में भी प्रसार देखा जाता है।

पताका और प्रकरी, जैसा कि हम पहले बता चुके हैं, छोटी-छोटी प्रासंगिक कथायें हैं जो मुख्य

कथा को आगे बढ़ाने में सहायता देती हैं। और कार्य होता है, कथानक का अन्तिम फल। यानी, नाटक में जो अभीष्ट है, जो उद्देश्य है, उसे प्राप्त करने के लिए सारे प्रयास किए जाते हैं, यही नाटक का मुख्य साध्य होता है, इसे ही 'कार्य' कहा जाता है।

कथानक में 'सन्धियां'

वस्तु (या कथानक) में कार्य की अवस्था और अर्थप्रकृतियों को जोड़ने वाली सन्धियां होती हैं। एक कार्य की अवस्था का उसके अनुसार अर्थ-प्रकृति से मेल करांने वाली सन्धि होती है। ये सन्धियां एक-एक अवस्था की समाप्ति तक चलती हैं।

जब कार्य की अवस्थायें पाँच हैं, अर्थ प्रकृतियां पाँच है तब उनको जोड़ने वाली सन्धियां भी पाँच ही होंगी। आचार्यों ने ये पाँच सन्धियां इस प्रकार निर्दिष्ट की हैं -

(1) मुख-सन्धि

(2) प्रतिमुख सन्धि,

(3) गर्भ-सन्धि,

(4) विमर्श सन्धि और

(5) निर्वहण सन्धि (या उपसंहार)।

'प्रारम्भ' नाम की अवस्था के साथ मिलने से जहां अनेक रसों और अर्थों के द्योतक 'बीज' की उत्पत्ति होती है, वहां मुख सन्धि होती है। प्रतिमुख में बीज कुछ लक्ष्य (दिखाई देने वाला) और कुछ अलक्ष्य (न दिखाई देने वाला) रूप से विकसित दिखाई देता है। उपाय के दब जाने तथा उसकी खोज के कारण विस्तार और भी अधिक दिखाई पड़ता है, यह गर्भ सन्धि है, क्योंकि इसके भीतर फल छिपा रहता है। इसमें प्राप्त्याशा और पताका का योग रहता है। विमर्श में नियताप्ति और प्रकरी का योग रहता है-और नई बाधा उपस्थित होती है। इसमें संघर्ष, द्वन्द्व और विमर्श की दशायें उपस्थित होती हैं इसलिए इसे विमर्श कहते हैं। गर्भ और विमर्श सन्धियों में पताका और प्रकरी का प्राप्त्याशा और नियताप्ति से योग आवश्यक नहीं है। निर्वहण सन्धि में कार्य तथा फलागम का योग होकर नाटक पूर्णता को प्राप्त करता है। इसमें शेष चारों सन्धियों के अर्थों का समाहार हो जाता है।

इस प्रकार हम देखते हैं कि नाटक की वस्तु या कथानक में कार्य की अवस्थायें नाटक के विकास की श्रेणियां हैं, अर्थ प्रकृतियां कार्य की सिद्धि के हेतु या साधन हैं और सन्धियां कथानक के चमत्कारपूर्ण अंश या भाग हैं ये आपस में कहां कैसे मिलते हैं, इसको निम्नलिखित रूप में ठीक से समझा जा सकता है -

	1	2	3	4	5
कार्य की अवस्थायें	प्रारम्भ	प्रयत्न	प्राप्त्याशा	नियताप्ति	फलागम
अर्थप्रकृतियां	बीज	बिन्दु	पताका	प्रकरी	कार्य
संधियां	मुख	प्रतिमुख	गर्भ	विमर्श	निर्वहण (उपसंहार)

वास्तव में वस्तु या कथावस्तु या कथानक का इतना सूक्ष्म और विस्तृत विश्लेषण प्राचीन भारतीय आचार्यों ने अपने युग के नाटकों को दृष्टि में रखकर किया था। आज नाटक के स्वरूप में बहुत बदलाव आ गया है। इसलिए कुछ विद्वानों ने इस तरह के तत्त्वों पर अधिक ध्यान नहीं दिया। अवस्थाओं, अर्थ प्रकृतियों और सन्धियों के आपसी सम्बन्ध और उनके विवेचन पर कई विद्वानों ने आपत्ति की है। इनमें से मुख्य हैं *डॉ. कीथ*। *डॉ. कीथ* का तर्क है कि पताका, प्राप्त्याशा और गर्भ तथा प्रकरी, नियताप्ति और विमर्श में क्रमानुकूल निकट सम्बन्ध का अभाव है। इसलिए इनका विवेचन व्यर्थ है। कुछ विद्वानों का विचार है कि सूक्ष्म विवेचन नाटक को पंगु बना देता है, इसलिए व्यर्थ है। लेकिन वास्तव में यह तर्क उचित नहीं। हाँ, इनका होना आज नाटक में अनिवार्य नहीं है, क्योंकि पताका, प्रकरी का उपयोग नायक की लोकप्रियता पर निर्भर है। ये तो वस्तु या कथानक की प्रासंगिक कथायें हैं, जिनमें नायक, उपनायक या सहायक के प्रयत्नों की भी अपेक्षा को अनुभव करता है।

2. पात्र और उनका चरित्र-चित्रण

'वस्तु' के बाद भारतीय आचार्यों ने नाटक का दूसरा प्रधानतत्त्व 'नेता' माना है। 'नेता' का अर्थ है 'नायक' या प्रधान-पात्र। यह मुख्य पात्र कहलाता है, क्योंकि नाटक के फल का अधिकारी या भोक्ता नायक होता है। अधिकारी होने से ही नायक 'नेता' का पर्याय है। 'नेता' शब्द की व्युत्पत्ति 'नी' धातु से हुई है, जिसका अर्थ है - 'ले चलना'। अतः नायक या नेता वह है जो नाटक के कथानक को अपने निर्दिष्ट फलागम तक ले चले। इसी केन्द्रीय पात्र की ओर, नाटकीय वृत्त घूमता है, सारी घटनायें इसी के इर्द-गिर्द घूमती हैं।

आचार्यों ने नायक के अनेक गुणों की चर्चा की है। वे मानते हैं कि नाटक के नायक को - विनयशील, सुन्दर, त्यागी, कार्यकुशल, मृदुभाषी, प्रज्ञावान्, कलाओं का ज्ञाता, स्वाभिमानी, कुलीन, स्थिरचित्त, युवा, बुद्धिमान, उत्साही, स्मृति-सम्पन्न, शूरवीर, दृढ़, तेजस्वी, शास्त्रज्ञ, पवित्र तथा धार्मिक होना चाहिए। प्राचीन संस्कृत नाटकों में ऐसे नायकों की परिकल्पना की गई जिनमें उपर्युक्त अधिक से अधिक

गुण हों। लेकिन ये सारे गुण एक ही पात्र में सम्भव नहीं हैं। अतः गुणों या स्वभाव के अनुसार नायकों के चार भेद किए गए -

(1) धीरोदात्त,

(2) धीर ललित

(3) धीर प्रशान्त और

(4) धीरोद्धत।

नायक अनेक श्रेष्ठ गुणों से युक्त होना चाहिए और श्रेष्ठता के लिए 'धीरता' आवश्यक है। जो धीर नहीं है, वह न तो वीर हो सकता है, न उसे प्रेमी कहा जा सकता है। इसलिए सभी तरह के नायकों में 'धीर' शब्द जोड़ कर इस धीरता को आवश्यक माना गया है। यों, 'धीर' का शाब्दिक अर्थ है - शान्त चित्त या शान्त स्वभाव वाला। जो विपरीत परिस्थितियों में भी जल्दी विचलित या उद्विग्न न हो। बलवान्, विनम्र, गम्भीर, सुन्दर, विद्वान् को भी 'धीर' कहा जा सकता है। इसीलिए संस्कृत के प्राचीन नाटकों में नायक प्रारम्भ से अन्त तक एक ही प्रकार के रहते हैं, उनका हृदय-परिवर्तन नहीं होता। वह बदलते नहीं, अपितु दूसरे पात्रों को बदलने की क्षमता रखते हैं।

धीरोदात्त नायक वह है जिसका अंतःकरण शोक-क्रोध आदि से विचलित नहीं होता, जो अत्यन्त गम्भीर, क्षमावान, आत्मश्लाघा न करने वाला, अहंकार- शून्य और दृढ़व्रत (यानी, अपनी बात का निर्वाह करने वाला) होता है। यह बड़ा उदारचरित्र होता है। इसमें शक्ति के साथ क्षमा तथा दृढ़ता और आत्मगौरव के साथ विनय होती है। उसमें अभिमान नहीं होता।

इस तरह के नायक के उदाहरण मर्यादा पुरुषोत्तम राम और धर्मधुरीण युधिष्ठिर हैं।

धीर ललित नायक बड़े कोमल स्वभाव का होता है। यह कलाविद्, सुखान्वेषी और निश्चिन्त होता है। इस प्रकार का नायक भोगविलास तथा सुखद ललित क्रीड़ाओं में संलग्न रहता है। उदाहरण के लिए शकुन्तला नाटक का नायक दुष्यन्त इसी तरह का नायक है।

धीर प्रशान्त नायक शान्त स्वभाव का होता है। यह क्षत्रिय नहीं होता, क्योंकि क्षत्रियों में संतोष नहीं पाया जाता। ऐसा नायक अधिकतर ब्राह्मण या वैश्य होता है, जिसमें अन्य गुणों के साथ शान्त स्वभाव होने की मुख्यता है।

धीरोद्धत नायक मायावी, आत्मप्रशंसा सुनने वाला, तथा स्वभाव से प्रचण्ड, धोखेबाज और चपल होता है। यह अहंकार और दर्प से भरा रहता है। परशुराम, भीम, मेघनाद, रावण आदि इसी तरह के नायकों के उदाहण हैं।

धीरोद्धत के सन्दर्भ में एक बात और स्पष्ट हो जानी चाहिए। 'धीरोद्धत' नायक स्वभाव से उद्धत-चपल होता है, फिर उसके आगे 'धीर' शब्द क्यों जोड़ा गया है? 'धीर' और 'उद्धत' - ये दोनों शब्द परस्पर विरोधी स्वभाव सूचित करते हैं। आचार्य हजारी प्रसाद द्विवेदी ने इसका उत्तर देते हुए कहा है, कि पहले

'धीर' का अर्थ उसके वर्तमान प्रचलित अर्थ से भिन्न-'स्वाभिक बोध सम्पन्न', था। यह शब्द 'धी' (सहज बुद्धि, मनोभाव) से निष्पन्न है। अतः धीरोद्धत का अर्थ है स्वभावतः उद्धत। वे उदात्त, प्रशान्त और ललित नायकों के साथ भी 'धीर' विशेषण का यही अर्थ लेते हैं।

श्रृंगार-विचार या नायिका के प्रति नायक के दृष्टिकोण के आधार पर नायक चार प्रकार के बताए गए हैं - (1) अनुकूल (2) दक्षिण नायक (3) शठ और (4) धृष्ट।

अनुकूल नायक पत्नीव्रती होता है। परनारी को माँ-तुल्य मानता है। वह एक ही नायिका में अनुरक्त रहता है।

दक्षिण नायक कई नायिकाओं का प्रणयी होता है, फिर भी वह पूर्व प्रणयिनी को नहीं भूलता। प्रधान महिषी का सबसे ज्यादा ध्यान रखता है। सभी नायिकाओं के प्रति उसका व्यवहार सरल, भद्र तथा दयावान होता है। वह एक साथ सभी को प्रसन्न रख सकता है।

जैसे - राम 'अनुकूल' नायक हैं, एक पत्नीव्रत हैं, जबकि कृष्ण 'दक्षिण' नायक। दुष्यन्त भी दक्षिण नायक है।

शठ नायक वह है जो छल, कपट और प्रवंचना से परिपूर्ण होता है। वह अन्य नायिकाओं से प्रेम तो अवश्य करता है, किन्तु प्रकट रूप में नहीं। वह निर्लज्ज नहीं होता। इसके विपरीत *धृष्ट* नायक खुले रूप में दुराचरण करता और निर्लज्ज होता है। वह अपनी प्रधान महिषी का मन दुखाने में नहीं चूकता और उसकी प्रताड़ना की भी परवाह नहीं करता।

अन्य पात्र

नाटक में नायक तो केन्द्रीय पात्र होता ही है, किन्तु अन्य पात्रों की भी महत्त्वपूर्ण भूमिका रहती है। ये पात्र न केवल नायक के चरित्र को उभार कर सामने लाते हैं, अपितु नाटक की कथावस्तु को आगे बढ़ाते हैं। इस तरह के पात्र दो तरह के होते हैं - एक वे जो नायक के सहायक होते हैं, दूसरे वे जो नायक के प्रतिद्वन्द्वी या प्रतिपक्षी होते हैं।

नायक के सहायक पात्र नायक को अभीष्ट फल की प्राप्ति में सहायता देते हैं। इनमें मुख्य हैं - विट, चेट और विदूषक। वेश्याओं के उपचार में कुशल, मधुर, व्यवहारकुशल, कवि, ऊहापोह की गरिस्थिति में लाने में समर्थ, बात करने में चतुर विट होता है। कलहप्रिय, अनेक कथाओं को जानने वाला, विकृत रूप वाला, मानने और न मानने वाली बातों का विशेष ज्ञान रखने वाला, गन्ध का सेवन करने वाला चेट होता है। हास्य विनोद के प्रसंग उपस्थित करने वाला विदूषक होता है। विदूषक नायक का मनोरंजन भी करता है, उसे सत्परामर्श भी देता है। वह नायक का मित्र भी माना जाता है और अन्तःपुर तक उसकी पहुँच होती है। एक और मुख्य सहायक पात्र होता है - पीठमर्द, यह प्रासंगिक कथावस्तु का नायक होता है। नायक या प्रतिद्वन्द्वी प्रतिनायक या खलनायक होता है। वह सदैव धीरोद्धत होता है।

नाटकों में और भी बहुत तरह के पात्र रहते हैं, जिनका वर्णन विस्तार-भय से नहीं किया जाता।

हमारे यहां नायिकाओं के श्रेणी-विभाजन का विस्तार दोष की हद तक पहुँच गया था। यह विभाजन यद्यपि श्रृंगार से ही सम्बन्धित था, तथापि स्त्री-पात्रों की मनोवृत्ति पर अच्छा प्रकाश डालता था।

नायक की भांति नायिकाओं के सामान्य गुणों की चर्चा नाट्यशास्त्र में विस्तार से मिलती है। नाटक की प्रधान नायिका वह होती है - जो सर्वगुण सम्पन्न नायक की प्रिया या अभिप्सिता हो। उसके मुख्य गुण हैं-वह रूपवती, गुण, शील, यौवन, मधुरता और शक्ति से युक्त, प्रसन्न, स्नेहपूर्ण, मधुर, स्निग्ध, भावपूर्ण, मधुर वचन बोलने वाली, योग्य, क्षोभरहित, लयताल का ज्ञान रखने वाली और रसयुक्त होती है। नायिका का रूप और गुण नायक के आकर्षण का केन्द्र है, अतः नाटक की कथावस्तु के विकास के लिए नायिका प्रेरणा-स्वरूप होती है।

चरित्र-चित्रण

नाटक में चरित्र-चित्रण कथा के रूप में विश्लेषणात्मक ढंग से नहीं किया जाता, बल्कि अभिनयात्मक ढंग से या परोक्ष रूप में होता है। या तो नाटक के पात्र एक-दूसरे के चरित्र पर प्रकाश डालते हैं या स्वयं अपने चरित्र का उद्‌घाटन करते हैं। उनके कार्यकलाप उनके चरित्र को सामने लाते हैं।

मनुष्य का कार्यकलाप उसके चरित्र का सबसे सच्चा परिचायक होता है। इसलिए कथोपकथन और कार्य व्यापार की अन्विति, चरित्र की दृढ़ता के साथ नाटककार के कौशल का परिचय देती है। सफल कथोपकथन वही होता है जो या तो कथाक्रम को आगे बढ़ाने में सहायक हो या चरित्र पर प्रकाश डाले।

(3) अभिनय

अभिनय नाटक का मुख्य तत्त्व है। नाटक है ही अभिन्य-प्रधान, बल्कि अभिनय पर आधारित विधा है। अभिनय से नाटक का उदय हुआ है और अभिनय तथा रंगमंच की सुविधा के साथ-साथ भिन्न-भिन्न देशों की नाट्यकला का विकास हुआ है।

हमारे देश में नाट्यशास्त्र के प्रधान चिन्तक आचार्य भरतमुनि ने नाटक के इस तत्त्व की विस्तारपूर्वक विविचना की है।

'अभिनय' का शाब्दिक अर्थ है - पहुँचाना। इसके द्वारा नाटक की सामग्री अर्थ की पूर्ण अभिव्यक्ति की ओर पहुँचाई जाती है।

अभिनय चार प्रकार का माना गया है - आंगिक, वाचिक, आहार्य और सात्त्विक।

आंगिक अभिनय का तात्पर्य है अंगों से किया गया कार्यकलाप या अभिनय। शरीर, मुख और नाना भांति की चेष्टायें आंगिक अभिनय के अन्तर्गत आती हैं। इस प्रकार के अभिनय का अनुभवों से तथा परिस्थिति के अनुकूल गतियों से सम्बन्ध है। इस प्रसंग में भांति-भांति से सिर हिलाने का वर्णन आता है। रसों के अनुकूल दृष्टियां भी बतलाई गई हैं। वीर, भयानक आदि की दृष्टियां भिन्नभिन्न प्रकार की होती हैं। वीर अपनी दृष्टि को सामने रखेगा, लज्जान्वित पुरुष अपनी निगाह नीची कर लेगा, भय वाला दृष्टि

इधर-उधर फेरेगा। इसी सम्बन्ध में विभिन्न प्रकार के नृत्य भी बतलाये गए हैं। इसे कायिक अभिनय भी कहते हैं।

वाचिक अभिनय का तात्पर्य है, वाणी द्वारा। वाणी का अभिनय आंगिक अभिनय को स्पष्टता देता है। कुछ नाटकों में मूक अभिनय भी देखने को मिलता है। वाचिक अभिनय के लिए अभिनेताओं को भाषा का पूरा ज्ञान होना चाहिए। पात्रों के अनुकूल भाषा का विधान नाटक-लेखक रखता है। कथोपकथन दृश्य, परिस्थिति, पात्र और वातावरण आदि के अनुकूल रखे जाते हैं। ये सब निर्देश वाचिक अभिनय के अन्तर्गत आते हैं।

आहार्य अभिनय के अन्तर्गत नाना प्रकार के आभूषणों और वस्त्रों के रंगों का उल्लेख आता है। नाट्यशास्त्र में भिन्न-भिन्न जाति के लोगों के रंग भी बतलाये गये हैं। भिन्न-भिन्न स्थिति के लोगों के बालों और मूँछों की सजावट की विधि भी दी गई है। ये सब आहार्य अभिनय के अन्तर्गत आते हैं।

सात्विक अभिनय में रोमांच, कम्प, अश्रु, स्वेद (पसीना) स्तम्भ आदि प्रवृत्तियां आती हैं। कुछ विद्वानों को आपत्ति है कि आंगिक अभिनय को रखकर अलग से सात्त्विक अभिनय क्यों रखा गया है, जब कि ये बातें आंगिक अभिनय से जुड़ी हैं? इसका उत्तर यही है कि अनुभावों के होते हुए भी जिस प्रकार सात्त्विक भावों को स्वतंत्र स्थान दिया गया है, उसी प्रकार सात्त्विक अभिनय को भी। सात्त्विक अभिनय का सम्बन्ध भावों से है। इसमें भावों का प्राधान्य रहता है। जबकि आंगिक अभिनय में गतियों का भी अभिनय हो सकता है।

(4) रस और उद्देश्य

भारतीय परम्परा के अनुसार नाटकों में रस को प्रमुख माना गया है। पाश्चात्य परम्परा में उद्देश्य को। हमारे यहां सर्वप्रथम रस का विवेचन नाटक के ही सन्दर्भ में किया गया है। रस उन तीन बातों में से एक है, जो रूपकों के विभाजन का आधार है। प्रत्येक नाटक में कोई न कोई रस अंगी रूप में (मुख्य) होता है। (जैसे - 'शकुन्तला' नाटक में श्रृंगार) और दूसरे रस भी अंग रूप से आ सकते है। (जैसे - 'शकुन्तला' नाटक में श्रृंगार के अतिरिक्त वीर, वात्सल्य, रौद्र आदि रस भी आये हैं।) रसों का समावेश रस मैत्री और रस-विरोध के नियमों के आधार पर किया जाता है। अंगी या मुख्य रस के साथ नाटक के नायक नायिका का घनिष्ठ सम्बन्ध है। एक प्रकार वे अंगीरस के संवाहक होते हैं। दर्शक भी इन्हीं प्रधान पात्रों के कार्य व्यापार की नट नटी द्वारा अनुकृति के कारण ही अंगीरस की अनुभूति करते हैं।

संस्कृत नाट्यशास्त्र के अनुसार नाटक का मुख्य लक्ष्य नायक के साथ तादात्म्य है, जिससे रस की प्रतीति (अनुभव) सामाजिक करता रहे। इसके लिए नाटक के अन्दर उन्हीं विषयों का प्रदर्शन होता है, जो तादात्म्य में बाधा न पहुँचायें। स्पर्श, गंध आदि से सम्बन्धित घटनाओं का प्रदर्शन नहीं किया जाता।

पाश्चात्य देशों में नाटकों में कुछ न कुछ उद्देश्य अवश्य रहता है। वह किसी प्रकार जीवन मीमांसा

या विचार-सामग्री के रूप में आता है। इस उद्देश्य का सम्बन्ध आंतरिक और बाह्य संघर्षों से होता है। यह संघर्ष पाठकों को या दर्शकों-श्रोताओं को नाटक का उद्देश्य ग्रहण करने के लिए तैयार कर देता है। नाटक की विचार सामग्री पात्रों के पारस्परिक कथोपकथन में ही उपस्थित होती है। नाटककार जो कुछ स्वयं कहना चाहता है, वह किसी पात्र के द्वारा कहलाता है या कथानक में व्यंजित करता है।

भारतीय नाट्यशास्त्र में नाट्यवृत्तियों की भी चर्चा मिलती है। नाटक में भाव और अर्थ की अभिव्यक्ति-शैलियों को 'वृत्तियां' कहते हैं। नाट्यवृत्तियां चार मानी गई हैं - कैशिकी, सात्वती, आरभटी और भारती। *कैशिकी वृत्ति* मनोहर है जो श्रृंगार और हास्य के अभिनय में प्रयुक्त होती है। गीत-नृत्य का प्रयोग इसमें प्रचुरता से होता है। *सात्वती वृत्ति* का सम्बन्ध धीर, रौद्र और अद्‌भुत रसों से है। इसमें उदात्त पुरुषों के कार्यों का वर्णन होता है। *आरभटी वृत्ति* में दम्भ, झूठ, माया, प्रपंच विचित्रता आदि का प्रदर्शन होता है, अतः इसका सम्बन्ध भयानक, वीभत्स और रौद्र रस से है। *भारती वृत्ति* में वाणी का कौशल प्रधान है और इसे पुरुष ही अधिक प्रयुक्त करते हैं। यह सभी रसों में काम करती है। प्रायः आरंभिक दृश्यों में इसका प्रयोग किया जाता है।

पाश्चात्य नाट्य चिन्तन : कुछ आवश्यक बातें

पीछे हमने नाटक के तत्त्वों पर विचार करते हुए, भारतीय दृष्टिकोण को ही प्रमुखता दी है। वहां वस्तु, नेता और रस-ये तीन तत्त्व नाटक के आधारभूत तत्त्व हैं, अन्य तत्त्व पाश्चात्य नाट्य चिन्तन के अनुसार जुड़े हैं। फिर भी, नाटक के तत्त्वों पर विचार करते हुए पश्चिमी विचारकों के मतों को अलग से जान लेना आवश्यक है।

पश्चिम में नाटक के दो भेद किए गए हैं -

(1) ट्रेजेडी (Tragedy)

(2) कामेडी (Comedy)

प्लेटो ने आदर्श ट्रेजेडी में श्रेष्ठ और उदात्त जीवन अनुकरणीय माना। उसके अनुसार भय और करुणा-ये दो ही भावावेश हैं, जो ट्रेजेडी द्वारा जाग्रत किए जाते हैं। दुःखान्त दृश्यों में भी हमें सुख की प्राप्ति होती है, क्योंकि मानव-चरित्र में मिश्रित भावों का अस्तित्व रहता है।

प्लेटो कामेडी का मूल आधार मानता है-हास्यास्पद और बेढंगे कार्यों को। उसने निर्दोष हँसी को ही हास्य माना है और उसी को कामेडी का सर्जक।

अरस्तू ने नाटक को कार्य की अनुकृति मानकर उसे काव्य का प्रमुख भेद माना है। वीर काव्य से यानी, महाकाव्य से उसने ट्रेजेडी का और व्यंग्यकाव्य से कामेडी का विकास माना।

अरस्तू ने ट्रेजेडी की जो परिभाषा दी है, उसमें यातना के तत्त्व पर जोर दिया है। यह यातना सामाजिक के मन में करुणा जगाये, इसलिए उसने नायक भी ऐसा स्वीकार किया है, जो चरित्र की दृष्टि

से न एकदम उज्ज्वल हो, न सर्वथा कलुषमय; अपितु ऐसा हो जिसका पतन किसी त्रुटि या कमी के कारण हुआ हो। उसने ट्रेजेडी में कथानक की अन्विति का उल्लेख किया है।

अरस्तू कामेडी पर विचार करते हुए कहता है कि कामेडी का लक्ष्य होता है यथार्थ जीवन की अपेक्षा मानव का हीनतर चित्रण और ट्रेजेडी का लक्ष्य होता है उसका भव्यतर चित्रण। कामेडी में निम्नतर कोटि के पात्रों का अनुकरण रहता है और उसमें मानव-चरित्र की दुर्बलताओं का चित्र इस प्रकार प्रस्तुत किया जाता है कि हास्य की सृष्टि हो सके। इसका मुख्य प्रयोजन नैतिक है।

ट्रेजेडी के तत्त्व

पश्चिमी विचारकों ने ट्रेजेडी के छह तत्त्व माने हैं -

(1) कथानक (Plot) (2) चरित्र-चित्रण (Characters)

(2) पद-विन्यास (Diction) (3) विचार (Thought)

(5) दृश्यदर्शन (Spectacle) (6) संगीत (Melody)।

इनमें से कथानक, चरित्र-चित्रण और विचार का सम्बन्ध *वस्तु* से होने के कारण ये अनुकरण के विषय हैं। पदविन्यास और संगीत का सम्बन्ध *अनुकरण के माध्यम से* है और दृश्य-प्रदर्शन का सम्बन्ध *अनुकरण की शैली* रो है। अरस्तू के समय तक ट्रेजेडी के लेखक इन तत्त्वों का उपयोग करते रहे।

कथावस्तु के विषय में पाश्चात्य विचारकों ने गहराई से विचार किया है। भारतीय विचारकों की तरह वे भी इसे नाटक का मेरुदण्ड मानते हैं। उनका मत है कि ट्रेजेडी में व्यक्ति का नहीं, कार्य और जीवन का अनुकरण होता है। जीवन मुख्यतः कार्यव्यापार है और जीवन का चित्रण होने से नाटक में कार्य-व्यापार का महत्त्व है।

इसीलिए कथानक के मुख्य गुणों में सर्वप्रथम कार्यान्विति (Unity of Action) पर बल दिया गया है। इससे कथानक की घटना निश्चित बोधगम्य होकर अपना प्रभाव डालती है। आगे चल कर कार्यान्विति के साथ-साथ समय और स्थान की अन्विति (Unity of Time and Unity of Place) भी जोड़ दी गई है।

कथावस्तु (Plot) के विकास की पांच अवस्थायें बताई गई हैं -

(1) आरम्भ या व्याख्या (Exposition)

(2) प्रगित या विकास (Incident)

(3) चरम सीमा या आपद काल (Crisis)

(4) उतार या निगति (Denoument)

(5) पतन या समाप्ति (Catastrophe)

ये अवस्थायें (Stages of action) बहुत कुछ भारतीय दृष्टिकोण से मेल खाती हैं।

पश्चिम में अच्छा नाटक वही है जो विषादान्त (Tragedy) हो।

चरित्र-चित्रण पर विचार करते हुए अरस्तू ने चरित्र के सम्बन्ध में चार बातें बताई हैं -

(1) चरित्र अच्छा होना चाहिए (2) उसमें औत्सुक्य होना चाहिए। (3) पात्र अपने प्रति सच्चे हों और नाट्क्रम में उनके चरित्र में कोई परिवर्तन या संशोधन नहीं होना चाहिए। (4) पात्रों के चरित्र की जीवन प्रति सच्चाई होनी चाहिए।

पद विन्यास या *भाषा* के विषय में कहा गया है कि शब्दों का द्वन्द्वात्मक विधान ट्रेजेडी के वातावरण के लिए उपयुक्त है। अरस्तू ने ट्रेजेडी की भाषा की विस्तृत विवेचना करते हुए वर्ण, मात्रा, संयोजक शब्द, संज्ञा, क्रिया, विभक्ति और वाक्य की व्याख्या की है। उस शैली को उत्कृष्ट बताया है जो प्रसन्न हो, किन्तु छुद्र न हो, जो उदात्त और समृद्ध हो, किन्तु वागाडम्बर से रहित हो। भाषा में अलंकार, गरिमा और औचित्य का समन्वंय होना चाहिए।

विचार तत्त्व का अर्थ है सम्भव और उचित के प्रतिपादन की क्षमता। विचारतत्त्व की आवश्यकता तब होती है जब संवाद में कोई युक्ति प्रस्तुत की जाती है या कोई मत व्यक्त किया जाता है। यह बुद्धितत्त्व है जो चरित्र की बाह्य अभिव्यक्ति है।

दृश्य प्रदर्शन या अभिनय ट्रेजेडी का महत्त्वपूर्ण अंग है। इसका आधार है रंगमंचीय साधनों का कुशल प्रयोग। भय और करुणा रंगमंच के साधनों से उद्‌बुद्ध किये जा सकते हैं, किन्तु रचना के आंतरिक गठन से भी वे उत्पन्न हो सकते हैं और यह पद्धति ही श्रेष्ठ है।

संगीत नाटक को आनन्ददायक बनाता है। सामूहिक गान के अन्तर्गत स्वतंत्र रूप से इसका प्रयोग किया जाता था, आगे चलकर संगीत तत्त्व की काव्य में विशेष प्रतिष्ठा हुई।

कुछ विद्वानों ने कथावस्तु, पात्र, शैली, कथोपकथन, देशकाल और उद्देश्य के रूप में नाटक और उपन्यास के एक ही प्रकार के अंग माने हैं जो उचित नहीं। पीछे विवेचित चार अंगों - वस्तु, पात्र और उनका चरित्र-चित्रण, अभिनय तथा रस और उद्देश्य; में सभी का समावेश हो जाता है। प्रथम दो (कथावस्तु/वस्तु और पात्र-चरित्र चित्रण) तो सभी में हैं। अभिनय के अन्तर्गत-कथोपकथन, भाषा और दृश्य-प्रदर्शन (Spectacle) आ जाते हैं। शैली का समावेश नाट्वृत्तियों में आ गया है। उद्देश्य और विचार (Thought) भारतीय दृष्टि से रस के अन्तर्गत आ जाते हैं, क्योंकि रस ही नाटक का मुख्य प्रतिपाद्य है।

नया दृष्टिकोण :

नाटक के इन परंपरागत तत्त्वों में नए-नए प्रयोगों के कारण परिवर्तन आता गया है। नाटक को दो भागों में विभाजित किया जा सकता है - प्रथम है उसका लिखित भाग जो प्रस्तुत किया जाता है (यही भाग साहित्य का हिस्सा है), दूसरा भाग है उस लिखित को दृश्य एवं श्रव्य उपकरणों के द्वारा प्रस्तुत करने

की योजना। इसमें अभिनय, संगीत एवं नृत्य आते हैं। पात्रों की वेशभूषा, उनके कार्यकलाप अभिनय के भाग हैं। लेकिन इस दृश्य उपकरण का एक और महत्त्वपूर्ण भाग है-वह है रंगमंच। रंगमंच के निर्माण में तीन और कलाओं का योगदान है-चित्रकला, मूर्तिकला एवं स्थापत्य कला। प्राचीन मान्यताओं से बिल्कुल अलग प्रकाश-व्यवस्था भी रंगमंच का महत्त्वपूर्ण भाग है।

नाटक का प्रथम भाग (लिखित रूप) इस दूसरे हिस्से से निरपेक्ष नहीं रह सकता। उसे अपना पूरा अर्थ रंगमंच से मिलता है। रंगमंच की आवश्यकताओं के अनुसार नाटक के लिखित भाग का ढ्रांचा भी बदल जाता है। इस दृष्टि से हम नाटक को साहित्य का नितान्त भौतिक उपकरण मान सकते हैं, जिसका प्रमुख तत्त्व अभिनय एवं कहानी है, लेकिन नाटक को रंगमंच पर देखते हुए दर्शक उसमें कहानी को 'पढ़' कर अपनी कल्पना के अनुसार ग्रहण नहीं करता, वह उसे रंगमंच पर नाटक के निर्देशक एवं अभिनेताओं की कल्पना के अनुसार देख और सुन कर ग्रहण करता है। नाटक-विधा में शब्द आधार रूप में एक उपकरण होते हुए भी, विविध कलाओं के उपकरणों के साथ सामने आते हैं। नृत्य, संगीत, स्थापत्य, मूर्ति-इन सब कलाओं के साथ-साथ प्रकाश-व्यवस्था भी महत्त्वपूर्ण होती है। लेकिन ये मानसिक तत्त्व न होकर भौतिक उपकरण हैं। और उल्लेखनीय बात यह है कि वे शब्दों को प्रभावित कर देते हैं। कई बार नाटक का मूल पाठ विकृत हो जाता है।

उपर्युक्त परिप्रेक्ष्य में यह भी बात रेखांकन-योग्य है कि नाटक 'वैयक्तिक कला' नहीं रह जाता, वह एक दलगत अनुष्ठान होता है और 'मिश्र-कला' की श्रेणी में आता है। आज स्थिति यह होती जा रही है कि वैज्ञानिक उपकरणों के अधिकाधिक प्रयोग से नाटक का 'कथा तत्त्व' कम महत्त्वपूर्ण होता जा रहा है। अभिनय, संगीत, चित्रकला, रंग-मंच-सज्जा, प्रकाश-व्यवस्था आदि 'कथा-तत्त्व' को ढक लेते हैं। इतना ही नहीं, जो विधा कभी अपने शास्त्रीय रूप में सर्वाधिक सुगठित और ठोस थी, वह बिखरती-सी लग रही है। खासतौर से कथानक में जिन स्थितियों, उतार-चढ़ावों, नियम-मर्यादाओं का शास्त्रीय विधान हमारे संस्कृत नाट्यशास्त्रीय ग्रंथों में निर्धारित किया गया था, वह टूट गया है। समय की आवश्यकता को देखते हुए यह ठीक भी है। अत्यधिक जकड़बंदी से नाटक का जो मुक्त प्रवाह था, वह बाधित होता था। अतएव हमारे नाट्य-कर्मियों ने बेशक पश्चिम के प्रभाव से या रूसी प्रभाव से नए-नए प्रयोग किए हों, उन्हें इनमें सफलता मिली है। उदाहरण के लिए कथानक में कथा-संगठन के स्थान पर स्थिति-विश्लेषण का प्रयास किया जाने लगा है। अन्योक्तिमूलक कथानक की योजना की जाने लगी है। ऐतिहासिक-पौराणिक इतिवृत्तों को आधुनिक जीवन एवं परिवेश के सूक्ष्म यथार्थ को उभारने में इस्तेमाल किया जाने लगा है। लोकनाट्य शैली के संयोग से नया प्रभाव उत्पन्न करने की सफल कोशिश की गई है। और तो और, रंगमंच की सीमाओं को त्याग कर मुक्ताकाश तथा नुक्कड़ नाटक विकसित कर लिया गया। कुछ पात्र ही नाटक क्यों करें, दर्शक भी उसमें शामिल कर लिए गए!

इधर के नाटक विशेष रूप से परिवेश की संवेदनीयता के नाटक हैं। उनमें समसामयिक परिवेश

से प्रभावित जीवन-प्रक्रिया; एकाकीपन, विसंगतियों, संत्रास, कुंठा, बेकारी, शोषण, संघर्ष, नैराश्य आदि को कथ्य का केन्द्र बनाया गया है। फलतः विभिन्न स्थितियों की टकराहटें उनमें गूंजती हैं। नाटक-लेखक अपने कथानक की रचना में भोगे हुए यथार्थ के स्तर से विभिन्न सामाजिक, राजनीतिक, औद्योगिक जीवन की नाट्य-स्थितियों को आधार बनाता है। इन नाट्य-प्रसंगों को कथानक में ऐसे संयोजित करता है जिससे औद्योगिक सभ्यता का अभिशाप उभर कर सामने आता है। सांकेतिकता और खुलापन अपने कंट्रास्ट में यहाँ विद्यमान है। यही कारण है कि कथ्य को रूपायित करते हुए नाटककार उसे पूरी तरह दृश्य रूप में अनुभव कराने का यत्न करता है। कथ्य को शब्दों में व्यंजित करने का उतना प्रयत्न नहीं करता। पूरे दृश्य में विशेषकर कथ्य के सूत्र को उभारने के प्रयत्न में ही आज के नाट्य लेखन की कलात्मक प्रभविष्णुता प्रकट होती है। नाटक का नायक आज कोई महापुरुष, राजा अथवा अभिजन नहीं रह गया है, एक सामान्य जन और यहां तक कि तमाम कमज़ोरियों का पुतला एक अपराधी व्यक्ति भी हो सकता है। इस स्थिति को नाटक के लोकतंत्रीकरण का नया चरण कहा जा सकता है। और इस आधुनिक नाटक में हम सब अपने आप को अपने पूरे क़द के साथ मौज़ूद पा रहे हैं।

इसी क्रम में एक नाट्यरूप के तहत '**नुक्कड़ नाटक**' का आविर्भाव हुआ है। यों है तो यह भी एक तरह का नाटक ही, लेकिन इसमें रंगमंच के लिए किसी ताम-झाम और सजावटी सामग्री की आवश्यकता नहीं होती। जनता के बीच, जैसा कि नाम से ही स्पष्ट है, नुक्कड़ जैसे सार्वजनिक स्थल ही इस नाट्यरूप के लिए 'रंगमंच' बन जाते हैं। सहज रूप में मामूली-सी वेश-भूषा और नाम मात्र के वाद्य यंत्रों के साथ नुक्कड़ नाटक के पात्र मैदान में उतरते हैं। प्रायः शास्त्रीयता का उपयोग लोक के स्तर पर करते हुए नाट्यकार जनता की भाषा में, जनता के लिए और अनेक बार स्वयं जनता द्वारा, जनता से जुड़े व्यापक प्रश्नों को सामने लाता है। इसलिए कई बार दर्शक भी नुक्कड़ नाटक में पात्र बन जाते हैं। इन नाटकों की भाषा लोक-भाषा होती है और प्रायः व्यंग्य के माध्यम से समस्याओं को उभारा जाता है।

A (2)

एकांकी

एकांकी नाटक की भांति नाट्य वर्ग की एक विधा है। इस नव-विकसित विधा में भी अभिनेयता और दृश्य तत्त्व का विशेष महत्त्व है। नाटक की तरह की विधा होने पर भी एकांकी तथा नाटक में स्वरूपगत अन्तर है। एकांकी नाटक का लघु संस्करण-भर नहीं है, अपितु उसकी निजी सत्ता है।

एकांकी का स्वरूप

'एकांकी' शब्द का अर्थ है-एक अंक वाला। वर्तमान में इसका प्रयोग अंग्रेजी शब्द 'वन एक्ट प्ले' के पर्यायवाची शब्द के रूप में हो रहा है। पश्चिम में यह विधा नाटकों से पूर्व 'कर्टेन रेज़र' के रूप में दिखाई जाती थी। यहाँ इस पर अच्छी तरह विचार हुआ है। यथा, *पिंकर्ड ईटन* के अनुसार एकांकी की प्रकृति ऐसी होती है कि उसमें नाटककार को किसी एक समस्या, किसी विशेष परिस्थिति अथवा घटना का इस प्रकार नियोजन करना पड़ता है कि वह धीरे-धीरे स्वयं विकसित हो जाये। इसी तरह *सिडनी बॉक्स* कहता है कि एकांकी साहित्य की वह संयमित और नियंत्रित विधा है, जिसमें एक ही घटना को इस प्रकार व्यक्त किया जाता है कि उसके प्रभावैक्य से पाठकों तथा दर्शकों का मन आकृष्ट और आक्रान्त हो जाए।

हिन्दी में प्रथम एकांकीकार *डॉ0रामकुमार वर्मा* माने जाते हैं। उन्होंने एकांकी तो लिखे ही, एकांकी के स्वरूप पर भी विचार किया है। *डॉ0वर्मा* के अनुसार एकांकी में एक ही घटना होती है और वह घटना नाटकीय कौशल से ही कौतूहल का संचय करती हुई चरम सीमा तक पहुँचती है। विस्तार के अभाव में प्रत्येक घटना कली की भांति खिल कर पुष्प की भांति विकसित हो उठती है। उसमें लता के समान फैलने की उच्छृंखलता नहीं होती।

उपर्युक्त परिप्रेक्ष्य में हम एकांकी के विषय में सामान्य बातें इस प्रकार इंगित कर सकते हैं -

(1) एकांकी में जीवन की किसी एक समस्या, एक विशेष परिस्थिति या घटना को प्रभावशाली ढंग से व्यक्त किया जाता है।

(2) इसके लिए एकता एवं एकाग्रता आवश्यक है।

(3) घटना या कथा में विस्तार नहीं होता, इसलिए यह बहुत कम अवधि की नाट्य-विधा है। (द्रष्टव्य है कि *उपेन्द्रनाथ 'अश्क'* ने एकांकी में आकार एवं समय की सीमा 35 मिनट से 45 मिनट तक मानी है।)

(4) इस विधा में संकलन-त्रय (कार्य, स्थान और काल की अन्विति) आवश्यक है।

(5) इसमें संघर्ष पर बल रहता है।

इन बातों को समेटते हुए हम एकांकी का स्वरूप इन शब्दों में बांध सकते हैं , "*एकांकी नाट्य वर्ग की वह विधा है, जिसमें जीवन की एक विशेष घटना, परिस्थिति अथवा समस्या का तीव्र प्रभावमय चित्रण किया जाता है। इसमें लघुता, संघटन और संकलनत्रय का विशेष ध्यान रखना पड़ता है।*"

एकांकी के रचना-तत्त्व :

एकांकी के प्रायः आठ रचना-तत्त्व गिनाए जाते हैं-

(1) कथावस्तु (2) संघर्ष या द्वन्द्व (3) संकलन-त्रय (4) पात्र और चरित्र-चित्रण (5) कथोपकथन (6) अभिनेयता (7) रंग-मंच-निर्देश (8) प्रभाव-एक्य। (डॉ0 रामचरण 'महेन्द्र')। रंग-मंच-निर्देश को 'अभिनेयता' के अंतर्गत ही रखा जा सकता है, और कई समीक्षक नाटक की तरह एकांकी में भी 'रस' तत्त्व को आवश्यक स्वीकार करते हैं। इस विचार से एकांकी के रचना-तत्त्व निम्नलिखित ठहरते हैं -

(1) कथ्य (कथानक, कथा-वस्तु या प्लॉट)

(2) पात्र एवं चरित्र-चित्रण,

(3) अभिनय

(4) रस और उद्देश्य

(5) संकलन-त्रय।

इनमें से प्रथम चार तत्त्व तो नाटक के तत्त्वों के समान ही हैं; हाँ, उनमें व्यापकता और विविधता नहीं होती। न कथा-विन्यास ही नाटक की तरह होता है। पात्र भी सीमित होते हैं। अभिनय की विविधता भी नहीं होती। संकलन-त्रय एकांकी का अनिवार्य अंग है।

इन सभी तत्त्वों पर हम नाटक के प्रसंग में विचार कर चुके हैं। एक तत्त्व संकलन-त्रय पर विशेष रूप से विचार करने की आवश्यकता है।

एकांकी में संकलन-त्रय

एकांकी-विधा में संकलन-त्रय का निर्वाह आवश्यक होता है। संकलन-त्रय का अर्थ है - कार्य, स्थान और काल की अन्विति। इन्हें पाश्चात्य विद्वानों ने क्रमशः Unity of Action, Unity of place तथा Unity of time कहा है।

समय या काल की एकता (Unity of time) से तात्पर्य है कि जो घटना रंगमंच पर प्रस्तुत की जाए उसमें काल विशेष का 'ऐक्य' हो। इसका अर्थ यह है कि एकांकी का घटना-विकास उतने ही समय में दिखाया जाए कि यदि वह यथार्थ-जीवन में घटती, तो उतना ही समय लगता, जितना रंगमंच पर घटने में दिखाया गया है। दर्शक को यह अनुभव न हो कि 'ऐसा कैसे?' एकांकी के लिए यह भी अनिवार्य है कि वह एक घटना तक ही सीमित रहे। एकांकी में एक से अधिक दृश्य हो सकते हैं, पर यह नहीं हो सकता कि एक दृश्य आज की घटना हो, दूसरा पन्द्रह दिन बाद की घटना का और तीसरा कुछ महीने पश्चात्

का और चौथा कुछ वर्षों के अन्तर का! यदि एकांकी में एक से अधिक दृश्य होते हैं तो वे उसी समय की लगातार घटने वाली घटनाओं के संबंध में हो सकते हैं। स्थान संकलन आवश्यक नहीं, लेकिन 'काल संकलन' होना चाहिए।

आजकल 'स्थान संकलन' को भी जड़ पूर्वग्रह कहा जाने लगा है। क्योंकि एकांकी की सभी घटनाएं एक ही स्थान पर संघटित नहीं हुआ करतीं। यह कथन बड़े नाटकों के लिए सत्य हो सकता है। यदि एकांकी में स्थानों और अवसरों की विविधता उपस्थित की गई तो अन्य नाटकों की शैली से एकांकी की शैली में अन्तर ही क्या रहा? एकांकीकार की कुशलता तो यही है कि वह एक स्थान पर कार्यों की विविध घटनाओं की क्रिया और प्रतिक्रिया इस भांति प्रस्तुत करे कि कौतूहल की संचित राशि को चरम सीमा में उभार कर किसी सत्य की ओर संकेत कर दे। अतः एकांकी में अनेक दृश्यों का विधान एकांकी-कला के विपरीत चला जाता है। घटना अपने ऐसे रूप में उपस्थित होनी चाहिए कि उसकी चरम परिणति एक ही स्थान पर हो और ऐसे रूप में हो जो विविध दृश्यों की माँग न करे।

संकलन त्रय में 'कार्य' की अन्विति सर्वाधिक महत्त्वपूर्ण है। कार्य की अन्विति या एकता का अर्थ है एकांकी में ऐसी कोई घटना संघटित न हो, जो मूल घटना को उभारने में सहायक नहीं हो। एकांकी का आदि, मध्य और अन्त इस प्रकार नियोजित हो, जिस प्रकार विभिन्न अंग मिलकर पूर्ण शरीर को रूप देते हैं। 'कार्य संकलन' का निर्वाह तभी संभव है, जब समय और स्थान का 'ऐक्य' हो। इनका भी ध्यान रखा गया हो।

कहने का अर्थ यह है कि सफल एकांकी में 'संकलन त्रय' का विधान अपेक्षित ही नहीं, अपितु अनिवार्य बन्धन है। एक सम्पूर्ण कार्य, एक ही स्थान पर, एक ही समय में घटित दिखाया जाए, तभी एकांकी प्रभावशाली बन सकता है। इसी विचार को ध्यान में रखते हुए *सेठ गोविन्द दास* ने कहा है कि 'एकांकी के लिए संकलन द्वय-प्रथम आवश्यकता है, उनमें संकलनत्रय भी हो सकता है। पूरे नाटक के लिए संकलन त्रय, जो नाट्यकला के विकास की दृष्टि से बड़ा भारी अवरोध है, वही संकलनत्रय कुछ फेर-फार के साथ एकांकी नाटक के लिए जरूरी चीज है।'

एकांकी का वर्गीकरण

'एकांकी' विविधता-भरे जीवन के अंश-चित्र होते हैं। जीवन की विविधता के अनुरूप इस नाट्यधर्मी विधा के अनेक रूप हैं। इन रूपों को निर्धारित करने के लिए विद्वानों ने अलग-अलग आधार ग्रहण किए हैं।

सामान्यतः एकांकियों का वर्गीकरण विषय, मूल प्रवृत्ति तथा शिल्प के आधार पर किया गया है। इन तीन प्रमुख आधारों की दृष्टि से एकांकियों को इस प्रकार वर्गीकृत किया जा सकता है:

(अ) विषय के आधार पर

इस आधार पर यह देखा जाता है कि एकांकीकार ने जीवन के किस क्षेत्र से, किस घटना का

चुनाव अपने एकांकी के लिए किया है। इस दृष्टि से एकांकी के निम्नलिखित 11 भेद किए जा सकते हैं:

(1) ऐतिहासिक एकांकी (2) सांस्कृतिक एकांकी

(3) सामाजिक एकांकी (4) राजनीतिक एकांकी

(5) चारित्रिक एकांकी (6) आँचलिक एकांकी

(7) धार्मिक एकांकी (8) पौराणिक एकांकी

(9) मनोवैज्ञानिक एकांकी (10) दार्शनिक एकांकी

(11) कल्पनामूलक एकांकी।

हमारे विचार से यह वर्गीकरण उपयुक्त नहीं है। एक एकांकी में इनमें से कई विषय एक साथ हो सकते हैं और फिर यह सूची कितनी ही लम्बी हो सकती है।

(ब) मूल प्रवृत्ति के आधार पर

इस आधार में यह देखा जाता है कि एकांकीकार ने अपने एकांकी में किस दृष्टि, किस मूल प्रवृत्ति को अपनाया है। एकांकी के मूल में निहित प्रवृत्ति के आधार पर एकांकियों के आठ वर्ग निर्धारित किए जा सकते हैं -

(1) समस्यामूलक एकांकी

(2) आलोचनामूलक एकांकी (इनके भी दो उपवर्ग हो सकते हैं -

(i) विवेकमान एकांकी

(ii) भावुक एकांकी।

(3) व्याख्यामूलक एकांकी

(4) अनुभूतिमूलक एकांकी

(5) आदर्शमूलक एकांकी

(6) प्रगतिमूलक एकांकी

(7) हास्यमूलक एकांकी

(8) व्यंग्यमूलक एकांकी।

वर्गीकरण का यह आधार भी दोष-रहित नहीं है। एक एकांकी में कई प्रवृत्तियां एक साथ देखी जा सकती हैं। उदाहरण के लिए कोई एकांकी किसी सामाजिक समस्या को व्यंग्यमूलक ढंग से उठाता है, उसकी आलोचना करता है और वह किसी आदर्श की स्थापना भी करना चाहता है; ऐसी दशा में उसे किस वर्ग का एकांकी माना जाएगा? प्रगतिवादी एकांकी आदर्श एकांकी भी होते हैं, वे हास्य और व्यंग्यमूलक भी हो सकते हैं। ऐसे में उनका वर्गीकरण कैसे करेंगे? अतः वर्गीकरण का यह आधार अस्पष्ट और अनुपयुक्त है।

(स) शिल्प के आधार पर

शिल्प विधि के आधार पर विद्वानों ने एकांकियों के 12 वर्ग निर्धारित किए हैं -

(1) शुद्ध एकांकी	(2) एक पात्रीय एकांकी
(3) रेडियो रूपक	(4) रेडियो नाटक
(5) रेडियो एकांकी	(6) गीतिनाट्य
(7) भावनाट्य	(8) छायाभिनय एकांकी
(9) फ़ीचर या सूचनात्मक एकांकी	(10) ओपेरा
(11) स्किट या हासपरिहास पूर्ण एकांकी	(12) फैंटेसी (स्वच्छन्द काल्पनिक) एकांकी।

यह वर्गीकरण बहुत व्यापक और अस्पष्ट है।

वस्तुत एकांकी के वर्गीकरण के आधार इतने अधिक हैं कि कुछ सीमित वर्गों में हिन्दी एकांकी को बाँटना असम्भव-सा है। वैसे सुविधा के लिए *भाव मूलक* और *कलात्मक* इन दो वर्गों की योजना की जा सकती है। एक तीसरा वर्ग *समन्वयात्मक* माना जा सकता है, जिसमें भाव और कला, दोनों पक्षों पर समान रूप से ध्यान दिया गया हो। लेकिन इस वर्गीकरण को भी पूर्णतः निर्दोष नहीं कहा जा सकता।

हमारे विचार से उद्देश्य की दृष्टि से एकांकियों का वर्गीकरण किया जाए तो उचित रहेगा। इस दृष्टि से एकांकियों के तीन वर्ग बनाए जा सकते हैं -

(1) आदर्शवादी एकांकी

(2) यथार्थवादी एकांकी

(3) मनोरंजनवादी एकांकी।

आदर्शवादी एकांकियों में 'जीवन जैसा है' के स्थान पर 'कैसा होना चाहिए' की भावना प्रधान रहती है। ऐसा लेखक जीवन की विषमताओं से एकदम मुँह नहीं मोड़ लेता। वह भी संघर्ष का चित्रण करता है। वह उत्थान के साथ पतन का अस्तित्व स्वीकार करता है। मानव-सुलभ दुर्बलताओं के संकेत भी दिए जाते हैं, लेकिन उन संकेतों की प्रधानता नहीं होती। उसके पात्र इन रुकावटों से ऊपर उठकर जीवन के उच्च पक्ष की ओर जाते हैं। कभी यह आदर्श ऐतिहासिक होता है, कभी पौराणिक और कभी सामाजिक।

यथार्थवादी एकांकियों में जीवन के यथार्थ को प्रधानता मिलती है। यों तो प्रत्येक रचना का आधार जीवन का यथार्थ होता है, क्योंकि कोरी कल्पना पर आधारित रचना पाठक या दर्शक को पसन्द नहीं आती। लेकिन इन यथार्थवादी रचनाओं में यथार्थ के प्रति आग्रह अधिक रहता है। आदर्श के प्रति अपेक्षाकृत कम। वास्तव में यथार्थ ही हमें अच्छे जीवन की ओर अग्रसर करने की चेतना देता है। बाह्य परिस्थितियों से जूझने का संकल्प देता है।

मनोरंजनवादी एकांकियों का उद्देश्य मनोरंजन मात्र होता है। इनमें जीवन की विसंगतियों को लेकर अपनी ओर से कोई विचार रखे बिना पाठक या दर्शक का मनोरंजन किया जाता है।

नाटक और एकांकी की तुलना

नाटक और एकांकी दोनों ही विधाएं नाट्य या अभिनय-प्रधान विधाएं हैं। लेकिन इन दोनों के स्वरूप और रचना-विधान में कुछ समानतायें होते हुए भी पर्याप्त अन्तर है। संक्षेप में इन दोनों विधाओं का अन्तर इस प्रकार देखा जा सकता है -

(1) एकांकी में एक अंक होता है, जबकि नाटक में अनेक अंक।

(2) एकांकी में जीवन की केवल एक घटना, एक समस्या या एक स्थिति को उठाया जाता है, जबकि नाटक में जीवन की अनेक घटनाओं, समस्याओं या स्थितियों को अभिनीत किया जाता है।

(3) एकांकी का रचना-विधान, नाटक से अलग है। एकांकी में प्रारम्भ ही संघर्ष से होता है और वह तीव्र गति से चरम सीमा पर पहुँच जाता है, जबकि नाटक की गति धीमी होती है, उसमें उतार-चढ़ाव रहता है।

(4) एकांकी में संकलन त्रय (कार्य, स्थान और समय की एकता) का विशेष महत्त्व है, जबकि नाटक में नहीं।

(5) एकांकी में पात्र कम होते हैं, नाटक में पात्रों की कोई सीमा नहीं है।

(6) एकांकी में समय की सीमा का ध्यान रखा जाता है। वह 30 मिनट से एक घण्टे तक के समय में ही समाप्त हो जाना चाहिए, नाटक में समय की सीमा नहीं होती।

(7) एकांकी में कथोपकथन संक्षिप्त, सारगर्भित, मार्मिक और चरित्र का उद्घाटन करने वाले होते हैं, जबकि नाटक में लम्बे, विवेचन प्रधान और स्वगतकथनबहुल होते हैं।

(8) एकांकी में प्रारम्भ से अन्त तक एक क्षिप्रता, गति और एकाग्रता रहनी आवश्यक है। विस्तार के अभाव में घटनाएं सांकेतिक और लम्बी दूरी तक चलने वाली नहीं होतीं। जबकि नाटक में विस्तार होने से प्रत्येक घटना को फैलने, विकसित होने का पर्याप्त अवसर मिलता है। वहां एकाग्रता और क्षिप्रता इतनी आवश्यक नहीं होती।

सेठ गोविन्ददास ने 'नाट्यकला मीमांसा' में नाटक और एकांकी के अन्तर को इन शब्दों में व्यक्त किया है, "पूरे नाटक के लिए संकलनत्रय, जो नाट्य कथा के विकास की दृष्टि से बड़ा भारी अवरोध है, वही संकलनत्रय कुछ फेर-फार के साथ एकांकी नाटक के लिए जरूरी चीज है। संकलनत्रय में संकलनद्वय अर्थात् नाटक का एक ही समय की घटना तक परिमित रहना तथा एक ही कृत्य के सम्बन्ध में होना तो एकांकी नाटक के लिए अनिवार्य है। जो यह समझते हैं कि पूरे नाटक और एकांकी नाटक में भेद केवल उसकी बड़ाई-छुटाई का है मेरी दृष्टि में वे भूल करते हैं। एकांकी नाटक छोटे हों, यह जरूरी नहीं है। वे बड़े भी हो सकते हैं। ....एकांकी नाटक में एक से अधिक दृश्य भी हो सकते हैं। पर यह नहीं हो सकता कि एक दृश्य आज की घटना का है, दूसरा पन्द्रह दिनों के बाद की घटना का, तीसरा कुछ महीने के

पश्चात् का और चौथा कुछ वर्षों के बाद के अन्तर का। यदि किसी एकांकी में एक से अधिक दृश्य होते हैं तो वे उसी समय की लगातार होने वाली घटनाओं के सम्बन्ध में हो सकते हैं। स्थल संकलन जरूरी नहीं है, पर काल संकलन होना ही चाहिए।"

दूसरे स्थल पर वे कहते हैं, "एक ही विचार (आईडिया) पर एकांकी नाटक की रचना हो सकती है। विचार के विकास के लिए जो संघर्ष अनिवार्य है, उस सम्बन्ध के पूरे नाटक में कई पहलू दिखाए जा सकते हैं। किन्तु एकांकी में सिर्फ एक पहलू होता है।"

हम संक्षेप में कहना चाहेंगे कि, एकांकी में एक अंक, एक घटना, एक कार्य और एक समस्या होती है, जबकि नाटक में कई अंकों, घटनाओं, कार्यों और समस्याओं का आयोजन होता है। अतः स्थूल दृष्टि से एकांकी नाटक से बहुत लघु और सीमित होता है, किन्तु फिर भी किसी छोटे नाटक को एकांकी और बड़े नाटक को छोटा नाटक नहीं कह सकते। एकांकीकार अपने लक्ष्य की ओर सीधा दौड़ता है, जबकि नाटककार धीरे-धीरे आगे बढ़ता है। एकांकी में संक्षिप्तता एवं गतिशीलता होती है। यह एक बंधा हुआ चमत्कार है, सीमित पात्रों और एक घटना वाला नाट्य रूप।

A (3)

गीति नाट्य

इस साहित्यिक विधा का माध्यम कविता और विधि नाटकीय है। सामान्यतः ऐसी रचनाओं को किस नाम से पुकारा जाए, इस बारे में साहित्य-अध्येता अभी तक एकमत नहीं हैं। हिन्दी में ऐसी रचनाओं को गीतिनाट्य; पद्य-रूपक, पद्य-नाटक, काव्य-एकांकी, नाट्य-काव्य, संगीतिका और नाट्य-कविता आदि नामों से पुकारा गया है। आलोचक ही नहीं, रचनाकार भी नामों की इस विविधता में भटक गए हैं। उदाहरण के लिए *धर्मवीर भारती* ने अपनी रचना 'अंधायुग' के लिए दृश्यकाव्य, काव्य, गीतिनाट्य और लम्बा नाटक नाम प्रयुक्त किए हैं (द्रष्टव्यः अंधायुग, निर्देश, पृष्ठ - 4-5)।

अंग्रेजी में इस प्रकार की रचनाओं के लिए 'वर्स ड्रामा', 'लिरिकल ड्रामा' तथा 'पोएटिक ड्रामा' आदि नामों का प्रयोग किया जाता है।

हमारे विचार से 'गीतिनाट्य' नाम का प्रयोग ऐसी रचनाओं के लिए किया जाना सर्वथा उपयुक्त है। अधिकांश आलोचकों तथा रचनाकाओं ने इसी नाम का प्रयोग किया है। अन्य नामों के सम्बन्ध में तो अधिक भ्रम की गुंजाइश नहीं है, हाँ 'नाट्य-कविता' नाम अवश्य अधिक भ्रामक है। इसी भ्रम से कुछ समीक्षक 'गीतिनाट्य' और 'नाट्य कविता' को एक मान लेते हैं। वास्तविकता यह है कि, गीतिनाट्य मुख्यतः नाटक है और नाट्यकविता तत्त्वतः 'कविता'। इसलिए 'नाट्य कविता' में नाटकीयता का आंशिक उपयोग तो होता है, लेकिन वह एक ऐसा संवाद होती है, जो कविता में रचित है और जिसका उद्देश्य पढ़ना या सुनना होता है, अभिनय करना नहीं। फलतः गीति-नाट्य में चरित्रों का समुचित विकास धीरे-धीरे पूर्ण होता है, जबकि 'नाट्य कविता' में चरित्र का विकास नहीं हो पाता।

स्वरूप एवं विशेषताएं :

कविताबद्ध नाटक 'गीतिनाट्य' कहलाते हैं। अतः इनमें कविता और नाटक के तात्त्विक वैशिष्ट्य के मिश्रण से एक नया ही अभिव्यक्ति सौन्दर्य-सृजित हो जाता है। मानव-हृदय के संचारी भावों का लयात्मक प्रस्तुतिकरण इस विधा का एकमात्र उद्देश्य होता है। फलतः सामान्य नाटक से अलग, इस नाट्यरूप में मानसिक क्रिया सृजित की जाती है, इसी मानसिक क्रिया से भावों का उत्थान-पतन होता है।

एक समीक्षक के शब्दों में, "गीतिनाट्य ऐसा काव्य-रूप है, जिसकी मूल भावना एवं शैली आत्माभिव्यंजक होती है, और नाटकीय कथोपकथन के आधार पर पात्रों की भावाभिव्यंजना एवं कथा-सूत्र को आगे बढ़ाया जाता है।"

(शकुन्तला दुबे, काव्य-रूपों के मूल स्रोत और उनका विकास, पृष्ठ-38)

डॉ. नगेन्द्र इस विधा को रूपक का ही एक भेद मानते हैं। उनका विचार है कि इसका प्राण-तत्त्व है भावना अथवा मन का संघर्ष, माध्यम है-कविता।

इस आधार पर कह सकते हैं कि गीतिनाट्य में कविता के माध्यम से मन के संधर्ष अथवा भावना का अभिनय प्रस्तुत किया जाता है।

'गीति नाट्य' के प्रमुख लक्षण इस प्रकार देखे जा सकते हैं -

(1) गीतिनाट्य का प्रधान लक्षण है उसका 'पद्यबद्ध' होना। कविता इस विधा का माध्यम है, अतः इसके बिना गीतिनाट्य का अस्तित्व असंभव है।

(2) यह भाव-प्रधान विधा है और इसमें अन्तर्द्वन्द्व (आन्तरिक संघर्ष) की प्रधानता होती है।

(3) इस विधा में नाट्य-तत्त्व सर्वत्र सक्रिय रहता है। इसलिए संवाद और अभिनय के माध्यम से इसका कथानक अग्रसर होता है।

(4) गेयता तथा संगीत-तत्त्व गीति-नाट्य का प्राण है। इसलिए स्वाभाविक रूप से यह एक कोमल रचना है।

एक साहित्यिक विधा के रूप में जब हम गीति नाट्य को परिभाषाबद्ध करेंगे तो को कहेंगे कि -

"गीतिनाट्य नाट्यवर्ग की वह विधा है, जो कविता के माध्यम से, गीत और संगीत के साथ मानसिक संघर्ष अथवा भावनाओं को नाट्य-रूप में प्रस्तुत करती है।"

रचना-तत्त्व

'गीतिनाट्य' एक मिश्र विधा है। यह कविता और नाट्य के योग से बनती है। कवितावर्ग की गीत-विधा और नाट्य के तत्त्व मिल कर इस विधा का स्वरूप नियत करते हैं। अतः इस विधा के रचना-तत्त्व दो वर्गों में रखे जा सकते हैं -

(1) गीति-तत्त्व : जिसके अंतर्गत संगीतात्मकता, बिम्ब-विधान, सहज प्रवाह और लयात्मकता, एकान्विति अथवा एकाग्रता, भाव-प्रधानता की गणना की जा सकती है। प्रतीकात्मकता भी इसी वर्ग का तत्त्व है।, गीतिनाट्य में यह तत्त्व भी आ जाता है।

कविता और उसमें भी गीत-कविता की जो तात्त्विक विशेषताएं हैं, वे सब किसी न किसी रूप और परिमाण में गीति-नाट्य में उपस्थित रहती हैं। गीति-नाट्य की भाषा गीत विधा के वैशिष्ट्य से युक्त 'काव्य-भाषा' होती है।

(2) नाट्य तत्त्व : जिसके अंतर्गत नाटक के रचना-तत्त्व परिगणित किए जा सकते हैं। कथानक, पात्र एवं चरित्रांकन, अभिनय, रस तथा उद्देश्य इस विधा में नाट्य रूप के कारण स्वतः ही रहते हैं।

इन सब पर विस्तृत चर्चा की यहाँ आवश्यकता नहीं है। नाट्य-तत्त्व हम पहले ही नाटक-विधा के प्रसंग में विस्तारपूर्वक समझ चुके हैं। गीत-तत्त्व पर यथा-प्रसंग गीत-विधा के सन्दर्भ में विचार किया जायेगा।

खण्ड - 2

कविता-वर्ग की विधाएँ

कविता वर्ग

(AB)

कविता मानव-मन की अभिव्यक्ति की सर्वाधिक आरंभिक कला है। इस साहित्यिक रूप में मानव-जीवन की आशाओं-आकांक्षाओं का द्वन्द्वात्मक चित्र विद्यमान रहता है। मानव-सभ्यता के विकास के साथ जोड़ कर देखें तो कविता का सम्बन्ध उत्पादन-श्रम से दिखाई देगा। फलतः इस शाब्दिक कला का निश्चित प्रभाव मनुष्य की भौतिक समृद्धि पर भी पड़ता है, इसमें सन्देह नहीं। अपनी प्रारंभिक अवस्था में कविता ने मनुष्य के श्रमरत हाथों से जुड़ कर विकास पाया तथा मनुष्य को निरन्तर अधिक ऊर्जा एवं विश्वास के साथ कर्मरत रहने की प्रेरणा दी। फिर निरन्तर उसके सांस्कृतिक अथवा वैचारिक विकास को प्रभावित किया। ये दो बिन्दु ऐसे हैं जो यह सिद्ध करते हैं कि कविता का प्रभाव मनुष्य-द्वारा किए जाने वाले उत्पादन-कार्य पर भी पड़ता है, इसलिए समाज के विकास की दिशा का निर्धारण भी इससे प्रत्यक्ष या अप्रत्यक्ष रूप से प्रभावित होता है। संक्षेप में यह कहा जा सकता है कि कविता ने ही मनुष्य को मनुष्य बनाया है और कविता मनुष्यता की पहचान है।

कवि और उसकी रचना-कविता, के सम्बन्ध में बड़ी उच्च एवं विविधतापूर्ण धारणाएं पढ़ने-सुनने को मिलती हैं। हमारे यहाँ कवि के प्रति इतनी श्रद्धा मिलती है कि उसे ईश्वर का प्रतिरूप तक कह दिया गया है - '*कविर्मनीषी परिभू:स्वयंभू :*'(ईशावास्योपनिषद-8)। कवि को तत्त्वद्रष्टा ऋषि के रूप में भी देखा गया और कहा गया - '*ऋषय मंत्रद्रष्टारः।*'यह उक्ति ऋषियों की कवित्व-प्रतिभा को देखते हुए कही गई। माना गया कि ऋषियों के मंत्रों की भांति कवि अपनी कविता का प्रत्यक्ष दर्शन करता है। वह ऋषियों की भांति तत्त्व और रहस्य को प्रत्यक्ष या अनुभव करने वाला है।

कवि की इस महत्ता का कारण है उसका रचनात्मक स्वभाव। उसका रचनात्मक शक्ति या प्रतिभा से युक्त होना। वह इस अर्थ में 'ईश्वर' भी है कि वह 'सृष्टा' है अर्थात् अपनी सूक्ष्म मानसिक अनुभूति-द्वारा किसी भी शब्द को नया अर्थ दे सकता है। उसे अपने प्रयोग से नवीन भाव का प्रतीक बना सकता है। उसे सत्य का ज्ञाता, सौन्दर्य का स्रष्टा और रहस्य का वक्ता माना गयाहै। इसी तथ्य को वैज्ञानिक दृष्टि से जाचते हुए *जार्ज थामसन* ने कहा था कि "आदिम लोगों के लिए सर्वत्र कवि एक पैगम्बर होता है, जो अनुप्राणित या ईश्वरीय वाणी से लैस होता है।" ईश्वरीय वाणी से लैस होना *अनुप्राणित* होना है, जिसका अर्थ है "कल्पना के कलात्मक जगत् में दूसरे मनुष्यों की अपेक्षा वह ज्यादा पारंगत है। बिम्बों में वह जो कुछ देखता है, उसकी अभिव्यक्ति के और वस्तुओं के सार तत्त्व की निचली सतह को देखने की उसमें अपार क्षमता होती है।" ये बिम्ब आसानी से स्वीकृति पा लेते हैं। कारण कि वे उसकी व्यंजना करते हैं,

जिसका अनुभव उसके लोग करते हैं, लेकिन जो अपने लिए व्यक्त नहीं कर पाते; जैसा कि *गेटे* कहता है -

और तब मनुष्य अपनी पीड़ा में मूक हो जाता है,
तब मैं जो झेलता हूँ,
उसे कहने के लिए मेरे पास ईश्वरीय देन है।

(गेटे, तासो, VV, 3432-33)

यह प्रतिभा कवि में व्यापक विकास परम्परा, प्रकृति के अध्ययन और भाषा एवं लय के युक्तिपूर्वक सार्थक उपयोग की क्षमता से विकसित होती है। इसे वक्तृत्त्व की विशेष शक्ति कहा जाता है।

कविता-वर्ग का मूलभूत अभिलक्षण है, 'कवितात्व'! जिस तरह नाट्यवर्ग की विधाओं में 'नाट्यतत्त्व' विद्यमान रहता है (अर्थात् अभिनय, संवाद और अपने मन्तव्य को पात्रों के माध्यम से कहने की अनिवार्यता, दृश्य रूप में सामने रखना) उसी तरह कविता-वर्ग की विधाओं में 'कवितात्व'। के प्रमुख लक्षण हैं - भाषा का विशेष प्रयोग और इस भाषा को 'काव्य भाषा' कहा जाता है। लयात्मक गति। इन दोनों के लिए कोई नियम नहीं बनाया जा सकता। 'काव्य-भाषा' विशेष रचाव से बनती है। इसमें रिद्म और मैलोडी तो होती ही है, सादृश्य-विधान और अप्रस्तुत-योजना, वाक्यों का व्याकरण के नियमों से परे प्रयोग, शब्दों का बहुत ही सावधानी से चयनित प्रयोग आदि बातों का ध्यान रखा जाता है। इन सब विशेषताओं के योग से जो अभिव्यक्ति-माध्यम आकार लेता है, वह 'कविता' कहलाता है। यह अभिव्यक्ति-माध्यम प्रथम पुरुष में अभिव्यक्ति करता है तथा वर्तमान पर ही टिका नहीं रहता, भविष्य से भी जुड़ा रहता है। पुनः रेखांकित किया जाना आवश्यक है कि कविता में रिद्म का आवेग, गत्यात्मक और प्रगामी होता है। हम आने वाले गुरुत्व-लघुत्व का किंचित अनुमान पहले ही कर लेते हैं। यह रिद्मीय आवेग शब्दों के चयन, वाक्य-रचना और सामान्य अर्थ को भी प्रभावित करता है।

कविता का रुधिर-वर्ग इन्हीं विशेषताओं का परिचायक है।

कविता का स्वरूप

कविता क्या है? इसका उत्तर सहज नहीं है। साधारणरूप में तो कवि की रचना को कविता कहा जा सकता है, जो मूलतः एक शाब्दिक कला है। किन्तु, यह कविता का स्वरूप नहीं है। कविता के स्वरूप को समझाने का प्रयत्न लम्बे समय से चला आ रहा है। उस स्वरूप को विभिन्न समयों में विभिन्न विद्वानों ने परिभाषाओं में बांधने का प्रयत्न किया है। इन में कुछ परिभाषाओं को देख लेना कविता के स्वरूप को समझने में हमारी सहायता करेगा।

अग्निपुराण में काव्य (काव्य में ही कविता की स्थिति) की परिभाषा इन शब्दों में मिलती है -

संक्षेपाद्वाक्यमिष्टार्थव्यवच्छिन्ना पदावली।
काव्यं स्फुरदलंकारं गुणवद्दोषवर्जितम्।। अ0 337 श्लोक 607।।

अर्थात् - संक्षेप में इष्ट अर्थ को प्रकट करने वाली पदावली से युक्त ऐसा वाक्य काव्य है, जिसमें अलंकार प्रकट हों और जो दोष-रहित तथा गुण-युक्त हो।

इस परिभाषा में कविता के सम्बन्ध में पांच बातें बताई गई हैं - संक्षिप्त वाक्य, इष्ट अर्थ, अलंकार, गुण और दोष। इन से काव्य की बाह्य रूपरेखा स्पष्ट होती है। इष्ट अर्थ तो सभी कवि व्यक्त करते हैं, यदि इस का तात्पर्य समाज और श्रोता की दृष्टि से इष्टार्थ है, तब भी यह अस्पष्ट है। अलंकार गुण-दोष जैसी बातें 'उत्तमकाव्य' के लक्षणों में गिनी जाती हैं। सामान्य बोल-चाल में या सामान्य कथनों में भी ये गुण हो सकते हैं, तब क्या वे काव्य कहे जायेंगे? अतः काव्य की यह परिभाषा पूरी नहीं है, इस से काव्य का बाहरी स्वरूप ही स्पष्ट हो पाता है, उसका मुख्य प्रभावकारी स्वरूप स्पष्ट नहीं हो पाता।

अग्निपुराण की इस परिभाषा के बाद हम *भामह*-द्वारा दी गई परिभाषा पर विचार करें। उनके अनुसार - 'शब्द और अर्थ का संयोग' काव्य है ('शब्दार्थौ सहितौ काव्यम्' - काव्यालंकार, प्रथम परिच्छेद, 16)।

यह परिभाषा अत्यन्त व्यापक है। इसके क्षेत्र में काव्य के अतिरिक्त शास्त्र, इतिहास, विज्ञान, सामान्य वार्तालाप आदि सभी कुछ आ सकता है। अतः इसमें अतिव्याप्तिदोष है। यदि ऐसा मानें कि 'शब्दार्थौ सहितौ' से भामह का तात्पर्य 'शब्द और अर्थ दोनों की विशेषताएँ, जिसमें प्रकट हों, ऐसा दोनों का संघटन' है, तो भी इससे काव्य का स्वरूप स्पष्ट नहीं हो पाता।

लगभग ऐसी ही परिभाषा *आचार्य कुन्तक* ने दी थी। उन्होंने वक्रोक्ति पर विशेष बल देते हुए कहा था - "शब्दार्थौ सहितौ वक्र कवि व्यापारशालिनि। बन्धे व्यवस्थितौ काव्यम्।' अर्थात् - 'वक्र व्यापारशाली और किसी सूत्र में व्यवस्थित शब्दार्थ काव्य है।'

यहाँ पर शब्दार्थ की वक्रता और किसी आन्तरिक सूत्र के उसके भीतर व्यवस्था पर बल दिया गया है। यह स्पष्ट नहीं है कि वक्रता से क्या तात्पर्य है और बन्ध किस प्रकार का होना चाहिए? यही क्यों, इस परिभाषा की परिधि में वह काव्य कैसे आयेगा जो वक्रता और बन्ध से रहित होता है? अतः यह परिभाषा त्रुटिपूर्ण है।

इसी प्रकार अन्य कई संस्कृत आचार्यों ने काव्य को परिभाषित किया, किन्तु उनके कथन अस्पष्ट और दोषपूर्ण हैं। हाँ, दो आचार्यों की परिभाषायें अवश्य ऐसी हैं जिनसे हम काव्य के स्वरूप के कुछ निकट पहुँच सकने में समर्थ हो सकते हैं। ये हैं विश्वनाथ और पण्डित राज जगन्नाथ की परिभाषायें।

आचार्य विश्वनाथ के अनुसार - 'रसयुक्त वाक्य काव्य है' (वाक्यं रसात्मकं काव्यम्')।

रस-युक्त वाक्य से क्या तात्पर्य है? इसके तीन उत्तर हो सकते हैं -

- शास्त्रीय दृष्टि से जिस वाक्य में रस-सम्पादन हुआ हो, या
- रस-वाक्य अर्थात् विभानुभाव-व्यभिचारी-संयोग से जिसकी निष्पत्ति होती है, वह रस जिस वाक्य में निहित हो, या

- रस का अर्थ सरसता, माधुर्य आदि से लें तो, जिसमें मन को रमाने वाली विशेषता हो, जिसमें हमारा मन रस ले सके, वह वाक्य।

ये अर्थ काव्य को 'रस' की अनिवार्यता से जोड़ कर उसे शास्त्रीय अर्थ के कारण सीमित करते हैं। रस की अनिवार्यता के सम्बन्ध में मतभेद है। तीसरा अर्थ कुछ ग्राह्य हो सकता है।

पण्डितराज जगन्नाथ की परिभाषा इन सब में अधिक उपयुक्त है, उनके शब्द हैं - 'रमणीयार्थप्रतिपादकः शब्दः काव्यम्।'

अर्थात्-रमणीय अर्थ का प्रतिपादन करने वाला शब्द काव्य है।

आपत्ति हो सकती है कि काव्य के अन्तर्गत शब्द में सदैव अर्थ की रमणीयता नहीं होती, पूरे वाक्य से रमणीयता प्रतिपादित होती है। अतः रमणीय अर्थ देने वाला वाक्य, काव्य होना चाहिए। इस आपत्ति पर विचार करते हुए *डॉ. भगीरथ मिश्र* ने कहा है, "यहाँ शब्द क्योंकि, वाक्य की सब से छोटी इकाई है, अतएव वाक्य के स्थान पर शब्द दिया गया है। कभी-कभी एक शब्द की उपयुक्तता सिद्ध की जा सकती है, परन्तु पूर्णार्थद्योतक वाक्य ही होता है। कभी-कभी वाक्य स्वयं एक शब्द में सिमट कर आ जाता है।" वे इन सब बातों पर विचार करते हुए काव्य की परिभाषा को इन शब्दों में समेट देते हैं - *'शब्द, अर्थ अथवा दोनों की रमणीयता से युक्त वाक्य-रचना को काव्य कहते हैं।'* (काव्यशास्त्र, 1984, पृष्ठ, 9)

यहां पर शब्द की रमणीयता, शब्दालंकार, रीति, वृत्ति, संगीत तत्त्व आदि के रूप में देखी जा सकती है और अर्थ की रमणीयता अर्थालंकार, वक्रोक्ति, ध्वनि, रस आदि में प्रकट होती है। यह काव्य, वाक्य-रचना है, क्योंकि अर्थ की रमणीयता तो चित्र, मूर्ति आदि की रचना में भी देखी जा सकती है। अतः काव्य को वाक्य-रचना ही कहना अधिक संगत जान पड़ता है।

यह तो था हमारे संस्कृत आचार्यों का काव्य-चिन्तन। अब हम कुछ पाश्चात्य विद्वानों की कविता विषयक परिभाषाओं पर विचार करें।

सुप्रसिद्ध अंग्रेजी कवि *ड्राइडन* के अनुसार *'कविता सुस्पष्ट संगीत है'* (Poetry is articulate music).

इसी तरह *कार्लाइल* भी कहता है, *"कविता संगीतमय विचार है"* (Poetry we will call musical thoughts).

यह परिभाषा एकांगी है। बहुत से ऐसे गीत होते हैं जो गाये जाते हैं, संगीत से युक्त होते हैं, किन्तु वे सभी काव्य की श्रेणी में नहीं आते। संगीत कविता का एक पक्ष अवश्य हो सकता है, अनिवार्य तत्त्व नहीं। अनेक कवितायें संगीत-रहित होती हैं। अतः यह परिभाषा उपयुक्त नहीं है।

कॉलरिज के विचार से, *'सर्वोत्तम शब्द अपने सर्वोत्तम क्रम में कविता होते हैं'* (Poetry is the best words in their best order)।

यहाँ यह प्रश्न किया जा सकता है कि सर्वोत्तम शब्द कौन हैं और उनका सर्वोत्तम क्रम क्या है?

क्या सोना, चांदी, रुपया, अमृत, स्वर्ग, सौन्दर्य, प्यार, पुष्प आदि शब्द उत्तम कहे जायें और इनके विपरीत विष, मृत्यु, कीचड़, नरक आदि शब्द बुरे? इसी प्रकार सर्वोत्तम क्रम का निर्णय कैसे किया जायेगा। अतः यह परिभाषा भ्रामक और अस्पष्ट है।

कवि *वड्सर्वर्थ* के अनुसार, '*कविता प्रबल अनुभूतियों का सहज उद्रेक है, जिसका स्रोत शान्ति के समय में स्मृत मनोवेगों से फूटता है।*' (Poetry is the spontaneous overflow of powerful feelings, it takes its origin from emotions recollected in tranquillity).

यह परिभाषा भावानुभूति और अभिव्यक्ति की प्रक्रिया को स्पष्ट करती है। लेकिन एक आपत्ति उठाई जा सकती है। शान्ति के समय में सभी अपने मनोवेगों का स्मरण करते हैं और अपने प्रबल भावों को प्रकट भी करते हैं, क्या वह सारी अभिव्यक्ति कविता हो जाती है? इस परिभाषा में अभिव्यक्ति, कला और उसके प्रभाव का उल्लेख नहीं है। कविता के लिए हमारी सहज अभिव्यक्ति में सौन्दर्य, संयम और प्रभाव की आवश्यकता है। फिर भी यह परिभाषा प्रतिभासम्पन्न और अभिव्यक्ति-कौशल वाले कवियों की अभिव्यक्ति-प्रक्रिया को सामने लाती है। इसलिए विचारणीय है।

मैथ्यू आरनॉल्ड का सुप्रसिद्ध कथन है - '*कविता अपने मूल रूप में जीवन की आलोचना है*' (Poetry is, at bottom, a criticism of life.)

इस कथन में उत्तम कविता के वैशिष्ट्य का रेखांकन है। किन्तु यह कोई विशिष्ट लक्षण या स्वरूप-निर्धारक तत्त्व नहीं है। जीवन की आलोचना कविता के अतिरिक्त अन्य साहित्यिक विधाओं में भी तो होती है।

सुप्रसिद्ध लेखक *जॉनसन* ने कविता को *उस कला के रूप में स्वीकार किया है, जो कल्पना की सहायता से युक्ति के द्वारा सत्य को आनन्द से समन्वित करती है* (Poetry is the art of uniting pleasure with truth by calling imagination to the help of reason).

डॉक्टर जॉनसन के इस विचार में कविता का मुख्य लक्षण निर्दिष्ट है। सत्य के प्रकाशन में आनन्द का समावेश, रमणीयता और रोचकता के गुण का संकेत करता है और कल्पना का तो इस कार्य में प्रमुख योगदान होता ही है। युक्तिसंगत होना, सत्य के स्वरूप का आधार है। इस में कोई संदेह नहीं कि विश्वसनीयता कविता को प्रभावशाली बनाती है। अतः यह परिभाषा महत्त्वपूर्ण है, किन्तु इसमें कविता के कलापक्ष पर अधिक ध्यान दिया गया है।

अधिक विविधता में न जा कर हम अंग्रेजी के *चैम्बर्स कोश* में दी गई परिभाषा को ही देख कर पाश्चात्य काव्य धारणाओं के इस सिलसिले को यहीं रोकना ठीक समझते हैं। इस कोश में कहा गया है - Poetry is the art of expressing in melodious words, thoughts which are the creations of imagination and feelings.

अर्थात् 'कल्पना और अनुभूति से उत्पन्न विचारों को मधुर शब्दों में अभिव्यक्त करने की कला

कविता है।'

इस परिभाषा में अपेक्षाकृत संतुलन है। अभिव्यंजना-कौशल, कल्पना और अनुभूति के साथ विचार तत्त्व काव्य में रहते ही हैं। इस परिभाषा में बस एक त्रुटि है - अव्याप्ति की। कविता के लिए आवश्यक नहीं कि वह सदैव संगीतमय मधुर शब्दों के रूप में ही हो। वीरता, क्रोध, भय आदि के भाव भी तो उसमें व्यक्त किए जाते हैं। अतः कविता के लिए मधुर शब्दों से अधिक यह आवश्यक है कि उसमें लयात्मक एवं प्रभावकारी शब्द हों।

उपर्युक्त पाश्चात्य अवधारणाओं पर विचार कर हम इस निष्कर्ष पर पहुँचते हैं कि, *कल्पना और अनुभूति से गृहीत सत्य की रमणीय शब्दों में अभिव्यक्ति कविता कहलाती है। यह एक शाब्दिक कला है।*

हिन्दी के कवि और आलोचकों ने भी कविता के स्वरूप-निर्धारण की चेष्टा की है। यह चेष्टा विशेष रूप से रीतिकाल के कवियों में मिलती है। लेकिन उन कवियों ने प्रायः संस्कृत आचार्यों के काव्य-लक्षणों को अपना कर अपने मत प्रकट किए हैं। इसलिए केशव, श्रीपति, आचार्य चिन्तामणि, कुलपति मिश्र, महाकवि देव, सूरति मिश्र आदि के मन्तव्यों को यहाँ उद्धृत करने का अधिक औचित्य नहीं। बानगी के लिए आचार्य कुलपति मिश्र का कथन देख सकते हैं -

दोषरहित अरु गुनसहित, कछुक अल्प अलंकार।
सबद अरथ सो कबित है, ताको करो विचार।। (रस-रहस्य)

स्पष्ट है कि इसमें मम्मट के काव्य-प्रकाश का आधार ग्रहण किया गया है।

आधुनिक हिन्दी कवियों ने कुछ-कुछ पाश्चात्य मतों से और कुछ नवीन उद्भावनाओं से आधार ग्रहण कर कविता के स्वरूप पर विचार किया है। ये विचार प्रसंगवश ही उनकी रचनाओं में आये हैं। हाँ, आचार्य रामचन्द्र शुक्ल जैसे कुछ ही आलोचकों ने कविता के स्वरूप पर स्वतन्त्र विचार किया है। ऐसे कुछ मत देख लेना पर्याप्त रहेगा।

आधुनिक कवियों में *जयशंकर 'प्रसाद'* की काव्य विषयक अवधारणा उल्लेखनीय है। उनके अनुसार, *"काव्य आत्मा की संकल्पनात्मक अनुभूति है जिसका सम्बन्ध विश्लेषण, विकल्प या विज्ञान से नहीं है। वह एक श्रेयमयी प्रेय रचनात्मक ज्ञानधारा है।"* (काव्य और कला तथा अन्य निबन्ध, पृष्ठ 17) इसे स्पष्ट करते हुए वे आगे कहते हैं, "संकल्पनात्मक मूल अनुभूति कहने से मेरा जो तात्पर्य है उसे भी समझ लेना होगा। आत्मा की मनन शक्ति की वह असाधारण अवस्था जो श्रेय सत्य को उसके मूल चारुत्व में सहसा ग्रहण कर लेती है, काव्य में संकल्पात्मक अनुभूति कही जा सकती है।" (वही, पृष्ठ 18)

'प्रसाद' जी की यह धारणा अस्पष्टता लिए हुए है। 'आत्मा की संकल्पात्मक अनुभूति' पद अस्पष्ट है और दोषपूर्ण भी। कारण, संकल्प-विकल्प मन के गुण हैं, आत्मा की विशेषता नहीं। दूसरे, 'अनुभूति का विकल्प' क्या है? विज्ञान ज्ञान-प्रधान है। प्रसाद जी कविता का विज्ञान से सम्बन्ध नहीं मानते, पुनः कविता को 'रचनात्मक ज्ञानधारा' भी कहते हैं। ये परस्पर विरोधी कथन हैं।

कविवर *सुमित्रानन्दन पन्त* कहते हैं, *"कविता हमारे परिपूर्ण क्षणों की वाणी है"*। इस कथन पर *शेली* का प्रभाव है (कि कविता सर्वोत्तम और सर्वसुखी क्षणों का लेखा है!)। 'परिपूर्ण क्षण' किन्हें कहें? प्रत्येक व्यक्ति का कोई-न-कोई परिपूर्ण क्षण होगा, अतः उसकी वाणी भी कविता कह दी जाएगी। तब प्रत्येक व्यक्ति कवि हुआ। अतः पंत जी की यह मान्यता कविता का सर्वमान्य लक्षण नहीं है।

निराला जी अपनी एक टिप्पणी को इन पंक्तियों में बांधते हैं, *"काव्य प्राणों की सृष्टि है। सीधे प्राणों पर उसका असर पड़ता है। एक पौधे ही की तरह कवि के मन के आकाश में वह विकास प्राप्त करता हुआ फूलता-फलता है, जिसके फलों का स्वाद पा साहित्य के जन कृतार्थ होते हैं।"* (नवीन काव्य)

वास्तव में यह कविता का प्रभाव हुआ, उसका स्वरूप नहीं। अतः यह एकांगी परिभाषा है।

आचार्य महावीर प्रसाद द्विवेदी ने कतिपय प्रसंगों में ('रसज्ञ रंजन' पृ0 50) कविता के विषय में तीन बातें कही हैं -

कविता प्रभावशाली रचना है जो पाठक या श्रोता के मन पर आनन्ददायी प्रभाव डालती है।

मनोभाव शब्दों का रूप धारण करते हैं। वही कविता है, चाहे वह पद्यात्मक हो चाहे गद्यात्मक।

अन्तःकरण की वृत्तियों के चित्र का नाम कविता है।

इन तीनों मंतव्यों पर क्रमशः विचार करें। प्रथम में 'प्रभावशाली रचना' कहा गया है। यह प्रभावशाली रचना क्या है? चित्र या संगीत भी तो रचना हैं। हाँ, आगे कहा गया है 'पाठक या श्रोता' पर प्रभाव डालती है। अतः शब्द-रचना का अनुमान किया जा सकता है। यह मंतव्य कविता के प्रभाव को ही इंगित करता है। द्वितीय में अतिव्याप्ति है। क्या सभी मनोभाव शब्दों का रूप धारण कर लेने से कविता हो जायेंगे? तृतीय मंतव्य तो और भी अस्पष्ट एवं एकांगी है। अंतःकरण का चित्र कविता का एक रूप मात्र है।

आचार्य रामचन्द्र शुक्ल 'कविता क्या है?' नामक अपने निबन्ध में कविता पर विस्तार से विचार करते हैं। उसमें उन्होंने कविता को जीवन और जगत् की अभिव्यक्ति मानते हुए यह कहा है कि, *"सत्वाद्रेक या हृदय की मुक्तावस्था के लिए किया हुआ शब्द-विधान काव्य है।"*

शुक्ल जी की यह परिभाषा रस को अनिवार्य मानकर चलने वाले काव्य के लिए ही उपयुक्त हो सकती है। ऐसी स्थिति में काव्य का यह लक्षण पूर्ण और व्यापक नहीं कहा जा सकता।

कविता के तत्त्व

पीछे हमने विभिन्न परिभाषाओं पर विचार किया और पाया कि कविता का स्वरूप इन परिभाषाओं की परिधि में पूरी तरह समेट पाना कठिन है। कोई न कोई पक्ष उसका छूट जाता है अथवा परिभाषायें व्यापक हो जाती हैं। फिर भी इन परिभाषाओं से कुछ सामान्य तत्त्व निकाले जा सकते हैं, जो कविता का स्वरूप निर्धारित करने में हमारे लिए उपयोगी रहेंगे।

अतः जिन परिभाषाओं को अधिक उपयुक्त माना जा सकता है, उन्हें सामने रख कर कविता के तत्त्वों का निर्धारण करने का प्रयास करें -

परिभाषा	*कविता के प्राप्त तत्त्व*
(1) वाक्यं रसात्मकं काव्यम्। (2) रमणीयार्थप्रतिपादकः शब्दः काव्यम्। (3) अदोषौ सगुणौ सालंकारौ च शब्दार्थौ काव्यम्।	वाक्य या शब्द, अर्थ, रमणीयता। रसात्मकता, गुण, अलंकार। इनमें रस, गुण, अलंकार रमणीयता के ही साधन हैं।
(4) सत्य की अपने मूल चारुत्व में अभिव्यक्ति काव्य है।	सत्य, चारुत्व और अभिव्यक्ति।
(5) कल्पना की सहायता से युक्ति के द्वारा सत्य को आनन्द से समन्वित करने वाली कला, कविता है।	कल्पना, युक्ति, सत्य, आनन्द और कला।
(6) कल्पना और अनुभूति से उत्पन्न विचारों को मधुर शब्दों में अभिव्यक्त करने की कला कविता है।	अभिव्यक्ति की कला, माधुर्य, शब्द, विचार, कल्पना और अनुभूति।
(7) काव्य, कल्पना और अनुभूति से गृहीत सत्य की रमणीय शब्दों में अभिव्यक्ति है। (8) शब्द, अर्थ अथवा दोनों की रमणीयता से युक्त वाक्य-रचना काव्य है।	कल्पना, अनुभूति, सत्य, शब्द अर्थ आदि पूर्ववर्त्ती तत्त्व।
(9) कविता जीवन और जगत् की अभिव्यक्ति है।	जीवन, जगत, अभिव्यक्ति।

प्राप्त तत्त्वों को इस प्रकार वर्गीकृत किया जा सकता है -

(1) भाषा-तत्त्व - शब्द, अर्थ और अभिव्यक्ति,

(2) भाव-तत्त्व - रस, आनन्द, अनुभूति, रमणीयता,

(3) कल्पना-तत्त्व - रमणीयता, कला, अभिव्यक्ति-कौशल आदि।

और इन सब को संगठित करके कलात्मक अभिव्यक्ति के रूप में प्रस्तुत करना बुद्धि और विचार तत्त्व का कार्य है। इन सब में व्याप्त रहता है सत्य। सत्य भी जीवन और जगत् का। तभी कविता विश्वसनीय तथा प्रभावपूर्ण बनती है।

कविता के इन तत्त्वों का अपना वैशिष्ट्य है। केवल शब्द, अर्थ और अभिव्यक्ति कह देने से *भाषा-तत्त्व* की विशेषता लक्षित नहीं होती और न रस, आनन्द या रमणीयता गिनाने से भाव तत्त्व की विशेषता को समझा जा सकता है। इसी तरह कल्पना और सत्य की स्थिति है।

कविता के *भाषा तत्त्व* के सन्दर्भ में ध्यान देने की बात है कि उसमें एक विशेष लय विन्यसित रहती है। यह लय कहीं शब्द से संगीतात्मक होती है, कहीं अर्थ से। किन्हीं कविताओं में वर्णों और शब्दों का ऐसा प्रयोग मिलता है कि उनके आघात से संगीतात्मकता जन्म लेती है और किन्हीं कविताओं में अर्थ के आघात से। इस संयोजन से सामान्य वक्तृत्व से पृथक् *विशिष्ट वक्तृत्व* की सृष्टि की जाती है। यह विशिष्ट वक्तृत्व काव्यमूलक होता है। भाषा में रचे गए बिम्ब और प्रतीक इस वक्तृत्व को नयी ऊर्जा प्रदान करते हैं। इसी से रची जाती है संवेदना।

भावतत्त्व को केवल रस या आनन्द तक ही सीमित न समझना चाहिए। भाव तत्त्व से आशय *भावना नहीं* है, बल्कि सम्पूर्ण विषय-वस्तु है, जिसमें विचार तत्त्व भी समाहित है। यह एक नये सौन्दर्य-शास्त्र की मांग करता है, जिसमें कर्म प्रेरक ऊर्जा और ओज अपने लिए स्थान पहले बनाते हैं। कहना न होगा कि यह तत्त्व भी भाषा की लय से जुड़ा है। स्थितियों और विचारों की टकराहट भाव तत्त्व का ही हिस्सा है। अतः इसे *वस्तु तत्त्व* कहना उचित रहेगा।

कल्पना तत्त्व भाषिक रचाव और वस्तु तत्त्व के विन्यास, दोनों की संगति बिठाने में प्रमुख भूमिका का निर्वाह करता है। लेकिन यह सत्य के सापेक्ष ही उचित है। अतिकल्पना कविता की विश्वसनीयता पर प्रश्नचिह्न लगाती है और त्याज्य है। कल्पना ही बिम्ब रचती है। अर्थ से साक्षात्कार भी कल्पना से ही संभव है।

सत्य यथार्थ का प्रतिरूप है। सुन्दर से समन्वित सत्य ही शिव है। जीवन-जगत् की अभिव्यक्ति से आशय इसी सत्य का उद्‌घाटन है। कल्पना सत्य से परे नहीं जाये, उसी रूप में ग्राह्य है।

इस संक्षिप्त विवेचन से हम कविता के तत्त्वों का निर्धारण इस रूप में कर सकते हैं -

(1) भाषा-तत्त्व (शब्द, अर्थ और लय) [काव्यात्मक वक्तृत्व]

(2) वस्तु तत्त्व (भाव, विचार, द्वन्द्व, स्थितियों-विचारों की टकराहट)

(3) कल्पना तत्त्व (तत्त्वों का सम्यक् निरूपण, यथार्थ से समन्वित, जागतिक सत्य के अनुकूल।)

इन सब तत्त्वों में संचरित रहती है *कविता की संवेदना*। यह संवेदना इन सभी तत्त्वों के आंतरिक संघटन से निरूपित होती है।

इस पूरे विवेचन के उपरान्त हम कविता का स्वरूप इन शब्दों में निर्धारित कर सकते हैं -

'कविता विशिष्ट वक्तृता वाली वह शाब्दिक कला है, जिसमें युग संवेदना एक लय के साथ विन्यसित रहती है।'

कविता के इस स्वरूप की पहचान; उसके उद्‌भव-विकास, उसकी रचना-प्रक्रिया, कविता के तत्त्वों

और उसके उद्देश्य के समूचे परिप्रेक्ष्य में ही संभव है।

शाब्दिक कला से तात्पर्य केवल 'क्राफ्ट' नहीं है, 'कला' शब्द का प्रयोग ललित तत्त्व के सन्दर्भ में विचारणीय है। 'युग-संवेदना' एक व्यापक शब्द है, इसमें व्यक्ति की मनःस्थितयों, विचारों और समाज के अन्तर्विरोधों से लेकर द्वन्द्व, टकराहटों, मूल्यों, संस्कृति और सभ्यता के विकास की दिशाओं, भावनाओं आदि सभी तत्त्वों का समावेश है। यह संवेदना कविता में काव्यात्मक भाषा या इसे कहें विशिष्ट वक्तृत्व से विन्यसित रहती है। लय कविता का मूल्यवान तत्त्व है। कविता हर हालत में एक सोद्देश्य रचना होती है।

कविता का उद्‌भव

कविता का उद्‌भव मानव अस्तित्व से जुड़ा है। उसके आरम्भ का मुहूर्त उस बिन्दु पर हुआ, जब मानव ने प्रंकृति को समझा। विभिन्न उपकरणों का आविष्कार किया। उन उपकरणों में भाषा भी है। उन उपकरणों का प्रयोग करना सीखा। इसीलिए कविता आदिम काव्य है।

प्रारम्भ में कविता संगीत और नृत्य से जुड़ी थी।श्रम करते व्यक्ति को यदि गाते देखा होगा, तो कविता के उद्‌भव-विकास की आदिम अवस्था का विश्लेषण आसानी से हो सकता है। बिजली के तारों के लिए लोहे के लठ्ठे खींचने वाले श्रमिकों की तुकबन्दियों से लेकर खेतों में काम करते किसानों के लोकगीतों की पंक्तियों में टेक, घात-प्रतिघात वाले शब्द, ध्वनियां और इनकी संगति कविता को श्रम से जोड़ने के पर्याप्त प्रमाण हैं। कहने का अर्थ यह कि कविता का पहला रूप गीत था, उस गीत में सम्मोहन, मुक्त अंग संचालन, मधुर आघात की संगति थी।

धीरे-धीरे इस संगीत से कविता ने स्वयं को अलग कर लिया। उसमें से सम्मोहन और अंग संचालन हट गए। एक स्वतःस्फूर्त लय ने सुविचारित लय का स्थान ग्रहण कर लिया। विवरणों को एक अनुशासन के तहत रचा जाने लगा।

एकांतिक गीतों से पृथक् सामूहिक कविता भी विकसित हुई। उसमें पीढ़ियों बाद नये-नये माध्यम, नये-नये कविता-रूप बनते गये, जिन्हें कविता की विधायें कह सकते हैं। इन सब के विकास की लम्बी कहानी है।

हमें इन विधाओं के विकास की गाथा में नहीं जाना, केवल हिन्दी कविता की विधाओं और उनके विकास का परिचय जानना हमारा उद्देश्य है। आगामी पृष्ठों में हम इसी दिशा में बढ़ेंगे।

कविता की विधायें

कविता की विधाओं को *बन्ध* के आधार पर दो वर्गों में रखा जा सकता है - प्रबन्धात्मक कविता, मुक्त कविता।

AB-1 प्रबन्ध कविता

प्रबन्ध कविता में 'बन्ध' तत्त्व की उपस्थिति रहती है। 'प्रबन्ध' शब्द से ही प्रबन्ध कविता के स्वरूप का बोध हो सकता है। प्रबन्ध का 'प्र' उपसर्ग उसमें 'बन्ध' की प्रकृष्टता का सूचक है, जो अनेक पद्यों को एक सम्बन्ध-सूत्र में पिरोता है। यह 'बन्धन' कथा का बन्धन है, जिससे रचना में सानुबन्धत्व आता है। घटनाओं में एक सूत्रता स्थापित होती है। इसलिए प्रबन्ध कविता के लिए पहला अनिवार्य तत्त्व है - कथा या कथानक। प्रबन्ध-कविता में कथा का बन्धान या विन्यास एक विशेष प्रकार का होता है। कविता में कथा की इस प्रकृष्ट विशिष्ट योजना से ही प्रबन्ध कविता को जन्म मिला। इसीलिए केवल पद्य-बद्ध कथा को ही प्रबन्ध-कविता नहीं कह दिया जाता।

प्रबन्ध काव्य के विकास-क्रम का अध्ययन किया जाए तो अनुमान किया जा सकता है और प्रमाण भी मिल जायेंगे कि पहले कविता में कथा का समावेश किया गया होगा अर्तात् पद्यबद्ध कथा-निरूपण की ओर कवियों का ध्यान गया होगा और जन्म मिला होगा कथा-काव्य को अथवा कथात्मक कविता को। इसके बाद कथा को एक विशेष ढंग से विन्यसित करने का प्रयास किया गया होगा, जिससे प्रबन्धात्मक कविता या प्रबन्धकाव्य को जन्म मिला।

हिन्दी में प्रबन्धात्मक कविता (प्रबन्ध काव्य) का स्वरूप संस्कृत काव्यशास्त्र के आधार पर ही निश्चित हुआ। फिर भी अनेक काव्य-कृतियां ऐसी हैं जिनको प्रबन्ध कविता या प्रबन्धकाव्य की श्रेणी में रखने में विवाद रहा है। प्रश्न यह है कि इस तरह की कविता-रचनाओं को जिनमें प्रत्येक पद अर्थ की दृष्टि से स्वतंत्र है - स्वतः पूर्ण है और अपना पूरा अर्थ रखता है, उसे प्रबन्धकाव्य या प्रबन्धात्मक कविता की श्रेणी में रखा जाय अथवा मुक्त कविता (या मुक्तक काव्य) के अंतर्गत? उदाहरण के लिए नन्ददास का 'भ्रमरगीत' और रत्नाकर का 'उद्धवशतक'-ये दो कविता-कृतियां कुछ अध्येताओं की दृष्टि में प्रबन्धात्मक हैं। अतः वे इन्हें 'प्रबन्धकाव्य' कहते हैं, जबकि कुछ विद्वान इन्हें 'मुक्तककाव्य' मानते हैं, क्योंकि इनका प्रत्येक पद स्वतंत्र अर्थ रखता है।

इन विवादों से बचने के लिए 'प्रबन्ध काव्य' (हम जिसे प्रबन्ध कविता कह रहे हैं) के पूरे स्वरूप और लक्षणों को जानना आवश्यक है। संक्षेप में इन्हें इस प्रकार देख सकते हैं -

(1) प्रबन्ध का आधार बन्ध या कथा-सूत्र है। इसीलिए उसे 'निबद्ध' कहा गया है। समयानुसार इस धारणा में परिवर्तन भी आया। प्रबन्ध में यह 'बन्ध' या 'बन्धन' कथा का ही बन्धन हो, यह बात नहीं। इतिवृत्त के स्थान पर कविता के भाव या विचार-सूत्र में भी बन्ध, एक गठन, एक सूत्रात्मकता रह सकती है। वहाँ कथा का विकास नहीं, भाव या विचार प्रधान हो जाएगा और उसके विकास क्रम में एकसूत्रता रहेगी।

उदाहरण के लिए विचारों की एकसूत्रता दिनकर की 'कुरुक्षेत्र' नामक कृति में विद्यमान है, इसलिए उसे प्रबन्ध कविता की श्रेणी में रखा जाएगा।

(2) प्रबन्ध कविता में किसी एक व्यक्ति अथवा किसी समूह या जाति की जीवन-दशा का चित्रण रहता है। यह समूह या जाति वहाँ एक व्यक्ति की ही तरह चित्रित रहती है।

उदाहरण के लिए मैथिलीशरण गुप्त की सुप्रसिद्ध रचना 'भारत भारती' जाति की जीवन-दशा तो प्रस्तुत करती है, किन्तु एक व्यक्ति की तरह उसका चित्रण नहीं है, इसलिए उसे प्रबन्ध कविता की श्रेणी में नहीं रका जा सकता। प्रसाद की 'कामायनी' प्रबन्ध-कविता है।

(3) प्रबन्ध-कविता में इतिवृत्त का महत्त्वपूर्ण स्थान है। हाँ, इतना अवश्य है कि उसमें घटनाओं की सम्बद्ध श्रृंखला और स्वाभाविक क्रम के ठीक निर्वाह के साथ-साथ हृदय को स्पर्श करने वाले, उसे नाना भावों का रसात्मक अनुभव कराने वाले प्रसंगों का समावेश होना चाहिए। इसीलिए माना गया है कि कोरे इतिवृत्त से काम नहीं चल सकता, उसमें वक्रता हो। संस्कृत के आचार्यों ने इस इतिवृत्त-भंगिमा को 'प्रबन्ध-वक्रता' तथा 'प्रकरण वक्रता' कहा है। इस वक्रता से रसानुभूति होती है।

(4) प्रबन्ध-कविता में कवि के अपने मनोभाव प्रत्यक्षतः अभिव्यक्त नहीं होते। वह चाहे तो उन्हें विभिन्न पात्रों के मनोभावों के माध्यम से व्यक्त करता है। इसीलिए प्रबन्ध कविता 'विषयगत कविता' मानी जाती है (अंग्रेजी साहित्य शास्त्र में भी प्रबन्ध कविता (Narrative poetry) को विषयगत (objective) माना गया है।)

(5) वस्तु वर्णन प्रबन्ध कविता का आवश्यक अंग है। लेकिन, केवल वस्तु-वर्णन की भरमार से किसी कविता में प्रबन्धत्व नहीं आ जाता। परिस्थितियों के अनुरूप जहाँ आवश्यक हो, वहाँ यह वर्णन रहता है।

सूत्ररूप में 'प्रबन्धकाव्य' के लिए *आचार्य रामचन्द्र शुक्ल* ने तीन बातें अनिवार्य मानी है - (क) सम्बन्ध-निर्वाह, (ब) कथा के गम्भीर और मार्मिक स्थलों की पहचान तथा (ग) दृश्यों की स्थानगत विशेषता। (द्रष्टव्यः हिन्दी साहित्य का इतिहास, पृ0 234)। हम शुक्ल जी के इस विचार से पूर्णतः सहमत हैं।

प्रबन्ध कविता की विधायें

'प्रबन्ध काव्य' के रूप में प्रबन्धात्मक कविता का जो विवेचन हिन्दी-विद्वानों ने किया है, वह महाकाव्य का विवेचन प्रतीत होता है। इसलिए हमें लगता है कि ऐसे विद्वान् 'प्रबन्धकाव्य' और महाकाव्य को एक ही मानते हैं।

उदाहरण के लिए *आचार्य रामचन्द्र शुक्ल* ने प्रबन्ध-काव्य में मानव-जीवन के पूर्ण दृश्य की बात कही है। मानव-जीवन का पूर्ण दृश्य केवल महाकाव्य में ही संभव है, खण्डकाव्य में नहीं। इसी तरह *डॉ. नगेन्द्र* ने कुन्तक और 'प्रबन्धकल्पना' प्रसंग में अपने द्वारा सम्पादित पुस्तक 'भारतीय काव्यशास्त्र की भूमिका' में (पृ0 290) लिखा है, "प्रबन्धकाव्य में जीवन का सर्वांग विस्तार तथा सम्पूर्ण अभिव्यक्ति रहती है, इसलिए आनन्द के अतिरिक्त काव्य के अन्य महत्त्वपूर्ण उद्देश्य पुरुषार्थ-चतुष्टय की प्राप्ति का साधन

प्रबन्ध काव्य ही अधिक है।"

यह स्थिति उचित नहीं। वास्तव में 'महाकाव्य' प्रबन्धकाव्य (प्रबन्ध कविता) का एक भेद है। विचारपूर्वक देखें तो प्रबन्धकविता के दो रूप हैं, इन रूपों को इन दो विधाओं की संज्ञा दी जा सकती है -

(1) महाप्रबन्ध कविता (जिसे 'महाकाव्य' कहा जाता है)

(2) खण्ड प्रबन्ध कविता (जिसे 'खण्डकाव्य' कहा जाता है)।

AB-2 मुक्त कविता

कविता के इस वर्ग पर बाद में विचार करेंगे। पहले प्रबन्ध कविता (प्रबन्धात्मक कविता) की विधाओं का स्वरूप देख लें।

AB-1
प्रबंध कविता

AB-1(i)
महाप्रबंध कविता (महाकाव्य)

महाप्रबन्ध कविता 'महाकाव्य' है, जिसे पाश्चात्य साहित्य में 'एपिक' (Epic) कहा जाता है। यह अत्यन्त प्राचीन काव्य-विधा है। हमारे यहाँ रामायण, महाभारत और रामचरितमानस-जैसे महाकाव्य लिखे गए हैं। इसीलिए प्राचीन समय से ही इस विधा के स्वरूप एवं लक्षणों पर विचार किया जाता रहा है।

जीवन की व्यापकता को अपने में समेट कर, एक महत् उद्देश्य के साथ प्रस्तुत करने वाली यह विधा कविता और कथा 'रुधिर वर्गों' (क्रमशः AB तथा O) का मणिकांचन संयोग दर्शाती है। ये दोनों ही विधा वर्ग (या कहें रुधिर वर्ग) अत्यन्त उदार हैं! कविता वर्ग (AB रुधिर वर्ग की तरह) 'सार्वभौम ग्राहक' (Universal receipent) है, अपने अन्दर किसी भी अन्य 'रुधिर' (विधा) वर्ग को धारण करने की क्षमता रखता है- चाहे वह 'नाट्य रुधिर वर्ग' (A) हो, चाहे 'कथा' रुधिर वर्ग (O), या वर्णनात्मक प्रकृतिवाला कथेतर गद्य रुधिर वर्ग (B) हो।

अब हम इस विधा के स्वरूप एवं लक्षणों पर ऐतिहासिक क्रम में विचार करते हैं।

स्वरूप एवं लक्षण

सर्वप्रथम तो हम देखते हैं 'महाकाव्य' के शाब्दिक अर्थ को। महाकाव्य 'महत्' और 'काव्य', इन दो शब्दों से व्युत्पन्न पद है। 'काव्य' के साथ 'महत् शब्द का प्रयोग सबसे पहले वाल्मीकि-'रामायण' में मिलता है-कर्त्ता 'काव्यस्य महतः क्व चासौ मुनिपुंगवः।' इस पंक्ति से महत् काव्य (महाकाव्य) की तीन विशेषताओं (लक्षणों) पर प्रकाश पड़ता है-

(1) महाकाव्य के आकार की विशालता।

(2) किसी महान् चरित्र की प्रतिष्ठा।

(3) प्रणेता की महानता।

भारतीय काव्यसास्त्र में संभवतः सर्व प्रथम *आचार्य भामह* ने महाकाव्य के स्वरूप-निर्धारण का प्रयास किया है। उन्होंने स्वरूप विधान के आधार पर काव्य के पांच भेद किए। महाकाव्य उनमें से एक हैं। भामहकृत महाकाव्य का लक्षण इस प्रकार है -

सर्गबन्धो महाकाव्यं महतां च महच्च यत् ।
अग्राम्यशब्दमर्श्यं च सालंकारं सदाश्रयम् ।

x x x x

युक्त लोकास्वभावेन रसैश्च सकलै पृथक् ।।

भामह के अनुसार महाकाव्य उसे कहेंगे जो सर्गबद्ध, महान चरित्रों से संबद्ध, आकार में बड़ा, नाटक की पंच संधियों से युक्त, चारों पुरुषार्थों के निरूपण से सम्पन्न और प्रायः सभी रसों की उपस्थिति से समृद्ध होता है। इस लक्षण पर *आचार्य देवेन्द्रनाथ शर्मा* की टिप्पिणी के अनुसार - 'महाकाव्य का यह प्राचीनतम उपलब्ध लक्षण है, साथ ही संक्षिप्ततम। फिर भी इसमें महाकाव्य सम्बन्धी कोई भी मौलिक और आधारभूत विशेषता छूटी नहीं है, न इसमें उत्तरवर्ती लक्षणों की कठोरता तथा रूढ़िबद्धता ही है।" महाकाव्य को लोक स्वभाव से युक्त कहकर भामह ने इसकी प्रमुख विशेषता को रेखांकित किया है।

आचार्य दण्डी ने भामह की परिभाषा को आत्मसात् करते हुए महाकाव्य के स्वरूप को विस्तार से व्यक्त किया। उन्होंने महाकाव्य के बाह्यांगों-आशीर्वचन, वर्णनीय वस्तु व्यापार तथा सर्ग, छंद आदि पर विशेष बल दिया। उद्देश्य की महानता के स्थान पर चमत्कार और रसानुभूति उनकी दृष्टि में अधिक महत्त्वपूर्ण रहे। 'अभिव्यंजना' के सन्दर्भ में उन्होंने स्पष्ट किया कि वह अलंकृत हो। रुद्रट, हेमचन्द्र आदि ने अपनी परिभाषाओं में दण्डी को ही दुहराया है। रुद्रट ने खलनायक की पराजय पर बहुत बल दिया है।

साहित्य-दर्पणकार *विश्वनाथ* ने सभी पूर्ववर्त्ती आचार्यों के मतों को एक स्थान पर जुटाया है। उनके द्वारा प्रस्तुत लक्षण इस प्रकार हैं -

महाकाव्य सर्गबद्ध होता है। उसमें एक नायक होता है जो कि देवता या कुलीन क्षत्रिय होता है। वह धीरोदात्त नायक होता है। कहीं-कहीं एक ही वंश के अनेक राजा महाकाव्य के नायक होते हैं। श्रृंगार, वीर, शांत और करुण में से कोई एक रस अंगी होता है और अन्य रस अंग होते हैं। इसमें सभी नाट्य संधियों की योजना होती है। इसका वृत्त ऐतिहासिक होता है और कथा के पात्र प्रायः सज्जन होते हैं। चार पुरुषार्थ इसके फल होते हैं। प्रारम्भ में मंगलाचरण की योजना होती है। सर्गों की संख्या आठ से अधिक होती है। प्रत्येक सर्ग में एक छंद तथा सर्गान्त में छन्द-परिवर्तन आवश्यक होता है। सूर्य, चन्द्रमा, संध्या, प्रदोष, मृगया, शैल, सरिता आदि का सांगोपांग वर्णन अपेक्षित है। महाकाव्य का नामकरण कवि, नायक या किसी अन्य प्रमुख पात्र के नाम पर होना चाहिए।

आचार्य विश्वनाथ द्वारा प्रस्तुत इस लक्षण में भारवि, कालिदास, श्री हर्ष के महाकाव्यों को ध्यान में रखा गया है। यह लक्षण एक ओर विस्तृत और समन्वयवादी है तो दूसरी ओर इसमें कुछ असंगतियां भी दिखाई देती हैं। उदाहरण के लिए विश्वनाथ की नायक सम्बन्धी धारणा। उनके अनुसार नायक या तो देवता होगा या क्षत्रिय। *डॉ. देवेन्द्रनाथ शर्मा* के शब्दों में, "इस दृष्टि से संस्कृत के 'शंकर-दिग्विजिय', 'दयानन्द-दिग्विजय' आदि या हिन्दी की 'नूरजहां', 'एकलव्य' आदि महाकाव्य कहला ही नहीं सकते, क्योंकि उनके नायक न तो देव हैं न क्षत्रिय।" इसी प्रकार श्रृंगार, शान्त और वीर में किसी एक के अंगी रस होने की अनिवार्यता भी अधिक नहीं जमती । 'करुण रस' को प्रमुखता देकर क्या महाकाव्य नहीं लिखे जा

सकते? इन असंगतियों को लक्ष्य करके *डॉ. शम्भूनाथ सिंह* ने स्पष्ट लिखा है, "विश्वनाथ कविराज की महाकाव्य सम्बन्धी मान्यता मौलिक नहीं, अनुकृत, ऊपरी और महाकाव्य की रूढ़ियों से अधिक संबद्ध है, उसके मूलतत्वों से नहीं।" विश्वनाथ के मत को हिन्दी में पर्याप्त समर्थन मिला है तथा अनेक विचारकों और समीक्षकों ने महाकाव्य की मीमांसा में इसे आधार बनाया है।

हिन्दी आचार्यों में *रामचंद्र शुक्ल* का मत अपेक्षाकृत मौलिक और सुचिंतित है उन्होंने अपनी व्यावहारिक समीक्षाओं में महाकाव्य के चार तत्त्वों पर जोर दिया है - (1) इतिवृत्त (2) वस्तु-व्यापार- वर्णन (3) भावव्यन्जना (4) संवाद। इनके अतिरिक्त उनकी समीक्षाओं से यह ध्वनि भी निकलती है कि वे उद्देश्य की महानता और शैलीगत प्रौढ़ता को भी आवश्यक मानते थे। शुक्ल जी ने महाकाव्य के बाह्य और आंतिरिक, दोनों पक्षों को रेखांकित करना चाहा है।

बाबू गुलाबराय ने जातीय जीवन के चित्रण और नायक की महानता पर बल देते हुए लिखा है - "महाकाव्य वह विषय प्रधान काव्य है, जिसमें कि अपेक्षाकृत बड़े आकार में जाति में प्रतिष्ठित और लोकप्रिय नायक के उदात्त कार्यों द्वारा जातीय भावनाओं, आदर्शों और आकांक्षाओं का उद्घाटन किया जाता है।" महाकाव्य के सार्वकालिक और सार्वभौमिक तत्त्वों की चर्चा करते हुए *डॉ. नगेन्द्र* ने महाकाव्य के पांच मूलतत्त्वों की चर्चा की है - (1) उदात्त कथानक (2) उदात्त कार्य अथवा उद्देश्य (3) उदात्त चरित्र (4) उदात्त भाव (5) उदात्त शैली।

डॉ. शम्भूनाथ सिंह ने अपने शोध प्रबन्ध में महाकाव्य की प्रायः सभी विशेषताओं को समेटते हुए एक विस्तृत परिभाषा दी है - "महाकाव्य वह छंदोबद्ध कथात्मक काव्यरूप है, जिसमें क्षिप्र कथाप्रवाह या अलंकृत वर्णन अथवा मनोवैज्ञानिक चित्रण से युक्त ऐसा सुनियोजित सांगोपांग और जीवन्त लम्बा कथानक होता है, जो रसात्मकता या प्रभावान्विति उत्पन्न करने में पूर्ण समर्थ होता है, जिसमें यथार्थ, कल्पना या सम्भावना पर आधारित ऐसे चरित्रों के महत्त्वपूर्ण जीवनवृत्त का पूर्ण-आंशिक चित्रण होता है, जो किसी युग के सामाजिक जीवन का किसी न किसी रूप में प्रतिनिधित्व करते हैं, और जिसमें किसी महत्प्रेरणा से परिचालित होकर किसी महदुद्देश्य की सिद्धि के लिए किसी महत्वपूर्ण, गम्भीर अथवा आश्चर्योत्पादक और रहस्यमय घटना या घटनाओं का आश्रय लेकर संश्लिष्ट और समन्वित रूप से जाति विशेष और युगविशेष के समग्र जीवन के विविध रूपों, पक्षों, मानसिक अवस्थाओं अथवा नाना रूपात्मक कार्यों का वर्णन और उद्घाटन किया रहता है और जिसकी शैली इतनी उदात्त, गरिमामय होती है कि युगयुगान्तर में उस महाकाव्य को जीवित रहने की शक्ति प्रदान करती है।"

उपर्युक्त परिभाषाओं के अनुशीलन से महाकाव्य के निम्नलिखित तत्त्व सामने आते हैं -

(1) सर्गबद्ध घटनाक्रम

(2) महान चरित्र

(3) वस्तु, व्यापार और परिवेश का वर्णन

(4) भावव्यंजना

(5) प्रौढ़ भाषा-शैली

(6) महत् उद्देश्य।

अरस्तू ने 'इलियड' और 'ओडेसी' महाकाव्यों को ध्यान में रखकर महाकाव्य का विवेचन किया है। उनके विवेचन के कुछ प्रमुख सूत्र इस प्रकार हैं -

(1) महाकाव्य ऐसे उदात्त व्यापार का काव्यमय अनुकरण है, जो सुन्दर शैली में रचित हो।

(2) महाकाव्य के ऐतिहासिक कथानक में अतिप्राकृत तथा अलौकिक तत्त्वों का मिश्रण और असंगत बातों का वर्णन होता है।

(3) इसमें केवल एक छंद का प्रयोग होता है।

(4) इसमें जीवन की सम्पूर्णता का चित्रण होता है।

(5) त्रासदी की भांति महाकाव्य के पात्र भी महान होते हैं।

(6) महाकाव्य की भाषा में भावनाओं को साकार करने की शक्ति होनी चाहिए।

जिन आधुनिक पाश्चात्य समीक्षकों ने महाकाव्य की प्रकृति पर विचार किया है, उनमें बाबरा, एवक्रांबी और टिलीयर्ड मुख्य है। *सी.एम. बाबरा* के अनुसार महाकाव्य वह कथात्मक एवं वृहद् काव्य रूप है, जिसमें महत्त्वपूर्ण, गरिमायुक्त एवं भयंकर कार्य-युद्धादि से युक्त घटनायें होती हैं। ये घटनायें एवं पात्र हमारे भीतर-मनुष्य की महानता, गौरव एवं उपलब्धियों के प्रति दृढ़ आस्था, उत्साह एवं आनन्द की सृष्टि करते हैं। *एवरक्रांबी* की धारणा इससे कुछ अलग है। महाकाव्य के आकार को महत्व न देते हुए उन्होंने शैली के आधार पर उसकी महानता मानी है। उनके के शब्दों में - "वृहद् आकार के कारण ही कोई काव्य महाकाव्य नहीं बन सकता महाकाव्य की शैली ही उसे महाकाव्य बना सकती है। और यह शैली कवि की कल्पना, विचार-धारा तथा उसकी अभिव्यक्ति से जुड़ी रहती है।"

टिलीयार्ड ने महाकाव्य की कुछ अनिवार्य विशेषताओं का उल्लेख किया है, जो इस प्रकार है -

(1) महाकाव्य में जीवन का व्यापक और वैविध्यपूर्ण चित्रण होना चाहिए।

(2) महाकाव्य उत्तम गुणों से युक्त गंभीर रचना है।

(3) उसमें व्यापक मानवीय विश्वासों और भावनाओं का सभ्यता और संस्कृति के अनुकूल चित्रण होना चाहिए।

(4) महाकाव्य में वीरभावना की अभिव्यक्ति वांछनीय है।

अन्य पाश्चात्य समीक्षकों में *डब्ल्यू.पी. केर* एवं *डिक्सन* की परिभाषाएं महत्वपूर्ण हैं। *केर* चरित्र-चित्रण पर विशेष बल देते हुए महाकाव्य में कवि की कल्पना शक्ति, नाना प्रकार के दृश्य-विधान आदि को महत्वपूर्ण मानते हैं। लेकिन केर की यह व्याख्या आधुनिक स्वच्छन्दतावादी महाकाव्यों जैसे ब्राउनिंग के 'द रिंग एण्ड दि बुक'-पर लागू नहीं हो पाती। *डिक्सन* ने कोई निजी मत न देकर *वाल्टेयर* के महाकाव्य

सम्बन्धी विवेचन को दुहराया है। *वाल्टेयर* ने महाकाव्य में महती घटना का होना अनिवार्य मानते हुए इसकी कसौटी समाज को माना है।

महाकाव्य सम्बन्धी पाश्चात्य एवं भारतीय समीक्षकों के मतों के अनुशीलन करने पर विदित होता है कि दोनों में विशेष अन्तर नहीं है। इतना अवश्य है कि भारतीय आचार्यों ने महाकाव्य के आकार-प्रकार पर ज्यादा ध्यान दिया है, उसकी अन्तरात्मा के सम्बन्ध में उन्होंने अधिक नहीं लिखा है। फिर भी कुछ तत्त्व दोनों मतों में एक से है। कथा- संयोजन, चरित्र-सृष्टि, भाषा-शैली की प्रौढ़ता, जीवन की समग्रता, महत् उद्देश्य की प्रतिष्ठा आदि कुछ तत्त्व ऐसे हैं जो भारतीय एवं पाश्चात्य मनीषियों को समानरूप से मान्य हैं। वास्तव में जैसा कि *डिक्सन* ने लिखा है, महाकाव्य सर्वत्र एक प्रकार का होता है, चाहे वह पूर्व का हो या पश्चिम का, उसका रक्त और प्रकृति समान होते हैं।

डॉ. शम्भूनाथ सिंह ने दोनों मतों का सम्यक् समावेश करके महाकाव्य के सर्वमान्य आन्तरिक और बाह्य लक्षणों का निर्धारण किया है -

शाश्वत बाह्य लक्षण

(1) कथात्मकता और छन्दोबद्धता।

(2) सर्गबद्धता या खण्ड-विभाजन और कथा का विस्तार।

(3) जीवन के विविध और समग्र रूप का चित्रण।

(4) नाटक, कथा और गीतिकाव्य के अनेक तत्त्वों के सम्मिश्रण से संघटित कथानक का निर्माण।

(5) शैली की गंभीरता, उदात्तता और मनोहारिता।

शाश्वत आंतरिक लक्षण

(1) तीव्र प्रभावान्वति और गंभीर रस व्यंजना।

(2) महत् उद्देश्य, महत्प्रेरणा और महती काव्य प्रतिभा।

(3) अनवरुद्ध जीवनी शक्ति और सशक्त प्राणवत्ता।

(4) गुरुत्व, गांभीर्य और महत्त्व।

आज के बौद्धिक और संघर्ष-संकुल युग में पुराने ढंग के महाकाव्य नहीं लिखे जा रहे हैं। अतः पुराने लक्षण एकदम अप्रासंगिक साबित हों, तो आश्चर्य नहीं। महाकाव्य का वृहदाकार तो निश्चय ही आज अमान्य हो चुका है। 'राम की शक्ति पूजा' जैसी कृतियां अपने लघु कलेवर के बावजूद महाकाव्योचित गरिमा से युक्त है।इसी प्रकार 'गंभीर रस व्यंजना' जैसी 'शर्तें' भी फालतू हो चली हैं। आज महाकाव्य के लिए आवश्यक विशेषताएं निम्नलिखित हो सकती हैं -

(1) जीवन की बुनियादी सच्चाईयों का अनुशीलन।

(2) समाज और परिवेश के प्रति संबद्धता।

(3) आम आदमी का नायकत्व।

(4) विशिष्ट प्रौढ़ एवं प्रबंधात्मक शिल्प।

महाकाव्य के भेद

महाकाव्य के वर्गीकरण की दो कोटियां मानी गयी हैं। एक तो 'लोक महाकाव्य', जो मूलतः प्रशस्ति-गान की परम्परा पर आधारित हैं और जिनमें कला-कुशलता अपेक्षाकृत न्यून होती है; 'कलात्मक महाकाव्य' जिनके निर्माण में कलाकार के सजग कौशल का परिचय मिलता है।" गंभीरता पूर्वक विचार करें तो इस प्रकार का वर्गीकरण संगत नहीं है, क्योंकि 'रामचरित मानस' और 'कामायनी' को उपर्युक्त किसी एक वर्ग में रखना संभव न होगा। यदि वर्गीकरण आवश्यक ही हो तो आधुनिक महाकाव्यों को ध्यान में रखते हुए निम्नलिखित दो वर्ग बनाये जा सकते हैं -

(1) परम्परानिष्ठ महाकाव्य,

(2) परम्परामुक्त महाकाव्य।

परम्परानिष्ठ महाकाव्य से आशय उस कृति से है, जो महाकाव्य के शास्त्रीय लक्षण को ध्यान में रखकर लिखी गई हो। रामानन्द तिवारी कृत 'पार्वती' परम्परानिष्ठ महाकाव्य है, जबकि जयशंकर प्रसाद जी की 'कामायनी' महाकाव्य के पुराने ढांचे से बाहर चली गई है। प्रथम वर्ग की कृतियों की सबसे बड़ी सीमा यह है कि वे रूढ़ियों के अक्षरशः पालन में विश्वास रखती हैं। अतः उनकी संप्रेषणीयता अधिक नहीं होती। महाकाव्य की विधा को यदि जीवित रहना है तो वह परम्परा से हटकर एक नये रूप में ही बनी रह सकती है। अन्यथा आज के बौद्धिक और तीव्रगामी युग में महाकाव्य के पुराने 'पोथे' को बांचने का न अवकाश है और न इस प्रकार की अभिरुचि शेष है।

हिन्दी में महाप्रबंध कविता का विकासः

महाप्रबंध कविता (महाकाव्य) के बीज मौखिक परंपरा में निहित हैं। वे शताब्दियों पुरानी परंपरा के श्रृंखलाबद्ध रूप हैं। यही कारण है कि इस कविता-विधा में प्रवहशीलता और आशुकविता-जैसी ताज़गी अन्य कविता विधाओं की अपेक्षा सर्वाधिक होती है।

हिन्दी का आरंभिक महाकाव्य चन्दवरदाई कृत 'पृथ्वीराज रासो' है। यह विकसनशील महाप्रबंध कविता है। मनुष्य-जीवन के संपूर्ण और समग्र चित्रण को कवि ने जैसे अपने रचना-विधान में प्राथमिकता दी है। *डॉ. रामस्वरूप चतुर्वेदी* के शब्दों में, "हिन्दी का चरित्र, पहली बार ही, बड़े मोहक रूप में भाषा और संवेदना के दोनों स्तरों पर 'पृथ्वीराज रासउ' में निखर कर आया है।" (हिन्दी साहित्य और संवेदना का विकास, पृष्ठ 31) यह रचना या इसका कर्त्ता संदिग्ध भले ही माना जाता रहा है, और इस बात पर प्रश्न-चिह्न लगा दिया जाता है कि चन्द अपने-द्वारा वर्णित घटना क्रम का समकालीन था या नहीं, या सचमुच यह उसी की कृति है? लेकिन चतुर्वेदी जी के ही शब्दों में कहें तो, "महत्त्वपूर्ण यह है कि रचना-विधान में वह कवि और कथा-चरित्र की संपृक्त भूमिका में उतरता है और आमने-सामने के समानान्तर दर्पण की

तरह अर्थ की अंतहीन छवियां उपजाता है। भोक्ता और रचयिता के अंतर्भाव में वह द्रष्टा हो जाता है।" (वही, पृष्ठ 32)

'पृथ्वीराज रासउ' के कथानक के आधार पर कहा जा सकता है कि यह प्रारंभिक कविता अकेले कवि का रचनाकर्म नहीं है। उसका श्रोतावर्ग व्यापक था। बिना एक सुनने वाली भीड़ की उत्तेजना या प्रेरणा पाये वह ऐसी रचना नहीं कर सकता था। वह चारण की कोटि का कवि था, कोटि का क्या चारण ही कहा जाए। यदि हम उसी भावभूमि में प्रवेश कर लें तो महाप्रबन्धात्मक कविता (महाकाव्य) की तत्कालीन रचना-प्रक्रिया का साक्षात्कार कर सकते हैं। ऐसा कवि आशुकवि हुआ करता था। जनता में अपनी कविता का पाठ किया करता था या राजमहलों में। कल्पना तो यह भी की जा सकती है उस समय का हर स्थानीय समुदाय का अपना चारण रहता था, जिसकी नियुक्ति वह अपनी उपलब्धियों या विजय गाथाओं को सुनने के लिए किया करता था। प्रायः वाद्ययंत्रों के साथ जिस गाथा को वह गाता होगा, उसमें वर्णनों की लम्बी श्रृंखला स्वाभाविक है। *जार्ज थामसन* ने महाकाव्य की उत्पत्ति के सम्बन्ध में जो विचार प्रस्तुत किए हैं; उनमें से एक स्थल को उद्धृत करते हुए हम इस रचना की प्रक्रिया को अधिक निकट से देख सकते हैं। *थामसन* के शब्दों में, ऐसे चारण या आशुकवि की साधना प्रशंसनीय है कि उसके पास उत्पादन की संपूर्ण श्रृंखला है, जिसे वह वर्णन क्रम के अनुरूप एक साथ उपयुक्त संरचना में प्रस्तुत करता है। इनमें निश्चित घटनाओं और स्थितियों के चित्र रहते हैं। मसलन, एक नायक का जन्म, उसका लालन-पालन, हथियारों का यशगान, युद्ध की तैयारी, युद्ध की आंधी, युद्ध के पूर्व नायक का संवाद, लोगों और घोड़ों का चित्रण, एक दुलहन (नायिका) का नख-शिख-वर्णन। इन जड़ तत्त्वों को, स्थिति के अनुकूल यथावसर खोजी गई पंक्तियों के साथ संयुक्त करने में कला निहित है। चारण यदि इस माध्यम में उतना प्रवाहपूर्ण है, जितना कि सामान्य भाषा में है, तो इस कारण है कि उसके पास पारम्परिक प्रतिपादनों की सूची है, जिसमें सभी कथ्य (Contents) समाहित होते हैं, जिनका सम्बन्ध उसके विषय, सामाजिक जीवन के निर्धारित रीति-रिवाजों और प्रक्रियाओं से होता है। ये उसके शिल्प के हिस्से हैं।

कहने का अर्थ यह है कि महाकाव्य का विशिष्ट सौन्दर्य इसकी प्रवाहशीलता और ताज़गी में है। वह आशु कवित्व का गुण है। इसके नये-नये रंग उभरते हैं, जैसे ही यह एक आनन्द में डूबी भीड़ से दूसरी आनन्द मग्न भीड़ से होकर गुजरती है, प्रत्येक क्षणिक उत्तेजना के उत्तर में यह चमत्कृत होती है। लेकिन इसकी दीप्ति दुर्ग्राह्य है। इसके शब्द पंखिल होते हैं और वे नष्ट नहीं होते।

हिन्दी के इस प्रथम महाकाव्य को देख कर 'महाप्रबन्ध कविता' के उद्भव के विषय में *जार्ज थामसन* की इस धारणा की पुष्टि होती है कि 'महाकाव्य युद्ध से प्रेरित था।' (मार्क्सवाद और कविता)

यह आश्चर्य का विषय है कि 'पृथ्वीराज रासउ' पर पूर्ववर्त्ती संस्कृत महाकाव्यों का प्रभाव नहीं पड़ा। अन्यथा इस विधा के शास्त्रीय तत्त्व इस में ज्यों के त्यों स्वीकार किए जाते या उनके आधार पर ही उसकी रचना हुई होती। यह विशुद्धतः संस्कृत प्रभावित शिष्ट काव्य न होकर लोक-काव्य है।

'पृथ्वीराज रासउ' के उपरान्त हिन्दी में इस विधा की रचनायें 'रासउ' (या रासो) के ही नामों से मिलती हैं। इनमें 'बीसलदेव रासो' विशेष रूप से उल्लेखनीय है। 'रासो' या 'रासउ' नाम से मिलने वाली रचनाओं के विषय में यह भ्रम रहा है कि ये प्रधानतः वीर-रस काव्य हैं। जब कि वास्तव में इनमें से अधिकांश रचनायें (और विशेषतः 'बीसलदेव रासो') इतिहास की पट-भूमि पर शौर्य और श्रृंगार की मिली-जुली रचनायें हैं।

इन रचनाओं में निहित गाथाओं के उत्साह और पदों कीं तन्मयता के पीछे इन क्षेत्रों की ऐतिहासिक मनोदशा भी समझी जा सकती है।

हिन्दी की महाप्रबन्ध कविता का अगला चरण है जायसी का 'पद्मावत'। यह महत्त्वपूर्ण रचना मुस्लिम कवि की होकर भी दिल्ली के सुलतान के विरुद्ध हिन्दू शौर्य गाथा कहती है! यह एक नाजुक-सी स्थिति है! इस रचना में लोक और शिष्ट या आभिजात्य तत्त्वों का विलक्षण संयोग है। इस सन्दर्भ में रामस्वरूप चतुर्वेदी जी ने एक बहुत ही मार्के की बात कही है। वे बताते हैं कि, "लोक रचना में भाषा का कम से कम सर्जनात्मक रूप अपेक्षित है, अभिजात में अधिकतम। यों, काव्य-भाषा की प्रयोग-विधि में यहां 'पृथ्वीराज रासउ' और 'रामचरितमानस' के बीच की रचना-प्रक्रिया है, जो इन तीनों रचनाओं के काल-क्रम के अनुकूल है। प्रक्रिया यह है कि लोक जैसे लंबे-लंबे वर्णन (द्रष्टव्य 'पद्मावत' का आरंभिक अंश), और फिर एक अंश सर्जनात्मक काव्य का जो पूरे प्रसंग को रचनात्मक दीप्ति से आलोकित कर देता है - पूर्व प्रभाव ढंग से।" (हिन्दी साहित्य और संवेदना का विकास, पृष्ठ 49)

इस रचनात्मकता को ध्यान से समझने की आवश्यकता है। जायसी में लोक परम्परा से जुड़ने का आग्रह प्रबल है, फलतः गा कर सुनाए जाने वाली रचनाओं की तरह इसमें विविध प्रकार के ज्ञान के प्रसारण और कथा-विधान में औत्सुक्य के संचार की आकांक्षा विद्यमान है। इसी के अनुरूप लोकवृत्त और ऐतिहासिक वृत्त का आमना-सामना जायसी की निजी उद्भावना है। विश्व के महाकाव्यों में शायद ही कहीं यथार्थ के ऐसे द्विखण्डी रूप का चित्रण हुआ हो।

इस के बाद हमारे यहाँ मिलता है तुलसीदास का विश्वप्रसिद्ध महाप्रबन्ध 'रामचरितमानस'। हम यहाँ पुनः चतुर्वेदी जी को उद्धृत करना चाहेंगे। "लोक और शिष्ट की अन्तर-प्रक्रिया हिन्दी कविता की बनावट के विकास में एक महत्त्वपूर्ण मंजिल है। पृथ्वीराज रासउ, पद्मावत, रामचरितमानस-यह इन कृतियों का कालक्रम नहीं है, रचनानुक्रम भी है। रासो में यदि लोक शैली प्रबल है और मानस में शिष्ट तो पद्मावत लोक से शिष्ट में संक्रमण का साक्ष्य है।" (वही पुस्तक, पृष्ठ 52) उल्लेखनीय है कि लोक परम्परा से जुड़ कर 'पद्मावत' का पाठ-क्षेत्र अपेक्षाकृत सीमित रहा, जबकि बोली तथा शैली की दृष्टि से संस्कृत-परम्परा से जुड़ कर 'रामचरितमानस' का क्षेत्र बहुत व्यापक हो गया। इसका एक कारण संभवतः यह भी था कि तुलसीदास के रचना-काल तक आते-आते हिन्दी कविता पूरी तरह सम्पन्न हो चुकी थी-विधान और शैली तथा संवेदना सभी दृष्टियों से। तुलसी ने इसे पुष्ट किया।

आश्चर्य है कि कृष्णकाव्य-परम्परा में उस समय का कोई 'महाप्रबन्ध' नहीं मिलता। सूरदास ने अपने काव्य के लिए जो जीव-क्षेत्र चुना, वह सीमित है। विधान की दृष्टि से 'सूरसागर' 'मुक्त प्रबन्ध कविता' है - जहाँ प्रत्येक पद स्वतःपूर्ण होने पर भी एक सूक्ष्म कथा क्रम में है।

शेष भक्तिकाल और रीतिकाल में मुक्त कविता का ही प्राधान्य है। यदि परिगणना करना चाहें तो केशव की 'रामचन्द्रिका' को महाप्रबन्ध कविता कह सकते हैं। इस रचना में वह रचनात्मक ऊर्जा नहीं है, जो प्रारंभ के तीन 'महाकाव्यों' में है। केशवदास ने इस कृति में छंद वैविध्य के लिए जितना यत्न किया है, भाषा की लय उतनी ही उपेक्षित हुई है। यह अपने युग की लय के विपरीत है। शास्त्र को लेकर कवि में आचार्यत्व का दंभ अधिक है, अनुभव के प्रति विनम्रता कम।

आधुनिक काल तक आते-आते हिन्दी-कविता ने नये सामाजिक, सांस्कृतिक द्वन्द्वों का साक्षात्कार कर लिया था। संभावनायें थीं कि नये-नये 'महाप्रबन्ध' इस युग में आते, लेकिन भारतेन्दु-युग के युगनायक भारतेन्दु जी पद्य की अपेक्षा गद्य के विविधपार्श्विक विकास में जुट गए, दूसरे अल्पायु में ही उनका प्राणान्त हो गया। इसके अतिरिक्त उस कालखंड में महाप्रबन्ध कविता के अभावके पांच कारण माने जा सकते हैं - (1) मुक्तक शैली का प्राधान्य (2) भाषा का अस्थैर्य (3) गंभीर जीवन-दर्शन का अभाव (4) मानसिक अराजकता (5) विचार और भावों में वैषम्य। ये पांच कारण *डॉ. निजामुद्दीन* ने गिनाये हैं, लेकिन यही मूल कारण नहीं हैं। मूलभूत कारणों में सबसे प्रधान है, तत्कालीन कवियों की रुचि। यह रुचि हमें द्विवेदीयुग के कवियों में मिलती है, जो परिवेश और स्थितियों का लाभ पा कर 'महाकाव्य' रचने में समर्थ रही। उस युग के कवियों ने 'प्रिय प्रवास' (हरिऔध) और 'साकेत' (मैथिलीशरण गुप्त) जैसी महाप्रबन्धात्मक कविता-रचनायें दीं। पौराणिक कथा-सामग्री का उपयोग करने के बावजूद इन रचनाओं में सुधार का आह्वान है, जो युगीन आवश्यकता थी। इसके अतिरिक्त इन 'भारतीय' कवियों में भारत के भव्य, आदर्शोन्मुख अतीत के गौरव गान की ललक, पाश्चात्य सभ्यता और संस्कृति के प्रति घृणा की भावना, समाज की विपन्न, पतितोन्मुख दशा और उसके प्रति सुधारवादी उदारशील दृष्टि, सांप्रदायिक विविधता में समन्वय और गाँधीवादी विचार-धारा के प्रति विश्वास की भावना दिखाई देती है। ये स्वर इनकी रचनाओं में प्रधान हैं। वहाँ रचना-शिल्प की जटिलता और सौन्दर्य पर इतना ध्यान नहीं है।

छायावाद ने 'कामायनी' जैसी महाप्रबन्धात्मक कविता-कृति दी। यह उदात्त काव्य का जीवन्त दस्तावेज़ है। इसका रचाव जैसा जटिल है, विधान वैसा ही व्यापक तथा महत्त्वाकांक्षी। इसमें मानव संस्कृति के विकास का आख्यान तो है ही, आदिम मनुष्य के उत्तरोत्तर जटिल और संघटित होते रूप का अंकन भी है।

स्वतंत्रता से पूर्व के हिन्दी महाकाव्यों में कृष्णायन, वैदेही वनवास, साके संत, महामानव आदि का उल्लेख भी किया जाता है। इनकी विषयभूमि पौराणिक ऐतिहासिक वृत्तों पर टिकी है, जबकि सामयिक प्रश्नों से सामना करने की तैयारी है। ये रचनायें भारतीय राष्ट्रीय भावना और सांस्कृतिक चेतना को अक्षुण्ण रखने में सहायक हैं, इनका रचनात्मक मूल्य कम है।

स्वतंत्रता के बाद हिन्दी कविता में विधाओं ने नया रूप पाया, जैसे भारतीय जनजीवन नयी आशा-

आकांक्षाओं को लेकर प्रगति-पथ की ओर बढ़ा। महाप्रबन्ध कविता (महाकाव्य) का रूप स्वतंत्रता के बाद की हिन्दी कविता में परम्परा से हट कर मिलता है। लेकिन यह परिवर्तन एक साथ नहीं घटित हुआ, इसे 'पृथ्वीराज रासउ' की रचना-शैली से जोड़ कर देखा जाना चाहिए। स्वतंत्रता के बाद के 'महाकाव्यों' में प्रमुख रचनायें निम्नवत् हैं -

(अ) पौराणिक महाप्रबन्ध कविता-रचनायें-ऊर्म्मिला, ('नवीन') रावण (हरदयालु सिंह)

(ब) महाभारताश्रित महाप्रबन्ध कविता-रचनायें - जयभारत (मैथिलीशरण गुप्त), एकलव्य (रामकुमार वर्मा)

(स) विभिन्न पुराणाश्रित महाप्रबन्ध कविता-रचनायें - पार्वती (रामानन्द तिवारी), सारथी (रामगोपाल शर्मा 'दिनेश'),

(द) राष्ट्रीय और सांस्कृतिक महाप्रबन्ध कविता रचनाएं - जननायक (रघुवीरशरण 'मित्र'), बाणांबरी (पोद्दार रामावतार 'अरुण'), लोकायतन (सुमित्रानन्दन पन्त), मानवेन्द्र (रघुवीरशरण 'मित्र')।

(य) ऐतिहासिक महाप्रबन्ध कविता - नूर जहाँ (गुरुभक्त सिंह), सिद्धार्थ (अनूप शर्मा), वर्द्धमान (अनूप शर्मा), चन्द्रगुप्त मौर्य (रामखेलावन वर्मा), अग्निसागर (श्याम सिंह 'शशि') आदि।

ये स्वतंत्रता के बादं के कुछ उल्लेखनीय सफल 'महाकाव्य' माने गए हैं। इनके अतिरिक्त अन्य अनेक रचनायें हैं जो इस विधा रो राुशोभित होने की ललक रखती हैं किन्तु शोधकर्त्ताओं और आलोचकों ने उनमें से अनेक को इस विधा के लक्षणों के आधार पर इस श्रेणी का नहीं माना है। इसके विपरीत कुछ विद्वान् 'उर्वशी' जैसी कृतियों को 'महाकाव्य' कहने के पक्ष में हैं, किन्तु हमारे विचार से वह एक 'गीतिनाट्य' रचना ही है।

स्वतंत्रतापरवर्ती हिन्दी की महाप्रबन्ध कविता में मुख्य रूप से जो विशेषतायें दिखाई देती हैं, वे हैं-

(1) कथानक में तीन नवीनतायें रेखांकित की जा सकती हैं। एक तो यह कि इनमें समसामयिक विषय, महापुरुषों को कथानक में निःसंकोच स्वीकार किया गया है, दूसरी यह कि, साहित्यकारों पर पहली बार महाप्रबन्ध कविता - रचनायें लिखी गई हैं, तीसरी नवीनता यह कि काल्पनिक कथानक का विन्यास किया गया है।

(2) नायक की दृष्टि से इन रचनाओं में परिवर्तन मिलता है। इनमें सज्जन और दुर्जन दोनों ही तरह के नायक ग्राह्य हैं। नायकों का अतिमानवी रूप विलीन हो गया है। धीरोदात्त की पूर्व-मान्यता खंडित हो चुकी है। मानवीय नायकों के गुण-दोषों की समान चर्चा है।

(3) रसानुभूति के क्षेत्र में परम्परानुमोदित रस-निष्पत्ति का बहिष्कार है। बौद्धिकता और विचारणा ने रस का स्थान ग्रहण कर लिया है। कवियों ने द्वन्द्वात्मक, संघर्षग्रस्त जीवन की अनुभूति अधिक संवेदना के साथ अभिव्यक्त की है।

(4) काव्य-शिल्प की दिशा में क्रांतिकारी परिवर्तन आया है। नयी टेकनीक, नयी भाषा, नये बिम्ब, प्रतीक, उपमान आदि से ये रचनायें परिपूर्ण हैं। पौराणिक वृत्तों, प्रसंगों और पात्रों का उपयोग समकालीन जीवन-सन्दर्भों से जोड़ कर नया रचनात्मकता के साथ मिलता है।

AB-1 प्रबन्ध कविता

AB-1(ii) - खण्ड प्रबन्ध कविता - खण्ड काव्य

खण्ड प्रबन्ध (अथवा खण्डकाव्य) 'प्रबन्ध कविता' का दूसरा वर्ग है। खण्ड, विशेषण का यह अर्थ नहीं है कि यह महाप्रबन्ध कविता (महाकाव्य) का एक खण्ड होता होगा और जीवन की विविध वृत्तियों का खण्डित या बिखरा हुआ रूप खण्ड प्रबन्ध कविता है। वास्तव में इस विधा में जीवन-खण्ड की किसी महत्त्वपूर्ण घटना की पूर्ण अनुभूति विन्यसित रहती हैं। यह महत्त्वपूर्ण घटना जीवन के उस सम्बन्धित पक्ष को उभारकर प्रकाशित कर देती है। उसका रचना-विन्यास ऐसा होता है कि एक ही मुख्य घटना अपनी विविधता के साथ रची गई होती है।

जैसा कि हमने प्रारम्भ में बताया, प्रबन्ध कविता के दो रूप हैं— महाप्रबन्ध कविता या महाकाव्य और खण्ड प्रबन्ध कविता या खण्डकाव्य । इन दोनों में एक सूत्रता (बन्ध) महत्त्वपूर्ण रचना-सूत्र है। दोनों में अन्तर यह है कि महाप्रबन्ध में नायक का समग्र जीवन अथवा जाति या युग विशेष के समग्र जीवन के विविध पक्षों का चित्रण, एक लम्बे कथानक के साथ किया जाता है। उसमें अवान्तर घटनाओं और वर्णनों का विस्तरपूर्वक आग्रहण रहता है। लेकिन खण्ड प्रबन्ध में जीवन के एक महत्त्वपूर्ण प्रसंग का ही पल्लवन रहता है। व्यापकता इसमें भी हो सकती है, किन्तु इतनी नहीं जितनी महाप्रबन्ध में रहती है। यहाँ गहराई पर बल रहता है। अवान्तर घटनाओं और वर्णनों का वैविध्य यहाँ कम रखा जाता है। यहाँ जाति या गुण व्यापक पटल पर अवस्थित नहीं रहता, एक नायक, एक चरित्र मुख्य होता है। यदि युग का चित्रण हो तो खण्ड प्रबन्ध में एक काल बिन्दु समेटा जाता है, महाप्रबन्ध में युग-विस्तार । तदनुरूप खण्ड प्रबन्ध के रचना-तत्त्व महाप्रबन्ध के रचना तत्वों से थोड़ा-सा अलग है, और रचना - प्रक्रिया उसी के समानान्तर हैं।

संक्षेप में दोनों का अन्तर निम्नवत् है—

(1) महाप्रबन्ध (महाकाव्य) का कथानक इतिहास प्रसिद्ध, पंरपरा- प्रसिद्ध या किसी महान् चरित्र , सज्जन पुरुष, राजा आदि से सम्बन्धित होता है, उसी के चरित्र का विकास इसका प्रतिपाद्य है, जबकि खण्ड प्रबन्ध के लिए यह आवश्यक नहीं । इसका कथानक ऐतिहासिक, पौराणिक, परम्पराश्रित, अथवा पूर्णतः काल्पनिक – कुछ भी हो सकता है।

(2) महा प्रबन्ध का नायक कोई देवता, धीरोदात्त गुण वाला सद् वँशोत्पन्न क्षत्रिय नृपति या सद् वँश के अनेक भूपति हुआ करते थे, बाद में इनसे उतर भी नायक हुए यह आधुनिक परिवर्तन है, किन्तु खण्ड प्रबन्ध कविता का नायक प्रारम्भ से ही किसी भी वर्ग का हो सकता है।

(3) महा प्रबन्ध में सभी रसों की योजना रहती हैं, खण्ड प्रबन्ध में चतुर्वर्ग में से किसी एक वर्ग के फल की प्राप्ति के कारण एक ही रस का पूर्ण परिपाक होता है।

(4) महा प्रबन्ध में जन जीवन की संपूर्ण अभिव्यक्ति होने के कारण प्रकृति का साँगोपांग चित्रण, लोक रीतियों का विस्तार पूर्वक वर्णन रहता है, जबकि खण्ड प्रबन्ध में इतना विस्तार संभव नहीं । प्रकृति के किसी अंश का वर्णन प्रसंगवश आ जाए तो और बात है।

(5) महाप्रबन्ध में एक सर्ग में ही छन्द की योजना का विधान है तथा सर्ग के अन्त में छन्द परिर्तन हो जाता है। सर्ग के अन्त में आगे की कथा की सूचना दी जाती है। कुछ रचनाओं में एक सर्ग में कई छन्द भी मिलते हैं । इसके विपरीत सम्पूर्ण खण्ड प्रबन्ध की रचना प्रायः एक ही छन्द में की जाती है। यदि सर्गों की योजना की गई हो तो, सर्ग के अन्त में छन्द परिवर्तन प्रायः नहीं किया जाता और न सर्ग के अन्त में आगे की कथा का संकेत दिया जाता ।

(6) महाप्रबन्ध का कथानक अनिवार्यतः सर्गबद्ध रहता है, खण्ड प्रबन्ध में ऐसी अनिवार्यता नहीं है। न सर्गों की संख्या का कोई नियम।

(7) महाप्रबन्ध के द्वारा कवि कोई महत् सन्देश प्रस्तुत करता है, जो सुदीर्घ काल तक स्मरण किया जाता है। खण्ड प्रबन्ध में कोई सामयिक अथवा शाश्वत उपदेश निहित रहता है, जिसका लक्ष्य समूची जाति न होकर केवल व्यक्ति होता है।

खण्डकाव्य, प्रबन्ध कविता का ही दूसरा प्रकार है। इसमें प्रबन्ध काव्य होने के कारण महाकाव्य की तरह कथा चलती है। एक छन्द का दूसरे छन्द के साथ पूर्वापर सम्बन्ध होता है। कथा का सर्गों में विभाजन रहता है। इसके भी प्रायः वही प्रमुख तत्त्व होते हैं, जो महाकाव्य के होते हैं । परन्तु महाकाव्य से खण्डकाव्य कई दृष्टियों से भिन्न होता है। साहित्यदर्पण, में आचार्य विश्वनाथ ने खण्डकाव्य का लक्षण बताते हुए लिखा है–

खण्डकाव्यं भवेत्काव्यस्यैकदेशानुसारि च।

अर्थात् - काव्य या देश के एक अंश का अनुसरण करने वाला खण्डकाव्य होता है।

इसका तात्पर्य यहं है कि खण्डकाव्य में किसी एक प्रधान घटना का वर्णन होता है, उसमें जीवन के किसी एक पक्ष को लेकर कथा चलती है। इस तरह महाकाव्य की अपेक्षा उसका क्षेत्र सीमित होता है। उसमें जीवन की वह अनेकरूपता और विविधता नहीं रहती जो कि महाकाव्य में होती है। उसमें तो कहानी और एकांकी की तरह एक ही प्रधान घटना के लिए सामग्री जुटाई जाती है।

अंग्रेजी में खण्डकाव्य के लिए कोई विशेष नाम नहीं हैं। यह प्रकथनात्मक काव्य (Narrative Poerty) के अन्तर्गत आता है। महाकाव्य के छोटे-छोटे कथानक को एपीसोड (Episode) कहते हैं। जैसे आजकल दूरदर्शन से दिखाये जाने वाले धारावाहिकों में कई 'एपीसोड' होते हैं, उसी तरह।

खण्डकाव्य के स्वरूप पर संस्कृत और हिन्दी के आचार्यों ने अधिक विचार किया है, पाश्चात्य

विद्वानों ने बहुत कम । अतः हम संस्कृत और हिन्दी के विद्वानों द्वारा खण्डकाव्य के स्वरूप पर किये गए विचार और उनके द्वारा निर्धारित किये गए तत्त्वों पर एक दृष्टि डालेंगे।

संस्कृत-आचार्यों-द्वारा खण्डकाव्य के स्वरूप पर विचार

संस्कृत के आचार्यों ने जितना विस्तृत विवेचन महाकाव्य का किया है, उतना खण्डकाव्य का नहीं। इसलिए संस्कृत काव्यशास्त्र के ग्रंथों में खण्डकाव्य की कोई विस्तृत व्याख्या नहीं मिलती। केवल दो आचार्यों ने इसकी चर्चा की हैं।

संस्कृत में रुद्रट ही ऐसे पहले आचार्य हैं जिन्होंने – प्रबन्ध काव्य को महत् और लघु – दो प्रकारों में विभक्त किया है और उन दोनों के अन्तर को स्पष्ट करना चाहा है। रुद्रट के अनुसार –

"तंत्र महान्तो येषु च वितस्तेध्वभिधियते चतुर्वर्गः सर्वे रसाः क्रियन्ते काव्यस्थानानि सर्वाणि । ते लघवों विज्ञेया पेष्ठन्तमों भवेच्चतुर्वर्गात् असमग्रानेकं रसा ये च समग्रैकरसयुक्ताः ।"

इसमें चतुर्वर्ग फल (धर्म-अर्थ-काम-मोक्ष) में से किसी एक फल के अपनाये जाने और अनेक रस के असमग्र रूप में पाये जाने अर्थात् किसी एक ही रस के समग्र रूप से सम्पन्न होने में ही खण्डकाव्य के आतंरिक गठन का रहस्य छिपा है।

रुद्रट के इस कथन से स्पष्ट है कि महाकाव्य में एक ओर तो एक से अधिक फलों की और दूसरी ओर एक से अधिक रसों की भी व्यवस्था हो सकती है, किन्तु लघुकाव्य यानि खण्डकाव्य में ऐसी कोई गुंजाइश नहीं होती । खण्डकाव्य में तो एक ही फल और एक ही रस को देखा जाता है।

कहना न होगा कि रुद्रट-द्वारा खण्डकाव्य पर किया गया विचार अपर्याप्त है। उन्होंनें महाकाव्य के प्रसंग में खण्डकाव्य पर विचार करते हुए केवल फल प्राप्ति और रस की चर्चा की है। अन्य किसी लक्षण की चर्चा नहीं की।

खण्डकाव्य के स्वरूप और रचनातत्त्वों पर विचार करने वाले संस्कृत के दूसरे विचारक *विश्वनाथ* हैं। उन्होंने भी महाकाव्य के साथ खण्डकाव्य की चर्चा की है। जैसा हमने आरम्भ में उल्लेख किया है; उनके अनुसार–

'खण्डकाव्यं भवेत्काव्यस्यैक देशानुसारि च।'

अर्थात्, काव्य या देश के एक खण्ड या अंश का अनुसरण करने वाली रचना खण्डकाव्य कहलाती है।

विश्वनाथ के इस कथन में अस्पष्टता दिखाई देती है। एक देशीयता से उनका क्या तात्पर्य है, यह स्पष्ट नहीं। अपने-अपने अनुसार इसकी व्याख्या विद्वान् कर सकते हैं । जैसे– गोबिन्द त्रिगुणायत ने अपनी पुस्तक 'शास्त्रीय समीक्षा के सिद्धान्त' (भाग- 2) में लिखा है कि हमारी समझ में एकदेशीयता से लेखक ने कई बातें व्यंजित की हैं–

(1) उसमें जीवन के किसी एक पक्ष का चित्रण किया जाता है,

(2) उसमें महाकाव्य के लक्षण संकुचित रूप में स्वीकार किये जाते हैं,

(3) रूप और आकार में खण्डकाव्य महाकाव्य से छोटा होता है,

(4) कुछ अन्य विशेषतायें– प्रभावान्विति, वर्णन-प्रवाह आदि ।

यह त्रिगुणायत जी की अपनी व्याख्या है, जिसका उन्होंनें विशद विवेचन किया है।

हिन्दी के विद्वानों द्वारा खण्डकाव्य का स्वरूप-निर्धारण

हिन्दी के विचारकों में सबसे अधिक विस्तार तथा स्पष्टता के साथ आचार्य *विश्वनाथ प्रसाद मिश्र* ने खण्डकाव्य के रचना-स्वरूप पर विचार किया है। खण्डकाव्य की परिभाषा देते हुए उन्होंने कहा है कि "महाकाव्य के ही ढंग पर जिस काव्य की रचना होती है, पर जिसमें पूर्ण जीवन न ग्रहण करके खण्डजीवन ही ग्रहण किया जाता है, उसे खण्डकाव्य कहते हैं। यह खण्ड जीवन इस प्रकार व्यक्त किया जाता है, जिससे वह प्रस्तुत रचना के रूप में स्वतःपूर्ण होता है।" (वाड्मय विमर्श, पृष्ठ - 39)

डा० ब्रजेश्वर वर्मा ने भी खण्डकाव्य के स्वरूप पर बारीकी से विचार किया है। उन्होंने खण्डकाव्य में निम्नांकित विशेषताएं बताई हैं –

(1) खण्डकाव्य में कथा की एकात्मक अन्विति अनिवार्य है – इसके लिए एक ओर तो खण्डकाव्य की कथा में एकदेशीयता का अर्थात् नितान्त प्रासंगिक उपकथाओं का होना और दूसरी ओर उसमें आरम्भ, विकास और चरमावस्था की व्यवस्था आवश्यक है।

(2) खण्डकाव्य का कोई एक निश्चित उद्देश्य होना चाहिए और उसकी परिणति तीव्रगामी होनी चाहिए।

(3) जीवन और कथा की सीमितता के कारण खण्डकाव्य के उद्देश्य में महाकाव्य की सीं महनीयता का समावेश संभव नहीं है और साथ ही उसके आकार का संक्षिप्त हो जाना स्वाभाविक है।

(4) खण्डकाव्य का उद्देश्य चाहे कोई चरित्र, घटना, प्रसंग, परिस्थिति विशेष या कोई सामयिक दर्शन हों, कवि के व्यक्तित्व का उसके साथ अधिकाधिक तादात्म्य स्थापित हो जाना भी स्वाभाविक है। खण्डकाव्य में लेखक की दृष्टि उतनी व्यक्ति-निरपेक्ष या वंस्तुपरक नहीं रह पाती जितनी वह महाकाव्य में होती है। इस दृष्टि से खण्डकाव्य गीतिकाव्य के निकट आ जाता है।

(5) खण्डकाव्य की 'वस्तु' भावात्मक अधिक होती है, इसलिए उसमें गीतिकाव्य-जैसी भाव-प्रवणता, अनुभूति की तीव्रता और तात्कालिक प्रभाव उत्पन्न करने की क्षमता गीतों जैसी होती है।

(6) वस्तु, के भावात्मक होने के कारण खण्डकाव्य में कथा या वस्तु-बन्ध के स्थान पर भाव-बन्ध पर बल दिया जाता है।

निष्कर्ष

संस्कृत और हिन्दी के विद्वानों के विचारों को दृष्टिपथ में रख कर समन्वयात्मक दृष्टि से विचार करें तो हम कह सकते हैं कि *'खण्ड प्रबन्ध कविता या खण्डकाव्य ऐसी प्रबन्ध कविता है, जिसमें जीवन*

की विविधता, विस्तार और कथा की विशालता के स्थान पर उसके किसी एक खण्ड का बंधा हुआ, मार्मिक और सोद्देश्य चित्रण होता है।'

अपने इस निष्कर्ष के आधार पर हम खण्डकाव्य के रचनातत्त्वों को निर्धारित कर सकते हैं। खण्डकाव्य की सफलता जिन तत्वों पर निर्भर करती है वे हैं–संक्षिप्त आकार, जीवन-खण्ड को ही लक्ष्य करना, इसलिए संक्षिप्त कथानक, कथा-संगठन में अधिक से अधिक प्रभावान्विति, चरित्र के भावाभिव्यंजन पक्ष पर बल, उद्देश्य में भले ही महाकाव्य -जैसी महनीयता न हो, किन्तु जीवन के किसी न किसी सत्य को उद्घाटित करने की क्षमता, वस्तु की अपेक्षा भाव-बन्ध पर बल आदि । यही वे तत्व हैं जो इस विधा को उसका वास्तविक स्वरूप प्रदान करते हैं।

वास्तव में उपन्यास की तुलना में जो स्थान कहानी का और नाटक की तुलना में जो स्थान एकाँकी का है , ये तत्त्व महाकाव्य की तुलना में खण्डकाव्य को उसी स्थान का अधिकारी बना देते हैं।

इस परिप्रेक्ष्य में *डा० शिवप्रसाद गोयल* ने अपनी पुस्तक 'हिन्दी के खण्डकाव्य' (1987) में खण्ड प्रबन्ध (खण्डकाव्य) के स्वरूप-वैशिष्ट्य पर सर्वांगीण विचार किया है। वे खण्डकाव्य का स्वरूप इन शब्दों में प्रस्तुत करते हैं–

खण्डकाव्य ऐसी प्रबन्धात्मक रचना है जिसमें नायक के जीवन की किसी प्रमुख घटना का, जो स्वतःपूर्ण हो, स्पष्ट कथासूत्र लेकर महाकाव्य की सुसम्बद्ध शैली में अवान्तर कथा-रहित विस्तृत चारुचित्र प्रस्तुत किया गया हो, जिससे नायक के जीवन की वर्णित घटना से सम्बन्धित पक्ष की एक झलक मिल जाए। उसकी वस्तु और पात्र प्रख्यात या काल्पनिक होते हैं। खण्डकाव्य की रचना एक या अनेक छन्दों में छन्दोबद्ध, गीतात्मक, मुक्तछन्दीय अथवा नाटकीय किसी एक प्रणाली में होती है। सर्गबद्धता उसका अनिवार्य नियम नहीं। (पृष्ठ 44)

खण्डप्रबन्ध कवित के सात मूल तत्त्व हैं। (1) कथानक (2)पात्र या चरित्र (3) संवाद (4) रस या भावव्यजंना, (5) देशकाल (6) उद्देश्य तथा (7) शैली ।

खण्ड प्रबन्ध कविता का वर्गीकरण

खण्ड प्रबन्ध कविता के अनेक आधारों पर कई वर्ग हो सकते हैं लेकिन रचना-विधान की दृष्टि से इसके दो वर्ग मिलते हैं (1) एकार्थ खण्डकाव्य (एकार्थ या एक संघात खण्ड प्रबन्ध), जिसमें एक प्रकार के छंद में ही एक घटना या दृश्य का वर्णन किया जा सकता है, (2) अनेकार्थ खण्डकाव्य (अनेकार्थ खण्डप्रबन्ध) जिसमें अनेक प्रकार के छन्दों में विविध भावों के साथ जीवन के एक अंश का चित्रण होता है।

साहित्य शास्त्र में खण्ड प्रबन्ध पर अधिक चर्चा नहीं मिलती । संस्कृत में सर्वप्रथम रुद्रट के मन में इसका काल्पनिक रूप मिलता है जब वे प्रबन्धकाव्य के 'महत' और 'लघु' दो रूप निश्चित करते हैं।

लघुकाव्य का स्वरूप बताते हुए वे कहते हैं कि इसमें चतुर्वर्ग-फल में से कोई एक रस समग्र रूप में अथवा अनेक रस असमग्र रूप में होते हैं (काव्यालंकार, 16/6)।

आचार्य विश्वनाथ ने रुद्रट द्वारा किए गए इस वर्गीकरण को न मान कर प्रबन्धकाव्य के तीन भेद किए – महाकाव्य, काव्य और खण्डकाव्य। लेकिन उन्होंने खण्डकाव्य का स्वतन्त्र लक्षण निर्देश नहीं किया।

आचार्य विश्वनाथ के पश्चात किसी आचार्य ने इस विधा का विवेचन नहीं किया। हिन्दी में आचार्य विश्वनाथ प्रसाद मिश्र ने इस दिशा में अवश्य उल्लेखनीय कार्य किया। उन्होंने विस्तार पूर्वक खण्डकाव्य की व्याख्या की और उसका स्वरूप निर्धारित किया।

बाद के अधिकांश हिन्दी आलोचकों ने मिश्र जी के अनुरूप ही खण्डकाव्य की व्याख्या की है।

हिन्दी की खण्ड प्रबन्ध कविता : एक दृष्टि

हिन्दी के उपलब्ध आदिकालीन काव्य के आधार पर जैन धार्मिक 'फागु' काव्यों को (जो अपभ्रंश में रचित हैं) प्रारंभिक हिन्दी की खण्ड प्रबन्ध कविता कह सकते हैं , अथवा प्राचीन हिन्दी की कुछ 'रासो' रचनायें, जो महाप्रबन्ध की श्रेणी में नहीं आती, इस विधा की आरंभिक रचनायें हैं। इनमें अब्दुल रहमान का 'सन्देश रासक', नृपति नाल्ह का बीसलदेव रासो, जिन पदम सूरि का थूलिभद्द फागु, आदि के नाम गिनाये जा सकते हैं। इनमें कलात्मकता का अभाव है, फिर भी 'सन्देश रासक' को विशेष रूप से खण्ड प्रबन्ध कविता की पहली रचना कहा जा सकता है।

इन आरंभिक रचनाओं में धर्म-भावना का प्राधान्य है और वे श्रृगांर की ओर उन्मुख हैं । इनका रचाव शिथिल है, क्यों कि मुख्य घटना के साथ-साथ अन्य घटनाओं का बाहुल्य और असम्बद्ध वर्णनों की भरमार है। ये खण्ड प्रबन्ध कवितायें इतिहास प्रसिद्ध या लोक प्रसिद्ध धार्मिक महापुरुषों के जीवन के किसी एक पक्ष की घटना विशेष को लेकर रची गई है। प्रेरक चरित्र के रूप में यह चित्रण किया गया है। वास्तव में ये, राग-रागिनियों में लिखे गए संवर्धित ,जैन धर्ममूलक, लोकवार्त्ता पर आधारित, गीतात्मक और सर्गबद्ध खण्ड प्रबन्धों के प्रारंभिक प्रयोग हैं। इनके मूल में लोक कल्याण की भावमयी पृष्ठभूमि है, और लोकरक्षा का भाव प्रबल है।

यह आश्चर्य जनक तथ्य है कि उस युग में 'पृथ्वीराज रासउ' जैसा वीरतामूलक महाप्रबन्ध रच गया हो, उसमें कोई ऐसी खण्ड प्रबन्ध कविता-रचना नहीं मिलती जो वीर रस प्रधान हो ।

भक्तिकाल में निर्गुण कवियों ने न तो महाप्रबन्ध कविता की रचना की और न खण्ड प्रबन्धों की। प्रेमाख्यानों के रचयिता सूफ़ी कवियों में कुतुबन की मृगावती, मंझन की मधुमालती, उसमान की चित्रावली, नूर मुहम्मद की इन्द्रावती आदि रचनाओं को खण्ड प्रबन्ध कविता की श्रेणी में रखा जा सकता है। लोक प्रचलित कथाओं के माध्यम से लोकानुरंजन इन रचनाओं का इष्ट है। किन्तु वास्तव में इन रचनाओं में

खण्ड कविता के सभी तत्त्व नहीं मिलते। इनसे सफल रचनायें तो 'ढोला मारू रा दूहा' (अज्ञात कवि) और 'ढोला माखणी चउपई' (हरराज) आदि हैं।

सगुण भक्तिधारा के कुछ कवियों ने अवश्य सफल खण्ड प्रबन्ध प्रदान किए हैं । इनमें नरोत्तम का 'सुदामा चरित', नन्द दास का 'भंवरगीत', और 'रुक्मिणी मंगल', गोस्वामी तुलसीदास कृत 'पार्वती मंगल' और 'जानकी मंगल', उल्लेखनीय खण्ड प्रबन्ध कृतियाँ हैं । इनमें भक्तितत्त्व प्रधान होते हुए भी लोक संस्कृति का अच्छा अंकन है और काव्य कला के प्रति सजगता दिखाई देती है।

रीतिकाल में धर्म मूलक और वीरता मूलक खण्ड प्रबन्ध कविता-रचनायें मिलती हैं। धर्ममूलक रचनाओं में ब्रजभाषा की मंडन कविकृत 'जानकी जू को ब्याह' महाराज प्रियदास कृत 'सीता मंगल' तथा नवल सिहं कायस्थ कृत 'सीता स्वयंवर'– रचनायें और अवधी भाषा में मनू कवि द्वारा रचित 'सीता राम विवाह' ऐसी खण्ड प्रबन्ध कवितायें हैं जो राम भक्ति सम्बन्धी हैं । इस युग की कृष्ण भक्ति सम्बन्धी खण्ड प्रबन्ध रचनाओं में कोई विशेष उल्लेखनीय कृति नहीं है। वीरता मूलक खण्ड प्रबन्ध रचनाओं में 'हिम्मत बहादुर बिरदावली' (पद्‌माकर) उल्लेखनीय हैं। ये सभी रचनायें बहुत सफल खण्ड प्रबन्ध नहीं हैं। यानि, महाप्रबन्ध कविता की तरह खण्ड प्रबन्ध कविता के क्षेत्र में भी इस युग की कोई उल्लेखनीय उपलब्धि नहीं हैं।

आधुनिक काल में खण्ड प्रबन्धों की रचना पर्याप्त हुई है। भारतेन्दुकाल में पुरानी और नयी दोनों धाराओं की खण्ड प्रबन्ध कवितायें मिलती हैं। रत्नाकर की दो कृतियाँ 'हरिश्चन्द्र' और 'उद्धवशतक' (जो छायावादी युग में रची गई) इस युग की पुरानी धारा की सर्वोत्तम खण्ड प्रबन्ध कृतियां हैं। डा० *लक्ष्मीसागर वार्ष्णेय* ने इस युग की पुरानी धारा को उस विधा की समृद्ध करने के लिए ठकुर महेश्वर बख्शसिहं, श्यामविहारी मिश्र 'शिरमौर', और ईश्वर द्विज को आदर के साथ स्मरण किया है। नयी धारा की खण्ड प्रबन्ध कविता–रचनाओं में सर्वश्रेष्ठ रचना है पं० श्रीधर पाठक की 'एकांतवासी योगी'। इस युग में 'मेघदूत' के कई अनुवाद भी मिलते हैं।

द्विवेदी युग में पौराणिक, ऐतिहासिक, और काल्पनिक आख्यानों वाले अनेक मौलिक खण्ड प्रबन्ध लिखे गए। इस युग की कुछ उल्लेखनिय कृतियां इस प्रकार हैं– 'पवनदूत' (रामचरित उपाध्याय), 'सतीसावित्री' (गिरधर शर्मा 'नवरत्न'), 'रंग में भंग', 'जयद्रथ वध', (दोनों के रचयिता मैथिलीशरण गुप्त), 'मौर्य्य-विजय' (सियारामशरण गुप्त), 'मिलन' (रामनरेश त्रिपाठी), आदि । इस काल खण्ड में संस्कृत तथा अन्य भाषाओं की कुछ कृतियों के अनुवाद भी खण्ड प्रबन्ध के रूप में किए गए।

छायावाद-काल में दो प्रारम्भिक खण्ड प्रबन्ध रचनायें सर्वाधिक उल्लेखनीय हैं–रत्नाकर की 'उद्धव शतक' और सुमित्रानन्दन पन्त की 'ग्रन्थि'। 'उद्धवशतक' ब्रज भाषा की रचना है, तो 'ग्रन्थि' खड़ी बोली की। दोनों चित्रात्मकता, ध्वनि और चमत्कारपूर्ण विशेषणों से युक्त भाषा में नयी भावाभिव्यजंना के प्रतिमान प्रस्तुत करती हैं। इस काल खण्ड में सर्वाधिक खण्ड प्रबन्ध रचे गए। यह अलग बात है कि उनके

रचयिता द्विवेदी-स्कूल के कवि थे। ऐसे कवियों में मैथिलीशरण गुप्त ने सर्वाधिक खण्ड प्रबन्धों की रचना की है और एक तरह से वे इस विधा के सम्राट् हैं। 'पंचवटी', 'अनघ', 'शक्ति', 'सैरन्ध्री', 'वनवैभव', 'बकसंहार', उनके खण्ड प्रबन्ध हैं। 'पथिक' रामनरेश त्रिपाठी की इस विधा की रचना है, जो इस युग में ही लिखी गई। 'आत्मोत्सर्ग', सियारामशरण गुप्त की रचना है। इन कवियों के अतिरिक्त महाकवि निराला की कविता 'तुलसीदास', इस विधा का अमूल्य रत्न है। अन्य उल्लेखनीय खण्ड प्रबन्ध कविताओं में हम अनूप शर्मा की 'सुनाल', गोकुल चंद्र शर्मा के 'प्रणवीर प्रताप' का उल्लेख अवश्य करना चाहेंगे।

छायावादोत्तर काल में भी श्रेष्ठ खण्ड प्रबन्धों की रचना हुई है। परम्परागत खण्ड प्रबन्धों में इस युग में 'नहुष' (मैथिलीशरण गुप्त, सन् 1941), 'प्राणार्पण' (बालकृष्ण शर्मा 'नवीन' 1941), 'कुणाल' (सोहनलाल द्विवेदी 1941), 'कर्बला' (मैथिलीशरण गुप्त 1942), 'कुरुक्षेत्र' (रामधारी सिहं दिनकर, 1946), 'हिडिम्बा' (मैथिलीशरण गुप्त 1950), 'भोजराज' (डा० रामशंकर शुक्ल 'रसाल' 1950), 'जय हनुंमान' (श्यामनरायण पाण्डेय 1951), कौन्तेय कथा (उदयशंकर भट्ट 1953) के अतिरिक्त इन रचनाओं की भी गणना की जायेगी– 'रश्मिरथी' (दिनकर), 'तुमुल' (श्यामनारायण पाण्डेय), 'अग्निपथ' (अनूप शर्मा), 'सोहराब' (सुरेन्द्र दत्त बहुगुणा), 'सिहंगढ़–विजय' (ब्रजेन्द्र अवस्थी), 'ध्रुवचरित' (राम प्रसाद मिश्र), 'कर्ण' (केदारनाथ मिश्र 'प्रभात') 'द्रौपदी', ओर 'सुवर्ण' (नरेन्द्र शर्मा), 'भूमिजा' (रघुबीर शरण मिश्र), 'दिग्विजय' (पद्म सिहं शर्मा 'कमलेश'), 'भरत' (राजेन्द्र शर्मा) आदि ।

नई कविता –धारा के अनेकानेक खण्ड प्रबन्ध मिलते हैं । ये सभी आधुनिक चेतना से सम्पन्न हैं। इनमें प्रबन्ध– चेतना पूर्ववर्त्ती रचनाओं से नितान्त भिन्न है। ऐसी रचनाओं में 'कनुप्रिया' (धर्मवीर भारती), 'संशय की एक रात' (नरेश मेहता), 'आत्मजयी' (कुंवर नारायण), 'एक कंठ विषपायी' (दुष्यन्त कुमार) आदि विशेष रूप से उल्लेखनीय हैं। इनके अतिरिक्त 'महा प्रस्थान' (नरेश मेहता), 'प्रवाद पर्व' (नरेश मेहत्ता), 'आत्मदान' (बलदेव वंशी), 'सूर्यपुत्र' (जगदीश चतुर्वेदी), 'एक पुरुष और' (विनय), 'गोपागौतम' (जगदीश गुप्त) को उद्धृत किया जाना भी आवश्यक है। इन रचनाओं में आध्यात्मिकता से पृथक् भौतिक मानववाद, वैचारिकता, बौद्धिकता, जीवन के सहजानुभव, वैज्ञानिक ऊहापोह, नई सौन्दर्य अभिरुचि तथा नये शिल्प सौन्दर्य की प्रतिष्ठा मिलती हैं। पात्र ऐतिहासिक–पौराणिक होते हुए भी प्रतीकात्मक हैं, जो सामयिक युग के किसी वर्ग या समुदाय का प्रतिनिधित्व करते हैं । इनका उद्देश्य द्वन्द्व को उभारना और संघर्ष की प्रेरणा देना है।

AB-2

मुक्त कविता

जिन रचनाओं में 'बन्ध' का अभाव होता है, अर्थात् किसी कथा तत्त्व का व्यापक विन्यास नहीं रहता, वे मुक्त कविता श्रेणी में आती हैं। ऐसी रचनाओं में हिन्दी कविता की मुक्तक-विधा से लेकर ग़ज़ल तक को समेटना चाहिए। यों काव्य के वर्गीकरण के प्रसंग में यह पूरा वर्ग निर्बन्ध, अनिबद्ध या मुक्तककाव्य माना गया है। वहाँ मुक्तक के लिए कहा गया है–

मुक्तकः श्लोकएवैकश्चमत्कारक्षमः सताम् ॥ (अग्निपुराण, अध्याय-337)

अर्थात्– एक छन्द में पूर्ण अर्थ और चमत्कार प्रकट करने वाला अनिबद्ध काव्य मुक्तक कहलाता है।

AB-2(i) मुक्तक

वस्तुतः मुक्तक काव्य ऐसे पद्यों का समूह माना गया है जो पूर्वापर सम्बन्ध से मुक्त होते हैं। उसके छन्द एक दूसरे से निरपेक्ष होते हैं। 'छन्द में लिखा गया काव्य पद्य है और यदि वह मुक्त यानी परस्पर निरपेक्ष हो तो उसे मुक्तक कहेंगे', यह धारणा 'साहित्यदर्पण' में व्यक्त की गई है (छन्दो बद्ध पदं पद्यं तेन मुक्तेन मुक्तकम्), अर्थात् जो अन्य पद्यों के सम्बन्ध से मुक्त हो वह मुक्तक कहलाता है। कुछ मुक्तक कवितायें ऐसी भी होती हैं जिनमें हल्का-सा कथा सूत्र भी रहता है, किन्तु उनमें प्रत्येक पद या छन्द स्वतः पूर्ण और मुक्त है। यथा– सूरदास का सूरसागर, और तुलसीदास की गीतावली, इस तरह की रचनायें हैं।

ध्यातव्य है कि परस्पर असम्बद्ध छन्दों का कोई संग्रह तब तक मुक्तक काव्य नहीं माना जा सकता, जब तक कि उसमें 'रस' की अवस्थिति न हो। जैसा कि अभिनवगुप्त ने कहा है– 'पूर्वापर निरपेक्षेणापि हि येन रस चर्वणा क्रियते तदेव मुक्तकम्' अर्थात पूर्वापर निरपेक्ष होते हुए भी जिसके द्वारा रस चर्वणा करायी जाती हो, तभी वह मुक्तक कहलायेगा।

पाश्चात्य जगत् में यह 'विषयी प्रधान' विधा है, जो स्वानुभूति निरूपक हैं अर्थात् इस में कवि अपनी सुख-दुख, हर्ष-विषदानुभूति की ही अभिव्यक्ति करता है।

मुक्तक काव्य के प्रधानतः दो भेद माने गए हैं– पाठ्य और गेय।

हिन्दी में मुक्तक रचनाओं की अपार संपदा हैं। विद्यापत पदावली, कबीर के दोहे और पद, रहीम के दोहे, वृन्द की रचनायें ज्ञानपरक हैं, तो बिहारी की सतसई नीति, ज्ञान, भक्ति और श्रृंगार की सागरमयी गागर। 'सूरसागर' और 'गीतावली' का महत्त्व स्वयं सिद्ध है। 'विनयपत्रिका' सर्वश्रेष्ठ मुक्तक कविता है। ये संगीतमयी रचनायें हैं।

आज इन मुक्त कविताओं में नयी विधायें बन चुकी हैं । मुक्तक अब स्वयं अपने स्थान पर एक

विधा के रूप में ठहर चुके हैं और गीत-नवगीत, ग़ज़ल जैसी गेय रचनायें स्वतन्त्र विधा का रूप ले चुकी हैं। इनसे अलग स्वतंत्र रूप से मुक्त कविता में नई कविता और सकालीन कविता रचनाओं को पहचाना जा सकता है। अतः उचित रहेगा कि हम इन विधाओं की चर्चा स्वतंत्र शीर्षकों से करें।

इस क्रम में सबसे पहले गीत, नवगीत और जनगीत को लेंगे, फिर ग़ज़ल को, क्योंकि ये मूलतः गेय चरित्र वाली हैं और संगीत से इनका आधार-सम्बन्ध है। तदुपरान्त पाठ्य चरित्र वाली विधा नव मुक्त छन्द कविता (नई कविता और समकालीन रचनायें) शीर्षक में देखी जायेगी।

B-2(ii) गीत, नवगीत और जनगीत

कविता जीवन का शब्द-रूप है। कवि देश काल से घिरे जीवन और जीवनानुभवों को शब्दबद्ध करता है। गीत इसी शब्द-रूप का एक पक्ष है। कविता वर्ग के अन्तर्गत 'प्रबन्ध' और 'मुक्तक' दो भेद मिलते हैं। मुक्तक काव्य अपने आप में पूर्ण अर्थ व्यक्त करने वाला तथा चमत्कारी माना गया है (मुक्तको श्लोकः एवैवश्चमत्कारक्षमः सतम् – अग्नि पुराण)। हिन्दी में *बाबू गुलाबराय* ने मुक्तक काव्य को दो वर्गों में रखनें का आग्रह किया– पाठ्य और गेय। इस दृष्टि से गीत, मुक्तक काव्य में गेय वर्ग में आता हैं।

लेकिन गीत की यह स्थिति सर्वांशतः उचित नहीं हैं। मुक्तक और गीत में अन्तर है। संक्षेप में यह कि, मुक्तक में वस्तुनिष्ठता होती है, गीत में भावनिष्ठता। मुक्तक में कवि का व्यक्तित्व गौण तथा गीत में प्रत्यक्ष होता है। मुक्तक में प्रायः विशेष चित्रखण्ड अथवा सामान्य वातावरण का चित्रण रहता है, गीत में मानव की सुख-दुःखात्मक अनुभूति का। गीत में मुक्तक की अपेक्षा अन्विति अधिक रहती है, क्योंकि इसमें आरंभ से अन्त तक एक ही भाव प्रमुख रहता हैं।

कुछ लोगों ने गीत को अंग्रेजी के 'लिरिक' का पर्याय माना। 'लिरिक' के लिए वास्तव में 'प्रगीत' शब्द का व्यवहार होता है। किन्तु गीत और प्रगीत में पर्याप्त अन्तर हैं। अंग्रेजी में 'सौंग' और 'लिरिक' में जो अन्तर है, लगभग वही अन्तर गीत और प्रगीत में है। मुख्य रूप से यह कि गीत में शास्त्रीय संगीत का आधार रहता है, प्रगीत में लयात्मकता का आग्रह। प्रगीत में सांगीतिक आधार शब्दों की योजना पर निर्भर है, गीत में आन्तरिक संगीत के साथ-साथ शास्त्रीय प्रणाली पर राग-रागिनियों का संयोजन होता है। प्रगीत मुक्तक का एक भेद है। गीत प्रगीतात्मक हो सकता है, पर सभी प्रगीत गीत नहीं हैं। गीत गेय होता है, जबकि प्रगीत के लिए यह गुण अनिवार्य नहीं।

इस तरह गीत, 'प्रगीत' और 'मुक्तक' से भिन्न एक स्वतंत्र अस्तित्व वाली विधा है। गीत और गीतिकाव्य दोनों एक-दूसरे के पूरक है। हमारे विचार से गीत गीतिकाव्य की भावधारा के बिन्दु का नाम है। अतः गीति, और गीत में कोई मौलिक भेद नहीं माना जाना चाहिए। यह कविता ही नहीं वरन् साहित्य का आदि रूप है।

जब हम गीत के स्वरूप को पहचानने की ओर अग्रसर होते हैं, तो हमारे सामने आधुनिक युग

की मीरा *महादेवी वर्मा* का यह सुपरिचित कथन स्वतः आ जाता है – 'सुख-दुःख की भावावेशमयी अवस्था विशेष का, गिने-चुने शब्दों में स्वर-साधना के उपयुक्त चित्रण कर देना ही गीत है'। गीत आत्माभिव्यंजन-प्रधान काव्य है, किन्तु उसमें साधारणीकरण अर्थात् श्रोता के उल्लास-विषाद से गायक का सच्चा तादात्म्य आवश्यक है ।

विभिन्न विद्वानों द्वारा दी गई परिभाषाओं के व्यूह में न पड़ कर हम गीत अथवा गीतिकाव्य की कुछ सामान्य विशेषताओं को देखकर ही आगे बढ़ लें, तो कोई हर्ज नहीं । सामान्यतः गीत के प्रमुख लक्षण ये हैं–

(1) वैयक्तिकता अर्थात् वैयक्तिक भावनाओं की प्रधानता,

(2) संगीतात्मकता (यह शब्द, अर्थ और विचार तीनों की हो सकती है),

(3) भावों की तीव्रता और एकाग्रता,

(4) संक्षिप्तता,

(5) एक ही केन्द्रीय भाव,

(6) रागात्मक तत्त्वों की अन्विति,

(7) चित्रात्मकता (वर्णन के स्थान पर चित्रण) ।

छायावादी कवियों की गीति रचनाओं नें इस विधा पर गंभीरता से सोचने का निमंत्रण दिया। उन्होंने स्वयं भी इस ओर पहल करते हुए गीति का स्वरूप-निर्धारण करने के साथ ही गीतिकाव्य के प्रेरक तत्त्वों और आवश्यक उपादानों की ओर संकेत किया है। गीतिकाव्य के प्रेरक तत्त्वों के रूप में हम निम्नांकित घटकों को देख सकते हैं –

व्यक्तिवाद का आग्रह, सांगीतिक आधार, चित्रात्मकता, सौन्दर्य का विविधतापूर्ण अंकन, रागात्मक तत्त्वों का प्राधान्य, चिन्तन और कल्पना, संक्षिप्तता, सूक्ष्म और लोकोत्तर जीवन की अभिव्यक्ति, मौलिक उद्भावना आदि ।

'नवगीत', नयी कविता के समरूप, गीत की बदली परिस्थिति और प्रवृत्तियों के लिए दिया गया नाम है। यह परिवर्तन सन् 1950 के आसपास दृष्टिगत होता हैं। गीत, की बंधी हुई विषय वस्तु और शिल्प को तोड़ कर वैयक्तिकता को सामाजिक विस्तार दे कर, विकसित हुई आधुनिक संवेदनाओं से लैस गीतात्मक रचनाओं को हम 'नवगीत' कह सकते हैं । इस पर विस्तार से चर्चा आगे यथास्थान की जायेगी।

हिन्दी–गीत : उद्भव और विकास

काव्येतिहास में यह निर्दिष्ट कर पाना कि कोई काव्य-विधा किस निश्चित बिन्दु से आरम्भ हुई, बहुत मुश्किल है । हाँ, प्राप्त रचनाओं में विधा विशेष की प्रवृत्तियों, लक्षणों के आधार पर उसके आरम्भ का अनुमान अवश्य किया जा सकता है। इस विचार से हिन्दी गीत अथवा गीतिकाव्य का आरम्भ साफ

तौर पर कतिपय आदिकालीन रचनाओं से माना जा सकता है, जिसकी जड़ें निश्चत रूप से लोकगीतों में विद्यमान है। लोकगीत इन कलागीतों के आधार अवश्य हैं किन्तु उन्हें हम हिन्दी के कलागीतों अथवा साहित्यिक गीतिकाव्य की परिधि में नहीं रख सकते । इस आधार पर गीतिकाव्य के आरंभिक बिन्दु के रूप में सिद्ध साहित्य की रचनायें देखी जा सकती हैं । उनमें गीत की प्रवृत्तियां हैं लेकिन उन्हें भी विशुद्ध गीतों की श्रेणी में रखते हुए संकोच होता है।सिद्ध रचनायें अपने संप्रदाय के सिद्धान्तों को लोकहृदय तक पहुँचानें का काव्यात्मक प्रयास है। गीतों का संस्कार जन-हृदय में पूर्व-प्रतिष्ठित होने से सिद्धों की इन रचनाओं का जनता पर व्यापक प्रभाव पड़ा। पूर्वी मिश्रित अपभ्रंश की इन रचनाओं में श्रृगांर और शाँत रस की प्रमुखता के साथ लोक संगीत तथा शास्त्रीय संगीत का सांमजस्य हैं। अतः येनकेन प्रकारेण सिद्धों की रचनायें हिन्दी के प्रथम लिखित गीत सिद्ध की जा सकती हैं। इन कवियों में सरहपा, शवरपा, कण्हपा, शांतिपा आदि की गणना विशेष रूप से की जा सकती है, जिन्होंने लोकगीतों को साहित्य में सर्वप्रथम स्थान दिया ।

आदिकाल की वीरगाथात्मक रचनायें प्रबन्धात्मक हैं। राजदरबार से जुड़े कवि और उनकी अधिसंख्य रचनायें जनसामान्य से दूर रहीं, फिर भी, इस युग मे लोकजीवन की उमंग को लेकर जगनिक द्वारा प्रस्तुत की गई रचना 'आल्हाखण्ड' गीतिकाव्य की दृष्टि से उल्लेखनीय है। *डा० रामकुमार वर्मा* ने इसे गीतिकाव्य माना है। (देखें-हिन्दी साहित्य का आलोचनात्मक इतिहास पृष्ठ –174) अपनी ओजस्विता और गेयता के करण यह अत्यन्त लोकप्रिय रचना रही। इसी युग एक अवशेष हैं अमीर खुसरो (सन् 1255 ई०) इनकी कतिपय श्रृंगारपरक रचनाओं में गीतिकाव्य की झलक है। संगीतात्मक होने से खुसरो के पदों में गेयता की प्रचुरता है।

आदिकाल और भक्तिकाल के बीच की एक स्वर्णिम कड़ी विद्यापति (सन् 1403 ई०) है। सुखद आश्चर्य है कि इस कवि का काव्य गीतिकाव्य का अनुपम उदाहरण है। इन रचनाओं को ही वस्तुतः हिन्दी गीतिकाव्य का प्रस्थान बिन्दु माना जाना चाहिए । सामवेद के बाद यदि मेघदूत भारतीय वाङ्मय का प्रथम गीतिकाव्य है, तो विद्यापति की पदावली हिन्दी का प्रथम गीतिकाव्य। जयदेव (बारहवीं शती) का 'गीतगोविन्द', संस्कृत के गीतिकाव्य का आदर्श है और यही आदर्श विद्यापति ने ग्रहण किया। इतना लोकप्रिय गीतकार उस युग में कोई नहीं मिलता। इनके गीतों की रमणीयता ने अहिन्दीभाषी कवियों को भी प्रभावित किया। 'अभिनव जयदेव' के रूप में प्रसिद्ध इस कवि के गीत भक्ति और श्रृंगार का अद्भुत समन्वय प्रस्तुत करते हैं। सजीव मूर्तिविधान, राधाकृष्ण के माध्यम से सामान्य नायक नायिकाओं का रूप-चित्रण, रागात्मकता आदि इनके गीतों की अन्य विशेषतायें हैं।

हिन्दी की निर्गुण-भक्तिकाव्यधारा में बहुत-सी गेय रचनायें मिलती हैं। कबीर की रचनायें इनमें प्रतिनिधि हैं। उनके सबद, वर्षों तक अलिखित रहे, कालान्तर में उन्हें लिपिबद्ध किया गया। विभिन्न राग-रागिनियों के अनुसार ढले ये गीत गायन के लिए बहुत उपयोगी सिद्ध हुए। दार्शनिक भावों से युक्त कबीर

की ये रचनायें शांत और श्रृंगार-रस-प्रधान हैं । इनमें उक्ति चमत्कार, अलंकार-विधान, प्रतीकात्मकता का आधिक्य है। कुल मिलाकर कबीर के पदों में वैयक्तिक भावाभिव्यक्ति की ओट में सामाजिक उपदेशात्मकता, दार्शनिकता अथवा आध्यात्मिकता का गहरा रंग दिखाई देता है। इसी प्रसंग में सुन्दर दास की कलात्मक गेय रचनायें, दादू दयाल की प्रेम प्रधान गीतिकाएं, सहजोबाई और दयाबाई की प्रेम-विदग्ध रचनायें पठनीय हैं। सन्तों ने गीतिकाव्य की दृष्टि से श्रेष्ठ हिंडोला, आरती, झूला, बारहमासा, जंतसार, होली, चांचर, मंगल, बधावे, सोहर आदि लिखे हैं। इनमें लोकप्रचलित राग और भाव दोनों का सुन्दर समन्वय है।

सगुण भक्ति काव्य-धारा में गीति काव्य को विकास का पर्याप्त अनुकूल वातावरण मिला। भक्तशिरोमणि गोस्वामी तुलसीदास की 'विनयपत्रिका' गीतिकाव्य का अनुपम उदाहरण है। गीतिकाव्य में जिस भावावेश की आवश्यकता रहती है, वह 'विनयपत्रिका' में जगह-जगह देखा जा सकता है। आत्मा की प्रेमोन्मत्त दशा और सात्विक अनुभावों के असंख्य चित्र उसमें विद्यमान हैं। गीतों की राग-रागिनियों की शास्त्रीयता का पूर्ण निर्वाह और स्वर- ताल का सामंजस्य भी है। गीतों के उपयुक्त रागों के चयन में भावों की अनुरूपता द्रष्टव्य है। भाषा संगीतात्मक हैं। इस रचना में बिलावल, रामकली, बसंत, मारू, भैरव, कान्हड़ा, सारंग, केदारा, असावरी, ललित, टोड़ी, विहाग, नट, मल्हार, सोरठ , भैरवी और कल्याण राग प्रमुखता से प्रयुक्त हुए हैं। गोस्वामी जी की 'गीतावली' भी इस दृष्टि से पठनीय है। यह गीतिकाव्य के विचार से 'विनयपत्रिका' की पूरक है। इसमें लोक संगीत का आश्रय लेकर होली-दीपावली के अच्छे गीत लिखे गए हैं।

गीतिकाव्य के विकास की दृष्टि से राम-भक्ति-शाखा की अपेक्षा कृष्णभक्ति-शाखा अधिक उर्वरा सिद्ध हुई। कृष्ण का ललितभाव गीत के लालित्य के सर्वथा अनुकूल है, इसलिए स्वाभाविक ही था कि कृष्ण लीला गीत में बँध कर आकर्षक रूप में व्यक्त हो सके। अष्टछाप-कवियों के गीतों में गोपाल की लीलायें विद्यमान हैं। सूरदास का 'सूरसागर', तो गीत-रत्नों का आगार ही है। उन्होंने लोकगीतों का परिष्कार कर कला गीतों की सर्जना की । उनके अनेक पद शास्त्रीय राग-रागनियों में बंधे हैं। मीराबाई की विरह-वेदना, प्रणय-निवेदन की तीव्रता उनके गीतों को हिन्दी साहित्य के श्रेष्ठ गीतों की श्रेणी में सर्वोपरि स्थान पर रख देती है।

रीतिकाल में मुक्तक काव्य का सृजन हुआ। दरबारी मनोवृत्ति की प्रधानता एवं रागात्मिका वृत्ति की न्यूनता के कारण इस युग के कवियों ने गीत अधिक नहीं लिखे। मुक्तक काव्य प्रधान इन रचनाओं में वैयक्तिकता, आत्माभिव्यंजन और अनुभूति की तीव्रता का अभाव है, जो गीतिकाव्य के आधार हैं।

आधुनिक युग गीत-सृजन के नये आयाम प्रस्तुत करता है। इस युग के प्रथम चरण-भारतेन्दु युग में लोक गीतों के आधार पर कलागीतों की रचना हुई। मुक्तक रचना [illegible] युग में भी रही, लेकिन दोहों, कवित्तों, सवैयों के साथ ही पदावलियों, लोक[illegible] आधृत गीत पर्याप्त रचे गए । ब्रजभाषा-काव्य की भावुकता के साथ सामाजिक और राजनीतक परिस्थितियों से उत्पन्न

विचारोत्प्रेरक समस्यायें इस युग के गीतों की विशेषता है। व्यंग्य और हास्य के नये आलम्बन यहां प्रयुक्त हुए। स्वतंत्र रूप से की गई गीत रचना के अतिरिक्त नाटकों में भी गीतों का प्रयोग किया गया, जिन्हें परिस्थितियों को उभारने, भावुकता जगाने, पात्रों की मनोवृत्तियों को स्पष्ट करने तथा संगीतात्मकता के विचार से नाटकों में पिरोया गया। राष्ट्रीयता की भावना इस युग के गीतों का प्रधान स्वर हैं, किन्तु भारतेन्दु हरिश्चंद्र के गीतों में एक इन्द्रधनुषी प्रभाव मिलता है। उनकी राग-रागिनियों में पर्याप्त भिन्नता है। लोक हृदय के सरल और स्वाभाविक आनन्द की जैसी अभिव्यक्ति भारतेन्दु के पदों में हुई है, वैसी पूर्ववर्त्ती गीति रचनाओं में नहीं मिलती । 'अरे इन दोउन राह न पाई' अथवा 'जगत से कैसा नाता रे' (कबीर) की सार्थकता या तो हिन्दू-मुस्लिम दंगों की शांन्ति में है अथवा दो समाजों के समन्वय के प्रयत्न में । 'हे री मैं तो प्रेम दीवानी' (मीरा) अथवा 'अंखियां हरि दरसन की भूखी' (सूर) की सार्थकता सुरुचिपूर्ण सहृदयता की सतह पर ही हो सकती है, किन्तु यदि, 'ब्रज के लता-पता मुहि कीजै' में एक साथ ही सूर और मीरा की झाँकी मिल जाती है, तो 'चिर जीवौ फागुन की रसिया' में एक बारगी लोकहृदय की उमंग छलक पड़ी है। इनमें न तो होली में गाये जाने वाले कबीर की अन्योक्तिपूर्ण दुर्बोधता अथवा जघन्य अश्लीलता है और न सूर की होली जैसी प्रकृति-पुरुष की लीला की अभिव्यक्ति। और भी देखें, उनमें एक ओर सारंग, विहाग, असावरी, पीलू, डुमन, कन्हरा के द्वारा राग-रागिनियों की शास्त्रीयता है, तो दूसरी ओर लावनी, पूर्वी, रेख्त, होली, हिंडोला आदि की रूमानियत । यथा :

'सुन्दर श्याम कमलदल लोचन, कोटिग जुगबीते बिनु देखे' जैसी पंक्तियों में राग असावर की निबद्धता है, तो : 'मोहन पिय प्यारे टुक मेरे ढिंग आव'- में रेखता की। समग्र रूप में इस युग के गीतों की बानगी के लिए भारतेन्दु बाबू हरिशचंद्र के एक गीत की कुछ पंक्तियाँ देख लेना पर्याप्त है। देखें-

भारत में मची है होरी।।
इक ओर भाग अभाग एक दिसि होय रही झकझोरी।
अपनी-अपनी जय सब चाहत होड़ परी दुहुं ओरी ।।
दुख सखि बहुत बढो री ।। (भारतेन्दु ग्रंथावली, पृष्ठ - 405)

आधुनिक युग के द्वितीय चरण-द्विवेदी युग में खड़ी बोली के गीत मिलते हैं। यद्यपि इस युग में प्रबन्धात्मक कृतियाँ अधिक मिलती हैं, तथापि गीतों का नितान्त अभाव नहीं हैं। मैथिलीशरण गुप्त, मुकुटधर पांडे, बदरीनारायण भट्ट, पदुमलाल पुन्नालाल बख्शी आदि ने गीतिकाव्य की यथाशक्ति संवृद्धि की। श्रीधर पाठक का 'भारत गीत' राष्ट्रीय भावनाओं से ओतप्रोत गीत संग्रह हैं। उन्होंने लोक प्रचलित छन्दों में गीत रचे । वास्तव में भावनाओं की उच्चता या काव्य -सौष्ठव की दृष्टि से नहीं, अपितु सर्वहारा वर्ग की सहानुभूति और देशभक्ति के जनजागरण के चित्रण की दृष्टि से उनकी गीत रचनाओं का बहुत महत्त्व है। स्वयं युगपुरुष महाबीर प्रसाद द्विवेदी ने भी कुछ अच्छे गीत लिखे । ज्ञातव्य है कि मैथिलीशरण गुप्त की कई रचनायें इसी युग की हैं, लेकिन उनका प्रख्यात 'साकेत' जिसका नवम सर्ग गीतिकाव्य का

अनुपम उदाहरण है, छायावादी युग म पूण हुआ । फिर भी द्विवेदी युग के प्रतिनिधि गीतकार के रूप में हम मैथिलीशरण गुप्त को ही उदधृत करना चाहेंगे। उनका सुप्रसिद्ध गीत 'सखि वे कह कर जाते' इस युग का प्रतिनिधि गीत माना जा सकता है। इसकी कुछ पंक्तियां लें-

"सखि वे मुझ से कह कर जाते !
सिद्धि हेतु स्वामी गये, यह गौरव की बात,
पर चोरी, चोरी गये, यही बड़ा व्याघात ।
कह तो क्या मुझ को वे अपनी पथबाधा ही पाते।
जायं, सिद्धि पावें वे सुख से,
दुखी न हों इस जन के दुख से,
उपालम्भ दूँ मैं किस मुख से, —
आज अधिक वे भाते,
सखि वे मुझसे कह कर जाते!"

छायावाद आधुनिक हिन्दी साहित्य का तृतीय चरण है। गीतिकाव्य की दृष्टि से यह चरण सर्वाधिक उंर्वर सिद्ध हुआ। इसीलिए इसे गीतिकाव्य का स्वर्ण युग कहा जा सकता है। गीतिकाव्य की सर्जना ही नहीं, उसके स्वरूप और रचना प्रक्रिया पर भी इस युग के रचनाकारों ने अपनी लेखनी चलाई।

छायावाद के गीतों में विषय-वैविध्य सर्वाधिक मिलता है। इनमें प्रर्थना- गीत, रहस्यवादी गीत, राष्ट्रीय गीत, प्रयाण गीत, उत्सव गीत, शोक गीत, सम्बोधन गीत, वीर गीत, व्यंग्य गीत, उपालम्भ गीत, परिवृत्ति गीत (पैरोडी), विचारात्मक गीत, उपदेशात्मक गीत, और प्रेम गीत – जैसे वर्ग विषय के आधार पर निर्धारित किये गए हैं (डा० आशा किशोर, आधुनिक हिन्दी गीतिकाव्य का स्वरूप और विकास, पृष्ठ 84) प्रसाद, निराला, पन्त, महादेवी वर्मा, रामकुमार वर्मा, मांखन लाल चतुर्वेदी, दिनकर, नरेन्द्र शर्मा, हरिवंश राय बच्चन, गोपालशरण सिंह 'नेपाली', नीरज और अज्ञेय की कुछ रचनायें, मैथिलीशरण गुप्त द्वारा इस युग में लिखे गए कुछ गीत छायावाद की अमूल्य धरोहर हैं।

आधुनिक गीतिकाव्य का जैसा वैविध्यमय, आकर्षक और विस्मयकारी खजाना इस युग में मिलता है, वैसा किसी और युग में नहीं। इसीलिए इस युग के लिए कहा गया है कि, 'छायावाद कृष्णकाव्य की तरह मुख्यतः गीतिकाव्य था।' या 'छायावाद गेय मुक्तकों का काव्य है।' *प्रो० क्षेम* के इन शब्दों में अतिशयोक्ति नहीं पूरी सच्चाई है कि 'गीत रचना और उसका अधिकाधिक परिष्कार-संस्कार ही इस युग की विशेष उल्लेखनीय घटना है। इस युग के प्रगीतों का बहुत ही प्रचलन हुआ। युग-जीवन एवं चिन्तन की विश्रृंखला के कारण जम कर महाकाव्य तो लिखे नहीं गए, पर हृदय की रागिनियों को गुँजाने के लिए गीत-प्रगीत बहुत लिखे गये। (छायावाद की काव्यसाधना, पृष्ठ, 296)

एक दृष्टि में कहें तो छायावादी गीत क्षण-विशेष की संवेदनाओं की सम्पूर्ण अभिव्यक्ति है। हार्दिक

व्यापारों की अभिव्यंजना, कल्पना जिसे संवारती है और जहाँ बुद्धि वृत्तियों की सुव्यवस्था करती है। इन गीतों में भावात्मक लय की प्रमुखता है और वैयक्तिक रागात्मक तत्त्व की प्रधानता। संक्षेप में छायावाद में गीतों की सामान्य विशेषतायें निम्नांकित बिन्दुओं में समेटी जा सकती हैं –

(1) संगीतिकता। यह अतः और बाह्य दोनों रूपों में है। शब्दों की सुष्ठ योजना से सहज लयात्मकत का सृजन हुआ है और राग-रागिनियों के बन्धन में शास्त्रीयता का ।

(2) ऐसे प्रेम गीतों की प्रधानता, जो व्यक्तिगत सुख-दुख की अनुभूति से निखरे हुए हैं।

(3) विचारों की योजना। राष्ट्रीय गीतों में यह प्रवृत्ति अधिक है।

(4) प्रकृति का उदार, भावप्रवण और कलात्मक रूप-चित्रण ।

(5) नवीन सौन्दर्यबोध ।

(6) चित्रात्मकता ।

(7) वर्ण्यवस्तु के अनुकूल पदावलियों का प्रयोग ।

(8) रसशास्त्रीय पद्धति का अनुसरण अनिवार्य नहीं। संचारियों, अनुभावों आदि की सम्यक् योजना कर रस-निरूपण की प्रक्रिया दिखाई नहीं देती ।

(9) वेदना की प्रधानता। अतिशय भावुकता और संवेदनशीलता ।

(10)मानव की प्रतिष्ठा का तीव्र स्वर । साथ ही व्यक्ति स्वातंत्र्य, सामाजिक क्रान्ति और नये मानव मूल्यों की प्रतिष्ठा।

(11)छन्दों का वैविध्य ।

(12)विशेषणों के मार्मिक प्रयोग। स्पर्श संवेदना, दृष्टि संवेदना, घ्राण संवेदना एवं श्रुति संवेदना से सम्बद्ध विशेषण अत्यन्त कलात्मक हैं।

इन विशेषताओं के परिप्रेक्ष्य में, कुल मिलाकर छायावाद के गीतों में भाषा, भाव, छन्द, अलंकार, प्रकृति चित्रण, वस्तु वर्णन रस-निरूपण आदि गीतिकाव्य के अंतरंग एवं बहिरंग रूपों में नये-नये प्रयोग किये गये। श्रृंगार के दोनों पक्षों के अतिरिक्त राष्ट्रीय और विश्वजनीन चित्रण को भी अंगीकृत किया गया। छायावाद ने कृष्णमार्गी कवियों की प्रेमिल भावनायें लीं और सन्तों का रहस्यवादी दृष्टिकोण। दोनों ही प्रकार की प्रवृत्तियां वैयक्तिक सुख-दुःख से उद्भासित होकर सर्वथा नये परिपार्श्व में सामने आयीं।

"बीती विभावरी जाग री।
अम्बर पनघट में डुबो रही, ताराघट ऊषा नागरी।"

- जैसे कलात्मक, संगीत से परिपूर्ण गीत के रचनाकार प्रसाद यदि प्रकृति-सौन्दर्य और प्रेम के गायक हैं तो निराला भी प्रकृति के कुशल चितेरे हैं। उनके एक गीत की पंक्तियों को उद्धृत करने का मोह हम छोड़ नही पा रहे :

अलि, घिर आये घन पावस के।

लख ये काले-काले बादल,

नील सिंधु में खुले कमलदल,

हरित ज्योति, चपला अति चंचल,

सौरभ के, रस के

अलि, घिर आये घन पावस के। (निराला रचनावली, पृष्ठ, 186)

छायावादी गीतों की रहस्यात्मकता, विरह-भावना आदि का सच्चा प्रतिनिधित्व महादेवी वर्मा करती हैं, जिन्हें आधुनिक युग की मीरा तक कहा गया है। *'मधुर-मधुर मेरे दीपक जल', 'धीरे-धीरे उतर क्षितिज से आ बसंत रजनी', 'क्या पूजा क्या अर्चन रे! उस असीम का सुन्दर मंदिर मेरा लघुतम जीवन रे।'* और *'बीन भी हूँ मैं तुम्हारी रागिनी भी हूँ'*, जैसे अनेक गीत इस तथ्य के साथी हैं।

जैसा कि संकेत किया गया, छायावादी गीतों में इन्द्रधनुषी विविधता है। यह विविधता भाव, भाषा, छन्द, संगीत सभी स्तरों पर मिलती हैं। यथा- महाप्राण निराला के शास्त्रीय संगीत में बंधे कला गीत भी मिलते हैं और लोक गीतों का आधार लेकर रचे गये स्वतंत्र गीत भी। उदाहरणार्थ, एक गीत की रचना-विधान देखें :

प्राणधन को स्मण करते,

नयन झरते नयन झरते!

धम्मार की चौदह मात्रायें दोनों पंक्तियों में हैं। गति भी वैसी है। इसके अन्तरे में विशेषता है-

स्नेह- ओत- प्रोत,

सिन्धु दूर, शशि-प्रभा-दृग

अश्रु ज्योत्स्ना-स्रोत!

यहां पहली और तीसरी पंक्ति में चौदह-चौदह मात्रायें नहीं हैं। दूसरी में हैं। पहली और तीसरी पंक्ति में मात्रा भरने वाले शब्द इसीलिए कम हैं कि वहां स्वर का विस्तार अपेक्षित है और दोनों जगह बराबर पंक्तियां रखी गयी हैं। यह मतलब गायक आसानी से समझ लेता है। पहली लाइन की चौदह मात्रायें इस तरह पूरी होंगी :

1 2 2 2 2 2 2 1 = 14

स्ने + ह + ओ + त + प्रो + ओ + ओ-त

गाने में हर मात्रा अलग उच्चारित होगी। इसी प्रकार तीसरी पंक्ति की मात्रायें बैठेंगी। यह संगीत रचना की कला में मान्य हैं। (रचनावली, पृ० 411) इस गीत में पहली तीसरी पंक्तियों में स्वर के विस्तार को खींचकर पूरा किया गया है। झपताल, रूपक, चौताल, तीन ताल आदि तालों की मात्राओं को भी शास्त्रीय विधि से गाने की कला निरालाजी ने अपनी भूमिकाओं में बतलाई है। 'गीतिका' के अनेक गीत समयानुसार राम-रागिनियों में गाये जा सकते हैं।

इसके विपरीत 'बेला' में संगृहीत कजरी के आधार पर रचा गया यह गीत द्रष्टव्य है –

काले-काले बादल छाये, न आये वीर जवाहर लाल
कैसे-कैसे नाग मंडलाये, न आये वीर जवाहर लाल।

बिजली फन के मन की कौंधी, करली सीधी खोपड़ी औंधी
सर पर सर-सर करते धाए, न आये वीर जवाहर लाल।

पुरवाई की हैं फुफकारें, छन-छन ये बिष की बौछारें
हम हैं जैसे गुफा में समाये, न आये वीर जवाहर लाल।

महंगाई की बाढ़ बढ़ आई, गांठ की छूटी गाढ़ी कमाई
भूखे नंगे खड़े शरमाये, न आये वीर जवाहर लाल।

इसी लोक संवेदना के तार को पकड़ कर प्रगतिशील काव्यधारा के कवियों ने भी गीत लिखे। इन गीतों में छायावादी गीतों की वैयक्तिकता जैसे सामाजिकता में तिरोहित हो गई। मानव की प्रतिष्ठ्र का तीव्र स्वर, व्यक्ति स्वातंत्र्य, सामाजिक क्रान्ति, नये मानव मूल्यों की प्रतिष्ठ्र जैरो विषगों को प्रमुखता मिली। यही वह सीमान्त बिन्दु है जहां से गीत नवगीत के क्षेत्र में प्रवेश पाता है।

गीत से नवगीत

छायावाद के गीतों की वैविध्यपूर्ण दुनिया में हमें *निराला* के गीत कुछ अलग दिखाई पड़ते हैं। उन्होंने परम्परागत गीत की लीक से हट कर गीत को नया और विस्तृत भावबोध, एक नयी शैली और शिल्प प्रदान कर व्यापक धरातल दिया। उनके गीतों में ही गीत के नयेपन का बीज समाहित है। निराला के गीतों का यह बीज ही अंकुरित होकर नवगीत के रूप में सामने आया।

छायावाद के बाद हम हिन्दी कविता में प्रगतिशील और प्रयोगशील काव्यधारा का प्रवाह पाते हैं। गीतिकाव्य की दृष्टि से ये दोनों ही धारायें कुछ-कुछ ठ्हरी हुई और कुछ नयी दिशायें तलाशती हुई दिखाई देती हैं। इन धाराओं के कवियों ने गीत को उतना महत्त्व नहीं दिया जितना कविता को। लेकिन इसका अर्थ यह कदापि नहीं कि गीत लिखे ही नहीं गये। गीत लिखे गये, लेकिन उनमें विचित्र घालमेल हैं। यहां प्रगति, प्रयोग और मंचीय गीतों का त्रिभुज विद्यमान है। अज्ञेय, भारती, गिरिजा कुमार माथुर के प्रयोगशील, केदारनाथ अग्रवाल, अंचल, नेपाली, नरेन्द्र शर्मा आदि के प्रगतिशील और नीरज, बच्चन के मंचीय गीतों में छायावादी भाव-चेतना से कुछ मुक्ति, कथ्य और शिल्प में बदलाव की प्रवृति दिखाई देती हैं। यहीं प्रगतिशील, प्रयोगशील और मंचीय गीतों के समानान्तर गीतों की संवेदना और शिल्प में नवता लाने के प्रयास भी मिलते हैं। इन प्रयासों का कारण स्वतंत्रता-पूर्व एवं स्वातंत्र्योत्तर युग की विकट परिस्थितियों से बनी मोह भंग की स्थितियां है। इन स्थितियों में साहित्य की अन्य विधाओं की तरह गीत विधा पर भी

प्रभाव डाला। इस व्यापक युग-यथार्थ से प्रभावित होकर सन् 1950 के आसपास कुछ गीतकारों ने गीत विधा की पुनः प्रतिष्ठा की ताकि गीत इन बदली हुई परिस्थितियों में ऐसे रूप में विकसित किया जा सके, जो परंपरागत गीत से अलग हो। फलतः गीत को नयी कविता की तरह नवीन कथ्य एवं भाव-चेतना से तोड़ने का प्रयास प्रारम्भ हुआ।

यह उल्लेखनीय है कि इस दौर में गीत के भाव और शिल्प में आया परिवर्तन इतना तीव्र है कि इस गीत (जिसका अभी नामकरण नहीं हुआ था) का पूर्व रचित परंपरागत गीत में साम्य ढूंढना कठिन लगने लगा। यह गीत छायावादी भावुकता, कल्पना, सूक्ष्मता, कोमलकांत पदावली, अमूर्तन, सांकेतिकता एवं रूढ़ छन्दोविधान से पृथक् था, प्रगतिवादी क्रांतिवादी नारों से भी बचा हुआ था, प्रयोगवादी गीतों के निजी हर्षोल्लास एवं वैयक्तिक अवसाद-भावना से असंपृक्त था, मंचीय गीतों के सस्ते रोमानी स्वर से कोसों दूर था, कारण कि 'गले' की अपेक्षा यह 'आंख' से अधिक निकट था। यानी 'गेयता' के स्थान पर 'पठ्न' को अधिक महत्त्व मिला। वह नयी कविता के अधिक पास था, बल्कि उसी का सहोदर बन कर उभरा।

नयी कविता के समान्तर उभरे इस नये गीत को *राजेन्द्र प्रसाद सिंह* ने सन् 1958 में मुजफ्फरपुर (बिहार)से प्रकाशित 'गीतांगिनी' में 'नवगीत' नाम दिया। यों, 1958 से पूर्व कई गोष्ठियों में (यथा-सन् 1951-52 में 'काशी साहित्य संघ' के अधिवेशन या 1957 में 'इलाहबाद साहित्य सम्मेलन' की कविता गोष्ठी में *वीरेन्द्र मिश्र* द्वारा नवगीत पर पढ़ा गया निबन्ध) नये गीत के संदर्भ में चर्चा होती रही थी, लेकिन उसे नवगीत, नाम राजेन्द्र प्रसाद सिंह ने ही दिया। नवगीत के विषय में और अधिक; *रघुनाथ जैन* के शब्दों में कहें तो, यह नवगीत आधुनिक युगबोध से संपृक्त वह स्वाभाविक रचना हैं जिसमें आत्मनिष्ठ के साथ भोगी हुई परिवेशगत स्थितियों को नवीन शैली- शिल्प में ताजा अभिव्यक्ति मिलती है। स्पष्ट है कि नवगीत के प्रतिपाद्य विषय प्रेम, श्रृंगार, विरह-वेदना, प्रकृति, वैयक्तिक सुख-दुःख एवं लिजलिजी भावुकता से भीगे हुए नहीं थे, अपितु, स्वतंत्रता-प्राप्ति के पश्चात् की परिस्थितियों ने जिस घुटन, भय, कुंठ. संत्रास एवं अलगाव को जन्म दिया था वही नवगीत का कथ्य बनने लगे। अतः वे सभी विषय जो आज तक केवल नयी कविता की बपौती समझे जाते थे, उन्हें नवगीतकार ने अत्यधिक सफलता के साथ प्रस्तुत करना प्रारम्भ कर दिया। (शोधस्वर, नवगीत विशेषांक, पृष्ठ , 7)

इस तीखी उक्ति से लगता है रघुनाथ जी ने नवगीत को नयी कविता के विरोध में खड़ाकर दिया है। वस्तुस्थिति यह नहीं। नवगीत नयी कविता का पूरक है, सहयोगी है और जैसा हमने कहा उसका सहोदर है।

कथ्य और शिल्प के स्तर पर नवगीत की प्रवृत्तियां संक्षेप में इस तरह देखी जा सकती हैं-

कथ्य के स्तर पर नवगीत परंपरागत गीत से सर्वथा भिन्न है। परंपरागत गीत जहां वैयक्तिक सुख-दुःख, प्रणय-विरह, लिजलिजी भावुकता और सूक्ष्म कल्पनाओं तक ही सीमित रहा, वहां नवगीत परिस्थितियों की भयावहता द्वारा झकझोरा हुआ है। फलतः वह वैयक्तिक अनुभूतियों तक ही सीमित रह

कर युगीन परिवेश के यथार्थ को अभिव्यक्त करता है। लगता है इसी संदर्भ में नवगीतकार यह प्रश्न पूछता है :

"जिस जगह सूरज किसी का दास है/ जिस जगह पानी नहीं, प्यास है/जिस जगह सपने नहीं, रात है/जिस जगह मरहम नही, आघात है/तुम बताओ उस जगह के गीत का आधार क्या हो?"

(मुकुट बिहारी 'सरोज' किनारे के पेड़, पृष्ठ-48)

स्पष्ट ही नवगीत जीवन के कटु सत्यों के बीच से निकला है। इसीलिए नवगीतकार भोगे हुए यथार्थ का सर्जक है। जीवन और युगीन सच्चाइयों को उसने भोगा है और ईमानदारी से व्यक्त भी किया है। नवगीत में महानगरों की विसंगतियाँ, भागमभाग, छटपटाते आम आदमी की व्यथा, ऊब, घुटन, अकेलापन, अजनबीपन और अस्तित्व के संकट इत्यादि को सफलतापूर्वक अंकित करने की प्रवृत्ति मिलती है, और ग्रामीण परिवेश की कठिनाइयों, रूढ़ियों, मानवीय आस्थाओं, कमजोरियों, कुरूपताओं विषमता इत्यादि को भी अभिव्यक्ति मिलती है। उदाहरण के लिए हम रामदरश मिश्र के एक नवगीत की निम्नलिखित पंक्तियों में महानगर में खोये अकेले व्यक्ति की संवेदना को शब्द पाते देख सकते हैं-

"यह राग रंग की चहल- पहल, गंधों का मेला सा /इस भीड़ बीच कितना लगता आदमी अकेला- सा/सपनों की दुनिया कहां-कहां लहरों में भटकाती/ हर प्रात उसी सूने तट पर कोई घर जाता है।"

(मेरे प्रिय गीत, पृष्ठ, 35)

गांव की स्थिति देखनी हो तो कुमार शिव के इस नवगीत में देख सकते हैं -

"लालटेन का प्रकाश/रात-रात भर जगना/परचों की तैयारी/बाबूजी की मिरगी/अम्मा का गठिया/लम्बी असाध्य बीमारी/कितने संघर्ष भरे दिन/इसमें बीते हैं/बावजूद आंधी-तूफान के/यह मकान गांव में खड़ा हुआ।"

(धर्मयुग, 15-23 सितम्बर, 1978, पृष्ठ, 21)

रचनाकार के लिए तो उसकी रक्त शिराएं तक गांव की हैं। इतना उसने अपने आप को गांव की मिट्टी से जोड़ लिया है– *"ये जो अपनी रक्त शिराएं हैं/सारी पगडंडियां गांव की हैं"*, अतुल शर्मा के नवगीत से तो यही प्रमाणित होता है।

प्रकृति के आकर्षक और आदमी की मनः स्थिति से जुड़े चित्र नवगीतकारों ने विशेष रूप से प्रस्तुत किये हैं यथा :

"सूर्य के मुखापेक्षी सूर्यमुखी/तुमको देखूं मन हो जाये दुखी/बाहर के किसी बड़े सूरज से/भीतर का जुगनू भी/बहुत बड़ा होता है।/नभ निचोड़ने वाला मेघ नहीं/ एक कतरा आंसू/कलुष रक्त धोता है....' (उमाकांत मालवीय, शोधस्वर, नवगीत अंक, पृष्ठ-57)

मानव-मानव के बीच खत्म होते जा रहे, रिश्तों, त्यौहारों, अपनी संस्कृति के निरन्तर छीजते तत्त्वों, यहां तक कि मानव के मानवीय गुणों के खोते जाने के अवसाद को नवगीतकारों ने अपना स्वर दिया है यथा:

"ये गेहूँ की बालें लेकर/शहर चले जाना/भैया रे! तुम शहर चले जाना।"

(कुंवर बेचैन, भीतर सांकल-बाहर सांकल, पृष्ठ 24)

शिल्प के धरातल पर भी नवगीत में परंपरागत गीत से पर्याप्त अन्तर दिखाई देता है। नवगीत की भाषा, छन्द, बिम्ब, प्रतीक, अप्रस्तुत विधान सभी में एक नया परिवर्तन है। स्वप्निल रंगीन एवं कोमलकांत शब्दावली के स्थान पर लोकजीवन से जुड़ी अनगढ़ खुरदरी भाषा का प्रयोग दिखाई देता है, ध्वनि संघात से नया अर्थ पैदा करने की कोशिश की गई है। छन्दों को तोड़ कर बुनी गयी लयात्मकता नवगीत को नया रूप देती है। इस लयात्मकता से सहजता की पुष्टि हुई है। ताजे-टटके बिम्ब और सार्थक प्रतीक हमारे आसपास से चुने गए हैं, इसलिए नवगीत हमारे और निकट आया है। कुल मिलाकर शिल्प के स्तर पर भाषा की आन्तरिक ऊर्जा दिगन्तों को झंकृत करने वाले लयों के आवर्त बिम्बों की रागदीप्त एवं सन्दर्भोपेक्षी विविधता, शब्दों का युगानुरूप संस्कार, पाठक को संवेदना के स्तर पर छूने वाला अप्रस्तुत विधान नवगीत की सर्वोपरि उपलब्धि है। इस कथन के प्रमाण में राजेन्द्र गौतम के एक गीत की कुछ पंक्तियां ली जा सकती हैं:

"चर्चा करें/क्या आपसे/इस वक्त के अन्दाज की/
सम्बन्ध ज्यों सूखी नदी/सब ओर फैली रेत है/
हर ओर मंडराता यहां क्यों एक संशय प्रेत है...." (नवगीत दशक- तीन, पृष्ठ-35)

इसी तरह देवेन्द्र शर्मा 'इन्द्र' की कुछ पंक्तियां देखें –

"बादलों से बूंद जल की मांगती/गूंगी दुपहरी/बाबूलों की सेज पर लेटी थकी यात्रा इकहरी/..... जागती आंखें/ दिवस में देखती हैं एक सपना/ आज की अंकवार में हिलता हुआ खामोश पलना...."

(शोधस्वर,नवगीत विशेषांक, पृष्ठ-67)

इसी क्रम में विद्यानन्द राजीव के एक नवगीत की पंक्तियां भी देख लें–

"रेशम जैसी धूप नहाये चन्दन सी काया/किरण कुमारी छाप रही दरवाजे रंगोली/खुले-खुले स्वर में/मुंडेर पर पड़कुलिया बोली/ छंटने लगी दिशाओं से खामोशी की छाया...."

(छीजता आकाश, पृष्ठ , 36)

यहां बहुत अधिक विस्तार में जाने का अवकाश नहीं है। नवगीत की आलोचना करने वालों के लिए भी और नवगीत की प्रवृत्ति की पड़ताल सीमित शब्दों में करने के लिए भी, हम *विष्णुकांत शास्त्री* का यह कथन उद्धृत करना चाहेंगे : "नवगीत की नवता प्रमुखतः व्यक्त हुई है पुरानी अतिशय भावुकतापूर्ण जीवन दृष्टि तथा अभिजात अलंकृत रोमानी भाषा के परित्याग में। भावप्रवणता निश्चय ही आज भी गीतों का आधार तत्त्व हैं, किन्तु वह आधुनिक यथार्थबोध से अनुशासित है। उसका आशावादी, निराशावादी या संत्रासग्रस्त आदि होना गीतकार की व्यक्तिगत जीवन दृष्टि पर निर्भर है।"

गीत से नवगीत तक की इस यात्रा को गतिशील बनाने में प्रमुख नवगीतकारों में से कुछ के नाम

लिये बिना यह प्रसंग अधूरा ही रहेगा। इस कोशिश में कुछ नाम छूट सकते हैं, उनसे क्षमायाचना-सहित हम कुछ अच्छे और प्रसिद्ध नवगीतकारों की नामावली दे रहे हैं। ये कुछ नाम हैं- ठाकुर प्रसाद सिहं, वीरेन्द्र मिश्र, रामदरश मिश्र, रवींद्र भ्रमर, उमाकांत मालवीय, राजेन्द्र प्रसाद सिहं, शम्भुनाथ सिंह, केदारनाथ सिंह, नईम, ओम प्रभाकर, विजय किशोर मानव, कुंवर बेचैन, सोम ठाकुर, रमेश रंजक, देवेन्द्र शर्मा इन्द्र, राजेन्द्र गौतम, अनूप अशेष, माहेश्वर तिवारी, रामकुमार कृषक, पुरुषोत्तम प्रतीक,अश्वघोष, आरसी प्रसाद सिंह, गुलाब सिंह, घनश्याम अस्थाना, देवेन्द्र कुमार, बुद्धिनाथ मिश्र, भारतभूषण, योगेन्द्रदत्त शर्मा, विद्यानन्दन राजीव, शलभ श्री रामसिंह, ज़हीर कुरेशी, विनोद निगम, दिनेश सिंह, सुरेश, अखिलेश कमार, धनंजय सिंह, अतुल शर्मा, वेदप्रकाश अमिताभ इत्यादि।

इधर डा० शम्भुनाथ सिंह ने तीन नवगीत दशक निकाले हैं जिनमें दस-दस नवगीतकारों के चुने नवगीत संगृहीत हैं। इसके पश्चात् उन्होंने 'नवगीत अध्दर्शती' का संपादन किया, जिसके विषय में उनका कथन है : "नवगीत दशक के तीन खण्डों का प्रकाशन, योजना के यज्ञ की पूर्णाहुति है। 'नवगीत अध्दर्शती', जिसमें सन् 1935 से लेकर 1984 तक अथवा इस शताब्दी के चौथे दशक से लेकर आठवें दशक तक के पचास वर्षों के ऐसे सभी गीत-कवियों के तीन-तीन नवगीत संकलित हैं जिन्होंने जाने अनजाने नवगीत का बीजारोपण किया, इसे अंकुरित और पल्लवित किया, तथा पुष्पित और फलित बनाकर पूर्णता की ओर ले जाने का प्रयास किया । इस संकलन में निराला से लेकर आज तक के दिवगंत और जीवित, वृद्ध और युवा, पुराने और नये, गीत-कवि और अगीत कवि सभी की ऐसी रचनायें संकलित की गई हैं जो सही मायनों में नवगीत हैं अथवा नवगीत के निकट हैं और नवगीत की विकासयात्रा में प्रामाणिक दस्तावेज के रूप में मान्य हैं।"

यों, शम्भुनाथ सिहं का यह कथन पूर्णतः सही नहीं है। ऐसी बहुत सी रचनायें इनमें संगृहित हैं, जो वास्तविक नवगीत नहीं है। कई नवगीत बहुत कमजोर भी हैं। नवगीत अभी तक विकासपथ पर अग्रसर हैं। निरन्तर अच्छे नवगीत लिखे जा रहे हैं। हां, इतना जरूर है कि गीत की जो वास्तविक अवधारणा है वह निरन्तर टूट रही है, नया रूप पा रही है। गीत हो या नवगीत हमें यह स्वीकार करने में कोई संकोच नहीं होना चाहिए कि "अनुभूति की छलनी से छने स्वायत्तीकृत, सजातीय एवं स्वयं साक्षात्कृत सत्य की अभिव्यक्ति का सबसे बेधक, तड़प-भरा, निश्छल, अनारोपित, एकात्म तथा प्रतिश्रुत माध्यम है गीत। गीत तथा आवेग की उद्दाम अवस्था में मन का रूपान्तर गीत के रूप में हमेशा होता रहा है। सत्य की ऊष्मा से द्रवित होते और अनुभूतिजन्य रस से छलकते हृदय की सबसे अकृत्रिम और निष्कपट अभिव्यंजना हमेशा गीत ने की है।"

हिन्दी में **'जनगीत'** 'नवगीत' का ही अगला चरण है, किन्तु इसकी जड़ें भक्तिकालीन गेय भजनों/पदों, साखियों से जुड़ी हैं। लोकगीतों के तत्त्वों को जनगीत ने मुक्त हस्त से अपनाया है। जहा

नवगीत एक 'इलीट' प्रकृति को अपनाकर कलात्मकता का आवरण लेने का प्रयास करता है और कहें कि आभिजात्य बनकर कला के उपादानों का आग्रह करता है, वहीं 'जनगीत' सहज भाव से जनता की वाणी में ढलकर सामने आता है। 'जनगीतों' में जनता की भावनाओं, संवेदनाओं, जीवन-जगत् के महाभारत के छोटे-बड़े सवालों की अनुगूंज सुनाई देती है। गीत को जनता से जोड़ने का काम जनगीत ही कर सका है। कोई भले ही उसकी कलात्मकता या उसके शास्त्रीय सौन्दर्य पर उंगली उठाये, लेकिन उसका सच्चा सौन्दर्य जनता के श्रम, संघर्ष और उसकी शक्ति में निहित है। तथा यही जनगीत का प्राणतत्त्व है। उसमें इसी की आंच विद्यमान है। स्वतन्त्रता प्राप्ति के संघर्ष काल की प्रभात-फेरियों से लेकर आज के नुक्कड़ नाटकों में सम्मिलित जनगीत इस तथ्य के साक्षी हैं। अतः जनगीत को आंदोलनधर्मी विधा भी कह सकते हैं।

AB-2(iii) ग़ज़ल

स्वरूप एवं लक्षण

हिन्दी में कविता के क्षेत्र में जो प्रयोग आये दिन हुए हैं और हो रहे हैं, उन की उपलब्धियों में से एक ठोस उपलब्धि ग़ज़ल भी है। काव्यात्मक अभिव्यक्ति के रूप में ग़ज़ल एक लोकप्रिय माध्यम है। यही कारण है कि हिन्दी की एक समर्थ रचना-विधा के रूप में ग़ज़ल अब अपना मुहावरा पा चुकी है। अनेक विरोधों और अस्वीकृतियों के बीच से गुजरते हुए भी उसने पाठकों और रचनाकारों के एक बड़े वर्ग में अपनी स्वीकृति ले ली है। ग़ज़ल मूलतः फारसी व उर्दू की अपनी विशिष्ट विधा रही है, किन्तु हिन्दी ने इसे इस उदारता और सतर्कता के साथ अपनी प्रकृति में ढाल कर अपनाया और समृद्ध किया है कि ग़ज़ल महज फैशन न होकर, एक जरूरत बन गयी है।

ग़ज़ल का शाब्दिक अर्थ है– नारियों से प्रेम की बातें करना। किन्तु सांसारिक प्रेम के अतिरिक्त ग़ज़ल में तसव्वुफ (रहस्यवाद, सूफ़ीवाद) और भक्ति रस का भी वर्णन होता है। सूफी कवियों की फ़ारसी ग़ज़लें इस दृष्टि से विशेष रूप से द्रष्टव्य हैं। देशप्रेम, पारिवारिक प्रेम, मानव प्रेम आदि को भी प्रतीकात्मक ढंग से ग़ज़ल में प्रस्तुत किया जा सकता है (उर्दू शाइरों की ग़ज़लें इस तथ्य का अच्छा प्रमाण हैं)।

हिन्दी साहित्यकोश (भाग-1, वाराणसी, ज्ञानमण्डल, संवत् 2015) में ग़ज़ल के सम्बन्ध में कहा गया है, "ग़ज़ल उर्दू काव्य का सर्वाधिक प्रसिद्ध और सरस भेद है। इसका स्थायी भाव प्रेम है, जिसमें रहस्यानुभूति, मस्ती, रिन्दी, धार्मिक विद्रोह आदि की भावनायें संचारी रूप में ओत-प्रोत रहती हैं। विषय के अनुरूप उसका एक विशिष्ट काव्य रूप भी है, जो मतला, मक़ता, गिरह, क़ाफ़िया, और रदीफ़ में परिबद्ध रहता है।" (पृष्ठ, 252)

ग़ज़ल में "शेअ्र" (छन्दबद्ध पंक्तियां) पर विशेष ध्यान दिया जाता है। प्रायः ग़ज़ल का हर शेअर स्वयं में पूर्ण और स्वतंत्र होता है। इसके दो बराबर के टुकड़े होते हैं, जिनको 'मिसरा' क़हते हैं। जितने शेअरों का आख़िरी शब्द एक हो और उसके पहले का शब्द एक ही आवाज का हो, उनको एक साथ लिखते हैं। प्रायः ऐसे पाँच से सत्रह शेअरों से युक्त विधा को ग़ज़ल कहते हैं। किन्तु इस संख्या के पालन में कोई विशेष पाबन्दी नहीं है।

ग़ज़ल में 'रदीफ़', 'क़ाफ़िया' , तथा 'मक़ता', 'मतला' क्या हैं? इनको समझ लें।

- हर शेअ्र के अन्त में जितने शब्द बार-बार आयें, उन्हें 'रदीफ़' कहते हैं।
- 'रदीफ़' से पहले एक ही आवाज़ वाले शब्दों को 'क़ाफ़िया' कहते हैं।
- प्रायः ग़ज़ल से पहले शेअर के दोनों 'मिसरे' एक ही 'क़ाफ़िया' और 'रदीफ़' में होते हैं। ऐसे

शेअ्र को 'मतला' कहते हैं।

अन्त में जिस शेअर में शाइर का उपनाम । तख़ल्लुस। हो, उसे 'मक़ता' कहा जाता है।

एक उदाहरण से इन शब्दों का व्यावहारिक प्रयोग समझा जा सकता है। शकेब जलाली की एक ग़ज़ल है –

जहां तक भी सहारा दिखाई देता है,
मेरी तरह से अकेला दिखाई देता है।

न इतनी तेज़ चले, सरफिरी हवा से कहो,
शजर पर एक ही पत्ता दिखाई देता है।

यह अब्र का टुकड़ा कहाँ-कहाँ बरसे,
तमाम दश्त ही प्यासा दिखाई देता है।

सिमट के रह गये आख़िर पहाड़ के क़द भी,
ज़मीं से हर कोई ऊँचा दिखाई देता है।

खिली है दिल में किसी बदन की धूप 'शकेब'
हर एक फूल सुनहरा दिखाई देता है।

इस ग़ज़ल के शेअ्रों को देखें। प्रथम दो पंक्तियां– 'मतला' कही जायेंगी, जिनके 'रदीफ़' ('देता है'-'देता है') और 'क़ाफिया' ('दिखाई देता है', 'दिखाई देता है') एक ही हैं। आगे के शेअरों में 'काफ़िया' ('दिखाई देता है', 'दिखाई देता है') एक ही है। अन्तिम शेअ्र को 'मक़ता' कहेंगे, इसमें शाइर शकेब जलाली का तख़ल्लुस (उपनाम) – 'शकेब', विद्यमान है।

चानन गोबिन्दपुरी ने अपनी पुस्तक "ग़ज़ल : एक अध्ययन" (दिल्ली, सी० आर० पब्लिकेशन, 1980) में ग़ज़ल की नौ विशेषतायें इस प्रकार बतायी हैं (पृष्ठ, 36)

1- ग़ज़ल का हर एक शेअर अपने आप में संपूर्ण और स्वतंत्र होता है। जिस घटना का इसमें वर्णन हो, दृश्य या नज़ारा पूरी खूबी के साथ हमारे सामने आ जाये और जो कैफियत शाइर वर्णन करना चाहता है वह हू-ब-हू हमारे दिल में पैदा हो जाये।

2- इस में जिस भी विषय पर बहस की जाय वह बड़ी गहरी और प्रभावयुक्त हो और उसकी सच्चाई को सभी स्वीकार कर सकें।

3- इसमें जो भी ख़याल आये या बयान किया जाये उसमें असलियत और सच्चाई हो, पर अगर कहीं अतिशयोक्ति या फ़र्जी बातचीत से भी काम लिया जाये तो वह कम से कम हमारी कल्पना या अहसास की पकड़ में आ सके।

4- इसमें किसी धार्मिक, राजनीतिक विषयों पर बहस नहीं होती। सामाजिक असमानता पर यदि कहीं टिप्पणी भी करनी हो तो इशारों, सकेतों-द्वारा ही हो सकती है।

5- तश्बीह (उपमा) या इस्तआरा (रूपक) आवश्यकता के अनुसार ही आयें, जो वर्णन को सुन्दर और प्रभावोत्पादक बनाने के लिए ज़रूरी हों।

6- शेअ़र सादी अनूठी और नित्य उपयोगी, निखरी और मंजी हुई बोली में हो। यदि शेअर को टुकड़ियों में बांटना आवश्यक हो तो टुकड़ियों की तरतीब ऐसी हो जिससे सही अर्थ ग्रहण करने में कोई मुश्किल न हो।

7- शेअ़र के शब्दों का चुनाव, प्रयोग और उनका अन्य शब्दों के साथ व्यवहार इतना संगठित और संपूर्ण रूप में हो कि उसमें किसी भी शब्द की कमी न हो, कोई शब्द किसी और शब्द से बदला न जा सके और न ही कोई शब्द किसी शब्द के स्थान पर आ सके।

8- शेअ़र यूँ ढल कर निकला हो कि वह तुरन्त जुबान पर चढ़ सके।

9- शेअ़र में स्त्री क्रिया का वर्णन जायज़ नहीं और न ही महबूब को सम्बोधन करते समय 'मेरी गोरी', 'मेरी सजनी' आदि का प्रयोग, क्योंकि यह नज़्म की जुबान है, ग़ज़ल की नहीं।

यह ग़ज़ल का परम्परागत स्वरूप है। अपने वर्तमान रूप में ग़ज़ल बहुत बदल गई है। लेकिन इतना नहीं कि उसे ग़ज़ल ही न माना जाय। मुख्य परिवर्तन तो यही है कि ग़ज़ल की परम्परागत रोमानियत टूट गई है, इसलिए उसकी इन्द्रधनुषी जड़ता बिखर चुकी है। अब ग़ज़ल केवल "प्रेम सम्बन्धी विषयों की अभिव्यक्ति" ही नहीं रही, उसका यह परिवर्तन सामयिक ज़रूरत है। अति प्रचलन के कारण कोई भी लोकप्रिय काव्य-विधा एक निर्जीव काव्यरूप बन कर रह जाती है। ग़ज़ल के साथ भी यही हुआ। इसलिए इस रूढ़िपाश को छिन्न-भिन्न करने के लिए ग़ज़ल की विषयवस्तु और शैली दोनों के संशोधन और विस्तार की आवश्यकता पर ध्यान दिया गया। शब्दों का सजगतापूर्वक प्रयोग करते हुए आधुनिक जीवन को ध्यान में रख कर, नवीन उदात्त भावनाओं और जटिलताओं को भी ग़ज़ल में जगह दी गई, जिससे उसकी रगों में नये रक्त का संचार हुआ। शिल्प में भी क़ाफिया और रदीफ़ की मुश्किल ज़मीन के प्रति आग्रह को त्याग कर सरल स्फीति और लोच-लचक पैदा करने का प्रयत्न किया गया। इस तरह ग़ज़ल के वर्तमान रूप में जीवन्त अनुभूतियों को प्रमाण मान कर राग की परिधि के भीतर वैचित्र्य उत्पन्न कर रचनाकारों ने कृत्रिम अलंकरण तथा चमत्कार को त्याग कर प्राणवती भाषा, सांकेतिकता, लाक्षणिकता, नवीन अंलकारिकता और नूतन बिम्बधर्मिता को अपनाया है। इससे ग़ज़ल में भाव का इकहरापन, सतहीपन और क्षणिकता टूट कर, इन सब औज़ारों से लैस चिन्तन के साथ भाव का घालमेल एक नयी दीप्ति देता है।

अतः ग़ज़ल को एक स्थिर और शैल्पिक ढांचे में रख कर समझना ठीक नहीं, हमें उसकी प्रयोगशील गत्यात्मकता को ध्यान में रखना होगा।

"हिन्दी ग़ज़ल" : विकास यात्रा

दुष्यन्त कुमार ने " कल्पना" (हैदराबाद) में प्रकाशित अठारह ग़ज़लों के साथ दिए वक्तव्य में कहा था;

"आज की कविता के वाग्जाल और सपाटबयानी से उकता कर मैंने उर्दू के इस पुराने और आजमूदा माध्यम की शरण ली है।"

इससे भी पहले उन्होंने यह कहा था :

"मैने अपनी तकलीफ को.... उस शहीद तकलीफ को, जिससे सीना फटने लगता है, ज्यादा से ज्यादा सच्चाई और समग्रता के साथ ज्यादा से ज्यादा लोगों तक पहुँचने के लिए ग़ज़ल कही है।"

दुष्यन्त के इन दो उद्धरणों को लेकर हम "हिन्दी ग़ज़ल" की चर्चा इसलिए आरम्भ कर रहे हैं कि ग़ज़ल विधा फ़ारसी और उर्दू में तो अत्यन्त लोकप्रिय थी ही, हिन्दी में दुष्यन्त से पूर्व के कवियों ने भी इस विधा में रचनायें कीं, लेकिन दुष्यन्त ऐसे कवि हुए जिन्होंने हिन्दी में ग़ज़ल को लोकप्रिय बनाया।

यहां यह सवाल भी आकर जुड़ जाता है कि अन्य काव्य-विधाओं के चलते, ऐसा क्या कारण रहा कि हिन्दी कवियों ने ग़ज़ल को अपनाने की आवश्यकता महसूस की? महज़ लोकप्रियता के लिए, अथवा इसके कोई दूसरे कारण हैं?

दुष्यन्त का मानना था कि "कविता में आधुनिकता का छद्म कविता को बराबर पाठकों से दूर करता गया है"। दुष्यन्त के इन वक्तव्यों से स्पष्ट है कि ग़ज़ल को अपनाने के पीछे दुष्यन्त के मन में केवल लोकप्रिय बनने की कामना नहीं थी, अपितु उनकी चिन्ता यह थी कि "कविता को"; बल्कि "कविता के" माध्यम से "अपनी तकलीफ" को, "ज्यादा से ज्यादा सच्चाई और समग्रता के साथ ज्यादा से ज्यादा से लोगों तक पहुँचने" का काम कैसे हो? और, इसी के लिए उन्होंने अधिकांश उर्दू - ग़ज़लों से अलग, परम्परागत मिज़ाज़ और अर्थ के बदले हुए रूप में ग़ज़ल को स्वीकार किया। जैसा कि *डा० राजेन्द्र कुमार* ने "धर्मयुग" (16 नवम्बर 1980) में एक संवाद में कहा है,

"इस तथ्य से हमें इस बात का साक्ष्य मिल जाता हैं कि सजग हिन्दी कवि के मन में, अपने इर्द-गिर्द एक बड़ा पाठक समूह एकत्र करने मात्र के लिए ग़ज़ल को, बतौर एक "चलतू" माध्यम इस्तेमाल करने की बात नहीं है। अपनी बात ग़ज़ल में कहने के मूल में, जहां सामान्य पाठक और कवि के बीच सहज संवाद (महज "औरतों से या माशूक से संवाद" के लिए ग़ज़ल से उम्मीद किये बैठे लोग हैरान होंगे) की स्थिति लाने की प्रेरणा काम कर रही है, वहीं उससे भी गहराई में, अपने समाज के बीच समाज के लिए कवि-द्वारा स्वयं अपने को खोजने की प्रेरणा भी मौजूद है, जो ग़ज़ल को आधुनिक हिन्दी कवि के व्यक्तित्व को निजी अर्थवत्ता प्रदान करती है।" (पृष्ठ, 17)

दुष्यन्त कुमार हिन्दी में ग़ज़ल कहने वाले सबसे पहले कवि नहीं हैं, और न यह विधा हिन्दी में

एकाएक ही आयी, इसके पीछे एक ठोस पृष्ठ भूमि है। हिन्दी साहित्यकोश (वाराणसी, ज्ञानमंडल, संवत् 2015) के अनुसार, ख्वाज़ा मुईनुद्दीन चिश्ती भारत में ग़ज़ल की सर्वप्रथम रचना करने वाले व्यक्ति माने जाते हैं, जिनके सम्बन्ध में यह उल्लेख है कि उन्होंने फ़ारसी और भारतीय भाषाओं में ग़ज़लें कही हैं। (पृष्ठ, 252) यदि हिन्दी के प्रथम ग़ज़लगो का नाम हम लेना चाहें तो, हमें उस बिन्दु तक जाना होगा, जहाँ से अपभ्रंश से विकसित हो कर हिन्दी प्राचीन हिन्दी के रूप में आकार ग्रहण कर रही थी। कुछ लोग यह मानते हैं कि सिद्ध सरहपा ने सबसे पहले आठवीं शताब्दी में दोहों में शेरों-की सी बंदिशें की थी। दोहों की रचना सर्वप्रथम सरहपा ने ही की थी जो कि अरबी फ़ारसी के शेरों से मिलते-जुलते हैं।(द्रष्टव्य : डा० महावीरसिहं का लेख "हिन्दी ग़ज़ल-एक विवेचन, "धरती" (अनियतकालीन पत्रिका, विदिशा, "ग़ज़ल विशेषांक", जुलाई 1980, पृष्ठ-29) लेकिन हिन्दी की पहली ग़ज़ल अमीर खुसरो (सन् 1253 ई०-1335 ई०) की है, इसलिए हमारे विचार से अमीर खुसरो ही हिन्दी के पहले ग़ज़लगो कहे जा सकते हैं। युगानुकूल भाषा-प्रयोग के करण उनकी ग़ज़ल फ़ारसी और "भाषा" (हिन्दी का प्राचीन या आरंभिक रूप) के सम्मिश्रण में कही गई है। उस ग़ज़ल का एक शेअ्र देखिए :

ज हाले गिरकीं मकुन तगाफुल दुर आय नैना बनाय बतियाँ।
कि तबें हिज्राँ न दारम् ऐ दिल न लीहू काहे लगाय छतियाँ।।

इससे पूर्व और बाद में ग़ज़ल की स्थिति पर *माजदा असद* ने अच्छा प्रकाश डाला है। उनका एक कथन यहां उद्धृत करना उपयुक्त रहेगा। उनके अनुसार, (देखें : माजदा असद का लेख, "ग़ज़ल उत्तर और दक्षिण में", आजकल; हिन्दी मासिक, नई दिल्ली, मई, 1981, पृष्ठ, 3)**:**

"भारत में ग़ज़ल का आरंभ खानकाह और आश्रम से हुआ। सूफियों ने इसे साहित्यिक स्वरूप प्रदान किया। अमीर खुसरो से ग़ज़ल का प्रारम्भ माना जाता है। स्थापित विधा के स्वरूप में नवीं सदी हिजरी में गुजरात और दक्षिण में इसे मान्यता मिली । दक्षिण में ग़ज़ल खानकाह या आश्रम से निकल कर दरबारे शाही में पहुंची और दरबारी वातावरण में परवान चढ़ी। सौन्दर्य और प्रेम के वातावरणमें ग़ज़ल अपने पूरे निखार के साथ सामने आयी और रेख्तः कहलाई। उसने आगे चलकर फ़ारसी ग़ज़ल का रूप धारण कर लिया और वहां से विकसित होकर सामने आई। यह माना जाता है कि ग़ज़ल का जन्म आबी कसीदे के प्रारंभिक स्वरूप से हुआ। ग़ज़ल के इस स्वरूप को विकसित करने का सेहरा दक्षिण के बादशाहों के सिर है। वे बादशाह ग़ज़ल के भी बादशाह थे।"

बाद में, ग़ज़ल दक्षिण से विकसित होकर उत्तर में आई। *प्रो० रसीद अहमद सिद्दीक़ी* मानते हैं कि, "ग़ज़ल शायरी नहीं, तहजीब है।" उनका यह वाक्य बहुत अर्थवान है। यह तहज़ीब मूलतः फ़ारसी-अरबी की है। उर्दू; हिन्दी से विकसित हिन्दी की ही शैली है, लेकिन परिस्थितियोंवश उर्दू-साहित्य ने अधिकांशतः फ़ारसी-अरबी की ज़मीन और उसी की तहजीब से रस ग्रहण किया है। इस कारण उर्दू में फ़ारसी-अरबी की ग़ज़ल-परम्परा को ज्यों-का-त्यों आत्मसात् कर लेना हिन्दी की अपेक्षा कहीं अधिक सुविधाजनक

रहा। इस बात से भी असहमत नहीं हुआ जा सकता कि हिन्दी में ग़ज़ल फ़ारसी-अरबी से सीधे न उतर कर उर्दू के रास्ते से आई है। यही कारण है कि अमीर खुसरो (1253- 1325 ई०) के बाद आधुनिक हिन्दी के युग कवि भारतेन्दु हरिशचन्द्र ही ग़ज़ल कहते दिखाई देते हैं। बीच में लगभग एक शून्य-सा है। भारतेन्दु के बाद द्विवेदी युग में श्रीधर पाठ्क, मैथिलीशरण गुप्त, केशवप्रसाद मिश्र, मन्नन द्विवेदी, सत्यनारायण कविरत्न, माधव शुक्ल, ठाकुर गोपाल शरण सिहं, राय देवी प्रसाद पूर्ण, राम नरेश त्रिपाठी, इत्यादि की ग़ज़लें देखने को मिलती हैं। इन के बाद महाकवि जयशकंर प्रसाद, सूर्यकाँत त्रिपाठी "निराला", की ग़ज़लें हैं। ये सब हिन्दी ग़ज़ल की इमारत की बुनियाद हैं। इस बुनियाद पर हिन्दी ग़ज़ल का निर्माण बाद में हुआ।

इस परिप्रेक्ष्य में हम हिन्दी ग़ज़ल के इतिहास को कुछ इस प्रकार व्यवस्थित कर सकते हैं :

(अ) आरम्भ — (बुनियाद), अमीर खुसरो से निराला तक।

(ब) निर्माण — शमशेर बहादुर से दुष्यन्त तक।

(स) विकास — दुष्यन्त के बाद, वर्तमान तक।

"आरम्भ युग" के अन्तर्गत हम ग़ज़लकारों के नाम ऊपर निर्दिष्ट कर चुके हैं।

"निर्माण युग" के अन्तर्गत हम उन ग़ज़ल-निर्माता हिन्दी कवियों के नाम लेंगे, जिन्होंने ग़ज़ल को एक गंभीर विधा के रूप में अपनाया और हिन्दी ग़ज़ल को समृद्ध कर, लोकप्रिय बनाया। ऐसे प्रथम सचेत कवि हैं- शमशेर। शमशेर के बाद त्रिलोचन, जानकीवल्लभ शास्त्री, भवानी प्रसाद मिश्र और दुष्यन्त कुमार का नाम इस युग के अन्तर्गत लिया जा सकता है।

दुष्यन्त के बाद हिन्दी ग़ज़ल का विकास एक साथ बड़ी तेजी से हुआ। इस में निर्माण के बिन्दु से यकायक भारी बदलाव दृष्टिगत होता हैं। इस विकास-यात्रा के सभी रचनाकारों के नाम नहीं गिनाये जा सकते, फिर भी इतिहास में जिन नामों का उल्लेख होना चाहिए, उनमें सूर्यभानु गुप्त, रामावतार त्यागी, बशीर अहमद मयूख, ज़हीर कुरैशी, रामदरश मिश्र, महेश अनघ, देवेन्द्र शर्मा "इन्द्र", रामकुमार कृषक, भवानीशकंर, माहेश्वर तिवारी, विनोद तिवारी, धनंजय सिंह, कुँअर बेचैन, शिवओम अंबर, राजकुमारी रश्मि, पुरुषोत्तम प्रतीक, कुमार रवीन्द्र, शेरजंग गर्ग, कुबेर दत्त, श्याम बेबस, माधव मधुकर, सत्यपाल सक्सेना, अहमद प्रकाश, डा० उर्मिलेश, मधुर शास्त्री, चन्द्रसेन विराट, रऊफ परवेज़, डा० देवराज, अश्वघोष, महेन्द्र भटनागर, अवधनारायण मुद्गल, योगेन्द्र नाथ शर्मा "अरुण", राजेन्द्र "व्यथित", ज्ञानप्रकाश विवेक, सुरेश कुमार, रमेश राज, अतुल शर्मा, हरजीत, बालकृष्ण गर्ग, गोविन्द व्यास, इत्यादि के नाम अवश्य सम्मिलित होंगें। लेकिन यह नाम- सूची अधूरी ही है। इन लोगों के अतिरिक्त अनेक नये-पुराने रचनाकार अच्छी ग़ज़लें कह रहे हैं, जो विभिन्न छोटी-बड़ी पत्रिकाओं और संकलनों के माध्यम से पाठ्कों तक पहुंच रही हैं।

हिन्दी ग़ज़ल : विधा की हैसियत का सवाल

"हिन्दी ग़ज़ल"– इस नाम से ही कुछ लोगों को सख्त ऐतराज है। वे कहते हैं "ग़ज़ल" तो ठीक है, पर "हिन्दी ग़ज़ल" क्या है? और क्यों इसे "हिन्दी ग़ज़ल" कहा जाय? उर्दू-हिन्दी का भाषायी विवाद इसमें दखल देता है। जैसे "धर्मयुग" के एक रोचक संवाद में (देखें : 16 नवम्बर 1980 का अंक, पृष्ठ 16) *धनंजय वर्मा* कहते हैं कि "ग़ज़ल को ग़ज़ल ही रहने दें" वे हिन्दी में ग़ज़ल की सर्जना को लगभग असम्भव मानते हैं। मान लो कुछ कवि हिन्दी में ग़ज़ल कह भी लेते हों, तो "उनकी मुकम्मल ग़ज़लों को हिन्दी ग़ज़ल क्यों कहा जाये? सिर्फ ग़ज़ल क्यों नहीं?"उन्होंनें इस सवाल को और आगे यह कह कर बढ़ाया है कि, "क्या महज़ इसलिए कि उनको कहने वाले हिन्दी के कवि हैं?" कुल मिलाकर धनंजय वर्मा ग़ज़ल के आगे "हिन्दी" विशेषण की कोई जरू रत नहीं समझते क्यों कि उन्हें इसमें "भाषाई साम्प्रदायिकता की बू आती हैं और वे "हिन्दी" विशेषण लगाने में "अलगाव की मानसिकता का सबूत" पाते हैं।

धनंजय वर्मा के अलावा और भी कई लोग हैं जो इसी विचार के हैं, जैसे– नरेन्द्र वशिष्ठ, पुरूषोत्तम प्रतीक, डा० जानकी प्रसाद शर्मा आदि।

इसके विपरीत, "हिन्दी ग़ज़ल" नाम के पक्षधर लोगों का एक लम्बा काफिला है। "धर्मयुग" के इसी संवाद में दूसरा विचार हिन्दी के युवा समीक्षक डा० राजेन्द्र कुमार का है। वे तर्कों-सहित यह कहते हैं कि "हिन्दी ग़ज़ल कहना ही होगा"। उनकी मान्यता है कि "एक सचेत" हिन्दी कवि ग़ज़ल को केवल शिल्प तक सीमित नहीं समझता। वह ग़ज़ल की अपनी आन्तरिक अपेक्षाओं से अवगत है। इस लिए केवल भाषाई आधार पर ग़ज़ल के स्थूल ढांचे में रची गई किसी चीज़ को "हिन्दी ग़ज़ल" कहने का कोई आग्रह समझदार किसी कवि को नहीं हैं।.. वैसे एक बात भाषिक संरचना की दृष्टि से भी विचारणीय अवश्य है। बहुत से विदेशी शब्दों की तरह अरबी-फ़ारसी के शब्द भी हमने अपनी भाषा में आत्मसात कर लिए हैं और जो नहीं भी आत्मसत किये हैं, जरूरत के मुताबिक उन्हें भी अगर ग़ज़ल में अपनी भाषा की प्रकृति के अनुकूल हम इस्तेमाल करते हैं तो भी भेद बरतने की कोई आवश्यकता नहीं है, लेकिन अगर उर्दू वालों का बल इस बात पर हो कि ग़ज़ल में आये अरबी-फारसी के शब्द अरबी-फ़ारसी की ही व्याकरणिक संरचना के नियम भी मानें, तो हमें अपनी ग़ज़ल को उससे फर्क करने के लिए "हिन्दी ग़ज़ल" कहना ही होगा।

बात ठीक भी है। क्यों कि हिन्दी ने संस्कृत और अन्य भाषाओं के शब्दों को ज्यों-का-त्यों नहीं अपनाया है, अपने व्याकरण में ढाल कर अपनाया है, तो फिर अरबी-फ़ारसी के शब्दों को ज्यों का त्यों अपनाने के लिए कैसे बाध्य किया जा सकता है?

डा० राजेन्द्र कुमार से अनेक रचनाकारों और समीक्षकों की सहमति है। यथा : शेरजंग गर्ग,

धनंजय सिहं, रामकुमार कृषक, जयन्त चौहान आदि। इधर कुछ लोगों ने ग़ज़ल के ढांचे को अपनाते हुए भी "ग़ज़ल" शब्द के हिन्दी अनुवाद के मोह में हिन्दी- ग़ज़ल को कुछ नाम दिये हैं। इनमें से गीतिका, अनुगीत, और तेवरी नाम कुछ सीमित लोगों की "गोष्ठियों" में प्रयुक्त हो रहे हैं। सुप्रसिद्ध गीतकार गोपालदास "नीरज" अपनी ग़ज़लों को "गीतिका" कहते हैं। "अनुगीत" - नाम डॉ० मोहन अवस्थी ने दिया है। कुछ उत्साही युवा रचनाकार हिन्दी ग़ज़ल के बदलते तेवरों के कारण परम्परागत ग़ज़ल से भिन्न करने के लिए उसे "तेवरी" नाम देना चाहते हैं। डा० देवराज, ऋ० दे० शर्मा देवराज, रमेशराज आदि रचनाकारों ने यह नाम देना चाहा है और अलीगढ़ से प्रकाशित अपनी पत्रिका "तेवरीपक्ष" को इसी नाम की स्थापना के लिए एक मंच के रूप में पाठकों तक पहुँचाया है।

प्रश्न यह है कि जब उर्दू बहर को अपनाया ही जा रहा है, तो इसके नाम के हिन्दी-अनुवाद की आवश्यकता क्यों है? वैसे भी हिन्दी में अब इसको "ग़ज़ल" के नाम से ही जाना जा रहा है।

डा० महावीर सिहं ने हिन्दी में ग़ज़ल के आगमन का कारण गीत की उपेक्षा माना है (द्रष्टव्य : "हिन्दी ग़ज़ल : एक विवेचन" -लेख, "धरती" अनियतकालीन पत्रिका, विदिशा- म०प्र०, ग़ज़ल विशेषांक, पृष्ठ - 33)। वे कहते हैं कि, "गीत ने लम्बा संघर्ष किया है लेकिन उसकी स्थिति आज भी सुधरी नहीं है। नवगीत को भी साहित्य में स्वीकार नहीं किया गया, तब ग़ज़ल की ओर मुड़ने के अलावा क्या रास्ता है? अस्वीकृति के कारण ही ग़ज़ल का जन्म हुआ तथा इन अस्वीकृतियों की झलक ग़ज़ल में व्यक्त व्यंग्य तथा सामाजिक यथार्थ के स्वरूप में ही मिल जाती है। लेकिन हमारे विचार से डा० सिंह की यह बात सर्वांशतः सत्य नहीं। उर्दू में ग़ज़ल और नज़्म जैसे साथ-साथ चल रहे हैं, वैसे ही हिन्दी में भी गीत के साथ ग़ज़ल। क्या दुष्यन्त के पूर्व के कवियों ने गीत की अस्वीकृति के कारण ग़ज़ल कही है? "गीतिका" और "अनुगीत' संज्ञाओं में भी गीत के मोह की ध्वनि है।

वास्तविकता यह है कि हिन्दी ग़ज़ल उर्दू ग़ज़ल को भी सही रास्ते पर लाने का रचनात्मक प्रयास है। "सही रास्ते पर लाने" से हमारा तात्पर्य है उसे भारतीय परिवेश प्रदान करना । उर्दू का उत्स हिन्दी है। पर जिस तरह उसे अपने मूल उत्स से अलग विकसित होने की नियति झेलनी पड़ी, उसका उल्लेख यहाँ बहुत प्रासंगिक है। डा० राजेन्द्र कुमार ने मौलाना मुहम्मद हुसैन के हवाले से बहुत सटीक तर्क दिया है। हम उसे यहां ज्यों का त्यों उद्धृत करने की अनुमति चाहेंगे। यह तथ्य "हिन्दी ग़ज़ल" को उपयुक्त विधा- नाम स्वीकृत कराने के लिए ठोस तर्क हो सकता है। मौलाना मोहम्मद हुसैन आज़ाद ने "आबेहयात" में इस बात को स्वीकार किया है कि उर्दू के प्रायः सभी कवियों ने अपनी काव्य-वस्तु, काव्यशास्त्र, छन्द तथा उपमान इत्यादि भारतीय परिवेश से न लेकर ज़्यादातर फ़ारसी शाइरी का ही अनुकरण किया है। इस बात के लिए सैयद एहतिशाम हुसैन ने भी दुःख प्रकट किया है। इस बात के असर से उर्दू ग़ज़ल का जो ढर्रा एक बंधीबंधाई रवायत में चल पड़ा और चलता आयाहै, इससे अलग करने के लिए अगर हम अपनी ग़ज़ल को "हिन्दी ग़ज़ल कहते हैं, तो हमारी नीयत पर शक नहीं किया

जाना चाहिए। हम सांस्कारिक और विकासमान प्रवृतियों के आधार पर प्रतिफलित अन्तर को रेखांकित करने के लिए ऐसा करने को विवश हैं। हम भाषाई आधार पर "हिन्दी ग़ज़ल" और "उर्दू ग़ज़ल" के खाने नहीं बना रहे।

क्या ग़ज़ल सामन्ती विधा है?

कभी शमशेरबहादुर सिहं के साथ एक साक्षात्कार में डा० जानकी प्रसाद शर्मा ने एक महत्त्वपूर्ण प्रश्न उठाया था। "आलोचना" के प्रगतिशील साहित्य विशेषांक का उल्लेख करते हुए उन्होंने शमशेर जी से पूछा कि उस अंक में आपने डा० रामविलास शर्मा के हवाले से इस बात पर सोचा है कि क्या ग़ज़ल सचमुच में सामन्ती फॉर्म हैं? वस्तुस्थिति क्या है? (द्रष्टव्य : "धरती"-पत्रिका, ग़ज़ल विशेषांक, पृष्ठ 9-11) इसका उत्तर देते हुए शमशेर कहते हैं–"रामविलास जी उस जमाने में एक पत्र के सम्पादक थे। मैनें उन्हें एक पसन्दीदा ग़ज़ल भेजी थी। जिसका एक शेअर है-

यह सलामी दोस्तों को है मग़र,
मुट्ठियाँ तनती हैं दुश्मन के लिए।

उन्होंने यह ग़ज़ल इस टिप्पणी के साथ वापस लौटा दी कि ग़ज़ल तो दरबारों से निकली हुई विधा है, वह प्रगतिशील मूल्यों को अभिव्यक्ति देने में अक्षम है।.... मैनें उस वक्त भी प्रगतिशीलता और ग़ज़ल को लेकर उन्हें विस्तार से जवाब दिया था। मैंने खुद उनसे सवाल किया था कि आल्हा का छन्द भी कौन-सा प्रगतिशीलता के अनुकूल है, क्या यह भी सामन्ती फॉर्म नहीं? क्योंकि रामविलास जी ने आल्हा छन्द में कई कविताएँ लिखी हैं। "इससे आगे वे इस प्रश्न पर संयत होकर बहुत सटीक जबाब देते हैं, जो विशेष रूप से उल्लेखनीय है : "मैं कन्टेन्ट और फॉर्म के अन्तर्सम्बन्धों को रचना की बुनियादी शर्त मानता हूँ। कन्टेन्ट स्वयं अपनी प्रकृति के मुतबिक फॉर्म की तलाश करता है। एक सही रचनाकार बेहतर ढंग से जानता है कि उसे किस बात के लिए कौन-सा माध्यम चुनना है? मुझे ग़ज़ल में कोई पुरानापन नजर नहीं आता।"

ग़ज़ल दरबार से होकर आई विधा मानी जाती है। उसमें दरबारी सभ्यता के चिह्न विशेष रूप से मिलते हैं। इसलिए उस समय डा० रामविलास शर्मा का यह कहना कि ग़ज़ल सामन्ती विधा है, किसी रूप में ठीक ही था; लेकिन यह ध्यान नहीं दिया कि शमशेर की ग़ज़लें दरबारी चिह्नों को पीछे छोड़ने की प्रक्रिया से गुज़र रही है। कोई विधा यदि कभी दरबार से जुड़ी रही है, तो वह हमेशा वैसी ही बनी रहे, यह आवश्यक नहीं है। हमने हिन्दी ग़ज़ल . विधा की हैसियत का सवाल" में हिन्दी -उर्दू -ग़ज़ल के जिस अन्तर को रेखांकित किया है– हम उसे फिर दुहरालें तो बात अपने आप साफ़ हो जाएगी

शमशेर हिन्दी -ग़ज़ल के निर्माताओं में अग्रगण्य हैं। उन्होंने इस बात को बहुत साफ़ शब्दों में कहा है कि "ग़ज़ल में दरबारी सभ्यता के चिह्न विशेष हैं" (देखें- "दोआब")। तो मैनें यह बात उर्दू ग़ज़ल के बारे में कही है। वह उर्दू गजल है जो या तो दरबार युग की है, या उसकी समाप्ति के ठीक बाद का, जिसमें दरबारी पंरपरा अभी शेष रही है। मैंने जिस समय ग़ज़लें लिखीं वह समय दरबारी युग से काफ़ी

बाद का है और खासतौर से हिन्दी कविता में रीतिकाल को गुज़रे हुए शताब्दियां बीत गयीं। अतः उससे बचने के लिए प्रयास करने की आवश्यकता भी महसूस नहीं होती।"

इससे भी मूल्यवान बात वे अपनी ग़ज़लों के बारे में बताते हैं कि, "यह तत्त्वतः हिन्दी की रचनायें हैं, क्यों कि इनका मिज़ाज उर्दू शाइरी का नहीं है।" ध्यान देने की बात है कि हर सचेत कवि ने हिन्दी-उर्दू को दो चीजें नहीं माना, इसलिए "हिन्दी ग़ज़ल" से उसका तात्पर्य हमेशा उर्दू ग़ज़ल के मिज़ाज से अन्तर वाली ग़ज़ल से रहा है, लिपि के अन्तर से नहीं । और मिज़ाज का अन्तर सांस्कृतिक पृष्ठभूमि है।

आज हिन्दी में जो ग़ज़ल कही जा रही हैं, उसकी संवेदना को देखते हुए शायद ही कोई कहे कि यह ग़ज़ल दरबारी है या सामन्ती फॉर्म है। इसका सप्रमाण उत्तर हिन्दी ग़ज़ल की संवेदना और शिल्प को देख कर मिल जायेगा।

हिन्दी ग़ज़ल : संवेदना और शिल्प

हिन्दी ग़ज़ल अरबी-फ़ारसी और उर्दू से भिन्न धरातल पर पनपी। उसका संस्कार अलग है। इसीलिए उसमें मात्र भाषागत भिन्नता ही नहीं, बल्कि विषयगत अन्तर और प्रकृतिगत भिन्नता भी है। इसी सन्दर्भ में देखें तो हमें हिन्दी ग़ज़ल की संवेदना और शिल्प में परंपरागत ग़ज़ल से भिन्न उसकी अपनी विशेषतायें देखने को मिलेंगी।

"समन्ती विधा" के रूप में "ग़ज़ल" पर विचार करते हुए हमने उसमें दरबारी सभ्यता के अवशेषों से ग़ज़ल की मुक्ति को रेखांकित किया है। यह हिन्दी ग़ज़ल की पहली विशेषता है। जो उसकी संवेदना को दरबार से मुक्त कर जनसामान्य से बांधती हैं। हिन्दी ग़ज़ल की इस विशेषता के लिए शेरजंग गर्ग ने कहा है कि, "उसने अपने कथन-कौशल में निश्चय ही विस्तार किया है। और उर्दू ग़ज़ल की औपचारिकता के मुकाबले अत्यधिक अनौपचारिक हो गई है। उसका दरबारीपन हिन्दी में आकर घरबारीपन की दिशा में अग्रसर हुआ है।" (द्रष्टव्य "आजकल" (हिन्दी मासिक), नई दिल्ली, मई, 1981, पृष्ठ, 7-8)। इससे अधिक स्पष्ट बात *धनंजय सिंह* ने कही है। वे कहते हैं कि, "ग़ज़ल महफिलों से निकल, जनचेतना से जुड़ी है।" (द्रष्टव्य-वही, परिचर्चा "ग़ज़लः जनजीवन की सही अभिव्यक्ति" पृष्ठ, 16)। यही कारण है कि ग़ज़ल में आम आदमी के जीवन की जटिलताओं, सामाजिक संघर्षों, विडम्बनाओं और त्रासदियों को सीधे-सच्चे ढंग से बिना किसी बनावट के सामने रखा गया है। सामाजिक राजनीतिक विसंगतियों का पर्दाफाश आज की ग़ज़ल साहस के साथ कर रही है। यह हिन्दी ग़ज़ल के सामाजिक सन्दर्भों और वातावरण के प्रति सचेत रहने का ठेस प्रमाण है। आज की अधिकांश ग़ज़लें इसी संवेदना से जुड़ी हुई हैं।

शिल्प की ओर अभी हिन्दी ग़ज़ल का ध्यान कम गया है। यही कारण है कि ग़ज़ल के नाम पर लिखी जा रही अधिकांश रचनायें ग़ज़ल न होकर मुक्त कविता के गीत या नवगीत के निकट हैं। शिल्प से अधिक महत्त्व यहाँ वस्तु को दिया जा रहा है।

AB-2 (iv) नव मुक्तछंद कविता

स्वरूप एवं लक्षण

कविता-वर्ग की यह विधा प्रबन्ध-कविता से नितान्त भिन्न, मुक्त रूप वाली है। 'नव मुक्तछंद कविता' कहने से हमारा तात्पर्य कविता के उस रूप से है, जो मुख्यतः परम्परागत छन्दों से मुक्त है और जिसकी विषय-वस्तु एवं संरचना पूर्ववर्त्ती कविता से नितान्त भिन्न है। इस कविता की पृष्ठभूमि में हिन्दी काव्य-भाषा की अनवरत विकास-प्रक्रिया, सांस्कृतिक पुनर्जागरण और परवर्त्ती युग की मानसिकता है, तो केन्द्र में है व्यक्ति और व्यक्ति एवं समाज की टकराहटों से विकसित नया सौन्दर्य। इस कविता की नवता इन बिन्दुओं में ही निहित है। यही कारण है कि भावुक कविता से पृथक् इस कविता का व्यक्तित्व विचार -प्रधान है। और जहाँ विचार-प्रधानता होगी, वहाँ स्वाभाविक रूप से गद्यात्मकता का समावेश मुक्तमन से होगा।

इसी बिन्दु से हम नव मुक्त छंद कविता के लक्षणों का आकलन आरम्भ कर सकते हैं। नव मुक्त छंद कविता, जिसे आज प्रायः 'नयी कविता' के नाम से सर्वस्वीकृति मिल चुकी है, वहाँ से शुरू होती है, जहां से मनुष्य अपने चिन्तन के आमने सामने खड़ा होता है, बिना किसी बैसाखी के! जीवन की जटिलता के बीच जीते मनुष्य ने अपने सोचने, अनुभव करने की पद्धति बदल ली है। प्रायः होता यह था कि उसके और उसके सोचने के बीच बार-बार ईश्वर जैसी कोई आध्यात्मिक दीवार आ खड़ी होती थी। अन्याय को वह इस प्रतीक्षा में सहता चला जाता था कि ईश्वर है, वह कभी न कभी तो न्याय करेगा ही! अंत में हमें वहीं जाना हैं, वहीं सारे-पाप- पुण्यों का हिसाब होगा; वहां आनन्द धाम हैं, हमें वहीं सुख मिलेगा; यह दुनिया तो झूठ है, क्षणभंगुर हैं, नाशवान है;, आदि बातें उसके दुःख को बहलाए रखती थी तथा उसके संघर्ष को स्थगित कर देती थी। आज उसका दृष्टिकोण बदल चुका है। वह जान गया है कि उसे अपना जीवन-संग्राम स्वयं लड़ना है। यह स्थिति अचानक उत्पन्न नहीं हो गई है। एक लम्बी परम्परा को जीते हुए उसने परिस्थितियों को समझा है, तब हुई है। उसने आत्मनिरीक्षण कर 'व्यक्ति' की शक्ति को पहचाना है और उसके महत्त्व को स्थापित किया है। वह उस निष्कर्ष तक पहुँचा है कि छोटे से छोटा व्यक्ति महत्त्वपूर्ण है। इसलिए हम पाते हैं कि 'नव मुक्तछंद कविता' (नयी कविता/समकालीन कविता/ जनवादी कविता) में साधारण मनुष्य के दुःखों, संघर्षों, पीड़ाओं, इच्छाओं, आशाओं और कार्यों की अभिव्यक्ति की गई है। किसी दिव्यलोक की भव्यता के स्थान पर साधारण मनुष्य के आसपास की दुनिया का चित्रण किया गया है। साधारण से साधारण, छोटी-से छोटी वस्तु भी कविता में अपने पूरे आकार में मौजूद है। इस कविता में मानव महत्त्वपूर्ण है। मानवीय संस्पर्श के बिना रचना की कल्पना ही

असंभव है। यही कारण है कि इस कविता में मानवेतर शक्तियों की अस्वीकृति है, ऊपर से चिपकाए गए मूल्यों में अनास्था व्यक्त की गई है, मानव की गरिमा तथा जीवन की गहराइयों के बीच से उठ कर आए हुए मूल्यों पर विश्वास जताया गया है। पहला स्वर यही है, जो पूर्ववर्त्ती कविता से बदला हुआ है और इस बदलाव ने 'नव मुक्तछंद कविता' का सब कुछ 'नया' बना दिया है

रूप-गठन और कहें संरचना के स्तर पर स्थूल परिवर्तन यह दृष्टिगत होता है कि नव मुक्तछंद कविता ने छन्दों में बंधी लय वाली काव्यात्मकता को छोड़ कर मुक्त छंद के साथ सटी गद्यात्मकता को अपनाया है। यह ऐसा नयापन था, कि जब नव मुक्तछंद कविता सामने आई तो पंरपरागत रूप-विधान से भिन्न दिखाई देने के कारण इसे 'कविता' कहने में भी संकोच किया जाने लगा। कविता को छन्दोबद्ध और पद्यात्मक ही माना जाता था, लेकिन ऐसा कोई शास्त्रीय नियम हमें कहीं नहीं मिलता कि कविता अनिवार्यतः इन शर्तों में बंधी होनी चाहिए। वास्तव में तो गद्य और पद्य काव्य की दो शैलियाँ हैं। हाँ, इतना अवश्य है कि प्राचीन काल से ही कविता पद्य शैली में रची जाती रही है। संस्कृत में तो गद्य के प्रयोग देखे भी जा सकते हैं, लेकिन हिन्दी में प्राचीन कविता पद्य में ही मिलती है। इसका कारण चाहे यह रहा हो कि वह जल्दी याद हो जाती थी, या श्रोताओं को अपनी ओर आकर्षित करने के लिए उसका गेयात्मक या पद्यात्मक होना सुविधाजनक था। तब मानव-मन अधिक भावुक, सरल, भोला-भाला था, यह भी एक कारण हो सकता है। दूसरे , कविता श्रव्य काव्य होने से उसका अधिष्ठान प्रायः कण्ठ और श्रुति होता था। लेकिन आज मनुष्य में चिन्तन, तर्क-वितर्क की प्रवृति अधिक बढ़ गई है। उसकी मानसिकता अधिक जटिल हो गई है। अत्यधिक भावुकता और रूमानियत उसकी प्रवृतियों में नहीं है। आज कविता गेय या श्रव्य मात्र नहीं रह गई है, मुद्रित और पाठ्य भी हो चली है। उसके द्वारा मनुष्य की मानसिक जटिलताओं की सृष्टि की जाने लगी है। अतः कविता गद्यात्मक होने लगी है। गद्यात्मकता का आशय यह नहीं कि उसमें प्रगाढ़ वैचारिकता, जटिल मानसिकता विशुद्ध गद्य की तरह बुनी गई हो। इस कविता-रूप में लय के बन्धन का निर्वाह करते हुए सुकोमल भावनाओं को भी रूपायित किया गया है। रचनाकार गद्यात्मकता लाते हुए भी काव्यात्मकता के प्रति सजग दिखाई देता है। उसे सर्वाधिक ध्यान 'अर्थ के संस्कार' का रहता है। सामान्य भाषा में भी काव्य-भाषा के गुण रच देना, नव मुक्तछंद कविता के रचनाकार को अच्छी तरह आता है। एक दृष्टि से देखें तो इस कविता-विधा की भाषा मूलतः 'प्रेरित' करने का काम करती है, मात्र सूचना नहीं देती। उसमें भावमूलक गुण अधिक होते हैं, तर्कमूलक कम। बल्कि दोनों का संयुजन रहता है, एक लय के साथ। जैसा कि रचनात्मक साहित्य का मुख्य लक्षण है, इसमें 'प्रकट अर्थ' से भिन्न 'व्यक्त' (और कहें 'अव्यक्त') अर्थ रहता है।

कई बार प्रश्न उठ्या जाता है कि क्या गद्य ने कविता को हानि पहुँचाई है? उत्तर 'नहीं' में होगा। यह ठीक है कि एक सीमा तक गद्यात्मक हो जाने से कविता की भाषा में आंतरिक पारदर्शिता को क्षति पहुंचती है, लेकिन नव मुक्तछंद कविता में गद्यात्मक होने पर भी उसमें रिफ्लैक्शन की शक्ति विद्यमान

रहती हैं। सही कविता संभवतः वही होती है जो शब्दार्थ से बच रहता है, वह उसमें रिफ्लैक्ट करता है। इसे स्पष्ट करते हुए "*बच्चन*" जी ने अपने एक साक्षात्कार में कहा था, "मतलब यह है कि पंक्तियों के बीच एक 'पोयटिक प्रोसेस' होता है। उसके भीतर की स्थिति कविता है। यानी कि आंतरिकता से संपृक्ति- (जिसे पोइटिक इनसाइड कहते हैं, काव्यानुभव से कन्सर्न रखने वाली भावना)।" ('आजकल' (मासिक), मार्च, 1981 अंक)।

वास्तव में 'नव मुक्तछंद कविता' भाषिक प्रतीकों से बिम्बों की सृष्टि करती है और रूपान्तरण की प्रक्रिया से सौन्दर्यानुभूति जगाती है। मात्र 'सूचना' नहीं देती।

मुख्य रूप से 'नव मुक्तछंद कविता' के लक्षणों को इन्हीं बिन्दुओं में देखा जाना चाहिए। इन्हीं बिन्दुओं में इस विधा के समर्थ रचनाकारों की अभिव्यक्ति की स्पष्टता, स्वर की निर्भीकता तथा अनुभूत्यात्मक वैचारिकता आदि गुणों को रेखांकित किया जा सकता है।

नव मुक्तछंद कविता का संस्कार और प्रवाह

'नव मुक्तछंद कविता' परम्परा-मुक्त नहीं है, वह भारतीयता के भीतर से उगी है। हाँ, इतना अवश्य कहा जा सकता है कि पारिवेशिक दशाओं ने उसकी दिशाओं को दांए-बांए मोड़ने में अपना कुछ प्रभाव अवश्य दिखाया है। मूलतः इस कविता को कबीर की प्रखर काव्य-भाषा से लेकर द्विवेदी युग तक निरन्तर विकासशील रचनात्मक ऊर्जा के संस्कार मिले हैं, जिसमें जन भाषा के प्रवाह तथा शक्ति से लेकर शताब्दियों तक कविता लिखते रहने वाले निरक्षर कवियों एवं अधीत आचार्यों की भाषा-संवेदना व्याप्त है। स्वच्छन्द छंद और अनुशासन का द्वन्द्व इस कविता में संतुलन पा गया है। इस रचना-सरिता की 'व्यक्ति' सम्बन्धी धारणा को (जिसे मानव अथवा मनुष्य के अर्थ में लें) *डा० रामस्वरूप चतुर्वेदी* : के के शब्दों में, पूर्ववर्त्ती रचना-प्रसंगों के तारतम्य में, इस प्रकार समझा जा सकता है–"मनुष्य की अवधारणा के रूप हिन्दी साहित्य के इतिहास में कई बार बदले हैं, और इसी के साथ परम तत्त्व को लेकर उसके रिश्ते भी। आदिकाल के प्रसंगमें परिलक्षित (किया जा सकता) है कि यहाँ मनुष्य का ईश्वर की महिमा से युक्त रूप में वर्णन हुआ है, जबकि भक्तिकाल में यह चित्रण ईश्वर का मनुष्य के रूप में हुआ है। आगे फिर रीतिकाल में ईश्वर और मनुष्य दोनों का मनुष्य-रूप में चित्रण होता है। आधुनिक काल में आकर मनुष्य सारे चिन्तन का केन्द्र बनता है और ईश्वर की धारणा व्यक्तिगत आस्था के रूप में स्वीकृत होती है, साहित्य या कि कलाओं में उसका चित्रण प्रासंगिक नहीं रह जाता"। (हिन्दी-साहित्य और संवेदना का विकास, पृष्ठ 93)। यह स्थिति युगों की परिवर्तित मानसिकता से बनी है। पुनर्जागरण काल में दो जातीय संस्कृतियों की टकराहट ने अन्य प्रश्नों के साथ मनुष्य के संपूर्ण रूप की खोज को जन्म दिया। यह 'आधुनिकता' का केन्द्रीय लक्षण भी है।

'नव मुक्तछन्द कविता' के बीज चाहे जहाँ से खोज लिए जायें, उसके वास्तविक उद्भव चिह्न

'निराला' की रचनाओं में ही हैं। उनकी गीत रचनाओं के अतिरिक्त 'राम की शक्ति पूजा' जैसी लम्बी कविता, भिक्षुक, तोड़ती पत्थर, कुकुरमुत्ता आदि छोटी कविताएं 'नव' मुक्तछंद कविता' की प्रथम सीढ़ियाँ हैं।

उनके समकालीन रहे, और बाद में भी रचनारत रहे *"सुमित्रानन्दन पन्त"* की रचनाएं आज इतनी प्रासंगिक नहीं कि नव मुक्त छंद कविता के वर्तमान रचनाकार उनसे जुड़ने की बात सोच सकें ; फिर भी समग्र परिदृश्य के ऐतिहासिक क्रम को पूरा करने के निमित्त उनकी रचनाओं को इस विधा में गिना जाएगा।

छायावाद के इस अन्तिम बिन्दु के बाद नव मुक्त छंद कविता में विविधताओं ने जन्म लिया। वहाँ रूमानियत से लेकर 'कलात्मतक' प्रयोग, यथार्थ की ठोस ज़मीन पर संचरित व्यापक मानव संवेदनाओं, सामाजिक द्वन्द्वों से जूझता अकेला व्यक्ति, अहं में कैद विघटित व्यक्तित्व, मजदूर -पूंजीपति संघर्ष, विश्व मानवता और नए समाजवाद के लिए जूझते, स्वप्न देखते सामान्य जन की वाणी.... आदि के विविध स्वर अभिव्यक्ति पा रहे हैं।

प्रगतिवादी-प्रगतिशील, प्रयोगवादी-प्रयोगशील और नयी कविता से लेकर समकालीन जनवादी कविता के स्वर इस नव मुक्त छंद कविता की विविधवर्णी रेखाएं हैं, जिनकी रचनाओं ने इस कविता-विधा को समृद्ध किया है। बीच-बीच में नए-नए प्रयोगों के नाम पर अनेक नामधारी 'कविता आन्दोलन' उठे और निरर्थक हो डूब गए; वे स्थायित्व के अर्थ में निरर्थक भले ही कहे जायें, लेकिन उनमें निहित रचनाकार की 'नए' के प्रति अकुलाहट, युगीन परिवेश को समग्रता में अपने ढंग से अभिव्यक्त करने की छटपटाहट, अपनी स्वतंत्र पहचान बनाने की इच्छा आदि को अवश्य रेखांकत किया जा सकता है। इन सब स्थितियों ने कविता-विधा की पूर्ववर्त्ती अनेक लक्षण-श्रृंखला को तोड़ा है। संवेदना और संरचना के ढांचे को नया रूप दिया है। नव मुक्तछंद कविता के समकालीन बिन्दु तक के और भविष्य के प्रवाह को इसी रूप में देखना उचित होगा। इसलिए यहाँ सैकड़ों कवियों में से कुछ दर्जन नाम गिना देने का कोई औचित्य हमें दिखाई नहीं दे रहा ।

AB-3 प्रकीर्ण

चम्पू

'चम्पू' साहित्यिक विधाओं का प्राचीन रूप है। इसकी प्रकृति गद्य और कविता की मिली-जुली प्रकृति है। गद्य के रहते हुए भी कविता तत्त्व उसमें प्रधान रहता है, यह उल्लेखनीय तथ्य है। प्राचीन विधा होते हुए भी, इस काव्य रूप को इतनी लोकप्रियंता नहीं मिली. यह आशचर्य का विषय हैं! न तो रचनाकारों ने विशेष उत्साह दर्शाया, न पाठ्कों ने इसे अन्य विधाओं की तरह अपनाया।

स्वरूप एवं लक्षण

चम्पू काव्य के स्वरूप पर संस्कृत साहित्य शास्त्र में ही विचार प्राप्त होते हैं। सर्वप्रथम, *आचार्य दण्डी*, ने इस काव्य रूप के लक्षण बताते हुए लिखा है कि यह काव्य का वह रूप है, जिसमें वर्ण्य-विषय का निरूपण गद्य तथा पद्य की मिश्रित शैली में होता है। उनके शब्दों में–

मिश्राणि नाटकादीनि तेवमन्यत्र विस्तरः।
गद्य पद्यमयी काचिच्चंपूरित्यभिधीयते।।   (काव्यादर्श, 1/31)

आगे चलकर *हेमचन्द्र* ने 'मिश्र शैली' के अतिरिक्त चम्पू का सांक एवं सोच्छवास होना भी आवश्यक माना (गद्यपद्यमयी सांका सोच्छवासाचंपूः - काव्यानुशासन, 8/9)

आचार्य विश्वनाथ ने इस सम्बन्ध में मात्र इतना ही कहा है कि, गद्य-पद्यमयी रचना चम्पू है (गद्यपद्यमयं काव्यं चंपूरित्यभिधीयते–साहित्य-दर्पण, 6/336)

किसी अज्ञात व्यक्ति की परिभाषा में चम्पू के अन्तर्गत उक्ति, प्रयुक्ति एवं विष्कंभक की शून्यता को सम्मिलित किया गया है।

इन सारे लक्षणों के आधार पर चम्पू की जो विशेषताएं सूचित की जा सकती हैं, वे इस प्रकार हैं-

(1) यह गद्यपद्यमय रचना है, जो सांक होती हैं, उच्छवासों में विभक्त रहती हैं तथा इसमें विष्कंभक की शून्यता होती है।

(2) चम्पू काव्य महाकाव्य की तरह 8 से अधिक सर्गों में भी रचा जा सकता है और खण्डकाव्य की तरह इसमें 8 से कम सर्ग भी हो सकते हैं।

(3) यह स्तबक, उल्लास या उच्छवास में विभक्त रहता है।

(4) इसके मूल स्रोत पुराण होते हैं, पर सामान्य विषयों का भी वर्णन किया जा सकता हैं।

(5) इसमें प्रायः वर्णन-विस्तार अधिक रहता हैं, वस्तु-विवेचन पर रचनाकार कम ध्यान देता हैं।

(6) इसका नायक देवता, गंधर्व, मानव, पक्षी-पशु कोई भी हो सकता हैं। नायक एक से अधिक भी

हो सकते हैं और उनके गुण लक्षण-ग्रंथों में वर्णित गुणों के समान ही हैं।

(7) चम्पू काव्य के लिए नायिका का होना आवश्यक नहीं है। वह हो सकती है और नहीं भी।

(8) इसमें पात्रों की संख्या का कोई निश्चित नियम नहीं है। कवि का ध्यान मुख्य-पात्र के चरित्र-चित्रण की ओर अधिक रहता है।

(9) इसका अंगीरस श्रृंगार, वीर एवं शान्त–कोई हो सकता है। अन्य रसों का प्रयोग गौण रूप से होता है।

(10) इस विधा में गद्य-पद्य दोनों में ही अलंकरण की प्रवृत्ति होती हैं। गद्य वाला अंश समास-बहुल होता है।

(11) इसमें कहीं-कही गीतों का भी प्रयोग होता है।

(12) छंद-योजना का भी ध्यान रखा जाता है। छंद वर्णिक और मात्रिक दोनों तरह के हो सकते हैं।

(13) महाकाव्य की तरह चम्पू काव्य में भी मंगलाचरण, खल-निन्दा एवं सज्जनों की स्तुति होती है।

(14) इसमें फलश्रुति एवं भरत काव्य का विधान किया जाता है।

अतः हम कह सकते हैं कि यह साहित्यिक विधा शास्त्रीय नियमें में अधिक बंधी हुई हैं और रचनाकार से अधिक परिश्रम की मांग करती है

संस्कृत में त्रिविक्रम भट्ट का 'नलचम्पू' इस इस विधा का आदर्श उदाहरण है और हिन्दी में राष्ट्रकवि मैथलीशरण गुप्त की रचना 'यशोधरा'।

खण्ड - 3

कथा-वर्ग की विधाएँ

कथा-वर्ग
(O)

कथा साहित्यिक विधा-वर्ग अत्यन्त 'उदार', कविता-वर्ग से भी कहीं अधिक उदार वर्ग है। जिस तरह हमने रूधिर वर्ग में AB वर्ग को 'कविता' का 'रुधिर वर्ग' माना है, उसी तरह O रुधिर वर्ग को 'कथा वर्ग' का 'रुधिर वर्ग' निर्धारित किया है। अर्थात् AB रुधिर वर्ग वाली कविता-विधा जहाँ 'सार्वभौम अभिग्राहक' श्रेणी की है, वहाँ 'कथा वर्ग' O 'रुधिर वर्ग' होने से 'सार्वभौम अभिदानकर्त्ता' (Universal donor) श्रेणी का है। कहने का अर्थ यह है कि 'कथा' तत्त्व और कथात्मक शैली साहित्य की किसी भी विधा में उसी प्रकार ली जा सकती है, जिस प्रकार किसी भी रुधिर वर्ग के मनुष्य को O रुधिर वर्ग का रक्त दिया जा सकता है। नाट्य वर्ग की साहित्यिक विधाओं (नाटक तथा एकांकी आदि), कविता-वर्ग की साहित्यिक विधाओं (विशेष रूप से महाकाव्य और खण्डकाव्य) तथा कथेतर गद्य-वर्ग की कई विधाओं में 'कथा' तत्त्व विद्यमान रहता है। कई बार तो यह लगता है कि आज 'कथा'का आधार लिए बिना किसी भी साहित्यिक विधा की रचना नहीं हो सकती!

कथा-वर्ग की साहित्यिक विधाओं के अभिलक्षणों को रेखांकित करने के लिए हम अन्य साहित्यिक विधा-वर्गों की मूल प्रकृति को ध्यान में रखना अनिवार्य मानते हैं। वह यह कि नाट्य-वर्ग की मूल प्रकृति है संवाद और प्रस्तुतित्यात्मकता, अर्थात् इस वर्ग की विधाओं में जीवन-खण्ड को पात्रों, पात्रों के परस्पर संवाद के माध्यम से, विधि-विधानपूर्वक बनाए गए रंगमंच पर दिखाया जाता है। कहें कि जीवन को, जीवन-खण्ड को घटनाओं के घात-प्रतिघात के साथ दर्शकों के सम्मुख वर्तमान में जिया जाता है। इसमें बाह्य भौतिक उपकरण तथा अन्य कलाएं (संगीत, स्थापत्य, मूर्ति एवं चित्रकला) अपना प्रभावशाली सहयोग प्रदान करती है। अतः सब पक्षों को ध्यान में रख कर 'कथा' को निश्चित ढांचे (या शिल्प) में बांध दिया जाता है। इसी तरह 'कविता-वर्ग' की विधाएं लयात्मकता लिए, एक विशिष्ट काव्यभाषा में रची गई होती है, जिसमें सांकेतिकता और व्यंजना का विशेष ध्यान रखा जाता है। इस वर्ग की विधाओं में अभिव्यक्ति प्रथम पुरुष-प्रधान होती है तथा आधार वर्तमान होते हुए भी उसका जुड़ाव भविष्य से रहता है। कथेतर गद्य वर्ग की विधाओं में न तो 'कथा' तत्त्व की स्थिति वह होती है, जो कथा वर्ग की, नाट्य वर्ग की अथवा कविता वर्ग की विधाओं में हैं,और न ऐसी 'कथा' को कहा जाता है। अर्थात् उनमें कथा, वर्णन एवं प्रकथनात्मकता का आधार कथा-वर्ग से भिन्न होता है, जो प्रायः निरी वर्णनात्मक होती है। इन सबसे अलग 'कथा-वर्ग' की विधाएं एक 'कथा' 'कहती' हैं, उनमें प्रायः वर्णन एवं प्रकथनात्मकता होती हैं, जीवन-कथा को घात-प्रतिघात से युक्त घटनाओं से युक्त कर के श्रोता/पाठक को 'सुनाया' जाता है।

किसी ने 'उपन्यास' के लिए जो कहा है वह कथा-वर्ग की विधाओं के लिए उचित प्रतीत होता

है; कि, "उपन्यास एक ही साथ शिष्टाचार का सम्प्रदाय, बहस का विषय, इतिहास का चित्र और पाकेट का थियेटर है!" यानी, इस वर्ग की रचनाओं में उन टंटों की कोई आवश्यकता नहीं रह जाती है, जो रंगमंच सजाने में आ खड़े होते हैं। दूसरी मुख्य बात, 'कथा' बीती हुई घटनाओं की होती है, जो नाटक की तरह रंगमंच पर वर्तमान में नहीं जीई जाती।

'कथा' जो बीत गई है, वह इतिहास में भी होती हैं। फिर इतिहास तथा कथा-वर्ग की साहित्यिक विधाओं (कहानी, उपन्यास, लघुकथा) की 'कथा' में क्या अंतर है? हमें इस प्रश्न पर भी सोच लेना चाहिए।

इतिहास 'बीते हुए' को 'रेकार्ड' के लिए शब्द-बद्ध करता है, अतः उसमें तिथियों, नामों, ब्योरों, अंकों-संख्याओं की महत्ता होती है। वह जो शब्द-बद्ध करता है उसमें ब्योरे क्रमबद्ध श्रृंखला के रूप में, सपाट, वस्तुनिष्ठ रूप से, सामान्यतः आंकड़ों की भाषा में लिखे जाते हैं। इतिहासकार को मानवीयता अमानीयता से कोई सरोकार नहीं होता, बल्कि उसके लिए तो अमानीयता या असाधारणता जितनी अधिक होगी, उतना ही अधिक रोचक इतिहास होगा! *प्रो० पुष्पा बंसल* ने इस तथ्य पर विचार करते हुए इतिहास में तीन बिन्दुओं को रेखांकित किया है जो परस्पर पूर्णतया पृथक् होते हैं–

(1) घटना जो बीत चुकी है, समाप्त हो चुकी है।

(2) प्रस्तुतकर्त्ता जो उस घटना से निर्लिप्त, असम्बद्ध है तथा अपने-ज्ञान संचय के बल पर उसे प्रस्तुत करने की शक्ति रखता है; तथा-

(3) श्रोता जो इन दोनों बिन्दुओं से असम्बद्ध है। उनसे पृथक् है, वह अपने ज्ञानवर्धन के लिए जानना चाहता है कि पहले क्या हुआ था। उसकी प्रारम्भिक वृत्ति है जिज्ञासा तथा सामाजिक वृत्ति है ब्योरों का संतोष-ज्ञान-सूचना जो बुद्दि की उपलब्धि है। जिसकी निर्दोषता एवं सटीकता में द्रष्टा की वस्तुनिष्ठता तथा घटना से उसकी एक दूरी, सहायक होते हैं। इसीलिए ताजी घटनाओं का लेखन इतिहास नहीं कहाता, अधिक से अधिक उन्हें इन्स्टैन्ट हिस्ट्री-आशु-इतिहास कह दिया जाता है, जिसकी विश्वसनीयता संदिग्घ होती हैं।

द्रष्टा की असंपृक्ति, उसकी दृष्टि की वस्तुनिष्ठता, एवं घटित से उसकी एक विशिष्ट दूरी - ऐतिहासिक फासला, इतिहास - लेखन के लिए अपेक्षित तत्त्व हैं।

कथा-वर्ग की विधाओं में किसी 'कथा' (या कहानी) का 'कहना' इतिहास के कहने से सर्वथा भिन्न है। इस वर्ग की साहित्यिक रचनाएं 'बीत गए' को नहीं कहती– बीते या बीतते हुए को दिखाती हैं। वह अतीत की गाथा नहीं, बल्कि उस मानवीय सत्य की प्रस्तुति हैं, जो कहीं न कहीं घटित हो रहा है। इसलिए यह कहना ठीक होगा कि 'कथा-लेखन' कहता नहीं हैं, प्रस्तुत भी नहीं करता; पुनर्जीवित करता है, अपने लिए और अपने पाठक के लिए।

निष्कर्ष यह कि 'कथा वर्ग' की विधाओं में दो बातें मुख्य हैं– एक, कथा या कहानीपन, दो, कथा

के विन्यास का, उसके रचने या कहें पुनर्जीवित करने का ढंग। इन दोनों के बीच ही स्थिति है – घटनाओं को, घटनाओं के घात-प्रतिघात की, चरित्रों की तथा चरित्र और घटनाओं के अन्दर निहित भावनात्मक संवेदना की। वास्तव में यही वे अभिलक्षण हैं जो 'कथा वर्ग' नामक तथाकथित 'रुधिर वर्ग' का निर्धारण करते हैं।

'कथा-वर्ग' की साहित्यिक विधाओं का वर्गीकरण भी 'कविता- वर्ग' की विधाओं की तरह किया जा सकता है –

(1) प्रबन्ध कथा/प्रबन्धात्मक कथा,

(2) मुक्त कथा।

'प्रबन्धात्मक श्रेणी' की कथा–विधाएं वे हैं, जिनमें एक सुनिश्चित कथा प्रारम्भ से लेकर अंत तक विन्यसित की जाती है, कही जाती है। इस कथा को प्रबन्धात्मक रूप में संयोजित किया जाता है। इसके दो रूप हैं – महाप्रबन्ध कथा-वर्ग की विधाएं (उपन्यास) तथा खण्ड प्रबन्ध कथा-वर्ग की विधाएं (कहानी, लम्बी कहानी)।

'मुक्त कथा' विधा वह है, जिसमें एक सुनिश्चित कथा को विस्तारपूर्वक एक निश्चित प्रबन्धात्मक ढांचे में संयोजित नहीं किया जाता। मुक्तक कविता की तरह ही इसका प्रभाव और विषय-शिल्प भी होता है। 'लघु कथा' इसी श्रेणी की कथा विधा है।

अब हम कथा-वर्ग की इन विधाओं के लक्षणों आदि पर विस्तारपूर्वक विचार करेंगे।

O-1 प्रबन्ध कथा

O-1(i) महाप्रबन्ध कथा-विधा–*उपन्यास*

परिचय

'उपन्यास' को हमने ' महाप्रबन्ध' श्रेणी की कथा-विधा माना है। इससे यह तथ्य ध्वनित होता है कि जिस तरह महाप्रबन्ध कविता-विधा 'महाकाव्य' में मनुष्य-जीवन अपनी सम्पूर्णता में चित्रित किया जाता है, उसी तरह 'उपन्यास' में मानव-जीवन अपनी सम्पूर्णता में अपने प्रायः सभी पक्षों के साथ उद्‌घटित किया जाता है। इसीलिए कहा भी गया है कि 'उपन्यास' जीवन का महाकाव्य है! 'यों तो, महाकाव्य और नाटक भी जीवन की परिस्थितियों, चिन्ता और संघर्षों से युक्त घटनाओं का समूचा चित्र प्रस्तुत करते हैं, लेकिन एक तो उपन्यास में घटनाक्रम की लयात्मक अभिव्यजंना रहती है, दूसरे महाकाव्य और नाटक की भांति उपन्यास- लेखक पर बन्धन नहीं रहते, न नाटक की भांति नाट्‌य-शिल्प, वस्तु-विधान, या अभिनय सम्बन्धी उपादानों की आवश्यकता होती है। इस अर्थ में भी और कथा-विस्तार के सन्दर्भ में भी उपन्यास-लेखक 'स्वतंत्र' होता है। वह स्वच्छंद होकर अपने मानस-पटल पर पड़े हुए जीवन के जीवन्त चित्रों को सहज-स्वाभाविक ढंग से यथार्थ रूप में अभिव्यक्त करता है। यहीं यह बात भी रेखांकित करने-योग्य है कि, "उपन्यास और कविता (महाकाव्य) में यह मौलिक अन्तर है कि उपन्यास मौजूदा हालात को भुला कर भविष्य की कल्पना कर नहीं सकता, जबकि (महा) काव्य वर्तमान परिस्थिति की सम्पूर्ण उपेक्षा करके अपने आदर्श गढ़ सकता है। यही कारण है कि उपन्यासकार वर्तमान पर जमा रहता है। प्राचीन ऐतिहासिक कथानक की रचना के समय भी वह वर्तमान काल की जानकारियों के बल पर ही अपना कार-बार चलाता है और जासूसी तथा वैज्ञानिक कथावस्तु को सम्हालने में भी आधुनिक जानकारियों की जहाँ तक पहुँच हैं, उसी के आधार पर अपनी कल्पनाओं और संभावनाओं की सृष्टि करता है। वह कवि की भांति जमाने के आगे रहने का दावा नहीं करता। काव्य दुनिया की छोटी-मोटी तुच्छताओं को भी महिमा-मंडित करके प्रकाशित करता है, जो कुछ है उसे सजाकर, संवारकर सुन्दर और महत बनाने की साधना करता है।" (*आचार्य हजारी प्रसाद द्विवेदी*, साहित्य का साथी, पृष्ठ-98)।

हाँ, यदि उपन्यासकार छोटी-मोटी तुच्छतओं को महिमा-मंडित करने का प्रयत्न करता है, तो वह वहां उस स्थल पर कवि का काम करता है। ऐसे उदाहरण कहीं-कहीं देखने को [illegible] ते हैं, लेकिन प्रायः उपन्यास में दुनिया जैसी है वैसी ही चित्रित करने का प्रया[illegible] ता के भीतर से ही उपन्यासकार अपना आदर्श खोजता है।

ऊपर हमने संकेत किया कि उपन्यास-लेखक महाकाव्य और नाटक-लेखक से इस अर्थ में स्वच्छंद हैं कि उस पर वर्णन की, कथा-विस्तार या संयोजन की किसी सीमा का बन्धन नहीं होता। इसका

अर्थ यह नहीं है कि उपन्यास-विधा के कोई रचना-विधान-विषयक नियम ही नहीं हैं; वे अपनी जगह हैं। फिर भी वह कई अर्थों में बहुत मुक्त और स्वच्छंद है। उस पर नाटक या महाकाव्य जैसी विधाओं की तरह सीमित घटनाओं के, सीमित दृश्यों या सर्गों में प्रस्तुतीकरण, छंद, सर्ग, संवादात्मकता इत्यादि का कोई बन्धन नहीं होता। इसलिए जहां उपन्यासकार उपन्यास के फैलाव, आकार आदि को लेकर स्वतंत्र हैं, वहीं कथा-विधान, वर्णन-पद्धति को लेकर भी आज़ाद हैं। इसी तरह निबन्ध आदि कथेतर गद्य-विधाओं की तरह यह आवश्यक नहीं कि वह ज्ञानवर्द्धनकारी वर्णन दे ही, वह ऐसे वर्णनों के लिए स्वतंत्र अवश्य है।

उपन्यासकार की स्वतंत्रता का कारण चाहे कुछ भी हो, हमारी समझ में तो यह है कि उपन्यास-विधा गद्य-युग की देन है। इसलिए उसमें स्वतंत्र-चिन्तन का आना स्वाभाविक है। वैयक्तिक स्वाधीनता के इस युग में उपन्यास और कहानी जैसी विधाएं अपनी वस्तु और शिल्प के वृत्तों में लेखक को न बांध कर उसे स्वतंत्रता दे देती है, तो इसमें कोई आश्चर्य नहीं होना चाहिए। इसे इस युग मुख्य प्रवृत्ति मानकर देखना चाहिए। आधुनिक युग जैसे रूढ़ि-मुक्ति का युग है, मानव स्वतंत्रता का युग है, वैसे ही यह कथा-विधा रूढ़ि-मुक्ति और स्वतंत्र विधा है। इस प्रवृत्ति के बावजूद उपन्यास-विधा का अपना शास्त्रीय स्वरूप है, कुछ सामान्य लक्षण और विशेषताएं हैं, इनके बिना किसी वैसी रचना को 'उपन्यास' नहीं कहा जा सकता।

उपन्यास का स्वरूप

यों तो 'उपन्यास' शब्द का प्रयोग संस्कृत-ग्रंथों में भी मिलता है, जैसे– 'उपन्यासस्तु कर्माणां ग्रंथनं' अर्थात् कार्यों के ग्रंथन को उपन्यास कहते हैं (*साहित्य दर्पण*); लेकिन आज 'उपन्यास' को जिस साहित्यिक विधा के रूप में निर्धारित किया गया है, वह अंग्रेजी के 'नॉविल' शब्द का पर्याय है। अतः इसको संस्कृत के 'उपन्यास' शब्द के प्राचीन अर्थ से जोड़ना ठीक नहीं है। यद्यपि 'नॉविल' शब्द का अर्थ 'नवीन' है। 'नॉविल' में नवीनता की खोज भी होती है, लेकिन केवल 'नवीनता' का द्योतक न होते हुए भी अब 'नॉविल' तथा 'उपन्यास' को समान अर्थों में एक कथा-विधा के रूप में मान लिया गया है।

आधुनिक युग में उपन्यास विधा का प्रचलन और प्रयोग पाश्चात्य प्रभाव की देन है, लेकिन भारतीय वाङ्मय में उसका एकदम अभाव नहीं है। हाँ, इतना अवश्य है कि जिस अर्थ में 'उपन्यास' शब्द आज हमारे सामने प्रचलित है, उस अर्थ में प्राचीन साहित्य में वह नहीं मिलता। हमारे यहां अति प्राचीन काल से कहानी, कथा, आख्यायिका का प्रयोग होता रहा है। 'उपन्यास' का इस संदर्भ में प्रयोग नहीं मिलता।

'उपन्यास' शब्द दो शब्दों से मिलकर बना है – उप+न्यास। 'उप' का अर्थ है – समीप और 'न्यास' का अर्थ है – रखना। इस तरह 'उपन्यास' का शब्दगत अर्थ है 'समीप रखना'। यानी मानव

जीवन के समीप रखना। उपन्यास में मानव जीवन अपेक्षाकृत अधिक समीपता से चित्रित होता है – इतना अन्य साहित्यिक विधाओं में नहीं– अतः यह विधा 'उपन्यास' है!

उपन्यास का शब्दगत अर्थ अलग-अलग भाषाओं में अलग-अलग है। अंग्रेजी में इसे 'नॉविल' कहते हैं, तो गुजराती में इसी से मिलता-जुलता शब्द 'नवल कथा' है। मराठी में इसे 'कादम्बरी' कहते हैं, बंगला में 'उपन्यास' । हिन्दी में भी अंग्रेजी के नॉविल के अर्थ में 'उपन्यास' शब्द का प्रयोग किया जाता है। यह यहाँ कथा साहित्य के लिए रूढ़ हो गया है।

हिन्दी में उपन्यास विधा बंगला के माध्यम से अंग्रेजी से आई। इसलिए आवश्यक है कि इस विधा के उस पारिभाषिक स्वरूप को समझ लिया जाए, जो अंग्रेजी में मिलता है।

'*न्यू इंग्लिश डिक्शनरी*' में नॉविल की परिभाषा कुछ इस प्रकार दी गई है; "नॉविल वह विस्तृत गद्यात्मक प्रकथन प्रधान रचना है जिसमें वास्तविक जीवन का अनुकरण करने वाली घटनाओं और पात्रों का एक व्यवस्थित कथा-वस्तु के रूप में वर्णन रहता है।"

'*न्यू वेबस्टर डिक्शनरी*' में कहा गया है कि उपन्यास एक ऐसी कल्पित गद्य रचना है जिसके विषय की सीमा असीम हो, जिसके शिल्प-कौशल में विविधता हो और जिसमें एक या अधिक कथानक हों' (A lengthy fictitious prose narrative having an almost unlimited range of subject matter and varied techniques containing one or more plot.)

जे०बी० प्रीस्टले के विचार में, "उपन्यास काल्पिनिक पात्र और घटनाओं से लैस गद्य कथा हैं। इसे जीवन का एक बड़ा दर्पण कहा जा सकता है।"

यों, अंग्रेजी में उपन्यास की अनेक परिभाषाएं हैं, लेकिन उनमें से दो का उल्लेख प्रायः सभी करते हैं, एक *रैल्फ फॉक्स* का यह कथन कि 'उपन्यास केवल गद्य नहीं हैं, वह मनुष्य के जीवन का गद्य है।' (The Novel is not merely prose, it is prose of man's life.), दूसरा *डेविड सिसिल* का यह मत है कि ' उपन्यास एक कलाकृति है, वह हमें जीवित जगत् से परिचित कराती है' (A Novel is a work of art in so far as it introduces us into a living world.)

इस प्रकार हम देखते हैं कि अंग्रेजी में नॉविल को मानव जीवन से परिचित कराने वाला विस्तृत गद्य आख्यान माना जाता है। इसीलिए वहाँ *अर्नेस्ट ए० बेकर* का यह कथन बहुत सटीक माना जाता है कि, 'उपन्यास को हम गद्यमय कल्पित आख्यान के माध्यम से की गई जीवन की व्याख्या कह सकते हैं।"

हमारे यहां यह विधा अपेक्षाकृत देर से आई। जीवन से जुड़ी, जीवन के निकट रखी इस विधा के स्वरूप पर भी बहुत चिन्तन-मनन के बाद मत व्यक्त किए गए। प्रारम्भ में जिन लेखकों ने उपन्यासों का सृजन किया, उनमें सर्वाधिक लोकप्रिय थे – देवकी नन्दन खत्री। उन्होंने चार भागों में 'चन्द्रकांता' और 24 भागों में 'चन्द्रकांता संतति' का सृजन किया था। उन्होंने कहीं उपन्यास की परिभाषा विधिवत् नहीं दी, बल्कि एक स्थल पर अपने उपन्यासों के विषय में लिखा है कि, "वे जीवन की व्याख्या करते

हैं या नहीं, यह मैं नहीं जानता। मैंने कभी इसकी चिन्ता भी नहीं की– परन्तु मनोरजंन अवश्य करते हैं-- मन की एक भूख को भोजन देते हैं, बस।"

इस प्रकार खत्री जी मूलतः उपन्यास को मनोरंजन और कौतूहल–शांति का उपादान मानते हैं।

इसके बाद हिन्दी में *मुंशी प्रेमचन्द* ने गंभीरता से उपन्यास पर विचार किया है। वे उपन्यास के विषय में अपने विचार व्यक्त करते हुए कहते हैं, "मैं उपन्यास को मानव-चरित्र का चित्र-मात्र समझता हूं – मानव-चरित्र पर प्रकाश डालना ही उपन्यास का मूल है।"

कथाकार *जैनेन्द्र* की मान्यता है कि, "आज के जीवन की तरह वह जैसे एकदम अनिश्चित होकर दिशा खो बैठा है। इसलिए आज के जीवन की अभिव्यक्ति का सच्चा माध्यम उपन्यास ही है।" इस प्रकार वे भी उपन्यास को जीवन की अभिव्यक्ति ही मानते हैं। *अज्ञेय* व्यक्ति जीवन का ईमानदारी से और राग-द्वेष से पृथक् रहकर किया गया वस्तुगत चित्रण ही उपन्यास का उद्देश्य मानते हैं।

परिभाषाओं के इस जंगल में किसी एक परिभाषा को पूरी तरह स्वीकार करना कठिन है। हां, इतना अवश्य है कि इन सबको देखकर उपन्यास के स्वरूप पर, उसकी कुछ विशेषताओं पर विचार अवश्य किया जा सकता है। इस आधार पर उपन्यास की कुछ महत्त्वपूर्ण और समान्य विशेषतायें इस प्रकार रेखांकित की जा सकती हैं—

(1) उपन्यास का सम्बन्ध मानव-जीवन से बहुत निकट का है,

(2) उपन्यास में वास्तविक जीवन की कथा विस्तार के साथ विन्यसित रहती है,

(3) उपन्यास ऐसी गद्य विधा है, जिसमें कलात्मकता के साथ जीवन की व्याख्या रहती है,

(4) उपन्यास का एक उद्देश्य मनोरंजन और कौतूहल-शाँति है,

(5) उपन्यास में मानव-चरित्र का प्रभावशाली चित्र अंकित किया जाता है,

(6) उपन्यास में कार्यकारण-शृखंला में कथानक को बांधा जाता है, इसमें कल्पना का उपयोग किया जाता है, लेकिन मानव जीवन के सत्य का रसात्मक उद्घाटन करना इसका सर्वोपरि लक्ष्य है।

साराँशतः हम उपन्यास को इन शब्दों में परिभाषित कर सकते हैं, *"उपन्यास गद्य की वह कथा-तत्त्व प्रधान महाप्रबन्ध कथा-विधा है, जिसमें मानव-जीवन के यथार्थ के समूचे परिदृश्य को कलात्मकता के साथ प्रस्तुत किया जाता है।"*

उपन्यास के रचना-तत्त्व

उपन्यास उपन्यासकार के कृतित्व का समग्र रूप है। उसकी रचना में उसका एक-एक शब्द महत्त्व रखता है। उन सबको अलग करना, या कथा-वस्तु, वातावरण, चरित्र, संवाद, शैली को एक दूसरे से अलग करके देखना उपन्यास-विधा को उसके समग्र एकत्र ठोस रूप से दूर कर देना है। न चाहते हुए भी हमें यह करना पड़ता है। जब हम उपन्यास के रचना-तत्त्वों का विश्लेषण करते हैं तब ये सब रचना

तत्त्व और इनके अतरिक्त सभी संभावित तत्त्व एक-दूसरे पर प्रभाव डालते हैं और उनसे एक दूसरे को विशिष्टता मिलती है।

प्रायः महसूस किया जाता है कि कोई भी विधा एक विकसित कला-कुसुम की भांति है, उसके रचना-तत्त्वों या उपकरणों को अलग-अलग करना फूल की पंखुड़ियों को अलग-अलग करके देखना है लेकिन वास्तव में ऐसा विश्लेषणात्मक अध्ययन असंगत नहीं है। मनुष्य की बनावट के ज्ञान के लिए उसके शरीर-ज्ञान की आवश्यकता होती है। इसी प्रकार हमारे लिए उपन्यास के अध्ययन की पूर्णता के लिए 'एनाटामी ऑफ नॉविल' अर्थात् उपन्यास के शरीर-विज्ञान का अध्ययन भी अपेक्षित है। इसमें हम उपन्यास के आधारभूत रचना-तत्त्वों का अध्ययन करते हैं।

पाश्चात्य विद्वान् *विलियम हेनरी हडसन* के अनुसार उपन्यास में घटनायें और कृत्य होते हैं कुछ बातें तो परिस्थितियों के अनुसार घटित होती हैं और कुछ विशेष देशकाल में किन्ही व्यक्तियों द्वारा की जाती हैं। इन सबको मिलाकर अर्थात् जो घटित होता है और जो किया जाता है; वह बातें संघटित होकर बनती हैं, जिन्हें कुल मिलाकर *कथावस्तु* या *प्लाट* कहते हैं।

इस प्रकार की घटनायें कुछ व्यक्तियों के जीवन में घटित होती हैं और लोगों के द्वारा की जाती है, या सहन की जाती हैं, और वे पुरुष तथा स्त्रियां जो इस घटनाक्रम को आगे बढ़ाते हैं– मिलकर *चरित्र-समूह* या 'ड्रैमेटिक परसोनी' बनाते हैं।

इन चरित्रों के बीच की बातचीत, संवाद अथवा कथोपकथन नामक तीसरा उपकरण बनाती है। यह चरित्र-चित्रण के साथ प्रायः अविभाज्य ढंग से जुड़ा होता है।

चौथे, घटनाओं के घटित होने के लिए एवं चरित्रों के कार्य-व्यापार के लिए समय और स्थान की आवश्यकता है और इस प्रकार देश और काल का एक दूसरा उपकरण बन जाता है।

इसके बाद हम इस सूची में शैली के उपकरण को रख सकते हैं। इस प्रकार ये उपकरण मिलकर उपन्यास की रचना करने वाले आधारभूत तत्त्वों की सूची बनाते हैं लेकिन एक छठ्ठ तत्त्व रह जाता है, जिसे अन्य उपकरणों के समान महत्त्व देने में हिचक हो सकती है। प्रधान रूप से हो अथवा गौण रूप से हो — लेखक चाहे सजग हो या न हो प्रत्येक उपन्यास को आवश्यक रूप से जीवन का एक दृष्टिकोण प्रस्तुत करना ही पड़ता है। उसे हम 'उद्देश्य' का नाम दे सकते हैं।

इस प्रकार उपन्यास की रचना करने वाले तत्त्वों की संख्या छह मानी जा सकती है–

(1) कथानक (वस्तु या प्लाट) (2) चरित्र या पात्र (3) संवाद (4) देशकाल (5) शैली (6) उद्देश्य।

लेकिन इन प्रचलित छह तत्त्वों के विषय में विद्वान् एकमत नहीं हैं। कुछ विद्वान् उद्देश्य के स्थान पर 'रस' को स्वीकार करते हैं। उनका तर्क है कि काव्य का मूल आधार रस है। उपन्यास काव्य का रूप है। अतः उपन्यास-तत्त्व के विवेचन में 'रस' का उल्लेख करना आवश्यक है।

कुछ विद्वान् उद्देश्य को भी एक तत्त्व मानते हैं और रस को भी। इस प्रकार वे उपर्युक्त तत्त्वों में सातवां तत्त्व 'रस' भी जोड़ लेते हैं।

इन्हीं सब तत्त्वों को जोड़कर *बाबू गुलाबराय* ने उपन्यास के सात तत्त्वों की चर्चा की है–

(1) उपन्यास का वृत्त या कथावस्तु (2) पात्र और चरित्र-चित्रण (3) वार्तालाप या कथोपकथन (4) वातावरण (5) विचार और उद्देश्य (6) रस और भाव (7) शैली।

साथ ही उनकी टिप्पणी है कि भिन्न-भिन्न उपन्यासकार अपनी रुचि और आवश्यकताओं के अनुकूल भिन्न-भिन्न अंगों या तत्त्वों पर अधिक बल देते हैं। वास्तव में ये तत्त्व एक-दूसरे से मिले रहते हैं और इनको एक दूसरे से अलग करना इतना ही कठिन है जितना कि किसी सुन्दर फूल से उसका रंग।

यह बात सही है कि भिन्न-भिन्न उपन्यासकार अपनी रुचि और आवश्यकताओं के अनुसार भिन्न-भिन्न तत्त्वों पर अधिक बल देते हैं। जैसे, प्रेमचन्द इन तत्त्वों में सर्वाधिक महत्त्व चरित्र को देते हैं, इसीलिए उन्होंने कहा है कि 'मैं उपन्यास को मानव चरित्र का चित्र-मात्र समझता हूँ, मानव चरित्र पर प्रकाश डालना और उसके रहस्यों को खोलना ही उपन्यास का मूल तत्त्व है।' इसी तरह *वाल्टर एलन* चरित्र को प्रथम स्थान देता है। उसके अनुसार चरित्रों के द्वारा ही उपन्यासकार उपन्यास के प्रमुख सामाजिक कर्त्तव्य का सम्पादन करते हुए पाठकों में सहानुभूति का उदय करते हैं।

क्या ऐसा नहीं लगता कि ये तत्त्व संख्या में बहुत अधिक हैं और इनमें से कई ऐसे तत्त्व हैं जो एक-दुसरे मे घुले-मिले रहते हैं? तब इतने तत्त्व गिनाने और उनके बारीक विश्लेषण का क्या लाभ है?

इसी विचार के कुछ विद्वान् और भी हैं। वे परम्परागत ढंग से गिनाये जाने वाले 6 या 7 तत्त्वों को स्वीकार नहीं करते। इनके विचार महत्त्वपूर्ण हैं।

आस्टिन वारेन और *रेनेवेलेक* इसी विचार के पाश्चात्य विद्वान् हैं। अपनी पुस्तक 'थियरी ऑव लिट्रेचर' में वे उपन्यास के तीन तत्त्वों की चर्चा करते हैं। ये तीन तत्त्व हैं– 'कथावस्तु' (प्लाट), ' चरित्र-चित्रण' और ' सेटिंग'।

हमारे यहां भी कई लोगों ने उपन्यास के तीन ही तत्त्व स्वीकार किए हैं। इनमें अग्रगण्य हैं *आचार्य सीताराम चतुर्वेदी*। अपने 'समीक्षा शास्त्र' नामक ग्रन्थ में वे कहते हैं, "कुछ विद्वानों ने उपन्यास के छः तत्व माने हैं–किन्तु वास्तव में उपन्यास के तत्त्व तीन ही होते हैं–(1) कथा (2) पात्र (3) व्यापार (घटना समूह)। उनका बिचार है कि 'उद्देश्य' वास्ताव में तत्त्व न होकर परिणाम हैं और 'संवाद' तथा 'शैली' उस कथा को उदेश्य तक पहुंचाने के साधन हैं। 'देशकाल' भी घटना समूह या व्यापार के अन्तर्गत ही आ जाता है।

इसके विपरीत आधुनिक समीक्षकों में एक महत्वपूर्ण नाम है *डॉ० चन्द्रकांत बांदिवडेकर* का, जिन्होंने अनुभव-विश्व को केन्द्र मे रखकर उपन्यास के तीन तत्त्वों की ओर संकेत किया है–(1) उपन्यास का लक्ष्य या उद्देश्य (2) उपन्यास के लक्ष्य को प्राणवान बनाने वाला मांसल तत्त्व–अनुभव-विश्व

(3) अनुभव-विश्व की लक्ष्योन्मुख संरचना।

हमारा भी विचार है कि उपन्यास को तत्त्वों में बांटकर देखना न तो उसके साथ न्याय करता है, न उसकी समग्रता को पकड़ पाता है। यदि उपन्यास के रचना-तत्त्वों की घोषणा बहुत ज़रूरी है तो हम केवल दो तत्त्व निर्दिष्ट करना चाहेंगे–

(1) कथा तत्त्व,

(2) संरचना तत्त्व।

कथा तत्त्व के अन्तर्गत कथा, घटनायें, अनुभव, लेखक का दृष्टिकोण (विज़न), विचार, उद्देश्य स्वतः समाहित हो जाएगा।

संरचना तत्त्व में वे सभी उपकरण आ जायेंगे जो कथा तत्व को उपन्यास के रूप में समायोजित करते हैं। इनमें कथन-भंगिमा या शैली, चरित्र-समूह, वातावरण, भाषा और संवाद, रस इत्यादि उपकरण आ जाते हैं

इस तरह उपन्यास के रचना-तत्त्व इस रूप में देखे जा सकते हैं–

उपन्यास के रचना-तत्त्व	
(1) कथा तत्त्व	*(2) संरचना तत्त्व*
कथा, घटनायें, अनुभव, लेखक का दृष्टिकोण (विज़न), विचार, उद्देश्य।	कथन-भंगिमा (शैली) चरित्र-समूह, वातावरण, भाषा और संवाद, रस।
ये तत्त्व घुल-मिल कर उपन्यास-विधा को रूपायित करते हैं।	

उपर्युक्त तत्त्व एक-दूसरे पर निर्भर हैं और एक-दूसरे को सहायता देते हैं। उदाहरण के लिए कथा-तत्त्व में हम कथा या वस्तु को लें। घटनाओं को देखें। इनका संयोजन, इनका क्रम, इनको प्रभाव पूर्ण ढंग से विन्यसित करना किस पर निर्भर है? संरचना तत्त्व पर। चरित्रों के समूह पर। कथन-भंगिमा पर। हम उपन्यास में अपेक्षा करते हैं कि उपन्यास की कथावस्तु या सीधे-सीधे कहें उसमें आई कहानी/कहानियां या घटनायें एक सूत्र में पिरोयी गई होनी चाहिए।

उनमें कसाव होना चाहिए। कौतूहलपूर्ण उनका रचाव होना चाहिए। उनमें वास्तविकता के प्रति आग्रह होना चाहिए। घटनाओं में एक गति, एक प्रवाह होना चाहिए। अनेक कथा प्रसंगों में एकात्मकता होनी चाहिए। कथावस्तु की अभिव्यक्ति का ढंग प्रभावपूर्ण होना चाहिए। ये सब और ऐसी ही अनेक बातें अच्छे कथानक के गुण माने जाते हैं। ये गुण किस पर निर्भर करते हैं? संरचना पर ही तो। कथन-भंगिमा

(शैली) तथा वातावरण और इन सबसे प्रमुख भाषा; कथा-तत्त्व को ये गुण प्रदान करने में सक्रिय रहते हैं। इन साधनों से ही उपन्यासकार अपने उद्देश्य में सफलता पा सकता है।

यहाँ हमें *निर्मल वर्मा* के शब्द याद हो आते हैं। वे कहते हैं, "उपन्यास का गठन लेखक तैयार नहीं करता, स्वयं उसकी दृष्टि उसे निर्धारित करती - जैसे नदी पहले अपना पाट तैयार करके नहीं बहती, स्वयं बहने के दौरान उसका पाट बनता जाता है।" ('लोकमत समाचार' में प्रकाशित साक्षात्कार)

उपन्यास और महाकाव्य की तुलना

उपन्यास जीवन का महाकाव्य है। यह धारणा इस विधा को महाकाव्य के निकट ले आती है। पाश्चात्य विद्वान् *रिचर्ड चर्च* ने कहा था, 'उपन्यास कविता की संतान हैं (The novel is the child of poetry.) *बेकर* ने भी माना है कि 'उपन्यास का जन्म कविता से हुआ।'(Prose fiction has its rise in poetry.) इसीलिए अनेक विद्वान् यह कहते हैं कि 'उपन्यास गद्य में लिखा गया महाकाव्य है! ऐसे विचारकों की मान्यता है कि छन्द के बन्धन को छोड़कर वे सभी विशेषतायें उपन्यास में मिल जाती हैं, जो महाकाव्य के लिए आवश्यक मानी गई हैं।

उपन्यास को 'गद्यमय महाकाव्य' कहने के पीछे जो तर्क है वह यह है कि उपन्यास और महाकाव्य में बहुत सी बातें समान हैं। तथा–दोनों ही बड़े आकार की रचना हैं, महाकाव्य के जो सामान्य लक्षण होते हैं वे प्रायः उपन्यास में घटित हो जाते हैं – महान् उद्देश्य, महान् कार्य, महिमाशाली नायक, उदात्त एवं गंभीर शैली, जीवन के विविध प्रसंग, प्रभावान्वित, रसात्मकता आदि। दोनों ही विधाओं में रचनाकार अपने विचार, जीवन-दृष्टि, दार्शनिकता आदि को व्यक्त करने में समर्थ होता है। दोनों के रचयिता अपने युग के प्रति जागरूक रहते हैं। दोनों ही मानव जीवन को समग्रता और विविधता में समेटते हैं।

इन सब के बावज़ूद दोनों विधाओं के स्वरूप और रचना-विधान में अन्तर है। गद्य और पद्य के कलेवर की बात को थोड़ी देर के लिए छोड़ भी दें तो, भी यह अन्तर गहरा है। मुख्य रूप से यह कि-

(1) महाकाव्य में जीवन की उदात्तता पर अधिक दृष्टि रखी जाती है, उपन्यास में जीवन के यथार्थ चित्रण का मूल्य है।

(२) महाकाव्य में वैधानिक नियमों का पालन और स्वीकृति बड़ी दृढ़ता के साथ की जाती है, किन्तु उपन्यास में यह अनिवार्यता नहीं। उपन्यासकार महाकाव्यकार की अपेक्षा इस मामले में स्वतंत्र हांता है।

(3) महाकाव्य और उपन्यास में चरित्र-चित्रण सम्बन्धी बहुत अन्तर है। महाकाव्य में चरित्र-चित्रण परम्परागत, वैधानिक नियमों से नियंत्रित रहता है। इसलिए उसमें वर्ग के चरित्र का चित्रण हो पाता है, व्यक्ति के चरित्र के विकास का अवसर ही नहीं रहता।

(4) महाकाव्य और उपन्यास के उद्देश्य में भी अन्तर हो सकता है। महाकाव्य का लक्ष्य किसी महान्

उद्देश्य की प्रस्थापना होता है। हमारे यहाँ धर्म, अर्थ, काम, मोक्ष को महान् उद्देश्य कहा गया है। इसलिए महाकाव्य की वस्तु के साथ महत् कार्य, महत् उद्देश्य, महत् फल, आदि जैसे प्रयोजन जुड़े रहते हैं, किन्तु उपन्यास में ऐसा नहीं है। उपन्यास तो जीवन के निकट की विधा होने से 'यथार्थमूलक' है, जबकि महाकाव्य आदर्श प्रधान।

(5) आदर्श-प्रधान होने से परम्परागत महाकाव्य का नायक प्रायः कोई क्षत्रिय, राजा या उदात्त गुण वाला उच्चकुलीन व्यक्ति ही हुआ करता है, लेकिन उपन्यास में साधारण से साधारण व्यक्ति भी नायक हो सकता है। गुणों से हीन व्यक्ति भी नायक हो सकता है। उपन्यासकार इतिहास, पुराण या ख्यात वृत्त की ओर नहीं जाता, वह जीवन की ओर जाता हैं। वह जीवन के यथार्थ को देखता हैं, और उसे वैसा कहता है।

(6) महाकाव्य कविता होने से मूलतः रसवादी है, उपन्यास उद्देश्यवादी। उपन्यास प्रायः रस के स्थान पर रोचकता से काम चलाता है।

O-1 (ii) खण्ड प्रबन्ध कथा-विधा - *कहानी*

कहानी भी उपन्यास की तरह कथा तत्त्व प्रधान गद्य विधा है। लेकिन इस प्रबन्धात्मक गद्य रूप को खण्ड प्रबन्ध गद्य-विधा कहा जायेगा, क्योंकि यह महाकाव्य की तरह समग्र जीवन को समेट कर चलने वाली महाप्रबन्ध कथा (उपन्यास) विधा की तरह व्यापक और विविधतापूर्ण नहीं होती। इसमें समग्र जीवन का चित्रण न होकर किसी जीवनांश या घटना विशेष का चित्रण किया जाता है।

कहानी का स्वरूप

'कहानी' का प्राचीन नाम संस्कृत में 'गल्प' या 'आख्यायिका' मिलता है, लेकिन आधुनिक युग में 'कहानी' के नाम से जिन रचनाओं का अवतरण हुआ वे संस्कृत साहित्य में 'गल्प' अथवा 'आख्यायिका' के नाम से मिलने वाली रचनाओं से अलग हैं। इसलिए कहा जाता है कि आजकल की हिन्दी कहानियां हैं तो भारत की पुरानी कहानियों की ही संतति; किन्तु विदेशी संस्कार लेकर आयी हैं। खद्दर के सूट की भांति उनकी सामग्री प्रायः देशी रहती है, किन्तु काट-छांट अधिकांश में विलायती ढंग का होता है।

नये प्रकार की कहानी का जन्म वर्तमान युग की आवश्यकताओं में हुआ। यह भी स्वीकार करने में आपत्ति नहीं होनी चाहिए कि यह विधा अपने वर्तमान रूप में, अंग्रेजी साहित्य से आयी। इसलिए इसका पारिभाषिक रूप जानने के लिये पश्चिम के विद्वानों के मत जानना उचित रहेगा, तब हम भारतीय दृष्टि को समझेंगे।

कहानी को पश्चिम में 'शार्ट स्टोरी' कहा जाता है। पाश्चात्य देशों में *एडगर एलिन पो* आधुनिक कहानी के जन्मदाताओं में प्रमुख माने जाते हैं। उन्होंने कहानी की परिभाषा देते हुए कहा है कि, "छोटी कहानी एक ऐसा आख्यान है, जो इतना छोटा है कि एक बैठक में पढ़ा जा सके और जो पाठक पर एक ही प्रभाव उत्पन्न करने के उद्देश्य से लिखा गया हो। वह स्वतः पूर्ण होती है।" (A short story is narrative short enough to be read in a single sitting, written to make an impression, on the reader complete and final in itself)

हडसन के अनुसार, लघु कहानी में केवल एक ही मूल भाव होता है। उस मूल भाव का विकास तार्किक निष्कर्षों के साथ लक्ष्य की एकनिष्ठता से सरल, स्वाभाविक गति से किया जाना चाहिए।

(A short story must contain one and only one informative idea and that the idea must be worked out to its logical connections with absolute singleness of aim and directness of method.)

एलेरी ने कहानी की परिभाषा देते हुए उसकी सक्रियता पर अधिक बल दिया है। उन्होंने लिखा

हैं कि, "वह घुड़दौड़ के समान होती है। जिस प्रकार घुड़दौड़ का आदि और अन्त महत्त्वपूर्ण होता है उसी प्रकर कहानी का आदि और अन्त ही विशेष महत्त्व का होता है।"

(A short story is just like a horse race. It is the start and finish which count most.)

इन सब परिभाषाओं में कहानी की संक्षिप्तता और एक ही मूल भाव के विकास को आवश्यक माना गया है, तथा उसके आरम्भ एवं अन्त को महत्त्वपूर्ण कहा गया है। इसके आगे उसके स्वरूप को ठीक से नहीं समझाया गया। इसलिए हम एक विचार को और उद्धृत करना चाहेंगे। यह विचार है *सर ह्यू बालपोल* का। इन्होंने कहानी के विषय में कुछ अधिक विस्तार से बताया है। पोल के अनुसार "छोटी कहानी एक कहानी होनी चाहिये, जिसमें घटनाओं, दुर्घटनाओं, तीव्र कार्य व्यापार और कौतूहल के माध्यम से चरम सीमा तथा संतोषजनक पर्यवसान तक ले जाने वाले अप्रत्याशित विकास का विवरण हो।"

(A short-story should be story, a record of things, happening full of incidents and accidents, swift movement, unexpected development leading through suspense to a climax and satisfying denouement.)

अब हम भारतीय विद्वानों के कहानी सम्बन्धी दृष्टिकोण पर विचार करते हैं।

बाबू श्याम सुन्दर दास का मत है कि, "आख्यायिका एक निश्चित लक्ष्य या प्रभाव को लेकर नाटकीय आख्यान है।" इस प्रकार उन्होंने कहानी में नाटकीयता पर अधिक बल दिया है किन्तु निश्चित लक्ष्य या प्रभाव को वे आवश्यक मानते हैं।

मुंशी प्रेमचन्द कहानी पर विचार करते हुए कहते हैं कि, "कहानी (गल्प) एक रचना है, जिसमें जीवन के किसी एक अंग या मनोभाव को प्रदर्शित करना ही लेखक का उद्देश्य रहता है। उसके चरित्र, उसकी शैली तथा कथाविन्यास सब उसी एक भाव को पुष्ट करते हैं।"

इस प्रकार वे कहानी में जीवन के किसी अंग या मनोभाव की अभिव्यक्ति अनिवार्य मानते हैं। ऐसा ही *हडसन* ने कहा था। लेकिन प्रेमचन्द उस कहानी को सर्वोत्तम मानते हैं, "जो किसी मनोवैज्ञानिक सत्य पर आधारित हो।"

बाबू गुलाब राय के अनुसार, "छोटी कहानी एक स्वतःपूर्ण रचना है जिसमें एक तथ्य या प्रभाव को अग्रसर करने वाली व्यक्ति-केन्द्रित घटना या घटनाओं के आवश्यक, परन्तु कुछ-कुछ अप्रत्याशित ढंग से उत्थान-पतन और मोड़ के साथ पात्रों के चरित्र पर प्रकाश डालने वाला कौतूहलपूर्ण वर्णन हो।"

सच तो यह है कि कहानी को किसी परिभाषा में बांध पाना इतना आसान नहीं है। कोई परिभाषा निश्चित करने से पहले हम कहानी के कुछ लक्षणों को देख लें तो ठीक रहेगा। संक्षेप में कहानी के कुछ लक्षण ये हैं–

(1) कहानी आकार में छोटी हो। एक घंटे में या एक बैठक में पढ़ी जा सके।

(2) कहानी में जीवन के एक तथ्य का, एक संवेदना अथवा एक स्थिति का प्रभावपूर्ण चित्रण होता है।

(3) कौतूहल और मनोरंजन कहानी का आवश्यक गुण है।

(4) कहानी में जीवन का यथार्थ होता है। वह यथार्थ ऐसा हो जो कल्पित होते हुए भी सच्चा लगे।

(5) कहानी में तीव्रता और गति आवश्यक है। विद्वानों ने उसे 100 गज की दौड़ कहा है। कहानी आरम्भ हो और समाप्ति पर जाये।

(6) कहानी में एक मूल भावना का विस्तार आख्यानात्मक शैली में होता है, कथातत्त्व की प्रधानता होती है।

इन सब लक्षणों या विशेषताओं को ध्यान में रखकर हम कह सकते हैं कि –

"कहानी कथा तत्त्व-प्रधान ऐसा खण्ड प्रबन्धात्मक गद्य रूप है, जिसमें जीवन के किसी एक अंश, एक स्थिति या तथ्य का उत्कट संवेदना के साथ स्वतःपूर्ण और प्रभावशाली चित्रण किया जाता है। इस साहित्यिक गद्य रूप में गठन, तीव्रता और प्रभावान्विति का विशेष ध्यान रखा जाता है।"

कहानी के रचना-तत्त्व

उपन्यास की भांति कहानी भी कथा तत्त्व प्रधान या प्रकथात्मक गद्य विधा है। प्रायः उपन्यास की ही भांति कहानी के तत्त्व निर्धारित करने में विद्वानों ने एक ही पद्धति अपनाई है और छह तत्त्व निर्धारित किए हैं–

(1) कथानक (2) पात्र अथवा चरित्र-चित्रण (3) संवाद (4) वातावरण (5) शैली (6) उद्देश्य।

लेकिन सच तो यह है कि ये तत्त्व कहानी के रचना-तत्त्व नहीं हैं, अपितु समीक्षकों ने कहानी की समीक्षा के लिए अपनी सुविधा से निर्धारित कर लिए हैं। इसलिए इन्हें भ्रमपूर्ण कहा जायेगा। जैसा कि कथाकार और समीक्षक *बटरोही* का मत है, "कथा-साहित्य की चर्चा करते हुए इन छः बातों को उसका तत्त्व कहना प्रायः उसी प्रकार का भ्रम है, जिस प्रकार कि किसी मेज की लम्बाई-चौड़ाई को उसका तत्त्व कहना। जिस तरह मेज का तत्त्व उसकी लम्बाई चौड़ाई नहीं है, वरन् वह लकड़ी है, जिसके माध्यम से उसे बनाया गया है, उसी प्रकार कहानी अथवा कथा साहित्य के तत्त्व ये छः बातें नहीं हो सकती।"

(कहानी : रचना-पक्रिया और स्वरूप, अक्षर प्रकाशन, दिल्ली, पृष्ठ, 92)

इसलिए कहानी के तत्त्वों के रूप में इन छह बातों को ज्यों-का-त्यों स्वीकार नहीं किया जा सकता। उदाहरण के लिए आजकल कितनी ही कहानियां ऐसी लिखी जा रही हैं, जिनमें कथानक का वह स्वरूप नहीं मिलता जिसकी हम आरम्भ से लेकर द्वन्द्वात्मक स्थितियों एवं चरमसीमा तक उल्लेख करते हैं। ऐसी कहानियां लिखी गई हैं या लिखी जा सकती हैं, जिनमें संवाद बिल्कुल न हों। इसी तरह केवल मनोरंजन के उद्देश्य से ही बहुत सारी कहानियां नहीं लिखी जातीं।

यों भी, कहानी विकसनशील, निरन्तर गतिशील विधा है। इसलिए इन तथाकथित छह तत्त्वों की किसी सीमा में बांध कर उसे नहीं रखा जा सकता । इस परम्परा से चली आ रही मूल्यांकन-दृष्टि को तोड़ना होगा। उक्त छह बातों को आज की कहानी स्वीकार नहीं करती। जो लोग मूल्यांकन के लिए इन्हें अपनाते हैं वे प्रायः अपने आप को असहाय अनुभव करते हैं।

बटरोही ने इन सब कठिनाइयों को देखते हुए कहानी के केवल दो तत्त्व बताये हैं–(1) शाब्दिक जीवन-प्रतिबिम्ब, (2) उससे निःसृत होने वाली 'एक' एवं 'प्रत्यक्ष' (मानवीय) संवेदना।

वे स्पष्ट करते हैं कि जीवन-प्रतिबिम्ब के अंग के रूप में पात्र और वातावरण आ जाते हैं, किन्तु उनका आना अनिवार्य हो, ऐसी बात नहीं है। बहुत बार कहानीकार के अलावा कहानी में कोई दूसरा पात्र नहीं होता।

हमारे विचार से, जैसा कि हमने उपन्यास के सम्बन्ध में कहा है, इस विधा के दो निम्नलिखित रचना-तत्त्व हैं–

(1) कथा-तत्त्व

(2) संरचना-तत्त्व।

कथा-तत्त्व से आशय परम्परागत रूप से चला आ रहा 'कथानक' नहीं है। अपितु हमारा आशय है जीवन-जगत् के प्रतिबिम्बों का कथन । उनका प्रत्यक्षीकरण। घटनाओं, क्रिया-व्यापारों और चरित्रों के माध्यम से किसी एक संवेदना को जगाने के लिए अपनाया गया कथा-परिवेश।

संरचना-तत्त्व इस कथन तत्त्व को, या जीवन-जगत् के प्रतिबिम्बों को प्रभावशाली ढंग से विन्यसित करने वाले उपादान हैं, जिसे हम भाषा, संवाद और इनके द्वारा निर्मित वातावरण, शैली आदि के रूप में देख सकते हैं।

ये दोनों तत्त्व परस्पर घुले मिले रहते हैं और कहानी को प्रभावशाली बनाने में अपना योगदान देते हैं। यह संरचना-तत्त्व ही वास्तव में कहानी का 'रचनात्मक परिवेश' है, जिससे कोई कहानीकार संवेदना का प्रभावपूर्ण चित्रण करता है।

इन्ही दो तत्त्वों के आलोक में कहानी के मूल्याकंन के तीन आधार समझे जा सकते हैं। ये तीन आधार हैं–कथ्य, रचनात्मक परिवेश तथा चरित्र। अतः किसी कहानी का मूल्याकंन इन तीन बातों को ध्यान में रखकर किया जाना चाहिए, तत्त्व उसके दो ही हैं–कथा-तत्त्व और संरचना-तत्त्व।

डॉ० राकेश गुप्त और *ऋषिकुमार चतुर्वेदी* ने कहानी के चार तत्त्वों की चर्चा की है – औत्सुक्य तत्त्व, भाव तत्त्व, वस्तु तत्त्व और शब्द तत्त्व । हमारे विचार से ये सभी तत्त्व हमारे-द्वारा ऊपर बताये गये दोनों तत्त्वों में समाहित हो जाते हैं।

कहानी, लघुकथा और लम्बी कहानी

कहानी के एक ओर 'लघुकथा' है, दूसरी ओर 'लम्बी कहानी'। आज हम पत्र-पत्रिकाओं में कहानी, लघुकथा और लम्बी कहानी नाम से प्रकाशित रचनायें पढ़ते हैं, लेकिन अनेक लोग इन्हें एक ही मानने की भूल करते हैं। वे सोचते हैं कि छोटी कहानी 'लघुकथा' है और आकार में लम्बी होने पर वह 'लम्बी कहानी' हो जाती है, जबकि औसत आकार की कहानी 'कहानी' है ! यह ग़लत धारणा है। हम यहाँ तीनों रूपों के स्वरूप-वैशिष्ट्य के विषय में संक्षेप में कुछ आवश्यक जानकारी देना चाहेंगे, ताकि भ्रांत धारणाओं का निवारण हो सके।

'लघु कथा' कहानी की सगोत्रीय विधा होने पर भी अपनी निजता, अपने तत्त्वों और अपनी प्रभाव-क्षमता में उससे भिन्न है। समकालीन जीवन की विसंगतियों से जन्मी इस तीखे प्रभाव वाली विधा का मूल स्वर व्यंग्य का होता है। इसमें किसी एक संवेदना का घनीभूत रूप इस प्रकार सामने लाया जाता है कि पढ़ने वाले की चेतना झनझना उठे। इसमें विस्तार नहीं होता न वातावरण की सृष्टि का अवकाश और न पात्रों का अजायबघर। जीवन-जगत् की किसी एक समस्या, किसी एक विसंगति, किसी एक मानव विरोधी कृत्य को प्रस्तुत किया जाता है, जिसकी तह में पूरी सामाजिक विडम्बना दबी रहती है। इसका अन्त एक दम उद्वेलित, विचलित कर देने वाला होता है। इसे हमने एक स्वतंत्र विधा मानकर मुक्त कथा-विधा कहा है।

लघु कथा के स्वरूप को संक्षेप में, पूरी तरह स्पष्ट करते हुए *डॉ० पुष्पा बंसल* ने इस प्रकार समझाया है, "लघु कथा कहानी की सजातीय है, किन्तु व्यक्तित्व में उससे भिन्न। यह मात्र घटना है, परिवेश-निर्माण को पूर्णतया छोड़कर, पात्र-चरित्र-चित्रण को भी पूर्णतया त्याग कर विश्लेषण से अछूती रहकर, मात्र घटना (चरम सीमा) की प्रस्तुति ही लघुकथा है। कहानी में प्रेरणा के बिन्दु का विस्तार होता है। लघुकथा में विस्तार नहीं संकोच होता है, केवल बिन्दु ही होता है, अपने घनीभूत रूप में। कहानी का कार्य मनोरंजन करना भी माना जाता रहा है। कुछ अंशों में आज भी माना जाता है। परन्तु लघुकथा मनोरंजन नहीं करती, मन पर आघात करती है, चेतना पर ठोकर मारती है और आँखों मं उंगली घुसा कर यथार्थ दिखाती है। जो लघु कथायें मनोरंजन करती हैं, हँसाती है – ने चुंटकुले-कहानी हैं। चुटकुला एक बुलबुले के समान हँस कर मिट जाता है। लघुकथा तकवे की नोंक को चुभाकर बनाया गया छोटा सा लाल घाव-बिन्दु होता है, जिसकी पीड़ा अन्दर की ओर फैलती चली जाती है।" उन्होंने एक महत्त्वपूर्ण बात और कही है कि, "लघुकथा में एक सुस्पष्ट नुकीला संवेदना-सूत्र प्रधान हो उठता है।" (देखें – डॉ० पुष्पा बसंल की पुस्तक, हिन्दी गद्य का विधा-वैविध्य, ऋषणचरण जैन एवं संतति, नई दिल्ली, 1987 पृष्ठ, 55)

इस प्रकार लघु कथा कहानी की सजातीया होते हुए भी उससे पूरी तरह भिन्न है। इस छोटी-सी

विधा में एकता, संक्षिप्तता, तीखेपन, व्यंग्य और एक घटना सूत्र के तीव्र प्रभाव पर विशेष ध्यान दिया जाता है। लघुकथा के लिए ये अनिवार्य तत्त्व हैं।

लम्बी कहानी भी कहानी की सजातीय विधा है; और लघु कथा की तरह अपने रचना-विधान में कहानी से भिन्न है। जीवन की गहरी जटिलता ने कहानी को 'लम्बी कहानी' की ओर जाने के लिए विवश किया है। यह 'लम्बाई' पृष्ठ संख्या की नहीं है, अपितु साहित्य के क्षेत्र में 'लम्बाई' का यह तत्त्व एक नयी दृष्टि का सूचक है। यह नयी दृष्टि ही लम्बी कहानी को छोटी कहानी (या सिर्फ कहें 'कहानी') से अलग करती है। संक्षेप में यह अलगाव देखा जा सकता है – घटना और परिवेश में, अन्तर्द्वन्द्व में अर्थात् इनके विस्तार एवं मनोभावों के चित्रण में। जीवन-सन्दर्भों की गहनता लम्बी कहानी की शर्त है, जबकि वह कहानी की अन्य सभी शर्तों को मानकर चलती है।

यों तो 'लम्बी कहानी' को कुछ पहले ही स्वीकृति मिलने लगी थी, विशेष रूप से 1977 के आसपास। लेकिन इसके स्वरूप आदि पर विधिवत् ढंग से विचार सर्वप्रथम डॉ० पुष्पा बसंल ने किया। उन्होंने कहानी, उपन्यास, लघु उपन्यास और लम्बी कहानी के स्वरूप पर विचार करते हुए लंम्बी कहानी से इनकी भिन्नता को उदाहरणों-सहित स्पष्ट किया। (विशेष रूप से इस सन्दर्भ में उनका एक शोधपत्र "हिन्दी गद्य की नवीन विधा : लम्बी कहानी" पंजाब यूनिवर्सिटी शोधपत्रिका; परिशोध के अंक 29 में छपा था।)

डॉ० बसंल के चिन्तन को अपनाते हुए हम लम्बी कहानी के वास्तविक स्वरूप को इस प्रकार समझा सकते हैं, "लम्बी कहानी, कहानी के स्वरूप वैशिष्ट्य की रक्षा करती हुई भी कहीं इससे भिन्न हो जाती है। लम्बी कहानी घटना-प्रभाव-अन्तर्द्वन्द्व के इकहरेपन की पूर्ण रक्षा करती है, पर वह छोटी कहानी के समान, जल्दबाज, नहीं होती। संघर्ष, क्रिया अथवा अन्तर्द्वन्द्व को वह एक ही कोण से नहीं छूती, उसमें अपेक्षित 'विस्तार' से वह नहीं डरती, और उसको अपने इकहरेपन में ही पूरे विस्तार से उभार देती है। वह व्यक्तिमन को विस्तार देकर उसका भावनाओं का शक्ति एवं संतोष के साथ चित्रण करती है। इसीलिए घटना का इकहरापन होते हुए भी उसके एकाधिक कोण स्पष्टता से उभर आते हैं। एकाधिक पात्र उभर जाते हैं। परिवेश का चित्रण विस्तार से होता है। अर्थात् लम्बी कहानी में लेखक मुख्य पात्र के साथ-साथ वर्ण्य घटना अथवा वस्तु से सम्बद्ध अन्य पात्र अथवा पात्रों को भी उभरने का अवसर देता है। वे उभरे हुए पात्र परिवेश की सम्पन्नता में स्थिति होकर मुख्य संघर्ष को गहराई एवं विस्तार में अतिरिक्त आयाम प्रदान करते हैं।

लम्बी कहानी में भी एक ही मनोभाव की प्रधानता होती है, परन्तु यह उस मनोभाव का प्रभाव अपने व्यापक फलक पर डालती है और जीवन की जो-जो भूमि जहाँ-जहाँ तक उसके प्रभाव में आ जाती है, सबको स्वीकार कर लेती है। लम्बी कहानी की मुद्रा छोटी कहानी की मुद्रा के समान निषेधमयी नहीं होती। लम्बी कहानी प्रभाव को उसकी नोंक से ही पकड़ने का प्रयास नहीं करती, वह उसको नीचे

पकड़ती है और उसको अधिक व्यापक विस्तार में ग्रहण करती है। लम्बी कहानी में क्योंकि घटना के सन्दर्भ में 'एकता' या इकाई का पालन नहीं होता, पात्रों के सन्दर्भ में भी वह एकता की शर्त से नहीं बंधी रहती है; इसी से इसका आकार बढ़ जाता है। साथ ही वह अपने कहानीपन को अक्षुण्ण रखती है।

वर्णनगत विशेषताओं में विश्लेषण आदि का सहारा लेकर भी सम्पूर्ण स्थिति को संश्लेषित करने का भाव लम्बी कहानी में अधिक गहरा होता है। छोटी कहानी विस्तार के बिन्दु पर छोटी कहानी का अतिक्रमण करती है, 'इकहरेपन' के मूल भाव की रक्षा नहीं करती, परन्तु 'कहानीत्व' की 'अन्वित' की अपेक्षा का पूरा-पूरा पालन करती है। लम्बी कहानी के प्रभाव का तीखापन लम्बी कहानी में आकर गहरेपन में बदल जाता है।" (देखें, हिन्दी गद्य का विधा वैविध्य, पृष्ठ, 38)

इस तरह लम्बी कहानी, कहानी होते हुए भी प्रचलित छोटी कहानी से अलग होती है। यह छोटे (लघु) उपन्यास से भी भिन्न होती है। लघु उपन्यास बहुत कुछ को जल्दी-जल्दी कह डालना चाहता है, जबकि लम्बी कहानी इकहरी बात को धीरे-धीरे समझाकर, उसको प्रत्येक कोण से छू-परख कर। लघु उपन्यास में प्रभाव विशद एवं वैभिन्य-युक्त होता है, लम्बी कहानी में इकहरा और सघन।

संक्षेप में, उपन्यारा का मूल तत्त्व (जीवन की समग्रता) तथा कहानी की क्षिप्रता संक्षिप्तता–असहनशीलता मिल कर लघु उपन्यास बनते हैं तथा कहानी का मूल तत्त्व (मनोभाव का इकहरापन) और उपन्यास की सहनशीलता अर्थात् चित्रण की विशदता एवं विश्लेषणात्मक दृष्टि मिलकर लम्बी कहानी बनते हैं।

कहानी और उपन्यास की तुलना

यह भ्रम है कि कहानी और उपन्यास में केवल आकार का अन्तर है। कहानी कहानी है, उपन्यास उपन्यास। दोनों कथा-तत्त्व प्रधान गद्य विधायें हैं, यह भी ठीक हैं, लेकिन जिस तरह महाप्रबन्ध कविता (महाकाव्य) खण्ड प्रबन्ध कविता (खण्डकाव्य) से अपनी रूप-रचना में अलग होती है, उसी तरह महाप्रबन्ध कथा (उपन्यास) भी खण्डप्रबन्ध कथा (कहानी) से अपनी रूप-रचना में भिन्न है।

संक्षेप में इन दोनों विधाओं में अन्तर के कुछ बिन्दु इस तरह हैं—

(1) कहानी में कथानक हो भी सकता है, और नहीं भी। उसमें कथासाहित्य के विविध पक्षों में से किसी एक ही पक्ष के मार्मिक अंश को लेकर चलना होता है। यदि कहानी चरित्र को अपना लक्ष्य बनाती है तो उसके किसी एक पक्ष का रहस्योद्घाटन करती है। यदि वातावरण प्रधान कहानी है तो उसमें किसी वातावरण विशेष को ही चित्रित किया जाता है। इस प्रकार 'कहानी का प्रेरक कोई एक ही मार्मिक विचार होता है' (हडसन)। इसके विपरीत उपन्यास में कथानक अनिवार्य रूप से रहता है। उसमें स्थानीय वातावरण का निर्माण, पात्रों के चरित्र का चित्रण और विकास, भावनाओं का घात-प्रतिघात, उनका संघर्ष—सभी कुछ उपस्थित रहता है; कहानी में नहीं। कहानीकार को अपनी दृष्टि किसी एक वस्तु पर केन्द्रित करनी पड़ती है।

(2) कहानी जीवन-जगत् के किसी एक अंश के रहस्य का ही उद्घाटन करती है। जीवन को पूर्णता में देखने का प्रयास उसमें कभी नहीं पाया जा सकता । यह कार्य उपन्यास का है।

(3) कहानी और उपन्यास में 'प्रभावान्विति' सम्बन्धी अन्तर पाया जाता है। विषय के एकत्व के साथ कहानी में प्रभावों की एकता का होना भी बहुत आवश्यक है। प्रभावान्विति से तात्पर्य है – 'वह शक्ति जिसके कारण विषय का एकत्व एकोन्मुख होकर पाठ्क की बुद्धि और हृदय को स्पन्दित करे। 'उपन्यास में प्रभावान्विति प्रायः नहीं पायी जाती । उसमें जीवन के विविध क्षेत्रों की झाँकी देकर सारे रहस्यों और वस्तुस्थितियों से परिचित कराया जाता है।

(4) उपन्यास में इतिवृत्तात्मक विवरण पर्याप्त मात्रा में होते हैं, कल्पना का व्यापक प्रसार भी हो सकता है, जबकि कहानी में इतिवृत्तात्मकता और अतिशय कल्पना के लिए स्थान नहीं होता। उसमें सर्वत्र व्यंजना-मूलक रसात्मकता को तथा सांकेतिकता को महत्त्व दिया जाता है।

(5) चरित्र-चित्रण की दृष्टि से भी दोनों विधाओं में अन्तर है। 'कहानी में चरित्र का उद्घाटन किया जाता है, जबकि उपन्यास में चरित्र को विकसित किया जाता है, यही कारण है कि कहानी में चरित्र-चित्रण की अभिनयात्मक शैली और उपन्यास में विश्लेषणात्मक शैली अपनाई जाती है।' संक्षेप में, " कहानी में चरित्र की झलक रहती है और उपन्यास में उसकी झाँकी।" (हडसन)।

कुल मिलाकर उपन्यास का गौरव जीवन की समग्रता में है, कहानी का संक्षिप्तता में। इसमें एकपन है – एक घटना, जीवन का एक पक्ष, संवेदना का एक बिन्दु, एक भाव, एक उद्देश्य। उपन्यास में बहुविधता है, अनेकता है। उपन्यास में प्रासंगिक और अवान्तर कथाएं मुख्य कथा को पुष्ट करती हैं। कहानी में प्रायः उनके लिए अवकाश नहीं रहता । इसी तरह कहानी में पात्र भी सीमित होते हैं, उपन्यास में अनेक। माना तो यह गया है कि कहानी में मूलतः एक ही पात्र होता है, अन्य पात्र तो उसके सहायक होते हैं !

O-2 मुक्तकथा

लघुकथा

'लघुकथा' एक स्वतन्त्र साहित्यिक विधा के रूप में लगभग स्वीकृति पा चुकी है। जिस तरह कविता वर्ग में प्रबंध कविता और मुक्त कविता-वर्ग की विधाओं की स्थिति है, उसी तरह हमने कथा-वर्ग की विधाओं में भी 'प्रबंध कथा' तथा 'मुक्त कथा' नामक दो श्रेणियां बनाई हैं। 'प्रबंध कथा' श्रेणी में 'महाप्रबन्ध कथा' एवं 'खण्ड प्रबंध कथा' के रूप में क्रमशः उपन्यास एवं कहानी की स्थिति है, जबकि मुक्त कथा श्रेणी की एक मात्र विधा 'लघुकथा' है।

'लघुकथा' कहानी से अलग एक स्वतंत्र विधा है। इसका अपना स्वतंत्र व्यक्तित्व है। केवल अपने छोटे आकार के कारण ही नहीं, अपितु अपने समूचे रचनातंत्र के कारण यह विधा कहानी से अलग अपनी पहचान रखती है। यह कहानी अथवा लम्बी कहानी की सगोत्रीय विधा होने पर भी निजता, अपने तत्त्वों एवं प्रभाव-क्षमता में उनसे भिन्न है। यह विधा अपनी बनावट और बुनावट में कहानी से पृथक तथा स्वतः पूर्ण है। इसीलिए इसे एक स्वतंत्र विधा का दर्जा दिया गया है।

लघु कथा आज के समय और समाज की मांग है। लम्बी कहानी की तुलना में लघुकथा पाठक से पूरी तरह जुड़ी हुई है, क्योंकि दौड़-भाग-भरे जीवन में आम पाठक इस लघु आकार वाली रचना-द्वारा कम समय में ही पूरा साहित्यिक आस्वाद प्राप्त कर लेता है। आसपास बिखरी घटनाओं से वह नये सिरे से जुड़ता और रचनात्मक अनुभव में सहभागी बनता है।

लघुकथा का स्वरूप एवं लक्षण

लघुकथा वास्तव में समकालीन जीवन की विसंगतियों से जन्मी तीखे तेवर और प्रभाव वाली विधा है जिसका मूल स्वर व्यंग्य है। इसमें किसी एक संवेदना का घनीभूत रूप इस प्रकार सामने आता है कि पढ़ने वाले की चेतना झनझना उठे।

लघुकथा विधा की रचनाओं में विस्तार की गुंजाइश नहीं होती, न वातावरण सृष्टि का अवकाश और न पात्रों की लम्बी जनसंख्या। जीवन-जगत् की किसी एक समस्या, किसी एक विसंगति, किसी एक मानव-विरोधी कृत्य को प्रस्तुत किया जाता है, जिसकी तह में पूरी सामाजिक विडम्बना दबी रहती है। इसका अंत एकदम विचलित-उद्वेलित कर देने वाला होता है।

एक युवा रचनाकार के शब्दों में, " जीवन का सही मूल्य स्थापित करने के लिए 'व्यक्ति' और उसके 'काल' से विवेच्य क्षण को लेकर उसे कम से कम और स्पष्ट सारगर्भित शब्दों में असरदार ढंग से कहने की सफलतम विधा का नाम 'लघुकथा' है, जो सीधे चिन्तन तन्तुओं को प्रभावित करती है।"

(विक्रमसोनी, वनप्रिया, प्रवेशांक पृष्ठ, 62)

डॉ० पुष्पा बंसल, डॉ० बैजनाथ सिंहल, प्रो० सुरेश चंद्र गुप्त, बलराम, महेश दर्पण, अशोक लव, इत्यादि समीक्षकों तथा रचनाकारों ने इस विधा के स्वरूप-निर्धारण के लिए अथक प्रयास किया है। *डॉ० पुष्पा बंसल* के अनुसार, " यह मात्र घटना है। परिवेश-निर्माण को पूर्णतया त्याग कर विश्लेषण से अछूती रह कर मात्र घटना (चरम सीमा) की प्रस्तुति ही लघुकथा है।"

बलराम ने कहा है, "लघुकथा साहित्य रूपी ब्रह्माण्ड के विस्तार में सूर्य की उष्णता और विशालता नहीं, मेघाच्छन्न आकाश में कौंधी हुई बिजली के समान है, जो पाठक के मस्तिष्क पर एक तीव्र प्रभाव छोड़कर गुम हो जाती है।"

इसी प्रकार *अशोक लव* का कहना है, "लघुकथा अपनी संक्षिप्तता में जीवन की व्यापकता लिए रहती है। यह मानव-चरित्र के एक बिम्ब, मन के एक भाव, जीवन की एक घटना, घटना के एक अंश और काल खण्ड के एक क्षण का संक्षिप्त चित्रण करते हुए भी एक पूरी कहानी कह देती है।"

उपर्युक्त विचारों की पृष्ठभूमि में हम लघुकथा के कुछ सामान्य लक्षण इस प्रकार निर्धारित कर सकते हैं–

(1) लघुकथा का आकार अत्यंत सीमित होता है, क्योंकि इसमें कम से कम विस्तार के साथ मात्र घटना को प्रस्तुत किया जाता है।

(2) इसका उद्देश्य प्रायः कहानी की भांति मनोरंजन नहीं होता, यह किसी समस्या या दृष्टिकोण को सामने रखती है।

(3) लघुकथा का प्रभाव देर तक रहता है, चुटकुले की तरह क्षणिक नहीं होता।

(4) लघुकथा की घटना, कहानी की घटना की भांति जीवन का अंश नहीं हो सकती। वास्तव में यह घटना इतनी स्वल्प होती है कि जीवन में प्रायः आम आदमी ऐसी प्रतिदिन घटने वाली सैकड़ों घटनाओं को अनदेखा ही कर देता है। लघुकथा इनमें से घटना चुनती है और बिना विस्तार दिये प्रभावशाली ढंग से उव्रती है।

(5) लघुकथा में वातावरण का विस्तार नहीं होता।

(6) लघुकथा में पात्र बहुत सीमित होते हैं। जो होते हैं, उनका चरित्र-विश्लेषण नहीं किया जाता, संकेतित किया जाता है।

(7) प्रायः लघुकथा का स्वर व्यंग्यपरक होता हैं, लेकिन वह त्रासद या एकदम गम्भीर भी हो सकती है।

(8) लघुकथा का उद्देश्य जीवन की अनेक विविध विसंगतियों का उद्घाटन करना है। वह सघन बिम्बात्मकता में से अपनें संवेदनों को प्रकट करती हैं।

(9) लघुकथा पाठक की चेतना पर प्रभावापात करती है, उसे उद्वेलित-विचलित करती है।

(10) लघुकथा में भाषा की मितव्ययता होती है, इसलिए सांकेतिकता, लक्षणा और व्यंजना इस विधा की भाषा में अनिवार्य होती है।

समग्रतः लघुकथा एक नुकीली, संक्षिप्त, सघन, समन्वित रचना है, जिसमें घटना, परिवेश, पात्र इत्यादि को अलग कर पाना कठिन होता है। जनमानस से उपजी इस विधा में विस्तार का अभाव, जीवन यथार्थ-सम्बद्धता,अर्थगर्भिता, सहजता, प्रस्तुति-क्रिया में अंतर्निहित त्वरा इसे सीधे जन- मानस से जोड़ती है।

एक विधा के रूप में यदि लघुकथा को परिभाषित करना चाहें तो हम कहेंगे कि- "लघुकथा वह मुक्त कथा रूप है, जिसमें किसी एक जीवन-घटना को, बिना विस्तार एवं विश्लेषण के, तीव्र प्रभाव के साथ चित्रित किया जाता है। इसका नायक घटना अथवा दृष्टिकोण होता है और उद्देश्य संवेदना-सूत्र की तीव्र प्रस्तुति।"

लघुकथा के रचना-तत्त्व

लघुकथा एक संवेद्य चित्रात्मक घटना-प्रस्तुति है। फिर भी इसमें एक कथा-सूत्र विद्यमान होता है। यह कथासूत्र 'कथा' के साथ 'लघु' विशेषण जुड़ जाने से अपने संयोजन में एक विशिष्ट ढांचा प्राप्त कर लेता है। यह 'कथा-तत्त्व' कहानी की भांति सुनिश्चित कथा नहीं होता, न उसका विस्तृत-विधान अभीष्ट होता है। उसमें निहित एक घटना की कथात्मकता ही इस तत्त्व की पूर्ति कर देती है।

हमारे विचार से लघुकथा के रचना-तत्त्व निम्नलिखित होते हैं—

(1) कथात्मक घटना,

(2) गहन अर्थ-गूंज,

(3) प्रभावान्विति,

(4) दृष्टिकोण।

लघुकथा-रचना में सहज रूप में कभी-कभी नाटकीयता के साथ कथात्मक घटना को प्रस्तुत किया जाता है। ऊपर से सीधी-सादी एक छोटी-सी घटना दीखने वाली यह 'बात' अपने अन्तर में कोई न कोई मार्मिक सत्य छिपाए होती है। ऐसा सत्य जिसे सीधी भाषा में कह देना निरर्थक ही नहीं, अकारथ भी होता है।' इस कथात्मक घटना में पात्र एवं परिवेश तक घुलमिल जाते हैं। जीवन की व्यापक जटिलताओं को उनके समग्र रूप में व्यवस्थित कथानक के रूप में ही व्यक्त किया जा सकता है, जो प्रायः उपन्यास का दायित्व है। यह उत्तरदायित्व लघुकथा वहन नहीं कर सकती है। इस विधा की रचनाओं में तो जीवन के कुछ क्षणों को, विचारों को तथा घटनाओं को ही व्यक्त किया जा सकता है। इसलिए कहा गया है लघुकथा में सुव्यवस्थित सुविचारित व्यापक कथानक नहीं होता, अपितु अधिक से अधिक कहें तो 'कथात्मक घटना' ही कथानक होता है। और यही बात उसके पक्ष में है। हाँ, इस 'कथात्मक घटना' का

संघटन अच्छी तरह किया जाना चाहिए। एक अच्छा आरम्भ, एक अच्छा विचार और एक प्रभावशाली अन्त लघु कथा की बुनियादी शर्त हैं! इस 'कथात्मक घटना' का स्वरूप बहुत कुछ कविता के गीत या नवगीत रूप की तरह होता है। इस सन्दर्भ में हम *शंकर पुणतांबेकर* के इस मत से अपने को पूर्णतः सहमत पाते हैं कि, "मैं लघुकथा को वास्तव में 'वैचारिक' मानता हूं। वैचारिक कथा-गीत कहने पर लघुकथा की जो भी विशेषताएं हैं, जो उसके मानदण्ड स्वरूप हो सकते हैं, वे इस छोटे पद में समाविष्ट हैं। गीत छोटा होता है, वह कितना छोटा होता है? क्या हम उसके शब्दों की गिनती करते हैं? उसको समय से नापते हैं? वास्तव में गीत एक विशिष्ट भाव प्रभाव उत्पन्न करता है, जिसमें निमग्नता की अपनी सीमा होती है। " यानी, "गीत भावात्मक होता है पद्य में। लघुकथा भाव नहीं, विचार को लिए रहती है गद्य में। इसीलिए हमने इसे वैचारिक कथागीत कहा है।" (द्रष्टव्य, वर्तमान जनगाथा, जुलाई-सित० 93 पृष्ठ, 33)

कहने का अर्थ यह है कि कथात्मक घटना और विचार लघुकथा का प्राथमिक अनिवार्य रचना-तत्त्व है। जिस तरह गीत या नवगीत में एक ही भाव आदि से अन्त तक होता है, उसी तरह लघुकथा में भी यह अपेक्षा रहती है कि आदि से अंत तक एक ही कथात्मक घटना और विचार बना रहे। गीत की तरह लघुकथा के इस विचार या घटना का तीव्र प्रभाव पड़े। इसकी विचारानान्विति और गद्यात्मक लय गीत की भावान्विति और लय के समतुल्य है।

लघुकथा में एक *'गहन अर्थगूंज'* बहुत आवश्यक है। वह निश्चित रूप से सपाट रचना नहीं है। इसलिए उसमें प्रायः व्यंग्य की प्रधानता रहती है। उसमें हास्य भी हो सकता है, लेकिन वह व्यंग्य का सहचर बन कर ही रहता है और वह त्रासद स्थितियों को उभारता है। व्यंग्यार्थ की गहन गूँज की सृष्टि करना लघुकथाकार से अतिरिक्त सजगता की मांग करता है। इसलिए लघुकथा का सृजन सीधा-सरल काम नहीं है। वह श्रमसाध्य और बौद्धिक काम है, जो किसी कविता, कहानी, या गीत-नवगीत लिखने से कम कठिन नहीं है। हमारे विचार से लघुकथा का वास्तविक उद्देश्य उसके शब्दों और पंक्तियों के बीच ध्वनित गहन अर्थगूंज में ही मौजूद रहता है। लघुकथा इसी अर्थगूंज के बल पर पाठक की चेतना पर प्रहार करती है और अपना प्रभाव छोड़ती है।

प्रभावान्विति लघुकथा के लिए अत्यावश्यक है। चुस्त-दुरुस्त भाषा में लिपिबद्ध कोई घटना, विचार अथवा दृष्टिकोण एक चुभन के रूप में प्रभाव डालता है। यह चुभन-बिन्दु धीरे-धीरे फैलता जाता है। यहाँ विस्तार के लिए अवकाश नहीं, न आदमी को बहला-फुसला कर घेर लाने के लिए समय। यह विधा तो फौरी कार्रवाई करने की पक्षधर है, तत्काल आक्रमण! यानी, "प्रभाव की दृष्टि से लघुकथा को तोप या टैंक की अपेक्षा हथगोले की तरह होना चाहिए, जो क्षण भर में वह सब कर गुजरे, जो उसे करना है!" (बलराम ऋणजल (संग्रह) में)। प्रभाव की अन्विति लघुकथा के लिए उतनी ही आवश्यक है, जितनी एकांकी में, गीत में अथवा गद्य गीत में। यह गुण भाषा और घटना की सघनता से आता है। जहाँ

लघुकथा बिखरी, वहीं उसकी प्रभावान्विति को खतरा हुआ!

लघुकथा में एक *'दृष्टिकोण'* अवश्य निहित होता है। दृष्टिकोण के बिना उसके रचने का कोई उद्देश्य नहीं। बल्कि इसके बिना वह एक अंधी-गूंगी लड़की मात्र बनकर रह जाती है।

लघुकथा के सन्दर्भ में *डॉ० पुष्पा बंसल* का यह कथन ध्यान देने-योग्य है, " लघुकथा बीसवीं शताब्दी में उपजी एक स्वतंत्र साहित्यिक विधा है, जिसका मुख्य उद्देश्य है बीसवीं शताब्दी के उत्तरार्द्ध में भारत के ज़न-जीवन में घुस आई विसंगतियों को जन-जन तक पहुँचा कर उनमें चैतन्य भरना। मानव दुर्दशा के लिए जिम्मेदार व्यवस्था में घुस आई विद्रूपता को प्रकट करना, उसे त्रासदायकों की चतुराई के आवरणों से मुक्त करके प्रकाशित करना इस दृष्टि से लघुकथा जन-चेतना जगाने वाली एक विधा ठहरती है।"

निस्सन्देह इस नव्य विधा को अपनें लिए स्वतंत्र और सम्मानित स्थान मिलना चाहिए। आज हिन्दी के अनेक समर्थ रचनाकार इस विधा को अपनी श्रेष्ठ रचनाओं से समृद्ध कर रहे हैं। कुछ समीक्षकों ने इस विधा के शास्त्रीय स्वरूप तथा सौन्दर्यशास्त्र पर गंभीर चिन्तन किया है।

खण्ड - 4

कथेतर गद्य-वर्ग की विधाएँ

कथेतर गद्य-वर्ग

(B)

'कथेतर' गद्य विधाओं का वर्ग हमने तथाकथित 'रुधिर वर्ग'–B से चिह्नित किया है। इस वर्ग में ऐसी साहित्यिक विधाएं आती हैं, जो कथा-मुक्त होती हैं। कथा-तत्त्व का जिनमें या तो नितान्त अभाव होता है या वह आंशिक रूप में आ भी जाए तो महत्त्वपूर्ण नहीं होता। गद्य की इन स्वतंत्र विधाओं का विकास आधुनिक युग में हुआ है और इनमें से अधिकांश विधाएं पत्रकारिता के आंगन में जन्मी हैं। इनको पल्लवित करने में भी पत्र-पत्रिकाओं की मुख्य भूमिका है।

थोड़ा इस विषय पर भी विचार कर लें कि पत्रकारिता इस वर्ग की विधाओं को जन्म देने और पल्लवित-पुष्पित करने वाली 'संस्था' है, तो क्या पत्रकारिता को हम साहित्य की एक विधा मान सकते हैं? इसका उत्तर होगा—नहीं। दरअसल वह साहित्य की सहचर हो सकती हैं, विधा नहीं। यद्यपि यह साहित्य से अनेक प्रकार से जुड़ा एकदम पार्श्व में बना रहने वाला 'भाषा-करोबार' है, तथापि उत्पत्ति, प्रेरणा, दिशा, लक्ष्य, प्रभाव आदि की दृष्टि से दोनों में पर्याप्त अन्तर है। पत्रकारिता के दो भेद हैं – (1) पत्र, (2) पत्रिका। पत्र प्रायः दैनिक होते हैं। इनमें दैनिक घटनाओं की रिपोर्टिंग होती है और संक्षिप्त सूचनाएं होती हैं। फलतः इनमें ताज़ा, नवीनतम और सामयिक घटनाओं का महत्त्व होता है। इन समाचारों में विविधता होती है, जो समाज के हर कोने, हर पक्ष से सम्बन्धित होते हैं। पत्रकारिता का दूसरा पक्ष है – पत्रिका। किसी निश्चित विषय को लेकर सावधिक प्रकाशन को 'पत्रिका' कह सकते हैं। पत्रिका में प्रायः रिपोर्टिंग नहीं होती, उसमें लेख होते हैं जिन में सूचना तथा टिप्पणी निहित रहती है। "पत्रिका समाचार नहीं देती, सूचना नहीं देती, ज्ञान देती है और साहित्यिक पत्रिका सार्वाधिक रूप से साहित्य के क्षेत्र में जो नया लिखा जा रहा है, उसे प्रिन्ट मीडिया के द्वारा बहुसंख्यक पाठकों तक पहुंचाती है। 'पत्रों' के पिछले अंक अनुपयोगी हो सकते हैं, 'पत्रिकाओं' के नहीं। पत्रिका का सम्बन्ध किसी विशिष्ट विषय की सामग्री से होता है जैसे- खेल, सिनेमा, धर्म-व्यवसाय, फैशन, साहित्य आदि।" (सुरेन्द्र यादव, हिन्दी पत्रकारिता का हिन्दी गद्य के विकास में योगदान, शोधप्रबन्ध, पृष्ठ, 19)। पत्र जहां प्रायः दैनिक होते हैं, पत्रिकाएं साप्ताहिक, पाक्षिक, मासिक, द्विमासिक, त्रैमासिक, अर्द्धवार्षिक, वार्षिक, अनियतकालीन आदि होती हैं। दरअसल पत्रकारिता को शोध तथा अनुवाद की तरह 'अर्द्धसाहित्य' कह सकते हैं। जिस प्रकार चिकित्सा जगत् में इससे प्रत्यक्ष रूप से जुड़े व्यक्तियों – डॉक्टरों के अतिरिक्त अन्य ऐसे अनेक व्यक्ति भी किसी-न-किसी रूप में जुड़े रहने वाले जैसे-नर्स, कम्पाउंडर, डिस्पैन्सर, एक्स-रे तकनीशियन या प्राथमिक उपचार से सम्बद्ध संस्थाएं जैसे– 'रैडक्रास' आदि को 'पैरा-मेडिकल' (अर्द्ध चिकित्सकीय) कहा जाता है, उसी प्रकार पत्रकारिता को "अर्द्धसाहित्य" कहा जा सकता है। यह ठीक है कि पत्रकारिता भी शब्दार्थमय है, पाठक को प्रेरित करती है, लेकिन वह प्रायः सूचना देती है। वह 'रचानात्मक साहित्य'

(creative literature) की श्रेणी में नहीं आ पाती। फिर भी उसका महत्त्व कम नहीं है। नवीन सूचनाओं, ताजा समाचारों और विवरणों का होना 'पत्रकारिता' की प्राथमिक शर्त है, इस विचार से 'पत्रिकाओं' में भी साहित्य की नयी रचनायें, नए प्रयोग छप कर आते हैं, ये रचनाएं पत्रिका को 'साहित्य' की श्रेणी में ले जा सकती हैं। लेकिन ' पत्रिका' या पत्रकारिता स्वयं में साहित्य नहीं होती, उसमें छपी सामग्री ही साहित्य होती है। हाँ, इतना अवश्य है कि पत्रकारिता और साहित्य का परस्पर घनिष्ट सम्बन्ध है। दोनों स्वतंत्र होते हुए भी सहचर हैं। पत्रकारिता ने साहित्य को एक सुदृढ़ मंच दिया है। आज तो पत्रकारिता साहित्य-प्रसार के लिए अनिवार्य माध्यम बन गया है। जैसा हमने पहले कहा, कथेतर गद्य विधाएं तो 'पत्रकारिता' की ही देन हैं और आज तो प्रायः सभी विधाएं पत्र-पत्रिकाओं के माध्यम से समृद्धि उपलब्ध कर रही हैं। पाठ्क और लेखक दोनों ही पत्र-पत्रिकाओं से जुड़े हैं और इसमें भी कोई सन्देह नहीं कि ये पत्र-पत्रिकाएं दोनों की चेतना को प्रभावित करती हैं। यहाँ यह बात भी विशेष रूप से रेखांकित करने की है कि पत्रकारिता ने साहित्यिक विधाओं को जहाँ मंच दिया है, वहाँ उन्हें बदला भी है, उनकी दिशा में परिवर्तन किया है, उनके रूपाकार और शिल्प में परिवर्तन किया है और नवीन विधाओं को जन्म भी दिया है। यह तथ्य 'कथेतर गद्य विधाओं' पर विशेषरूप से लागू होता है।

कथेतर गद्य वर्ग की विधाओं का प्रधान-लक्षण है, सुस्पष्ट, सुव्यवस्थित रची हुई 'कथा' का अभाव। यहाँ आत्मकथा और जीवनी नामक प्रबन्ध-विधाओं या रेखाचित्र-संस्मरण-जैसी खण्ड प्रबन्ध गद्य विधाओं को देख कर भ्रम हो सकता है कि उनमें उपन्यास या कहानी की भांति 'कथा-तत्त्व' मौजूद रहता है। लेकिन यह भ्रम ही है, जो गहराई से इन्हें देख कर दूर हो पाता है। मुख्य रूप से, कथेतर विधाओं का जो कुंछ कथा-अंश है वह 'गल्प' नहीं होता, जीते-जागते व्यक्ति के जीवन का सिल-सिलेवार अंथवा चुने हुए अंशों का गुलदस्ता होता है। बिल्कुल वास्तविक। (यह बात दूसरी है कि कुछ लेखक लोक लज्जावश या अपने पूज्य की प्रतिष्ठ्र-रक्षा-हेतु कहीं-कहीं झूठ का समावेश कर देते हैं!) यदि कोई लेखक वास्तविक तथ्यों को बिना किसी कल्पना या विकृति के प्रस्तुत करता है, तब तो ठीक है, वह 'कथेतर' गद्य विधा की रचना प्रस्तुत है; लेकिन यदि वह इस आदर्श से डिगा कि उपन्यास या कहानी के निकट जा पहुँचा! इस तरह 'कथेतर' गद्य विधाओं में प्रायः 'आभ्यंतर' अथवा 'निजी' सच को विन्यसित किया जाता है, जबकि कथा-वर्ग की विधाओं (उपन्यास/कहानी) में 'बाहर' के सच अर्थात् 'वस्तुगत' सच को कल्पना में लपेट कर, बहुत हुआ तो एक अंतरंग अनुभव की-सी मार्मिकता देकर प्रस्तुत किया जाता है।

कथेतर गद्य-वर्ग की विधाएं

कथेतर गद्य वर्ग विधाएं विविध तत्त्वों की प्रधानता, उन तत्त्वों के विशिष्ट गुणों से निर्धारित रचना-रूप के आधार पर (जिन्हें हम तथाकथित 'जीन-पैटर्न' कह सकते हैं) निम्नलिखित श्रेणियों में वर्गीकृत की जा सकती हैं —

B-1 व्यक्तित्व एवं चिन्तन तत्त्व प्रधान कथेतर गद्य-विधाएं,

(इनमें चिन्तन तत्त्व या तर्क की प्रधानता होती है, जो बुद्धि का व्यवसाय है।)

इनमें निबन्ध और समीक्षा-विधाएं आती हैं।

B-2 वर्णन तत्त्व प्रधान कथेतर गद्य विधाएं,

इन विधाओं में 'वर्णन' की प्रधानता होती है, विवेचन विश्लेषण की मात्रा कम होती है। चिन्तन-तत्त्व या तर्क-प्रणाली को कम अपनाया जाता है। यह वर्णन रोचकता के लिए कई युक्तियों को अपना सकता है।

वर्णन तत्त्व की प्रधानता वाली इन कथेतर गद्य-विधाओं को पुनः चार श्रेणियों में बांटा जा सकता है-

B-2.1 जीवनी परक : जिनमें किसी अन्य व्यक्ति के अथवा अपने जीवन की वास्तविक घटनाओं को, जीवन के प्रवाह को क्रम-बद्ध ढंग से स्मृति तथा तथ्यों के आधार पर विन्यसित-वर्णित किया जाता है, वे जीवनी परक वर्णन तत्त्व प्रधान कथेतर गद्य विधाएं हैं। 'पर' तथा 'आत्म' के विचार से और 'प्रबन्धात्मक' एवं 'खण्ड प्रबन्ध' के आधार पर पुनः उनके दो-दो वर्ग हैं– जीवनी, रेखाचित्र, संस्मरण, आत्मकथा, पत्र और डायरी– सभी जीवनपरक कथेतर गद्य विधाएं हैं।

B-2.2 प्रकृतिपरक : यह वह विधा है, जो प्रकृति-वर्णन की प्रधानता लिए है, लेकिन इसमें वैचारिकता चिन्तन तत्त्व प्रधान कथेतर विधाओं (निबन्ध, समीक्षा) से भिन्न होती है। 'यात्रावृत्तान्त' इसी वर्ग की विधा है।

B-2.3 घटनापरक : यह वह विधा है, जिसमें घटना-वर्णन मुख्य तत्त्व है जो उभर कर आता है। घटनाएं तो यात्रावृत्तान्त और जीवन परक घटनाओं में भी हो सकती है, लेकिन उनकी घटनाएं सहायक होती हैं, स्व-जीवन से जुड़ी होती हैं, जबकि घटनापरक इस कथेतर गद्य विधा में 'पर' से, समाज से, समाज के किसी वर्ग से जुड़ी होती हैं और उन घटनाओं को /या घटना को ही आधार बनाकर 'नायक' के रूप में प्रस्तुत किया जाता है। 'रिपोर्ताज' इसी श्रेणी की विधा है।

B-3 कविता तत्त्व प्रधान,

इस श्रेणी की कथेतर गद्य विधाओं में कविता वर्ग का अंश (कहें कविता रुधिर वर्ग AB) मिल जाने से एक लयात्मकता रहती है। गद्य-पद्य का यह मिश्रण इस कथेतर गद्य विधाओं को जन्म देता है। गद्य गीत इसी श्रेणी की विधा है। यों चम्पू भी इसी श्रेणी में आ सकने वाली विधा है, लेकिन वह प्रधानतः 'कविता वर्ग' की विधा है।

B-4 अन्य

इस प्रकीर्ण वर्ग में स्वतंत्र रूप से विकसित ऐसी कथेतर गद्य-विधाएं सम्मिलित है, जिनमें अन्य 'रुधिर वर्ग' मिल कर अलग प्रभाव तथा व्यक्तित्व निर्मित करते हैं। इस विचार से देखें तो उनका रूप यह

होता है–

(अ) A x B (नाट्य x कथेतर गद्य) = *साक्षात्कार*, (इसमें वार्तालाप, संवाद की संयोजना होती है, लेकिन 'अभिनय' नहीं होता।)

(ब) O x B (कथा x कथेतर गद्य) = *फ़ीचर* (इसमें कथा तत्त्व हो सकता है किन्तु वह कथेतर रूप को दबा नहीं पाता, कथा-का-सा प्रभाव अवश्य उत्पन्न कर सकता है। वह कथा वर्ग के 'रुधिर वर्ग' से युक्त हो ही, यह भी अनिवार्य नहीं। इस विधा का अपना स्वतंत्र व्यक्तित्व है, अपनी पहचान है। इसमें 'लेख' या 'निबन्ध' का मिश्रण विद्यमान रहता है।)

(स) B x B (कथेतर गद्य x कथेतर गद्य) = *संपादकीय*, साहित्यिक विषयों को लेकर लिखी गई संपादकीय टिप्पणी और भूमिका इसी श्रेणी की विधा हैं। इनमें प्रायः निबन्ध और समीक्षा के ही लक्षण होते हैं।

(ग) A x B (नाट्य x कथेतर गद्य) = *परिचर्चा*। यह भी एक स्वतंत्र विधा होनी चाहिए। इसमें कई लोगों के बीच संवाद होता है।

आगामी पृष्ठों में हम इन सब विधाओं के स्वरूप रचना-तत्त्व, रचना-प्रकिया आदि पर विस्तार पूर्वक विचार करेंगे।

B-1 व्यक्तित्व एवं तत्त्व-प्रधान कथेतर गद्य-विधाएं

B-1 (i) निबन्ध

निबन्ध का स्वरूप

गद्य को कवियों की कसौटी कहा गया है (गद्य कवीनां निकषं वदन्ति), इससे आगे *आचार्य रामचन्द्र शुक्ल* जी गद्य की कसौटी निबन्ध निर्धारित करते हैं। उनकी दृष्टि में इसका कारण यह है कि "भाषा की पूर्णशक्ति का विकास निबन्धों में ही सबसे अधिक संभव होता है।" यह तथ्य कितना ही आकर्षक क्यों न हो, लेकिन इसकी गंभीरता को देखते हुए यह कहने में कोई अत्युक्ति नहीं होगी कि निबन्ध साहित्यिक अभिव्यंजना का सबसे कठिन रूप है। गद्य की यह केन्द्रीय विधा आधुनिक युग की देन है। व्यक्ति और समाज की मानसिक चेतना और भावानुभूति की निर्बन्ध अभिव्यक्ति का यह रूप कई कारणों से महत्त्वपूर्ण माना गया है। देखें तो निबन्ध ही एक ऐसी विधा है जिसमें व्यक्ति अपने स्वतंत्र व्यक्तित्व, निजीपन, अपने दृष्टिकोण का प्रतिपादन किसी भी विषय की ओट में स्वच्छन्तापूर्वक कर सकता है। तर्क, कथन की निजी भंगिमा, परस्पर संवाद इत्यादि का समुचित समन्वय करते हुए निबन्ध-लेखक अपने व्यक्तित्व का प्रभाव पाठक के मानस-पटल पर अंकित कर सकता है। निबन्ध क्योंकि लेखक के व्यक्तित्व का एक अभिन्न अंग है, इसलिए वैचारिकता और आत्म-प्रकाशन का ऐसा निष्कपट, प्रभावशाली तथा रोचक माध्यम संभवतः अन्य विधायें नहीं हैं। हमने इसी दृष्टि से निबन्ध को व्यक्तित्व एवं चिन्तन तत्त्व प्रधान कथेतर गद्य विधा के रूप में वर्गीकृत किया है।

'निबन्ध' शब्द व्यापक अर्थ का संवाहक है। व्युत्पत्तिपरक अर्थ में नि+बन्ध् = (बांधना)+घञ =अच्छी तरह गठा या बंधा हुआ (पदार्थ), 'निबन्ध' कहलाता है। शब्दकोष में निबन्ध का आशय है, "वह विचारपूर्ण विवरणात्मक और विस्तृत लेख जिनमें किसी विषय के सब अंगों का मौलिक और स्वतंत्र रूप से विवेचन किया गया हो।" (मानक हिन्दी कोश, 1964, पृष्ठ 271)

हमारे यहाँ इस विधा का आगमन पश्चिम से माना गया है। आधुनिक युग से पूर्व हिन्दी में निबन्ध लेखन प्रायः नहीं मिलता। अतः निबन्ध की परिभाषा और निबन्धों के आकलन के लिए हम पश्चिम के विचारकों की धारणा को पहले देखेंगे। यह इसलिए भी उचित रहेगा ताकि हम जान सकें कि हमारे यहां निबन्ध का जो रूप मिलता है, वह पश्चिम के निबन्धों जैसा है, या उससे भिन्न है। मुख्यतः देखें–

(i) पश्चिम में निबन्ध-विधा का जनक *मोनतेङ* (Montaigne) माना जाता है। उसने निबन्धों को विचारों, उद्धरणों और कथाओं का सम्मिश्रण माना उसके साथ ही वह आत्मतत्त्व को निबन्ध के लिए आवश्यक कहता था। (देखें– Essay is a modley of reflection, quotation and anecdotes... Essay must have an Autographical element in itself, if it lacks, that is not essay.)

(ii) *जॉनसन* निबन्ध को मन का आकस्मिक और उच्छृंखल आवेग— असम्बद्ध और चिन्तनहीन बुद्धि-विलास कहता था।

(द्रष्टव्य – Encyclopaedia Americana Vol. X. pp. 508 में जॉनसन का सुप्रसिद्ध कथन, 'A loose sally of mind and irregular undigested piece not a regular and orderly performance.)

(iii) *हडसन* ने रचियता के चिन्तन और चरित्र-चित्रण को निबन्ध के लिए आवश्यक बताया (the true essay is essentially personal) तो *बेकन, मरे* आदि ने निबन्ध को संक्षिप्त गद्य-रचना बता कर उसमें आनुपातिक संक्षिप्तता और पूर्णता पर बल दिया।

(द्रष्टव्य– An essay consists of few pages of concentrated wisdom with little elaboration of the ideas expressed. - Bacon

An essay is composition of moderate length on any particular subject or branch of subject, a composition more or less elaborate in style, though limited in range. - Murray),

(iv) इसके साथ ही *ए० सी० बेनसन* जैसे कुछ लेखक निबन्ध में थोड़े-बहुत विनोदी तत्त्वों को आवश्यक मानते हैं, *क्रेबल* जैसे लोग निबन्ध-विधा को एक हल्की रचना कह कर उसका उपहास उड़ाते हैं।

बहुत संक्षेप में इन धारणाओं का निष्कर्ष यह है–"निबन्ध; व्यक्तिगत विचार-प्रवाह का संक्षिप्त गद्य माध्यम है, जिसमें विनोदी तत्त्व भी हों।"

पाश्चात्य प्रभाव से जब अंग्रेजी के Essay के अनुरूप हिन्दी में 'निबन्ध' विधा का विकास हुआ, तब उसकी परिभाषा, उसके तत्त्व, विशेषताओं आदि पर भी विचार किया गया। यहाँ यह बात ध्यान में रखने की है कि हिन्दी में 'निबन्ध' का अर्थ अंग्रेजी-शब्द 'ए' स्-ए'(Essay) से बहुत सीमा तक भिन्न है। वहाँ 'ए' स-ए' का अर्थ होता है 'प्रयत्न', जो फ्रांसीसी भाषा के 'एसाई' अथवा लैटिन के 'एक्साजारे' के अनुरूप है। यह अर्थ एक सीमा तक ही ठीक है, क्योंकि निबन्ध में लेखक किसी विषय पर अपने विचार व्यक्त करने का 'प्रयास' करता है अर्थात् 'अभीप्सित' विषय के निरूपण का प्रयास ।' लेकिन, हमारे यहाँ संस्कृत के अनुरूप 'निबन्ध' का अर्थ 'अच्छी तरह गठा या बंधा हुआ (पदार्थ)', उचित माना गया है। संभवतः इसी मूल विचार को ध्यान में रखकर *आचार्य रामचन्द्र शुक्ल*– ने निबन्ध के सम्बन्ध में अपनां मत इन शब्दों में व्यक्त किया, "विचारों की गूढ़-गुम्फित परम्परा जिसमें एक-एक पैराग्राफ में विचार दबा-दबा कर कसे गये हों।"

हिन्दी में निबन्ध के स्वरूप पर विचार करते हुए अनेक तरह की परिभाषाएं स्थिर की गई हैं। इनमें से अनेक तो शब्दों के हेर-फेर के साथ एक ही बात कहती हैं, कुछ ऐसी परिभाषाएं हैं, जो समुचित रूप में निबन्ध के स्वरूप और तत्त्व का उद्घाटन करने का प्रयास करती है। ऐसी कतिपय परिभाषाएं यहां द्रष्टव्य हैं–

डॉ० जगन्नाथप्रसाद शर्मा के अनुसार, "तर्क और पूर्णता का अधिक विचार न रखने वाला गद्य-रचना का वह प्रकार निबन्ध कहलाता है, जिसमें किसी विषय अथवा विषयांक का लघु-विस्तार में स्वच्छन्दता एवं आत्मीयपूर्ण ढंग से ऐसा कथन हो कि उसमें लेखक का व्यक्तित्व झलक उठे।"(आदर्श निबन्ध, पृष्ठ 9)

डॉ० शर्मा की इस परिभाषा में अन्य बातें तो उचित हैं, लेकिन 'तर्क और पूर्णता का अधिक विचार न रखने वाली' शर्त समुचित नहीं है।

बाबू गुलाब राय ने निबन्ध के अनेक तत्त्वों को समेटते हुए निबन्ध की एक सन्तुलित परिभाषा इस प्रकार दी, "निबन्ध उस गद्य रचना को कहते हैं, जिसमें एक सीमित आकार के भीतर किसी विषय का वर्णन या प्रतिपादन एक विशेष निजीपन, स्वच्छंन्दता, सौष्ठव और सजीवता तथा आवश्यक संगति और सम्बद्धता: के साथ किया गया हो।" (काव्य के रूप, पृष्ठ 213)।

बाबू जी की इस परिभाषा में अपेक्षया अधिक तत्त्व समाविष्ट हैं। शैली, विषय वस्तु और उसके प्रतिपादन पर अधिक बल दिया गया है। इस परिभाषा में एक बात किंचित खटकने वाली है– 'किसी विषय का वर्णन या प्रतिपादन'। लगता है, जैसे वर्णनात्मक निबन्धों के लिए ही यह परिभाषा कही गई हो।

इससे अधिक संक्षिप्त और अपेक्षया परिपूर्ण परिभाषा डॉ० *जगनाथ नलिन* ने दी । उनके अनुसार, "किसी विषय पर स्वाधीन चिन्तन और निश्चल अनुभूतियों का सरस, सजीव और मर्यादित गद्यात्मक प्रकाशन ही निबन्ध है।" (हिन्दी निबन्धकार, पृष्ठ 10)

इस संक्षिप्त विवेचन से हम *डॉ० उदयभानु सिंह* के इस कथन के बहुत निकट पहुंच जाते हैं कि, "हिन्दी निबन्धों के स्वरूप और विकास को समझने के लिए वर्तमान युग की पश्चिमी परिभाषाएं उधार लेने से काम नहीं चल सकता । हिन्दी में निबन्ध का न तो इतना विस्तृत इतिहास ही है और न उसका आरंभ ही बेकन से हुआ। निबन्ध की यह पश्चिमी कसौटी कि वह व्यक्तिगत मनोरंजन एवं कलात्मक अभिव्यक्ति है, हिन्दी के लिए आप्त नहीं हो सकती। यहाँ तो सीमित गद्य-रचना में व्यक्त की गई सुसम्बद्ध विचार-परम्परा को ही निबन्ध मानना अधिक समीचीन जंचता है।" (महावीर प्रसाद द्विवेदी और उनका युग, 1951, पृष्ठ 143)

वास्तव में पाश्चात्य अवधारणा और हमारे वहां की अवधारणा निबन्ध के सन्दर्भ में भिन्न है। वहां निबन्ध को 'उच्छिन्न चिन्तन' (डिसार्सड मेडिटेशन) या हल्का-फुल्का गद्य कहना सामान्य बात है। मन की उन्मुक्तता, विश्रृंखलता और मनोविनोद को भी निबन्ध की संज्ञा देने में वहां कोई हर्ज नहीं। लेकिन

हमारे यहां विचार की प्रधानता आवश्यक रूप से स्वीकारी गई। 'सुगठित गद्य-रचना, जो सीमित आकार में, निजीपन के साथ किसी विचार-परम्परा को उद्‌घाटित करे', ऐसी धारणा निबन्ध के प्रति बन चुकी है। इसका अर्थ यह कदापि नहीं कि पश्चिम में ऐसे निबन्ध नहीं हैं, जो भारतीय धारणा के अनुरूप न हों, या ऐसे निबन्ध हमारे यहां नहीं लिखे गए या लिखे जा रहे, जो पाश्चात्य धारणा की पुष्टि न करते हों। हाँ, इनकी संख्या कम है। ज्यों-ज्यों निबन्ध का विकास हो रहा है, उसका स्वरूप परिवर्तित होता जा रहा है।

निबन्ध के रचना तत्त्व

न्यूनाधिक रूप में सभी प्रकार के निबन्धों में—कल्पना, रागात्मकता, बुद्धि-तत्त्व और शैली-तत्त्व अनिवार्यतः विद्यमान रहते हैं। ऑक्सफोर्ड- शब्दकोश में *मरे* (Murray) द्वारा दी गई परिभाषा के अनुसार, निबन्ध की दो विशेषताएं प्रकट होती हैं, एक तो,आकृति एवं क्षेत्र का सीमित होना; दूसरी शैली का परिष्कृत होना । हमारे विचार से इन विशेषताओं में कुछ विस्तार और अपेक्षित हैं। पीछे दी गई परिभाषाओं को ध्यान में रखते हुए और *डॉ० जयनाथ नलिन* की स्वीकृत परिभाषा के आधार पर निबन्ध की सामान्य विशेषताएं इस प्रकार निर्धारित की जा सकती है–

(1) **स्वाधीन चिन्तन** – अर्थात् निजी विचार, तर्क-वितर्क, जीवन-दर्शन, व्याख्या, परीक्षण इत्यादि से युक्त मौलिक विचारधारा, साथ ही लेखक का अपना दृष्टिकोण।

(2) **निश्छल अनुभूति** – अर्थात् रागात्मकता, भावुकता, हृदय की भावनाओं का स्पष्ट, अवगुण्ठन-रहित प्रकाशन।

(3) **सरसता** – अर्थात् रसपूर्णता या काव्यात्मकता।

(4) **सजीवता** – अर्थात् सबलता, गति, फोर्स-युक्त शैली, जो भावों-विचारों के गठन आदि से आती है।

(5) **मर्यादा** – अर्थात् इसमें सानुपातिक आकार-फैलाव, विवेचन और सम्बद्ध विचार-श्रृंखला, पूर्णता, ससीमता हो।

स्मरणीय है कि निबन्ध में व्यक्तित्व की प्रधानता होती है। यही उसकी शक्ति है। 'स्वाधीन चिन्तन', व्यक्तित्व' का ही अंग है, जिसको आचार्य शुक्ल ने 'मानसिक श्रमसाध्य नूतन उपलब्धि' कहा है।

इस विचार से निबन्ध न तो 'उच्छिन्न चिन्तन' है, न अगूढ़ (Nessesorily superficial) न अव्यवास्थित (Irragular); अपितु कसाव-युक्त, श्रृंखलित विचारधारा का व्यवस्थित प्रकाशन है। लेकिन ध्यान रखना पड़ेगा कि उसमें अनावश्यक दुरूहता न आये और न अध्ययन-प्रसूत-सिद्धान्तों का नीरस प्रतिपादन ही हो; अन्यथा वह निबन्ध न रह कर 'प्रबन्ध' (Tritise) की कोटि में आ जाएगा। साहित्यिक निबन्धों की यह चर्चा उन 'लेखों' (Articles) से भिन्न है, जिनमें राजनीतिक, वैज्ञानिक,

ऐतिहासिक, अर्थशास्त्रीय आदि क्षेत्रों , से सम्बन्धित विषय का येन-केन प्रकारेण प्रतिपादन किया जाता है, जिनका लक्ष्य विषय-प्रतिपादन की स्पष्टता पर रहता है, रोचकता और साहित्यिकता से उन्हें कुछ लेना-देना नहीं रहता। इस प्रकार के तथाकथित निबन्ध या लेख सच्चे निबन्धों (typical essays) के अन्तर्गत परिगणित नहीं हो सकते।

निबन्धों के तत्त्वों के विमर्श-क्रम मे हम *व्यक्तित्व* पर अधिक ध्यान देना चाहेंगे। यह तत्त्व सच्चे निबन्धों की वास्तविक कसौटी है। निबन्ध में निबन्धकार का व्यक्तित्व होना आवश्यक है। इस तथ्य को स्पष्ट रूप से समझना होगा। पाश्चात्य निबन्धकार और समीक्षक निबन्ध में व्यक्तित्व की अभिव्यक्ति पर ध्यान देते हैं, किन्तु उसका आशय कुछ और है। वे निबन्ध में व्यक्तित्व के चित्रण-द्वारा निबन्धकार से सम्बन्धित घटनाओं, व्यक्तियों आदि के चित्रण पर विशेष ध्यान देते हैं, जिसके द्वारा निबन्धकार के जीवन के विषय में जानकारी प्राप्त होती है। वे निबन्ध में निबन्धकार के व्यक्तिगत विचार, उसके व्यक्तिगत विधान-विधि के वैशिष्ट्य आदि पर ध्यान नहीं देते। जबकि हिन्दी के निबन्धकार और समीक्षक निबन्धकार के निबन्धगत व्यक्तित्व-चित्रण से प्रधानतः यही अर्थ ग्रहण करते हैं। वास्तव में 'व्यक्तित्व-अभिव्यक्ति' का अर्थ रचना-विधि ही है, किन्तु अंग्रेजी के निबन्धों में 'प्रस्तुत विषय' के अतिरिक्त बहुत सी 'अन्य बातें' भी रहती हैं। इसलिए अंग्रेजी में निबन्ध की उस रचना-पद्धति का विशेष महत्त्व है, जिसका सम्बन्ध निबन्धकार की मन की तरंग से जोड़ा जाता है, जिसके द्वारा 'निबन्धकार के विषय में बहुत अधिक' और 'उसके द्वारा प्रस्तुत निबन्ध' के विषय में बहुत कम' जानकारी होती है। फलतः वहाँ अधिकांश निबन्धों में निबन्धगत विचारों और भावों का कसाव नदारद रहता है। इसके विपरीत हिन्दी के निबन्धों में जो रचना-पद्धति स्वीकार की गई है, उसमें विषय-वस्तु के प्रतिपादन का विशेष महत्त्व है। वहां दृष्टि निबन्ध के काय-विधान और आत्म-विधान दोनों पर रहती है। जैसा कि आचार्य शुक्ल मानते हैं कि " निबन्ध उसी को कहना चाहिए जिसमें व्यक्तित्व अर्थात् व्यक्तिगत विशेषता हो। (हिन्दी साहित्य का इतिहास, पृष्ठ 482)। इस 'व्यक्तिगत विशेषता' को स्पष्ट करते हुए उन्होंने कई उल्लेखनीय बातें बताई हैं; यथा—

(i) व्यक्तिगत विशेषता का यह मतलब यह नहीं कि उसके प्रदर्शन के लिए विचारों की श्रृखंला रखी ही न जाये या जान-बूझकर जगह-जगह से तोड़ दी जाए । (यहां उनका आशय विषयान्तर से ही है। वे विस्तृत विषयान्तर का निषेध करते हैं।)

(ii) भावों की विचित्रता दिखाने के लिए ऐसी अर्थयोजना का वे बहिष्कार करते हैं, जो उन भावों की अनुभूति के प्रकृत या लोक सामान्य रूप से कोई सम्बन्ध ही न रखे। अथवा,

(iii) भाषा से सरकस वालों की-सी कसरतें या हठ योगियों के से आसन कराये जायें जिनका लक्ष्य तमाशा दिखाने के सिवा और कुछ न हो; यह भी व्यक्तिगत विशेषता नहीं कही जाएगी।

निबन्ध में निबन्धकार के 'व्यक्तित्व' का स्पष्टीकरण सारांशतः शुक्ल जी के विचारों में यह है कि

"अपने-अपने मानसिक संघटन के अनुसार किसी का मन किसी संबन्ध-सूत्र पर दौड़ता है किसी का किसी पर। ये सम्बन्ध-सूत्र एक दूसरे से नथे हुए पत्तों के भीतर की नसों के समान, चारों ओर जाल के रूप में फैले हैं। तत्त्व चिन्तक या दार्शनिक केवल अपने व्यापक सिद्धान्तों के प्रतिपादन के लिए उपयोगी कुछ सम्बन्ध-सूत्रों को पकड़कर किसी ओर सीधा चलता है और बीच में ब्योरों में कहीं नहीं फंसता। पर, निबन्ध लेखक अपने मन की प्रवृति के अनुसार स्वछन्द गति से इधर-उधर फूटी हुई सूत्र शाखाओं पर विचरता चलता है। यही उसकी अर्थ सम्बन्धी व्यक्तिगत विशेषता है। अर्थ-संबंध सूत्रों की टेढ़ी-मेढ़ी रेखायें ही भिन्न-भिन्न लेखकों का दृष्टिपथ निर्दिष्ट करती है। एक ही बात को लेकर किसी का मन किसी सम्बन्ध-सूत्र पर दौड़ता है, किसी का किसी पर। इसी का नाम है एक ही बात को भिन्न-भिन्न दृष्टियों से देखना। व्यक्तिगत विशेषता का मूल आधार यही है।" (हिन्दी सा० का इतिहास, पृष्ठ 483)। हमारे विचार से यह 'अर्थ-सम्बन्ध-सूत्र' निबन्ध की रचना-प्रक्रिया का महत्त्वपूर्ण घटक है। इस अर्थगत विशेषता के आधार पर ही भाषा और अभिव्यंजना-प्रणाली की विशेषता–शैली की विशेषता–खड़ी हो सकती है।

निबन्ध की रचना-प्रक्रिया

निबन्ध क्योंकि निबन्ध-लेखक की मनःस्थिति, दृष्टिकोण, प्रतिक्रिया तथा व्यक्तित्व को प्रक्षेपित करने वाली विधा है, इसलिए उसकी रचना मूलतः विषय तथा व्यक्ति पर निर्भर करती है। फिर भी रचना-प्रक्रिया के कुछ सामान्य तत्त्व निर्धारित किये जा सकते हैं।

प्रत्येक प्रकार के निबन्ध के विषय में यह तो कहा ही जा सकता है कि—

(1) निबन्ध विषय अथवा व्यक्तित्व की अभिव्यक्ति है, (क्रमशः विषय प्रधान और व्यक्ति प्रधान निबन्धों के आधार पर) तथा –

(2) निबन्ध पाठक के मानस पटल पर प्रभावपात करता है, (जैसा कि शुक्ल जी ने कहा है, निबन्ध पढ़ने से 'पाठक की बुद्धि उत्तेजित होकर किसी नई विचार-पद्धति पर दौड़ पड़े' और उसकी गहन विचारधारा 'पाठकों को मानसिक श्रमसाध्य नूतन उपलब्धि के रूप में जान पड़े।) इन दो बातों के अभाव में निबन्ध की कल्पना ही नहीं की जा सकती। सामान्यतः रचना-प्रक्रिया के दौरान निबन्ध-लेखक तीन स्थितियों से गुजरता है—अनुभूति, विचारणा, और व्यजंना।

लेखक द्वारा निबन्ध लिखने के लिए जब विषय का चयन किया जाता है, निबन्ध की रचना-प्रक्रिया वहीं से शुरू हो जाती है। लेखन से पूर्व की ही अगली स्थिति है विषय के लिए अनुकूल 'अनुभूतियों' या 'ज्ञान' का आकलन। यह प्रक्रिया भी प्रायः लेखक के भीतर ही चलती रहती है। इसके पश्चात् लेखक विषय के अनुकूल आकलित अनुभूतियों या ज्ञान का वर्गीकरण, विश्लेषण और संश्लेषण करता है। पर्याप्त संयोजन, विश्लेषण, के पश्चात् अभिव्यक्ति की तीव्र लालसा के परिणामस्वरूप लेखक अपने को निबन्ध लिखने के लिए तत्पर पाता है। उसकी मानसिक क्रियाशीलता भीतर चल रहे

अनुभूतियों और ज्ञान के विश्लेषण को बाहर की ओर लाने के लिए कृत-संकल्प होती है। तब अन्तिम सोपान आता है अभिव्यंजना अथवा सर्जना का, सृष्टि का।

ऊपर हमने सामान्य रूप से निबन्ध की रचना-प्रक्रिया के जो सोपान इंगित किये हैं, वे हैं–

(1) विषय-चयन,

(2) विषयानुकूल अनुभूतियों या ज्ञान का आकलन,

(3) आकलित अनुभूतियों या ज्ञान का वर्गीकरण, विश्लेषण, संश्लेषण और संयोजन,

(4) सृष्टि।

रचना-प्रक्रिया के ये सोपान परस्पर सम्बद्ध है और इनमें निबन्ध-लेखक का व्यक्तित्व स्वतः ही अनिवार्यतः जुड़ा रहता है। ये सभी स्तर जटिलता लिए हुए हैं। इनमें लेखक की मानसिकता प्रवहमान रहती है, जो निबन्धों के रूपाकार के साथ-साथ निबन्धों के प्रकार भी निर्धारित करती है। इसी मानसिक प्रवहमानता के सम्बन्ध में आचार्य शुक्ल जी ने एक स्थान पर कहा है, "निबन्ध-लेखक जिधर चलता है, उधर अपनी सम्पूर्ण मानसिक सत्ता के साथ अर्थात् बुद्धि और भावात्मक हृदय दोनों को लिए हुए।" (इतिहास, पृष्ठ 483)। इसी मानसिक सत्ता या मानसिक प्रवाह के आधार पर हम निबन्धों को इस प्रकार वर्गीकृत करने का आग्रह करेंगे–

(1) गम्भीर चिन्तनपरक मानसिक स्तर वाले निबन्ध,

(2) प्रवहमान मानसिक स्तर वाले निबन्ध,

(3) हल्के मानसिक स्तर वाले निबन्ध।

(इसी प्रकार का वर्गीकरम *तारिणी चरणदास चिदानन्द* ने अपनी पुस्तक 'साहित्य तथा उसकी विविध विधाओं का अध्ययन' में किया है, पृष्ठ 13)।

गम्भीर चिन्तनपरक मानसिक स्तर वाले निबन्धों में विचारात्मक निबन्धों की गणना होगी, प्रवहमान मानसिक स्तर वाले निबन्धों में भावात्मक, आत्मपरक आदि निबन्धों की गणना की जाएगी और हल्के मानसिक स्तर वाले निबन्धों में वर्णनात्मक, विवरणात्मक निबन्धों को परिगणित किया जायेगा।

निबन्ध की रचना-प्रक्रिया उपर्युक्त वर्गीकरण पर बहुत निर्भर करती है।

विषय चयन के साथ ही लेखक की मानसिकता उसके अनुरूप बन जाती है लेखक की मानसिक क्रियाशीलता चयनित विषय के अनुरूप अनुभूतियों और ज्ञान की खोज में अग्रसर होने लगती है। आकलित अनुभूतियों अथवा ज्ञान के वर्गीकरण, विश्लेषण, और संयोजन में कल्पना और बुद्धि का सहारा लिया जाता है। इसलिए सामान्य रूप में निबन्ध की रचना प्रक्रिया को समझने के लिए वस्तु-चयन के बाद की स्थिति पर ध्यान देना जरूरी है।

अव्यक्त मानसिक विचार और उसका व्यक्त शब्दमय स्वरूप दोनों एक-दूसरे की क्रिया-प्रतिक्रिया तथा अन्तःप्रक्रिया के फलस्वरूप आगे बढ़ जाते हैं। एक संवेदना (या विचार) पहले अपने लिए शाब्दिक

अभिव्यक्ति तलाश करती है, जब वह अभिव्यक्ति पा जाती है तो लेखकीय कल्पना को और भी उत्तेजित कर देती है। उत्तेजित कल्पना नवीन विचार को जन्म देती है, जो अपने क्रम में शाब्दिक अभिव्यक्ति खोजने लगता है और इस तरह से लेखक के भीतर चिन्तन-प्रक्रिया आगे बढ़ती जाती है।

तब एक ऐसी अवस्था आती है, जहां यह प्रक्रिया थम जाती है अथवा थोड़ी देर के लिए विश्राम पा जाती है। यहां आकर वह मूल विचार जो इस प्रक्रिया को गति दे रहा था, पूर्ण होने की स्थिति पा जाता है। तदन्तर लेखक अपनी इस उपलब्धि का निरीक्षण करता है। अपनी इस आत्मानुभूति अथवा आत्मकृति का निरीक्षण वह पाठक बनकर करता है। अब वह अपेक्षाकृत तटस्थ बुद्धि से अपनी ही अनुभूति के शाब्दिक रूप का परीक्षण करके देख सकता है कि वह रूप उसके मन में कौन-सी भावनायें, कौन से विचार जगाता है। यानी वह 'प्रभाव' की जांच करता है। पुनः यहां उसकी चिन्तनशक्ति एवं कल्पनाशक्ति उद्वेलित होकर क्रियाशील हो जाती है, सृजन-प्रतिक्रिया का क्रम एक कदम और बढ़ जाता है।

कल्पना और बुद्धि के परिप्रेक्ष्य में डॉ० *रामस्वरूप चतुर्वेदी* (गद्य की सत्ता पृष्ठ 54) ने कहा कि, "निबन्ध अकाल्पनिक गद्यवृत्तों में अपेक्षया पुराना माध्यम है और यद्यपि कल्पना का सीधा उपयोग नहीं करता, पर एक तरह की ऊहा के सहारे भावुक वातावरण की सृष्टि करना चाहता है। निबन्ध में जहां चिन्तन का संक्रमण होता है—और प्रायः होता है—वहां भी विचारों की तेजस्विता कुछ-कुछ बौद्धिक विलास से आक्रान्त हो जाती है, क्यों कि निबन्धों का वातावरण ही मूलतः अलस-शिथिल रहता है।" चतुर्वेदी जी का यह कथन बहुत सीमा तक स्वीकारणीय है, लेकिन यह अन्ततः विषय पर निर्भर है। चिन्तनपरक या विचार-प्रधान निबन्धों में कल्पना का उपयोग कम, बुद्धि और तर्क का उपयोग अधिक किया जाता है, जबकि भावात्मक, आत्मपरक, विवरणात्मक, वर्णनात्मक आदि निबन्धों में कल्पना का उपयोग अधिक होता है। यही कारण है कि विचारात्मक निबन्धों में श्रृखंलाबद्ध, तर्क-पुष्ट विवेचन गम्भीरता के साथ धीरे-धीरे प्रवहमान होता है और बड़े ही संयत रूप में। जबकि इसके विपरीत भावात्मक निबन्धों में भाव-प्रवणता, कल्पना प्रवणता के कारण एक तीव्र स्वच्छन्द प्रवाह के रूप में भावानुभूतियां फूटपड़ती हैं। यहीं से निबन्ध की सृष्टि का सोपान आकार लेता है।

निबन्धों की रचना-प्रक्रिया में 'सृष्टि' का सोपान बहुत महत्व का है। यह व्यक्तित्व द्वारा निर्धारित और सशक्त भाषा-द्वारा रूपायित होता है। निबन्ध की भाषा ही निबन्धकार के दृष्टिकोण, उसके व्यक्तित्व उसके अनुभव को प्रक्षेपित करती है। इसी से शैली का निर्माण होता है। किसी निबन्ध की भाषा लेखक के अनुभव को विवृत्त और समृद्ध करने में कहां तक समर्थ हुई है, इसका प्रमाण यही है कि, " वह अनुभव को किस नये और सार्थक ढंग से पकड़ सकी है।" (चतुर्वेदी, गद्य की सत्ता, पृष्ठ 62)। सभी प्रकार के निबन्धों की सृष्टि में भाषा के सन्दर्भ में यह जान लेना आवश्यक है कि, 'भाषा के निपट शास्त्रीय और कड़ी होने से यदि वह जीवनानुभव से विलग हो जाती है, तो दूसरी ओर साप्ताहिक

पत्रकरिता की भाषा में अनुभव को लेकर आवेश व्यक्त किया जाने लगता है और अनुभव फिर छूट जाता है।" (वही, पृष्ठ 61) इन दोनों ही स्थितियों में भाषा का सहज संस्कारी रूप आहत होता है और अनुभव की पकड़ कठिनतर हो जाती है।

ऊपर हमने चर्चा की है कि विचारात्मक निबन्धों में ज्ञानानुभूति, संयम और गम्भीर रूप से श्रृंखलाबद्ध, तर्कपुष्ट विवेचन विद्यमान रहता है, जबकि भावात्मक कोटि के निबन्धों में अनुभूतियां आवेग के साथ प्रस्फुटित होती हैं और कल्पना-प्रवण आवेग से उत्पन्न एक सहज प्रवाह विद्यमान रहता है। लेकिन यह जरूरी है कि दोनों प्रकार के निबन्धों में संयम हो। 'सृष्टि' का यह सोपान 'प्रभाव-सृष्टि' से भी जुड़ता है। 'प्रभाव की सृष्टि' निबन्ध का महत्वपूर्ण तत्त्व है। लेखक का व्यक्तित्व उसकी उसकी शैली, विद्वता, विश्लेषण की पद्धति, मर्मोद्घाटन की शक्ति तथा तेजस्विता इस 'प्रभाव' के अन्दर ही समायी रहती है। यह 'प्रभाव-सृष्टि' से कोई बलात् या आरोपित प्रक्रिया नहीं, अपितु निबन्ध-लेखन में स्वतः समाहित है। प्रभाव-सृष्टि मुख्यतः इन तत्त्वों पर आधारित है—सरसता, रोचकता, कथात्मकता-तल्लीनता, कल्पना-प्रवणता, लेखक की पारदर्शिता, भाषा की स्पष्टता, विषय का गुम्फन, तर्कशीलता, विश्लेषण-पद्धति और उपसंहार आदि।

निबन्धों का वर्गीकरण

निबन्ध की बाह्य और आन्तरिक विविधता को आधार बनाकर निबन्धों का वर्गीकरण किया जा सकता है। बाह्य विविधता में—विवेचन पद्धति, भाषा शैली, वस्तु-विषय आदि आते हैं और आंतरिक विविधता में—विचार, भाव, अनुभूतियों आदि को देखा जाता है। यह तो ठीक है कि निबन्ध के केन्द्र में व्यक्ति रहता है किन्तु मात्र 'व्यक्ति' को निबन्ध के वर्गीकरण का सर्वथा उचित और एकमात्र आधार नहीं माना जा सकता। कारण, निबन्ध केवल निबन्धकार को ही व्यक्त नहीं करता, विषय-वस्तु को भी व्यक्त करता है। इस विचार से कुछ समीक्षक निबन्धों के दो वर्ग मानते हैं–

(1) वैयक्तिक (Subjective) या आत्मनिष्ठ ,

(2) विषय-प्रधान अथवा वस्तुनिष्ठ (Objective) या परात्मक।

हिन्दी के अधिकांश समीक्षक निबन्धों को चार वर्गों में विभक्त करते है।

(अ) वर्णनात्मक (descriptive),

(ब) विवरणात्मक (narrative),

(स) विचारात्मक (reflective),

(द) भावात्मक (emotional)।

कुछ समीक्षक इन वर्गों की संख्या पांच मानते है, वे उपर्युक्त चार वर्गों के अतिरिक्त 'आत्मपरक' या 'वैयक्तिक' (personal) वर्ग का निर्धारण करते हैं।

यही नहीं कुछ लोग कथात्मक या व्याख्यात्मक (oratorical) नामक एक वर्ग और स्वीकार करते हैं।

लेकिन हमारे विचार से रचना-प्रक्रिया के आधार पर सभी निबन्ध तीन वर्गों में बांटे जा सकते हैं, जिनका उल्लेख हम पीछे कर चुके हैं, ये तीन वर्ग हैं–

(1) गम्भीर चिन्तनपरक मानसिक स्तर वाले निबन्ध,

इनके अन्तर्गत विचारात्मक निबन्ध आते है।

(2) प्रवहमान मानसिक स्तर वाले निबन्ध,

इनके अन्तर्गत भावात्मक, आत्मपरक, और कुछ व्यंग्यात्मक निबन्ध आयंगे।

(3) हल्के मानसिक स्तर वाले निबन्ध,

इनके अन्तर्गत वर्णनात्मक और विवरणात्मक निबन्धों की गणना की जानी चाहिए। अधिकांश व्यंग्यपरक निबन्ध भी इसी वर्ग में आयेंगे। ये निबन्ध अपनी प्रकृति में बाह्यार्थ निरूपक होने से वस्तुनिष्ठ होते हैं। जबकि पहले और दूसरे वर्ग के निबन्ध अभ्यान्तर दृष्टिकोण वाले होने से वैयक्तिक होते हैं।

वास्तव में देखा जाय तो अभ्यान्तरिक दृष्टिकोण से लिखे गए वैयक्तिक निबन्ध ही निबन्ध-विधा के वास्तविक प्रतिनिधि हैं, लेकिन व्यक्तित्व की प्रधानता वाले साहित्यिक विवेचनात्मक या समीक्षात्मक निबन्ध भी उतने ही महत्त्वपूर्ण हो जाते हैं, जितनें वैयक्तिक।

अब संक्षेप में अन सभी वर्गों के निबन्धों की प्रकृति-प्रवृत्ति पर विचार कर लें।

(1) प्रथम वर्ग के निबन्ध

जैसा कि हम ऊपर संकेत क़र चुके हैं, *गम्भीर चिन्तनपरक मानसिक स्तर* वाले निबन्धों में विचारात्मकं निबन्धों की परिगणना की जाती है। जिन निबन्धों में विचार का प्रतिपादन या सिद्धांत का निरूपण इस प्रकार किया जाता है कि बुद्धि तत्त्व प्रधान रहता है, वे विचारात्मक निबन्ध कहलाते हैं। इन निबन्धों में अन्य तत्त्वों पर *विचार* का अधिकार रहता है। इस प्रकार के निबन्धों की शर्त यही रहती है कि लेखक स्वानुभूत सत्य या मौलिक विचारों को इस प्रकार प्रस्तुत करे कि वह तर्कपूर्ण ढंग से पाठ्क के विचारों को आंदोलित करने की क्षमता लिए हों। लेखक इस प्रकार के निबन्धों में एक नवीन वैचारिक दृष्टि, नवीन जीवन-दर्शन, नवीन संदेश देता है।

भावनात्मक और कल्पना-प्रवणता की इस प्रकार के निबन्धों में प्रायः कमी ही होती है। इसलिए ये निबन्ध प्रायः शुष्क या नीरस मानं लिए जाते हैं किन्तु इनमें व्याप्त बौद्धिक चेतना और वैचारिक आंदोलन एक नवीन आनन्द प्रदान करता है।

इस प्रकार के निबन्ध सुगठित और नियन्त्रित होते हैं। इनमें श्रृंखलाबद्धता और तर्कशीलता होती है, एक गठ्न विद्यमान रहता है।

संक्षेप में इस प्रकार के निबन्धों की मुख्य विशेषताएं निम्नलिखित रूप में देखी जा सकती हैं–

(क) अन्य तत्त्वों की अपेक्षा बुद्धि का प्राधान्य,

(ख) भाषा सांकेतिक, श्लेषात्मक और संक्षिप्त,

(ग) प्रसाद शैली का प्रयोग,

(घ) विचारों की सुसंगठित, नियंत्रित और संतुलित अभिव्यक्ति,

(च) तर्कशीलता और प्रमाणिकता,

(छ) गम्भीर, निर्भीक और स्पष्टवादी व्यक्तित्व की अभिव्यक्ति।

आचार्य रामचन्द्र शुक्ल, डॉ० पीताम्बरदत्त बड़थ्वाल, नन्ददुलारे बाजपेयी, जैनेन्द्र, डॉ० नगेन्द्र, डॉ० विजयेन्द्र स्नातक, आचार्य विनयमोहन शर्मा, डॉ० जयनाथ नलिन आदि के अधिकांश निबन्ध इसी श्रेणी के हैं।

(2) दूसरे वर्ग के निबन्ध

दूसरे वर्ग के निबन्ध से तात्पर्य *प्रवहमान मानसिक स्तर* वाले निबन्धों से हैं। इस वर्ग में भावात्मक, आत्मपरक और कुछ व्यग्यंपरक निबन्ध लिए जा सकते हैं।

ऐसे निबन्ध, जिनमें अन्य तत्त्वों की अपेक्षा हृदय का आग्रह प्रधान रहता है, अर्थात् भाव या रागात्मक तत्त्व का प्राधान्य होता है, भावात्मक निबन्ध की कोटि में आते हैं। हृदय की स्वच्छन्द उड़ान, कल्पना का विस्तृत आकाश, भावनाओं की तीव्रता इन निबन्धों की पहचान है। निबन्धकार अपने व्यक्तिगत अनुभव, आनन्द-विषाद, सुख-दुःख, अनुराग-विराग को सहेजते हुए गहनतम अनुभूतियों और निश्छल, तीव्र भावों को सुमधुर रूप में व्यक्त करता है।

आचार्य शुक्ल के कुछ निबन्ध, जयशंकर प्रसाद के कुंछ निबन्ध, सरदार पूर्णसिहं, प्रतापनारायण मिश्र, वियोगी हरि, रामवृक्ष वेनीपुरी, आचार्य हजारी प्रसाद द्विवेदी, विद्यानिवास मिश्र, कुबेरनाथ राय, शिवप्रसाद सिंह आदि के निबन्ध इसी कोटि के हैं।

आत्मपरक निबन्ध स्वाधीन, वैयक्तिक, पृथक् और सशक्त अभिव्यक्ति वाले ऐसे निबन्ध हैं, जो विचारप्रधान और भावात्मक निबन्धों के मध्य स्थित लगते हैं। विचारों में डूबे हुए रहने पर भी आत्मा के तल पर अवस्थित रहते हैं।

महादेवी वर्मा, शान्तिप्रिय द्विवेदी, अज्ञेय आदि के निबन्ध इसी श्रेणी के हैं।

व्यंग्यपरक निबन्धों में लेखक सुरुचिपूर्ण ढंग से व्यक्ति या समाज पर, राजनीति आदि पर सामान्य विषय या घटना को लेकर आघात करता है। भाषा की नाटकीयता से भावों को इस प्रकार उद्वेलित किया जाता है कि जिस पर व्यंग्य किया जाए, वह तिलमिला उठे। भावों का प्रवाह अविरल होने से, ऐसे कुछ निबन्ध इसी श्रेणी में आते हैं। किन्तु अधिकांश व्यंग्यपरक निबन्ध हल्के मानसिक स्तर वाले होने से

तृतीय वर्ग में परिगणित होगें।

हिन्दी में अच्छे व्यंग्यपरक निबन्धकारों में हरिशंकर परसाई, शरद जोशी, इत्यादि की गणना की जाती है। हल्के मानसिक स्तर वाले व्यंग्यपरक निबन्ध के० पी० सक्सेना, ज्ञान चतुर्वेदी, रोशनलाल सुरीरवाला, संसारचंद आदि ने पर्याप्त लिखे हैं।

(3) तीसरे वर्ग के निबन्ध

निबन्धों का तीसरा वर्ग *हलके मानसिक स्तर* से सम्बन्धित है। इस वर्ग के निबन्धों में वर्णनात्मक, विवरणात्मक, और कुछ व्यंग्यपरक निबन्ध आते हैं।

वर्णनात्मक निबन्ध वर्णन-प्रधान होते हैं। इस वर्णन से किसी भी घटना या व्यक्ति का ऐसा चित्र हमारे सामने आता है कि मन में रागात्मकता जागरित हो जाए।

संक्षेप में, किसी वस्तु, दृश्य, स्थान आदि का वर्णन इन निबन्धों में कल्पना-शक्ति के माध्यम से बड़े सजीव और आकर्षक ढंग से किया जाता है। इन निबन्धों में विशेष रूप से प्राकृतिक वस्तुओं—नदी, पहाड़, वृक्ष, जंगल, लता, पुष्प, त्योहार, रहन-सहन, वेश-भूषा, सभा-सम्मेलन, मेले-तमाशे, यात्रा आदि का वर्णन रहता है। सरल सर्वपरिचित, स्थूल और सामान्य वर्ण्य विषयों में प्राण-प्रतिष्ठ्ा करना कठिन कार्य है, किन्तु वर्णनात्मक निबन्ध-लेखक अपनी कल्पना-शक्ति, विचार व अनुभूति के बल पर इस कार्य को सफलतापूर्वक कर लेता है। फलतः ऐसे वर्णन प्राणवान, आकर्षक और रसपूर्ण बन पड़ते हैं। कहने का अर्थ है कि वर्णनात्मक निबन्ध साधारण होते हुए भी कला-साधना की अपेक्षा रखते हैं।

हिन्दी में वर्णनात्मक निबन्ध-लेखकों में बालकृष्ण भट्ट, आचार्य महावीर प्रसाद द्विवेदी, माधवप्रसाद मिश्र, आदि का नाम लिया जा सकता है।

विवरणात्मंक निबन्ध वे हैं, जिनमें किसी वृतान्त या घटना का वर्णन रहता है। इन निबन्धों में घटना का सुसम्बद्ध विवेचन मिलता है। व्यक्तित्व की छाप और आत्मीयता इन निबन्धों में अनिवार्यतः होनी चाहिए। वर्णनात्मक और विवरणात्मक निबन्धों में स्थूल भेद यह है कि—पहले में स्थानगत वर्णन रहता है, दूसरे में कालगत। दूसरे शब्दों में यों समझिए, "वर्णनात्मक निबन्धों में अधिकतर स्थिर-क्रियाहीन पदार्थों का चित्र रहेगा 'विवरणात्मक' निबन्धों में क्रियाशीलता का ।"

कथात्मक, ऐतिहासिकता-युक्त इन निबन्धों में लेखक को वर्णनात्मक निबन्ध लेखक की अपेक्षा अधिक कठिनाई का सामना करना पड़ता है। कल्पना और अनुभूति के माध्यम से लेखक क्रियाशील व्यक्तियों के अन्तः बाह्य कार्य-व्यापारों को पकड़नें का प्रयत्न करता है। इस प्रयत्न में जितनी सफलता किसी लेखक को मिल सकती है, वह लेखक उतना ही अधिक कलात्मक, विवरणात्मक निबन्ध लिख सकता है।

शिकारपरक, जीवनी, यात्रावृत्त, पर्वतारोहण विषयक और युद्ध इत्यादि विषयक निबन्ध इसी कोटि के हैं।

हिन्दी में विवरणात्मक निबन्ध लेखकों में बालकृष्ण भट्ट, राधाचरण गोस्वामी, भारतेन्दु हरिश्चन्द्र, महावीर प्रसाद द्विवेदी, वासुदेव शरण अग्रवाल, राहुल साँकृत्यायन, पं० श्रीराम शर्मा, रमेश वेदी आदि के नाम गिनाये जा सकते हैं।

ललित निबन्ध

भावात्मक निबन्धों का विकसित स्वतंत्र रूप

हिन्दी गद्य-साहित्य में निबन्ध का एक और नया रूप 'ललित निबन्ध' के नाम से स्वीकृति पा चुका है। यही नहीं, आज स्थिति यह है कि यह एक स्वतंत्र विधा के रूप में अपनी पृथक् पहचान बना चुका है। वस्तुतः 'ललित-निबन्ध' व्यक्ति-प्रधान अथवा आत्मपरक लघु गद्य खण्ड है, जिसमें काव्यात्मक भाषा का प्रयोग किया जाता है। कल्पना-प्रवणता, मन की उन्मुक्त भटकन, गूढ़ ज्ञान सम्पदा, तल्लीनता—ये ललित निबन्ध के आवश्यक तत्त्व हैं। यह गद्य विधा गद्य काव्य के अधिक निकट है। मन की मौज या फक्कड़पन, अखण्ड विश्व-दृष्टि सामान्य में निगूढ़तम वैशिष्ट्य की तलाश ललित-निबन्ध की प्रमुख पहचान है। इनके साथ ही ललित-निबन्ध की कुछ अन्य उल्लेखनीय विशेषताएं इस प्रकार देखी जा सकती हैं—

(1) स्वानुभूति प्रदर्शन,

(2) अहं भाव की अभिव्यक्ति या व्यक्तित्वाभिव्यंजना,

(3) मनोगति की विवृति,

(4) भावों और अनुभवों को अद्भुत ढंग से चित्रित करने की पद्धति,

(5) क्रम-बद्धता एवं तारतम्यपूर्ण कथन, किन्तु उन्मुक्त भटकन का अभ्यास,

(6) कलापूर्ण काव्यात्मक गद्य-शैली।

ललित निबन्ध को कुछ समीक्षक ' नयी कहानी' की तरह 'नये निबन्ध' कहना ठीक समझते हैं। डॉ० विद्यानिवास मिश्र 'अकविता' और 'अकहानी' की तरह इन निबन्धों को 'अ-निबन्ध' की संज्ञा देना चाहते हैं।

हिन्दी में भारतेन्दु हरिश्चन्द्र से लेकर आधुनिक निबन्ध-लेखकों की नयी पीढ़ी तक अनेक लेखक ललित-निबन्धकार के रूप में अपनी पहचान बना चुके हैं। इसमें सर्वाधिक प्रतिष्ठित कतिपय नाम इस प्रकार हैं—बाल मुकुन्द गुप्त, बालकृष्ण भट्ट, प्रतापनारायण मिश्र, सरदार पूर्णसिंह, बाबू गुलाबराय, पद्मलाल पुन्नालाल बख्शी, वासुदेवशरण अग्रवाल, आचार्य हजारीप्रसाद द्विवेदी, डॉ० विद्यानिवास मिश्र, डॉ० शिवप्रसाद सिंह, कुबेरनाथ राय, जगदीश चन्द्र माथुर इत्यादि।

निबन्ध और गद्य की अन्य कथेतर विधाएं

कथेतर गद्य विधायें आधुनिक युग में अनेक हो चली हैं। 'कल्पना और चिन्तन' की मात्रागत भिन्नता के कारण विभिन्न गद्य-विधाओं का जन्म हुआ है और सर्जनात्मकता सभी में विद्यमान है।

जैसा कि हम पूर्वपृष्ठों में निर्दिष्ट कर चुके हैं, निबन्ध प्रायः चिन्तन-प्रधान विधा है। बन्धन और मुक्ति के बीच विकसित इस गद्य-विधा में सूक्ष्मदृष्टि, बौद्धिकता, चिन्तन, ज्ञान तथा अनुभव का श्रृंखलाबद्ध रूप विद्यमान रहता है। यह श्रृखंला कभी निरपेक्ष विश्लेषण से और कभी तरंगायित बुद्धि के स्वाभाविक प्रवाह से नियंत्रित होती है। स्वाधीन चिन्तन, निश्छल अनुभूति, सरसता, सजीवता और मर्यादा-निबन्ध के आवश्यक तत्त्व हैं। इनके साथ ही निबन्ध में निबन्धकार का व्यक्तित्व प्रधान होता है; लेकिन निबन्ध केवल निबन्धकार को व्यक्त नहीं करता, अपितु विषय-वस्तु को भी वैयक्तिक ढंग से अभिव्यक्त करता है। इस प्रकार से प्रभावोत्पादन, व्यक्ति-निर्माण तथा आत्मशिल्पंजन–ये निबन्ध के तीन प्रधान लक्षण हैं। इनके अभाव में कोई भी निबन्ध न तो 'निबन्ध' कहा जा सकता है। और न किसी एक लक्षण के अभाव में वह सफल ही होगा।

यहां स्पष्टता के साथ निबन्ध और गद्य की अन्य विधाओं, (जिन्हें हम ललित विधायें कहना अधिक उपयुक्त समझते हैं) के अन्तर पर विचार कर लेना समीचीन रहेगा।

1. गद्यगीत (या गद्य-काव्य) और निबन्ध

भावात्मक निबन्धों से विकसित इस ललित गद्य-विधा में किसी कथानक, चरित्र या विचार की, कल्पना और अनुभूति के संयोग से गद्य में सरस, रोचक और रमणीय अभिव्यक्ति की जाती है। यह छन्द-मुक्त व्याकरण-सम्मत वाक्य रचना है। 'गद्यगीत का उद्भव तब होता है, जब गद्य लेखक हृदय में उठे भावों के तूफान से छुटकारा पाने के लिए स्वगत कथन करने लगता है अथवा पद्य लेखक अपनी बात समझाने के लिए तर्कों द्वारा श्रोताओं की बुद्धि को सम्बोधित करने लगता है।'

गद्य-काव्य की प्रमुख विशेषताएं हैं -

(क) गद्य काव्य की भाषा गद्य की होती है, किन्तु भाव गीत-कविता के-से,

(ख) गद्य के आवरण में पद्य की आत्मा बोलती मालूम देती है,

(ग) इसमें कहानी की तरह एक ही संवेदना रहती है,

(घ) रूपकों और अन्योक्तियों का प्राधान्य रहता है,

(च) भाषा में प्रवाह तथा लालित्य मिलता है,

(छ) इसकी शैली प्रलाप-शैली है, क्योंकि भावों का झरना एक साथ फूटता दीख पड़ता है,

(ज) प्रायः इस विधा में रहस्यानुभूति की प्रगाढ़ता पाई जाती है।

इस प्रकार यह विधा गद्य और पद्य के बीच की विधा है, किन्तु चम्पू-काव्य नहीं है। एक वाक्य में कहें तो, "गद्य-गीत गद्य के पुष्प के समान है, जिसमें काव्य की मादक गन्ध होती है।"

गद्य-गीत और निबन्ध का पार्थक्य इस प्रकार देखा जा सकता है–

(अ) गद्य-गीत का क्षेत्र सीमित है, वे हर विषय पर नहीं लिखे जा सकते। श्रृंगार, करुण, शान्तरस,

विषाद एवं विनय आदि की अनुभूतियां इनमें प्रबल रहती हैं और यही इनकी सीमा है। इसके विपरीत निबन्ध का क्षेत्र व्यापक है, वे हर विषय पर लिखे जा सकते है।

(ब) गद्य-गीत में हृदय-पक्ष प्रधान होता है, मस्तिष्क को लगभग एक किनारे रख दिया जाता है। निबन्धों में, चाहे वे भावात्मक ही क्यों न हों, मस्तिष्क को पूर्णतया अलग नहीं रखा जाता।

(ग) गद्य-गीत में एक ही केन्द्रीय भावना रहती है, इसलिए उसका आकार छोटा होता है; उसमें अन्विति भी कुछ अधिक होती है।

निबन्ध में ऐसी बात नहीं है। निबन्धकार विचार-श्रृंखला के इधर-उधर थोड़ा भटक भी सकता है। तर्क के सहारे विचार-पल्लवन निबन्ध का वैशिष्ट्य है। अतः निबन्ध का आकार गद्य-गीत से बड़ा होता है।

2. संस्मरण और निबन्ध

संस्मरण का व्युत्पत्तिकरक अर्थ है—सम्यक् स्मरण। सम्यक का अर्थ है-'पूर्ण रूपेण' अर्थात् सहज आत्मीयता तथा गम्भीरता से किसी व्यक्ति, घटना, दृश्य, वस्तु आदि का स्मरण करना।

जब रचनाकार अतीत की स्मृतियों में से कुछ आकर्षक स्मृतियों को चुनकर अपनी रमणीयता कल्पना के रंग में डुबो कर व्यंजनामूलक संकेत-शैली में व्यक्त करता है, तो ऐसे गद्य को संस्मरण कह सकते हैं।

संस्मरण 'आत्मकथा' की समीपवर्ती विधा है। संस्मरण प्रायः प्रसिद्ध व्यक्तियों और उनसे जुड़ी आत्मीय घटनाओं पर लिखे जाते हैं। निबन्धों से 'संस्मरण' किस प्रकार भिन्न है, संक्षेप में—

(अ) 'संस्मरण' प्रायः प्रसिद्ध व्यक्तियों पर ही लिखे जाते हैं, और प्रायः प्रसिद्ध व्यक्तियों-द्वारा ही लिखे जाते हैं, निबन्धों में ऐसा नहीं हैं।

(ब) संस्मरण में निबन्ध की-सी स्वतंत्रता नहीं रहती। संस्मरण-लेखक को चित्रित व्यक्ति के चरित्र के साथ बंधा रहना पड़ता है।

(स) संस्मरण में किसी घटना-क्रम या अपने किये हुए कार्यों का वर्णन किया जाता है, जबकि निबन्ध भावों और विचारों की अभिव्यक्ति करता है।

3. रेखाचित्र और निबन्ध

रेखाचित्र को शब्द-चित्र भी कहते हैं। *डॉ० भगीरथ मिश्र* के शब्दों में—"अपने सम्पर्क में आये किसी विलक्षण व्यक्तित्व अथवा संवेदना को जगाने वाली, सामान्य विशेषताओं से युक्त किसी प्रतिनिधि चरित्र के मर्मस्पर्शी स्वरूप को देखी, सुनी या संकलित घटनाओं की पृष्ठभूमि में इस प्रकार उभार कर रखना कि उसका हमारे हृदय में एक निश्चित प्रभाव अंकित हो जाए, रेखाचित्र कहलाता है।"

(काव्यशास्त्र, पृष्ठ 97)

इस प्रकार रेखाचित्र किसी सामान्य प्राणी के चरित्र का भाव-प्रधान शब्द-चित्रण है। चित्रकार की तरह रेखाचित्र-लेखक भी अपनी रचना से उस व्यक्तित्व के चरित्र, आन्तरिक भाव-सौन्दर्य, करुणा, कुरूपता, आह्लाद और बाह्यरूप को पाठकों की आँखों के सम्मुख साकार कर देता है।

यह विधा भी भावात्मक और वैयक्तिक निबन्ध से निःसृत गद्य विधा है, जो कहानी और निबन्ध के मध्य स्थित है। रेखाचित्र और निबन्ध का अन्तर इस प्रकार देख सकते हैं—

(अ) रेखाचित्र के आधार-विषय और क्षेत्र सीमित है, निबन्ध के असीमित।

(ब) रेखाचित्र में हृदय तत्त्व का प्राधान्य है, मस्तिष्क की प्रायः उपेक्षा रहती है। निबन्ध में हृदय पक्ष कितना ही सबल क्यों न हो, मस्तिष्क की अवहेलना नहीं रहती।

(स) रेखाचित्र में हमारे सामने आकृति आती है, किन्तु निबन्ध में विषय-विश्लेषण, अनुभूति-अंकन एवं समाधान-शोधन रहता है।

(द) रेखाचित्र-लेखक आत्मानुभूति को मूर्त रूप प्रदान करता है, जबकि निबन्ध-लेखक जगत् की वस्तुओं के प्रति अद्‌भुत अनुभूतियों का चित्रण करता है।

(ध) रेखाचित्र और निबन्ध की प्रभाव-पद्धति में अन्तर है। रेखाचित्र में शब्दों के अर्थ रंग बनकर पाठक को आनन्द देते हैं, जबकि निबन्ध में शब्दों के अर्थ नाद, लहरें या गन्ध बनकर पाठक को बातचीत का रस।

4. जीवनी और निबन्ध

जीवनी को 'जीवन-चरित्र' या 'चरित्र' भी कहा जाता है। जब कोई लेखक किसी अन्य व्यक्ति के जीवन का क्रमबद्ध परिचय प्रस्तुत करता है, तब यह गद्य विधा 'जीवनी' का रूप लेती है।

जीवनी में जीवनी के नायक के साथ लेखक का निजी सम्पर्क होता है। प्रभावपूर्ण घटनाओं, प्रेरक प्रसंगों और विवरणों को चुन कर जीवन-चरित्र का पूरा रूप प्रस्तुत किया जाता है। इन घटनाओं और विवरणों में एकसूत्रता रहनी आवश्यक है। इस विधा में ऐतिहासिकता और कल्पना का भी कलात्मक संयोग होता है।

जीवनी और निबन्ध में पर्याप्त अन्तर है, यथा—

(अ) जीवनी में किसी महापुरुष का आद्योपान्त वर्णन रहता है, निबन्ध में किसी एक विषय पर निजी विचारों की पुष्टि की जाती है।

(ब) जीवनी में लेखक किसी दूसरे के वैयक्तिक जीवन का वर्णन करता है वहाँ जीवनी-नायक का व्यक्तित्व प्रधान होता है, किन्तु निबन्ध में निबन्धकार का व्यक्तित्व ही उभरकर आता है।

(स) जीवनी अपने आकार में बड़ी होती है, निबन्ध का आकार अपेक्षाकृत सीमित होता है।

5. आत्मकथा और निबन्ध

जीवनी में जहां अन्य व्यक्ति का चरित्र-चित्रण किया जाता है, वहां आत्मकथा में स्वयं लेखक अपनी जीवनी प्रस्तुत करता है।

आत्मकथा-लेखक अपने जीवन-विषयक तथ्यों से तटस्थ रहता है। वह आत्म-निरीक्षण कर अपने गुण-दोषों का वर्णन निष्पक्ष रूप से करता है। इससे उसके अतीत की स्मृतियां भी पुनर्जीवित हो उठती हैं। आत्मकथा के माध्यम से हम तत्कालीन युग की परिस्थितियों की पृष्ठभूमि में लेखक के जीवन की घटनाओं और संघर्षों के बीच से उभरे उसके व्यक्तित्व का आकलन कर सकते हैं। एक तरह से आत्मकथा एक व्यक्ति की जीवनगाथा न होकर, पूरे युग की झलक भी प्रस्तुत करती है।

हम निबन्ध और आत्मकथा का अन्तर इस प्रकार देख सकते हैं—

(अ) आत्मकथा, आत्मकथ्य है। अपने जीवन की घटनाओं और अपने व्यक्तित्व, चरित्र तथा संघर्षों का लेखा-जोखा। जबकि निबन्ध, लेखक की विचारधारा को अंकित करता है।

(ब) आत्मकथा धार्मिक, राजनीतिक, साहित्यिक व्यक्तियों द्वारा स्वयं लिखी जाती है, जबकि निबन्धकार अपने निबन्ध में किसी भी विषय को उठा सकता है।

(स) आत्मकथा का विस्तार जीवनी की तरह व्यापक होता है, जबकि निबन्ध का आकार सीमित रहता है।

(द) आत्मकथा का क्षेत्र बहुमुखी होता है, निबन्ध में किसी एक ही विषय को महत्व मिलता है।

(ध) निबन्ध जैसी स्वच्छन्द उड़ान, आत्मकथा में नहीं रहती।

6. रिपोर्ताज और निबन्ध

रिपोर्ताज (रिपोर्ट या रपट) में किसी घटना या दृश्य का अत्यन्त सूक्ष्म, रोचक वर्णन कलात्मक रूप में होता है। वर्तमान से जुड़ा रहना, कथात्मकता और तथ्यात्मकता रिपोर्ताज के लिए आवश्यक है। लेखक अपनी सूक्ष्म दृष्टि से घटना और घटना के पात्रों का निरीक्षण कर रिपोर्ट लिखता है।

रिपोर्ताज और निबन्ध का अन्तर इस प्रकार समझा जा सकता है—

(अ) रिपोर्ताज में घटनाओं का यथातथ्य, तटस्थ वर्णन रहता है, निबन्ध में ऐसा नहीं है।

(ब) रिपोर्ताज में लेखक का व्यक्तित्व सामने नहीं आ पाता, जबकि निबन्ध के लिए यह एक अनिवार्य शर्त है।

(स) रिपोर्ताज लघु आकार की गद्य विधा है, निबन्ध का आकार अपेक्षया बड़ा होता है।

7. भेंटवार्ता (इण्टरव्यू) और निबन्ध

भेंटवार्ता को 'साक्षात्कार' भी कहते हैं। इसमें लेखक प्रत्यक्ष रूप से किसी प्रसिद्ध व्यक्ति के पास जाकर अपनी जिज्ञासायें रखता है और उसके उत्तरों के द्वारा विचार तथा मान्यताओं को प्रस्तुत करता है।

इस विधा का नायक वह महान् व्यक्ति होता है, जिसका साक्षात्कार लिया गया है, यदि वह नायक महान् न होगा तो उसके उत्तर मूल्यवान नहीं माने जायेंगे और पाठकों का ध्यान आकर्षित नहीं करेंगे।

इस विधा की दो प्रमुख विशेषतायें हैं—एक तो यह कि उत्तरदाता (नायक) अपने क्षेत्र (कला, साहित्य, राजनीति, दर्शन, विज्ञान, शिक्षा आदि) का विद्वान् हो और दूसरी यह कि उसके उत्तरों की भाषा जब लिखी जाए तो उस पर उत्तरदाता (नायक) की शैली उसके व्यक्तित्व का पूरा प्रभाव रहे।

वर्तमान में सामाज के सामान्यतम व्यक्तियों के साक्षात्कार की परम्परा भी चल निकली है।

हम भेंटवार्ता और निबन्ध का अन्तर इस रूप में देख सकते हैं—

(1) भेंटवार्ता प्रश्नोत्तर के रूप में होती है, जिसमें लेखक का व्यक्तित्व सम्मुख नहीं रहता, नायक का ही व्यक्तित्व उभरता है। निबन्ध में ऐसा नहीं होता।

(२) भेंटवार्ता में संवादों के कारण नाटकीयता भी आ जाती है, अतः रोचकता व जिज्ञासा के तत्त्व स्वतः जुड़ जाते हैं। निबन्ध में नहीं।

(3) भेंटवार्ता में वार्ता के माध्यम से लेखक अपने नायक के चरित्र का अंकन करता है, निबन्ध में वार्ता नहीं होती।

(4) भेंटवार्ता में साक्षात्कार किए गए व्यक्ति की मान्यताओं को ही स्थान मिलता है। भले ही लेखक अपनी प्रतिक्रियाएं बीच-बीच में जोड़ दे। परन्तु निबन्ध में निबन्धकार की मान्यतायें ही प्रमुख स्थान पाती हैं।

B-1 (ii) समीक्षा

समीक्षा का स्वरूप

समीक्षा का शाब्दिक अर्थ है—अच्छी तरह देखने की क्रिया। छानबीन या जांच-पड़ताल करने के लिए अच्छी तरह और ध्यानपूर्वक देखना। परीक्षण करना।

समीक्षा 'आलोचना' अथवा 'समालोचना' का ही पर्याय है।

'आलोचना' शब्द संस्कृत की 'लुच्' धातु से बना है, जिसका अर्थ है–देखना। समालोचना का अर्थ हुआ सम्यक प्रकर से अर्थात् अच्छी तरह से देखना। 'समीक्षा' शब्द संस्कृत की 'ईक्ष्' धातु से बना है, जिसका अर्थ भी 'देखना' है। 'ईक्ष्' (देखना) में 'सम्' (सम्यक्) प्रत्यय जुड़कर 'समीक्षा' शब्द बना है– सम्/ईक्ष् (देखना) + अ-टाप्। इसका अर्थ भी हुआ सम्यक/अच्छी तरह देखना।

कुछ अध्येताओं का विचार है कि 'समीक्षा' और 'आलोचना' में अन्तर है। उनके अनुसार 'आलोचना' एक निश्चित दृष्टि या मत अथवा सिद्धान्त को ध्यान में रखकर किसी कृति की परख करती है। उस सिद्धान्त को उस पर लागू करती है जबकि समीक्षा में ऐसा नहीं है। हमारे विचार से समीक्षा और आलोचना में तत्त्वतः कोई मौलिक अन्तर नहीं है। समीक्षा की कई पद्धतियां हैं। विभिन्न सिद्धान्तों के अनुरूप समीक्षा की पद्धतियां निर्धारित की गई हैं। अतः समीक्षा में भी किसी न किसी दृष्टि या मत को अपनाया जाता है।

किसी वस्तु का ज्ञान प्राप्त करने के लिए उसे देखना आवश्यक है और उसका पूर्ण ज्ञान प्राप्त करने के लिए उसे बाहर-भीतर, सभी ओर देखने की आवश्यकता है। अतः समीक्षा का अर्थ हुआ– किसी वस्तु का सांगोपांग निरीक्षण। वस्तु का पूर्ण परिचय प्राप्त करके ही हम उसकी आलोचना या गुण दोषों के विवेचन के अधिकारी हो सकते हैं। इसीलिए किसी वस्तु की समीक्षा या आलोचना करने से पूर्व उसकी समस्त अच्छाइयों और बुराइयों की जानकारी आवश्यक है। यह जानकारी मिलने पर ही हम उसके सम्बन्ध में कोई धारणा बना सकते हैं या कोई मत स्थिर कर सकते हैं।

इस प्रकार समीक्षा के तीन अंग हैं–(1) अध्ययन, (2) विश्लेषण और (3) निर्णय।

समीक्षा या आलोचना का अर्थ यह नहीं कि किसी पुस्तक या रचना के छोटे-छोटे दोषों को ढूँढ़ कर गिना दिया जाए। उन्हें छिपाना भी ठीक नहीं, लेकिन उन दोषों को आवश्यकता से अधिक उभार कर नहीं दिखाना चाहिए।

दूसरी ओर यह भी ठीक नहीं कि हम उस रचना के गुणों को बढ़ा-चढ़ाकर बतायें। गुण-दोष के विवेचन में गुण और दोष दोनों को समुचित और सन्तुलित व्याख्या आवश्यक है। समीक्षा वास्तव में किसी रचना के आन्तरिक तथा बाह्य सौन्दर्य के विश्लेषण और उसकी व्याख्या का कार्य करती है। यदि उसके दोष इस सौन्दर्य में बाधा पहुंचाते हों तो उनकी ओर भी संकेत कर देना चाहिए।

जब हम किसी रचना के गुण-दोष देखते हैं, तो हमें यह भी बताना चाहिए कि इनसे उसका सौन्दर्य कैसे प्रभावित हुआ है। इतना ही कहना पर्याप्त नहीं कि यह रचना सुन्दर है, बहुत सुन्दर है, या अच्छी नहीं है; बल्कि यह बतलाना भी आवश्यक है कि वह क्यों सुन्दर है, क्यों अच्छी है या क्यों अच्छी नहीं।

अंग्रेजी में समीक्षा या आलोचना के लिए एक शब्द है– 'क्रिटिसिज्म'। इसका अर्थ होता है निर्णय देना। साहित्यिक कृतियों के परीक्षण के बाद उस पर निर्णय देना इस बात को बताता है कि यह विधा साहित्यिक कृति के गुण दोषों का निर्धारण करती है, उसके प्रति अपना निर्णयात्मक मत देती है। लेकिन यदि गहराई से देखा जाय तो हम पायेंगे कि आलोचक या समीक्षक जो भी निर्णय या मत देगा वह अपनी समझ, अपने साहित्यिक ज्ञान एवं सौन्दर्य-बोध के आधार पर देगा। उसका निर्णय कितना ही ईमानदार, वस्तुनिष्ठ और पक्षपात से रहित क्यों न हो, वैयक्तिक निर्णय हो सकता है। कारण कि समीक्षक की अपनी सीमायें हैं। समीक्षक की भावना जिस सौन्दर्य को अनुभव और ग्रहण कर लेती है, उसके निकट वही सौन्दर्य है—उससे इधर या उधर नहीं। अपनी उस सौन्दर्य-दृष्टि को प्रधान मान कर वह अपना समस्त समीक्षा कार्य उसके अधीन रहकर करता चलता है, इसी दृष्टिकोण से वह रचना के गुण-दोषों को देखता-परखता है। तथा इसी के आधार पर वह रचना का मूल्यांकन करता है, उसे जांचता-परखता है, अपना मत या निर्णय देता है।

साहित्यिक कृति या रचना के गुण-दोष का निर्धारण तथा उसके प्रति अपना निर्णयात्मक मूल्यांकन देना या अपना मत देना समीक्षक का कार्य है अवश्य, किन्तु उसका वास्तविक कार्य है कृति के सौन्दर्य का उद्घाटन करना। संस्कृत में समीक्षा के लिए आवश्यक माना गया है कि वह रचना की अन्तर्व्याख्या का और अवान्तर(अतिरिक्त या गौण) अर्थों का विच्छेद करे, "अन्तर भाष्य अवान्तरार्थ विच्छेदं च समीक्षा'—अर्थात् समीक्षा का वास्तविक क्षेत्र हुआ कवि की अन्तः प्रकृति एवं उस प्रकृति की कलात्मक अभिव्यक्ति के त्तन्त्र की पहचान। कवि की रचना का रहस्य ही रचना के सौन्दर्य का रहस्य है। समीक्षा इसी सौन्दर्य का उद्घाटन करती है।

साहित्य का विषय जगत् एवं जीवन है। साहित्यकार यथार्थ जीवन के सत्यों को अपनी भावना-कल्पना के द्वारा पुनः निर्मित करता है। इसका स्पष्ट अर्थ हुआ कि साहित्यकार उन मानसिक बिम्बों को भाषा में अभिव्यक्त करता है, जिन्हें उसकी भावना एवं कल्पना-शक्ति ने जगत् के आधार पर गढ़ा है। अर्थात् साहित्यकार का कार्य हुआ 'जगत् के मानसी बिम्बों की भाषिक प्रस्तुति'। समीक्षा इन मानसी बिम्बों का अध्ययन-विश्लेषण एवं आस्वादन करती है।

इस प्रकार हम संक्षेप में समीक्षा का स्वरूप निम्नलिखित रूप में निर्धारित कर सकते हैं:

समीक्षा साहित्य की वह विधा है, जो किसी साहित्यिक कृति या रचना का अध्ययन कर, उसके गुण-दोषों का विश्लेषण कर उसके सौन्दर्य का उद्घाटन करती है और उसके सुन्दर या असुन्दर होने का निर्णय देती है। यह विधा सर्जनात्मक साहित्य में निहित पक्षों एवं तथ्यों को अपनी विचारण के माध्यम से

उद्घाटित करती है।

स्पष्टीकरण

समीक्षा का यह स्वरूप कुछ और स्पष्टीकरण मांगता है। अध्ययन, गुण-दोषों का विश्लेषण और सौन्दर्य का उद्घाटन ये तीन प्रधान तत्त्व हैं, जो किसी कृति को सुन्दर या असुन्दर बताने के आधार हैं। इनके द्वारा ही कोई समीक्षक अपना मत या निर्णय देता है।

अध्ययन, गुण-दोषों का विश्लेषण तो स्पष्ट है, किन्तु 'सौन्दर्य का उद्घाटन' व्यापक प्रक्रिया है। यह सौन्दर्य न केवल कृति के रचाव में, उसकी बुनावट में, बल्कि उसके कथ्य और उस कथ्य के मूल में अवस्थित मूल्यों में निहित रहता है। इसीलिए यह कहा गया है कि समीक्षक किसी साहित्यकार की रचना के गुण-दोषों के विवेचन तथा उसकी व्याख्या के अतिरिक्त उसका सामाजिक मूल्य या महत्त्व देखता है। समीक्षक के लिए यह प्रश्न बड़े महत्त्व का हो जाता है कि साहित्यकार की रचना से सामाजिक आदर्शों में कहां तक उथल-पुथल होगी और वह समाज को उन्नति के मार्ग में ले जाने में कहां तक और किस रूप में सहायक होगी।

समीक्षा का महत्त्व और उद्देश्य

समीक्षा और समीक्षक के विषय में कई भ्राँतियां पढ़ने को मिलती हैं। प्रायः लोग समीक्षक को हेय दृष्टि से देखते पाए गए हैं। इस सन्दर्भ में *टॉलसटॉय* का यह रोचक कथन याद आता है, जिसमें उन्होंने कहा था कि समीक्षक घोड़े पर बैठी हुई मक्खी है, जो न स्वयं चलती है, न घोड़े को चलने देती है! इसी प्रकार *जॉर्ज बर्नार्ड शॉ* ने कहा था, "जो लेग सर्जना कार्य में समर्थ होते है वे तो सर्जना करते हैं, जो लोग यह कार्य करने में असमर्थ होते हैं वे ही समीक्षा करने लगते हैं।"

दरअसल यह खिन्नता सूचक उक्तियां हैं। यह धारणा भी ठीक नहीं है कि जो कुछ नहीं कर पाता वह आलोचक बन जाता है या एक असमर्थ लेखक ही समीक्षक बनता है! फिलहाल इस बात पर बहस की ज्यादा गुंजाइश नहीं है। हम समीक्षा-कार्य को गम्भीर रचनात्मक कर्म मानते हैं। हाँ, इतना अवश्य है कि यह कविता, कहानी, आदि रचनात्मक विधाओं से थोड़ा अलग तरह की विधा है। इस प्रसंग में हम *डॉ० नगेन्द्र* का एक कथन उद्धृत करना चाहेंगे। *डॉ० नगेन्द्र* समीक्षा को ललित साहित्य का अंग मानते हुए कहते हैं कि, 'आलोचना (समीक्षा) की आत्मा कलामय है, किन्तु इसकी शरीर-रचना वैज्ञानिक है।' वे काव्य और समीक्षा में भेद मानते हैं : पहला भेद करण या साधन का है– अर्थात् कवि के साधनों में भावना और कल्पना प्रधान है, बुद्धि प्रायः संश्लेषण में ही सहायक होती है; जबकि आलोचक के कर्म में मूलतः भावना और कल्पना का सम्यक् उपयोग रहते हुए भी बुद्धि अधिक सक्रिय रहती है। दूसरा भेद सृजन-शक्ति के बलाबल का है। कवि जीवन का पुनः सृजन करता है और आलोचक काव्य का—अर्थात् जीवन के पुनःसृजन का पुनःसृजन करता है। सृजन का परिणाम है पदार्थ और पुनःसृजन का परिणाम है

बिम्ब। अतएव कवि-व्यापार में बिम्ब-रचना का ही प्रांधान्य रहता है। इस पद्धति से पुनःसृजन के पुनःसृजन का अर्थ होता है बिम्ब—यानी प्रतिबिम्ब का निर्माण। अर्थात् ऐसे बिम्ब का निर्माण जो रचना-प्रक्रिया में बिम्ब की अपेक्षा अधिक सूक्ष्म और धूमिल हो जाता है।

इस रेखाचित्र से समीक्षा की प्रकृति ठीक से समझी जा सकती है :

पदार्थ — बिम्ब — प्रतिबम्ब

सृजन ——— पुनः सृजन —— पुनः सृजन का पुनः सृजन

(काव्य) (समीक्षा)

भावना और कल्पना प्रधान — बुद्धि-प्रधान

इस प्रकार हम देखते हैं कि समीक्षा भी सर्जना है, लेकिन अन्य साहित्यिक विधाओं (कविता-कहानी-नाटक आदि) से भिन्न हैं। आलोचक या समीक्षक का कर्म कवि-कर्म की अपेक्षा कम सर्जनात्मक रह जाता है। कवि-कर्म में जहां बिम्बों के प्रयोग की अधिकता रहती है, वहां समीक्षा में इन बिम्बों की धारणा या प्रत्यय अधिक उपयोग में आते हैं। दूसरे शब्दों में कहें तो, काव्य में एन्द्रिय-मानसिक बिम्ब प्रमुख रहते हैं, जबकि समीक्षा में मानसिक-प्रज्ञात्मक बिम्ब अधिक रहते हैं। लेकिन इसके साथ हमें ध्यान रखना चाहिए कि जिस प्रकार काव्य भाव का उफान या कल्पना की क्रीड़ा नहीं है, इसी प्रकार समीक्षा भी बुद्धि का विलास भर नहीं है।

इस परिप्रेक्ष्य में हम समीक्षा के महत्त्व और उद्देश्य को भलीभांति समझ सकते हैं। इसके महत्त्व और उद्देश्य को समझने के लिए हमें सदैव यह ध्यान रखना होगा कि समीक्षा न तो दोयम दर्जे का काम है, न असर्जनात्मक (नॉनक्रिएटिव); बल्कि कविता, कहानी, उपन्यास, नाटक आदि की भांति समीक्षा भी सर्जनात्मक संदर्शन (क्रिएटिव विजन) से परिव्याप्त रहती है। कवि यदि रमणीय (राग-कल्पनात्मक) अनुभूतियों के माध्यम से आत्माभिव्यक्ति करता है, तो समीक्षक कवि की इस आत्माभिव्यक्ति की व्याख्या के माध्यम से।

साहित्यकार अपनी कृति के माध्यम से जीवन की समीक्षा का चित्रण करता है। अन्तरंग पक्ष जीवन की व्याख्या करता है। बाह्य पक्ष के आधार पर हम शब्द, वाक्य, अर्थ, ध्वनि आदि की जानकारी प्राप्त करते हैं। वास्तव में सर्जनात्मक साहित्य के अन्तर्गत इन तथ्यों का विवेचन समीक्षा नहीं हो सकती एवं न ही विशुद्ध समीक्षा कही जा सकती है। विशुद्ध समीक्षा को सृजनशील साहित्य में निहित पक्षों एवं तथ्यों को अपनी विचारणा के माध्यम से उद्घाटित करती है। जैसा कि *डॉ. घनश्याम व्यास* का मानना है। **डॉ.** व्यास कहते हैं, "सृजनशील-साहित्य सृजनशील प्रक्रिया है। समीक्षा सृजनशील-प्रक्रिया का विश्लेषण

करने वाली प्रक्रिया है। समीक्षा प्रवृत्यानुसार साहित्य का विश्लेषण कर नूतन तथ्यों एवं विचारों का उद्‌बोधन करती है। साहित्य का विवेचन करते हुए नूतन उद्‌भावनाओं का निरूपित करती है।" (आधुनिक हिन्दी और मराठी समीक्षा पद्धतियों का तुलनात्मक अध्ययन, पृष्ठ-9)।

कई बार समीक्षक ऐसी विचारसरणी प्रस्तुत करता है जो मूल रूप में पूर्णतः मौलिक ज्ञात होती है। फिर भी वह सृजनशील साहित्य पर अवलम्बित रहता है।

समीक्षा का महत्त्व समीक्षक के उत्तरदायित्वों और कर्त्तव्यों में निहित है। वहीं उसका उद्देश्य भी है। प्रधान रूप से समीक्षा का महत्त्व और उद्देश्य माना गया है—साहित्य का मूल्याकंन, साहित्यिक कृतियों में निहित सौन्दर्य का उद्‌घाटन, उसके गुण-दोषों का विवेचन और इस कार्य से साहित्य की गति-विधि का नियमन, साहित्य में निहित सत्य का अनुसंधान। समीक्षा प्रकारान्तर से साहित्यानुशीलन में पाठ्क की सहायता करती है। वह लेखक और पाठ्क के बीच जागरूक मध्यस्थता का काम करती है।

ध्यान से देखें तो साहित्य का मूल्यांकन और उसकी गतिविधि का नियमन आदि समीक्षक पर आरोपित दायित्व हैं। बहुत सीमा तक इन्हें व्यावसायिक कर्म माना जा सकता है। कृति का मूल्यांकन करना इसीलिए बहुत सावधानी का काम है। साहित्य की गतिविधि का नियमन करने वाला समीक्षक कभी-कभी अपने को बहुत शक्तिवान मानने लगता है। उसका अहं उसे निश्छल नहीं रहने देता। ऐसा होना हानिकर है क्योंकि जो समीक्षक दम्भ लेकर चलेगा या रागद्वेष से ग्रसित हो जायेगा, वह निन्दक या प्रचारक बम सकता है, मर्मज्ञ साहिंत्यकार नहीं। जबकि वास्तव में समीक्षा एक साहित्य-साधना है, व्यवसाय नहीं।

जैसा हमने पीछे कहा, समीक्षा का उद्देश्य है पाठ्कों की सहायता करना। आजकल विभिन्न विषयों पर इतने अधिक ग्रंथ प्रकशित होते हैं कि उनमें से श्रेष्ठ कृतियों का चयन करना कठिन काम है। इस काम में हम किसी विशेषज्ञ की सहायता ले सकते हैं। इससे हमारे समय और श्रम की बचत होगी। समीक्षा से हम इस बात का निश्चय कर सकते हैं कि कौन-कौन से ग्रंथ पठ्नीय हैं, कौन से नहीं। श्रेष्ठ ग्रंथों के भीतर जो सौन्दर्य निहित रहता है, उसे सबकी आंखे नहीं देख पातीं; अतः दुरूह एवं मार्मिक स्थलों की व्याख्या के लिए हमें समीक्षक के पास जाना होता है। इस दृष्टि से ग्रंथों के शुद्ध पाठ, उनकी टीकायें एवं विवेचनायें सभी हमारे लिए उपयोगी हैं।

समीक्षक लेखक को भी अपने ढंग से सहायता दे सकता है। उसके ग्रंथ का विश्लेषण कर वह उसकी कमियों और त्रुटियों की ओर संकेत करता है। इससे लेखक भविष्य में उन सुझावों से लाभ उठा सकता है। इसके अतिरिक्त समीक्षक लेखक और उसकी रचनाओं की ओर असंख्य पाठ्कों का ध्यान आकर्षित करता है।

पाठ्क और लेखक से भी अधिक समीक्षक का दायित्व समाज के प्रति है। ज्ञान के प्रसार के साथ उसे लोकहित भी देखना पड़ता है। प्रत्येक स्थिति में समीक्षक को सत्य का ही प्रचार करना चाहिए। पाठ्क

और लेखक दोनों को केवल वही समीक्षा लाभ पहुंचा सकती है, जो सत्य पर आधारित हो। तभी समीक्षा विश्वसनीय मानी जा सकती है। समग्रतः समीक्षा का मूल उद्देश्य सत्य की खोज है। लोककल्याण का सच्चा मार्ग यही है।

समीक्षक लेखक के अन्तर्जगत् की छानबीन करता है, किसी रचना में निहित सौन्दर्य की व्याख्या करता है। उस सौन्दर्य से परिचित होकर हम आनन्द का अनुभव करते हैं। अतः समीक्षा का एक उद्देश्य सौन्दर्य की सृष्टि भी है।

यह ध्यान रहे कि समीक्षक; पाठक और लेखक का सहायक मात्र है, वह उनका स्थान नहीं ले सकता। अतः किसी रचना के सीधे अध्ययन से जो आनन्द मिलता है, वह उसकी आलोचना से नहीं मिल सकता। देखा जाए तो, लेखक और पाठक के बीच समीक्षक को आना ही नहीं चाहिए! फिर भी विचारों की तुलना के लिए समीक्षक से सहायता लेने में कोई हानि नहीं है। किसी ग्रंथ को पढ़ने से पहले यदि उसकी समीक्षा पढ़ ली गई हो, तो वह हमारे अध्ययन में सहायक हो सकती है और यदि समीक्षा उसकी समाप्ति के बाद पढ़ी गई हो, तब हम यह जान सकते हैं किसी ग्रंथ ने हमारे हृदय पर जो प्रभाव छोड़ा है, वह उससे कितना भिन्न है। लेकिन समीक्षा ऐसी पढ़ने को मिले जो विश्वसनीय हो, निष्पक्ष और विद्वान् समीक्षक ने लिखी हो। यदि हम हीन कोटि की समीक्षा का सहारा लेते हैं तो पथभ्रष्ट हो सकते हैं।

समीक्षा का काम बड़े उत्तरदायित्व का है; यह हमने पीछे देखा। इसके लिए एक समीक्षक में क्या-क्या गुण या विशेषताऐं होनी चाहिए; यह जान लेना आवश्यक है।

समीक्षक के गुण

समीक्षक एक विशेष पाठक होता है। सामान्य पाठक किसी रचना के सम्बन्ध में केवल अपनी प्रतिक्रिया व्यक्त करता है, जब कि समीक्षक अपनी बात को आलोचनात्मक भाषा में, तर्क-सहित प्रकट करने की क्षमता रखता है। उस पर आलोचना के मानदण्डों का अंकुश रहता है, इसलिए वह रचनाकार की करह स्वतंत्र नहीं है। उसे तटस्थ होकर समीक्षा करनी होती है। यह तटस्थता अच्छे समीक्षक के लिए आवश्यक मानी गई है। तटस्थता के रहते हुए भी समीक्षक को उदारहृदय होना चाहिए। सहृदयता का गुण भी समीक्षक के लिए आवश्यक है, तभी वह किसी रचना का आस्वादन कर सकेगा।

समीक्षा-कार्य बहुत सावधानी, अधिकतम ईमानदारी, गहन दायित्वबोध तथा अपने विषय की गहरी समझ की अपेक्षा रखता है। कवि की कृति का मूल्यांकन एवं स्थान-निर्धारण बहुत कुछ समीक्षक के ही हाथ में रहता है। दूसरी ओर वृहत् पाठक समुदाय समीक्षक के मत को मूल्यवान समझता है, क्योंकि समीक्षक को वह उस विषय का विशेषज्ञ मानता है। इसलिए समीक्षक का दायित्व बढ़ जाता है। उसकी विश्वसनीयता आवश्यक हो जाती है। इस सब के निर्वाह के लिए एक अच्छे समीक्षक में गुण होने चाहिए वे हैं–

(1) साहित्य का तत्त्व-ज्ञान, अर्थात् साहित्य के अंग-प्रत्यंग, नियम-प्रतिमान, रस, छन्द, अलंकार, शब्द-शक्तियां, गुण-दोष, अभिव्यक्ति-कौशल, भाषा, समाज आदि का यथेष्ट ज्ञान।

(2) व्यक्तित्व की महानता, अर्थात् राग-द्वेष से मुक्त मत्सरता व क्षुद्रता का अभाव, साहित्य के प्रति पूर्ण निष्ठा, स्वार्थहीनता, संयम और राजनीतिक गुटवाजी से अलगाव।

(3) सहृदयता और उदारता, अर्थात् साहित्य के रस की पहचान काव्यास्वाद में रुचि, रचनाओं की प्रशंसा करने का सहज गुण।

(4) राग-द्वेष से रहित, तटस्थता।

इन गुणों के अभाव में समीक्षा कार्य में गिरावट आ जाती है। यहां यह ध्यान रखना आवश्यक है कि समीक्षक की तटस्थता का तात्पर्य केवल लेखक से व्यक्तिगत सम्बन्धों, गुटबाजी, प्रलोभन आदि से तटस्थता है। समीक्षक समाज अथवा किसी विचारधारा से तटस्थ नहीं होता। उसे समाज की गति-प्रगति, आवश्यकताओं आदि का ज्ञान होना चाहिए और सुस्पष्ट विचारधारा, दृष्टि और समझ से लैस होना चाहिए। उसमें नीर-क्षीर विवेक भी आवश्यक माना गया है।

समीक्षक के गुणों की ओर संकेत करते समय एक बात और सामने आती है। समीक्षक क्योंकि साहित्य का तत्त्व-ज्ञाता होता है, वह समीक्षाशास्त्र के सिद्धान्तों का सहारा लेता है; ऐसे में कभी-कभी अपने आपको वह लेखक की अपेक्षा एक विशिष्ट प्राणी मान लेने का भ्रम पाल लेता है। उसके मन में यह बात बैठ जाती है कि किसी रचना को परखने की जो कसौटी उसके पास है, वह किसी और के नहीं। सामान्य पाठक का तो प्रश्न ही दूर, जो किसी लेखक से भी अधिक किसी रचना के सौन्दर्य को समझने, उसकी व्याख्या करने और उसे प्रेषणीय बनाने की शक्ति उसमें है। इसीलिएं वह पाठक और लेखक की बात सुनता तो है, पर उसकी परीक्षा किए बिना उसे मान्यता प्रदान नहीं करता। ऐसे में प्रायः समीक्षक में अंहकार, अतिरिक्त तटस्थता और अन्य लोगों की सम्मितियों की उपेक्षा करने की आदत दिखाई देती है। यह एक सीमा के बाद स्वयं समीक्षक के लिए घातक है। अन्ततः जैसा कि *वाल्टर पेटर* ने कहा है, "सौन्दर्य को देख सकना, सौन्दर्य को विश्लेषित कर सकना तथा उसे पाठकों तक संप्रेषित कर सकना ही समीक्षा है," हमारे विचार से समीक्षक में यह गुण सबसे मुख्य होना चाहिए।

समीक्षा के विविध रूप

समीक्षा का क्षेत्र अत्यन्त व्यापक है। इसका आरम्भ पाठलोचन और टीकाओं से होता है। प्राचीन ग्रन्थों के शुद्ध पाठ की समस्या आज तक बनी हुई है। चन्दबरदाई, विद्यापति, कबीर,जायसी, सूर, तुलसी, बिहारी आदि कवियों के काव्य का प्रामाणिक सर्वमान्य पाठ अभी तक उपलब्ध नहीं हैं। इस दिशा में कई विद्वानो ने कार्य किया है। पृथ्वीराज रासो, रामचरितमानस और सूरसागर तथा मीराबाई की पदावली के अनेक पाठ-भेद अभी तक मिलते हैं। सामान्य पाठक के लिए यह निश्चय करना एकदम कठिन है कि

वह किस पाठ को स्वीकार करे, किसे न करे। टीकाओं और भाष्यों से किसी मूल ग्रन्थ को समझने में हमें बड़ी सहायता मिलती है। इसलिए श्रेष्ठ टीकाओं को तिरस्कार की दृष्टि से देखना ठीक नहीं। कबीर, केशवदास आदि कवियों से लेकर आधुनिक युग के प्रसाद, निराला, अज्ञेय, मुक्तिबोध आदि कवियों की रचनाओं को समझने के लिए टीकाओं की उपयोगिता स्वयं सिद्ध है। लेकिन यह समीक्षा का प्रारंभिक और हल्का रूप है।

पाठ्लोचन और टीकाओं के बाद विवेचन और मूल्यांकन का कार्य आरम्भ होता है। यहां समीक्षा का कार्य पुस्तक-परिचय तक ही सीमित रह सकता है और एक लेख तक भी। वह किसी प्रवृत्ति का विवेचन भी सकता है। इससे आगे बढ़ कर किसी ग्रंथ-विशेष की समीक्षा भी हो सकती है : जैसे— कामायनी, लोकायतन, प्रिय-प्रवास, साकेत, या गोदान, चित्रलेखा, चन्द्रगुप्त आदि की। समीक्षा के क्षेत्र में विशेष कवियों और लेखकों का अध्ययन भी प्रस्तुत किया जा सकता है : जैसे जयशंकर प्रसाद, पन्त अथवा प्रेमचन्द या निराला या यशपाल का। हम किसी युग का भी लेखा-जोखा ले सकते हैं: जैसे आदिकाल, भक्तिकाल, रीतिकाल या छायावादी युग का या नयी कविता, प्रगतिवाद, नयी कहानी आदि का। हमारे कहने का तात्पर्य यह है कि समीक्षा का विस्तार पाठ्लोचन से लेकर इतिहास—लेखन तक है। यहां तक कि विश्वविद्यालयों में शोध-उपाधियों के लिए लिखे जाने वाले कई शोध-प्रबन्ध भी समीक्षा की सीमा में आ सकते हैं।

समीक्षा पद्धति का आशय है कृति को यथोचित ढंग से समग्रतः अथवा पूर्णरूपेण समझने की प्रक्रिया। कृति किस साहित्यिक विधा से सम्बन्धित है? कैसी है, कृतिकार ने स्वतः के भावबोध का समावेश किस प्रभाव तक किंया है? विषय को अपनी विचारधारा के माध्यम से कहां तक प्रभावित किया है। मूलवर्ती धारणा कौन सी है एवं काव्य शिल्प का निरूपण किस प्रकार हुआ? अनेक प्रश्नों का विचार करते हुए कृति का परीक्षण किया जाता है। परीक्षण करते समय समीक्षा विशिष्ट पक्ष को अपनाते हुए आगे बढ़ती है तथा जीवनगत प्रणालियों को समाहित करती हुई अपना विवेचन प्रस्तुत करती है। विशिष्ट प्रवृति को मूलरूप में स्वीकार करते हुए विभिन्न प्रणालियों का समाहार भी परीक्षण में होता है। समीक्षक साहित्य का समीक्षा सिद्धान्तों के आधार पर विशिष्ट पक्षों एवं तथ्यों के आधार पर समीक्षण करते हुए वैचारिक भूमिका प्रस्तुत करता है। इन्हीं तथ्यों को ध्यान में रखकर हम समझ सकते हैं कि समीक्षा-पद्धति क्या है? इस विचार से समीक्षा पद्धति साहित्य की समीक्षा के लिए प्रतिपादित विशिष्ट समीक्षा-सिद्धान्त कों कहेंगे, जो प्रचलित प्रणालियों को अपने में समाहित करते हुए चलती है।

समीक्षा प्रणाली सुनिश्चित पक्ष या दृष्टि का स्पष्टीकरण है। पद्धति विशेष के अन्तर्गत प्रणालियों का समावेश होता है। समीक्षक समीक्षा करते समय विशिष्ट समीक्षा पद्धति से जुड़कर समीक्षा की प्रचलित ऐतिहासिक, तुलनात्मक, व्याख्यात्मक आदि प्रणालियों का उसमें समावेश कर सकता है। उदाहरण कें लिए हम आचार्य रामचन्द्र शुक्ल की समीक्षाएं पढ़ें। उन्होंने जिस ढंग से समीक्षण किया है, उससे सिद्ध

हो जाता है कि शुक्ल जी की एक विशिष्ट समीक्षा पद्धति है। वे साहित्य में रस की महत्ता स्वीकार करते हुए मिलेंगे। उन्होंने रस सिद्धान्त का निरूपण साहित्य समीक्षा के माध्यम से प्रस्तुत करते हुए समीक्षा की अन्य प्रणालियों का भी अपनी समीक्षा में समावेश किया। उनकी समीक्षा में आवश्यकतानुसार ऐतिहासिक, तुलनात्मक, व्याख्यात्मक प्रणालियों के भी दर्शन होते हैं। यही नहीं अपितु हमें आगमन-निगमन प्रणालियों के भी दर्शन होते हैं। लेकिन सर्वमुख्य तथ्य यह है कि इन सब प्रणालियों के बीच आचार्य शुक्ल ने 'रस सिद्धान्त' का आधुनिक भाव-बोध के अन्तर्गत विकासात्मक स्वरूप विवेचित किया है।

अतः कहें कि समीक्षा की प्रवृत्ति-विशिष्ट 'पद्धति' कहलाती है। पद्धति वैचारिक एवं सैद्धान्तिक दृष्टि से साहित्य-सिद्धान्तों को अपने में समाविष्ट करती है। यही बात शैली की आ जाती है। शैली व्यक्ति विशेष की होती है। व्यक्ति विशेष के द्वारा साहित्य में किसी विधा को लिखने के विशेष ढंग को शैली कहा गया है। समीक्षण के मौलिक ढंग को भी शैली कह सकते हैं। समीक्षक कृतियों का समीक्षण ऐतिहासिक शैली अथवा प्रणाली के आधार पर करते हुए विशिष्ट साहित्य-सिद्धान्त का सहयोग लेता है। ऐसे समय में समीक्षक की समीक्षात्मक शैली ऐतिहासिक हो सकती है, परन्तु विवेचन करते समय जो साहित्य-सिद्धान्त स्पष्ट होंगे वे उसकी विशिष्ट प्रवृत्तियों के द्योतक हैं। यह प्रवृत्ति विशिष्ट भी पद्धति है।

सारांशतः समीक्षा-पद्धति विशिष्ट प्रवृत्ति का प्रतिनिधित्व करती है, जिसमें अनेक समीक्षकों की पृथक्-पृथक् शैलियां एवं अनेक प्रणालियां सन्निहित होती हैं। पद्धति व्यक्तिगत नहीं होती, वह विशिष्ट प्रवृत्ति का प्रतिनिधित्व करती है, जिससे साहित्य-सिद्धान्त का स्वरूप, दर्शन एवं प्रवृत्ति का स्पष्टीकरण होता है।

समीक्षा के इतने विस्तृत क्षेत्र में कई पद्धतियों का प्रयोग देखने को मिलता है। इन पद्धतियों या समीक्षा के इन प्रकारों या रूपों की कोई सीमा नहीं है। मुख्य समीक्षा-रूप इस प्रकार देखे जा सकते हैं-

सैद्धान्तिक	Theoretical, Speculative, Deductive
व्याख्यात्मक	Practical, Descriptive
निर्णयात्मक	Judicial
ऐतिहासिक	Historical
मनोविश्लेषणात्मक	Psychological
वैज्ञानिक	Scientific
तुलनात्मक	Comparative
यथार्थवादी	Reaslistic
आदर्शवादी	Idealistic
स्वच्छन्दतावादी	Romantic
प्रभाववादी	Impressionistic

अभिव्यंजनावादी	Expressioistic
रचनात्मक	Creative
प्रगतिवादी या मार्क्सवादी	Progressive or Marxist
प्रयोगवादी	Experimental
सौन्दर्यवादी	Aesthetic
संरचनावादी	Structuralistic
कलावादी	Artistic

आधुनिक समीक्षा के प्रमुख प्रकार जो बहुत महत्त्वपूर्ण हैं, निम्नलिखित हैं–

(1) सैद्धान्तिक समीक्षा, (2) निर्णयात्मक, (3) तुलनात्मक,
(4) कलावादी (5) प्रभाववादी (6) मार्क्सवादी और
(7) मनोविश्लेषणात्मक।

यहां संक्षेप में हम समीक्षा के इन्ही रूपों का परिचय देंगे।

(1) सैद्धान्तिक समीक्षा

समीक्षा के सिद्धान्त-पक्ष को 'सैद्धान्तिक समीक्षा' कहा जाता है। किसी भी रचना पर विचार करने के लिए यह आवश्यक है कि हम कुछ मूलभूत सिद्धान्तों को आधार बना कर चलें। अतः सैद्धान्तिक समीक्षा का काम साहित्य के सिद्धान्तों और मानदण्डों का निर्धारण करना है। साहित्य के सिद्धान्तों और मूल्यांकन के निकष या मानदण्डों को निश्चित करने वाली इस पद्धति को 'शास्त्रीय समीक्षा' भी कहा जाता है। यही 'साहित्य विद्या' या 'साहित्यशास्त्र' कही जाती है।

प्राचीन समय में काव्य का सृजन ही अधिकतर हुआ है। कुछ सहृदयों का ध्यान उन काव्य-ग्रन्थों के सुन्दर और चमत्कारपूर्ण स्थलों पर गया और उन्होंने उनके गुणों को पहचान कर कुछ सामान्य सिद्धान्तों का निर्माण किया। ये सिद्धान्त जिन ग्रन्थों में एकत्र किए गए वे 'लक्षण ग्रन्थ' कहलाए। कहने का अर्थ यह कि 'लक्ष्य ग्रन्थों' (अर्थात् जिनका मूल्यांकन, या जिनकी समीक्षा की जानी हो) के बाद 'लक्षण ग्रन्थों' का निर्माण होता है। उदाहरण के लिए, पहले *वाल्मीकि* और *कालिदास* की रचनाओं के आधार पर महाकाव्य के लक्षण निर्धारित कर लिए गए और जब ये लक्षण बन गए, तब नये महाकाव्यों की रचना इन्ही लक्षणों का पालन करते हुए की गई।

भारतीय वाङमय में सैद्धान्तिक समीक्षा का सबसे प्राचीन ग्रन्थ *आचार्य भरत मुनि* का 'नाट्यशास्त्र' है। इसमें नाटकों की विशेषताओं के साथ संगीत नृत्य तथा काव्य के सम्बन्ध में भी विचार हुआ है।

संस्कृत साहित्यशास्त्र में रस, अलंकार, ध्वनि, रीति और शब्द-शक्ति के सम्बन्ध में गम्भीर विवेचन मिलता है। हिन्दी के रीतिकाल में अनेक आचार्य कवियों ने संस्कृत साहित्यशास्त्र को आधार बना कर

रस, अलंकार, नायिका भेद और छन्द आदि की मीमांसा अपने लक्षण ग्रन्थों में की हैं। केशव, कुलपति मिश्र आदि इनमें प्रमुख है। आधुनिक युग में अंग्रेजी की आलोचना-पद्धति के प्रभाव से कविता, नाटक, उपन्यास, कहानी आदि विधाओं की विशेषताओं से हम नये ढंग से परिचित हुए हैं। आधुनिक युग के प्रथम चरण और बीसवीं शताब्दी के प्रारम्भ से ही हम हिन्दी की समीक्षा पद्धतियों पर पश्चिमी प्रभाव को देख सकते हैं।

हम स्पष्टतः देखते हैं कि अन्य विधाओं की तरह समीक्षा के भी अपने सिद्धान्त होते हैं। अतः समीक्षा का मुख्य प्रकार सैद्धान्तिक समीक्षा ही है। स्मरण रखना चाहिए कि सैद्धान्तिक समीक्षा जड़ समीक्षा नहीं है। समय की गति और आवश्यकतानुसार समीक्षा के सिद्धान्तों में संशोधन-परिवर्द्धन होता रहता है। जब कोई प्रतिभावान् रचनाकार किसी ऐसी महान रचना की सर्जना कर देता है, जो परम्परागत समीक्षा सिद्धान्तों के घेरे से बाहर सिद्ध होती है, तो समीक्षा के पूर्व निर्धारित मानदण्ड बदल जाते हैं। यदि हम उदाहरण देखना चाहें तो ऐसे कई उदाहरण मिल जायेंगे। जैसे सिद्धान्तों के आधार पर हम कालिदास, भवभूति के नाटकों की आलोचना करते हैं, उन्ही के आधार पर प्रसाद, लक्ष्मीनारायण मिश्र या मोहन राकेश के नाटकों की समीक्षा नहीं कर सकते। 'रामचरित मानस' पर जो मानदण्ड लागू होंगे वे 'कामायनी' पर नहीं हो सकते।

सैद्धान्तिक समीक्षा एक महत्त्वपूर्ण-पद्धति है। कई विद्वान् केवल सैद्धान्तिक समीक्षा को ही वास्तविक समीक्षा मानते हैं। हम यह तो नहीं कहते कि एकमात्र सैद्धान्तिक समीक्षा ही वास्तविक समीक्षा है, तथापि इस समीक्षा-पद्धति के महत्त्व से इन्कार नहीं कर सकते। कारण, समीक्षक का कार्य केवल यही नहीं है कि वह किसी कृति के बारे में उसमें दी गई सामग्री के औचित्य-अनौचित्य का निर्देश करें; उसका यह भी कर्तव्य है कि वह उन सिद्धान्तों और नियमों को खोज निकाले, जिनके आधार पर उस कृति की रचना हुई है। उसे उन नियमों को सिद्धान्तों के रूप में निर्धारित करना चाहिए। हिन्दी में रीतिकाल के लक्षणग्रंथ, भारतेन्दु बाबू हरिश्चन्द्र का *नाटक*, श्यामसुन्दरदास का *साहित्यलोचन*, आचार्य रामचन्द्र शुक्ल का *चिन्तामणि*, रामदहिन मिश्र का *काव्यालोक* आदि ग्रंथ सैद्धान्तिक समीक्षा के श्रेष्ठ उदाहरण हैं।

(2) निर्णयात्मक समीक्षा

समीक्षा के तीन अंग हैं—अध्ययन, विश्लेषण और निर्णय। समीक्षक किसी कृति के सुन्दर या असुन्दर होने का निर्णय देता है। यह समीक्षा की प्रारम्भिक बातें हैं। इस आधार पर निर्णयात्मक समीक्षा-प्रणाली समीक्षा की प्रारम्भिक पद्धति है। जैसा कि नाम से स्पष्ट है, इस प्रकार की समीक्षा में समीक्षक लेखक के विषय में और उसकी रचना के विषय में कुछ बताने के साथ-साथ एक निर्णायक या न्यायाधीश के रूप में अपना निर्णय भी देता है। वह समीक्षा-ग्रन्थों द्वारा निर्धारित नियमों के आधार पर रचना की समीक्षा करता है और उन्हीं के आधार पर उस रचना का साहित्य में स्थान निर्धारित करता है। इस समीक्षा

प्रणाली में रचनाकार की मौलिक प्रतिभा के लिए उतना स्थान नहीं, जितना शास्त्रीय नियमों के पालन के लिए है। निर्णयात्मक समीक्षा करने वाला समीक्षक मुख्य रूप से तीन कार्य करता है—पहला यह कि वह उन साहित्यिक मूल्यों को सर्वाधिक महत्त्व देता है जो पहले से निर्धारित हैं। वह वह उन्हीं को कसौटी मानकर, उनकी कसौटी पर ही रचना की परख करता है। दूसरा यह कि, वह इन नियमों को शाश्वत मानकर भविष्य के लिए भी कसौटी मानने का आग्रह करता है। तीसरा यह कि, इन नियमों के आधार पर वह रचनाकारों के स्थान को निश्चित करता है। एक तरह से देखा जाय तो यह समीक्षा पद्धति सैद्धान्तिक-समीक्षा के पीछे-पीछे चलती है। इस समीक्षा-पद्धति की सबसे बड़ी कमी या सीमा यह है कि यदि कोई समीक्षक किसी रचना या रचनाकार के विषय में अच्छा होने या न होने सम्बन्धी अपना अन्तिम निर्णय देता है तो उसके पाठ्कों का मार्ग अवरुद्ध हो जाता है। उनके मन में वही निर्णय बैठ जाता है, जो रचना के अस्वादन में अवरोधक है। दूसरी बात, यह आवश्यक नहीं कि समीक्षक का निर्णय एकदम ठीक ही हों, पाठ्क या अन्य समीक्षक उसके निर्णय से असहमत हो सकते हैं। इसीलिए इस समीक्षा-प्रणाली को आदर्श समीक्षा-प्रणाली नहीं माना जाता। पाश्चात्य विचारक *केलेट* का मत इस संदर्भ में सही जान पड़ता है। *केलेट* के अनुसार नाप-जोड़ करने वाली, यंत्रवत्, शुष्क समीक्षा-पद्धति कभी भी संतोषप्रद नहीं हो सकती।

हिन्दी में *मिश्र बन्धुओं* तथा *आचार्य महावीर प्रसाद द्विवेदी* की समीक्षा-प्रायः इसी ढंग की हैं। छायावाद के कवि-समीक्षकों ने भी निर्णयत्मक समीक्षा-पद्धति को अपनाया था। निराला ने पंत की कविताओं का विवेचन-विश्लेषण करते हुए उनकी साहित्यिक उपलब्धियों और मूल्यवत्ता को निर्णयात्मक समीक्षा के आधार पर ही निर्धारित किया है।

(3) तुलनात्मक समीक्षा

किसी वस्तु का महत्त्व दूसरी वस्तुओं की तुलना में ठीक समझ में आता है, इसीलिए समीक्षा के क्षेत्र में भी तुलनात्मक प्रणाली प्रचलित हुई। कवियों को उनके समकालीन कवियों या समानधर्मा कवियों के बीच रखकर देखने की परम्परा बहुत पुरानी है। वाल्मीकि की व्यास से, कालिदास की भवभूति से, तुलसीदास की सूरदास से, देव की बिहारी से, मैथलीशरण गुप्त की जयशकंर प्रसाद से, और पंत की निराला से, तुलना की गई है। इसी तरह कुछ विदेशी कवियों और अन्य भाषाओं के साहित्यकारों से हिन्दी के साहित्कारों की तुलना भी कई समीक्षकों ने की है। हिन्दी में ऐसी बहुत सी सूक्तियां मिलती हैं, जिनसे जनसाधारण में प्रचलित धारणाओं का पता चलता है। जैसे – 'सूर-सूर, तुलसी शशि, उड्गन, केशवदास।' इसी तरह 'कविता रही सो कबिरा कहिगा, सूरै कही अनूवी, रही-सही कठ्मलिया कहिगा, और कहै सो जूठ्री!' ये सब धारणाएं सही नहीं हैं।

तुलनात्मक समीक्षा से रचनाकार के अपेक्षिक महत्त्व पर प्रकाश पड़ता है; लेकिन इसमें स्थायित्व

केवल उस समय आ सकता है, जब एक ही स्तर के दो या अधिक रचनाकारों की तुलना की जाए और तुलना के आधार सुदृढ़ हों। इसमें पक्षपात का भय सदैव बना रहता है। जो हमें प्रिय है, उसे हम विश्व का सर्व श्रेष्ठ कवि घोषित करना चाहते हैं, उसका प्रभाव सभी कवियों पर दिखाना चाहते हैं और जिनसे उनकी तुलना करते हैं, उनकी त्रुटियों को हम गम्भीर साहित्यिक दोषों में गिनाने लगते हैं। इस समीक्षा-पद्धति में हम ऐसे-ऐसे गुणों को ढूंढने का प्रयत्न करने लगते हैं, जिनका ज्ञान स्वयं लेखक तक को नहीं होता और कला की ऐसी बारीकियों में चले जाते हैं जो समीक्षक की अपनी कल्पना की उपज होती हैं।

हिन्दी साहित्य कोश में कहा गया है, "तुलनात्मक प्रणाली में सफल होने के लिए आलोचक का बहुज्ञ होना आवश्यक है। वह साहित्य और कला का मूल किसी भी रूप में स्वीकार करे, किन्तु उसे यह न भूल जाना चाहिए कि उसका प्रधान कर्तव्य केवल वर्णन, विवेचन और विश्लेषण है, निर्णय देना उसका कार्य नहीं। साथ ही इस बात पर ध्यान रखना भी आवश्यक है कि तुलना समान वस्तुओं की ही हो सकती है।" मूलतः यह समीक्षा-पद्धति विभिन्न कवियों की एक ही विषय की रचनाओं की परस्पर तुलना करती है। समीक्षक दोनों कवियों की रचनाओं का अध्ययन कर उनके विविध अंगों पर प्रकाश डालता है। इस प्रकार की समीक्षा वास्तव में व्यापक अध्ययन के बाद ही सम्भव है। उदाहरण के लिए *पं० पद्मसिहं शर्मा 'कमलेश'* ने 'आर्यासप्तशती' और 'गाथा सप्तशती' के श्लोक उद्धृत करते हुए बिहारी के दोहों के साथ उनकी तुलना की थी। बीच-बीच में अन्य कवियों की रचनाओं को भी तुलना के लिए प्रस्तुत किया था। बिहारी अपनी पूर्ववर्ती रचनाओं से कहां तक प्रभावित हैं, कहां उन्होंने भावों का अपहरण किया है और कहां इन सब की तुलना में वे श्रेष्ठतर हैं, यह दिखाना आचार्य पद्मसिंह शर्मा का उद्देश्य था। इसमें भाव-पक्ष और कला-पक्ष, दोनों ही दृष्टियों से तुलना की गई थी। उसके बाद तो हिन्दी में तुलनात्मक समीक्षा की बाढ़-सी आ गई। कहना न होगा, इस क्षेत्र में गम्भीर अध्ययन बहुत कम हुए।

तुलनात्मक समीक्षा को अच्छा नहीं माना जाता। हर साहित्यकार की अपनी परिस्थितियां, विचारधारा, शैली-शिल्प, अलग होता है, फिर दूसरे से तुलना क्यों? हिन्दी में तुलनात्मक समीक्षा प्रणाली अपनाने वाले समीक्षकों में पं० पद्मसिंह शर्मा 'कमलेश', पं० कृष्ण बिहारी मिश्र, लाला भगवानदीन, पं० नन्द दुलारे वाजपेयीं आदि के नाम अग्रगण्य हैं।

(4) कलावादी समीक्षा

समीक्षक किसी कृति को पढ़ते हुए उसका विश्लेषण करता है। उस कृति में निहित सौन्दर्य को व्याख्यायित करने के लिए इस बात पर भी ध्यान देता है कि लेखक ने विषय को किस प्रकार अभिव्यक्त किया है। प्रायः समीक्षक रचना के कला -पक्ष पर विचार करते हुए उचित शब्द योजना और अलंकार आदि के प्रयोग पर प्रकाश डालता है। जो कुछ कहा गया है उसमें स्पष्टता और प्रभाव है या नहीं, इन बातों पर भी समीक्षक ध्यान देता है।

ध्यान देने की बात है कि इतना सब करते हुए भी वह समीक्षक रचना के विषय में किसी प्रकार का निर्णय नहीं देता। वह अपना कार्य उस रचना के शिल्प को समझाने तक ही सीमित रखता है। निर्णय का उत्तरदायित्व वह पाठकों पर छोड़ देता है।

ऐसी समीक्षा-पद्धति कलावादी समीक्षा कहलाती है। इस समीक्षा का एकमात्र सूत्र है—कला कला के लिए। इस एकांगी दृष्टिकोण के कारण ही कलावादी समीक्षा को श्रेष्ठ नहीं माना गया। साहित्य के क्षेत्र में रूपवादी दृष्टि इसी पद्धति का परिणाम है। साहित्यिक कृति एक कला कृति है, यहां तक तो ठीक है, किन्तु यह कहना कि उसका समाज से कोई नाता नहीं है, या जीवन से उसे जोड़ना, नैतिक मूल्यों की उसमें खोज करना बेमानी है; तो यह दृष्टि कभी स्वीकार नहीं की जा सकती। किसी साहित्यिक कृति में कला-तत्त्वों की खोज आवश्यक है, वह कृति पहले कला कृति है, इसमें कोई सन्देह नहीं, किन्तु उसके सामाजिक सरोकार भी हैं और मानव जीवन से जोड़कर उसे देखा जाना चाहिए यह भी अनिविर्य है।

सन् 1866 के आसपास फ्रांस से एक ऐसी विचारधारा का उदय हुआ, जिसका 'कलावाद' से सीधा सम्बन्ध है। 'कला-कला के लिए' इसी विचारधारा की देन है। *जे० ए० मैकलीन ह्विस्लर* का नाम इस क्षेत्र में सर्वोपरि है। उसने ही सन् 1870 के आसपास इस मत का आग्रहपूर्वक प्रवर्तन किया था। इसी तरह *रस्किन* ने कला के नैतिक पक्ष का तिरस्कार करके कला के स्वतंत्र अस्तित्व को अति की सीमा तक अपनाया। ह्विस्लर चित्रकार था, उसने अपने-अपने चित्रों के ऐसे-ऐसे शीर्षक रखे, जो जनसामान्य की समझ से परे थे। साहित्य के क्षेत्र में पश्चिम में ब्रेडले, क्लाइव बेल, रोज़र फ्राइ आदि ने उसके विचारों को अपनाया और कलावादी समीक्षा का समर्थन किया। *क्रोचे* के सौन्दर्य-दर्शन से कलावाद को दार्शनिक आधार मिला। उसका *अभिव्यंजनावाद* भी इस समीक्षा पद्धति के लिए वरदान सिद्ध हुआ।

हिन्दी में कलावादी समीक्षा को अधिक नहीं अपनाया गया है। हाँ, प्रसादजी अवश्य इस प्रणाली से प्रभावित दिखाई देते हैं।

(5) प्रभाववादी समीक्षा

जब कभी कलावाद ने जोर पकड़ा, तो प्रभाववादी समीक्षा का रूप पनपने लगा। उसे ही सर्वश्रेष्ठ समीक्षा कहा जाने लगा। अंग्रेज़ी में इस पद्धति को 'इंप्रेसनिस्ट क्रिटिसिज्म' कहते हैं, हिन्दी में इसके लिए दो नाम और मिलते हैं—आत्मवादी समीक्षा और आत्माभिव्यजंक समीक्षा। क्योंकि इसमें समीक्षक के आत्म तत्त्व की प्रधानता रहती है।

इस प्रकार की समीक्षा करने वाला समीक्षक मनोविज्ञान, सौन्दर्यशास्त्र, नीतिशास्त्र और काव्य के निश्चित सिद्धान्तों को अनावश्यक और महत्त्वहीन समझता है। उसकी दृष्टि में ये सभी तत्त्व समीक्षा के क्षेत्र से बाहर के तत्त्व हैं। उसके लिए तो मुख्य है—उसके हृदय पर रचना का प्रभाव! जिस कृति की समीक्षा वह करना चाहता है, उस कृति को पढ़कर उसके अन्दर जो अनुभूति हुई उस अनुभूति को व्यक्त

कर देना ही वह अपना एकमात्र कर्त्तव्य समझता है। अपनी शैली में वह उसी अनुभूति को पाठ्क के हृदय में जागृत करना चाहता है, जो उसे हुई है। इस प्रकार का समीक्षक कवि और पाठ्क को एक दूसरे के निकट लाने का यत्न करता है। प्रभाववादी समीक्षा के लिए आवश्यक है कि समीक्षक अपने अहं को भूलकर कृति का अध्ययन करे।

प्रभाववादी समीक्षा में समीक्षक का एकमात्र उद्देश्य प्रेषणीयता है। इसमें सहृदय की प्रतिक्रिया का ही महत्त्व है, नियमों या सिद्धान्तों का नहीं। जैसाकि *स्पिनगर* ने क़हा है—"To have sensation in the presence of the work of art is to express them. That is the function of a criticism for an impressionist critic." अर्थात् किसी कृति को देखकर जिन भावों और प्रभावों की अनुभूति होती है, उन्हें उसी तरह से प्रकट कर देना प्रभाववादी समीक्षक का कार्य होता है।

प्रभाववादी, समीक्षा में समीक्षक की रुचि क्रियाशील रहती है। यदि समीक्षक की रुचि परिष्कृत और साहित्यिक है तो उसके प्रभाव अच्छे होंगे। हमारे यहां इसीलिए पाठ्क को भी सहृदय कहा गया है। इस श्रेणी के समीक्षक की रुचि जितनी ही विश्व-रुचि के अनुकल होती है, समीक्षा भी उतनी ही सही होगी। यदि समीक्षक की रुचि वैयक्तिक विकारों से विकृत है, तो समीक्षा भी दूषित होगी।

अंग्रेजी के सुप्रसिद्ध प्रभाववादी समीक्षक *पीटर* ने लिखा है कि प्रभाववादी समीक्षा करते समय निम्नलिखित प्रश्नों का उत्तर देना चाहिए–

(1) किसी व्यक्ति विशेष ने कृति या जीवन में कौन-से संगीत या चित्र प्रस्तुत किए हैं।

(2) उनका हमारे ऊपर क्या प्रभाव पड़ा है,

(3) उन प्रभावों की अनुभूति आनन्ददायक हैं या नहीं? यदि वह आनन्ददायक है, तो वह आनन्द किस कोटि का है?

सेंट् सवरी का कहना है कि समीक्षक की सफलता स्वयं प्रभाव ग्रहण करने और उन्हें दूसरों तक पहुंचाने में है– The first requisite of the critic is that he should be capable of receiving impressions, the second that be should he able to express and impore them.)।

स्विन गार्म ने प्रभाववादी समीक्षा को ही समीक्षा माना है। *गार्म* का कहना है कि समीक्षक न तो निर्णायक है और न निर्णायक के रूप में उसे अपनी मान्यताएं आरोपित करने का अधिकार है। किसी कलात्मक रचना को पढ़ने के पश्चात् उसमें एक प्रकार की उत्तेजना होती है और वह उसे अभिव्यक्त कर देता है। उसमें आनन्द का स्फुरण होता है और वह उसे शब्द प्रदान कर देता है। सुन्दर काव्य को पढ़ने से जो आनन्द मिलता है वही उसके विषय में सच्चा निर्णय है। इससे बढ़िया निर्णय और कोई हो ही नहीं सकता।

आचार्य रामचन्द्र शुक्ल प्रभाववादी समीक्षा को ठीक-ठिकाने की वस्तु नहीं मानते वे इसका कोई

मूल्य न ज्ञान के क्षेत्र में मानते हैं, न भाव के क्षेत्र; में बल्कि वे तो यहां तक कहते हैं कि यह समीक्षा-पद्धति समालोचना या समीक्षा कहलाने की भी अधिकारी नहीं है। हिन्दी में शांतिप्रिय द्विवेदी, और गंगा प्रसाद पाण्डेय ने प्रायः प्रभाववादी समीक्षा पद्धति को ही अपनाया। पं० पद्म सिंह शर्मा और पं० हजारी प्रसाद द्विवेदी भी इस पद्धति को अपनाते देखे जा सकते हैं।

(6) मार्क्सवादी समीक्षा

आधुनिक समीक्षा पर पश्चिम के दो विचारकों का प्रभाव पड़ा है। उनमें एक हैं फ्रायड और दूसरे हैं मार्क्स। मार्क्स के विचारों से प्रभावित समीक्षा पद्धति मार्क्सवादी समीक्षा कही जाती है। इसे कुछ विद्वान् प्रगतिवादी या समाजवादी समीक्षा भी कहते हैं।

मार्क्स की विचारधारा से प्रभावित कोई भी मत या वाद मार्क्सवाद के नाम से जाना जाता है। मार्क्सवाद के अनुसार व्यक्ति, समाज तथा साहित्य का विकास किसी लोकोत्तर या ईश्वरीय सत्ता के बल पर नहीं, वरन् 'द्वन्द्वात्मक भौतिकवाद' के आधार पर हुआ है। द्वन्द्वात्मक भौतिकवाद ईश्वर, भाग्य या धर्म में विश्वास नहीं करता। उसके अनुसार दो विरोधी तत्त्वों के परस्पर टकराव से ही जीव का भी आविर्भाव हुआ और उसकी चेतना भी विकसित हुई। अतः जो समीक्षा जीवन, समाज तथा साहित्य के विकास को इस दृष्टि से देखती है वह मार्क्सवादी समीक्षा कहलाती है। इस विचार के विद्वान् इसे ही सच्ची समीक्षा मानते हैं। इस समीक्षा में साहित्य के सामाजिक पक्ष पर अधिक बल दिया जाता है।

मार्क्स और उनके अनुयायी पदार्थ (Matter) या वस्तु को ही चरम सत्य मानते हैं। उनके अनुसार इन्द्रियों-द्वारा दृश्यमान यह प्रत्यक्ष जगत् ही सत्य है। आत्मा पदार्थ का ही विकसित रूप है। पदार्थ में स्वभावतः संघर्ष चलता रहता है और उसके विनाश के तत्त्व भी उसी में विद्यमान रहते हैं। यह सतत् परिवर्तनं पदार्थ को उत्तरोत्तर अधिक विकसित और प्रौढ़ बनाता है। परवर्ती पदार्थ पूर्ववर्ती का विकसित रूप नहीं होता, उसका अस्तित्व पहले के विनाश पर निर्भर है। इस प्रकार यह वाद क्रमिक विकास न मानकर क्रांति और विध्वंस में विश्वास करता है। संक्षेप में यही 'द्वन्द्वात्मक भौतिकवाद' का सिद्धान्त है।

साम्यवादी विचारधारा के ये विचारक यह भी मानते हैं सामाजिक परिस्थितियों के अनुसार ही चेतना का निर्माण होता है। समाज की जैसी अवस्था होगी, चेतना का रूप भी उसी प्रकार का होगा। मनुष्य की विचारधारा, नीतिशास्त्र, राजनीति, सौन्दर्यशास्त्र आदि सभी पर सामाजिक अवस्था का प्रभाव पड़ता है। यानी, सामाजिक व्यवस्था ही इन सबको नियंत्रित करती है। इसीलिए बदली हुई परिस्थितियों में समाज के नियमों में भी परिवर्तन होता है। किन्हीं विशेष परिस्थितियों में जीवन की जो मान्यतायें बनी थी, राजनीति और नीतिशास्त्र के जो नियम बने थे, केवल उनको शाश्वत सत्य मान कर चलते रहना संभव नहीं, न तर्कयुक्त। इसीलिए ये साम्यवादी विचारक प्राचीन समाज-व्यवस्था के स्थान पर नवीन व्यवस्था की स्थापना करना चाहते हैं। वे व्यक्ति को समाज का अंग मानकर उसे सामाजिक परिवेश के अनुसार देखने का

आग्रह करते हैं। व्यक्ति के जीवन में अर्थ का बड़ा महत्त्व है। आर्थिक परिस्थितियां विचारधारा को भी प्रभावित करती हैं। इस कारण साम्यवाद आर्थिक व्यवस्था को बहुत महत्त्वपूर्ण मानता है। उत्पादन—पद्धति पर समाज का नियंत्रण इसीलिए आवश्यक है कि उसकी दृष्टि में कविता का मूल आधार भी आर्थिक है।

मानव-सभ्यता का विकास भी, मार्क्स के अनुसार, आर्थिक-विभाजन के आधार पर हुआ है। जब से मानव में ज्ञान का उदय हुआ तभी से वह वर्गों में बंटने लगा। एक वर्ग वह जो उत्पादन के साधनों पर नियन्त्रण रखकर उनके फलों का भोक्ता बनता है; और दूसरा वह जो परिश्रम करता है। पहला वर्ग शोषक वर्ग है, दूसरा शोषित। पहले को शासक और दूसरे को शासित वर्ग भी कहते हैं। शासक वर्ग की विचारधारा ही समाज की राजनीति और धार्मिक नीति को प्रभावित करती रही है। शासक वर्ग ने सबका उपयोग अपने स्वार्थ के लिए किया है। यह शासक वर्ग साहित्य को भी अपने प्रभाव में रखता है और इस प्रकार साहित्यकार भी प्रभुसत्ता-सम्पन्न इस वर्ग का ही समर्धन करता रहा है।

मार्क्सवाद के अनुसार सच्चा साहित्य वही है, जो वर्गहीन समाज की स्थापना में सहयोग दे, जिसकी सहानुभूति शोषित के प्रति हो और जो शोषक वर्ग के विरोध मे खड़ा होने की प्रेरणा देता हो। वह साहित्य में न तो व्यक्ति-स्वातंत्र्य का समर्थक है और न तटस्थता का। वह चाहता है कि साहित्य का उपयोग सामूहिक भावों के लिए हो। उसकी दृष्टि में साहित्य का उद्देश्य चरम आनन्द नहीं, समाज में क्रांति पैदा करना है।

अमृतराय के शब्दों में, मार्क्सवादी समीक्षा साहित्य की वह समाजशास्त्रीय आलोचना है जो साहित्य के ऐतिहासिक तथा गतिशील सम्बन्ध उद्घाटित करती है और सचेतन रूप में समाज को बदलने वाले साहित्य की सृष्टि की ओर लेखक का ध्यान आकर्षित करती है।

मार्क्सवादी समीक्षा में सामाजिक यथार्थ के प्रति प्रबल आग्रह रहता है।

हिन्दी में मार्क्सवादी समीक्षा के क्षेत्र में जिन आलोचकों ने विशेष ख्याति अर्जित की, उनमें शिवदानसिहं चौहान, डॉ० रामविलास शर्मा, अमृतराय, प्रकाशचन्द्र गुप्त, डॉ० नामवर सिंह आदि का नाम विशेष रूप से लिया जाता है।

(7) मनोविश्लेषणात्मक समीक्षा

मार्क्सवादी समीक्षा मार्क्स के विचारों से प्रभावित और प्रेरित है, तो मनोविश्लेषणवादी समीक्षा फ्रायड और युंग के विचारों से। इस प्रकार की समीक्षा में यह विचार मान्य है कि सामाजिक परिस्थितियों के कारण दमित वासनायें ही रचना के प्रमुख पात्रों के व्यक्तित्व का निर्माण करती हैं। अवचेतना मन में स्थिति ये दमित वासनायें विविध रूपों में प्रकट होती हैं और इन वासनाओं का विश्लेषण ही इस प्रकार की समीक्षा का उद्देश्य है। इसके अन्तर्गत समीक्षक किसी रचना के रूप-विशेष ग्रहण करने वाले कारणों को, रचनाकार के स्वभाव, तत्कालीन परिस्थितियों के प्रभाव तथा अन्य प्रेरणा-स्रोतों को खोजता है। इनमें

बाहरी स्रोतों की अपेक्षा रचनाकार के व्यक्तिगत परिवेश को अधिक लक्ष्य किया जाता है।

आधुनिक मनोविज्ञान के तीन प्रमुख विश्वविख्यात आचार्य हुए हैं—फ्रायड, एडलर और युंग। इन तीनों की मान्यताओं का व्यापक प्रभाव साहित्य-समीक्षा पर पड़ा है। संक्षेप में इन तीनों की स्थापनाओं का परिचय मनोविश्लेषणवादी समीक्षा को समझने के लिए जान लेना आवश्यक है।

फ्रायड की स्थापना है कि धार्मिक, सामाजिक या अन्य बहुत से बन्धनों के कारण मनुष्य की अनेक वासनायें (या कामनायें) अतृप्त रह जाती हैं। एक बार उभरी हुई वासनायें समाप्त नहीं होतीं, दब जाती हैं और अवचेतन (अन्तर्मन) में घर कर लेती हैं। ये दमित इच्छायें कभी-कभी किसी न किसी रूप में उभरने का प्रयत्न करती हैं और विरोध पाकर फिर दब जाती हैं। इन वासनाओं का बाद में उदात्तीकरण (Sublimation) हो जाता है।अपने इस उदात्तीकृत (या परिष्कृत) रूप में ये समाज को मान्य हो जाती हैं। इन वासनाओं में प्रधान वासना काम वासना है। फ्रायड के अनुसार बाल्यकाल से ही यह वासना मानव के मार्गों को अनेक मोड़ देती है। यह दमित काम वासना अभिव्यक्ति का अवसर पाकर मानव के मन को हल्का कर देती है। कला और साहित्य के मूल में दमित वासनाओं का ही हाथ हैं।

एडलर. मानव–प्रेरणा के मूल में हीनता की ग्रन्थि (इन्फीरियरटी कॉम्पलेक्स) को प्रमुख मानता है। उसका कहना है कि अपने आपको महत्त्वपूर्ण देखना मानव की स्वाभाविक प्रवृति है। उसकी यह अभिलाषा बाल्यकाल में भी रहती है और दूसरों की तुलना में अपने आपको कम अनुपयोगी और कम महत्त्वपूर्ण समझने के कारण उसमें हीनता की भावना उत्पन्न हो जाती है। यही हीनता की ग्रन्थि है और इसी के कारण वह इस हीनता की क्षति-पूर्ति के लिए तरह-तरह के यत्न करता है। बाल्यकाल की यह शारीरिक हीनता की भावना उसे मानसिक रूप से अपना अधिक विकास करने में प्रेरक का काम करती है। कला और साहित्य के द्वारा वह इस हीनता की भावना की पूर्ति करता है।

युंग के अनुसार जिजीविषा (यानी जीवित रहने की इच्छा) ही जीवन की प्रधान वासना है। उसके अनुसार प्रत्येक मानव अमर होना चाहता है। भौतिक शरीर के नष्ट हो जाने पर भी वह किसी न किसी रूप में जीवित रहना चाहता है। यह जिजीविषा ही लोकेषणा, वित्तेषणा और पुत्रैषणा को जन्म देती है। मानव इन्ही एषणाओं से प्रेरिक होकर विविध कार्यों में लगा रहता है। साहित्य और कला की रचना में भी यही भावना काम करती है।

मनोविश्लेषण को महत्त्वपूर्ण मानने वाले समीक्षक विभिन्न लेखकों की रचनाओं में इन तत्त्वों को खोजने का प्रयास करते हैं। हमारें विचार से मनोविज्ञान को सहायक मानकर कृति का विश्लेषण करना तो ठीक है, किन्तु उसी को लक्ष्य बनाना उचित नहीं। समीक्षा का कार्य रचना का रसास्वाद कराना है, मनोग्रंथियों का विश्लेषण करना नहीं।

हिन्दी में डॉ० नगेन्द्र ने मनोविश्लेषणवादी समीक्षा को नयी दिशा दी थी। डॉ० देवराज ने भी इस समीक्षा को समृद्ध किया है। इलाचंद जोशी और अज्ञेय ने भी इस दिशा में कार्य किया।

B-2 वर्णन तत्त्व-प्रधान कथेतर गद्य विधाएं

B-2.1 जीवनीपरक कथेतर गद्य विधाएं

जीवनीपरक कथेतर (कथामुक्त) गद्य विधाएं अनेक नवीन गद्य विधाओं का पुंज है, जिनमें व्यक्ति विशेष का जीवन चरित्र, जीवनवृत्त से जुड़े विविध प्रसंग बुने गये होते हैं। इन विधाओं का मूल विश्वास है-'न मानुषात् श्रेष्ठतरं हि किञ्चित्' अर्थात् मनुष्य से बढ़कर कुछ भी नहीं। अतः इन विधाओं का प्रत्येक शब्द मानवीय जिजीविषा, अनुभूति, चिन्तन और कर्त्तव्य से संपृक्त रहता है। मनुष्य के हृदय-स्पन्दन, उसके चेहरे के रंग-रूप और रेखाएओं, उसकी मुट्ठियों के बंधने-खुलने तथा कदमों की गति-स्थिति का साक्षी होता है। कहने का अर्थ यह है कि ये विधाएं मनुष्य के 'अंतर्देश' और 'बहिर्देश' की गतिविधियों को शब्द देती हैं। इसीलिए इनका एकमात्र आराध्य मानव और उसक सत्य है; जो *चण्डीदास* के उस स्वर के सामानान्तर है-

'शुन रे मानुष भाई,
सवारि उपरि मानुष सत्य, ताहार उपरि किछु नाइ।'

आचार्य हजारी प्रसाद द्विवेदी ने भी कहा था, "वास्तव में हमारे अध्ययन की सामग्री प्रत्यक्ष मनुष्य है। आपने इतिहास में उसी मनुष्य की धारावाहिक जययात्रा की कहानी पढ़ी है, साहित्य में इसी के आवेगों, उद्वेगों और उल्लासों का स्पन्दन देखा है, राजनीति में इसी की लुकाछिपी के खेल का दर्शन किया है। यह मनुष्य का वास्तविक लक्ष्य है।" (अशोक के फूल, पृष्ठ -180)

अभिप्रायः यह है कि साहित्य में मानव जीवन की विशद विवेचना रहती है, जीवन की गूढ़ गुत्थियों एवं समस्याओं का उसके सौन्दर्य एवं विभूतियों का अध्ययन रहता है। जीवनीपरक साहित्य में यह अध्ययन अधिक प्रत्यक्ष एवं गहरी छाप लेकर प्रकट होता है। यहां 'गल्प' से काम नही चलता! प्रत्यक्ष जीवन घटनाओं तथा चरित्र के ताने-बाने इन विधाओं का कलेवर बुनते हैं। कल्पना की गुंजाइश प्रायः नहीं होती। इतिहास; और कहें सत्य, के बिना जीवनीपरक विधाओं का अस्तित्व ही संभव नहीं है। इसके बिना न इनमें विश्वसनीयता आ सकती है और न प्रेरणा प्रदान करने का आदर्श गुण। इन्हीं गुणों के कारण ये विधाएं मानव के बिल्कुल निकट हैं, उसी से उद्भूत और उसी में रची-बसी। इन्ही सब बातों से वे कथा-प्रधान विधाओं से नितान्त भिन्न धरातल पर अवस्थित हैं। मनुष्य-जीवन और उसका चरित्र जैसा है--वैसा यहां है; जो प्रत्यक्ष या परोक्ष रूप से हमें आगे बढ़ने और अपने आपको-अपने जीवन-जगत् को बदलने की प्रेरणा देता है। समग्रतः 'जीवन से सच्चा साक्षात्कार' इन कथेतर (कथामुक्त) जीवनीपरक गद्य विधाओं का मूल सूत्र है।

जीवनीपरक गद्य विधाओं का सृजन किस प्रेरणा से होता है ? इस प्रश्न पर विचार करें, तो दो बातें सामने आती हैं-एक तो-'जीवन की नश्वरता प्रति विद्रोह', दूसरी-'मनुष्य में मनुष्य की रुचि।'

पहली रचना-प्रेरणा पर ध्यान दें, तो हम पायेंगे कि प्रत्येक व्यक्ति की कामना चिरंजीवी एवं स्थायी होने की है। पारिवारिक मर्यादा, यश-कीर्ति की आकांक्षा के लिए कुछ लोग अपनी प्रशस्तियां, जीवनी आदि धन देकर लिखवाते थे-उसके मूल में कौन-सी प्रेरणा थी? वही प्रेरणा इन विधाओं के मूल में भी क्रियाशील रहती है। व्यक्ति स्वयं अपने और अपने जीवन के बारे में लिखता है, अथवा दूसरों से लिखता है।

दूसरी प्रेरणा पर ध्यान दें, तो हम देखेंगे कि व्यक्ति और जीवन के प्रति सभी लोगों में एक सामान्य जिज्ञासा सदैव से रही है। आज के युग में मनुष्य के क्रियाकलापों, उसकी प्रेरणा-शक्तियों, विभिन्न रूपों तथा वातावरण के प्रति उसकी प्रतिक्रियाओं के प्रति हमारी जिज्ञासा निरन्तर बढ़ती जा रही है। अतः जीवनीपरक गद्य विधाओं की रचना-प्रेरणा यदि पहली नहीं, तो दूसरी अवश्य रहती है। कोई स्वयं नहीं लिखता या धन आदि देकर दूसरों से नहीं लिखाता; तो भी दूसरी प्रेरणा से स्वतः ही कोई लेखक अन्य व्यक्ति के गुणों से प्रभावित होकर जीवनी लिखने को उद्यत हो जाता है। यह एक आदर्श व्यक्ति के प्रति लेखक की श्रद्धा भी हो सकती है, सामान्य व्यक्ति के प्रति सहज जिज्ञासा भी। दोनों ही स्थितियों में मानवमूल्यों, आदर्शों की प्रतिस्थापना का महत् उद्देश्य विद्यमान रहता है।

यहीं हमारा ध्यान जाता है 'अद्वितीयता' पर। हर किसी के जीवन में कुछ चीजें अद्वितीय हो सकती हैं। इस अद्वितीयता की तलाश और उसकी शाब्दिक अभिव्यक्ति मनुष्य में मनुष्य की रुचि का ही परिणाम है। दूसरी प्रेरणा का यह भी एक महत्त्वपूर्ण बिन्दु है। कई बार दूसरा व्यक्ति (लेखक) किसी अन्य के जीवन के 'अद्वितीय' पक्षों को देखना चाहता है, बताना चाहता है और कई बार हम स्वयं अपने जीवन के अद्वितीय पक्षों को दूसरों के सामने रखना चाहते हैं। जीवनीपरक विधाओं की रचना में ये दोनों ही बातें सक्रिय रहती हैं।

जीवनीपरक विधाएं जीवन का मर्म समझने में उसकी पर्तें, आवरण और परिच्छेद उतार कर उसके शुद्ध रूप का साक्षात्कार करने में पथप्रदर्शक की भूमिका निभाती हैं, ऐसी भूमिका जिसमें गौरव है, मृदुता है, वात्सल्य है। इससे आगे बढ़कर यह जीवन के प्रति हमारी आस्था बढ़ाती हैं; अनास्था, संशयशीलता, निषेधपरक, मानसिकता, उपेक्षा और उदासीनता की प्रवृत्ति को धो-पोंछ कर जिजीविषा की संवृद्धि करती हैं। मनुष्य की सदाशयता और जीवन-मंगल के प्रति हमारे विश्वास को जगाने, बढ़ाने और सिद्धि के रूप में रूपान्तरित करने में ये हमारी मित्र हैं। हमारी सामर्थ्य, रचनाशीलता और हमारी आंतरिक तेजस्विता को जागृत कर ये विधाएं हमारे हाथों में नियति के रथ की वल्गाएं सौंपती हैं। हमें हारने और टूटने से बचाती हैं।

जीवनी परक गद्य विधाओं का लेखन एक दुष्कर कार्य है। बेशक यह रोचक क्यों न हो। वह

अपने सृष्य की अग्नि-परीक्षा लेता है। इसके लिए चाहिए होता है समग्र 'स्व-अर्पण'-परिपूर्ण आत्मदान! अपने व्यक्तित्व को पूरी तरह घोल देना! सत्य के प्रति एकनिष्ठता और प्रतिबद्धता! इससे विचलन कहीं भी संभव नहीं। 'आत्मनियंत्रण,' इस सीमा तक कि भाव-धारा में बहे, कि गए!

जीवनीपरक लेखन भारतीय भाषाओं में और विशेषकर हिन्दी में; अन्य विधाओं की तुलना में बहुत कम हुआ है, और जो लिखा गया है वह इतना सशक्त नहीं है। एक तरह से ये विधाएं साहित्य की दुर्बल तथा उपेक्षित विधाएं बनकर रह गई हैं। इसके अन्य कुछ कारणों के साथ-साथ दो मुख्य कारण हैं- *अतिशय विनम्रता* अथवा *अहंम्मन्यता*! इन दो विरोधी भावों से जीवनीपरक विधाएं प्रभावित हुई हैं। इस सन्दर्भ में *डॉ० भगवानशरण भारद्वाज* का यह कथन विचारणीय है, "हिन्दी के साहित्यकार के मन में कहीं न कहीं यह धारणा अवश्य बद्धमूल रही है कि जीवनी-साहित्य का सर्जन द्वितीय श्रेणी का कार्य है। इस मनोवैज्ञानिक आशंका ने हमारे साहित्य को दूर तक प्रभावित किया है। ऐसा समझा जाता रहा है कि दूसरे को महत्त्व देना और उसके जीवन की चर्चा में डूबना साहित्यकार के 'अहम्' के लिए अनुकूल, सुपाच्य और सुग्राह्य नहीं। स्वयं को समर्थ, मौलिक और नितान्त अप्रभावित दिखाने के लिए यह वांछनीय समझा जाता रहा है कि साहित्यकार किसी दूसरे व्यक्ति के प्रति आस्था और श्रद्धा रखने का अपराध न करे। इस ग्रन्थि से पीड़ित होने के कारण ही कदाचित् उसकी लेखनी बेझिझक होकर जीवनी-साहित्य की दिशा में नहीं बढ़ी। आत्मकथा लेखन के अवसर पर एक अन्य जातीय संस्कार ने हमारे सर्जक की लेखनी को कुण्ठित, जड़ीभूत और अवरुद्ध किया है। इस विश्व-प्रपंच में हम जैसे व्यक्ति का अस्तित्व कितना नगण्य है! 'पानी केरा बुदबुदा, अस मानुष की जात' की बात कबीरदास कह गए हैं और 'कीन्हें प्राकृत जन गुन गाना, सिर धुनि गिरा लागि पछिताना' की चेतावनी विश्वकवि तुलसी भी दे चुके है। अपने आपको कम-से-कम उजागर करने, अपने सम्बन्ध में काफी कृपणता बरतने और लोकदृष्टि से हमेशा ओझल बने रहने की हमारी मानसिकता ने हमारे जीवनी-साहित्य के प्राणतत्त्व को सोख लिया।" (हिन्दी जीवनी साहित्य : सिद्धान्त और अध्ययन, इलाहाबाद, 1978, पृष्ठ -6-7)

अरस्तू का कहना था–The magnanimous man was sufficient unto himself; he neither talked about himself, nor expected others to speak on his behalf. (जो महान् होते हैं, वे न तो अपने बारे में अधिक कहते हैं, न यह आशा करते हैं कि कोई उनके बारे में कहेगा!)

और रोचक बात यह है कि विनम्रता तथा अहंम्मन्यता इन जीवनीपरक गद्य विधाओं की रचना के लिए आवश्यक है! एक बार *मानवेन्द्रनाथ राय* से उनके बारे में कुछ सहयोगियों ने आग्रह किया था कि वह अपनी आत्मकथा लिखें; और जवाब में उन्हें कुछ झिड़कते हुए-से कामरेड राय ने कहा था, "मैं जानता हूँ कि मैं आत्मकथा कभी नहीं लिखूंगा।" साथियों की आंखों में जो प्रश्न झलक आया था उसका जवाब देते हुए उन्होंने जोड़ दिया था, "आत्मकथा लिखने के लिए एक विशेष प्रकार की अहंम्मन्यता

चाहिए जो मुझमें नहीं है।"

लम्बे समय तक जीवनीपरक साहित्य को कला की कसौटी पर या तो कसने की चेष्टा ही नहीं हुई या उसे कला के क्षेत्र से बाहर ही रखा गया। ऐसे विचारकों का मानना था कि काव्यशास्त्र का कर्त्तव्य रचनात्मक कृतियों की आलोचना है और जीवनी कोई रचनात्मक कृति या कला नहीं है।

ऐसे में प्रश्न उठा कि जीवनीपरक लेखन को साहित्य के क्षेत्र की कला-रचना मानें अथवा पत्रकारिता मात्र? जीवनी-लेखन क्या इतिहास-लेखन मात्र है अथवा उसका साहित्यिक महत्त्व भी है? वस्तुतः प्रारंभिक जीवनी-लेखकों ने, जैसा कि *डॉ० सरला शुक्ल* ने कहा है, "कला और उसकी अभिव्यक्ति-सम्बन्धी गुत्थियों को सुलझाने की चेष्टा की। जीवनी लेखकों का महान् उद्देश्य था उन व्यक्तियों के जीवन-चरित्र लिखना जो सब प्रकार से बड़े तथा आदर्श थे। राजा या महात्मा तथा सन्त सामान्य व्यक्ति से भिन्न थे और उनके महान् कार्यों तथा उपदेशों एवं चमत्कारों का वर्णन करना जीवनी-लेखक का कार्य था। जीवनी कृति की सफलता इस बात पर अधिक निर्भर रहती थी कि उसमें जिस राजा या सन्त का जीवन वर्णित है, उसने कितने महान् कार्य किये, या व्यक्ति के मोक्ष में वह कितना सहायक हुआ; न कि इस बात पर कि लेखक ने उसे कितने कलात्मक ढंग से प्रस्तुत किया है!" (पाश्चात्य जीवनी कला, लखनऊ); लेकिन आज स्थिति बदल चुकी है। जीवनीपरक साहित्य का न केवल कलेवर बदला है, अपितु उसका क्षेत्र भी व्यापक हो गया है। उसकी रचनात्मकता में भी पर्याप्त अन्तर आ गया है। जीवनी और आत्मकथा की परिधि से जुड़े हुए 'आत्म-संस्मरण' (मेमॉयर- Memoir) भी इसी जीवनीपरक साहित्य के अंग हैं, जिनमें समग्र जीवन का तथ्यपूर्ण ब्यौरा देने का कोई प्रयत्न नहीं होता। जिन्हें इसलिए 'आत्मकथा' तो नहीं कहा जा सकता, लेकिन जो फिर भी होते है आत्मकथा-मूलक ही, क्योंकि उनके केन्द्र में'आत्म' ही होता है, कोई दूसरा व्यक्ति नहीं। ऐसे आत्म-संस्मरणों का महत्त्व आत्मकथा से कुछ कम नहीं होता, क्योंकि समग्रता का लक्ष्य न रहने पर भी उनमें कभी-कभी पूरे चरित्र को आलोकित कर जाने वाली अन्तर्दृष्टि मिल जाती है। कभी ऐसे प्रेरणा-स्रोतों का उद्घाटन हो जाता है जो अन्यथा इतिहासकार-द्वारा भी अलक्षित रह जाते; कभी उस अन्तःसंघर्ष का भी मार्मिक चित्र मिल जाता है, जिसने व्यक्ति के चरित्र का ही निर्माण नहीं किया, बल्कि हो सकता है कि पूरे युग का निर्माण करने वाली घटनाओं को प्रभावित किया हो, उन्हें विशेष दिशा दी हो। *अज्ञेय जी* के अनुसार, यह वर्ग वास्तव में बहुत बड़ा और वैविध्यमय है : इसमें साहित्यकार, चित्रकार, संगीतकार, वैज्ञानिक, खोजी और आविष्कर्त्ता, कवि, अभिनेता, सेनानी, राजनयिक, मुक्केबाज, और खिलाड़ी–और किसी को नहीं चौंकना चाहिए यदि मैं इस सूची में जोड़ दूं नशेबाज और नई जाति के लड़ैत!–बल्कि अब आप स्वयं कुछ और तरह के हुनरमन्दों को भी याद कर सकेंगे–सभी का अवदान रहा है। और संस्मरण लिखने वाले जो व्यक्ति स्वयं कलाकार नहीं भी रहे उनमें भी अनेक साहित्यिक रुचि के व्यक्ति होने के कारण ऐसे-ऐसे संस्मरण लिखे गए हैं, जिनका साहित्य में विशेष स्थान बन गया है।

आत्म-साक्ष्य अथवा *अन्तर्दृष्टि* आत्मकथा और आत्मसंस्मरण का एक प्रमुख गुण है। यही गुण पत्रों में भी मिल जाता है। वे भी किसी व्यक्ति के जीवन क्षणों का साक्षात्कार कराते हैं। अवश्य ही कुछ पत्र ऐसे होते हैं जो मुख्यतः किसी घटना को समझने, चरित्र के प्रेरणा-स्रोतों को समझने में हमारी सहायता करते हैं। आत्म-प्रकाशन अथवा आत्म-प्रक्षेपण करने वाले इन पत्रों का ऐतिहासिक महत्त्व तो होता ही है, साहित्यिक महत्त्व भी होता है। उनमें भाषा-चेतना, विचार सौष्ठव, तर्क-प्रस्तुति, कल्पना की उर्वरता और संवाद की प्रभविष्णुता–जैसे गुण विद्यमान रहते हैं। अनेक पत्र आत्म-चिन्तन प्रकाशित करने वाले हुआ करते हैं। ऐसा पत्र-व्यवहार ठीक संस्मरण साहित्य न होकर, उसकी मर्यादा-रेखा से अधिक दूर नहीं होता। इन्हें भी जीवनीपरक विधा कहना उचित है।

यही स्थिति डायरी (दैनंदिनी) की भी है। यह विधा भी लेखकीय चिन्तन, मनोदशा, इतिहास के क्षणों से साक्षात्कार कराने वाली विधा है, जिसमें घटना और चरित्र के प्रेरणा-स्रोतों को समझने के स्पष्ट संकेत विद्यमान रहते हैं।

जीवनी की सरलतम परिभाषा है– 'जीवन का वर्णन'। अथवा– 'व्यक्ति विशेष का जीवन-परिचय।' लेकिन, व्यवहारतः व्यक्तियों को ही नहीं जानवरों, वस्तुओं यहां तक कि भावों को लेकर भी जीवनियां रची गई हैं! यों जीवनी का मुख्य प्रतिपाद्य मनुष्य ही है। जीवन की भांति 'जीवनी' भी विविध रूपात्मक है। वर्तमान साहित्यिक परिवेश में 'जीवनी' शब्द का प्रयोग अत्यन्त व्यापक अर्थ में होता है। यही कारण है कि जीवनी लेखन के अनेक रूप हैं। हम इन रूपों को दो वर्गों में रख सकते हैं–किसी अन्य द्वारा लिखे जाने पर व्यक्ति की जीवन-गाथा को हम 'जीवनी' कहते हैं और स्वयं अपने द्वारा लिखी जाने वाली जीवन गाथा 'आत्मकथा' कहलाती है। इसलिए ये दो प्रमुख वर्ग हुए-परात्मक और आत्मपरक।

जीवनी, रेखाचित्र, संस्मरण- ये कथेतर (कथामुक्त) गद्य विधाएं प्रथम (परात्मक) वर्ग की जीवनीपरक विधाएं हैं, जबकि आत्मकथा, पत्र और डायरी (दैनंदिनी)–द्वितीय (अर्थात् आत्मक) वर्ग की जीवनीपरक विधाएं हैं।

कुछ लोग 'यात्रावृत्तान्त' को भी जीवनीपरक विधाओं में 'यात्रासंस्मरण' के नाम से समाहित करना चाहते हैं। लेकिन हमारे विचार से इस विधा को जीवनीपरक गद्य विधा न मानकर प्रकृतिपरक वर्णनात्मक कथेतर गद्य विधा मानना चाहिए। ये यात्रासंस्मरण प्रकृति-वर्णन को अधिक उभारते हैं। मनुष्य के क्रियाकलापों, स्थानों और घटनाओं की स्मृति ज्ञानवृद्धि के लिए वर्णित की जाती है। यात्रावृत्तान्त में लेखक की मौलिक दृष्टि, सूक्ष्म निरीक्षण एवं विशिष्ट अनुभूतियों का चित्रण स्वाभाविक रूप से निहित रहता है। प्रसंगवश लेखक अनुभूतियों के साथ ही तात्कालीन स्थानीय संस्कृति, सिद्धान्त एवं प्रचलित आचार-विचार का वर्णन करता है। इन तत्त्वों के प्रभावी होने से वहां 'जीवनीपरकता' का पक्ष लुप्त हो जाता है।

इसी प्रकार 'साक्षात्कार' को जीवनीपरक विधा नहीं कहा जाना चाहिए। इसमें जीवनवृत्त का सीधा

वर्णन नहीं मिलता। साक्षात्कार में जीबनी के तत्त्व कहीं-कहीं आ जाते हैं, लेखक का प्रत्यक्ष उद्देश्य जीवनी-वर्णन नहीं होता।

उपर्युक्त विवरणानुसार जीवनीपरक कथेतर गद्य विधाओं को इस प्रकार वर्गीकृत करेंगे–

- जीवनीपरक कथेतर गद्य विधाएं B-2.1
  - परात्मक जीवनीपरक-लेखन B-2.1.1
    - प्रबन्धात्मक महाप्रबन्ध-B-2.1.1(i) [जीवनी (जीवन-चरित)]
    - प्रबन्धात्मक खण्ड प्रबन्ध B-2.1.1(ii) (रेखाचित्र, संस्मरण या स्मृतिचित्र)
  - आत्मक जीवनीपरक लेखन B-2.1.2
    - प्रबन्धात्मक B-2.1.2(i) महाप्रबन्ध - (आत्मकथा)
    - प्रबन्धात्मक खण्ड प्रबन्ध B-2.1.2 (ii) (डायरी (दैनंदिनी)
    - प्रबन्ध मुक्त B-2.1.2(iii) (पत्र)

आगामी परिच्छन्दों में हम इन जीवनीपरक कथेतर गद्य विधाओं के स्वरूप, विशेषताओं, रचना-प्रक्रिया इत्यादि पर प्रकाश डाल रहे हैं।

B-2.1.1 परात्मक जीवनीपरक कथेतर गद्य विधाएं

B-2.1.1 (i) प्रबन्धात्मक–महाप्रबन्ध : *जीवनी (जीवन-चरित)*

कथेतर गद्य विधाओं में वर्णनात्मक वर्ग की जीवनीपरक विधाएं मूलतः दो वर्गों में बांटी जा सकती है–परात्मक और आत्मक (या आत्मपरक)। 'परात्मक' जीवनीपरक विधाओं में 'जीवनी' अथवा 'जीवन-चरित' की गणना सर्वप्रथम की जाती है। कुछ समीक्षक 'जीवनी' और 'जीवन-चरित' (जीवन-चरित्र) में अन्तर मानते हैं। उनका कहना है कि 'जीवनी' में किसी व्यक्ति के जीवन-तथ्यों को और 'जीवन-चरित' में उसके चरित्र-विश्लेषण को अधिक महत्त्व दिया जाता है। लेकिन हमारे विचार से इन दोनों में कोई अन्तर नहीं है। 'जीवनी' कहें या 'जीवन-चरित', इस विधा में व्यक्ति विशेष के जीवनवृत्त को तथ्यों और चरित्र-विश्लेषण दोनों के संयोजन से कलात्मकता के साथ प्रस्तुत किया जाता है।

पारिभाषिक स्वरूप

'जीवनी' विधा का केन्द्र है मनुष्य। किसी व्यक्ति के जीवन, उसके कार्यकलाप उस केन्द्र की परिधि बनाते हैं। मनुष्य, उसका भावलोक, चिन्तन-मनन तथा बहिर्जगत् 'जीवनी' का क्रीड़ा क्षेत्र है। यह विधा व्यक्ति केन्द्रित होने पर या उस व्यक्ति के परिकर, उसकी परिस्थितियों, समाज तथा युग की सक्रिय शक्तियों को अपने अन्दर समेटे रहती है। अतः जीवनी-लेखक की रुचि व्यक्ति-विशेष के जीवन को ढालने वाले तत्त्वों तक ही सीमित नहीं रहती, बल्कि उसका लक्ष्य उस व्यक्ति के कृतित्व, उस कृतित्व से प्रभावित सामाजिक आयामों, गतिशीलता, सक्रिय शक्तियों के प्रभाव आदि को अंकित करना भी होता है।

मनुष्य जड़ तत्त्वों का पुंज नहीं है, बल्कि एक सक्रिय शक्ति है। उसके भीतर चिन्मय स्फुलिंग धधक रहा है, इसलिए वह समस्त प्रतिरोधों के बावजूद, उनसे जूझता हुआ जीवित, सक्रिय और निरन्तर गतिशील रहता है। उसके व्यक्तित्व और कृतित्व के मूल में यही घात-प्रतिघात विद्यमान रहते हैं। 'जीवनी-विधा' का भवन अनुभूत और साक्षात्कृत सत्यों की आधारशिला पर प्रतिष्ठित होता है। अनुभूति की सीमा में न आ सकने वाला यथार्थ जीवनी-सृष्य की दृष्टि में मिथ्या है। जीवनी के निकष पर अपने को शुद्ध प्रमाणित न कर सकने वाला सत्य भी जीवनी-विधा के लिए वरेण्य नहीं है।

'जीवनी' के रचनाकार को सन्दर्भित जीवन की ऊँचाईयों तक उठना होता है और गहराइयों में डूबना होता है। जीवन कभी सरल रेखा की तरह नही चला करता और जो व्यक्ति उसके साथ न बह कर उसे खड़े होकर देखने लग जाते हैं, जीवन एक बार आगे बढ़ जाने पर उनकी पकड़ मे नहीं आता। जीवन को समझना केवल तभी संभव है, जब उसके साथ समदिक-संचरण किया जाए। यही नहीं वह

अनेक बार ऊपर से प्रवाहित होते हुए भी, कहीं भीतर जड़ हो जाता है और संचरिष्णुता के होते हुए भी ऊपर से थमा हुआ, स्तब्ध और यथापूर्व हो जाता है। जीवनी साहित्य का प्रणेता शैवाल हटा कर तल तक गोता लगाता है, आवरण और परिच्छेद के भीतर पैठ कर वास्तविकता का स्वरूप उद्घाटित करता है। इस तथ्य पर विचार करते हुए *डॉ० भगवानशरण भारद्वाज* ने कहा है, कि जीवनी-साहित्य का सृष्ट्य जीवन की इस रहस्यमयता को भली भांति जानता है कि अनेक बार बुराई अपनी चमड़ी बचाने के लिए भलाई का अवगुण्ठन पहन लेती है, कुरूपता स्वयं को छिपाने के लिए कुछ अधिक ही सुरूपता का भ्रम कराती है। वह देखता है कि अहंकार प्रायः विनम्रता का मुखौटा लगाता है। जिसे साधु समझा जा रहा है, उसके भीतर बैठे लम्पट पर सर्जक की दृष्टि सारे अवरोधों को हटा कर पहुँच जाती है; जिसे दानव कहा जाता है, उसमें अन्तर्लीन देवता को वह अपने श्रद्धा-पुष्प अर्पित करता है। वह सबल की निर्बलता और निरीह की सशक्तता को पहचानता है। सफलता के पीछे पुती कालिमा और असफलता के पीछे निहित जय को उसकी सतर्क आंखें भांप जाती हैं। वह अंतर्यामी है, यद्यपि कर्तुमकर्तुमन्यथाकर्तुम् समर्थ नहीं। हंसी के कृत्रिम चेहरे को स्वयं को आच्छादित करने के लिए सचेष्ट विषाद की विडम्बना उस पर प्रकट हुए बिना नहीं रहती और आंसुओं के मूल में आनन्द की उपस्थिति के रहस्य को वह अनायास ही पा लेता है। उसकी गति और अवगति अप्रतिहत हैं। (हिन्दी जीवनी साहित्यः सिद्धान्त और अध्ययन, पृष्ठ - 31)

उपर्युक्त परिप्रेक्ष्य को ध्यान में रख कर हम जीवनी-विधा के स्वरूप पर विचार करें तो सुविधा रहेगी। इससे पहले शब्दकोशीय अर्थों को देख लें।

सर्वप्रथम *ड्राइडिन* ने जीवनी को इन शब्दों में परिभाषित किया था-कि व्यक्ति विशेष के जीवन का इतिहास ही जीवनी है।' (ए बैकग्राउण्ड टु दि स्टडी ऑफ इगंलिश लिटरेचर, पृष्ठ-186)। इसी से मिलता जुलता विचार हिन्दी साहित्यकोश में मिलता है- 'व्यक्ति विशेष के जीवन वृत्तान्त को जीवनी कहते है (पृष्ठ-305)। 'दि न्यू इनसाइक्लोपीडिया अमेरिकाना' में जीवनी का स्वरूप इस प्रकार निर्धारित है- 'व्यक्ति के जीवन का इतिहास तथा उसके जीवन की घटनाओं का इतिहास एवं उसके मत, विचार और समय की व्याख्या' (पृष्ठ-722 खण्ड-3)। 'डिक्शनरी ऑव वर्ल्ड लिटरेचर' के अनुसार, 'जीवनी व्यक्ति विशेष के जीवन का अभिलेख है'(पृष्ठ -39)।

इन अर्थों से यही लगता है कि जीवनी इतिहास है या इतिहास की एक शैली, जो व्यक्तिगत इतिहास से सम्बन्ध रखती है। एक साहित्यिक विधा के रूप में जीवनी की पहचान इन कोशगत परिभाषाओं से सामने नहीं आती। जबकि जीवनी का प्रमुख गुण उसकी साहित्यिकता में निहित है। वह एक कलात्मक विधा पहले है, इतिहास बाद में। जीवनी का उद्देश्य है जीवन-संघर्षों द्वारा मनुष्य का निर्दोष चित्रण; जबकि इतिहास में मनुष्य को व्यक्तिगत रूप में 'चित्रित' न करके, उसको सामूहिक अथवा जातीय रूप में वर्णित' किया जाता है। हां, इतना अवश्य है कि ऐतिहासिक सामग्री का रचनात्मक उपयोग इस विधा में पूरी उदारता के साथ किया जाता है। आधार सामग्री के रूप में इतिहास यहां मौजूद रहता है।

बाबू गुलाब राय (काव्य के रूप, 1950, पृष्ठ -257) लिखते हैं कि, "जीवनी लेखक अपने चरित्र-नायक के अन्तर-बाह्य स्वरूप का चित्रण कलात्मक ढंग से करता है। इस चित्रण में वह अनुपात और शालीनता का पूर्ण ध्यान रखता हुआ सहृदयता, स्वतंत्रता और निष्पक्षता के साथ-साथ अपने चरित्र-नायक के गुण-दोषमय संजीव व्यक्तित्व का एक आकर्षक शैली में उद्घाटन करता है।"

जैसा कि हम पहले कह चुके हैं, जीवनी का केन्द्र व्यक्ति -विशेष है। उस व्यक्ति विशेष के कार्यकलाप उस केन्द्र की बाह्य परिधि का निर्धारण करते हैं। इस वृत्त में व्यक्ति और उसका भाव लोक स्पन्दित रहता है। यह विधा व्यक्ति -विशेष के जीवन की घटनाओं का परिगणन मात्र न होकर, कलात्मक प्रतिफलन है। घटनाएं महत्त्वपूर्ण तो हैं, किन्तु उनसे अधिक उन घटनाओं की पृष्ठभूमि में गर्भित तत्त्वों, रूपाकार के निर्धारक और नियामक प्रेरणा-स्रोतों का महत्त्व है। इसीलिए माना जाता है कि 'जीवनी' का भवन अनुभूति और साक्षात्कृत सत्यों की आधरशिला पर अवस्थित रहता है। अतः मनुष्य की यह जीवन-गाथा तथ्यों का कलात्मक प्रस्तुतीकरण है। इसलिए यह विधा इतिहास को लांघ कर उपन्यास की सीमा में प्रवेश करती है। लेकिन स्पष्टतः यह न तो इतिहास है और न उपन्यास।

समग्रतः कम से कम शब्दों में कहें तो *'जीवनी' गद्य साहित्य की वह कथेतर विधा है, जिसमें व्यक्ति विशेष के अन्तः बाह्य का लेखा-जोखा यथार्थ के परिवेश में विन्यसित रहता है। यह कार्य किसी अन्य व्यक्ति द्वारा सम्पादित किया जाता है; जीवनी के नायक-द्वारा स्वयं नहीं।*

जीवनी के लक्षण और तत्त्व

उपर्युक्त विचार से स्पष्ट है कि–

(1) जीवनी साहित्य की एक विधा है, गद्य-विधा,

(2) इसमें व्यक्ति-विशेष केन्द्र में रहता है;

(3) यह कथेतर गद्य विधा है। व्यक्ति -विशेष के जीवन का इतिहास इस विधा का प्रतिपाद्य है, कथा या गल्प नहीं।

अर्थात् व्यक्ति, इतिहास और साहित्य की तीन रेखाओं से जीवनी का त्रिभुज बनता है। यह इस तथ्य का द्योत्तक है कि जीवनी व्यक्ति-विशेष के जीवन का सच्चा लेखा-जोखा होना चाहिए, साथ ही उसका विन्यास कलात्मक हो; ताकि वह साहित्य की श्रेणी में आ सके।

जीवनी को यदि हम लक्षण और तत्त्वों के आधार पर विवेचित करना चाहें तो कहा जा सकता हैं कि–

(1) जीवनी व्यक्ति विशेष के जीवन का वृत्तान्त है। ध्यान रहे कि यह व्यक्ति वास्तविक होता है, 'रचा' हुआ अथवा कलात्मक नहीं। इसी तरह उस वास्तविक व्यक्ति के जीवन का वृतान्त भी सत्य पर आधृत रहता है। कल्पना का प्रयोग केवल कलात्मक विन्यास में सहायक तत्त्व के रूप में ही किया जाता

है।

(2) जीवनी की रचना में जीवन सम्बन्धी सभी तथ्य सत्यता से चित्रित किए जाते हैं और वातावरण का भी अंकन रहता है। कारण, व्यक्ति के कार्य वातावरण एवं परिस्थितियों से अनुशासित होते हैं। अतः इन का चित्रण आवश्यक होता है।

(3) जीवनी-लेखक जीवनी-नायक के चरित्र-चित्रण के साथ-साथ अपने उद्देश्य के रूप एवं कारणों का परिचय भी पाठ्कों को देना चाहता है। उसकी यह सतर्कता साहित्य को भी त्रिआयामीय (Three Dimensional) रूप देती है।

(4) जीवनी लिखते समय लेखक को अपने नायक का चरित्र-चित्रण अपने व्यक्तिगत विचारों से अनुरंजित होकर नहीं, तटस्थ रहकर करना होता है।

(5) जीवनी में केवल ऐतिहासिकता आवश्यक नहीं। तिथियों और घटनाओं का लेखा-जोखा सूचनात्मक नहीं होता, इन सबका उपयोग जीवन-कथाविन्यास के लिए किया जाता है। अतः इतिहास से अधिक एक वैज्ञानिक दृष्टि-सम्पन्न साहित्यिकता का होना जीवनी के लिए अनिवार्य है।

(6) जीवनी की घटनायें अतिमानवीय न होकर मानवीय होनी चाहिए, अन्यथा उसकी विश्वसनीयता संदिग्ध हो जाती है। साथ ही लेखक की अतिशय श्रद्धा जीवनी के प्रभाव को क्षीण बना सकती है।

इन सब बातों को देखते हुए स्पष्ट है कि जीवनी-लेखन एक दुष्कर कार्य है। *जॉनसन* और *रोज़र* जैसे पाश्चात्य विचारकों ने स्वीकार किया है कि साधारण व्यक्ति की जीवनी लिखना इतिहास-लेखन से अधिक महत्त्वपूर्ण है। *डॉ० सर्वपल्ली राधाकृष्णन* ने लिखा है कि, किसी भी आदमी की रामकहानी, अगर वह सच्चाई से लिखी गई हो, तो उसमें दूसरों को अवश्य दिलचस्पी होती है। रंगमंच चाहे जितना छोटा हो, भूमिका चाहे कितनी नगण्य हो, फिर भी व्यक्ति के भाग्य को गढ़ने वाले संयोगों और परिस्थितियों का तथा मानवीय आकांक्षाओं का, आदर्शों का घात-प्रतिघात सभी मानवों को कुछ न कुछ दिलचस्प अवश्य ही लगता है।' (नवनीत, मई 1969, पृष्ठ -24)। जीवनी साहित्य का परिदृश्य यह बताता है कि प्रायः महान् पुरुषों को चरित्र-नायक मानकर ही जीवनियां लिखी गई हैं। इसके पीछे यही निहित रहता है कि उनके जीवन से प्रेरणा मिल सके। इस आदर्शवादी और सुधारवादी दृष्टिकोण को लेकर जीवनीकार अपने चरितनायक के जीवन के अधिकाधिक तथ्यों की छानबीन करता है और उपलब्ध तथ्यों को आकर्षक शैली में अभिव्यक्त करता है।

सुविधा की दृष्टि से देखें तो जीवनी के आवश्यक तत्त्व पांच है–(1) वर्ण्य-विषय (2) चरित्र-चित्रण (3) वातावरण-सृष्टि (4) उद्देश्य और (5) भाषा-शैली। नायक के चरित्र की वास्तविक घटनाओं के आधार पर संश्लेषण-विश्लेषण एवं विवेचन जीवनी के वर्ण्य-विषय का निर्माण करता है। वर्ण्य विषय में वास्तविकता, ऐतिहासिक सत्यता, लेखक की तटस्थता, वैज्ञनिकता, रोचकता, सम्बद्धता एवं संक्षिप्तता का होना जीवनी के प्रमुख गुण हैं।

चरित्र-चित्रण में मुख्य पात्र के अन्तः-बाह्य स्वरूप का निरूपण रहता है। इसमें जीवनी-नायक के जीवन का सहृदयतापूर्ण वर्णन होता है। *पण्डित बनारसी दास चतुर्वेदी* ने कहा है कि, "वही जीवन-चरित सफलतापूर्वक लिखा हुआ कहा जा सकता है जो चरित-नायक को ज्यों का त्यों—उसकी सजीव मूर्ति पाठकों के सम्मुख उपस्थित कर दे।" (कविरत्न सत्यनारायण जी की जीवनी, भूमिका)

वातावरण-सृष्टि का तत्त्व नायक के जीवन को उभारने के उद्देश्य से जीवनी में आवश्यक हैं, किन्तु यह गौण होना चाहिए, मुख्य तो जीवनी-नायक ही होता है।

जीवनी का उद्देश्य अपने जीवनी नायक को अमरत्व प्रदान करना तथा अपने पाठकों को उसके जीवन-चरित से प्रेरणा देना है।

जीवनी की भाषा में सुबोधता तथा सजीवता के साथ रोचकता आवश्यक है। शैली में सुसंगठित एवं एकान्विति का होना अनिवार्य है।

इन्ही तत्त्वों से युक्त 'जीवनी' साहित्य की विधा बन सकती है, अन्यथा वह ऐतिहासिक विवरण-मात्र होगी। इस पूरे सन्दर्भ में जीवनी की प्रकृति पर *डॉ० जॉनसन* का यह कथन सर्वाधिक सटीक जान पड़ता है : " जीवनी-लेखक का उद्देश्य जीवनी की उन घटनाओं और क्रिया-कलापों का वर्णन करना होता है, जो व्यक्ति विशेष की बड़ी से बड़ी महत्ता से लेकर छोटी-से-छोटी घरेलू बातों तक से सम्बन्धित होती हैं। जीवनी में व्यक्ति-विशेष के साथ ही उस काल की सामाजिक, धार्मिक, राजनीतिक तथा आर्थिक स्थिति का सच्चा चित्र भी देखने को मिलता है। जीवनी के लिए एक विशेष प्रकार के बौद्धिक कौशल की आवश्यकता होती है, क्योंकि जीवनी केवल घटनाओं का सकंलन-मात्र नहीं होती अपितु उसमें साहित्य की शक्ति भी होती है।" (उद्धृत : समीक्षा-तत्त्व, पृष्ठ -154)

एक असफल जीवनी या तो इतिहास बनकर रह जाती है या उपन्यास या आलोचना। इसलिए हमें उसकी रचना प्रक्रिया को ध्यान से देखना होगा।

'जीवनी' गद्य में रचित व्यक्ति की जीवनगाथा है। यहां कल्पना का स्थान कम है। सत्य की रक्षा और आदर्श की प्रस्तावना इस विधा के लिए आवश्यक है। ऐसे में कुछ प्रश्न सहसा उठ खड़े होते हैं। मानव देवता तो है नहीं, उसके जीवन के अनेक दुर्बल पक्ष हो सकते हैं। उन्हें सत्यता के साथ सामने लाना होगा। क्या ऐसा करना उचित रहेगा? दूसरा प्रश्न यह है कि यदि हम किसी महान् व्यक्ति की जीवनी लिख रहे है तो उसके प्रति अतिशय श्रद्धा हमारी तटस्थता को प्रभावित कर सकती है। और एक स्थिति यह भी आ सकती है कि अनेक तथ्य उस महान् व्यक्ति की 'प्रतिमा' को ध्वस्त भी कर सकते हैं। कई बार यह होता है (और अक्सर ही होता है) कि व्यक्ति की मृत्यु के बाद उसकी जीवनी लिखी जाती है। लेखक उस व्यक्ति के जीवन-प्रसंगों और तथ्यों की खोंज करता है। कई बार इस सामग्री की खोजबीन में सत्य घटनाएं और दंतकथायें घुलमिल जाती हैं। इससे जीवनी के स्वरूप को, उसकी विश्वसनीयता को क्षति पहुंचती है। सामान्य रूप से ऐतिहासिक तथ्यो और ऐतिहासिक सामग्री के प्रति हमारे समाज में अभी तक

एक गहरी उदासी का भाव है। जैसा कि *अज्ञेय* ने कहा कि किसी भी ऐतिहासिक पुरुष के हमारे बीच से उठते ही उसका जीवन-चरित्र किंवदंतियों और प्रवादों और संस्मरणात्मक चुटकुलों के कुहासे में यों लपेट दिया जाता है कि कुछ ही दिनों में पहचान असम्भव हो जाती है : दूसरी ओर तथ्यों की खोज और प्रतिष्ठापना के लिए जो आधार-सामग्री अपेक्षित होती है उसे नष्ट होने दिया जाता है। कुछ व्यक्तियों की पूजा भी होने लगती है, लेकिन उनके वास्तविक स्वरूप की झांकी भी दुर्लभ हो जाती है। देवता के दर्शन विशेष अवसरो पर ही होते हैं और थोड़े से भाग्यवान लोगों को ही होते हैं, बाकी लोग तो देवता के रथ का शिखर देखकर ही अपने को धन्य मान लेते हैं। समाज और संवेदना की इस स्थिति में जो निष्ठवान् और परिश्रमी खोजी फिर भी जीवनी लिख लेते हैं वे श्रद्धा के पात्र हैं।

उपर्युक्त परिप्रेक्ष्य में जीवनी-लेखन के लिए आवश्यक शर्तों और उसकी प्रक्रिया के लिए आवश्यक घटकों का अनुमान सहज ही हो जाता है। इन सब स्थितियों को दृष्टिपथ में रख कर हम जीवनी-विधा की रचना-प्रक्रिया पर विचार करेंगे।

'जीवनी' की रचना-प्रक्रिया

'जीवनी' की रचना प्रक्रिया का *प्रथम चरण है–विषय के चुनाव का*। यद्यपि यह बताना कठिन है कि इन नियमों के अनुपालन से सफल जीवनी लिखना संभव है, तथापि जीवनी के विषय अर्थात् नायक के चुनाव का महत्त्व सर्वाधिक है। यह चुनाव किसी भी क्षेत्र से हो सकता है। इस चयन में लेखक की अपनी रुचि तथा दृष्टिकोण मुख्य रहते हैं। विषय-चयन के मूल में विद्यमान कुछ घटक हैं : श्रद्धा, आत्माभिव्यक्ति, आग्रह और आदेश, जनरुचि, यश और अर्थ-लाभ की कामना, ज्ञानार्जन की लालसा।

प्रायः देखनें में आता है कि अनेक जीवनीकार अपनी श्रद्धा और समर्पण के भाव से चरित-नायक का चुनाव करते हैं। यथा–शिष्य गुरू की, पुत्र-पिता की, मित्र-मित्र की अथवा पत्नी पति की जीवनी लिखने बैठते हैं तो उसके मूल में यही भावना रहती है। इस प्रकार के विषय का चयन नायक की प्रसिद्धि के कारण किया हुआ होता है। इन जीवनियों में यह बात तो वरेण्य है कि ऐसे अनेक तथ्य उद्घाटित हो सकते हैं, जिनको चरित-नायक के निकटतम व्यक्ति (जीवनी-लेखक) ही जानते हैं और अन्य कोई व्यक्ति नहीं जानता; किन्तु इस प्रकार की जीवनियों में लेखक तटस्थ कम ही रह पाते हैं, फलतः पक्षपातपूर्ण चित्रण की संभावना बढ़ जाती है। कभी-कभी ऐसे अतिरंजनापूर्ण प्रसंग भी स्थान पा जाते हैं, जो झूठ के निकट होते हैं। यह भी देखने में आता है कि चरित नायक के अधिकतम निकट दिखाने की कामना से लेखक मनगड़ंत प्रसंगों का भी समावेश कर देते हैं। ऐसी दशा में, जैसा कि *लार्ड एस्कूथ* ने कहा है, कि 'व्यक्तिगत सम्पर्क और जानकारी को पक्षपात से बचाना आवश्यक है।'

आत्माभिव्यक्ति के लिए भी जीवनीकार व्यक्ति-विशेष की जीवनी लिखने की प्रेरणा ग्रहण करता हैं। कई बार ऐसा लगता है कि इस विशेष व्यक्तित्व का वर्णन करके वह अपने मन की बात कह रहा

है। इस सन्दर्भ में अंग्रेजी के एक जीवनी लेखक *आन्देमारिश* का कथन याद आता है। वह लिखता है कि 'शेली की जीवनी लिखना उसने इसलिए निश्चित किया कि उसे लगा कि इस माध्यम से मैं आत्माभिव्यक्ति करके हल्केपन का अनुभव करूंगा।' ऐसी जीवनियों में लेखक का नायक के प्रति पूर्ण तादात्म्य हो जाता है। कई बार यह स्थिति तटस्थता में बाधक हो जाती है।

कई बार आग्रह और आदेश भी नायक के चुनाव में महत्त्वपूर्ण होते हैं। कुछ लोग अपने दिवंगत सम्बन्धियों की स्मृति सुरक्षित करने के लिए उनकी जीवनियां लिखने का आग्रह करते हैं अथवा आदेश देते हैं। जीवनीकार कई बार ऐसे आग्रहों और आदेशों के लिए जीवनी लिखते हैं। ऐसी दशा में विषय के साथ ईमानदारी कम रह पाती है।

जनरुचि, यश और अर्थकामना को भी विषय-चयन का आधार बनाया जा सकता है। कुछ युगपुरुष इतनी अधिक प्रसिद्धि पा जाते हैं कि उनके नाम से युक्त कोई भी कृति सफल हो सकती है। अर्थ और यशकामी बहुत से लेखक ऐसी जीवनियां लिखने के लिए अग्रसर हो सकते हैं। कई बार ऐसी जीवनियां अतिरंजनापूर्ण विवरणों से भरी होती हैं।

ज्ञानार्जन की लालसा भी जीवनी-लेखन का एक महत्त्वपूर्ण कारण है। लेखक की रुचि एक विशेष क्षेत्र या विषय की ओर होने से उस क्षेत्र में अधिकाधिक पढ़ते समय उसमें एक अज्ञात लालसा और उस व्यक्ति के चित्रण की ओर एक आकर्षण हो जाता है। इस उद्देश्य से प्रेरित होकर कई लेखकों ने जीवनियां लिखी हैं।

विषय अथवा नायक के चयन में लेखक की रुचि, श्रद्धा और ज्ञान-लालसा प्राथमिक कारण हैं और यश तथा अर्थ की कामना द्वितीयक कारणों में से हैं। इनमें किसी की भी प्रबलता हो सकती है। किन्तु यह आवश्यक है कि तथ्यों की रक्षा हो, लेखक तटस्थ रहे। न वह इतना अंधश्रद्ध हो कि नायक के सामान्य प्रसंग छूट जायें और न वह उसे देवता की कोटि में जाकर रख दे, जिस पद का अधिकारी वह नायक वास्तव में हो नहीं। वैज्ञानिक जीवनी के लिए आवश्यक है कि जीवनी लेखक निष्पक्ष और तटस्थ हो, इसके विपरीत आवश्यक यह भी है कि चरित-नायक के प्रति लेखक में सहानुभूति और श्रद्धा अवश्य होनी चाहिए, तभी वह उसकी जीवनी लिखने का विचार बनायेगा।

जीवनी रचना का द्वितीय चरण है : सामग्री संकलन।

जीवनी की सामग्री के दो स्रोत हुआ करते हैं – प्राथमिक स्रोत और द्वितीयक स्रोत। प्राथमिक स्रोत वे तथ्य हैं जो चरित्र-नायक के साथ रहकर उसके जीवन-काल में ही लेखक द्वारा एकत्र अथवा संचित किए जाते हैं। द्वितीयक स्रोत कई हो सकते हैं—पत्र-पत्रिकाओं अथवा पुस्तकों आदि में प्रकाशित चरित-नायक से सम्बन्धित सामग्री, साक्षात्कार, जीवनी नायक के परिचितों-निकट सम्बन्धियों आदि से मिलकर अथवा उनके संस्मरणों आदि से प्राप्त तथ्य इसी श्रेणी के अन्तर्गत आते हैं। ये तथ्य नायक के चरित्र-चित्रण को प्रामाणिक बनाने के लिए उपयोगी होते हैं। यद्यपि श्रेष्ठ यही है कि प्राथमिक और द्वितीयक

उपर्युक्त स्रोतों से प्राप्त सामग्री को संकलित किया जाए क्योंकि यह अधिक प्रामाणिक होती हैं, तथापि ईमानदार जीवनी लेखक को यह भी छूट रहती है कि वह स्वतः अपनी सहज बुद्धि से नायक के व्यक्तित्व को हृदयंगम कर उसकी जीवनी को लिखे। बिखरी हुई सामग्री के संकलन का कार्य और उसके द्वारा व्यक्तित्व का निर्माण बड़े अध्यवसाय की मांग करता है, विशेष रूप से दिवंगत विभूतियों की जीवनी लिखने में। ऐसे में लेखक अपनी प्रतिभा, कल्पना और सहज-बुद्धि का सहयोग अनिवार्यतः लेता है। संकलित सामग्री की प्रामाणिकता जीवनी की सफलता की पहली शर्त है। अतः लेखक को संकलन-कार्य में पर्याप्त श्रम करना चाहिए।

जीवनी की रचना-प्रक्रिया का तृतीय चरण है : सामग्री का विन्यास।

सामग्री का विन्यास एक प्रक्रिया है। इसमें लेखक की शैली, रुचि, भाषा-अधिकार, दृष्टि, स्वयं उसका व्यक्तित्व आदि सभी कुछ सक्रिय रहता है। वह संकलित सामग्री का उपयोग किस प्रकार करता हैं, जीवनी का मुख्य ढांचा तो यही है। बहुधा यह सब लेखक के ज्ञान, अनुभव और क्षमता पर निर्भर करता है कि वह कहां से, किस प्रकार की और किस सीमा तक नायक की जीवन-सामग्री का संग्रह कर उसकी छानबीन करने के बाद वैज्ञानिक एवं रोचक ढंग से उसे पाठकों के सम्मुख प्रस्तुत करता है।

पूर्ववर्त्ती काल में जीवनी-लेखकों का ध्यान व्यक्तित्व और चित्रांकन पर अधिक रहता था कलात्मकता पर कम। उन्होंने कला और उसकी अभिव्यक्ति सम्बन्धी गुत्थियों को सुलझाने की चेष्टा प्रायः नहीं की। उनका उद्देश्य था महान् व्यक्तियों का जीवन-चरिंत्र लिखना जो सब प्रकार से बड़े आदर्श थे। उनकी कृति की सफलता इस बात पर निर्भर करती थी कि उसमें जिस व्यक्ति (जो प्रायः राजा और सन्त हुआ करता था) के जीवन का वर्णन है उसने कितने महान् कार्य किये; न कि इस बात पर कि लेखक ने उसे कितने कलात्मक ढंग से प्रस्तुत किया है।

कालान्तर में जीवनी को साहित्यिक कृति के रूप में उसकी कलात्मकता को देखने का आग्रह बढ़ा। तब यह विचार प्रबल हुआ कि हम यही न देखें कि कितने महान् व्यक्ति के जीवन की कहानी कही गई है, उससे हमें क्या शिक्षा मिलती है, बल्कि यह भी देखें कि यह जीवनगाथा कितनी सच्चाई कितनी रोचक शैली और कितने कलात्मक ढंग से लिखी गई है। यहीं से कल्पना के सम्यक् प्रवेश, चरित्र-चित्रण के साथ चरित्र के निर्णायक सामाजिक संगठ्नों, वातावरण और परिस्थितियों आदि के अंकन, रोचक संस्मरणों, अच्छे के साथ-साथ नायक के जीवन के बुरे प्रसंगों के समावेश की सम्भावनाएं बढ़ीं।

सफल जीवनी-रचना के लिए *मारक्वि जेम्स* ने छह नियमों की चर्चा की है :

(1) चरित्र-नायक को सम्पूर्ण रूप से भली प्रकार स्वयं जानना; प्रत्येक तथ्य की जानकारी प्राप्त करना, उन व्यक्तियों से भेंट करना जो उसे व्यक्तिगत रूप से जानते रहे हों तथा उसके निवास-स्थान पर जाकर सम्पूर्ण तथ्यों को उपलब्ध करने का प्रयास करना। ये सभी कार्य समान रूप से महत्त्वपूर्ण हैं।

(2) सम्पूर्ण उपलब्ध सामग्री को उचित ढंग से संयोजित करना।

(3) पहले से ही निश्चित कर लेना चाहिए कि वर्णन में कहां संक्षिप्तता और कहां विस्तार उपयुक्त है। यह स्थिर कर लेना आवश्यक है कि प्रत्येक भाग को कितना स्थान मिलना चाहिए। बिना अति विस्तार के भी किसी तथ्य का सम्पूर्ण विवरण उपस्थित किया जा सकता है। वास्तव में पाठकों की रुचि एवं जिज्ञासा का ध्यान रखते हुए वर्णन विस्तृत अथवा संक्षिप्त होने चाहिए। साथ ही कौन विवरण कब और किस स्थान पर हो, इसका भी ध्यान रखना चाहिए।

(4) मन्थर एवं स्थिर गति से कार्य करना चाहिए।

(5) अतिप्रशंसा, निन्दा या क्षमा-प्रार्थना की अपेक्षा तथ्य को यथा रूप ही वर्णित करना चाहिए।

(6) उन सभी तथ्यों का विवरण देना चाहिए जिन्हें जानने का अधिकार पाठकों को है तथा जिनमें उनकी रुचि है।

जीवनी-लेखन के लिए उपर्युक्त प्रक्रिया के अनुपालन के साथ कुछ और बातों का स्मरण रखना आवश्यक है। यह बात पिछले पृष्ठों में भी कई बार इंगित की गई है कि जीवनी में ऐतिहासिक तथ्यों का विशेष महत्त्व है। इस लिए उन तथ्यों की रक्षा करना जीवनी लेखक का प्रथम कर्त्तव्य है। कई बार इन तथ्यों के मध्य तारतम्य बैठाना कठिन होता है। यहीं जीवनी-लेखक कल्पना का उपयोग करता है। यद्यपि कल्पना इतिहास की विरोधी है, तथापि जीवनी जैसी साहित्यिक विधा में समुचित कल्पना वरेण्य है। यहां दुविधा की स्थिति बन जाती है। जीवनी में कल्पना-तत्त्व के समावेश से एक नया साहित्यिक रूप निर्मित हो जाता है, ऐसी कल्पना प्रधान जीवनीपरक कथाकृतियों में गल्प का अंश अधिक होता है, जीवनी का कम। यही अन्तर जीवनी से इन्हें अलगाता है। इसकी पहचान आवश्यक है। इनमें अन्तर की एक और कसौटी है-इनका उद्देश्य। यदि लेखक का उद्देश्य केवल गल्प–कल्पना प्रधान जीवनवृत्त रचना है तो वह जीवनी मूलक उपन्यास ही होगा और यदि उसका उद्देश्य सत्य को कल्पनात्मक ढंग से प्रस्तुत करना है, तो वह 'जीवनी' होगी। अतः जीवनी में कल्पना का प्रयोग सावधानी पूर्वक करना चाहिए। यदि चरित नायक से सम्बन्धित धारणा में कोई अन्तर न पड़े तो तत्सम्बन्धी कल्पना करना असंगत नहीं है। लुई *ममफोर्ड* का विश्वास था कि यदि तथ्यों के बीच की कोई कड़ी छूट गई है तो उसे कल्पना से जोड़ लेना उचित है चाहे वह कल्पना बिल्कुल वही हो। वह लिखता है कि 'यदि किसी मूर्ति की नाक का कोई भाग टूट गया है, तो उसे बना लेना अच्छा है, चाहे वह संगमरमर का न हो प्लास्टर का ही हो।'

कल्पना के साथ-साथ जीवनी लेखक के लिए सहज ज्ञान और अन्तःप्रेरणा परमावश्यक है। उसे चाहिए कि वह अपने चरितनायक को आत्मसात् कर ले। उसका जीवनवृत्त, घटनाएं चित्रित करते हुए उसे ऐसा अनुभव हो मानों वह स्वयं ही अपने सम्बन्ध में धारणाओं को व्यक्त कर रहा है। कहने का अर्थ यह है कि लेखक अपने चरित-नायक का यथातथ्य चित्रांकन तब तक नहीं कर सकता जब तक वह वैसा ही अनुभव न करे। इस सम्बन्ध में *स्टीफन ज्वेग* का कथन पठनीय है। वह कहता है कि, 'जहां लिखित प्रमाणों की सत्ता समाप्त हो जाती है, वहीं आन्तरिक प्रेरणा या सहज-ज्ञान की सत्ता प्रारम्भ होती है और

जीवनी-लेखक के लिए उसका सहारा अनहोनी बात नहीं है।'

'जीवनी' की सफलता के लिए यह आवश्यक है कि चरित-नायक के जीवन प्रसंगों का यथातथ्य चित्रण हो। यह बात पुनः एक और दुविधा की ओर हमारा ध्यान दिलाती है। जीवनी में किसी की निन्दा या दुर्बलता को भी लिया जाए, यह जरूरी है, तो उसकी सीमा क्या हो? जीवनी के मानवीय पक्ष के लिए ऐसा करना आवश्यक है। लेकिन मर्यादा का उल्लघंन नहीं होना चाहिए। जीवनी में किसी की निन्दा या दुर्बलता का चित्रण जब तक व्यक्तिगत विद्वेष से प्रेरित न हो, सत्य निरूपण या चरित्र के यथातथ्य चित्रण के अन्तर्गत आएगा। केवल व्यक्ति-जीवन के ब्यौरे भर देने से काम नहीं चलता। लेखक को अपने नायक के अस्तित्व, उसकी चेतना, संवेदना और अनुभूति के साथ एकात्मकता स्थापित करनी पड़ती है। उसे चाहिए इन सभी प्रसंगों को वह सामाजिक परिप्रेक्ष्य में घटित हुआ दिखाए। घटनाएं ही महत्त्वपूर्ण नहीं हुआ करतीं, उनसे अधिक उन घटनाओं की पृष्ठभूमि में गर्भित तत्त्वों, रूपाकार के नियामक प्रेरणा-स्रोतों का महत्त्व है। परिवेश के घात-प्रतिघात के बीच नायक के जीवन का पल्लवन, उसके व्यक्तित्व के निर्माण की प्रक्रिया लेखक को समझनी चाहिए, तभी वह इस कार्य को सफलतापूर्वक सम्पन्न कर सकता है। *चन्द्रावती सिंह* ने व्यक्तित्व के मनोवैज्ञानिक पक्ष पर बल देते हुए ठीक ही लिखा है कि जीवन-चरित्र जीवन की ऐतिहासिक घटनाओं का स्थूल साहित्यिक उल्लेख भर नहीं है मनोवैज्ञानिक अध्ययन है। मनुष्य की मुद्रा और भावना, उसके मन की क्रियाएं और प्रतिक्रियाएं और जीवन के क्रम में उसके मस्तिष्क के विकास का अध्ययन गूढ़ विषय है। मनुष्य का व्यक्तित्व मानसिक क्रियाओं का परिणाम है। मानसिक क्रियाओं का अध्ययन और उनका सफल चित्रण जीवनी-साहित्य का प्रधान विषय है।" (हिन्दी साहित्य में जीवन-चरित का विकास पृष्ठ -12)

जीवनी साहित्य जीवन का मर्म समझने में, उसकी पर्तें, आवरण और परिच्छेद उतार कर उसके शुद्ध रूप का साक्षात्कार करने में पथदर्शक की भूमिका निभाता है, ऐसी भूमिका जिसमें गौरव है, मृदुता है, वात्सल्य है। इससे आगे बढ़ कर वह जीवन के प्रति हमारी अनास्था, संशयशीलता, निषेधपरक मानसिकता, उपेक्षा और उदासीनता-वृत्ति को पोंछ डालता है और चिरपरिचय की अवज्ञा से आहत जीवन में नूतन अर्थों की सृष्टि कर हमारी जिजीविषा को उद्‌बुद्ध करता है। हमारी आन्तरिक ऊर्जा का उन्मेष करता है। वह हमें भीतर से टूटने से बचाता है। आत्म दारिद्रय का निराकरण करता है। आत्मविश्वास का शंख घोष कर हमारी आत्म शक्ति को जीवन देता है। हमारी नियति के रथ की वल्गाएं हमारे अपने हाथों में सौपता है। इस दृष्टिकोण को ध्यान में रखते हुए जीवनी-लेखक को सोद्देश्य जीवनी-रचना करनी चाहिए। लेकिन हम जहां हैं वहां यह पहचानना जरूरी है कि बिना अच्छे प्रचुर जीवनी-साहित्य के राष्ट्र की अस्मिता भी रूपायित नहीं हो सकती, वह आत्म-बिम्ब भी नहीं बन सकता जिसकी आज सब को इतनी चिन्ता है।

जीवनी के प्रकार

(अ) कल्पना तत्त्व के उपयोग की मात्रा और जीवन-चरित्र के प्रसंगों के उपयोग की प्रकृति के आधार पर 'जीवनी' अथवा 'जीवन-चरित्र' विधा को दो वर्गों में रखा जा सकता हैं –

(1) शुद्ध जीवनी,

(2) अशुद्ध जीवनी।

'शुद्ध जीवनी' वह है, जिसमें वास्तविकता का लेश-मात्र भी दुराव न हो और चरित-नायक के सम्पूर्ण जीवन को उसके गुण-दोष, पाप-पुण्य, तथा मानवीय दुर्बलता के साथ चित्रित किया गया हो। इस तरह की जीवनी में कल्पना का प्रयोग बहुत कम किया जाता है।

'अशुद्ध जीवनी' वह है, जिसमें वास्तविकता पर पर्दा डालकर चरित्र को गढ़ कर उपस्थित किया जाता है। इस तरह की जीवनी में कल्पना का प्रयोग अपेक्षाकृत अधिक रहता है। ऐसी जीवनी में चरित्र को अधिकाधिक अच्छा बताने का आग्रह रहता है।

हम जानते है कि जीवनी-विधा गें ऐतिहासिक सत्यता की अवहेलना नहीं होनी चाहिए। वैज्ञानिकता भी आवश्यक है। फिर भी अनेक जीवनियां ऐसी मिल जायेंगी, जिनमें इन दोनों तत्त्वों की क्षीणता देखी जा सकती है। इसका मुख्य कारण है महापुरुषों के जीवन चरित को अलौकिक, चमत्कारपूर्ण और अतिरंजनापूर्ण तथ्यों से 'ऊंचा' दिखाने की कोशिश। साथ ही ऐसे लेखक सोचते हैं कि मृत व्यक्ति के सम्बन्ध में पूर्ण सत्य कहना अनुचित तथा श्रद्धाहीन कार्य है। ऐसे में निश्चय ही अतिश्रद्धा जीवनी की मूल अवधारणा को खंडित करती है।

हेराल्ड निकोल्सन ने जीवनी के इन्ही दो प्रकारों का उल्लेख किया हैं (द्रष्टव्य.: अंग्रेजी जीवनी का विकास)। लेकिन क्या अशुद्ध जीवनी को 'जीवनी-विधा' माना जाए? यह प्रश्न उठ सकता है। हमारे विचार से ऐसी 'जीवनी' को जीवनी-विधा के अन्तर्गत रख तो लेना चाहिए, किन्तु अपने अशुद्ध रूप में ही।

(ब) विषय के आधार पर भी 'जीवनी' के प्रकार निर्धारित किए जा सकते हैं। इस आधार पर 'जीवनी' के पांच वर्ग हो सकते हैं :-

(1) सन्त चरित्र (2) ऐतिहासिक चरित्र (3) राजनीतिक चरित्र (4) साहित्यिक चरित्र (5) विदेशी और अन्य चरित्र।

(स) विधान के आधार पर भी 'जीवनी' को दो वर्गों में रखा जा सकता है:–

(1) प्रबन्धात्मक जीवनी,

(2) निबन्धात्मक जीवनी।

प्रबन्धात्मक जीवनी में व्यक्ति के जीवन को समग्रता में चित्रित किया जाता है, उसके छोटे-बड़े सभी पक्ष ग्रहीत रहते हैं।

निबन्धात्मक जीवनी में जीवन के चुने हुए पक्षों को ही लिया जाता है ऐसे 'लेख' जीवनियों को छोटा बनाकर कहानियों के रूप में चरित्र के कुछ ही पक्षों को बांधते दिखाई देते हैं।

जीवनी और रेखाचित्र

अपनी प्रकृति में जीवनी और रेखाचित्र विधाएं, अन्य कथेतर गद्य-विधाओं की अपेक्षा, परस्पर अधिक निकट पड़ती हैं। इस निकटता का एकमात्र कारण शायद यही है कि दोनों में ही मनुष्य जीवन का किसी अन्य द्वारा वर्णन किया जाता है। लेकिन इतना होते हुए भी दोनों विधाओं में रचना-शिल्प के स्तर पर पर्याप्त अन्तर है। यहां इस अन्तर को स्पष्ट कर देना आवश्यक है।

'जीवनी' अपने विधान में एक प्रबन्धात्मक कृति है, जिसका फलक विस्तृत है। इसे व्यक्ति-विशेष के जीवन का अभिलेख या कलाकृति के रूप में प्रणीत किसी व्यक्ति का सत्यतापूर्ण आलेख कहा गया है, जिसमें जीवन के माध्यम से किसी आत्मा के जीवट का प्रामाणिक शब्दचित्र प्रस्तुत किया जाता है। साहित्य की एक विधा के रूप में वह एकल मनुष्यों के जीवनों का इतिहास है। कुछ समीक्षकों की दृष्टि में यह विधा व्यक्तित्व की पुनर्रचना और जीवन का पुनः सर्जन है, वह व्यक्ति-विशेष के अंतर्बाह्य का बोलता चित्र है, जिसका लक्ष्य उसकी बाह्य प्रचेष्टाओं और आन्तरिक भावों के मध्य सार्थक अन्तर्बन्धनों का अनवेषण तथा संयोजन है। इसमें इतिहास का रचनात्मक उपयोग किया गया होता है। घटनाओं की संगति कलात्मकता के साथ बिठाई जाती है। व्यक्ति के चरित्र को उभारा जाता है और आवश्यकता होने पर आलोचना की जाती है। इसलिए 'जीवनी' का मुख्य आग्रह 'सत्य' पर होता है।

इसके विपरीत 'रेखाचित्र' एक वैयक्तिक कला है, जिसमें "तटस्थ भाव से, निर्लिप्त रह कर किसी व्यक्ति, या सन्दर्भ का अंकन शब्दों के स्वल्प प्रयोग-द्वारा उसकी विशिष्टता को उजागर करते हुए हृदय-परिष्कार, धारणा-परिवर्तन, लोक-हृदय की निर्मिति, संवेदनशीलता का उन्मेष आदि लक्ष्यों को दृष्टिपंथ में रख कर किया जाता है" (डॉ० भगीरथ मिश्र, काव्यशास्त्र, पृष्ठ-103)। इसमें रचना-विधान प्रबन्धात्मक नहीं होता। न इतिहास का व्यापक उपयोग। कल्पना और संवेदनशीलता 'रेखाचित्र' में प्राण-प्रतिष्ठा कर देते हैं। ये दोनों बातें 'जीवनी' में बहुत अधिक मात्रा में नहीं हो सकती हैं। ऐसा करने से वह विधा 'उपन्यास' की सीमा में प्रवेश कर जाती है। इसलिए तथ्यात्मकता को कल्पना से हर हालत में ऊपर रखना होता है।

इसके अतिरिक्त इन दोनों विधाओं के अन्तर को हम इस प्रकार बिन्दुवार देख सकते हैं–

(1) 'जीवनी' की रचना में रचनाकार बुद्धि और भावना के योग पर अधिक ध्यान देता है, कल्पना पर बहुत कम। किन्तु रेखाचित्र में इन तीनों को समान महत्त्व दिया जाता है। इन तीनों के ही सम्मिश्रण से एक अच्छा रेखाचित्र आकार पाता है।

(2) जीवनी-लेखक शब्दों का प्रयोग भाषा को प्रवाहपूर्ण बनाने के लिए इस ढंग से करता है कि

वर्णन में रोचकता बनी रहे, ज़िज्ञासा की सृष्टि हो जाए और साहित्यिकता की सृष्टि हो सके; लेकिन जीवनी-नायक के जीवन-चरित्र को क्षति न पहुंचे। वर्णित वृत्त और वर्णन-शैली में संतुलन बना रहे, यह ध्यान रखना आवश्यक होता है। रेखाचित्र में रचनाकार शब्दों का प्रयोग चित्रात्मकता की दृष्टि से करता है। इसलिए 'जीवनी' में बिम्बात्मकता अथवा चित्रात्मकता बहुत अनिवार्य नहीं, जबकि रेखाचित्र में बिम्बात्मकता अनिवार्य है। इसमें व्यक्ति या वस्तु के बाह्य रूप को अधिक उभारा जाता है। कह सकते हैं कि रेखाचित्र बोलते शब्द चित्र हैं, 'जीवनी' बाह्याकार के साथ-साथ व्यक्ति के अंतर्निहित भावों को उभारने वाला वृत्तान्त। बल्कि 'जीवनी' में व्यक्ति के व्यक्तित्व और चरित्र को निर्मित करने वाली घटनाओं, संघर्षों, उद्वेलनों आदि का प्राध्यान्य होता है।

(3) जीवनी में लेखक की निजी अनुभूति, कल्पना और भावना का अधिक महत्त्व नहीं होता, वहां एकमात्र लक्ष्य जीवनी-नायक के जीवन-चरित को उभारना होता है। रेखाचित्र में लेखक की निजी अनुभूति, कल्पना और भावना विशेष महत्त्व रखती है।

(4) जीवनी लेखक किसी व्यक्ति विशेष के सम्बन्ध में बिखरी पड़ी विशाल सामग्री में से अपने लिए उपयोगी सामग्री का चयन करता है। वह अधिकाधिक घटनाओं का उपयोग करता है। उनका वर्णन व्यक्तित्व को उभारकर सामने लाने के लिए यथोचित ढंग से करता है। संवेदना जगाना उसका उद्देश्य नहीं होता, प्रत्यक्ष या परोक्ष सन्देश देना उसका लक्ष्य अवश्य होता है। इसके विपरीत रेखाचित्रकार अपनी सूक्ष्म पर्यवेक्षण शक्ति का प्रयोग कर किसी वस्तु या व्यक्ति की रूपरेखा को भावनाओं के रंग में रंग कर प्रस्तुत करता है। वह पाठक में संवेदना जगाना चाहता है। सन्देश देना प्रायः उसका लक्ष्य नहीं होता। वह घटनाएं कम चुनता है, व्यक्ति के रूपाकार तथा सीमित क्रियाकलापों को ही आधार बनाकर रेखाचित्र तैयार करता है।

(5) रेखाचित्र में जीवनी की भांति घटनाओं का संकलन तिथि-क्रम से नहीं होता। उसमें घटनाओं का पूर्ण आकलन भी नहीं होता। इस विधा के लिए जीवन की एक घटना पर्याप्त होती है। यानी, जहां 'जीवनी' में लेखक की दृष्टि सर्वांगीण चित्रण की ओर रहती है, वहां रेखाचित्र में खण्डित जीवन की ओर।

(6) जीवनी में प्रायः किसी महापुरुष का जीवनवृत्त होता है। इतिहास के चक्रव्यूह के बीच से लेखक उस जीवन-चरित्र को बाहर लाता है। इसी प्रक्रिया में प्रसंगवश जीवनी-नायक के कार्यक्षेत्रों की चर्चा भी हो जाती है और इतिहास की झांकी भी मिल जाती है। जीवनी-लेखक इतिहास के प्रति ईमानदार अवश्य रहता है; किन्तु उसमें कथाकार-जैसी वर्णनक्षमता विद्यमान होती है। यह वर्णनात्मकता तथ्यों पर आधारित होती है। रेखाचित्र में किसी सामान्य से सामान्य व्यक्ति या मनुष्येतर प्राणी, वस्तु या घटना का वर्णन होता है। ऐतिहासिकता इसके लिए अनिवार्य शर्त नहीं। हां, कथाकार जैसी वर्णन-क्षमता रेखाचित्रकार के लिए अत्यन्त आवश्यक है। यहां इतिहास से कोई विशेष लेना-देना नहीं होता।

B-2.1.1(ii) प्रबन्धात्मक खण्डप्रबन्ध जीवनीपरक कथेतर गद्य विधाएं

(1) रेखाचित्र (शब्दचित्र)

'रेखाचित्र' गद्य की नवीन विधा है, जिसका विकास निबन्ध, कहानी, जीवनी आदि विधाओं के बाद हुआ। फिर भी गद्य की अन्य विधाओं की अपेक्षा 'रेखाचित्रों' का प्रणयन अधिक हुआ है और वे लोकप्रिय भी बहुत हुए हैं। इनकी अपेक्षा नव विकसित अन्य गद्यरूप–रिपोर्ताज, डायरी, संस्मरण, जीवनी, आत्मकथा आदि इतनी लोकप्रियता अर्जित नहीं कर सके और न इतनी रुचि के साथ और न इतनी गति के साथ उन विधाओं की सर्जना हमारे गद्य लेखकों ने की।

हमने जीवनीपरक गद्य-विधाओं के अंतर्गत 'रेखाचित्र' को परात्मक जीवनी लेखन स्वीकार किया है। इसका आशय यही है कि यह गद्य विधा कथेतर गद्य तो है ही, जीवनीपरक है। क्योंकि इसमें भी किसी पात्र-विशेष के जीवन की घटनाओं का चरित्र-उद्घाटक वर्णन या अंकन किया जाता है। इसमें लेखक स्वयं के जीवन का अंकन नहीं करता, अपितु दूसरे के जीवन का ही चित्रण करता है। इसीलिए यह विधा परात्मक ज़ीवनी लेखन की श्रेणी में आती है। इस विधा की मूल विशेषता है, अपने संपर्क में आये किसी सामान्य पात्र (वह पात्र मनुष्य तो हो ही सकता है, मनुष्येतर प्राणी या वस्तु भी हो सकती है) के जीवनांशों का अंकन। इस अंकन में लेखक की दृष्टि पात्र के बाह्य रूपाकार पर अधिक रहती है।

रेखाचित्र का पारिभाषिक स्वरूप

'रेखाचित्र' शब्द का प्रयोग हिन्दी में ऐसे चित्र के लिए होता है जो रेखाओं से बनाया गया हो। यह शब्द वस्तुतः अंग्रेजी 'स्केच' (Sketch) के लिए प्रयोग किया जाता है। 'रेखाचित्र' के अर्थ में 'व्यक्तिचित्र', 'चरित-लेख' 'शब्दचित्र' आदि अन्य शब्द भी चलते हैं, किन्तु हिन्दी में इस विधा के लिए 'रेखाचित्र' ही इन सबसे उपयुक्त और सर्वाधिक प्रचलित शब्द है।

गुजराती में 'रेखाचित्र' का प्रयोग अंग्रेजी के Thumbnail sketch लिए होता है। मलयालम में 'तूलिका-चित्र' शब्द चलता है।

हिन्दी में यह विधा अंग्रेजी साहित्य के प्रभाव से विकसित हुई। वहां यह पहले विकास पा चुकी थी। इसलिए इसका पारिभाषिक स्वरूप पश्चिम में पहले स्थिर किया गया। अतः उसके स्वरूप की जानकारी के लिए कुछ पाश्चात्य परिभाषाओं का अवलोकन करना आवश्यक है।

पश्चिम में जब यह विधा विकास पा चुकी थी, तब इसे इस प्रकार परिभाषित किया गया, "किसी एक दृश्य, चरित्र या घटना को प्रस्तुत करने वाली सरल और सुगठित लघु रचना रेखाचित्र कही जा सकती

है। इसकी सरलता के कारण इसमें कथानक अथवा चरित्र-चित्रण विस्तृत नहीं होता।" (ए हैंडबुक टु लिटरेचर)

(Sketch - A brief composition simply constructed and usually most unified in that it presents a single scene, a siagle character, a single incident. Its simplicity means that it lacks developed plot or any very great characterization.)

प्रारम्भ में रेखाचित्र को किसी रचना का पूर्व रूप या उसका ढांचा मात्र माना जाता था, किन्तु अब रेखाचित्र से ऐसी किसी रचना का आशय होता है जिसमें चरित्र अथवा वर्णन प्राधान्य हो।

इस तथ्य की पुष्टि 'ए रीडर्स गाइड टु लिटरेरी टर्म्स' में दर्ज इस कथन से होती है कि, "रेखाचित्र कहानी, नाटक या निबन्ध आदि विधाओं का अल्प विकसित रूप है, जिसमें इन विधाओं की विशेषताएं नहीं होती।"

(Sketch - A brief story, play or eassay not a fully developed as the typical example of these genres.)

लेकिन यह धारणा सही नहीं है। बेशक रेखाचित्र को कहानी, या निबंध से विकसित विधा माना जाता हो, लेकिन यह एक स्वतंत्र स्वतःपूर्ण विधा है। रेखाचित्र को एकदम सरल रचना भी नहीं कहा जा सकता।

हमारे विचार से पश्चिम की परिभाषाओं में से एक सटीक परिभाषा *मर्फी* की है। *मर्फी* ने कहा था कि रेखाचित्र किसी विशिष्ट व्यक्ति, स्थान अथवा उपादान की विशेषताओं का संक्षिप्त वस्तुगत विवरण होता है, जिसे समन्वित रूप दे दिया जाता है। इसका प्रभावशाली निदर्शन वहाँ होता है, जहां किसी व्यक्ति के कार्य व्यापार के माध्यम से उसकी विशेषताओं का विवरण दिया जाता है। इसमें सिद्धान्त-निरूपण या समीक्षा के लिए स्थान नहीं होता।

हिन्दी में 'रेखाचित्र' को 'शब्दचित्र' कहा गया है। अर्थात् चित्रकला के क्षेत्र में रंग-रेखाओं से निर्मित चित्र 'स्केच' है, तो साहित्य में रेखाओं-रंगों का काम शब्दों से लिया जाता है। यों भी, मनुष्य-द्वारा अनुभूत भावों की रेखाओं, रंगों, गतियों, ध्वनियों या शब्दों के माध्यम से हुई बाह्याभिव्यक्ति 'कला' है। साहित्य भी एक कला है। इसमें चित्रकला की 'स्केच' विधा (जिसमें टेढ़ी-मेढ़ी रेखाओं से बने 'स्केच' चित्रकार की जीवन के प्रति होने वाली सजीव अनुभूति को साकार अभिव्यक्ति करते हैं) को शब्दों में रूपान्तरित कर दिया जाता है। जब चित्रकला की यह विधा साहित्य में आई तो इसकी परिभाषा भी स्वभावतः कुछ परिवर्तित हुई। इस तथ्य को रेखांकित करते हुए *डॉ० नगेन्द्र* ने कहा है कि, "रेखाचित्र ऐसी रचना के लिए प्रयुक्त होने लगा, जिसमें रेखायें हों, पर मूर्त रूप अर्थात् उतार चढ़ाव, दूसरे शब्दों में कथानक का उतार चढ़ाव आदि न हो, तथ्यों का उद्घाटन मात्र हो।"

हिन्दी में शास्त्रीय परिभाषाओं में सबसे अधिक स्पष्ट और पूर्ण परिभाषा *डॉ० भगीरथ मिश्र* ने दी है। डॉ० मिश्र के अनुसार, "अपने संपर्कों में आये किसी विलक्षण व्यक्तित्व अथवा संवेदना को जगाने वाली सामान्य विशेषताओं से युक्त किसी प्रतिनिधि चरित्र के मर्मस्पर्शी स्वरूप को देखी, सुनी या संकलित घटनाओं की पृष्ठभूमि में इस प्रकार उभार कर रखना कि उसका हमारे हृदय में एक निश्चित प्रभाव अंकित हो जाय, रेखाचित्र या शब्दचित्र कहलाता है।"

यह परिभाषा विस्तृत अवश्य है, किन्तु इसमें रेखाचित्र की सारी विशेषताएं समेटी गई हैं।

उपर्युक्त विवरण के आधार पर हम रेखाचित्र की सामान्य विशेषताएं इस तरह निर्धारित कर सकते हैं–

(1) रेखाचित्र ऐसी गद्य विधा है, जिसमें लेखक अपने शब्द-कौशल से किसी एक व्यक्ति, वस्तु अथवा घटना का चित्रण करता है।

(2) यह चित्रण 'स्केच' की भांति वस्तुपरक होता है।

(3) इसमें लेखक का ध्यान व्यक्ति के बाह्य रूपाकार पर अधिक रहता है, लेकिन व्यक्ति के आन्तरिक गुणों को भी उभारना वह नहीं भूलता अर्थात् इस विधा में बाह्य आकृति के साथ-साथ व्यक्ति का आंतरिक व्यक्तित्व भी आकार पाता है।

(4) रेखाचित्र किसी विलक्षण व्यक्ति को ही नायक मानकर चलता है अथवा ऐसे व्यक्ति को जिसकी विशेषताएं लेखक और पाठक में संवेदना जगा सके।

(5) इसमें कथानक की अपेक्षा तथ्यों के उद्घाटन और घटनाओं के प्रत्यक्षीकरण पर ध्यान रखना होता है।

(6) रेखाचित्र उन्हीं विषयों को समेटते हैं जिनसे लेखक का निकट संपर्क रहा हो।

(7) रेखाचित्रों में स्मृतियों का आधार आवश्क नहीं है।

(8) रेखाचित्र लेखक के लिए सूक्ष्म पर्यवेक्षणशील दृष्टि और रूप विधान यानी भाषा की आवश्यकता होती है।

(9) रेखाचित्र में विषय की विशदता नहीं होती, न समग्रता का प्रतिपादन, अपितु चुने हुए विषय की कुछ प्रमुख विशेषताएं ही शब्दायित की जाती हैं।

(10) इस विधा में बिम्ब-विधान पर विशेष बल रहता है।

इन विशेषताओं के आधार पर हम रेखाचित्र को इस प्रकार परिभाषित कर सकते हैं–

"रेखाचित्र कथेतर गद्य की जीवनीपरक वर्णनात्मक विधा है, जिसमें निकट संपर्क के किसी एक व्यक्ति, प्राणी अथवा वस्तु का प्रभावपूर्ण, वस्तुपरक और संवेदना जगाने वाला चित्रण किया जाता है। इसमें वस्तुतः चाक्षुष और अपेक्षाकृत स्थिर बिम्ब होते हैं, जो जीवन का एकांगी चित्र प्रस्तुत करते हैं।"

रेखाचित्र के रचना-तत्त्व

कुछ समीक्षकों ने रेखाचित्र-विधा के निम्नलिखित तत्त्व स्वीकार किए हैं–

(1) विषय (2) सरसता (3) चित्रात्मकता (4) लेखक का निजीपन या वैयक्तिकता (5) संस्मरणात्मकता, (6) भाषा-शैली (7) उद्देश्य।

हमारे विचार से ये तत्त्व गिनाना अनावश्यक है। विषय तो किसी भी रचना में स्वाभाविक रूप से रहेगा ही, सरसता भी साहित्य की प्रायः सभी विधाओं में विद्यमान रहती है। हां चित्रात्मकता को रेखाचित्र के लिए आवश्यक तत्त्व अवश्य माना गया है। लेखक का निजीपन या वैयक्तिकता वस्तुतः उसकी शैली ही है, यह शैली सभी रचनाओं में होती है। संस्मरणात्मकता रेखाचित्र के लिए अनिवार्य तत्त्व नहीं है, भाषा-शैली और उद्देश्य कोई ऐसे तत्त्व नहीं हैं, जो केवल रेखाचित्र के ही तत्त्व हों। ये तत्त्व न हों तो कोई भी विधा पठनीय नहीं हो सकती। साहित्य की सभी विधायें भाषा-शैली और उद्देश्य से युक्त होती हैं।

हमारे विचार से रेखाचित्र विधा के चार विधायक उपकरण माने जा सकते हैं–

(1) चित्रात्मकता या बिम्बात्मकता,

(2) एकात्मकता,

(3) तटस्थता,

(4) संक्षिप्तता।

अब हम संक्षेप में रेखाचित्र के इन रचना-तत्त्वों या विधायक उपकरणों पर विचार करते हैं।

(1) चित्रात्मकता या बिम्बात्मकता

यह रेखाचित्र का पहला अनिवार्य उपकरण है। यही वह उपकरण है जो रेखाचित्र को साहित्य की अन्य विधाओं से पृथक् करता है। चित्रात्मकता से अभिप्राय है लेखक का अपने प्रतिपाद्य को इस प्रकार से प्रस्तुत करना जिससे उसका वैसा ही स्पष्ट चित्र पाठक के सामने साक्षात् हो उठे जैसा चित्रकार अथवा फोटोग्राफर उतार देता है। लेकिन जिस प्रकार अच्छा चित्र बनाने या खींचने के लिए चित्रकार अथवा फोटोग्राफर का बहुत कुशल होना आवश्यक है उसी प्रकार से रेखाचित्र का सृजन करने वाले लेखक के लिए भी अनेक गुणों से युक्त होना आवश्यक होता है। जिस प्रकार चित्रकार हर आड़ी-तिरछी रेखा को बहुत सोच-विचार के साथ खींचता है और अपने चित्र को स्पष्ट रूप देने के लिए प्रत्येक अनावश्यक लकीर से बचता चलता है उसी प्रकार से रेखाचित्रकार भी प्रत्येक शब्द को बहुत चुन-चुनकर रखता है। शब्दों को चुन-चनकर रखने के लिए भी लेखक में कतिपय गुणों का होना बहुत आवश्यक है। इन गुणों में से सर्वप्रथम गुण तो यह है कि लेखक का भाषा पर पूर्ण अधिकार होना चाहिए। भाषाधिकार के अभाव में यों तो कोई भी रचना सशक्त नहीं बन सकती किन्तु रेखाचित्र का प्रणयन तो सर्वथा असम्भव है। लेकिन चित्रोपमता का गुण केवल अचूक भाषाधिकार के द्वारा ही संभव नहीं है। इसके लिए तो लेखक का

अत्यधिक संवेदनशील एवं तार्किक होना भी आवश्यक है। संवेदनशीलता की अधिकता होने के कारण ही उसके मन में सम्पर्क में आने वाली प्रत्येक वस्तु अथवा प्राणी का एक खाका स्वतः निर्मित होता चला जाता है और आगे चल कर जब वह इसी खाके की शब्दबद्ध कर देता है, तब हम उसे रेखाचित्र के नाम से सम्बोधित करने लगते हैं। सफल रेखाचित्र के लिए केवल यही आवश्यक नहीं है कि उसका हृदय संवेदनशील हो अपितु यह भी आवश्यक है उसमें तथ्यों के विश्लेषण की पूर्ण क्षमता हो। यही वह गुण है जो उसे अत्युक्तिपूर्ण प्रशंसा अथवा निन्दा करने से बचाता है।

(2) एकात्मकता

रेखाचित्र का एक अत्यंत अनिवार्य उपकरण है एकात्मकता। एकात्मकता से अभिप्राय है लेखक का आद्यन्त अपने विषय के साथ सम्पृक्त रहना तथा एक क्षण के लिए भी इधर-उधर न बहक पाना। दूसरे शब्दों में रेखाचित्र एक ऐसी रचना होती है जिसमें लेखक सव्यसांची अर्जुन की तरह कथ्य रूपी मछली की आंख की ओर ही पूरी दृष्टि केन्द्रित कर देता है। इसलिए रेखाचित्र में विविधता नहीं होती और लेखक का ध्यान उद्दिष्ट विषय की ओर ही लगा रहता है। *डॉ० नगेन्द्र* ने इस तत्त्व का अत्यन्त स्पष्ट विश्लेषण किया है। उनके अपने शब्दों में, "रेखाचित्र का विषय निश्चय ही एकात्मकता होता है, उसमें एक व्यक्ति या एक वस्तु ही उद्दिष्ट रहती है। कहानी में एक डायमेंशन और बढ़ जाती है, यह अतिरिक्ति डायमेंशन विषय के अन्तर्गत होती है। कहानी का विषय एकात्मक नहीं रह सकता, उसमें द्वैत भाव होना चाहिए, अर्थात् एक व्यक्ति अपनें में कहानी नहीं बन सकता। उसका अपने आप में होना कहानी के लिए काफी नहीं है, कहानी में उसे दूसरे या दूसरों की सापेक्षता में कुछ करना होगा। प्रेम करना होगा, बैर करना होगा, सेवा करनी होगी, कुछ करना होगा, अपने में सिमट कर रह जाना काफी नहीं होगा, अपने से बाहर निकलना होगा।"

(3) तटस्थता

रेखाचित्र का एक अत्यन्त महत्त्वपूर्ण उपकरण है तटस्थता। वास्तव में यही वह उपकरण है जो इसे संस्मरणों से अलग करता है। जिस रचना में तटस्थता की मात्रा जितनी अधिक होती है वह उतना ही अधिक अच्छा रेखाचित्र होता है और जिसमें जितनी अधिक वैयक्तिकता होती है, वह उतना ही अधिक अच्छा संस्मरण। इस संदर्भ में *डॉ० पद्मसिहं शर्मा 'कमलेश'* ने लिखा है, "आनुपातिक दृष्टि से वैयक्तिकता तथा तटस्थता की मात्रा को देखकर ही निर्णय किया जा सकता है कि कोई रचना संस्मरण है अथवा रेखाचित्र।" रेखाचित्र के संदर्भ में तटस्थता से अभिप्राय यह है कि किसी रेखाचित्र का प्रणयन करते समय लेखक को आत्मप्रशंसा तथा वैयक्तिक जीवन की घटनाओं के समावेश से बचना चाहिए। इसी प्रकार से उसे किसी चरित्र की आरती उतारने के स्थान पर कथ्य की काली-उजली रेखाओं को इस प्रकार प्रस्तुत करना चाहिए कि पाठक के मानस-नेत्रों के समक्ष उसका एक समवेत चित्र साकार हो उठे।

कहने की आवश्यकता नहीं कि हिन्दी रेखाचित्रों में यह विशेषता बहुत कम मिलती है।

(4) संक्षिप्तता

रेखाचित्र आकार में संक्षिप्त होना चाहिए। जिस प्रकार चित्रकार कतिपय आड़ी-तिरछी रेखाओं के माध्यम से ही पूरा चित्र उभार देता है उसी प्रकार से रेखाचित्रकार को भी गिनी-चुनी शब्द-रेखाओं के माध्यम से प्रतिपाद्य को उभार देना चाहिए। लेकिन संक्षिप्तता की परिभाषा करना कोई सरल कार्य नहीं है क्योंकि एक-डेढ़ पृष्ठ की रचना भी संक्षिप्त हो सकती है और पांच-सात पृष्ठ की रचना को भी बहुत बड़ा नहीं माना जा सकता। वस्तुतः रेखाचित्र के परिप्रेक्ष्य में संक्षिप्तता से अभिप्राय है अनावश्यक विवरण का बहिष्कार तथा व्यास शैली के स्थान पर समास शैली का प्रयोग। दूसरे शब्दों में रेखाचित्र एक ऐसी संक्षिप्त रचना होती है जिसमें वर्णन की बहुलता नहीं होती। हिन्दी रेखाचित्र साहित्य में यह गुण प्रभूत मात्रा में उपलब्ध नहीं होता और *श्री विष्णु प्रभाकर* ने एक व्यक्तिगत बातचीत में यहां तक स्वीकार किया है कि हिन्दी में कोई श्रेष्ठ रेखाचित्र तो है ही नहीं और जिन्हें हम रेखाचित्र के नाम से सम्बोधित करते हैं वे वास्तव में संस्मरण और कहानियां ही हैं। लेकिन इस तथ्य को पूर्णतः स्वीकार नहीं किया जा सकता। इसका कारण यह है कि हिन्दी रेखाचित्रों में इस गुण का नितान्त अभाव नहीं है। रामवृक्ष बेनीपुरी तथा प्रकाश चन्द्र गुप्त ने प्रायः संक्षिप्त आकार के रेखाचित्रों की ही रचना की है।

डॉ० बैजनाथ सिंहल ने चित्रात्मकता के अतिरिक्त तीन अन्य तत्त्वों की भी चर्चा की है (हिन्दी विधाएं : स्वरूपात्मक अध्ययन, 1988, पृष्ठ -199); ये तत्त्व हैं–कल्पनाश्रित यथार्थ, वर्णनात्मकता और कलात्मकता। वास्तव में ये तत्त्व भी एक अच्छे रेखाचित्र के लिए आवश्यक हैं।

'कल्पनाश्रित यथार्थ' का आशय यह है कि रेखाचित्र में ग्रहीत यथार्थ तथ्यात्मक या इतिहासपरक नहीं होता। यह यथार्थ जीवन का वैसा ही यथार्थ होता है, जैसा कहानी या उपन्यास का यथार्थ होता है। इसलिए रेखाचित्रकार के पास अपने विवेच्य विषय को विस्तार देने के लिए उससे जुड़े यथार्थ को कल्पना द्वारा फैलाव देने की पूरी संभावना रहती है। रेखाचित्र क्योंकि जीवन के प्रायः बाहरी स्वरूप पर दृष्टि रखता है, इसलिए यह कल्पना भी प्रायः स्थूल ही होती है। इस प्रकार रेखाचित्र में कल्पना उपकारक तत्त्व है, जो यथार्थ से टकराता नहीं, बल्कि उसे गहराने का काम करता है। दूसरे शब्दों में कहें तो यह कह सकते हैं कि रेखाचित्र में जीवन का यथार्थ कल्पना में लिपट कर व्यक्त होता है, अतः वह कल्पनाश्रित यथार्थ होता है।

जहां तक *वर्णनात्मकता* की बात है, यह विधा अन्य जीवनीपरक विधाओं की तरह वर्णनात्मक है। स्थूल रूपाकार वर्ण्य ही होता है। विवरण तो भीतरी पकड़ के स्तर पर अपेक्षित रहता है। रेखाचित्र अपने वर्ण्य विषय की आकृति को, शब्दों की तूलिका के निश्चित आयामों में घुमाकर बनाता है अर्थात् वह वर्णनात्मकता का सहारा लेता है। इससे विषयगत सभी स्थूल पक्ष समेट लिए जाते हैं। वह जब बाहर

से भीतर की ओर विषय में प्रवेश करता है, तो भी अधिक गहराई में न जा कर, अपने शब्दचित्र की स्थूलता को पुष्ट करने के लिए वर्णनात्मक ही अधिक रहता है। यदि वह कहीं दया, करुणा, ममता, प्रेम, अहिंसा जैसे रागात्मक पक्षों का उद्‌घाटन भी करता है, तो भी वह उद्‌घाटन विषयगत न होकर स्थितिजन्य अधिक होता है।

कलात्मकता का तत्त्व जीवनी की भांति इस विधा में भी आवश्यक है। इसी विधा में क्या, यह तत्त्व तो प्रत्येक साहित्यिक विधा में होना चाहिए। यथार्थ और कल्पना के संयोग से जिन स्थलों, प्रसंगों और चरित्रों को रेखाचित्रकार अधिक गम्भीरता से उभारना चाहता है, वहां वह साहित्यिक उपादानों में बिम्ब, अलंकार और अप्रस्तुत विधान आदि का आश्रय ग्रहण करता है। स्थूल स्थितियों को वह जनजीवन में प्रचलित मुहावरों और प्रतीकों आदि के माध्यम से अधिक व्यंजक बना सकता है। अर्थात् वह भाषा के रचनात्मक रूप का कुशलता के साथ उपयोग करता है। शब्दगत व्यंजनाएं उसके रेखाचित्र में रंग भरती हैं।

रेखाचित्रों का वर्गीकरण

डॉ० हरवंश लाल शर्मा ने रेखाचित्रों के इस प्रकार वर्गीकृत किया हैं–

(1) मनोवैज्ञानिक रेखाचित्र (2) ऐतिहासिक रेखाचित्र (3) तथ्य प्रधान या घटना-प्रधान रेखाचित्र (4) वातावरण प्रधान रेखाचित्र (5) प्रभाववादी-प्रतीकवादी रेखाचित्र (6) हास्य-व्यंग्य-प्रधान रेखाचित्र (7) व्यक्ति-प्रधान रेखाचित्र (8) आत्मपरक रेखाचित्र।

यह वर्गीकरण किसी एक आधार को लेकर नहीं चलता और अनेक वर्ग त्रुटिपूर्ण हैं। रेखाचित्र में व्यक्ति की प्रधानता तो होती ही है, फिर उसका स्वतंत्र वर्ग कैसा? मनोवैज्ञानिकता, वातावरण, तथ्यात्मकता, हास्य-व्यंग्य आदि सभी तत्त्वों का एक साथ रचनात्मक उपयोग एक ही रेखाचित्र में किया जा सकता है, प्रायः होता भी है; तब इनके अलग-अलग वर्ग कैसे बनाए जा सकते हैं?

इसी तरह कुछ और वर्ग भी हो सकते हैं–

(1) भावात्मक (2) प्रकृतिपरक (3) समस्यामूलक (4) संस्मरणात्मक (5) सांस्कृतिक इत्यादि।

हमारे विचार से रेखाचित्रों को इन तीन वर्गों में रखकर देखना पर्याप्त होगा–

(1) व्यक्ति-प्रधान,

(2) वस्तु-प्रधान,

(3) अन्य।

रेखाचित्र और अन्य विधायें

रेखाचित्र कहानी, संस्मरण और जीवनी के निकट की विधा है। इन विधाओं में कभी-कभी बहुत अन्तर दिखाई देता है। परिणामतः कई रचनाओं की स्पष्ट पहचान कठिन हो जाती है कि वे कहानी हैं

अथवा रेखाचित्र या इसी तरह जीवनी और रेखाचित्र में विभेदक रेखा खींचने में कठिनाई आती है। जीवनीपरक विधा होने से जीवनी,संस्मरण और रेखाचित्र का अन्तर तो और भी कम है। इसलिए आवश्यक है कि इन विधाओं के अन्तर को समझ लिया जाए।

रेखाचित्र और कहानी

कहानी रेखाचित्र के अधिक निकट है। फिर भी इन दोनों विधाओं में विषय और प्रस्तुति-दोनों स्तरों पर पर्याप्त अन्तर है।

डॉ० नगेन्द्र ने अपनी पुस्तक 'शोध और सिद्धान्त' में (पृ० 183 से 189) इस प्रसंग में एक संगोष्ठी का हवाला देते हुए विस्तार से चर्चा की है। यद्यपि इस गोष्ठी के वक्ता श्रीधर कहते हैं कि, "कहानी और रेखाचित्र में कोई मौलिक अन्तर नहीं है।" वे तर्क देते हैं कि "यह धारणा गलत है कि घटना की प्रधानता कहानी को रेखाचित्र से पृथक् करती है। कहानी के लिए घटना बिल्कुल अनिवार्य नहीं है और उसके अतिरिक्त घटना केवल स्थूल और भौतिक ही हो, यह भी जरूरी नहीं है, वह मानसिक भी हो सकती है। इसी प्रकार तथाकथित रेखाचित्रों में भी घटना का एकदम अभाव नहीं हो सकता। अगर आप कहें कि रेखाचित्र में चरित्र-अंकन की प्रधानता होती है, तो यह भी कहानी के क्षेत्र से बाहर की चीज नहीं है। इसलिए रेखाचित्र कहानी का ही एक रूप है। आज कहानी की परिभाषा इतनी व्यापक और उसकी रूप रेखा इतनी शिथिल हो गई है कि रेखाचित्र नाम की चीज अपने सभी रूपों में उसके भीतर ही आ जाती है।"

वस्तुतः यह भ्रम है। इसके निवारण के लिए दोनों विधाओं के रचना-विधान पर गहराई से विचार की आवश्यकता है।

डॉ० नगेन्द्र श्रीधर के उपर्युक्त अभिमत और तर्कों से सहमत नहीं हैं। उनका कहना है कि, "कहानी और रेखाचित्र में कोई आत्यांतिक अन्तर करना कठिन है, फिर भी दोनों में अन्तर अवश्य है, क्योंकि ये दोनों शब्द आज भी बराबर प्रचलित हैं और इनका प्रयोग करने वाले इनके द्वारा एक ही अर्थ की व्यंजना नहीं करते।" वे इसे चित्रकला से साहित्य में आया शब्द मानते हैं। वे कहानी और रेखाचित्र का अन्तर इसी के अनुरूप समझाते हुए कहते हैं कि "रेखाचित्र में तथ्य खुलते जाते हैं, संयोजित नहीं होते। कहानी के लिए घटना का होना जरूरी नहीं है, पर रेखाचित्र के लिए उसका न होना जरूरी है। घटना का भराव वह वहन नहीं कर सकता। इसी प्रकार कहानी के लिए विश्लेषण किसी प्रकार भी अवांछनीय नहीं है, परन्तु रेखाचित्र का वह प्रायः अनिवार्य साधन है।"

प्रो० बालकृष्ण का मानना है कि "रेखाचित्र में रेखाओं का आधार होता है, रंग आदि का नहीं। अतएव उसमें संकेत अर्थात् व्यंजना का प्राधान्य रहता है। इसलिए रेखाचित्र और कहानी का मूल अन्तर यही है कि रेखाचित्र कहानी की अपेक्षा सांकेतिक अधिक होता है।" लेकिन डॉ नगेन्द्र इससे असहमत

हैं। उनका कहना है कि "कहानी में भी अधिकाधिक सांकेतिकता हो सकती है और प्रायः होती है। वह कहती कम है, पाठक के मन में संकेतों द्वारा चित्र ही अधिक जगाती है।"

एक विद्वान् श्री तिवारी (पूरा नाम नगेन्द्र जी ने अपने इस लेख में नहीं दिया) का यह कथन महत्त्वपूर्ण है, कि "कहानी गत्यात्मक होती है, रेखाचित्र स्थिर होता है। दोनों में बस यही एक अन्तर है।"

उनके इस कथन को जैनेन्द्र जी ने पूरा समर्थन दिया है। वे उनके कथन को आगे बढ़ाते हुए कुछ और समझाते हैं कि, "कहानी में रेखाचित्र से एक पहलू अधिक होता है। यदि रेखाचित्र में एक पहलू होता है तो कहानी में दो। और रेखाचित्र में दो मानिये तो कहानी में तीन। यानी, अगर रेखाचित्र में सिर्फ लम्बाई ही है तो कहानी में लम्बाई के अतिरिक्त चौड़ाई भी होती है, और अगर रेखाचित्र में लम्बाई और चौड़ाई होती है तो कहानी में मोटाई या गोलाई और माननी पड़ेगी।' वे एक उदाहरण देकर इस बात को इस तरह स्पष्ट करते हैं, "सिनेमा में जैसे क्लोज-अप होता है, यह तो रेखाचित्र हुआ, जबकि चेहरा बड़ा होते-होते सारे स्क्रीन को ढक लेता है, और बाकी फिल्म कहानी हुई।" इसके अतिरिक्त, "रेखाचित्र अपनी स्थिरता में कुछ गतिहीन हो जाता है, वह शेष से कटकर अपने आप में स्वतंत्र हो जाता है, इसलिए उसमें रस और तीव्रता की कमी होती है। वह कुछ 'सेक्यूलर' होता है।" "रेखाचित्र जहां एक व्यक्ति की तस्वीर रखता है, वहां कहानी व्यक्ति को समाज के संसर्ग में अंकित करती है।" यह विचार है *महावीर अधिकारी* का।

इस पूरी चर्चा का निष्कर्ष यह निकला कि इन दोनों विधाओं में अन्तर है। रेखाचित्र में दो डायमेंशन होते हैं: एक लेखक और उसके एकात्मक विषय के बीच की सम्बन्ध रेखा और दूसरी इस सम्बन्ध रूप और पाठक के बीच की संयोजक रेखा। रेखाचित्र का विषय निश्चय ही एकात्मक होता हैं; उसमें एक व्यक्ति या एक वस्तु ही उद्दिष्ट रहती हैं। कहानी में एक डायमेंशन और बढ़ जाता है; यह अतिरिक्त डायमेंशन विषय के अन्तर्गत होता हैं। कहानी का विषय एकात्मक नहीं रह सकता, उसमें द्वैत भाव होना चाहिए, अर्थात् एक व्यक्ति अपने आप में कहानी नहीं बन सकता उसका अपने आप में होना कहानी के लिए काफी नहीं हैं, कहानी में उसे दूसरे या दूसरों की सापेक्षता में कुछ करना होगा। प्रेम करना होगा, वैर करना होगा, सेवा करनी होगी, कुछ करना होगा, अपने में सिमट कर रह जाना काफी नहीं होगा, अपने से बाहर निकलना होगा इस प्रकार कहानी का विषय एक बिन्दु न होकर दो या अनेक बिन्दुओं की संयोजक रेखा होती हैं. 'यही एक अतिरिक्त डायमेंशन है जो कहानी में बढ़ जाता हैं। इसी रूप में आप चाहें तो उसे रेखाचित्र की अपेक्षा अधिक गत्यात्मक कह लीजिए।

कहानी और रेखाचित्र के अन्तर के कुछ अन्य बिन्दु इस प्रकार हैं—

रेखाचित्र का उद्देश्य लेखक के वास्तविक अनुभव में आये किसी चरित्र की विशेषताओं को मार्मिक रूप से प्रस्तुत करना है। कहानी में अनुभूति के साथ-साथ कल्पना का भी योग रहता है। रेखाचित्र में अनुभूति की सर्वाधिक आवश्यकता है।

कहानी में या तो चरित्र बोलता है या कहानीकार, लेकिन रेखाचित्र में चरित्रांकन प्रमुख है, रस की ओर ध्यान कम रह पाता है।

रेखाचित्र में वैयक्तिकता प्रधान रहती है, कहानी में सामाजिकता अधिक होती है।

रेखाचित्र और संस्मरण

इन दो विधाओं में गहरा साम्य प्रतीत होता है, लेकिन इनका पृथक् अस्तित्व है। दोनों का व्यक्तित्व और रचना-तंत्र अलग है।

डॉ० पुष्पा बंसल के अनुसार "इतिहास के योग से जीवनी-संस्मरण, आत्मकथा व वृत्त (अभिनय) कला के योग से नाटक का जन्म होता है, उसी प्रकार चित्रकला के योग से रेखाचित्र का जन्म होता है।xxx संस्मरण में भी प्रस्तुतिकरण की विशदता होती है, पर रेखाचित्र के सामान वर्ण्य-विषय के चयन अथवा निर्माण में स्वतंत्रता नहीं। रेखाचित्रकार के लिए यह आवश्यक नहीं है कि वह केवल स्मृति के आधार पर ही अपना अंकन कार्य करे। संस्मरण लेखक-शब्दों का प्रयोग औदार्य से कर सकता है, परन्तु रेखाचित्रकार संक्षेप में वस्तु, व्यक्ति अथवा स्थान का कम-से-कम शब्दों में सजीव रूप-विधान प्रस्तुत कर देता है। जहां संस्मरणकार के लिए आत्मानुभूति की मार्मिकता की आवश्यकता है, वहां रेखाचित्रकार के लिए सूक्ष्म पर्यवेक्षणशील दृष्टि एवं रूप विधायिनी भाषा की। संस्मरणकार अपने आन्तरिक आनन्द के लिए लिखता है, रेखाचित्रकार अन्यों को पूर्णतया सूचित करने के लिए।"

साथ ही संक्षेप में उल्लेख करें तो–

(1) रेखाचित्र उपेक्षित, अपरिचित साधारणं व्यक्ति के असाधारण पर आधारित होते हैं, जबकि संस्मरण बहुधा परिचित, असाधारण व्यक्तित्व पर आधारित होते हैं।

(2) रेखाचित्र में चित्रण की प्राधनता रहती है, जबकि संस्मरण में विवरणों का प्राधान्य होता है।

(3) संस्मरणों में प्रसंगों ओर कथाओं का उपयोग किया जाता है, जबकि रेखाचित्र में रूप की अभिव्यक्ति पर ध्यान केन्द्रित रहता है।

(4) संस्मरण में देश-काल और परिस्थितियों की प्राधानता रहती है, जबकि रेखाचित्र में वर्ण्य-विषय या वस्तु की।

(5) संस्मरण प्रायः बीती बातों या दिवंगत व्यक्तियों से सम्बन्धित होते हैं, जबकि रेखाचित्र वर्तमानकालीन दृश्यों, घटनाओं से सम्बन्धित रहते या रह सकते हैं।

(6) रेखाचित्र में लेखक की दृष्टि संवेदनात्मक होती है, जबकि संस्मरण में श्रद्धात्मक!

इसी प्रसंग में समर्थ रेखाचित्रकार *पं० बनारसीदास चतुर्वेदी* का यह कथन याद हो आता है कि "रेखाचित्र में किसी वस्तु या व्यक्ति के जीवन का चित्रण होता है, उसके प्रकाश भाग तथा छाया भाग के साथ गुण-दोषों का विधिवत् वर्णन करते हुए। संस्मरण में मुख्यतया पुरानी बातें याद की जाती हैं। चरित्र-चित्रण तो दोनों में ही हो जाता है। संस्मरण प्रायः बीती हुई बातों या दिवंगत व्यक्तियों के बारे में लिखे जाते हैं।"

इसके अतिरिक्त जैसाकि *डॉ० विश्वम्भर नाथ उपाध्याय* ने कहा है, "संस्मरण में भावात्मकता रहती है। रेखाचित्र में उन्मुखता अथवा रागात्मक स्पर्श मात्र से ही काम चल जाता है।"

B-2.1.1(ii)

(2) संस्मरण (स्मृतिचित्र)

गद्य की नव विकसित गद्य विधाओं में संस्मरण अथवा स्मृतिचित्र का भी महत्त्वपूर्ण स्थान है। यह गद्य विधा भी मूलतः जीवनीपरक है, लेकिन यह 'प्रबन्धात्मक' नं होकर 'खण्डप्रबन्ध' की कोटि में आती है। इसमें आत्म संस्मरणों की गणना नहीं होती, अपितु हम दूसरों के विषय में अपनी स्मृति के आधार पर जो विशेष घटनाएं वर्णित करते हैं, वे संस्मरण अथवा स्मृतिचित्र कहे जाते हैं।

'संस्मरण' शब्द सम-स्मृ-ल्युट (अण) से उत्पन्न हुआ है, जिसका अर्थ है–सम्यक् अर्थात् भली प्रकार से स्मरण। सम्यक् स्मृति। इसलिए स्मृति-वर्णन को ही संस्मरण की पहचान माना जा सकता है।

'सम्यक्' शब्द का अर्थ है पूर्णरूपेण, पूरी तरह। ग्रानी, सहज आत्मीयता तथा गम्भीरता से किसी व्यक्ति, घटना, दृश्य और वस्तु का स्मरण करना। इसलिए संस्मरण में भावना की गहनता और यथार्थ के चित्रण के साथ-साथ लेखक स्मरण किए जीवन को सर्वाधिक महत्त्वपूर्ण मानता है और किसी अज्ञात तथ्य का साक्षात्कार करना चाहता है।

माना यह जाता है कि अब कोई विख्यात व्यक्ति किसी अन्य विशिष्टता सम्पन्न व्यक्ति के सम्बन्ध में चर्चा करते हुए स्वयं के भी जीवन के किसी अंश को प्रकाश में लाने की चेष्टा करता है, तब 'संस्मरण' विधा का जन्म होता है। वस्तुतः संस्मरण अतीत को सजीव करते हैं।

पारिभाषिक स्वरूप

'संस्मरण' को पाश्चात्य साहित्य के प्रभाव से हिन्दी में जन्मी एक आधुनिक विधा माना जाता है। अंग्रेजी में 'संस्मरण' के लिए दो शब्दों का प्रयोग मिलता है– 'मेमॉइर' तथा 'रेमिनिर्सेसेज़'। लेकिन इन दोनों में थोड़ा-सा तात्त्विक अन्तर है। 'मेमॉइर' अपेक्षाकृत अधिक वस्तुपरक संस्मरण है, जबकि 'रेमिनिर्सेसेज़' में लेखक अधिक व्यक्तित्व एवं व्यक्तिगत जीवन की अनुभूतियों को कहीं अधिक स्पष्टता के साथ व्यक्त करता है। अंग्रेजी में 'मेमॉइर' घटनाओं के आधिकाधिक विवरण एवं ऐतिहासिक तथ्यों के व्यक्तिगत ज्ञान पर आधारित विवरण को भी कहते हैं। हिन्दी में इन दोनों के लिए प्रायः एक ही शब्द का प्रचलन है 'संस्मरण'। इनमें थोड़ा अन्तर दिखाने के लिए 'संस्मरण' तथा 'आत्म-संस्मरण' कह सकते हैं। यों दोनों के लिए एक सर्वाधिक उपयुक्त शब्द और भी है– 'स्मृतिचित्र।' यह शब्द संस्मरण और आत्मसंस्मरण दोनों की विशेषताएं समेट सकता है। अर्थात् स्वयं देख-सुनकर अनुभव करने के बाद, अपने अनुभवों को स्मृति के गर्भ से चित्रोपमता के साथ, सजीवता के साथ, पूरी संवेदना के साथ प्रकाशित करना। आत्मीयतापूर्ण ढंग से अपनी स्मृतियों को वर्णित करना।

'स्मृतिचित्र' के दो रूप हो सकते हैं—संस्मरण और आत्म-संस्मरण। संस्मरण 'जीवनी' से जुड़ी शैली है, 'आत्म-संस्मरण' 'आत्मकथा' से जुड़ी शैली। वस्तुतः किसी अन्य व्यक्ति के स्मृति-सन्दर्भ का अंकन करने वाली संस्मरण-शैली को 'संस्मरण' की संज्ञा दी गई है और आत्म-निरूपक संस्मरण को 'आत्मसंस्मरण' कहते हैं।

'संस्मरण' वर्णन-प्रधान जीवनीपरक कथेतर गद्य-विधा है, ये वर्णन स्मृति से सम्बद्ध रहते हैं। इनमें सजीव पात्रों के बाहरी रूप के साथ-साथ आन्तरिक चरित्र का भी वर्णन रहता है। ये कल्पना की अपेक्षा वास्तविकता पर निर्भर होते हैं। यों प्रायः ख्यातिप्राप्त लोगों के ही संस्मरण हमें अधिक पढ़ने को मिलते हैं, लेकिन सामान्य लोगों के संस्मरण भी लिखे जा सकते हैं। उनका महत्त्व भी किसी दृष्टि से कम नहीं माना जा सकता। बशर्ते वे 'संस्मरण' या 'स्मृतिचित्र' की सभी रचनात्मक शर्तों को पूरा करते हों।

पाश्चात्य विद्वान् मानते हैं कि 'मेमॉइर' में लेखक किसी महान् एवं प्रसिद्ध व्यक्ति के साथ की गई यात्रा अथवा उसके साथ कुछ दिन रहने पर उस समय के बीच होने वाली घटनाओं और अनुभवों की मधुर-कटु स्मृतियों का वर्णन करता है। इस प्रकार उस व्यक्ति के साथ-साथ लेखक के निजी हृदय की भावनाओं और अनुभूतियों का भी चित्रण हो जाता है। *एडगर जॉनसन* ने 'मेमॉइर' के स्वरूप के विषय में लिखा कि 'स्मरण' और 'संस्मरण' शब्द प्रकृति और विषय की औपचारिकता का संकेत करते हैं। लेखक लिखते समय जो भी स्मरण कर सकता है, उसी का उनमें वर्णन होता है।'

वास्तव में संस्मरण का अर्थ है, आपबीती या अनुभूत बातों का वर्णन या कथन। किसी व्यक्ति के सम्बन्ध में रमणीय घटनायें तथा उनका उल्लेख (राजस्थानी शब्दकोश, पृष्ठ -1433)।

इन कुछ विचारों को दृष्टिपथ में रखकर संस्मरण के विषय में यह कहा जा सकता है—

(1) संस्मरण में स्मृतियों को शब्दबद्ध किया जाता है, स्मृतियां भी सभी नहीं, बल्कि गिनी-चुनी। अर्थात वे स्मृतियां, जो रमणीय हों, जिन्होंने लेखक को सर्वाधिक प्रभावित किया हो,

(2) इन स्मृतियों का या स्मृति-चित्रों का वर्णन किया जाता है,

(3) संस्मरण कुछ चुने हुए विशिष्ट व्यक्ति के जीवन, उसके साथ बिताये गए क्षणों की स्मृतियों का ही वर्णन है,

(4) संवेदनात्मक चित्रण संस्मरण के लिए आवश्यक है।

(5) संस्मरण में वर्णित स्मृतियां मार्मिक और तथ्यपरक होती हैं।

इस आधार पर हम संस्मरण को एक विधा के रूप में इन शब्दों में परिभाषित करना चाहेंगे—

"संस्मरण गद्य की वह जीवनीपरक कथेतर गद्य विधा है, जिसमें कोई लेखक किसी विशिष्ट व्यक्ति के जीवन से जुड़ी मार्मिक आत्मीय स्मृतियों को रोचक और तथ्यपरक ढंग से वर्णित करता है। इस वर्णन में लेखक की अंतरंगता की झलक भी दिखाई देती है। आत्मसंस्मरण अपने जीवन की स्मृतियों से जुड़े चित्र हैं।"

यहा 'विशिष्ट व्यक्ति' से तात्पर्य है प्रेरणा-प्रद व्यक्ति से लेखक अपने अनुभवों को कभी किसी व्यक्ति के माध्यम से व्यक्त करता है, कभी घटना, वस्तु अथवा क्रियाकलाप के माध्यम से। ये घटनायें एवं क्रियाकलाप कभी किसी महान् व्यक्ति के साथ जुड़े होते हैं, तो कभी किसी सामान्य जन के साथ। ये घटनायें चाहे किसी के साथ जुड़ी हों, लेखक सदैव उनके माध्यम से ऐसे मानवीय गुणों को तलाशता रहता है, जो मनुष्य को जड़ एवं यांत्रिक बनने से रोकते हैं, जो हमारे जीवन के सामने एक अनुकरणीय आदर्श प्रस्तुत करते हैं। इसलिए यह कहा जा सकता है कि 'संस्मरण में साधारण भी असाधरण बन जाता है।' साथ ही निजीपन और आत्मीयता इस विधा के लिए अनिवार्य है। यही कारण है कि निजी जीवन की सत्य घटनाओं के प्रत्यक्षीकरण की इस प्रक्रिया में लेखक स्वयं भी एक प्रमुख पात्र रहता है, बेशक वह पृष्ठ भूमि में ही क्यों न हो।

यात्रा-स्मृतियों को, जिनमें प्रकृति-वर्णन मुख्य हो, हम संस्मरण की श्रेणी में नहीं रखते, वह एक स्वतंत्र विधा है।

संस्मरण के रचना-तत्त्व

संस्मरण मूलतः जीवनांशों की स्मृति का अंकन है। मस्तिष्क की स्मृति को लिखना, कतिपय अविस्मरणीय क्षणों की रोचक अभिव्यक्ति संस्मरण-विधा की रचना-प्रक्रिया के सर्वाधिक सक्रिय तत्त्व है। इस विधा को आत्मनिष्ठ विधा कहा जाता है। जीवनीपरक गद्य रूप होने से संस्मरण यथार्थ जीवन से सम्बद्ध, लेखक के व्यक्तित्व की आभा से युक्त, चरित्र की गरिमा से मण्डित, सांकेतिक एवं प्रभावपूर्ण शैली में लिखित अविस्मरणीय घटनाओं के पुँज हैं। इसलिए संस्मरण के रचना-तत्त्व इन्हीं विशेषताओं में निहित है।

इस विचार से संस्मरण विधा के विधायक उपकरण होने चाहिए–(1) अतीत-स्मृति, (2) व्यक्तित्व का चरित्रांकन, (3) आत्मीय एवं श्रद्धापरक अंतरंगता, (4) तथ्यात्मकता।

अतीत की स्मृति संस्मरण का प्राथमिक तत्त्व है। इस विधा में लेखक किसी प्रेरणाप्रद व्यक्ति के जीवन के घटित अंशों का अपनी स्मृति के आधार पर अंकन करता है। इसलिए लेखक की मस्तिष्क-स्मृतियों या मानस पटल पर उभरने वाली घटनाओं को शब्दबद्ध करना इस विधा की पहली शर्त है। ये घटनायें वे होती हैं, जो अतीत का अंग बन चुकी होती हैं। जैसा कि *डॉ० पुष्पा बंसल* ने भी कहा है, "अपनी जीवन-यात्रा के क्रम में व्यक्ति अनेक अनुभवों में से होकर गुजरता है, जिनकी कोई-न कोई छाप उसके स्मृति कोश में स्वयमेव ही बन जाया करती है। उनमें से कुछ प्रसंग, व्यक्ति, घटनायें, स्थितियां व दृश्य ऐसे होते हैं जो सामान्यतः अतिक्रमण करते हैं। जो भोक्ता मानस पर अपने वैचित्र्य व वैशिष्ट्य से एक गहरा प्रभाव बनाते हैं। भोक्ता व्यक्ति का मानस अपने शून्य व आत्मानवेक्षक क्षणों में बार-बार उन्ही प्रभावों को अनुभव किया करता है–इसी प्रक्रिया में वह किसी क्षण में यह निर्णय ले लेता है कि इस

अनुभव-स्रोत को अपने तक ही सीमित रखने के स्थान पर इसे भाषा में अभिव्यक्त करके जनसुलभ बना दिया जाए।"कहने का अर्थ यह है कि संस्मरण में अतीत की स्मृतियां शब्दबद्ध की जाती हैं, लेकिन अतीत की सारी स्मृतियां नहीं, बल्कि कुछ ही, जो विशिष्ट होती हैं। जिन्होंने लेखक को बहुत प्रभावित किया हो। जो बार-बार उसके मानस-पटल पर उभरती हैं। इस तरह अतीत के साथ लेखक का निजी सम्बन्ध रहता है।

व्यक्तित्व का चरित्रांकन संस्मरण का दूसरा महत्त्वपूर्ण तत्त्व है। मनुष्य को कोई विशिष्ट व्यक्तित्व वाला व्यक्ति ही प्रभावित करता है। इसलिए उस विशिष्ट व्यक्तित्व के चरित्र का अंकन ही 'संस्मरण' में किया जा सकता है। इस व्यक्तित्व और चरित्र को उभारना संस्मरण-लेखक का उद्देश्य रहता है। विभिन्न घटनाओं, कार्यकलापों आदि के बीच से यह व्यक्तित्व और चरित्र उभारा जाता है।

आत्मीय एवं श्रद्धापरक अंतरंगता संस्मरण का अनिवार्य तत्त्व है। जब तक लेखक आत्मीयता के साथ किसी स्मृति को अंकित नहीं करेगा, तब तक संस्मरण विधा आकार नहीं पा सकती। इसके साथ ही आवश्यक है संस्मरण्य व्यक्ति के प्रति आत्मीयता और श्रद्धा का भाव। श्रद्धा-पुरुष वही होगा, जो कोई प्रेरणा दे सके। अपने कार्यों से, अपने व्यक्तित्व से मानवीय गुणों के प्रसार से। ऐसे श्रद्धास्पद व्यक्ति के साथ लेखक की अंतरंगता होनी चाहिए।

इन बातों से ही 'संस्मरण' विधा विश्वसनीय, पठनीय और सफल हो पाती है। तभी पाठक उसे पढ़ना भी चाहेंगे, अन्यथा नहीं।

तथ्यात्मकता भी संस्मरण के लिए आवश्यक उपकरण है। संस्मरण में कल्पना का इतना प्रयोग नहीं किया जाता, जितना कहानी आदि विधाओं में। यहां तो तथ्यों को लिया जाता है। इतिहास की तरह सही घटनाओं को चुना जाता है। लेकिन संस्मरण साहित्य की विधा है, इतिहास नहीं।

फिर भी संस्मरण किए गए व्यक्ति, उसके जीवन की चुनी हुई घटनाओं के साथ उस युग का समूचा परिवेश स्वतः ही लिपटा रहता है। "संस्मरण-लेखन में अतीत का, घटित का अर्थात् इतिहास का आधार अत्यावश्यक होता है। कल्पित स्थितियां संस्मरण का नहीं कहानी का निर्माण करती हैं। संस्मरण इतिहास नहीं तो इतिहास निर्देशक लेख अवश्य होते हैं। साहित्यकार, राजनीतिज्ञ एवं समाजसेवियों के संस्मरणों में उनके युग के व्यक्तियों-परिस्थितियों-विचारधाराओं व आन्दोलनों का जो रूप अभिव्यक्त होता है, वह उस युग के इतिहास से अधिक सच्चा व वास्तविक होता है।'डॉ० पुष्पा बंसल का यह कथन संस्मरण के तथ्यात्मक आधार की प्रवृति को रेखांकित करता है।

समग्रतः संस्मरण वर्णन प्रधान है। ये वर्णन स्मृति से सम्बद्ध रहते हैं। इनमें पात्रों के बाहरी रूप के साथ-साथ आन्तरिक चरित्र का भी वर्णन रहता है। ये कल्पना की अपेक्षा वास्तविकता पर निर्भर होते हैं। यह एक सोद्देश्य साहित्यिक विधा है, जिसके मूल में प्रगतिशील मानवीय दृष्टि और प्रेरणा विद्यमान रहती है।

संस्मरणों का वर्गीकरण

संस्मरणों को विषय के आधार पर इस प्रकार वर्गीकृत किया गया है (द्रष्टव्य; डॉ० मनोरमा शर्मा, संस्मरण और संस्मरणकार, कानपुर, 1988, पृ० - 17) –

(1) जीवनी प्रधान संस्मरण, (2) यात्रा प्रधान संस्मरण,

(3) शिकार सम्बन्धी संस्मरण, (4) ऐतिहासिक संस्मरण,

(5) सामान्य संस्मरण, (6) कलात्मक संस्मरण।

यह वर्गीकरण त्रुटिपूर्ण है। क्योंकि संस्मरण विधा होती ही 'जीवनीपरक' है। इसलिए जीवनी तो इसमें प्रधानरूप से रहेगी ही, फिर यह वर्ग कैसा? यात्रा-प्रधान और शिकार सम्बन्धी संस्मरण का कोई ठीक-ठिकाने का वर्ग नहीं है। 'यात्रावृत्तांत' एक स्वतंत्र विधा है। इसी में हम शिकार संस्मरणों को समेट सकते हैं। इसलिए दो वर्ग भी अनुचित हैं। ऐतिहासिक संस्मरण कौन-से होंगे? संस्मरण का कलेवर अतीत की घटनायें ही हैं, ऐतिहासिक (अत्यधिक प्राचीन अतीत की) घटनाओं को कैसे लिखा जा सकता है, जबकि उनका दृष्ट्या स्वयं इतिहास बन चुका होगा? सामान्य संस्मरण और विशेष-संस्मरण, कौन-से कहे जायेंगे? कलात्मक संस्मरण किन संस्मरणों को कहेंगे? जबकि प्रत्येक संस्मरण कलात्मक होता ही है।

इसी प्रकार कुछ विद्वानों ने संस्मरण को इस प्रकार वर्गीकृत किया है–

(1) वर्णनात्मक संस्मरण, (2) संवेदनात्मक संस्मरण,

(3) व्यंग्यात्मक संस्मरण, (4) आदर्शवादी संस्मरण,

(5) यथार्थवादी संस्मरण, (6) आत्मकथात्मक संस्मरण।

यह वर्गीकरण भी ठीक नहीं है। संस्मरण तो है ही वर्णनात्मक विधा। संवेदनात्मकता संस्मरण की विशेषता है; तभी सफल संस्मरण संवेदनात्मक होते हैं। किसी न किसी आदर्श की स्थापना और प्रेरणा के लिए प्रायः संस्मरणों का सृजन होता है। इसलिए इसे अलग से एक वर्ग नहीं बनाया जा सकता। यथार्थ घटनाओं के आधार पर संस्मरण की सृष्टि की जाती है। यह भी कोई वर्ग नहीं। 'आत्मकथा' तो स्वतंत्र-विधा है। इसे अलग वर्ग बनाने का औचित्य प्रतीत नहीं होता।

कुछ विद्वानों ने शैली के आधार पर संस्मरणों का विभाजन किया है। इस आधार पर संस्मरणों के निम्नलिखित 9 भेद बताये गए हैं–

(1) आत्मकथात्मक शैली के संस्मरण, (2) निबन्धात्मक शैली के संस्मरण,

(3) डायरी शैली के संस्मरण, (4) पत्रात्मक शैली के संस्मरण,

(5) तरंग शैली के संस्मरण, (6) संवाद शैली के संस्मरण,

(7) वर्णनात्मक शैली के संस्मरण, (8) सूक्ति शैली के संस्मरण,

(9) सम्बोधन शैली के संस्मरण।

यह वर्गीकरण भी त्रुटिपूर्ण है। कोई भी संस्मरण-लेखक अपने लिखे संस्मरण में एक से अधिक शैलियों को अपना कर चल सकता है। ऐसे में उस संस्मरण को किस शैली का संस्मरण कहा जायेगा? इसलिए यह अस्पष्ट विभाजन है। इसके साथ ही, कई और भी नयी शैलियां हो सकती हैं, जो लेखक ने अपने व्यक्तित्व और विषय के अनुरूप विकसित की हों, या अपनायी हों। तब इन्हें किस कोटि में रखेंगे?

कुल मिलाकर संस्मरण-विधा का वर्गीकरण करना इतना आसान काम नहीं है। हम संस्मरणों को निम्नलिखित दो वर्गों में रख कर देखने का आग्रह करेंगे–

(1) चरित्र-प्रधान संस्मरण,

(2) घटना-प्रधान संस्मरण।

इस वर्गीकरण का आधार हमने संस्मरण के *विषय की प्रवृत्ति की प्रधानता* को रखा है।

चरित्र प्रधान संस्मरणों में लेखक घटनाओं की अपेक्षा संस्मरण-नायक के बाह्य, आन्तरिक चरित्र को अधिक मुखरता के साथ उभारता है; जबकि घटना-प्रधान संस्मरणों में घटनाओं को चरित्र की अपेक्षा अधिक महत्त्व दिया जाता है। अनेक बार व्यक्ति का चरित्र उन घटनाओं के नीचे दब जाता है।

B-2.1.2 आत्मक जीवनीपरक कथेतर गद्य विधाएं

B-2.1.2 (i) प्रबन्धात्मक:महाप्रबन्ध – *आत्मकथा*

'आत्मसंस्मरण' जहां स्व-जीवन की चुनी हुई स्मृतियों के चित्र सामने रखते हैं, वहां 'आत्मकथा' अपने जीवन का विस्तृत लेखा-जोखा। यही कारण है कि आत्मसंस्मरण खण्ड प्रबन्धात्मक रचना है, जो जीवन-खण्डों के बिम्ब उकेरती है। इसके विपरीत आत्म-स्मृतियों का रचनात्मक उपयोग करते हुए 'आत्मकथा' समग्र जीवन का प्रबन्धात्मक प्रकाशन है।

यंह जीवनीपरक विधा लेखक द्वारा अपने ही विषय में तटस्थ भाव से विस्तृत लेखा-जोखा सांमने रखती है। इसमें लेखक जीवन को पीछे मुड़कर दूर तक देखता है। क्रमबद्धता के कारण आत्मकथा में जीवन और समय प्रवहमान और गत्यात्मक होते हैं, ठहरे हुए नहीं रहते। जैसा कि संस्मरणों में प्रायः हुआ करता है। साथ ही निजी जीवन की अनेकानेक खट्टी-मीठी स्मृतियां तथा जीवन में आए व्यक्तियों के आचरण, विचार एवं चरित्र उपस्थित रहते हैं।

आत्मकथा आत्मनिष्ठ विधा अवश्य है, लेकिन उसमें देश-काल वातावरण अपने पूरे प्रभाव के साथ सक्रिय रहता है। कैसे लेखक का व्यक्तित्व बना है, वह किन-किन परिस्थितियों के बीच से गुजर कर, कहां-कहां होता हुआ, कहां तक पहुंचा है–इस प्रक्रिया का जीवन्त चित्र आत्मकथा में बनता है। इसीलिए साहित्य की जो विधाएं 'जीवन की आलोचना' का सच्चा प्रतिनिधित्व करती हैं, उनमें आत्मकथा का स्थान सर्वोपरि है। साहित्य की अन्य विधाओं में जीवन की आलोचना के अतिरिक्त भी बहुत कुछ होता है, जबकि आत्मकथा में जीये हुए जीवन का, भोगे हुए क्षणों का, झेले हुए सुख-दुखों का, और आदि दैविक, आधि-भौतिक और आध्यात्मिक सुख-दुखों का सच्चा लेखा-जोखा आत्मकथा-लेखक, अपने समग्र जीवन के पुनःरीक्षण के रूप में प्रस्तुत करता है।

कहने का अर्थ है कि 'आत्मकथा' जीवनीपरक कथेतर गद्य रूप है। यह 'परात्मक' न हो कर 'आत्मक' जीवनी-विधा है। इसमें दूसरों के द्वारा जीवन-सत्यों का उद्घाटन न होकर स्वयं-द्वारा अपने जीये-भोगे जीवन-यथार्थ को व्यक्त किया जाता है। अपने रचना-विधान में यह विधा प्रबन्धात्मक है।

पारिभाषिक स्वरूप

'आत्मकथा' पर अंग्रेजी में पर्याप्त सामग्री उपलब्ध है, हमारे यहां बहुत कम और आधुनिक युग में ही 'आत्मकथाएं' लिखी गई हैं। संभवतः किसी संकोचवश, विनम्रतावश और अपने आपको विज्ञापित न करने की भावना से ऐसा हुआ है। पहले कारण जो भी रहे हों, पिछले कुछ वर्षों में हिन्दी में भी अच्छी आत्मकथाएं प्रकाशित हुई हैं। इसकी पृष्ठभूमि में अवश्य ही अंग्रेजी की आत्मकथाएं आदर्श रही हैं। अतः

'आत्मकथा' का पारिभाषिक स्वरूप समझने के लिए पश्चिम की अवधारणाओं पर दृष्टिपात् कर लेना अनुचित न होगा।

'एनसाइक्लोपीडिया ब्रिटेनिका' में कहा गया है कि "आत्मकथा व्यक्ति के जीये हुए जीवन का ब्यौरा है, जो स्वयं उसके द्वारा लिखा जाता है।" और "आत्मकथा का मूल सिद्धान्त आत्मविश्लेषण होना चाहिए। " इसी तरह *कैसेल* ने *एनसाइक्लोपीडिया ऑव लिटरेचर* में आत्मकथा को परिभाषित करते हुए कहा है कि "आत्मकथा व्यक्ति के जीवन का विवरण है, जो स्वयं के द्वारा प्रस्तुत किया जाता है। इसमें जीवनी के अन्य प्रकारों से सत्य का अधिकतम समावेश होना चाहिए।" *शिप्ले* की *'डिक्शनरी ऑव वर्ल्ड लिटरेचर'* में आत्मकथा का स्वरूप इस प्रकार मिलता है, "आत्मकथा मूलतः लेखक के जीवन का सातत्यपूर्ण विवरण होता है, जिसमें मुख्य बल आत्मनिरीक्षण और अपने जीवन की सार्थकता पर बाह्य परिवेश में प्रस्तुत किया जाता है।"

रॉय पास्कल नामक पश्चिमी लेखक ने 'आत्मकथा' को इन शब्दों में परिभाषित किया है, "इसकी अभिरुचि का केन्द्र 'स्व' होता है, बाह्य संसार नहीं। बाह्य संसार का प्रयोग उतने तक ही सीमित रहता है, जितने में व्यक्ति का व्यक्तित्व विशिष्ट रूप ग्रहण कर सके।"

इसी तरह *'माडर्न एनसाइक्लोपीडिया'* में कहा गया है कि, "आत्मकथा व्यक्ति के निजी जीवन का लगातार प्रस्तुत किया गया विवरण है। यह लेखक के जीवन तथा जीवन-यात्रा का वास्तविक एहवाल होती है और उसके वैयक्तिक, बौद्धिक तथा आध्यात्मिक विश्वासों को प्रस्तुत करती है। इस प्रकार वह व्यक्तिलक्षी भी होती है और वस्तुलक्षी भी।" जबकि 'ऑक्सफोर्ड डिक्शनरी' में आत्मकथा की परिभाषा करते हुए कहा गया है कि आत्मकथा स्वयं का स्वलिखित इतिहास है। स्वयं के द्वारा लिखी गई स्वयं की कहानी है। *कौलियर्स* अपने *'एनसाइक्लोपीडिया'* में आत्मकथा को जीवनी का ही एक प्रकार मानते हैं, जिसमें लेखन का विषय स्वयं लेखक ही होता है। यह सामान्यतः प्रथम पुरुष में लिखी जाती है और लेखक के जीवन के अधिकांश अथवा महत्त्वपूर्ण तथ्यों को स्वयं में समाविष्ट करके चलती है।

अंग्रेजी की परिभाषाओं पर विचार करने के उपरान्त हम आत्मकथा के सम्बन्ध में हिन्दी कोशों और समीक्षकों द्वारा दी गई कुछ प्रमुख परिभाषाओं पर विचार करें।

'हिन्दी साहित्यकोश' (भाग- 1) में उल्लेख है कि "बीते हुए जीवन का सिहांवलोकन 'आत्मकथा' का मूलतत्त्व है।" जबकि 'मानविकी पारिभाषिक कोश' में "अपने आंतरिक जीवन के ब्यौरेवार वर्णन" को आत्मकथा कहा गया है। मानक हिन्दी कोश में जीवन की मुख्य-मुख्य बातों के वर्णन को आत्मकथा का प्रधान गुण माना है। तो *आदर्श हिन्दी कोश* तथा *"हिन्दी शब्दसागर"* में इसे "जीवन-भर का वृत्तान्त" माना गया है। *वृहद हिन्दी कोश* में 'आत्मकथा' शब्द को 'आत्मन्' और 'कथा' का सामासिक रूप बताते हुए आत्मकथा को 'अपने जीवन की कहानी' बताया गया है।

उपर्युक्त सभी परिभाषाओं और आत्मकथा के लक्षणों आदि को सामने रख कर हम 'आत्मकथा'

के कुछ सामान्य लक्षण इस प्रकार रेखांकित कर सकते हैं–

(1) आत्मकथा जीवन के जीये हुए क्षणों का ब्यौरा है।

(2) इसमें जीवन का आत्म-निरीक्षण एवं विश्लेषण आवश्यक है।

(3) यह स्वयं का स्वलिखित इतिहास है।

(4) इसका विषय स्वयं लेखक ही हैं।

(5) यह व्यक्तिलक्षी एवं वस्तुलक्षी–दोनों है।

(6) इसमें सत्य और यथार्थ का होना आवश्यक है।

आत्मकथा में लेखक अपने ही जीवन तथा व्यक्तित्व का निरीक्षण करता है। वह अपने अतीत का सिंहावलोकन करता है और एक व्यापक पृष्ठभूमि में जीवन का महत्त्व पकट करता है। इस में लेखक का उद्देश्य आत्म-निरीक्षण, आत्म-विश्लेषण, आत्मसमर्थन एवं आत्म-प्रसार रहता है और वह अतीत की स्मृतियों को पुनर्जीवित करता है। यह अतीत हुए जीवन की पुनः सृष्टिहै, जो लेखक आत्मदान करके रचता है।

समग्रतः हम आत्मकथा को इन शब्दों में परिभाषाबद्ध कर सकते हैं कि, "आत्मकथा वह जीवनीपरक प्रबन्धात्मक कथेतर गद्य विधा है, जिसमें लेखक सचेत हो कर, अपने अतीत हुए समग्र जीवन का निःसंकोच, निष्कपट और ईमानदारी से विवेचन-विश्लेषण प्रस्तुत करता है। इसमें 'स्व' के साथ-साथ बाह्य विश्व से सम्बद्ध मानसिक क्रिया-प्रतिक्रियाओं, घात-प्रतिघातों का कलात्मक अंकन होता हैं।"

आत्मकथा के रचना-तत्त्व

'आत्मकथा' के दो प्राथमिक तत्त्व हैं–'आत्म' और 'कथा'। इनमें से 'आत्म' तत्त्व निश्चित-सा ही है, 'कथा' तत्त्व विशिष्ट और व्याख्या-सापेक्ष है। इनके अतिरिक्त तीसरा द्वितीयक तत्त्व है–'परिवेश'। वास्तव में इनके कलात्मक संयोजन और प्रभावपूर्ण लेखन से ही 'आत्मकथा' आकार पाती है। एक अच्छी आत्मकथा की शर्त ईमानदारी भी है, जिसे एक अलग तत्त्व कहा गया है।

अब हम इन तत्त्वों पर विस्तार पूर्वक प्रकाश डालेंगे।

(1) 'आत्म' तत्त्व

'आत्म तत्त्व' का आशय है वैयक्तिकता अथवा कहें कि आत्मोद्घाटन, आत्म-विश्लेषण और आत्मगोपन के आयामों से युक्त स्वयं लेखक का अपना जीवन।

यह आत्मकथा का प्राथमिक और सर्वाधिक महत्त्वपूर्ण रचना-तत्त्व है। जैसा कि प्रायः सभी समीक्षक मानते हैं कि आत्मकथा-लेखक अपनी कृति में अपना ही विश्लेषण करता है। इसलिए यह विधा लेखक को अपने जीवन तथा व्यक्तित्व के प्रकाशन की पूरी छूट देती है।

आत्मकथा का लेखक ही उसका नायक होता है। वह पाठकों के आकर्षण का केन्द्र होता है।

उपन्यास में जिस तरह नायक के चरित्र को अन्य पात्रों के चरित्रों के संघर्ष द्वारा उभारा जाता है, उसी प्रकार आत्मकथा लेखक भी अपने समकालीन व्यक्तियों अथवा ऐतिहासिक महापुरुषों के विचारों, क्रिया-कलापों, विचार-विमर्श अथवा व्यवहार आदि के माध्यम से अपने आत्म-तत्त्व को उभारता है। विशेषता यही होती है कि उपन्यास में इस प्रकार का चरित्र-चित्रण काल्पनिक होता है, जबकि आत्मकथा में वह वास्तविक होता है!

लेखक की सम्पर्क में आए अन्य पात्र ही उसके चरित्र का निरूपण नहीं करते, बल्कि परिस्थितियां और घटनाएं भी उसके चरित्र एवं व्यक्तित्व का निर्माण करती हैं। अतः उनका भी यथातथ्य वर्णन आत्मकथा में आत्म तत्त्व की प्रतिष्ठापना के लिए किया जाता है।

बाबू गुलाबराय ने आत्मकथा में 'स्व' की अभिव्यक्ति के सम्बन्ध में कहा है कि, "आत्मकथा-लेखक जितना अपने बारे में जान सकता है, उतना लाख प्रयत्न करने पर भी कोई दूसरा नहीं जान सकता, किन्तु इसमें कहीं तो स्वाभाविक आत्मश्लाघा की प्रवृत्ति बाधक होती है और किसी के साथ शील-संकोच आत्म-प्रकाशन में रुकावट डालता है। यद्यपि सत्य के आदर्श से तो दोनों प्रवृत्तियां निन्द्य हैं, तथापि अनावश्यक आत्म-विस्तार कुछ अधिक अवांछनीय है। शील-संकोच के कारण पाठक को सत्य और उसके अनुकरण के लोभ से वंचित रखना भी वांछनीय नहीं कहा जा सकता। साधारण जीवनी लेखक की अपेक्षा आत्मकथा लेखक को ऊब से बचने और अनुपात का अधिक ध्यान रखना पड़ता है। उसे अपने गुणों के उद्घाटन में आत्मश्लाघा या अपने मुंह मिंया मिट्ठू बनने की दूषित प्रवृत्ति से बचना चाहिए।" कहने का आशय है कि आत्मकथा लिखने वाले को 'आत्म' की अभिव्यक्ति सचेत होकर करनी चाहिए। संतुलित ढंग से गुण-दोषों की अभिव्यजंना हो।

आत्मकथा में 'आत्म' तत्त्व की अभिव्यक्ति में तटस्थता आवश्यक है। सतही तौर पर हमें लग सकता है कि किसी दूसरे के जीवन को तटस्थ, असंपृक्त अथवा वस्तुपरक भाव से देखना आसान होता होगा; स्वयं अपने जीवन और कर्म के प्रति ऐसी तटस्थता निश्चय ही बड़ी कठिन साधना मांगती है। कभी-कभी हमें आत्मकथा पढ़ते हुए लग सकता है कि लेखक ने अवश्य ही कुछ तथ्य छिपा लिए हैं, क्योंकि वह उनके प्रति राग-बन्ध से मुक्त नहीं हो सका है—और ये तथ्य ही वर्णित घटना को ठीक-ठीक समझने और उसके मूल्यांकन के लिए महत्त्वपूर्ण होते हैं! वास्तव में आत्मकथा में 'आत्म-तत्त्व' की निष्कपट अभिव्यक्ति लेखक की उदारता और विशद दृष्टि पर निर्भर करती है। यदि आत्मकथा लेखक स्वयं इस बात को पहचानता और स्वीकार करके चलता है कि वह घटनाओं को भीतर से देख रहा है, तटस्थ भाव से देख रहा है और इस दृष्टि से अपने आपको, अपने कर्मों को देख रहा है, जिस दृष्टि से दूसरे उसे देखते होंगे, तो बहुत बडी सीमा तक वह अपने और अपने पाठकों के प्रति न्याय कर सकता है।

'आत्म' की अभिव्यक्ति में अहंम्मन्यता भी आ जाती है। यह स्वाभाविक है। सामान्य प्राणी जीवन जीना चाहता है और उसका वृतान्त लिखना नहीं चाहता। अवश्य ही हर किसी के जीवन में कुछ घटनाएं

अविस्मरणीय होती हैं; किन्तु उन्हें स्मरण करने वाला व्यक्ति यह भी अनुभव करता है कि अन्य लोग उन घटनाओं को उसी रूप में ग्रहण नहीं करेंगे। क्यों नहीं करेंगे? क्योंकि हर किसी के जीवन में कुछ चीजें 'अद्वितीय' होती हैं। राग-बन्ध मूलक यह आग्रह भी तो उस अद्वितीयता का एक अंग है। जो किसी दूसरे को नहीं मिला उसका साझा हम दूसरों से क्यों करना चाहें–साझा कर सकने की आशा भी किस बल पर करें?– विशेष रूप से जब उसके एक अंश को हम पराई आंख से बचाए रखना भी चाहते हैं? क्या यह प्रवृत्ति, बल्कि अपने किसी अनुभव को अद्वितीय मानना ही, एक अहंकार का द्योतक नहीं है? पाश्चात्य लेखक *वेल्स* ने संभवतः इसीलिए कहा था कि यदि आप लेखक की अहं भावना से बचना चाहते हैं, तो आप आत्मकथा मत पढ़िए!

'आत्म' की अभिव्यक्ति ईमानदारी की अपेक्षा रखती है। यह आत्मनिरीक्षण भी है और आत्म-विश्लेषण भी। इसमें लेखक अपनी जीवन-यात्रा का वर्णन करते हुए यथावसर प्रतिक्रियाएं भी व्यक्त करता चलता है। इस ओर संकेत करते हुए *डॉ० शशिभूषण सिंहल* ने एक महत्त्वपूर्ण बात कही है कि, "इसमें वस्तुपरकता और आत्मपरकता दोनों का समुचित समन्वय अपेक्षित है। केवल जीवन की घटनाओं का उल्लेख करने से रचना के इतिवृत्त कथन और पत्रकारिता तक सीमित रहने की आंशका है। दूसरी ओर, रचना आत्मपरक मात्र हो जाने पर निबन्ध अधिक और जीवन-यात्रा का वृत्तान्त कम हो जाएगी। इसमें लेखक अपने जीवन का जितनी तटस्थता से वर्णन करके अनुभवों के विवेचन में जितनी गहराई लाता है, आत्मकथा उतनी ही प्रामाणिक और प्रभावी बन पड़ती है।'

आत्मकथा में 'आत्म तत्त्व' की अभिव्यक्ति के कई आयाम होते हैं। यथा–वैयक्तिकता, आत्मोद्घाटन, आत्म-विश्लेषण और आत्मगोपन (सेल्फ कसीलमेंट)। आत्मकथा-लेखक वास्तव में सच्चे हृदय से अपने अंतरंग एवं बहिरंग जीवनमें रुचि लेता है। अतः इस विधा में लेखक के अपने राजनीतिक क्रियाकलाप, धार्मिक मान्यताओं, सांस्कृतिक गतिशीलता, आर्थिक जीवन-चक्र, साहित्यिक गतिशीलता आदि पक्ष स्थान पाते हैं। 'स्व' की मनोरचना, मूल प्रवृत्ति और बौद्धिक गठन का विश्वसनीय अंकन आत्मकथा में इस ढंग से होता है कि पाठक लेखक के हृदय की अतल गहराईयों में उतर जाता है और अंतरंग मित्र की भांति उसके सारे रहस्यों से परिचित हो जाता है!

(2) कथा तत्त्व

'आत्मकथा' में 'कथा' तत्त्व का आशय–गल्प या कहानी नहीं है। यह विधा तो कथेतर विधा है। फिर इस 'कथा' का क्या आशय है? इसे समझना बहुत आवश्यक है।

आत्मकथा में केवल वास्तविक तथ्यों को बिना किसी कल्पना अथवा विकृति के प्रस्तुत किया जाता है। यदि कोई लेखक इस सत्य से विचलित हो जाता है, तो वह 'उपन्यास' के अधिक निकट पहुंच जाता है। वह रचना फिर आत्मकथा नहीं रह जाती। इसमें 'आभ्यंतर' अथवा 'निजी' सच को विन्यसित

किया जाता है। जबकि उपन्यास/कहानी में 'बाहर' के सच को अर्थात् 'वस्तुगत' सच को एक अंतरंग अनुभव की-सी मार्मिकता कल्पना के योग से दे दी जाती है।

'कथा' कहने से तात्पर्य इतना ही है कि 'आत्मकथा' में निजी जीवन का सत्य, सुसम्बद्ध ढंग से इस प्रकार दिया जाता है कि उसे स्मृतियों के आधार पर 'पुनर्सृजित जीवन' के रूप में पाठकों तक पहुंचाया जा सके। इसी अर्थ में आत्मकथा जीवन की कलात्मक अनुकृति है। इसलिए यदि जीवन में किसी प्रकार का सातत्य होगा तो वह आत्मकथा में प्रतिफलित होगा। जीवन जन्म से लेकर मृत्यु तक की क्रमिक यात्रा है।आत्मकथा उसी की 'कथा' है! जिस प्रकार जन्म और मृत्यु की परिधि में बंधे जीवन का प्रारंभ और अन्त रहता है, उसी तरह आत्मकथा भी आरंभ और परिसमाप्ति के बीच निबद्ध रहती है।

कलात्मकता अथवा साहित्यिकता को जो समीक्षक आत्मकथा का अलग तत्त्व मानते हैं, वह वास्तव में 'कथा' तत्त्व ही है।अपने जीवन को जब लेखक कलात्मकता के साथ प्रस्तुत करता है, तब वह आत्मकथा होती है। यह 'कलात्मकता' इसी सन्दर्भ में 'कथात्मकता' के समकक्ष है।

उपर्युक्त तथ्यों के अवलोकन से यह बात उभर कर आती है कि आत्मकथा कथा होते हुए भी सामान्य कथा से भिन्न है। इस पर विचार करते हुए *डॉ० कमलेश सिंह* ने लिखा है, "सामान्य कथा कल्पित होने के कारण प्रारंभ, विकास और अन्त की दृष्टि से सुनियोजित तथा व्यवस्थित होती है, जबकि आत्मकथा जीवन की अनुकृति होने के कारण अनियोजित और अपूर्ण होती है। इस प्रकार आत्मकथा को कथा के प्रकारों में 'अपूर्ण कथा' भी कहा जा सकता है। इसका कारण यह है कि कोई भी व्यक्ति अपनी मृत्यु के पश्चात् तो अपनी जीवनकथा लिख नहीं सकता। फिर जीवित रह कर लिखते हुए जीवन का बहुत अधिक नहीं तो थोड़ा अंश तो शेष रह ही जाता है।" उन्होंने उदाहरण दिया है कि यदि गांधी जी की आत्मकथा पढ़ें तो यह बात समझ में आ जाती है कि जब उन्होंने अपनी कथा पूरी कर ली तब उनके जीवन में अनेक ऐसी महत्त्वपूर्ण घटनाएं घटीं, जिनका उनकी जीवन-कथा में उल्लेख होना उनके बाद के जीवन को समझते हुए अत्यन्त आवश्यक था। यह वह समय था जब उनका चरित्र और उनकी गतिविधियां अपनी चरम सीमा पर थीं और उसी के बाद के समय में वे अधिक उभर कर सामने आये थे। आगे आने वाली पीढ़ियों को उनके चरित्र के इस पक्ष का पता आत्मकथा-लेखक की कलम से नहीं मिलेगा, जबकि वही सत्य और ठोस होता है।

यथातथ्यता आत्मकथा की कथा है। लेकिन वह शुष्क इतिहास भर नहीं है। उसमें मार्मिकता होती है। कलात्मकता या साहित्यिकता होती है। यह कलात्मकता वर्णन शैली, रोचकता और भाषा के रचनात्मक उपयोग से आती है।

(3) परिवेश

परिवेश आत्मकथा का द्वितीयक तत्त्व है। कथा-विन्यास में यह स्वतः ही आ जाता है, लेकिन

इसका स्वतंत्र रूप से अपना महत्त्व है। व्यक्ति को बनाने में परिवेश का महत्त्व सर्वविदित है। परिवेश या वातावरण के बिना चरित्र-नायक कठपुतली-सा शून्य में झूलता हुआ-सा प्रतीत होता है। परिवेश या कहें सामाजिक एवं बाह्य परिस्थितियों के अंकन से आत्मकथा में जीवन्तता आती है। इन्हीं के बीच से इनमें समुपस्थित कारणों और शक्तियों से टकराकर, इनके साहचर्य से ही 'आत्म' के व्यक्तित्व को आकार मिलता है। अतः इस परिवेश का आत्मकथा में होना अनिवार्य रहता है। यदि हम कहें कि आत्मकथा, लेखक के चरित्र का पूर्ण चित्र है, तो परिवेश इसे उभारने वाले रंगों का संयोजन, तो भी गलत न होगा। आत्मकथा, लेखक के चरित्र को असीमित ढंग से उद्घाटित करती है, साथ ही वह उसके समकालीन जीवन पर भी एक 'सर्चलाइट' डालती है। इसलिए कुछ विद्वानों का विश्वास है कि कुछ आत्मकथाएं किसी विशेष समय का इतिहास बताने में विशिष्ट ऐतिहासिक पुस्तकों से भी अधिक मदद करती हैं। उदाहरणार्थ *बेनवेन्यूटो सेलिनी* की आत्मकथा 'मेमॉयर्स' पढ़ कर *गेटे* ने कहा है कि उसे पढ़ने से ऐसा लगा मानो सोलहवीं शताब्दी के साक्षात् दर्शन कर लिए हों। जिस प्रकार उसने अपने जीवन की कोई बात नहीं छिपायी, उसी प्रकार समकालीन लोगों का जीवन, युग तथा परिवेश सब कुछ उसके अपने जीवन-चरित्र की भांति उभर कर समक्ष आ गया है। जिस युग में चरित्र-नायक जी रहा है, उसके जीवन को प्रभावित करने वाले अन्य चित्र भी एक ऐसा वातावरण प्रस्तुत करते हैं, जिससे नायक के चरित्र को भी अधिक उभार मिलता है। यही बात समयान्तर के साथ हम *कविवर हरिवंशराय बच्चन* की विस्तृत आत्मकथा के लिए कह सकते हैं। 'क्या भूलूं, क्या याद करूं', 'नीड़ का निर्माण फिर', 'बसेरे से दूर', और 'दशम द्वार' उनकी आत्मकथा के रोचक खण्ड हैं।

आत्मकथा में वातावरण दो प्रकार का होता है—घरेलू तथा सामाजिक। आत्मकथा एक ऐसा साहित्य-प्रकार है, जो चरित्र-नायक के अन्तर्मन से शुरू होकर घर, समाज, राष्ट्र और विश्व तक को अपनी परिधि में समेट लेता है। अतः आत्मकथा का वातावरण कभी तो मानसिक मनोदशाओं को अन्तर्मन के वातावरण के रूप में प्रस्तुत करता है और कभी जब वह घरेलू स्तर पर चित्रण करता है तो उसमें कौटुंबिक परिवेश उभरता है। कभी जब उसकी दृष्टि व्यापक बनती है, तो वह उसी में सामाजिक वातावरण को प्रस्तुत करके उसे उभार देता है।

परिवेश अनुकूल हो अथवा प्रतिकूल, हमारे अंतर्द्वन्द्व की अभिव्यक्ति के साथ वह भी अभिव्यक्त होता चलता है। मन का उद्वेलन परिस्थितियों से प्रभावित होता है और यही परिस्थितियां स्वाभाविक रूप से व्यक्ति को चारों ओर के परिवेश से जोड़ती हैं। यहां हमें पाश्चात्य विचारक *एरिक न्यूटन* का यह कथन याद हो आता है कि 'कलाकार कलाकृति की माँ है, परिवेश उसका पिता!'

हमारे विचार से 'आत्मकथा' में सक्रिय परिवेश के चार आयाम हैं–

(1) पारिवारिक परिवेश,

(2) वर्ग - परिवेश,

(3) सांस्कृतिक परिवेश,

(4) भौगोलिक परिवेश।

ये चारों ही परिवेश चरित-नायक को प्रभावित करते हैं, उसके व्यक्तित्व का निर्माण करते हैं और व्यक्त-अव्यक्त रूप में आत्मकथा में विद्यमान रहते हैं।

सबका अपना-अपना विशिष्ट पारिवारिक परिवेश होता है। इस परिवेश का मनुष्य के विशिष्ट व्यक्तित्व के विकास में विशेष महत्त्व है। आत्मकथा में यह पारिवारिक परिवेश विशेष रूप से स्थान पाता हैं। 'वर्ग-परिवेश' समाज में स्थित विभिन्न वर्गों का द्योतक है। उच्च वर्ग, मध्यम वर्ग और निम्नवर्ग –के मोटे तौर पर विभाजन को प्रायः सभी स्वीकारते हैं। इन वर्गों की जीवन पद्धति, उनमें रह कर बदलती विचार धाराएं इत्यादि का प्रभाव जीवनीलेखक पर पड़ता ही है। अतः वर्ग-परिवेश भी आत्मकथा में सक्रिय रहता है। 'सांस्कृतिक परिवेश' अत्यन्त व्यापक है। मानव-परिवेश के लगभग सारे क्षेत्र इसके अंतर्गत आ जाते हैं। दरअसल हमारे नैतिक मूल्य, सौन्दर्य दृष्टि, सहृदयता, सदाशयता, हमारे कार्यकलाप, विचार-भाव अथवा मानसिक तथ्य इसी सांस्कृतिक परिवेश की देन हैं। ये इस परिवेश से परिचालित, निर्देशित और निर्मित होते हैं। *'हम वही करते हैं जो संस्कृति हम से करवाती है, चाहे हमें इसका पता हो, चाहे न हो' (हॉवेल्ज)*; इसी तरह कह सकते हैं कि संस्कृति ही हमें वह बनाती है, जो हम हैं! इसके बाद आता है भौगोलिक परिवेश। यों इस प्राकृतिक परिवेश का महत्त्व आत्मकथा में गौण ही हैं, लेकिन इसे छोड़ा नहीं जा सकता। जब लेखक अपने जीवन की किसी घटना को प्रस्तुत करता है तो वह वह उन खेत खलिहानों, नदी-पर्वतों, हरे-भरे मैदानो, रेगिस्तानों और जंगलों का चित्रण भी सुन्दर ढंग से प्रस्तुत करने का प्रयत्न करता है। इससे उसे तुष्टि मिलती है, क्योंकि उसका जीवन उसी प्रकृति के मध्य सांस लेता है। नगरों, महानगरों, हाट- बाजारों और पर्व-त्यौहारों आदि का वर्णन भी किया जाता है। इसे सामाजिक परिवेश कह सकते हैं, लेकिन यह सांस्कृतिक परिवेश का हिस्सा है।

इन तत्त्वों के साथ ही ईमानदारी और कलात्मकता आत्मकथा के लिए आवश्यक है। इन्हें विश्वसनीयता एवं साहित्यिकता के लिए अनिवार्य माना जाता है।

आत्मकथा की रचना-प्रक्रिया

आत्मकथा लेखन को कुछ आलोचक 'आत्मरति' मानते हैं। संभवतः ऐसा इसलिए है कि आत्मकथा-लेखक अपने अतीत और अपने प्रति अतिरिक्त मोह से आविष्ट रहता है। उसमे कहीं कहीं अहम्मन्यता भी झलकती है। अपने आप को औरों से विशिष्ट मानने की प्रवृति भी कहीं-न कहीं प्रछन्न रूप में सक्रिय हो सकती है। लेकिन हमारे विचार से सच्ची आत्मकथा इन प्रवृतियों से आक्रान्त नहीं रहती। उसमें आत्म-विश्लेषण, आत्म मूल्यांकन, अपने जीवन की सार्थकता पर विचार करने की आकांक्षा, आत्ममंथन तथा अपने युग के सापेक्ष अपने जीवन की स्थिति की प्रधानता होती है। समय और

स्थान (काल और देश) के बीच 'स्व' को रख कर जांचने, विकसित होने और उद्घाटित करने की भावना 'आत्मकथा' की रचना में प्रभावशाली भूमिका का निर्वाह करती है। अतः 'आत्मकथा' की रचना-प्रक्रिया का पहला चरण इसी भावना में निहित है। अर्थात् सर्वप्रथम लेखक *अपनी स्मृतियों के सहारे अपने अतीत में* लौटता है। उसका आरंभिक बिन्दु वर्तमान भी हो सकता है, और अतीत भी। यह लेखक पर निर्भर है कि वह अपनी अवस्था के वर्तमान से 'आत्मकथा' आरंभ कर पीछे की ओर लौटे अथवा सीधे पीछे की ओर जा कर, अपने बचपन को आरंभिक बिन्दु (प्रस्थान बिन्दु) बनाए।

'आत्मकथा' की रचना-प्रक्रिया प्रधानतः स्मृतियों पर ही निर्भर है। अतः लेखक को चाहिए कि वह अपने जीवन की घटनाओं को अपनी प्रखर स्मृति के आधार पर पुनर्जीवित करे। इसमें वह डायरी अथवा संस्मरणों की सहायता ले सकता है। ये स्मृतियां विगत यथार्थ और सत्य को बिम्बायित करती हैं। इसलिए आत्मकथा-लेखक अपनी प्रवृति, व्यक्तित्व और उद्देश्य को ध्यान में रख कर इन स्मृतियों को क्रम देता है। ऐसे में स्वाभाविक है कि बहुत कुछ ऐसा हो सकता है जो लेखक छोड़ देता है। यह 'छोड़ना' सहज स्वाभाविक भी हो सकता है, और सोद्देश्य भी। यानी, कई बार ऐसा हो सकता है कि अनेक घटनाएं अथवा प्रसंग लेखक की स्मृति से निकल चुके हों और आत्मकथा लिखते समय याद न आयें। इसे कहेंगे *सहज विस्मृति*। हर व्यक्ति को अपने बचपन से लेकर अन्त तक की सारी की सारी घटनाएं ज्यों-की-त्यों याद नहीं रह सकती। कुछ लोग अवश्य ऐसे हो सकते हैं जिनकी स्मरण-शक्ति अद्भुत होती है, जिनमें इच्छा-शक्ति प्रबल होती है; वे अपनी स्मृतियों को आवश्यकता के समय जाग्रत कर लेते हैं। उनकी दृष्टि जहां सूक्ष्म हुई वहीं उनकी स्मरण-शक्ति तीव्र हो उठती है। दूसरी स्थिति यह है कि 'आत्मकथा' में पीछे की प्रत्येक घटना जानबूझ कर नहीं दी जाती। यदि कोई लेखक अपनी आत्मकथा को कलात्मक बनाना चाहता है और उसकी दृष्टि सौन्दर्यवादी है, तो यह आवश्यक हो जाता है कि चुनी हुई ऐसी घटनाएं और प्रसंग ही अपनी स्मृतियों में से छांट कर रखे जायें, जिनका कलात्मक मूल्य हो। जो आत्मकथाकार के चरित्र तथा उद्देश्य को उभारने के लिए आवश्यक हों। इसे *सहेतुक विस्मृति* कहेंगे। जानबूझ कर, सोद्देश्य भूल जाना। *ऐन्द्रे मौरिस* नामक पाश्चात्य विद्वान् ने इस स्थिति को 'delibrate forgetfullness on the aesthetic ground' कहा है।

कई बार लेखक ऐसी बातों को छोड़ देना चाहता है, जिनसे अपने अथवा दूसरों के चरित्र पर आंच आने का भय हो। वह लज्जा के कारण भी ऐसा कर सकता है। या अपने परिकर के,अपने संपर्क में आए महापुरुषों के विषय में अथवा अपने समसामयिकों के बारे में *सब कुछ* नहीं कह पाता। यह उसकी विवशता हो सकती है। तर्क दिया जा सकता है कि इससे 'आत्मकथा' की विश्वसनीयता खतरे में पड़ सकती है। लेकिन आत्मकथा-लेखक 'सत्यं वद, प्रियं वद' का ध्यान रखता है। अपने से अधिक दूसरों के चरित्र पर अनावश्यक छींटाकशी करने या उसे क्षति पहुंचाने की चेष्टा से बचता है। वह ऐसे सत्य को वरेण्य नहीं मानता, जो अप्रिय, अप्रीतिकर हो।

कहने का अर्थ यह है कि आत्मकथा-लेखक सजग होकर भावात्मक स्तर पर जीवनानुभवों को चुनता और विन्यसित करता हैं। इस चुनाव में वह अपने उद्देश्य, कलात्मकता और सामाजिक हित आदि को ध्यान में रखता है।

घटनाएं और प्रसंग अपने मूल में कुछ कारण अवश्य रखते है। स्मृतियों के चुनाव के बाद रचना-प्रक्रिया का अगला चरण आरंभ हो जाता है, वह है *कार्य-कारण सम्बन्ध के आधार पर घटनाओं और प्रसंगों को तर्कान्वित करना*। ऐसा करने में भी कुछ तथ्य छूट जाते हैं। लेकिन लेखक यह ध्यान रखता है कि वह किए गए कार्य की तर्कमिश्रित समीक्षा करे। इससे घटित सत्य को नया ही रूप मिल सकता है। वह कहीं-कहीं दार्शनिक हो उठता है। कहीं तटस्थ द्रष्टा-भर दिखाई दे सकता है।

प्रसंगों-घटनाओं की उस प्रस्तुति में वातावरण सृष्टि का ध्यान रखना होता है। अतः *वातावरण सृष्टि* को हम आत्मकथा लेखन का तीसरा चरण कह सकते हैं। (वातावरण सृष्टि के विषय में हम पिछले पृष्ठों पर 'आत्मकथा के रचना-तत्त्व' प्रसंग में विचार कर चुके हैं। अतः इस पर विस्तारपूर्वक लिखने की यहां आवश्यकता नहीं है।)

आत्मकथा-रचना का अंतिम चरण है, *प्रस्तुति* अथवा *विन्यास*। यही भाषा-शैली भी है। आत्मकथा की सफलता उसके विन्यास अथवा प्रस्तुति पर भी निर्भर करती है। इसके ताने-बाने, भावना, कल्पना और अनुभूति के रंगों से रंगे होते हैं।

यों आत्मकथा मूलतः वर्णन तत्त्व-प्रधान गद्य-विधा है, लेकिन उसमें आत्म-जीवनी होने से वह पाठक से सहज ही आत्मीय अंतरंगता स्थापित कर लेती है। एक अच्छी आत्मकथा की प्रस्तुति में यह गुण सबसे मुख्य होता है। इसलिए हर स्थिति में आत्मकथाकार सहजता, आत्मीयता, विश्वसनीयता आदि बातों को ध्यान में रखता है। जीवन की घटनाओं तथा परिस्थितियों का यथातथ्य चित्रण करने के कारण आत्मकथा-लेखक जीवन्त भाषा और लोक-व्यवहृत भाषा का प्रयोग करता है। उसका व्यक्तित्व या व्यक्तिगत भाषा कौशल, भाषा संस्कार एवं भाषा-ज्ञान भी यत्र-तत्र झलकता रहता है। इस स्तर पर यह विधा अन्य साहित्यिक विधाओं से अलग भी है। इसमें टकसाली, जड़ भाषा की अपेक्षा लेखक की निजी जिन्दगी में रची-बसी भाषा का प्रयोग अधिक रचनात्मक रूप में किया जाता है। समग्रतः हम कह सकते हैं कि सत्याधारित तथ्य, युग तथा समाज सभी को साथ लेकर चलने वाली आत्मकथा की भाषा एक वैशिष्ट्य के साथ प्रस्तुत होती है। जहां तक 'शैली' का प्रश्न है, यह रचनाकार पर निर्भर है। वह अपनी आत्मकथा सरल, सहज विवरणात्मक शैली में भी लिख सकता है और उसमें जटिलता भी ला सकता है। पूर्वदृश्य (फ्लैश बैक) शैली का प्रयोग भी कर सकता है अथवा दोनों को मिलाकर भी लिख सकता है। कई बार पत्र-शैली, डायरी-शैली, औपन्यासिक शैली आदि का भी प्रयोग किया जाता है। लेकिन हमारे विचार से अच्छी आत्मकथा सरल, सहज, औपन्यासिक शैली में ही लिखी जा सकती है, जिसमें जीवन्त जीवनखण्ड 'फ्लैश बैक' के रूप में और अनेक अनुभव खण्ड पत्रों के रूप में बिखरे रहते हैं। यह एक

ऐसी विधा है, जो पढ़ते समय पाठक को एक अच्छे उपन्यास, डायरी, संस्मरण, पत्र आदि विधाओं के सम्मिलित आस्वाद-धरातल पर ले जाती है। लेखक को जहां आत्माभिव्यक्ति का आनन्द मिलता है, अपने आप को प्रकट कर आत्म-मुक्ति का सुख मिलता है; वहीं पाठक को अनदेखे, अनसुने को देखने-सुनने का आनन्द। इस विधा को रचने और पढ़ने में लेखक-पाठक दोनों ही एक नए आश्चर्य-लोक में पहुंच जाते हैं। बल्कि पाठक को आनन्द के साथ-साथ 'जानकारी' भी मिलती है। *अतः सत्य और आनन्द के साक्षात्कार का अद्भुत पर्व है 'आत्मकथा'*। इस बात को ध्यान में रख कर ही अच्छी आत्मकथा लिखी जा सकती है। तब स्वतः ही 'आत्मकथा' व्यक्ति और समाज–दो छोरों के बीच बहने वाली नदी बन जाती है, जिसमें लेखक 'आत्म' का 'दान' करता हुआ; काल-प्रवाह के आघात से जर्जर होकर भी अपनी पराजय स्वीकार नहीं करता। उसकी यह जिजीविषा पाठक को प्रेरणा प्रदान करती है।

अन्त में हम *डॉ० भगवानशरण भारद्वाज* के इस कथन पर ध्यान दिलाना चाहेंगे कि, "आत्मकथा का भीतरी ढांचा कलाकार के व्यक्तित्व और युग की आकांक्षा की व्यंजना से निर्मित होता है। कलाकार का व्यक्तित्व विकसित होता है अन्तर्द्वन्द्व एवं बाह्य संघर्षों के दुहरे दबाव से। कलाकार का अन्तः सत्य जितना विशिष्ट होता है, उसका अंतर्द्वन्द्व भी अपनी तीव्रता और प्रकृति में उतना ही विशिष्ट। अन्तर्द्वन्द्व वस्तुतः एक अग्नि है, जिसमें तप कर व्यक्तित्व का स्वर्ण निखरता है। अन्तर्द्वन्द्व कलाकार के भीतर मूल्यगत संकट से उत्पन्न होता है, विपरीतता के बीच एक चयन करने की, अनिश्चय में से निश्चय में आने की अपरिहार्य विवशता उसे जन्म देती है। यह योगी के मनोजय से भिन्न नहीं। आन्तरिक उथल-पुथल या मानस-विप्लव उसके अस्तित्व की प्राणवत्ता, सत्ता की जीवन्तता का परिचायक है। इसमें उसे निश्चय ही अपने भीतर के प्रलोभनों, सुविधाओं और यथास्थिति से लोहां लेना पड़ता है।" (हिन्दी जीवनी साहित्य : सिद्धान्त और अध्ययन, पृष्ठ -65) आत्मकथा-लेखन में आवेग और विस्तार की बहुत संभावना रहती है। इस पर नियंत्रण कलात्मक संयम से ही संभव है।

इन जटिलताओं के बीच से छन कर 'आत्मकथा' आकार पाती है। लेखक सत्य का उद्घाटन किस सीमा तक करता है और किस रूप में करता है, यह उसके 'व्यक्तित्व' का द्योतक होता है।

आत्मकथाओं का वर्गीकरण

समीक्षकों ने आत्मकथाओं को प्रायः तीन श्रेणियों में विभाजित किया है –

(1) धार्मिक वृत्ति-प्रधान व्यक्तियों की आत्मकथाएं,

(2) राजनीतिक वृत्ति-प्रधान व्यक्तियों की आत्मकथाएं,

(3) कलाकार के जीवन की आत्मकथाएं।

लेकिन यह वर्गीकरण उचित नहीं है। ऐसा वर्गीकरण न केवल अपूर्ण है, त्रुटिपूर्ण भी है। जितने तरह के व्यक्ति होंगे, उतने ही वर्ग बनाने होंगे!

प्रतिपादित विषय के आधार पर आत्मकथाओं के निम्नलिखित वर्ग बनाए जा सकते हैं–

(1) ऐतिहासिक, (2) राजनीतिक, (3) धार्मिक, (4) सामाजिक, (5) सांस्कृतिक, (6) मनोवैज्ञानिक, (7) वैज्ञानिक।

इस वर्गीकरण की कोई सीमा नहीं। इस वर्गीकरण में यह प्रश्न विवादास्पद रहेगा कि किस आत्मकथा को किस वर्ग में रखा जाए, क्योंकि एक ही आत्मकथा में एक साथ उपर्युक्त सभी विषय समेटे हुए हो सकते हैं। और फिर ऐतिहासिक, राजनीतिक तथा सामाजिक-सांस्कृतिक विषय एक दूसरे के अत्यन्त निकट, परस्पर घुले-मिले रहते हैं। अतः यह वर्गीकरण निर्विवाद रूप से स्वीकरणीय नहीं है।

आत्मकथाओं का एक वर्गीकरण आत्मकथा के प्रयोजन (उद्देश्य) को आधार बनाकर भी किया जा सकता है। आत्मकथा-लेखक या तो 'आत्माभिव्यक्ति' के लिए आत्मकथा लिखता है या 'आत्म-स्वीकृति' (कन्फैसन) के लिए। कभी-कभी वह 'आत्मप्रंशसा' के वशीभूत होकर भी आत्मकथा लिखता है। कुछ आत्मकथा-लेखक उपदेश देने वाली वृत्ति के होते हैं। ऐसे लेखक अपने अनुभवों से दूसरों को उपदेश देने के लिए भी आत्मकथा लिखते हैं। इन दृष्टियों से (प्रयोजन के आधार पर) आत्मकथा के निम्नलिखित प्रकार बतलाए जा सकते हैं–

(1) आत्माभिव्यक्ति मूलक (2) आत्मस्वीकृतिमूलक (3) आत्मप्रशंसात्मक और (4) उपदेशात्मक।

लेकिन यह वर्गीकरण भी उचित नहीं है। कारण कि किसी भी आत्मकथा में इनमे से सभी या दो यां अधिक उद्देश्य सक्रिय रह सकते हैं। तब यह निर्धारित करना संभव नहीं होगा कि उसे इनमें से किस वर्ग में माना जाए!

आत्मकथा का वर्गीकरण अवस्था (कालखण्ड) के आधार पर भी किया गया है। इस आधार पर आत्मकथाएं दो प्रकार की हो सकती हैं–

(क) समग्र जीवन सम्बन्धी,

(ख) जीवन के कालखण्ड से सम्बन्धित।

वास्तव में समग्र जीवन से सम्बन्धित आत्मकथा ही वास्तविक अर्थों में आत्मकथा मानी जा सकती है; जीवन के किसी खण्ड से सम्बन्धित 'आत्मकथा' को 'आत्मकथा' नहीं माना जा सकता। अतः यह वर्गीकरण त्रुटिपूर्ण है। यों आत्मकथा में व्यक्ति का सारा जीवन स्थान नहीं पा सकता, फिर भी जिस बिन्दु पर वह खड़ा है, वहां से पीछे का समस्त जीवन खण्ड आत्मकथा में समेटा जा सकता है। किन्तु, लेखक को लिखने से कौन रोक सकता है? कुछ ऐसे लेखक भी हुए हैं, जिन्होंने बाल्यकाल, यौवन, प्रौढ़ावस्था अथवा वृद्धावस्था के सम्बन्ध में ही लिखा है। अतः इस दृष्टि से भी आत्मकथाओं को विभाजित किए जाने में कोई अनौचित्य नही है। यथा–

(1) बाल्यकाल सम्बन्धी आत्मकथा, (2) यौवनावस्था सम्बन्धी आत्मकथा, (3) प्रौढ़ावस्था सम्बन्धी आत्मकथा, (4) वृद्धावस्था सम्बन्धी आत्मकथा।

विचार करने पर यह विभाजन उचित प्रतीत नहीं होता। जैसा कि हमने पहले कहा, 'आत्मकथा' का सम्बन्ध समग्र जीवन से है, किसी एक कालखण्ड से नहीं।

आत्मकथाओं के वर्गीकरण का एक उचित आधार उसके 'तत्त्व' हो सकते हैं। तत्त्वों के आधार पर आत्मकथाओं के वर्ग ये होंगे–

(1) चरित्र-प्रधान आत्मकथा,

(2) कथानक-प्रधान आत्मकथा,

(3) परिवेश-प्रधान आत्मकथा,

(4) जीवनदर्शन-प्रधान आत्मकथा,

(5) शैली-प्रधान आत्मकथा।

आत्मकथा, संस्मरण, आत्मसंस्मरण और आत्मकथ्य :

आत्मकथा की सीमा को छूने वाली तीन विधाएं और हैं–संस्मरण, आत्मसंस्मरण और आत्मकथ्य। ऊपर से देखने पर इनमें विशेष अन्तर नहीं लगता, लेकिन अपनी प्रवृत्ति और स्वरूप में इनमें परस्पर भिन्नता है। संक्षेप में इस भिन्नता पर विचार कर लेना उचित रहेगा।

'संस्मरण' और 'आत्मसंस्मरण' के विषय में हम 'संस्मरण' विधा के पारिभाषिक स्वरूप को स्पष्ट करते समय पूर्व अध्याय में विचार कर आए हैं। हमने संकेत किया था कि 'स्मृतिचित्र' के दो रूप हो सकते हैं–संस्मरण और आत्मसंस्मरण। 'संस्मरण' 'जीवनी' से जुड़ी शैली है, 'आत्मसंस्मरण' 'आत्मकथा' से जुड़ी शैली। वस्तुतः किसी अन्य व्यक्ति के स्मृति सन्दर्भ का अंकन करने वाली संस्मरण शैली को 'संस्मरण' की संज्ञा दी गई है और आत्म-निरूपक संस्मरण को 'आत्मसंस्मरण' कहते हैं। आत्मकथा की भांति संस्मरण-लेखक भी अतीत की स्मृतियों और स्वानुभूतियों का सम्बल लेकर चलता है, किन्तु दोनों का दृष्टिकोण भिन्न होता है। आत्मकथाकार अपने जीवन की कथा को कलात्मक ढंग से कहता है, यही उसका उद्देश्य है। घटनाएं, परिस्थितियां तथा अन्य चरित्र केवल उस सीमा तक ही उसमें होते और सक्रिय रहते हैं, जितना वे उसकी जीवनगाथा को, उसके व्यक्तित्व को, उसकी जीवनधारा के प्रवाह को प्रभावित करते हैं। जबकि संस्मरण-लेखक इतिहासकार का दृष्टिकोण रखते हुए भी वस्तुपरक या तथ्यपरक विवरण नहीं देता, स्वानुभूति का रस डाल कर उस विवरण को कलात्मक रूप प्रदान करता है। 'अन्य' के साथ 'स्व' को जोड़ कर 'प्रत्यक्षदर्शी' की भूमिका निभाते हुए एक तरह से 'नैरेटर'का काम करता है। उसका काम अपना कम, दूसरे का व्यक्तित्व सामने रखना अधिक होता है। यही कारण है कि आत्मकथाकार का दृष्टिकोण विषयीगत अधिक होता है, जबकि संस्मरणकार का दृष्टिकोण विषयगत।

आत्मकथा में जीवन की समग्रता को समेटा गया होता है, संस्मरण में जीवन की एक विशिष्ट घटना को आधार बनाया जाता है। संस्मरण जहां जीवन-प्रवाह के किसी एक मोड़ को, चरित्र के किसी एक पक्ष को रूपायित करता है, वहां आत्मकथा जीवन के विभिन्न महत्त्वपूर्ण मोड़ों को प्रकाश में लाती

है। चरित्र के विविध पक्षों को उजागर करती है। इसलिए दोनों स्मृतियों पर आधृत होते हुए भी एक नहीं हैं। संस्मरण किसी भी आत्मकथा में बीच-बीच में आ सकते हैं। वे आत्मकथा लिखे जाने की समग्री बन सकते हैं, किन्तु स्वयं 'आत्मकथा' नहीं बन सकते।

इसी तरह 'आत्मसंस्मरण' भी अपने जीवन के कुछ अनुभवों के स्मृतिचित्र प्रस्तुत करते हैं। वे 'आत्मकथा' के अंश-भर हैं। टुकड़े हैं। जीवन-स्मृतियों के चुने हुए फूलों-कांटों-पत्तियों से बनाए गए छोटे-छोटे गुलदस्ते। जबकि 'आत्मकथा' सजा-संवार कर बनाया गया बगीचा! ऐसे आत्मसंस्मरणों का महत्त्व आत्मकथा से कुछ कम नहीं होता, क्योंकि समग्रता का लक्ष्य न रहने पर भी उनमें कभी-कभी पूरे चरित्र को आलोकित कर जाने वाली अंतर्दृष्टि मिल जाती है, कभी-कभी प्रेरणा स्रोत और अंतःसंघर्ष का मार्मिक चित्र मिल जाता है।

'आत्मकथ्य' एक अलग ही रूप है, जो अपने बारे में विशेष रूप से अपनी रुचियों तथा रचना-धार्मिता के विषय में दिया गया एक तरह से 'लेखकीय वक्तव्य' होता है। किसी भी कृति को उसके लेखक से अलग रख कर ठीक तरह नहीं समझा जा सकता। कारण कि उसमें प्रत्यक्ष या परोक्ष रूप से लेखक का व्यक्तित्व निहित रहता है। 'आत्मकथ्य' इस व्यक्तित्व को बहुत सीमा तक रेखांकित करने में सहायक होता है।

'आत्मकथ्य' लेखक की रचना-प्रक्रिया, प्रेरणा, प्रवृत्ति आदि बातों पर प्रकाश डालता है। कृति के पीछे और उसके मूल में निहित प्रेरणा जान कर उस कृति को समझने में तो वह सहायक होता ही है, कृति के आस्वाद में, उसके पढ़ने में मिलने वाले आनन्द में भी वृद्धि करता है। कभी-कभी यह भी संभव है कि कोई भी रचना, लेखक के व्यक्तित्व के विषय में संशय उत्पन्न करे। ऐसे में यदि लेखक का 'आत्मकथ्य' प्राप्त हो सके तो रचना और अधिक स्पष्ट हो सकती है। कई बार अपने को रचना से जोड़ने के लिए यह 'आत्मकथ्य' 'स्पष्टीकरण' का काम करता है। साथ ही 'आत्मकथ्य' संक्षेप में, व्यक्ति के 'लेखक बनने' और 'रचना' के 'रचने की प्रक्रिया', रचे जाने की आवश्यकता, उद्देश्य आदि तथ्यों पर प्रकाश डालता है। ऐसे में 'आत्मकथा'-जैसे व्यापक सागर की एक बूंद ही 'आत्मकथ्य' है। बल्कि कई बार 'आत्मकथा' B-2.1.2(i)के प्रवेश-द्वार पर भी हमें 'आत्मकथ्य' जड़ा मिल जाता है।

B-2.1.2(ii) प्रबन्धात्मक : खण्डप्रबन्ध – *डायरी*

'डायरी' के लिए 'दैनन्दिनी' और 'दैनिकी' का प्रयोग भी होता है; लेकिन अधिकांश अध्येताओं-द्वारा 'डायरी' शब्द अपनी स्वीकृति पा चुका है। एक साहित्यिक विधा के रूप में 'डायरी' अभी तक हाशिए पर ही रही, किन्तु अब धीरे-धीरे यह भी एक गद्य-विधा मानली गई है। इसका श्रेय उन रचनाकारों को है, जिनकी डायरियों ने उच्चस्तरीय रचनात्मकता, वैचारिकता और अपने समय के ज्वलन्त एवं महत्त्वपूर्ण सन्दर्भों को उजागर किया और पठनीय साहित्यिक सामग्री प्रदान की है।

डायरी कोई भी व्यक्ति लिख सकता है, लेकिन हर तरह की बातें, सामान्य-सी दिनचर्या, यथा-खान-पान, रहन-सहन, सामान्य लोगों से मिलकर मामूली -सी बातें करना और इन सबको प्रतिदिन लिख देना एक रचनात्मक विधा के रूप में स्वीकृत नहीं हो सकता। व्यक्ति सामान्य हो अथवा विशिष्ट उसके जीवन की सामान्य दिनचर्या, सामान्य आवश्यकताएं, भूख-प्यास या नितान्त भौतिक आवश्यकताएं साहित्यिक मूल्य की अथवा समाज के लिए पठनीय नहीं होतीं। इसलिए व्यक्ति सामान्य हो या विशिष्ट, वह किसी प्रकार रहता हो, या कुछ भी खाता-पीता अथवा पहनता-ओढ़ता हो, उससे कोई अन्तर नहीं पड़ता। अन्तर पड़ता है व्यक्ति के सोचने-विचारने अनुभव करने के ढंग पर। एक व्यक्ति अपने जीवन में घटी सभी घटनाओं को अनदेखा कर देता है और दूसरा व्यक्ति अपने जीवन की ही नहीं, अपितु अपने चतुर्दिक घटी घटना को भी गहराई से निरखता-परखता है। इस प्रकार वह सामान्य घटना अथवा सामान्यतः चल रहे जीवन में से भी कुछ विचारात्मक या भावात्मक पकड़ लेता है। उसकी बुद्धि तथा हृदय निजी परिप्रेक्ष्य में अथवा अपने सम्बद्ध किसी भी प्रसंग के परिप्रेक्ष्य में प्रतिक्रिया करते हुए उसे प्रबुद्ध करते हैं। वह जिन घटनाओं, व्यक्तियों, दृश्यों, कार्यों के सम्पर्क में आता है, उन्हें निजी परिप्रेक्ष्य में देखने के साथ-साथ, जीवन-परिप्रेक्ष्य में भी देखता है। इस प्रकार वह जो विचारात्मक या भावात्मक ग्रहण करता है, उसी का दैनिक लेखन डायरी कहलाता है। इस लेखन में तिथि-क्रम में वह जो कुछ भी लिपिबद्ध करता है,. वह कालान्तर में इकट्ठे होते-होते इतना प्रचुर हो जाता है कि उसका महत्त्व दैनिक सन्दर्भ से उठकर, लेखक के जीवन-सन्दर्भ में व्यापकता पा जाता है। उस डायरी के समग्र अध्ययन से उस व्यक्ति के व्यक्तित्व के विकास, उसकी चिन्तन-प्रक्रिया, जीवन-दर्शन, जीवन-धारा, उसकी विचार-धारा के निर्माण, उसकी दृष्टि, रचना-प्रक्रिया, उस पर प्रभाव डालने वाले कारकों, परिस्थितियों आदि की पहचान प्राप्त होती है। इतना ही नहीं, डायरी उस व्यक्ति द्वारा 'आत्मकथा' लिखने अथवा अन्य व्यक्ति-द्वारा उस डायरी लेखक की जीवनी लिखने के लिए महत्त्वपूर्ण आधार सामग्री उपलब्ध कराती है। हम यहां उस 'डायरी- शैली' की बात नहीं कर रहे, जो कहानी, उपन्यास, निबन्ध, यात्रावृत्तान्त आदि के लिए कुछ लेखकों-द्वारा अपनाई जाती है, हम व्यक्तिगत 'डायरी' की चर्चा कर रहे हैं, जो वास्तव में घटित का

लेखा-जोखा होती है। समय-समय पर एक 'क्षण बिन्दु' पर किसी व्यक्ति-द्वारा अपने विचार, अपनी प्रतिक्रियाएं, आसपास घटित घटनाओं आदि का 'रिकार्ड' होती हैं।

पारिभाषिक स्वरूप

अंग्रेजी का 'डायरी' शब्द लैटिन के 'डाइस' शब्द से बना है जो दैनंदिता का बोधक है। जब कोई व्यक्ति तिथि, सन्-संवत् आदि का उल्लेख करते हुए घटनाओं को उसी क्रम से लिपिबद्ध करता है, जिस क्रम से उसके जीवन में घटित हुई हैं (या जिस क्रम से उसने उन्हें अपने जीवन-काल में देखा-सुना अथवा सोचा-समझा है) और उसकी वैयक्तिक अनुभूति का एक अविभाज्य अंश बन गई हैं, तब 'डायरी' विधा जन्म लेती है।

ज्ञातव्य है कि डायरी में उल्लिखित घटनाओं का लेखक के अपने जीवन में घटित होना आवश्यक नहीं है–वे देखी या सुनी हुई भी हो सकती हैं। इस प्रकार से डायरी में जहां एक ओर लेखक के अपने जीवन-प्रसंगों का वर्णन हो सकता है, वहां दूसरी ओर उसमें तद्युगीन सामाजिक, राजनीतिक, धार्मिक, साहित्यिक परिस्थितियों में से किसी एक, दो अथवा सभी का प्रत्यंकन हो सकता है।

डॉ० शशिभूषण सिंहल के अनुसार, "डायरी में दिखाया जाता है कि लेखक ने उसी दिन या पिछले कुछ दिनों में अपने बारे में या आसपास के जीवन के विषय में अनुभव किया है, उसे बता रहा है। वह लिख कर अपने आप में स्पष्ट होना चाहता है। डायरी में ऊपर-ऊपर से सामयिक जीवन की चर्चा रहती है, किन्तु उसकी गहराई में लेखक का आत्म-निरीक्षण या आत्मसंम्बोधन रहता है। विशेष निजीपन से व्यक्तित्व के प्रकाशन के कारण यह विधा निबंध के समीप पहुंचती है। इसमें नित्य के जीवन के चलते हुए रूप का लेखक आभास देकर मूलतः अपने मन की बात कहता है।" (हिन्दी साहित्य : विधाएं और दिशाएं, पृष्ठ-145)

डॉ० बैजनाथ सिंहल का मत है कि, "उसमें (डायरी में) व्यक्ति नहीं, व्यक्तित्व के माध्यम से एक प्रकार से जीवन ही रूपायित होता है। डायरी, व्यक्ति का नहीं, व्यक्ति द्वारा रोजाना जिये गए जीवन की झांकी प्रस्तुत करती है। वह दैनिक स्थूलता में से सूक्ष्म की पकड़ को प्रस्तुत करती है। वह लेखक की संवेदनात्मक पक्ष की प्रस्तुति है। डायरी में कल्पना के लिए कोई स्थान नहीं, परन्तु यथार्थ का रूप-चित्रण भी उसमें नहीं हो सकता।" (हिन्दी विधाएं : स्वरूपात्मक अध्ययन, पृष्ठ -213)

डॉ० डी० जी० नायक डायरी को, "व्यक्ति की रोज की क्रियाओं का 'रिकॉर्ड' कहते हैं।" (A diary is only a day-to-day record of an individual's activities by the individual. - Art of Autobiography, page-40)

उपर्युक्त विचारों के आधार पर डायरी की प्रमुख विशेषताएं इस प्रकार रेखांकित की जा सकती है-

(1) डायरी किसी व्यक्ति के दैनिक कार्यकलापों, विचारों और विविध प्रसंगों-घटनाओं आदि पर

उसकी प्रतिक्रियाओं का अंकन है,

(2) डायरी में डायरी लेखक के आसपास के जीवन, सामयिक प्रसंगों आदि के अंकन के साथ-साथ लेखक के आत्म-निरीक्षण अथवा आत्मसम्बोधन को नित्यप्रति अंकित किया जाता है।

(3) इसमें व्यक्ति की नहीं अपितु व्यक्तित्व के माध्यम से जीवन की झांकी रहती है।

(4) यह लेखक के संवेदनात्मक पक्ष की प्रस्तुति है,

(5) डायरी में व्यक्तिगत अनुभूतियों का तिथि-क्रम से अंकन किया जाता है, अतः यह निरन्तर चलने वाला लेखन है।

(6) इसमें एक विशिष्ट समय की लेखकीय मानसिक स्थिति, विचार-धारा अनुभूतियों आदि का सहज, अकृत्रिम, यथार्थ चित्र उपस्थित रहता है।

(7) डायरी को हम विभिन्न 'मूड्स' के 'स्नेप्स' कह सकते हैं, इसलिए उसके पृष्ठ खण्डानुभूतियों के 'रिकॉर्ड' हैं।

इन विशेषताओं को दृष्टिपथ में रखकर हम 'डायरी'को एक साहित्यिक विधा के रूप में इस प्रकार परिभाषाबद्ध कर सकते हैं–*"डायरी ऐसी वर्णनात्मक कथेतर गद्य विधा है जो अपनी प्रकृति में जीवनीपरक है। इसमें लेखक की अनुभूतियां, उसके आसपास घटित होने वाली घटनाओं आदि पर तात्कालिक प्रतिक्रियाएं, विचार, जीवन-दर्शन, दृष्टिकोण आदि का तिथि-क्रम से अंकन किया जाता है। यह लेखक के जीवनखण्डों की संवेदनात्मक प्रस्तुति है, जिसमें आत्मनिरीक्षण,आत्मसम्बोधन की प्रमुखता होती है।"*

रचना-तत्त्व

डायरी के विधायक उपकरण हमारे विचार से 5 हैं–

(1) व्यक्तिगत जीवन के क्रमिक चित्र,

(2) आंतरिक सत्य,

(3) तल्लीनता,

(4) सहजता,

(5) कलात्मकता के प्रति उदासीनता।

डायरी निजी लेखन है। अतः इसमें लेखक के व्यक्तिगत जीवन को अभिव्यक्ति मिलती है। नितान्त निजी क्षणों में कोई भी व्यक्ति जो सोचता-विचारता है, उसे अपनी डायरी में लिखता है। किसी-किसी व्यक्ति को प्रतिदिन डायरी लिखने की आदत होती है, कुछ व्यक्ति एक-दो अथवा कुछ दिनों के अन्तराल के बाद डायरी लिखते हैं। फिर भी यह आवश्यक होता है कि डायरी में तिथि-क्रम बना रहे। तिथि-क्रम होने पर ही वह डायरी कहला सकती है। क्योंकि डायरी में व्यक्ति के निजी जीवन की घटनाएं होती हैं, उसकी

निजी प्रतिक्रियएं अंकित रहती हैं, व्यक्तिगत विचार और दृष्टिकोण संजोए होते हैं, इसलिए कहा जा सकता है कि डायरी लेखक के *व्यक्तिगत जीवन के क्रमिक चित्रों की अलबम* होती है। वह उस व्यक्ति के वैयक्तिक जीवन का सबसे प्रमाणिक दस्तावेज होती है, यदि वास्तव में डायरी लेखक ने कुछ छिपाया अथवा जानबूझ कर झूठ न बोला हो! व्यक्ति के जीवन और उसके आसपास के प्रायः सभी पक्ष डायरी में स्थान पा सकते हैं। डायरी-लेखक अपने जीवन की विभिन्न घटनाओं, स्थितियों, स्वजन-परिजन, समसामयिक, राजनीतिक-सामाजिक-आर्थिक-साहित्यिक-सांस्कृतिक हलचलों को जैसा देखता-भोगता है, उन्हें समझता-अनुभव करता है; उन पर जो प्रतिक्रिया व्यक्त करता है, टिप्पणी करता है, उस सब को बिना किसी ऊहापोह के यथावत् निबद्ध कर देता है।

यहीं उपस्थित रहता है डायरी का दूसरा महत्त्वपूर्ण विधायक तत्त्व—*आंतरिक सत्य*। व्यक्ति अपनी डायरी को अपने मन की तरह समझता है। वह उसे दूसरों से बचा कर, छिपा कर भी रखना चाहता है। इसका कारण है कि उसमें उसकी निजी अनुभूतियां, संवेदनाएं, विचार आदि सत्यता के साथ अंकित रहते हैं। जो उसके मन में है, वह डायरी के पृष्ठों पर उतार दिया गया होता है। इसलिए निजी अथवा आंतरिक सत्य का उद्घाटन डायरी का मुख्य तत्त्व होता है। हम अपने जीवन में कितनी ही दोहरी जिन्दगी जीते हों, कितने ही चेहरे लगा कर रहते हों—डायरी में यह दोहरापन नहीं चल सकता, वहां हम अपने सभी चेहरे उतार कर अलग रख देते हैं। यहां आंतरिक सत्य, वह चाहे कितना ही निर्मम क्यों न हो, हमारे सामने रहता है। इसी से जुड़ा तत्त्व है-*आत्मनिरीक्षण, आत्म-विश्लेषण* और *आत्म-सम्बोधन*। व्यक्ति औरों के बहाने अपने को जांचता है। स्थितियों, घटनाओं और परिस्थितियों के बीच अपने को रख कर आत्म-विश्लेषण करता है। इसलिए डायरी प्रायः आत्म-परिष्करण, और आत्ममुक्ति का सबसे अच्छा साधन भी है। मानसिक तनाव से मुक्ति भी डायरी-लेखन के माध्यम से हो सकती है। यही नहीं व्यक्ति अपने जीवन-पथ का निर्धारण भी डायरी के माध्यम से कर सकता है। बहुत सी बातों को वह 'आत्मस्वीकृति' (कन्फैसन) के रूप में ले सकता है। और यह सब होता है आन्तरिक सत्य के निष्पाप आलोक में जो डायरी का अनिवार्य तत्त्व है। यह आन्तरिक सत्य डायरी को विश्वसनीय बनाता है।

डायरी लेखक *तल्लीनता* के साथ अपनी अनुभूतियों, प्रतिक्रियाओं, टिप्पणियों आदि को शब्दबद्ध करता है। नितान्त निजी क्षणों में और प्रायः एकान्त में वह डायरी लिखता है। इसलिए अन्य साहित्यिक विधाओं की अपेक्षा डायरी लेखन में तल्लीनता सर्वाधिक रहती है। इस तल्लीनता के तत्व के कारण डायरी-लेखक समय और स्थान की सीमा से दूर चला जाता है। जो समीक्षक डायरी में कल्पना के लिए कोई स्थान नहीं मानते, वे केवल सत्य को ही डायरी के लिए आवश्यक मानते हैं, उन्हें विचार करना चाहिए कि डायरी में इस तल्लीनता के कारण कल्पना भी आ जुड़ती है। ठीक है कि डायरी में सत्य का ही अंकन होता है, लेकिन जब डायरी-लेखक तल्लीनतापूर्वक किसी घटना पर सोच रहा होता है, अपने

विचार व्यक्त कर रहा होता है, जीवन-दर्शन के मोती खोज रहा होता है–तब कल्पना स्वतः ही उसके विचार-क्रम में साथ-साथ चलने लगती है। कई बार ऐसा होता है कि हम डायरी लिखते-लिखते, सोचते-सोचते, दूर कहीं कल्पनालोक में निकल जाते हैं, अपने ही विचारों में अथवा अपने में ही डूब कर सोचने लगते हैं, रचनात्मक कल्पना के दरवाजे हमें नए लोक में ले जा कर नए जीवन-सत्यों का साक्षात्कार कराने लगते हैं। ऐसे में कल्पना तत्त्व को डायरी-लेखन के लिए त्याज्य नहीं माना जा सकता। यों भी सर्जनात्मक साहित्य के लिए कल्पना-तत्त्व आवश्यक है। डायरी में अंकित निजी घटनाएं, घटित सत्य अथवा तीखी प्रतिक्रियाएं उसे एक साहित्यिक विधा का दर्जा नहीं दिला सकतीं। रोचक वृत्तान्त हों अथवा गहन-गंभीर विचार-धारा, जीवन-दर्शन; यदि वे डायरी में दक्षता के साथ मात्र अंकित होंगे; तो वह साहित्य में स्थान नहीं पा सकेंगे।

तल्लीनता से ही जुड़ा डायरी का एक विधायक उपकरण है–*सहजता*। तल्लीन होकर, सहज रूप में व्यक्ति अपनी डायरी लिखता है। इन दोनों के कारण वह दुराव-छिपाव और बनावट (कृत्रिमता) से बचा रहता है। कोई झूठ उसके पास नहीं फटक पाता। इसलिए डायरी लेखक के लिए सहजता अत्यावश्यक है। डायरी में व्यक्ति की अकुण्ठ, अकृत्रिम मानसिक स्थिति आकार पाती है। एक विशेष क्षण में वह क्या सोचता है, किसी घटना विशेष या स्थिति विशेष पर उसकी क्या सहज और तात्कालिक प्रतिक्रिया हुई, यह उस डायरी के पृष्ठ पर अंकित होता है; इसलिए वहां उस क्षण में 'सहजता' अवश्य रहती है।

तल्लीनता और सहजता से प्रभावित डायरी का अंतिम विधायक उपकरण है *'कलात्मकता के प्रति उदासीनता'*। यह वस्तुतः डायरी का गुण है! डायरी-लेखक यह सोच कर नहीं लिखता कि वह कोई कलात्मक वस्तु सृजित कर रहा है। प्रायः डायरियां यह सोच कर भी नहीं लिखी जाती कि इनका प्रकाशन किया जाएगा, इसलिए इन्हें कलात्मक होना चाहिए। वह तो नित्तान्त निजी लेखन होने से अपने व्यक्तिगत विचार-आवेग को शब्दबद्ध कर अपने को 'हल्का' करने का साधन है। इसलिए सहज भाव से, जो भी विचार, जिस भी रूप में आते हैं, लिख लिए जाते हैं। परिणामतः डायरी-लेखन कलात्मकता से बेख़बर, निर्झर के समान निर्द्वन्द्व प्रवाहित होने वाला स्वाभाविक लेखन है। फिर भी उसमें कलात्मकता उपस्थित हो सकती है। यह गुण लेखक के व्यक्तित्व पर आधृत है। यदि वह विचारवान, सिद्धहस्त लेखक, कलाकार, दार्शनिक हुआ तो सहज शिल्प उसकी डायरी को स्वतः ही कलात्मक बना देगा। लेखक अतिरिक्त श्रम कर जानबूझ कर या अतिरिक्त जागरूकता बरत कर अपनी डायरी को कलात्मक बनाने का प्रयास नहीं करता। न उसे ऐसा करना चाहिए। कलात्मकता या शिल्प के प्रति यदि उसके मन में आग्रह रहेगा, तो वह अपनी डायरी के प्राकृतिक रूप को विकृत कर लेगा। उसमें सत्य की भी क्षति हो जायेगी। वह अपनी विश्वसनीयता खो बैठेगा। डायरी-लेखक को कभी यह नहीं सोचना चाहिए कि वह अपनी यह डायरी किसी को प्रभावित करने के लिए, किसी की आलोचना या प्रशंसा करने के लिए अथवा

निश्चय ही एक उत्कृष्ट साहित्यिक-कृति के रूप में लिख रहा है। उसे तो सहज-भाव से तल्लीन होकर अपने मन की बातें अंकित करते चलना चाहिए। तभी वह डायरी सच्ची डायरी होगी।

डायरी और आत्मकथा

विधा के रूप में डायरी आत्मकथा के एकदम निकट पड़ने वाली साहित्यिक विधा है। एक तरह से वह कुछ क्षणों की लेखक की अपनी आत्मकथा है, जो अपने बहाने से औरों को भी आलोकित करती है। यह कहना अनुचित नहीं प्रतीत होता कि "आत्मकथा तथा डायरी में वही सम्बन्ध है, जो माला में उसके गुंथे हुए मनकों में होता है।" क्योंकि, आत्मकथा समग्र जीवन का विवरण है, जबकि डायरी किसी विशेष दिन की अनुभूति का अंकन है।

प्रश्न उठता है कि यदि कोई व्यक्ति नियमित रूप से आजीवन डायरी लिखता रहे, तो क्या उसके द्वारा लिखी गई दैनंदिनी आत्मकथा कही जा सकती है? स्पष्ट है कि इस प्रकार का प्रयास आत्मकथा नहीं कहा जा सकता। इसका कारण यह है कि "क्योंकि आत्मकथा के लिए क्रमबद्धता, पूर्वापर सम्बन्ध और नैरंतर्य बोध आवश्यक होता है, जो डायरी में नहीं होता। डायरी में लिखे गए दैनिक अनुभव एक-दूसरे से अलग-थलग कटे हुए होते हैं। उनमें पूर्वापरता का अभाव होता है। इसलिए उसे पढ़ कर न तो आत्मसंतोष होता है और न समरसता का ही बोध होता है। प्रतिदिन का 'रिकॉर्ड' होने और छिटपुट मानसिक स्थितियों को प्रस्तुत करने के कारण इसमें वस्तु स्थिति की निरन्तरता का तारतम्य नहीं रहता। डायरी पढ़ते समय घटनाओं के पूर्वापर सम्बन्धों में पारस्परिक भाव उत्पन्न नहीं होता। कहानी जैसी निरन्तरता प्राप्त करने के लिए दो अनुभव-खण्डों के बीच अपनी समझ का बल प्रयोग में लाना पड़ता है। अन्यथा डायरी में घटनाओं की सम्बद्धता खोजना सहज नहीं होता।" (डॉ० कमलेश सिंह, हिन्दी आत्मकथा : स्वरूप एवं साहित्य, पृष्ठ -31)

दरअसल आत्मकथा में लेखक अपने जीवन की घटनाओं का सिलसिलेवार वर्णन करता है। वह अनावश्यक प्रसंगों को छोड़ देता है। कुछ घटनाओं को वह भूल भी जाता है। कई बार कुछ प्रसंगों को लज्जावश अथवा इसलिए छोड़ देता है, कि अपने किसी आत्मीय के चरित्र या स्वयं का चरित्र-हनन न हो। वह यथाशक्ति कटु सत्य या अप्रिय सत्य से बचना चाहता है। सत्य का यह रूप अर्द्धसत्य की श्रेणी का हो सकता है। लेकिन डायरी में आवश्यक नहीं कि व्यक्ति अपने जीवन की घटनाओं का सिलसिलेवार वर्णन करे। डायरी में वर्णन न होकर मन की प्रतिक्रिया, आत्मविश्लेषण, मनः स्थिति अंकित की जाती है। डायरी का सत्य अपेक्षाकृत अधिक पूर्ण,आंतरिक और आत्मीय होता है। डायरी-लेखक प्रायः कटु से कटु सत्य से भी दूर नहीं भागता। किसी भी अवांछित प्रसंग को ढकना डायरी-लेखक के लिए उचित नहीं। वह तो यह समझ कर ही लिखता है कि जो कुछ मैं लिख रहा हूँ, वह मेरा निजी है, क्योंकि डायरी को सभी के पढ़ने की वस्तु नहीं माना जाता।

डायरी किसी दिन विशेष, समय विशेष, क्षण-विशेष में व्यक्ति की मनःस्थिति का दर्पण होती है।

डायरी-लेखक जिस 'क्षण-बिन्दु' पर खड़ा है, उस क्षण को वह तुरन्त जी लेना चाहता है। इसलिए उसके पास समय केवल वर्तमान रूप में ही होता है। उसका लेखन समय के सरकने के साथ ही आगे बढ़ता है। इसके विपरीत आत्मकथा अतीत के भीतर से अपने आपको बाहर लाने वाली विधा है। आत्मकथा-लेखक वर्तमान के बिन्दु पर खड़ा होकर सुदूर अतीत की मानसिक यात्रा पर निकलता है। वह 'तब' को 'अब' सोचता और जीवित करता है। अतीत के मोह से आत्मकथा-लेखक आबद्ध रहता है। वह उससे छूट ही नहीं सकता, जब तक लिख नहीं लेता। वह घटित विगत से, अतीत के परिवेश से कुछ विशिष्ट बाहर लाता है। इस काम में डायरी उसकी मदद करती है। हां इतना अवश्य होता है कि डायरी में व्यक्त प्रतिक्रियाएं 'कल' की होती हैं, अतः उनके सम्बन्ध में लेखक की प्रतिक्रिया का स्वरूप बदल जाता है। लेखक उनका बाद में पुनर्मूल्यांकन कर अपनी आत्मकथा में प्रयोग कर सकता है।

जैसा कि हमने डायरी के रचना-तत्त्व और स्वरूप-विशेषताओं के प्रसंग में कहा है, डायरी को हम विभिन्न 'मूड्स' के 'स्नेप्स' कह सकते हैं। आत्मकथा एक चलचित्र (मूवी) की तरह है। डायरी में खण्डानुभूतियां ही मिलती हैं, इसके विपरीत आत्मकथा अखण्डानुभूति! इसलिए डायरी में स्वाभाविक निरन्तरता का अभाव होता है। गीति काव्य की तरह क्षण-विशेष का आवेग वहां अंकित हो जाता है; जबकि आत्मकथा स्व-जीवन का 'महाकाव्य' है!

B-2.1.2(iii) प्रबन्ध मुक्त आत्मक जीवनीपरक कथेतर गद्य विधा – *पत्र*

'स्व' अथवा 'आत्म' के जीवन से जुड़ी विधा 'पत्र' भी है। जिस तरह डायरी नितान्त निजी जीवन-क्षणों के चित्र प्रस्तुत करती है, उसी प्रकार पत्र भी व्यक्ति की एक विशेष दिन, विशेष समय की मनःस्थिति के चित्र प्रस्तुत करते हैं। हाँ, इतना अवश्य है कि डायरी आत्म-निरीक्षण, आत्म-विश्लेषण और आत्मपरिष्करण का साधन बन जाती है और किसी अन्य को सम्बोधित नहीं होती, जबकि 'पत्र' अन्य से संवाद स्थापित करते हैं, क्योंकि वे अन्य को सम्बोधित होते हैं।

साहित्य की विधा के रूप में पत्र

पत्रों का महत्त्व सर्वविदित है। आत्माभिव्यक्ति मानव की स्वाभाविक प्रवृत्ति है। अभिव्यक्ति की तृष्णा तब तक शान्त नहीं होती, जब तक मनुष्य अपने भाव तथा विचारों को किसी के सम्मुख रख नहीं देता। अभिव्यक्ति की तृष्णा साहित्य-सृजन की प्रेरक है। पत्रों में सामान्य और विशेष-दोनों ही स्थितियों में व्यक्ति मन की अभिव्यक्ति रहती है। इसलिए कई बार सोचना पड़ जाता है कि पत्रों को साहित्य की एक विधा माना जाय अथवा नहीं? यों अब यह प्रश्न अनुत्तरित नहीं रहा, न ज्यादा बहस का मुद्दा ही। फिर भी एक सहित्यिक विधा के रूप में पत्र-साहित्य की पड़ताल जरूरी है। इससे सामान्य पत्रों और सहित्यिक विधा के अंतर्गत आने वाले पत्रों का अन्तर, पत्र-साहित्य की आवश्क प्रवृत्तियों का विश्लेषण, साहित्य में इस विधा की हैसियत आदि बातों का खुलासा हो सकेगा।

उपर्युक्त प्रश्नों पर हमने *'सारिका'* के पत्र विशेषांक (मई, 1989) में विचार करते हुए अपनी कुछ मान्यताएं सामने रखी थीं (द्रष्यव्य : पत्र साहित्य : विधा की हैसियत का सवाल (लेख) पृष्ठ - 26, 27)। यहाँ वही कुछ मान्यताएं पुनः प्रस्तुत हैं।

पत्र-लेखन नई घटना नहीं है। यह मानव सभ्यता के साथ-साथ बिकसित प्राचीन कला है। लेकिन, एक विधा के रूप में साहित्य से इस कला का सम्बन्ध मुख्यतः आधुनिक युग में ही स्थापित हुआ। पत्र क्या है? इस प्रश्न का उत्तर बहुत सरल है, फिर भी यदि एक सर्वमान्य विचार जानना चाहें तो कहेंगे, पत्र एक लिखित सन्देश है, जो एक या अनेक व्यक्तियों की ओर से अन्यत्र उस व्यक्ति या उन व्यक्तियों के पास भेजा जाता है, जिनसे कुछ कहना (व्यक्त करना) होता है। यह सन्देश बड़ा भी हो सकता है, छोटा भी। किन्तु जब हम साहित्य की विधा के रूप में किसी पत्र को लेंगे, तो उस समय उस पत्र के सन्देश एवं लेखक (प्रेषक) को अधिक महत्त्व देंगे। और साथ ही उसे भी जिसके लए पत्र लिखा गया है। बहुधा यह माना जाता है कि साहित्य की विधा के रूप में पत्र-साहित्य केवल वही स्वीकार्य है, जो किसी बड़े

साहित्यकार से सम्बन्धित हो। यानी, किसी बड़े साहित्यकार-द्वारा या उस बड़े साहित्यकार के लिए लिखे गये पत्र ही साहित्य की विधा में परिगणित होते हैं। हमारे विचार से यह कोई अनिवार्य शर्त नहीं है। हम तो यह मानते हैं कि *सामान्य पाठकोंके पत्रों का भी साहित्यिक विधा के रूप में अध्ययन किया जाना चाहिए*। हमारा तात्पर्य *संपादक के नाम* लिखे पत्रों से भी है। ऐसे पत्रों में बहुत से मूल्यवान तथ्य, विचार, प्रतिक्रियाएं, टिप्पणियां या सन्देश निहित रहते हैं। इस दृष्टि से हमारा आग्रह है कि उन पत्रों को ही पत्र-विधा की सीमा में लिया जाना चाहिए जिनका सन्देश साहित्यिक दृष्टि से मूल्यवान हो, या जो किसी रचनाकार के व्यक्तित्व, उसकी रचना, उसकी रचना-प्रक्रिया को आलोकित-रेखांकित करता हो। ऐसी दशा में पत्र-लेखक की प्रसिद्धि ज्यादा माने नहीं रखती। बड़े लेखक का सामान्य पत्र उसकी मानसिकता या रचना-प्रक्रिया, या व्यक्तित्व आदि पर यदि प्रकाश डालता हो-तो इस विधा का अंग बन सकता है। सामान्य सूचना देने वाला पत्र नहीं। और जैसा कि हमने पहले संकेत किया प्रबुद्ध पाठकों के ऐसे पत्र भी इस विधा में समेटे जाएंगे जब वे साहित्यिक महत्त्व के प्रश्न उठाते हों, किसी रचना या लेखक के वैशिष्ट्य को उद्‌घाटित करते हों, कोरी प्रशंसा के स्थान पर समीक्षात्मक दृष्टि सामने रखते हों।

पत्र, साहित्य का एक अंग मान लिए जाएं, तो इन्हें स्वतंत्र विधा की हैसियत किस रूप में दी जाए? यह प्रश्न भी विचारणीय है। यहाँ हमें यह ध्यान रखना पड़ेगा कि 'पत्र' और 'पत्र शैली में लिखित साहित्य' (कहानी/उपन्यास/कविता/यात्रा वृत्तान्त आदि साहित्यिक रूप)– दोनों में अन्तर है। पत्र वास्तव में मुक्त गद्य रूप है, जो कथेतर गद्य विधाओं के अंतर्गत जीवनीपरक रूपों में रखा जाएगा। यह विधा जीवनीपरक होते हुए भी जीवनी विधा से पृथक् है। यों पत्र और आत्मकथा में घनिष्ठ सम्बन्ध है, क्योंकि आत्मकथा में भी लेखक को अपना कच्चा चिट्‌ठा खोलना पड़ता है; लेकिन, पत्र में 'व्यक्तिगत' वैसा सुसम्बद्ध इतिहास अंकित नहीं रहता, जैसा आत्मकथा में होता है। दूसरे, आत्मकथा में अनेक पक्ष गोपनीय रहते हैं, जबकि पत्र अनौपचारिक होने के कारण लेखक का 'वास्तव' समुपस्थित करता है। आत्मकथाकार, आत्म-परीक्षण या आत्मसमर्थन, अतीत की स्मृति को पुनर्जीवित करने या जटिल विश्व की विषम उलझनों में अपने आप का अन्वेषण करने के उद्देश्य से, यश-लाभ के लिए 'आत्मकथा' लिखता है। लेकिन पत्र-लेखक की इच्छा यश-प्राप्ति नहीं होती, यहाँ सहज आत्म-प्रकाशन रहता है। हाँ, पत्र आत्मकथा का अंश, एक सहायक उपादान अवश्य है। यही स्थिति जीवनी साहित्य और पत्र के बीच देखी जा सकती है। दोनों विधाएं घनिष्ठ अवश्य हैं, एक नहीं। समग्रतः 'पत्र' भी 'डायरी' आदि विधाओं की तरह अपने आप में एक स्वतन्त्र साहित्यिक विधा है। इसकी अपनी सत्ता और अस्मिता है। यह स्वतःपूर्ण विधा है।

पारिभाषिक स्वरूप

बाबू गुलाबराय का मानना है कि, "पत्रों में भी वही बात है, जो प्रत्येक साहित्य में होती है। लेखक

के हृदय में कुछ कहने के लिए उत्साह होता है और वह उस उत्साह या मन के रस को अपनी वाणी-द्वारा दूसरों तक संक्रमित कर देता है। एक मनुष्य अपने मित्र को अपने व्यवहार की सफाई देता है। यदि वह ईमानदारी है, यदि उसकी लेखनी में कुछ बल है और वह अपनी सफाई में सफल हो जाता है, तो उसके पत्र साहित्य का रूप धारण कर लेंगे।" (काव्य के रूप, पृष्ठ 262) उनका यह भी कहना है कि पत्र व्यक्ति-द्वारा लिखे जाते हैं और वे व्यक्ति के लिए ही होते हैं, किन्तु वे जनसाधारण के लाभ या मनोरंजन की भी वस्तु हो सकते हैं। उनमें साहित्य की सब विधाओं की अपेक्षा व्यक्तित्व की झलक रहती है।

पाश्चात्य विद्वान् *शिप्ले* के अनुसार "पत्र प्रायः भेजने वाले की ओर से पाने वाले के लिए प्रथम पुरुष में प्रत्यक्ष सम्बोधन होता है, पहले जमाने में दूत या पत्रवाहक-द्वारा चिट्ठियां भेजी जाती थीं और ऐसा भी होता था कि पत्रवाहक न केवल चिट्ठियां पहुँचाता था, वरन् उनको पढ़कर सुनाता था। उस समय के पत्रों में पाने वाले को तृतीय पुरुष-द्वारा सम्बोधित किया जाता था।" (विश्ववाङ्मय कोश, पृष्ठ 249)

ठीक ऐसी ही धारणा *डॉ० नगेन्द्र* की है। अपने-द्वारा संपादित "मानविकी पारिभाषिक कोश" में वे लिखते हैं, "पत्र प्रायः एक व्यक्ति द्वारा दूसरे व्यक्ति को प्रेषित अभिलेख होता है, जिसमें प्रेषक अपने को प्रथम पुरुष मे तथा आप्रेषक को द्वितीय पुरुष गें सम्बोधित करता है किन्तु पहले जब पत्र दूत-द्वारा भेजा जाता था और दूत ही पढ़ कर सुनाने का कार्य भी करता था तो आप्रेषक को तृतीय पुरुष-द्वारा सम्बोधित किया जाता था।" (पृष्ठ-158)

'इलस्ट्रेटेड वर्ल्ड एनसाइक्लोपीडिया' के अनुसार, "पत्र किसी के पास भेजा गया लिखित सन्देश हैं। यह शब्द सामान्यतः कुछ लम्बाई वाले सन्देश और लिफाफों में डाक द्वारा सन्देश के लिए प्रयुक्त होता है। संक्षिप्त सन्देश को प्रायः नोट कहा जाता है।"

'पत्र' को सम्यक् रूप से परिभाषित करने से पूर्व 'पत्र' की सामान्य विशेषताएं देख लेना उचित होगा। पत्र की सामान्य विशेषताएं कुछ इस प्रकार हैं–

(1) पत्र सदैव प्रकाशन के उद्देश्य से ध्यान में रख कर नहीं लिखे जाते। संपादकीय पत्रों–जैसे कुछ विशिष्ट वर्ग के पत्रों को छोड़ दें तो अधिकांश पत्र प्रकाशन की दृष्टि से नहीं लिखें जाते।

(2) पत्र सहज ढंग से लिखे जाते हैं।

(3) पत्र में पत्र-लेखक के व्यक्तित्व का प्रतिबिम्ब जीवन्त रूप में विद्यमान रहता है।

(4) पत्र में समकालीन इतिहास प्रतिध्वनित होता है। पत्र लेखक अपने पत्रों में जब समाचार लिखता हे, तब वह स्थान विशेष की घटनाओं आदि का समावेश करता है।

(5) पत्रों में आत्मीयता विद्यमान रहती है।

(6) पत्रों में पत्र-लेखक की विचार-धारा, उस क्षण की उसकी मनःस्थिति, घटनाओं-सन्दर्भों पर उसकी निजी राय, धारणा, दृष्टिकोण आदि की अभिव्यक्ति होती है।

(7) पत्र एक तरह से आत्मसाक्ष्य हैं, जिनमें अंतर्दृष्टि, सन्निहित रहती है। ये मुख्यतः किसी घटना

और चरित्र को समझनें में हमारी सहायता करते हैं। चरित्र के प्रेरणा-स्रोतों और विचार-धारा पर प्रकाश डालते हैं। वे लिखने वाले के आत्मानुशासन को भी रेखांकित करते हैं। और अतंतः उनमें आत्म-तत्त्व का चिन्तन प्रस्तुत होता है।

उपर्युक्त विशेषताओं को ध्यान में रखते हुए हम 'पत्र' विधा को इन शब्दों में परिभाषाबद्ध कर सकते हैं, *"पत्र साहित्य की वह कथेतर प्रबन्धमुक्त गद्य विधा है, जिसमें किसी व्यक्ति के विचार, जीवन-अनुभव, दृष्टिकोण, घटनाओं और परिवेश के प्रति निजी प्रतिक्रिया सहज रूप में व्यक्त की जाती है। व्यक्ति-व्यक्ति के मध्य संवाद का यह सर्वाधिक आत्मीय और विश्वसनीय माध्यम है।"*

पत्र के रचना-तत्त्व

हमारे विचार से 'पत्र' के छह रचना-तत्त्व हैं –

(1) पत्र-लेखक के व्यक्तित्व का निष्कपट प्रकाशन,

(2) आत्मीयतापूर्ण संवाद या वार्त्तालाप की उत्कट इच्छा,

(3) सहजता,

(4) कलात्मकता के प्रति अनवधानता,

(5) परिवेशांकन,

(6) लेखक के व्यक्तिगत विचार, प्रतिक्रियाएं और दृष्टिकोण।

कुछ विद्वान् पत्र का रचना-विधान रेखांकित करते हुए किसी भी पल में सिरनामा, सम्बोधन और अभिवादन, परिचय और हस्ताक्षर को अनिवार्य तत्त्व निर्धारित करते हैं। वास्तव में रचना-विधान आदि की जकड़बन्दी कार्यालयी या नितान्त निजी तथा सामान्य पत्रों को व्यवस्था देती है और वहीं ज्यादा ठीक लगती है। अनौपचारिक तथा साहित्यिक कोटि के रचनात्मक पत्रों में पत्र-लेखक का व्यक्तित्व सही रूप में उभरता है। यहां सहज अभिव्यक्ति बाधित नहीं होती। ऐसे पत्र ही प्रायः साहित्य की निधि बन पाते हैं।

अब हम पत्र के रचना-तत्त्वों की विस्तार से चर्चा करें।

पत्र का प्रथम और महत्त्वपूर्ण आन्तरिक तत्त्व है *पत्र-लेखक के व्यक्तित्व का निष्कपट प्रकाशन*। पत्र व्यक्तिनिष्ठ होते हुए भी सार्वजनीन जिज्ञासा का केन्द्र होता है। हम बड़ी आतुरता से निजी पत्रों को पढ़ते हैं और उतनी ही जिज्ञासा से दूसरों के पत्रों को पढ़ना चाहते हैं। इसका मूल कारण है कि पत्र दूसरों को जानने का सबसे अच्छा साधन है। यहां तक कि फोटो से भी अच्छा! कारण यही है कि पत्र में पत्र-लेखक के व्यक्तित्व का उद्‌घाटन निष्कपटता के साथ रहता है। यदि वहां कुछ दुराव-छिपाव होता है, घुमाव-फिराव होता है, कृत्रिम भाव या विचार होता है, तो प्रायः पकड़ा जाता है। इस तत्त्व की सक्रियता के कारण पत्र-विधा निबन्ध के निकट मानी जा सकती है। पत्र में वैयक्तिक रहस्य मुख्य स्थान पाते हैं। इसलिए स्वतः ही उसमें व्यक्तित्व के साथ आत्मचरित के भी अंशं अनुस्यूत हो जाते हैं।

पत्र का दूसरा महत्त्वपूर्ण तत्त्व है–*आत्मीयता*। और इसी तत्त्व से जुड़ा विधायक उपकरण है–*संवाद या वार्त्तालाप की उत्कट इच्छा*। अपनत्व या पारस्परिक मैत्री अथवा आत्मनैकट्य पत्र का मूल आधार है। साथ ही उसमें वार्त्तालाप की ध्वनि विद्यमान रहती है। लगता है पत्र-लेखक हमारे सामने है। यदि हमने उसे देखा है तो उसका बिम्ब हमारे सामने साकार हो उठता है। इस संवाद या वार्त्तालाप में कल्पना की गुजांइश कम होती है। लेकिन पाठक को बहुत कुछ कल्पना से काम लेना पड़ता है। यहां जो आत्मीयता और आत्मीयतापूर्ण संवाद की बात कही गई है, यह बहुत महत्त्वपूर्ण है। अधिकांश पत्र अपने आत्मीय या प्रियजनों को लिखे जाते हैं। अपने सम्माननीय जनों को पत्र लिखते समय भी पत्र-लेखक स्वयं को उनकी स्नेहछांह में अनुभव करता है। दोनों ही स्थितियों में लेखक पाठक के व्यक्तित्व का ध्यान अवश्य रखता है। यह पत्र का ऐसा दुर्लभ तत्त्व है, जो अन्य साहित्यिक विधाओं में प्रायः नहीं मिलता। इस सन्दर्भ में *बाबू गुलाबराय* का यह कथन उल्लेखनीय है कि, ''पत्र-लेखक को अपने भाव-ग्राहक के व्यक्तित्व और उसकी संवेदनाशीलता का ध्यान रहता है, वह उसी के अनुकूल अपने पत्र को बनाता है। वहां एक व्यक्तित्व दूसरे व्यक्तित्व से टकराता है, कभी संघर्ष के लिए और कभी प्रेमपूर्ण प्रतिदान-द्वारा पारस्परिक जीवन को अधिक-से-अधिक सम्पन्न बनाने के लिए। ऐसे ही पत्र साहित्य की कोटि में आ सकते हैं। (काव्य के रूप, पृष्ठ -263)। संक्षेप में यही कि पत्र लिखते समय पत्र-लेखक में आत्मीयतापूर्ण संवाद (या वार्त्तालाप) की उत्कट इच्छा विद्यमान रहती है। वैचारिक मतभेदों, तर्क-वितर्क के बावज़ूद लेखक इस इच्छा से कहीं-न-कहीं परिचालित अवश्य रहता है।

पत्र का एक विधायक उपकरण *'सहजता'* भी है। पत्र चाहे निरन्तर प्रवहमानता की स्थिति में लिखा जाए अथवा सोचते-विचारते हुए सघन विचारों से घिर कर, उसको लिखने में एक सहजता रहती है। पत्र-लेखक सदैव इस बात का ध्यान रखता है कि उसकी भावनाओं, विचारों, दृष्टिकोण अथवा उसकी बातों को पाठक सुगमतापूर्वक समझ सके। पत्र की सफलता ही इस बात पर निर्भर है कि जो कहा जा रहा है, वह सहजता से संप्रेषित हो जाए। इसीलिए सहजता किसी भी तरह के पत्र का सबसे आवश्यक गुण है।

सहजता से ही जुड़ा पत्र का अन्य विधायक उपकरण है *'कलात्मकता के प्रति अनवधानता'*। यही तत्त्व 'डायरी' में भी मिलता है। यही तत्त्व पत्र का गुण बन जाता है। यद्यपि यह 'डायरी' में अधिक विद्यमान रहता है और 'पत्र' में अपेक्षाकृत कम। फिर भी पत्र गें कलात्मकता के प्रति बहुत अधिक सचेत नहीं रहा जाता। हां, कहीं-न-कहीं पत्र-लेखक यह ध्यान रखता है कि कोई ऐसी बात न लिख दी जाए कि पढ़ने वाले पर विपरीत प्रभाव पड़े। कभी-कभी वह कलात्मकता अथपा साहिलिक सौन्दर्य का ध्यान भी रखता है। लेकिन कलात्मकता के प्रांत अतिरिक्त जागरूकता पत्र को लेख या निबन्ध की श्रेणी में ले जाती है। भाव और विचार वहां पिछड़ जाते हैं। इसलिए पत्र में सहज कलात्मकता भले ही हो; (जो पत्र लेखक के व्यक्तित्व, अध्ययन, संस्कार आदि पर निर्भर है) जानबूझ कर रची गई कलात्मकता नहीं होती। न वह

स्वीकरणीय कही जा सकती है। यों पत्र सभी लिखते हैं फिर भी उनमें थोड़ा शिल्प-विधान रहता ही है, चाहे उसका सचेतन प्रयोग न हो। यह विचार 'कलात्मकता के प्रति लेखक की अनवधानता' के विपरीत नहीं है।

पत्र का एक प्रभावशाली तत्त्व है—*परिवेशांकन*। प्रायः सभी तरह के पत्रों में परिवेश का अंकन रहता है। परिवेश के बीच से ही पत्र-लेखक के विचार, उसका व्यक्तित्व आदि बातें उभर कर आती हैं। परिवेश का अंकन कई रूपों में हो सकता है। अपने आसपास के वातावरण से लेकर वैचारिक और भाव जगत् के वातावरण तक को पत्र में संजोया जा सकता है। यह पत्र के उद्देश्य, पत्र की विषयवस्तु तथा पत्र-लेखक और संबोधित पाठक के व्यक्तित्व आदि बातों पर निर्भर करता है। परिवेश ही पत्र को जीवन्तता, सन्दर्भ और साहित्यिकता प्रदान करता है।

और अन्त में पत्र के पांचवें तत्त्व पर विचार करते हैं। यह तत्त्व है—*लेखक के व्यक्तित्व, विचार, प्रतिक्रियाएं और दृष्टिकोण*। सभी पत्रों में यह तत्त्व अनिवार्यतः उपस्थित रहता है। इसके बिना पत्र की कल्पना ही नहीं की जा सकती। पत्र की विषयवस्तु का विन्यास भावों-विचारों के ताने-बाने से ही होता है। ये ताने-बाने अपने अनुरूप भाषा का भी चुनाव कर लेते हैं। इसमें कोई सन्देह नहीं कि सभी विधाओं में लेखक के विचार, भाव, दृष्टिकोण आदि बातें निहित रहती हैं, लेकिन जिस सीधे रूप में, निष्कपट रूप से, बिना दुराव-छिपाव से वे पत्र में लिख कर सामने आती हैं, उस रूप में अन्य विधाओं में नहीं। यही कारण है कि पत्र में उसके लेखक की विविध विषयों पर विचार-धारा, प्रतिक्रिया, दृष्टिकोण के साथ उसका चरित्र भी उजागर होता है। कई पत्रों में लेखक दूसरों की जिज्ञासाओं का समाधान करता है, प्रश्नों के उत्तर देता है, अपनी धारणाएं, स्थापनाएं, दर्शन आदि को व्यक्त करता है। ऐसे में लगभग सभी पत्र साहित्य की दृष्टि से मूल्यवान हैं।

समग्रतः 'पत्र' ऐसी विधा है, जिसमें लेखक अपने किसी प्रियजन, आत्मीय अथवा सम्मान्यजन को सम्बोधित कर किन्ही विषयों पर हार्दिक प्रतिक्रिया प्रस्तुत करता है। वह उससे संवाद स्थापित करता है। इसका मुख्य उद्देश्य लेखक का विशेष अंतरंगता के साथ आत्म-प्रकाशन है। इसमें सहजता और प्रेषणीयता का विशेष ध्यान रखा जाता है। पत्र में मूलतः किसी खास व्यक्ति के किसी खास विषय या घटना या प्रसंग के सम्बन्ध में लिखे गए विचार निहित रहते हैं।

B-2.2 प्रकृतिपरक कथेतर गद्य विधा — *यात्रावृत्तान्त*

पृष्ठ भूमि

कथेतर गद्य रूपों की वर्णनतत्त्व प्रधान श्रेणी में एक ऐसी नई गद्य-विधा भी है, जो प्रकृतिपरक है। यह विधा है 'यात्रावृत्तान्त'। यों तो प्रकृति का वर्णन साहित्य की प्रायः सभी विधाओं में किया गया होता है। लेकिन यात्रावृत्तान्त का मूल ढांचा ही प्रकृति के वर्णन पर खड़ा होता है। इसमें कथा-तत्त्व लगभग नहीं होता। जीवनीपरक विधाओं से पृथक् जीवन के कुछ क्षणों को ही प्रकृति के परिदृश्य के बीच आलोकित किया जाता है। तर्क दिया जा सकता है कि जीवन तो साहित्य का आधार है और लेखक अपना जीवन किसी न किसी रूप में, कम या अधिक अंश के साथ प्रायः सभी विधाओं में व्यक्त करता है। यह सच होते हुए भी, विधाओं के निर्धारण में प्रभावशाली प्रवृति को आधार बनाया जाता है। इसलिए यात्रा वृत्तान्त में प्रकृति का वर्णन जीवनांशों, कथा-तत्त्व, वैचारिकता आदि को अपने आप में समेट लेता है। इसी आधार पर इस गद्य रूप को 'वर्णन तत्त्व–प्रधान प्रकृतिपरक' रूप के नाम से वर्गीकृत किया गया है।

कुछ समय पहले कला समीक्षक *विनोद भारद्वाज* की एक टिप्पणी पढ़ने को मिली थी (नवभारत टाइम्स, 2 जुलाई, 1989, पृष्ठ -4, "हिन्दी लेखकों को यात्राएँ करनी चाहिए")। उन्होंने कई अच्छी बातें सामने रखी हैं। उनकी टिप्पणी के कुछ अंश ध्यान देने-योग्य हैं:

"हिन्दी की दुनिया में कवि, उपन्यासकार, नाटककार, निबंधकार तो खैर काफी हैं, लेकिन शायद ही कभी हम यात्रा-लेखक सरीखा विशेषण इस्तेमाल करते हों। मिसाल के लिए अंग्रेजी में वी० एस० नायपाल का जब परिचय दिया जाता हैं तो उन्हें "नॉवेलिस्ट" और "ट्रैवेल राइटर" कहा जाता है। पर हिन्दी में शायद ही कोई लेखक 'यात्रा लेखक' कहा जाए।"

और :

'छुटपुट प्रयत्नों को छोड़ दिया जाए तो सामान्य रूप से यात्रा-लेखन की खस्ता हालत है। हिन्दी में एक दौर में पश्चिम के अनेक यात्रा वृत्तान्त लिखे गए थे। निर्मल वर्मा, अज्ञेय सरीखे लेखकों की स्वतंत्र पुस्तकें हैं। उस दौर में हिन्दी लेखक के लिए पश्चिम एक नई तरह की चुनौती था। लेकिन बाद की पीढ़ी के लिए पश्चिम की यात्रा भी चुनौती नहीं है। देश की यात्रा तो उसका क्षेत्र नहीं है। इसलिए समकालीन कथा साहित्य में इतना जंग चढ़ा हुआ है। अधिकांश लेखक अखबारी दफ्तरों और प्रकाशकों के तंत्र पर लंबे उपन्यास और कहानियां लिख देते हैं। यही साहित्य है। यही छपता है।'

विनोद भारद्वाज की इस टिप्पणी से कई प्रश्न उभरते हैं। *भारद्वाज* की चिन्ता यात्रावृत्तान्त विधा की अस्मिता को लेकर है। वास्तव में आज गद्य की आधुनिक नवीन विधाओं की ओर लेखकों का ध्यान बहुत कम है। यात्रावृत्तान्त ही क्यों, रेखाचित्र, संस्मरण, रिपोर्ताज, जीवनी, आत्मकथा आदि विधाएं हिन्दी

के पाठक को कितनी और कैसी पढ़ने को मिल रही हैं? पहले हम इस "अछूत कन्या" जैसी विधा पर विचार कर लें। अधिसंख्य जन इस विधा के स्वरूप निर्धारक तत्त्व और उसकी विकास-यात्रा से अनभिज्ञ हैं, इसलिए हम सर्वप्रथम इन्ही बिन्दुओं पर विचार करेंगे।

यात्रावृत्तान्त : तात्पर्य

यात्रावृत्त अथवा यात्रावृत्तान्त का तात्पर्य है,किसी देश, प्रदेश, भू-भाग अथवा स्थान आदि की, की गई यात्रा का वृत्तान्त। यों 'यात्रा' शब्द का कभी अर्थ था–"जीतने की इच्छा से राजाओं का जाना, धावा करना या देवता के उद्देश्य से एक प्रकार का उत्सव।" (पदमचन्द्र कोष, पृ० 402, तृतीय संस्करण, 1925 ई०)। इसी तरह के अर्थ *नगेन्द्र नाथ बसु* ने दिए हैं–"विजय की इच्छा से कहीं जाना, चढ़ाई, परिव्रज्या, अभिनिर्याण, प्रस्थान, गमन, गम, प्रस्थिति। दर्शनार्थ देवस्थानों को जाना, तीर्थाटन। एक स्थान से दूसरे स्थान को जाने की क्रिया आदि।" (हिन्दी विश्वकोष, 18वां भाग, पृ० 630, संस्करण-1929) वास्तव में आज "यात्रा" का सामान्य अर्थ है एक स्थान से दूसरे स्थान पर जाना। ज्ञानार्जन, व्यापार, मनोरंजन, धर्मसाधना एवं युद्ध आदि की भावना से प्रेरित होकर ये क्रिया (यात्रा) की जाती है। संचरण-शीलता यात्रा का प्रमुख लक्षण है।

यह संसार संचरणशील है और अपने विकास के लिए उसमें निरन्तर गतिशीलता पाई जाती है। *ऐतरेय ब्राह्मण* में मनुष्य की आध्यात्मिकता और आधिभौतिक उन्नति के लिए 'चरैवेति चरैवेति' के मन्त्र द्वारा उसके निरन्तर गतिशील रहने पर जोर दिया गया है। अतः यात्रा का जीवन से अविछिन्न सम्बन्ध है। आदिम मनुष्य परम घुमक्कड़ था। यात्रा किए बिना उसका जीवन दूभर था। जीवन के साधन उसने यात्रा के बाद ही जुटाये। उसकी आज तक की प्रगति यात्रा से ही सम्भव हुई है। इसलिए यात्रा आवश्यक है। मनुष्य के व्यावहारिक जीवन में यात्रा के महत्त्व को बताने के लिए एक विद्वान् तो यहां तक कहते हैं कि, "जो लोग घूम-फिर कर दूसरे देशों की वेशभूषा, रहन-सहन और बोली का अध्ययन नहीं करते, वे बिना सींग के बैल के समान हैं। जब आदमी समुद्र से घिरी पृथ्वी का भ्रमण करता है तब वह सज्जनों के आचरण, दुर्जनों की चेष्टा, विविध प्रकार के लोगों की उत्कंठा, विदग्ध जनों के परिहास, गम्भीर और गूढ़ शास्त्रों के तत्त्व से परिचित होता है।" कहने का अर्थ है कि यात्रा ज्ञान और शिक्षा का प्रमुख साधन है, इससे मनुष्य की बुद्धि का विस्तार होता है। उसका अनुभव-संसार समृद्ध होता है। तभी तो *राहुल सांकृत्यायन*, जो घुमक्कड़ी के बादशाह थे, कहा करते थे, "मेरी समझ में दुनिया की सर्वश्रेष्ठ वस्तु है घुमक्कड़ी। घुमक्कड़ी से बढ़ कर व्यक्ति और समाज के लिए कोई हितकारी नहीं हो सकता।"

यात्रा करने के बाद मनुष्य की स्वाभाविक प्रवृत्ति होती है कि वह अपने अनुभवों को दूसरे में बांटे, दूसरों को जिज्ञासा होती है कि वह यात्री के अनुभवों को सुने। उन स्थानों के विषय में वे भी जानें, जहां से दूसरा व्यक्ति लौटता है। अपने यात्रानुभवों को जब कोई यात्री शब्दबद्ध करता है, उनका वर्णन करता

है तो उसे उस यात्रा का वृत्त अथवा वृत्तांत कहते हैं।

"वृत्त" का शाब्दिक अर्थ है — जो घटित हो चुका है। जो घटित हो चुका हो। हाल। जबकि "वृत्तान्त" का शाब्दिक अर्थ है — किसी घटना, विषय, स्थिति आदि की जानकारी कराने के उद्देश्य से उससे सम्बद्ध कही या बतलाई जाने वाली बातें या किया जाने वाला वर्णन। समाचार। हाल।

इस विचार से "वृत्त" के स्थान पर "वृत्तान्त" शब्द का प्रयोग करना अधिक उचित है। यों भी 'वृत्तान्त' का आशय है, 'वृत्त' का 'अन्त'। यात्रा के परिवृत्त का 'अन्त'।

यात्रावृत्तान्त : साहित्य की एक विधा के रूप में

यात्राएं तो सभी करते हैं, लेकिन सभी यात्राओं के वृत्तांत साहित्य की विधा नहीं बन पाते। सामान्य यात्रावृत्तान्त और साहित्यिक यात्रावृत्तान्त दोनों में अन्तर है। सौन्दर्यबोध और उल्लास की भावना से अनुप्रेरित कोई यायावर जब यात्रा करता है, और अपने यात्रानुभव को शब्दबद्ध करता है तो उसके यात्रावृत्तान्त को साहित्यिक मनोवृत्ति का कहा जा सकता है। उसकी यह मुक्त अनुभव-अभिव्यक्ति वास्तव में यात्रावृत्तान्त है।

साहित्यिक मनोवृत्ति के घुमक्कड़ को प्रकृति, स्थान, समाज, संस्कृति और इतिहास का अद्भुत आकर्षण अपनी ओर खींचत है। वह इन सब के वशीभूत हुआ-सा यात्रा पर चल पड़ता है। अन्य पर्यटक जहां से देखते हुए भी आंखें बन्द करके चलते हैं, प्रकृति और उसके समूचे सौन्दर्य की पुकार को सुनकर भी अनसुना कर देते हैं; वहां साहित्यिक यायावर मुक्त मनोवृत्ति के साथ रमा हुआ घूमता है। उसकी यात्रा स्वतःपूर्ण होती है। यात्रावृत्तान्त के सम्बन्ध में *डॉ० रघुवंश* की यह टिप्पणी बहुत मूल्यवान है, "यात्रा का बहुत बड़ा आकर्षण प्रकृति की पुकार है। यायावर वही है जो चलता चला जाय, कहीं रुके नहीं, कोई बन्धन उसे कसे नहीं और वह जो दर्शनीय है, ग्रहणीय है स्मरणीय है अथवा संवेदनीय है, उसका संग्रह करता चले—या यों कहें कि जो मुक्त भाव से, अनुभूतियां संजोता हुआ, देश-काल में फैले अनन्त जीवन में सांसें लेता हुआ यात्रा नहीं करता, वह यात्रा का साहित्य नही दे सकता, विवरण प्रस्तुत करता है।" (आलोचना, जुलाई, 1954, पृ०-11-12)।

तात्पर्य यह है कि साहित्य की विधा के अन्तर्गत वे यात्रावृत्तान्त ही आ सकते हैं, जिनमें लेखक की प्रकृतिगत विशेषताएं प्रतिबिम्बायित हों। उसकी फक्कड़ता, घुमक्कड़ी वृत्ति, उल्लास, सौन्दर्यबोध और ज्ञानपिपासा सर्वत्र दृष्टिगत हो। सतह के प्रलोभनों को छोड़ कर ऐसे लेखक का संवेदनशील मन, सतह को बेध कर, उसकी आत्मा के भीतर प्रवेश करता हुआ दिखाई देता है। बाह्य जगत् की जो प्रतिक्रिया उस लेखक के हृदय पर होती है, जो भावनायें उसके मन में उठती हैं, वह उनको अपनी सम्पूर्ण चेतना के साथ व्यक्त करता है। यही कारण है कि साहित्यिक यात्रावृत्तान्त मे संवदना और अभिव्यक्ति का एक कलात्मक संतुलन रहता है। सौन्दर्य-भावना और लेखकीय मुक्त-मनोवृत्ति, वस्तु के तल में जाने की

उत्कटता आदि कुछ गुण हैं जो लेखक के यात्रा-विवरण को साहित्य के अन्तर्गत "यात्रावृत्तान्त" नामक विधा में प्रतिष्ठित करते हैं।

यात्रावृत्तान्त तथा अन्य समानधर्मा गद्य रूप

यात्रावृत्तान्त विधा के वास्तविक स्वरूप की ओर समुचित ध्यान न देने का दुष्परिणाम यह हुआ कि कभी इस विधा को संस्मरण समझ लिया गया है, तो कभी रिपोर्ताज। इसलिए यह आवश्यक है कि इन समान-सी लगती गद्य विधाओं के आपसी अन्तर को जान लें।

पहले संस्मरण और यात्रावृत्तान्त को समझ लें। यद्यपि यह सही है कि संस्मरण-लेखक और यात्रावृत्तान्त-लेखक दोनों ही अपनी रचना में किसी स्थान, दृश्य, घटना और व्यक्ति से जुड़े प्रसंगों-स्मृतियों का अंकन करते हैं, तथापि उन दोनों की रचनाओं को एक नहीं माना जा सकता। संस्मरणों में जहां स्थायी अथवा अमिट स्मृतियों का आकलन होता है, वहां यात्रावृत्तान्त में सामयिक स्मृतियों को बिम्बायित किया जाता है। यात्रावृत्तान्त का लेखक या तो अपनी यात्रा के मध्य डायरी के रूप में अपनी यात्रा का विवरण अंकित करता चलता है या फिर यात्रा से लौट कर, कुछ ही समय के अन्तराल में या तुरन्त ही यात्रा के मध्य देखे गए स्थानों, प्राकृतिक दृश्यों आदि से सम्बद्ध विवरण कलात्मक रूप में अंकित कर देता है। छायाचित्र इसमें उसके विशेष सहायक होते हैं। इसके अतिरिक्त एक मुख्य अन्तर इन दोनों विधाओं में यह है कि यात्रावृत्तान्त में देशकाल विषयक प्रकरण अनिवार्य रूप से गुंथे रहते हैं, संस्मरण में यह अनिवार्यता नहीं। यात्रावृत्तान्त में वर्णित स्थान की भौगोलिक ऐतिहासिक, सांस्कृतिक पृष्ठभूमि सदैव विद्यमान रहती है, जबकि संस्मरण में इस तरह की पृष्ठभूमि के बिना भी काम चल सकता है। इस विधा में स्थानीयता, तथ्य वर्णन और वर्णनकौशल मूल तत्त्व रहते हैं, स्मरण और जीवनी तत्त्व नहीं। ये दोनों तत्त्व तो संस्मरण के केन्द्रीय तत्त्व हैं।

अब बिचार करें यात्रावृत्तान्त और रिपोर्ताज के अन्तर पर। रिपोर्ताज-लेखक को भी घटनाओं की जानकारी के लिए यात्रा करनी पड़ती है, लेकिन उसका उद्देश्य यात्रावृत्तान्त की तरह रोचक, सौन्दर्यपरक और उन्मुक्त संवेदना-अभिव्यक्ति नहीं होता। तथ्यात्मकता का ध्यान दोनों विधाओं के लेखक को रखना पड़ता है। लेकिन रिपोर्ताज जहां घटनाओं के विवरण प्रस्तुत करता है, वहां यात्रावृत्तान्त स्थिति और सौन्दर्यपरक कलात्मक रचना के रूप में हमारे सामने आता है। रिपोर्ताज प्रायः अकाल, बाढ़, युद्ध, दंगे आदि किसी सामयिक एवं महत्त्वपूर्ण घटना को पूरी संवेदना के साथ पाठकों के सामने लाते हैं। इन घटनाओं और उनसे जुड़े तथ्यों को एकत्र करने के लिए ही रिपोर्ताज-लेखक घटनास्थल की यात्रा करता है। यानी उसकी यात्रा का उद्देश्य सुनिश्चित है। उसकी यात्रा साधन है, साध्य नहीं। वह समाचारपत्रों आदि में प्रकाशित सामग्री का उपयोग भी करता है। इस विधा के केन्द्र में घटना विशेष रहती है। इसके विपरीत यात्रावृत्तान्त-लेखक की यात्रा सोद्देश्य तो हो सकती है, किन्तु वह उसके लिए साध्य है, साधन नहीं। यहां

केन्द्र में यात्रा ही रहती है, स्थान विशेष का समग्र वैभव रहता है, लेखक की प्रकृति विद्यमान रहती है।

यात्रावृत्तान्त का रचना-विधान और रचना-तत्त्व

यात्रावृत्तान्त की रचना व्यक्ति की प्रकृति-प्रवृति पर बहुत निर्भर करती है। उसकी कल्पनाशीलता, सौन्दर्य-दृष्टि, संवेदना, ज्ञान सम्पदा, अनुभव और अभिव्यंजना की पद्धति; ये कुछ ऐसे बुनियादी तत्त्व हैं जो इस विधा की रचनाओं को आकार देते हैं। यद्यपि अन्य विधाओं के लिए भी इन तत्त्वों का महत्त्व असंदिग्ध है, तथापि यात्रावृत्तान्त में ये सब जगह-जगह संचरित रहते हुए उस रचना को जीवन्तता प्रदान करते हैं। इन और ऐसे ही कतिपय अन्य तत्त्वों को सहज रूप से समेट कर किसी महत्त्वपूर्ण स्थान, देश या प्रदेश की यात्रा करके लौटा लेखक एक अतिरिक्त आत्मीयता के साथ यात्रावृत्तान्त रचता है। पहले वह यात्रा के दृश्यों को अपने अन्दर देखता है, स्मृतियों को सहेजता है, आवश्यकता होने पर लिए गए नोट्स पलटता है या छायाचित्रों को सामने रखता है और तब यात्रावृत्तान्त की रचना की ओर अग्रसर होता है। प्रायः अनुभव किया गया है कि यात्रावृत्तान्त के लेखक में कल्पनाशीलता, कला-दृष्टि, और एक अच्छे छायाकार के गुण होने आवश्यक हैं। इन दिनों विशेष रूप से ऐसे यात्रावृत्तान्त अधिक पढ़ने को मिलते हैं जिनमें अच्छे छायाचित्रों का पर्याप्त उपयोग किया गया हो। इन चित्रों से यात्रावृत्तान्त में जीवन्तता और विश्वसनीयता आ जाती है। आत्मीयता के साथ स्थानिक विशेषताओं को लिए, तथ्यों के साथ, कल्पनाप्रवण और रोचक ढंग से लिखे गए यात्रावृत्तान्त अधिक सफल सिद्ध होते हैं। अतः इस विधा की रचना में लेखक इन बातों का ध्यान अवश्य रखता है।

संक्षेप में यात्रावृत्तान्त के रचना-तत्त्व इस रूप में देखे जा सकते हैं :

(अ) आधारभूत तत्त्व

यात्रावृत्तान्त के आधारभूत रचना-तत्त्वों में *स्थानीयता और तथ्यात्मकता*, इन दो तत्त्वों की गणना की जाती है।

यात्रावृत्त के प्रत्येक लेखक का मुख्य अभीष्ट किसी स्थान विशेष के समग्र वैभव यथा–उसके प्राकृतिक सौन्दर्य, रीति-रिवाज, आचार-विचार, आमोद-प्रमोद, जीवन-दर्शन आदि का सशक्त उपस्थापन होता है। यह आवश्यक नहीं कि प्रत्येक रचना में इन सभी को अभिव्यक्ति मिले–लेखक की अपनी अभिरुचि के फलस्वरूप किन्हीं एक-दो को मुख्य तथा शेष को गौण स्थान प्राप्त हो सकता है। यह भी संभव है कि लेखक ने जिस प्रदेश विशेष की यात्रा की हो उसमें उसे जो कुछ भी महत्त्वपूर्ण लगा हो उसी का अंकन कर दिया गया हो। कहने का आशय यही है कि यात्रावृत्तान्त के आधारभूत तत्त्वों में स्थानीयता सर्वोपरि है। स्थान विशेष के विविध रंग अपनी सम्पूर्ण गंध के साथ ऐसी रचना में अवश्य उपस्थित रहते हैं। दूसरा आधारभूत तत्त्व है तथ्यात्मकता। अन्य विधाओं में एक सीमा तक तथ्यात्मकता से बचा जा सकता है, किन्तु यात्रावृत्तान्त में लेखक को तथ्यों का विशेष ध्यान रखना होता है। लेखक अपनी यात्रा

के दौरान देखे गए स्थानों के सम्बन्ध से अधिक तथ्यों की प्रामाणिक जानकारी पाठकों को देने का प्रयत्न करता है। लेकिन, यह जानकारी इतिहास या भूगोल की पुस्तकों-जैसी नीरस शैली में न होकर रोचकता और कलात्मकता के साथ दी जाती है।

(ब) द्वितीयक तत्त्व

द्वितीयक तत्त्व का अर्थ यह नहीं कि इनके बिना भी यात्रावृत्तान्त की रचना की जा सकती हो। वास्तव में ये ऐसे तत्त्व है जो किसी यात्रा-विवरण को रचनात्मक धरातल देकर साहित्य की इस विधा के रूप में रूपायित करते हैं। इसलिए ये तत्त्व भी कम महत्त्व के नही हैं। इस श्रेणी के तत्त्वों में हैं : आत्मीयता, लेखकीय व्यक्तित्व, कल्पना-प्रवणता, चित्रात्मकता और रोचकता। यद्यपि इन तत्त्वों की उपस्थिति अन्य साहित्यिक विधाओं में भी विद्यमान रहती है, किन्तु यात्रावृत्तान्त में इन का प्रयोग अलग तरह से होता है।

आत्मीयता ऐसा रचना-तत्त्व है, जो यात्रावृत्तान्त को मर्मस्पर्शी बनाता है। लेखक उन स्थानों का वर्णन ऐसी आत्मीयता से करता है कि लगे उसका मन वहां की प्रकृति में, वहां के समाज में, वहां की संस्कृति और कला में, वहां के कण-कण में रम गया था। ऐसा आत्मीयपूर्ण वृत्तान्त सामान्य प्रचार-पुस्तिका या मार्गनिर्देशिका-जैसी पर्यटन सामग्री से भिन्न होता है। आंकड़े या विज्ञप्तियां देना लेखक का उद्देश्य नहीं होता। वह तो वहां के सौन्दर्य को, मानवीय आशा-आकांक्षाओं से पूरित जीवन को, कला-अभिरुचि और प्रकृति को प्राणवत्ता के साथ उद्घाटित करता है। यात्रा के मध्य होने वाली अनुभूतियों और मन पर पड़ने वाली छाप को, प्रतिक्रियाओं को वह अपने यात्रावृत्तान्त में अंकित करना चाहता है, और वह आत्मीयता के बिना असंभव है।

लेखकीय व्यक्तित्व अथवा उसकी प्रकृति यात्रावृत्तान्त का दूसरा आवश्यक रचना-तत्त्व है। यह एक वैयक्तिकता प्रधान विधा है, इसलिए इसमें लेखक के व्यक्तित्व की झलक सर्वाधिक मात्रा में दिखाई देती है। उसकी अभिरुचि,उसका दृष्टिकोण, ज्ञान-सम्पदा आदि बातें लेखक की रचना को गुणवत्ता प्रदान करती हैं। अपनी अभिरुचि के अनुसार ही लेखक स्थान विशेष को अपनी यात्रा के लिए चुनता है, अपनी अभिरुचि और दृष्टि के अनुसार ही वह दृश्यों को देखता ओर चुनता है, अपनी ज्ञान-संपदा और जिज्ञासा के अनुसार ही जानकारी पिरोता है। कहना न होगा कि लेखक के व्यक्तित्व के अनुसार ही उसके यात्रावृत्तान्त का ढांचा खड़ा होता है। उसकी क्षमता का सही प्रमाण इस विधा में मिल जाता है।

कल्पना-प्रवणता अन्य विधाओं की तरह यात्रावृत्तान्त के लिए भी उतना ही महत्त्वपूर्ण रचना-तत्त्व है। इसका प्रयोग यहां कुछ अधिक ही देखने को मिलता है। अपनी यात्रा के समय लेखक कल्पना की जितनी गहराईयों में उतर सकेगा, वह उतनी ही गहनता से दृश्यों को देख सकेगा। लिखते समय अतीत को वर्तमान एवं अप्रत्यक्ष को प्रत्यक्ष करने की सामर्थ्य इसी कल्पना नामक तत्त्व में निहित है। अतः कहा

जा सकता है यात्रावृत्तान्त की रचना कल्पनाप्रवणता के बिना संभव नहीं है।

कल्पनाप्रवणता की तरह *चित्रात्मकता* भी यात्रावृत्तान्त के लिए आवश्यक है। ये दोनों तत्त्व एक-दूसरे के सहायक हैं। लेखक अपनी कल्पना से यात्रा किए गए स्थलों के रमणीय और जीवन्त चित्र रचता है। यह तो संभव नहीं कि सारे दृश्य छायाचित्रों के द्वारा ही सामने रख दिए जायें, तब तो वह अलबम बन जाएगी। यात्रावृत्तान्त अपनी अभिव्यक्ति-क्षमता से ऐसा वर्णन प्रस्तुत करता है कि दृश्य सामने उपस्थित हो जाते हैं। आवश्यकतानुसार ही छायाचित्रों का प्रयोग किया जाता है। वास्तव में यात्रावृत्तान्त में लेखक भाषा का ऐसा रचनात्मक उपयोग करता है कि पाठकों से सम्मुख वर्णित स्थलों के दृश्य सजीव हो उठें। इसे हम *बिम्बधर्मिता* कहें तो अधिक उपयुक्त रहेगा।

इन सब तत्त्वों के अतिरिक्त यात्रावृत्तान्त में *रोचकता* का होना भी आवश्यक है। रोचकता की सृष्टि के लिए लेखक अपनी रुचि और दृष्टि के अनुसार दंत कथाओं, स्थान विशेष में मिलने वाले विचित्र तथ्यों, जनजीवन के विविध रंगों, नृत्य, लोककथा, वस्त्राभूषण, मकानों की बनावट, दृश्य देखकर याद आने वाली कविताओं, कहानियों आदि का उल्लेख यात्रावृत्तान्त के बीच-बीच में प्रसंगानुसार करता चलता है। रोचकता का तत्त्व यात्रावृत्तान्त को कहानी-जैसी कौतूहलपूर्ण साहित्यिक रचना का दर्जा दिलाता है और प्रचार पुस्तिका या यात्रा निर्देशिका से अलग करता है। इसी तत्त्व के कारण पाठक यात्रावृत्तान्त को रुचिपूर्वक, जिज्ञासा के साथ आद्यन्त पढ़ना चाहता है।

इस विधा के विषय में यह सर्वाधिक ध्यान रखने की बात है कि यात्रा स्वान्तः सुखाय हो सकती है, लेकिन जब कोई यात्री उस यात्रा को यात्रावृत्तान्त के रूप में प्रस्तुत करता है तो वह सोद्देश्य रचना हो जाती है। यह रचना मनुष्य की ज्ञानवृद्धि में सहायक होती है। अलौकिक एवं विचित्र यात्रा-वर्णनों से पाठक को मनोरंजन एव आनन्द की प्राप्ति होती है। पर्यटक-साहित्यकार अपनी यात्राकृतियों के माध्यम से देश-विदेश के अद्भुत दृश्यों, रीति-रिवाजों आदि से पाठक का परिचय कराता है और मनोरंजन प्रदान करता है।

यात्रावृत्तान्तों का वर्गीकरण

यात्रावृत्तांत विविधतापूर्ण विधा है। रचना के विषय से लेकर उसके शिल्प तक को इसके वर्गीकरण का आधार बनाया जा सकता है। अतः हम यात्रावृत्तांत का समुचित वर्गीकरण करने के लिए संभावित तीन आधारों की चर्चा करेंगे : पहला आधार है *"उद्देश्य"*। इसमें यह देखना होगा कि किसी यात्रावृत्तांत का मूल उद्देश्य क्या है? यद्यपि एक ही रचना के एक से अधिक उद्देश्य हो सकते हैं, फिर भी किसी एक प्रधान उद्देश्य को रेखांकित करके इस प्रकार का वर्गीकरण किया जा सकता है। इस आधार पर हम यात्रावृत्तान्तों जो निम्नलिखित वर्गों में व्यवस्थित कर सकते हैं :

(1) शिक्षा-प्रधान यात्रावृत्तान्त,

(2) मनोरंजन-प्रधान यात्रावृत्तान्त।

दूसरा आधार वृत्तान्त का *विषय* हो सकता है। इस आधार पर हम यात्रावृत्तांतों को निम्नलिखित वर्गों में रख सकते हैं :

(1) ऐतिहासिक,

(2) सांस्कृतिक,

(3) धार्मिक,

(4) साहसिक,

(5) भौगोलिक आदि।

तीसरा आधार हो सकता है यात्रावृत्तान्त के *शिल्प* का। इस आधार पर यात्रावृत्तान्तों को इन वर्गों में बांट सकते हैं:

(1) वर्णनात्मक यात्रावृत्तान्त,

(2) संस्मरणात्मक यात्रावृत्तान्त,

(3) औपन्यासिक यात्रावृत्तान्त,

(4) कल्पना-प्रधान यात्रावृत्तान्त,

(5) पत्रात्मक यात्रावृत्तान्त,

(6) डायरी शैली के यात्रावृत्तान्त।

हमारे अपने विचार से शिल्प के आधार पर यात्रावृत्तान्त का वर्गीकरण अधिक उचित रहेगा, क्योंकि एक ही यात्रावृत्तान्त में अनेक विषय और कई उद्देश्य एक साथ हो सकते हैं। ऐसे में प्रथम दो आधारों पर वर्गीकरण करना असुविधाजनक रहेगा। एक ही रचना को दृष्टि-भेद से समालोचक पाठक अलग-अलग वर्गों में रख सकते हैं। इसलिए अनिश्चिय से बचने के लिए शिल्प का आधार ग्रहण करना ठीक है। हाँ, इतना ध्यान अवश्य रखना होगा कि किसी यात्रावृत्तान्त में एक से अधिक शैलियां प्रयुक्त की गई हों तो सर्वाधिक प्रभावी शैली कौन-सी है? इस आधार पर हम उसका वर्ग निर्धारित करें।

B-2.3 घटनापरक कथेतर गद्य विधा – *रिपोर्ताज*

कथेतर गद्य विधाओं में वर्णन तत्त्व प्रधान एक और नवीन गद्य विधा है, जो आज़ादी के आसपास उभर कर सामने आई। यह गद्य विधा है 'रिपोर्ताज'। 'रिपोर्ताज' विशुद्ध रूप से पत्रकारिता जगत् से आकर साहित्य के क्षेत्र में प्रतिष्ठित हुई 'घटनापरक' विधा है।

'रिपोर्ताज' विधा प्राचीन होते हुए भी, लम्बे समय तक समीक्षकों की दृष्टि से ओझल रही। साहित्य के आचार्यों का ध्यान इस विधा की ओर तब गया जब इस विधा के लिए फ्रांस में प्रयुक्त होने वाला 'रिपोर्ताज' शब्द भारत में आया और अंग्रेजी का 'रिपोर्ट' शब्द समाचार-पत्रों के माध्यम से इस विधा की ओर संकेत करने लगा। फलतः इस विधा को द्वितीय विश्व युद्ध की घटनाओं से जन्म लेने वाली विधा माना जाता है, क्योंकि उस समय युद्ध की विभीषिका के समाचार 'रिपोर्ट' के रूप में समाचार-पत्रों में छपते थे।

कुछ समीक्षकों की राय है कि इस शब्द को अपने रूप में ज्यों-का-त्यों हिन्दी में अपना लिया गया है, जबकि *पं० कन्हैयालाल मिश्र 'प्रभाकर'* का मानना है कि 'इस विधा के लिए 'रिपोर्ताज' नाम रूसी के माध्यम से हिन्दी ने लिया'।

सच्चाई यह है कि यह शब्द अंग्रेजी की 'रिपोर्ट' से गहरा सम्बन्ध रखता है और इसे प्रारम्भ के 10-11 वर्षों तक 'रिपोर्ताज' ही कहा जाता रहा है। किसी घटना की ठीक-ठीक सूचना 'रिपोर्ट' कहलाती है। पत्रकारिता से जुड़ी और विकसित हुई इस गद्य विधा ने साहित्य में आकर 'भावनामय-सूचना' का रूप ले लिया। इसीलिए कुछ विद्वानों ने इस विदेशी नाम की जगह इस विधा के लिए 'सूचनिका' नाम अपनाने का आग्रह किया है। 'सूचनिका' नाम का प्रयोग *डॉ० भगीरथ मिश्र* ने किया है। *डॉ० लक्ष्मीसागर वार्ष्णेय* इस विधा का नाम 'प्रसंग-चित्र' देते हैं। (द्रष्टव्यः हिन्दी साहित्य का इतिहास, पृष्ठ -244) फिर भी परम्परित और अधिकांश विद्वानों, रचनाकारों-द्वारा अपनाये जाने वाला नाम 'रिपोर्ताज' ही है।

रिपोर्ताज का पारिभाषिक स्वरूप

'*हिन्दी साहित्यकोश* में लिखा गया है कि 'रिपोर्ट' के कलात्मक और साहित्यिक रूप को ही रिपोर्ताज कहते हैं।'

यह परिभाषा अस्पष्ट है। इसमें रिपोर्ताज विधा की सभी विशेषतायें नहीं हैं।

इसी तरह *डॉ० जीवन प्रकाश जोशी* ने रिपोर्ताज की परिभाषा देते हुए लिखा है कि, "संवाददाताओं की रिपोर्ट जब अपनी शैली में कुछ साहित्यिकता का समावेश कर लेती है, तब वह रिपोर्ताज कहलाती है।"

इस सन्दर्भ में दो बातों की ओर ध्यान देना आवश्यक है – एक तो यह कि, कुछ साहित्यिकता

का समावेश कर देने से ही कोई रिपोर्ट 'रिपोर्ताज' नहीं बन जाती। दूसरी बात यह कि रिपोर्ताज का लेखक संवाददाता ही हो, यह आवश्यक नहीं है। इसलिए डॉ० जोशी की रिपोर्ताज की यह परिभाषा मान्य नहीं हो सकती है।

बाबू गुलाबराय ने 'रिपोर्ट से आगे जा कर साहित्यिक अभिव्यक्ति के रूप को आधार मानकर इस विधा का परिचय इन शब्दों में दिया था, 'रिपोर्ट की भांति यह घटना या घटनाओं का वर्णन तो अवश्य होता है किन्तु उसमें लेखक के हृदय का निजी उत्साह रहता है, जो वस्तुगत सत्य पर बिना किसी प्रकार का आवरण डाले उसको प्रभावमय बना देता है।'

यह परिभाषा कुछ स्पष्ट है और विधा की प्रवृति को रेखांकित करती है, लेकिन पूर्ण नहीं है।

इसी तरह की एक परिभाषा *प्रकाशचन्द्र गुप्त* ने दी थी, जो 'रिपोर्ताज' के कुछ ही लक्षणों की ओर संकेत करती है – "रिपोर्ताज तीव्र भावना में रंगी साहित्यिक रिपोर्ट के अतिरिक्त कोई और वस्तु नहीं। संघर्ष की खन्दकों में निर्मित यह कला रूप है।'

डॉ० रामचन्द्र तिवारी का कहना है कि, "जब सफल पत्रकार या साहित्यकार वास्तविक घटना को अपने भीतर निहित मूल्यों के अनुसार एक विशेष कोण से उपस्थित करके प्रभावपूर्ण बना देता है तो वह 'रिपोर्ताज' की कला-सृष्टि करता है।'

तिवारी जी ने इस विधा के लेखन के लिए पत्रकार या साहित्यकार को 'सफल' होना आवश्यक माना है। यह सफल विशेषण क्यों लगाया गया है? यह अस्पष्ट है। एक विशेष कोण क्या है? यह भी इस कथन में स्पष्ट नहीं है।

इन सबसे स्पष्ट *डॉ० रामविलास शर्मा* का मत है। उनके अनुसार, "किसी घटना या घटनाओं का ऐसा वर्णन कि वस्तुगत सत्य पाठक के हृदय को प्रभावित कर सके, रिपोर्ताज कहलायेगा। कल्पना के सहारे कोई रिपोर्ताज लेखक नहीं हो सकता। रिपोर्ताज लिखने के लिए जनता से सच्चा प्रेम होना चाहिए।"

डॉ० कैलाशचन्द्र भाटिया मानते हैं कि, "इसमें लेखक प्रत्यक्ष-दर्शन के आधार पर किसी घटना की रिपोर्ट तैयार करता है और उसमें अपनी सहज साहित्यिक कला से जब लालित्य ले आता है तो वही गद्य की आकर्षक विधा 'रिपोर्ताज' कहलाती है। इस प्रकार 'रिपोर्ट' के कलात्मक एवं साहित्यिक रूप को ही 'रिपोर्ताज' कहते हैं।'

यह परिभाषा कुछ ठीक है, लेकिन इसमें सारा रहस्य 'रिपोर्ट' में छिपा है।

अधिक परिभाषाओं के वनखण्ड में न भटक कर हम उपर्युक्त मतों के आधार पर रिपोर्ताज के कुछ सामान्य लक्षण निर्धारित कर सकते हैं। ये मत और परिभाषाएं हमें इन लक्षणों के निर्धारण में सहायता पहुंचाती हैं। इस दृष्टि से –

(1) रिपोर्ताज में आंखों देखी, कानों सुनी घटना का वर्णन होता है।

(2) यह वर्णन प्रभावपूर्ण होता है।

(3) वर्णन को प्रभावपूर्ण बनाने के लिए उसे भावनाओं और संवेदनाओं के संयोग से साहित्यिक कलात्मक रूप में प्रस्तुत करना होता है।

(4) इसमें लेखक की निजी अनुभूतियां, भावनायें और विचार ताथा दृष्टिकोण भी सक्रिय रहता है।

(5) इस विधा में हमारे विचार से मानवीय संवेदनाओं और मानवीय सरोकारों को पृष्ठभूमि में अवश्य रखा जाता है।

उपर्युक्त लक्षणों के आधार पर हम इस विधा को इन शब्दों में परिभाषित कर सकते हैं–

"रिपोर्ताज कथेतर गद्य का वह विवरणात्मक घटना-प्रधान साहित्यिक रूप है, जिसमें किसी घटना का तथ्यपरक एवं मानवीय सरोकारों से युक्त प्रभावपूर्ण विवरण दिया जाता है। इस विवरण में लेखक का निजी दृष्टिकोण सक्रिय रहता है और जनता के प्रति सच्चा प्रेम भी।"

रिपोर्ताज के रचना-तत्त्व

अधिकांश समीक्षकों ने रिपोर्ताज के प्रायः 7 तत्त्व बताए हैं–

(1) यथातथ्यता (2) जीवन्तता (3) नाटकीयता

(4) मर्मस्पर्शिता (5) रोचकता (6) कलात्मकता

(7) रसात्मकता आदि।

हमारे विचार से 'रिपोर्ताज' के तत्त्व निम्नलिखित हैं–

(1) तथ्यात्मकता,

(2) वातावरण की जीवन्तता,

(3) भावनात्मक संवेदना और मानवीय दृष्टिकोण.

(4) नाटकीयता।

यह सर्वविदित है कि 'रिपोर्ताज' मूलतः पत्रकारिता से जुड़ी और पत्रकारिता से ही निकली विधा है। समाचार पत्रों के संवाददाता प्रायः समाचार-पत्र की नीति के अनुसार या फिर पाठक-वर्ग की रुचि के अनुसार समाचारों का वर्णन रोचक ढंग से करते हैं। रिपोर्ताज की विधा इन लम्बे-लम्बे रोचक वर्णनों पर ही आधारित है। घटना-स्थल पर से घटना का सही-सही और रोचक वर्णन प्रेषित करने वाला संवाददाता 'रिपोर्टर' कहलाता है। 'रिपोर्टर' द्वारा लिखी गई खबरों में कभी-कभी भावनात्मक संवेदना की प्रचुरता या कवित्व का समावेश रहता है; यह उसकी प्रतिभा, संवेदनशीलता और कवित्व शक्ति पर निर्भर करता है। ऐसी प्रतिभाओं-द्वारा रचित और प्रेषित 'रिपोर्ट' रिपोर्ताज की श्रेणी में आती हैं, क्योंकि उनमें साहित्यिकता होती है। इसी बात को *डॉ० बैजनाथ सिंहल* ने इस रूप में रेखांकित किया है–"रिपोर्टिंग" का काम प्रायः संवाददाताओं का काम माना जाता है। संवाददाता किसी संवाद को यथातथ्य रूप में लिख कर सम्बद्ध

समाचार पत्रों को भेजते हैं, लेकिन कुशल संवाददाता उसमें भी कुछ आकर्षण भर देता है। इस रूप में रिपोर्टिंग एक व्यावसायिक क्रिया-व्यापार है। किसी एक घटना को घटने पर उस स्थान पर जब तक संवाददाता उसके बारे में लिखता है तो वह रिपोर्ट कहलाती है और वहीं पर उपस्थित एक साहित्यकार उसी घटना को यथातथ्य की रक्षा करते हुए एक साहित्यकार की शैली में लिखता है, तो उसका लेखन 'रिपोर्ताज' बन जाता है। इस प्रकार रिपोर्ताज घटनाश्रित तथ्यात्मक एक प्रकार की कथा होती है, जो साहित्यकता से संवलित रहती है।" (हिन्दी विधाएँ : स्वरूपात्मक अध्ययन, पृष्ठ -206) कहने का अर्थ यह है कि 'रिपोर्ताज' में तथ्यात्मकता रहती है। यह तथ्यात्मकता साहित्यिकता से संवलित होती है, लेकिन इतनी 'विकृत' नहीं हो जाती कि अविश्वसनीय लगे। मूल घटना का साहित्यिक दृष्टि से किया गया वर्णन 'रिपोर्ताज' के लिए वरेण्य है।

दूसरा आवश्यक रचना तत्त्व है: *वातावरण की जीवन्तता*। 'रिपोर्ताज' वस्तुतः वातावरण की प्रस्तुति है। जैसा कि *भगवतीचरण वर्मा* का मानना है, "रिपोर्ताज का क्षेत्र मूल रूप से वातावरण होता है; वह वातावरण व्यक्तियों के कर्मों की उपज भले ही हो, लेकिन व्यक्ति रिपोर्ताज में वातावरण का भाग भर होता है। व्यक्तियों के कर्म तथा आपसी टकराव की प्रक्रिया को रिपोर्ताज में सम्मिलित तो किया जाता है, लेकिन इन्हें प्रमुखता नहीं मिलती, प्रमुखता मिलती है केवल वातावरण को।"(साहित्य के सिद्धान्त और रूप, पृष्ठ -161) इसमें कोई सन्देह नहीं होना चाहिए कि वातावरण 'रिपोर्ताज'का अनिवार्य तत्त्व है। वह जीवन्त रूप में इस विधा में अंकित किया जाता है। यदि कोई चरित्र भी घटनास्थल से उठाया जाता है, तो वह भी; उसके कार्यकलाप भी, इसी वातावरण के अंश बनकर लिए जाते हैं। ऐसे चरित्र जिनके इर्द-गिर्द घटना-क्रम का जाल बुना जाता है, वे भी कर्त्ता नहीं होते, अपितु सामूहिक वातावरण के हिस्से-भर होते हैं। इस दृष्टि से 'रिपोर्ताज' आंचलिक उपन्यास के निकट की विधा कही जा सकती है। वातावरण को जितनी जीवन्तता के साथ लेखक प्रस्तुत कर सकेगा, उसका लिखा रिपोर्ताज उतना ही प्रभावशाली और सफल बन सकेगा। इस काम में उसकी वर्णन-कुशलता, वाक्य-विधान, शब्द-चयन, घटना-प्रस्तुति, शैली, चित्रोपमता आदि बातें सर्वाधिक सहायक होती हैं।

रिपोर्ताज का तीसरा रचना तत्त्व है-*भावनात्मक संवेदना* और *मानवीय दृष्टिकोण*। रिपोर्ताज-लेखक घटना के मानवीय प्रभाव को देखता है। वह घटित को इस प्रकार वर्णित करता है कि पाठक में भावनात्मक संवेदना जगा सके। सामान्य पत्रकारिता तो यह है कि कहां क्या हो रहा है? उसको सामने लाया जाए। यह अभिलाषा प्रत्येक व्यक्ति में होती है कि वह जाने उसके आसपास से लेकर अपने समाज, प्रदेश, देश, और विश्व के किस कोने में क्या हो रहा है? उसकी यह अभिलाषा कौतूहल या जिज्ञासा के रूप में रहती है। विकासशील मानव समाज में समाचारों के प्रति उत्सुकता निरन्तर बढ़ती जा रही है। यों भी, मनुष्य का जीवन व्यक्तिगत होते हुए भी सामाजिक है और यह सामाजिक जीवन समष्टि के जीवन का ही एक भाग है। दुनिया के किसी कोने में युद्ध हो, क्रांति हो, बाढ़ आए, भूकम्प आए—उसका कुछ

न कुछ असर तो हमारे ऊपर पड़ता ही है। दुनिया में जहां भी दो पक्ष हों, किसी भी बौद्धिक प्राणी की भावनात्मक संवेदना एक पक्ष की ओर रहेगी ही। और यहीं हमें समाचारों के कुतूहल पक्ष से अलग एक भावनात्मक पक्ष भी दिखाई देता है। 'रिपोर्ताज' विधा में समाचार की कौतूहल या उत्सुकता की प्रवृति के साथ-साथ उसका भावनात्मक पक्ष भी विद्यमान रहता है। प्रायः समाचार एजेन्सियां भावना से अलग रह कर मानव के कौतूहल-तत्त्व को तुष्ट करते हुए, निर्लिप्त भाव से सामाचार देती हैं, ऐसे समाचार कुछ रोचक भले ही हों, लेकिन प्रायः रूखे शब्दों और रूखी शैली में होते हैं। इसके विपरीत 'रिपोर्ताजकार' रोचकता के साथ भावनात्मक अभिव्यक्ति पर बल देता है। घटनाओं, बड़े-बड़े मेलों, उत्सवों या समारोहों के प्रति पाठक में भावनात्मकता जगाने का ध्यान रखता है। यही उसका उद्देश्य भी होता है। ये वर्णन कभी-कभी सामयिक एवं क्षेत्रीय महत्त्व से ऊपर उठकर दीर्घकालीन और सार्वभौमिक महत्त्व भी प्राप्त कर लेते हैं। प्रायः ऐसा तब होता है जब उनमें लेखक का मानवीय दृष्टिकोण प्रवहमान रहता है। 'रिपोर्ताज' विधा की लोकप्रियता का कारण इसी रचना-तत्त्व में सबसे अधिक निहित है। इससे उसकी ग्रहणशीलता बढ़ जाती है। कुछ आलोचक रिपोर्ताज में मानवीय संवेदना का नितान्त अभाव मानते हैं। यथा-डॉ० *शशिभूषण सिंहल* का विचार है कि, "लेखक स्थिति और घटनाओं के ऊपरी रूप को प्रस्तुत अधिक करता है। घटनाओं के भीतर निहित मानवीय तत्त्व या गहन भावनाओं के चित्रण-विश्लेषण का अवकाश उसे नहीं होता। xxx रिपोर्ताज का मूल उद्देश्य है, पाठक को स्थिति के सीधे सामने लाना। स्थिति पर चिन्तन-मनन का कार्य वह अधिक नहीं करता।" (हिन्दी साहित्य : विधाएं और दिशाएं, पृष्ठ -146) हमारे विचार से यह डॉ० सिंहल का भ्रम है। और इस भ्रम का कारण यह है कि आज के अतिव्यस्त और अपने संघर्षों में रत मानव में संवेदना का तत्त्व शिथिल पड़ता जा रहा है, केवल कौतूहल का तत्त्व ही उसके मनोरंजन में सहायक सिद्ध हो रहा है। इसलिए चौंकाने वाले समाचारनुमा रिपोर्ताज ही अधिकांशतः पढ़ने को मिल रहे हैं। वास्तविकता यह है कि भावनात्मक संवेदना और मानवीय दृष्टिकोण से शून्य 'रिपोर्ताज' 'रिपोर्ताज' न होकर मात्र सामान्य 'समाचार' की श्रेणी में रखे जायेंगे। साहित्य में इस विधा का पत्रकारिता जगत् से प्रवेश इसी संवेदना के कारण हुआ है

रिपोर्ताज का अन्तिम विधायक उपकरण हैं *नाटकीयता*। दरअसल यह तत्त्व इस विधा के प्रस्तुतिकरण से जुड़ा है। रिपोर्ताज-लेखक घटना और परिवेश को सजीवता देने के लिए नाटकीयता का प्रयोग करता है। वह 'स्टोरी' इस प्रकार रचता है कि यथातथ्यता की रक्षा करते हुए घटना को पाठक की आंखों के समक्ष वैसी ही घटित कर सके। *नाटकीयता* या प्रत्यक्षीकरण का बोध यथार्थ का आभास देने वाली गतिविधि का चित्रण करके जगाया जाता है। इससे वातावरण जीवन्त हो उठता है। रोचकता और सरसता आती है।

समग्रतः रिपोर्ताज के रचना-तत्त्वों को देखते हुए यह कहा जा सकता है कि इस विधा में किसी स्थान या घटना का यथार्थ, सजीव, मर्मस्पर्शी और संवेदना को जगाने वाला वर्णन किया जाता है। उसमें

घटना, दृश्य या वातावरण प्रधान होता है, चरित्र अथवा व्यक्ति नहीं। प्रारम्भ में इस विधा का सम्बन्ध युद्ध-क्षेत्र की दैनिक रिपोर्ट से रहा है, जिसमें वहां की सारी घटना का वृत्तान्त रहता था। धीरे-धीरे यह रिपोर्ट यथातथ्यात्मक होते हुए भी कुछ इस ढंग से लिखी जाने लगी कि इसमें प्रभावोत्पादकता की दृष्टि से घटनाओं को मानवीय संवेदनाओं से जोड़ कर प्रस्तुत किया जाने लगा। यहीं से इसमें साहित्यिकता का समावेश हुआ और फिर यह धीरे-धीरे एक स्वतंत्र साहित्यिक विधा के रूप में विकसित होती चली गई।

रिपोर्ताज और यात्रावृत्तान्त

अन्य विधाओं की अपेक्षा रिपोर्ताज और यात्रावृत्तान्त गद्य विधाएं सर्वाधिक निकट हैं। दोनों विवरणात्मक कथेतर गद्य विधाएं हैं। दोनों में ही लेखक यात्रा करके सामग्री संचित करता है, लेकिन इन दोनों विधाओं के रचना-विधान और उद्देश्य में अन्तर है। यही अन्तर दोनों विधाओं को स्वतंत्र व्यक्तित्व प्रदान करता है।

जैसा कि हम पहले कह चुके हैं रिपोर्ताज-लेखक को घटनाओं की जानकारी के लिए यात्रा करनी होती है, लेकिन उसका उद्देश्य यात्रावृत्तान्त की तरह रोचक, सौन्दर्यपरक और उन्मुक्त संवेदना-अभिव्यक्ति नहीं होता। यानी रिपोर्ताज घटनापरक विधा है, यात्रावृत्तान्त प्रकृतिपरक।

तथ्यात्मकता का ध्यान दोनों विधाओं के लेखक को रखना पड़ता है, लेकिन रिपोर्ताज में जहां घटनाओं के विवरण प्रस्तुत किए जाते हैं, वहां यात्रावृत्तान्त स्थिति और सौन्दर्यपरक कलात्मक रचना के रूप में हमारे सम्मुख आते हैं।

रिपोर्ताज प्रायः अकाल, बाढ़, युद्ध, दंगे या किसी सांस्कृतिक आयोजन आदि जैसी सामयिक एवं महत्त्वपूर्ण घटना को पूरी संवेदना के साथ पाठकों के सामने लाते हैं। इसलिए रिपोर्ताज-लेखक की यात्रा का उद्देश्य एकदम सुनिश्चित है। उसकी यात्रा साधन है, साध्य नहीं। वह समाचार-पत्रों आदि में प्रकाशित सामग्री का भी उपयोग कर सकता है। सुनी हुई बातों का उपयोग भी कर सकता है। इस विधा के केन्द्र में घटना विशेष और वातावरण रहता है। इसके विपरीत यात्रावृत्तान्त-लेखक की यात्रा सोद्देश्य तो हो सकती है, किन्तु वह उसके लिए साध्य है, सिर्फ साधन नहीं। यहां केन्द्र में यात्रा ही रहती है। स्थान विशेष का समग्र वैभव रहता है, लेखक की प्रकृति भी विद्यमान रहती है।

रिपोर्ताज में घटना की तह तक जाने की जिज्ञासा और खोजपरक आकुलता विद्यमान रहती है। घटना के भीतर और घटना के पार जाने की जिज्ञासा रहती है। इसी जिज्ञासा के सहारे बढ़ता हुआ रिपोर्ताज लेखक अपना रिपोर्ताज पूरा करता है। लेकिन, यात्रावृत्तान्त में प्राकृतिक रहस्यों के प्रति एक मुग्ध-भाव विद्यमान रहता है। रिपोर्ताज में मुग्ध भाव की अपेक्षा बेचैनी, उत्कटता और सचेतनता क्रियाशील रहती है।

इसी तरह रिपोर्ताज किसी घटना की पृष्ठभूमि में मानवीय मूल्यों, मानवीय सरोकारों, संकटों आदि

के प्रति सजग रहता है। ध्यान, धारणा और भावना का एक्य उसमें निहित रहता है। ये तत्त्व लेखक में एक मानवीय दृष्टि विकसित करते हैं, जबकि यात्रावृत्तान्त में यह दृष्टि अनिवार्यतः नहीं रहती। इसमें सौन्दर्य-दृष्टि प्रधान होती है।

यात्रावृत्तान्त में लेखक का निजीपन बार-बार झलकता है। वह विवरण पर छाया रहता है। जबकि रिपोर्ताज में लेखक का निजीपन हावी नहीं होता, वह पृष्ठभूमि में अदृश्य रूप में सक्रिय भले ही रहे।

फ़ोटोग्राफी दोनो विधाओं के लिए पूरक का काम करती है। इससे इन विधाओं में विश्वसनीयता और सौन्दर्य की सृष्टि होती है।

B-3 कविता-तत्त्वप्रधान कथेतर गद्य-विधा

गद्य गीत

गद्य में कविता-तत्त्व का सम्मिश्रण गद्य-काव्य या गद्य-गीत को जन्म देता है। कुछ समीक्षक 'गद्य काव्य' और 'गद्य-गीत' में अन्तर मानते हैं, कुछ दोनों को एक कहते हैं। दरअसल, जब गद्य अपने भीतर कविता की आन्तरिक विशेषताओं को धारण कर लेता है, तब इस विधा का रूप ले लेता है। लेकिन इतना ही पर्याप्त नहीं है। यह गुण तो ललित-निबन्ध में भी उपस्थित रहता है। इससे आगे इस विधा में कविता की-सी भाव-संकुलता, लयात्मकता, प्रतीक-भावना और आध्यात्मिक संकेत आ जाते हैं। इसके अतिरिक्त गीत-तत्त्व की प्रभावान्विति, एकाग्रता, क्षण-विशेष की भावानुभूति भर जाती है। इन सबसे मिल कर गद्य-काव्य का रूप बनता है, जिसे हमारे विचार से 'गद्य-गीत' कहना चाहिए।

गद्य-गीत में छन्द मुक्ति, आवेग, उच्छ्वास, विस्मय, मौग्ध्य, निराशा, जिज्ञासा–जैसी स्थितियों की प्रधानता रहती है। लौकिक प्रेम-भावना तथा भक्ति-भावना का समावेश इस विधा को गहराई देता है। इस विधा में धारा शैली, प्रलाप-शैली, सम्बोधन शैली, स्वागत-शैली तथा संवाद-शैली का प्रयोग ही अनुकूल है। इन्हीं के अनुरूप गद्य-गीत की भाषा सहज, प्रवाहपूर्ण, उपमानों की श्रृखंलाओं से युक्त आलंकारिक, संगीतात्मक होती है। चित्रात्मकता/बिम्बात्मकता एवं प्रतीकात्मकता इस विधा की काव्य-भाषा का विशेष गुण है।

प्रकृति, मानव-जीवन, वैयक्तिक अनुभूति की तीव्रता, रहस्यवादिता, भावों की गहनता, आवेग, एकाग्रता और यत्र-तत्र अनर्गल प्रलाप-सा मन का स्वच्छन्द वेग गद्य-गीत को अलग-अलग रंग देते हैं। यह 'अनर्गलता' वास्तव में अनर्गल प्रलाप नहीं होता, केवल प्रवाह होता है, जो तुरन्त अपने केन्द्र पर लौट आता है। जिन रचनाओं में अनर्गल-प्रलाप आ जाता है, वे सच्चे 'गद्य-गीत' नहीं होते; क्योंकि उनमें 'एकाग्रता' टूट जाती है। एकाग्रता, अनवरत लयात्मकता, सरलता और तरलता गद्य-गीत के वास्तविक लक्षण हैं।

इस विचार से कहा जा सकता हैं कि–*"गद्य-गीत वह कथेतर गद्य विधा है, जिसमें संक्षिप्त गद्य में गीत का सम्मिश्रण हो और जो एकाग्रता, लय, आवेग, भावानुभूति की सघनता आदि काव्यात्मक गुणों से युक्त हो। इस विधा में रचनाकार की आत्मा की विकल पुकार व्यक्त होती है, जो किसी अद्‌भुत, अलौकिक, दिव्य प्रकृति–पुरुष को सम्बोधित होती हैं।"*

उपर्युक्त परिचय के आधार पर 'गद्य-गीत' के प्रमुख रचना-तत्त्व एवं विशेषताएं इस प्रकार निर्धारित किए जा सकते हैं–

(1) रचनाकार की नितान्त अंतराभिमुखी मनःस्थिति का अंकन।

(2) अनुभूति की सघनता एवं एकाग्रता, सरसता एवं रमणीयता।

(3) गीतात्मक प्रवाह, लय, संगीतात्मकता और भाव-प्रवणता।

(4) सहज, प्रवाहपूर्ण, आलंकारिक भाषा।

(5) बिम्बात्मकता एवं प्रतीकात्मकता।

(6) रहस्यात्मकता, दार्शनिकता एवं आध्यात्मिकता।

(7) मन की उमंग, एक तरंग, अनुभूति की किसी उछाल का लघु आकार के गद्य खण्ड में उपर्युक्त विशेषताओं के साथ रूपायन।

'गद्य-गीत' के रचना-विधान का कोई शास्त्रीय नियम नहीं है। यह नितान्त वैयक्तिक विधा है। कुछ-कुछ एकांत साधना-जैसी विधा। वर्तमान समय में बहुत कम रचनाकार गद्य-गीत-विधा को छू रहे हैं। संभवतः आज के संघर्षपूर्ण जीवन में ऐसी 'भीगी मानसिकता वाली' (अश्रु-विगलित) नितान्त वैयक्तिक और एक तरह से एकान्तवास-वाली विधा अधिक सार्थक रह भी नहीं गई है। ऐसी रचनाओं को प्रायः 'अनर्गल' प्रलाप कह कर या 'नाटकीय' मान कर उपेक्षित कर दिया गया है। पाठकों की मानसिकता में भी परिवर्तन आ चुका है, इसलिए ऐसी रचनाएं उन्हें कम ही रुचिकर लगती है, भले ही रचनाकार ने प्राणपण से 'दिव्य सौन्दर्य' की सृष्टि की हो!

हिन्दी में आदर्श गद्यगीत के रचयिताओं में वियोगी हरि और दिनेश नन्दिनी डालमिया के नाम आदर के साथ लिए जाते हैं।

B-4 अन्य कथेतर गद्य विधाएं

(साक्षात्कार, परिचर्चा, फीचर, सम्पादकीय, भूमिका)

गद्य की नई विधाओं का एक वर्ग ऐसा है, जो धीरे-धीरे विकसित हो रहा है। इस वर्ग की कथेतर गद्य विधाएं प्रबन्धात्मक न होकर *मुक्त गद्य* प्रकृति की हैं। इनमें साक्षात्कार, परिचर्चा, फीचर, संपादकीय और भूमिका की गणना की जा सकती है। ये सभी विधाएं भी पत्रकारिता से साहित्य में आई हैं।

साक्षात्कार तक तो ठीक है; परिचर्चा, संपादकीय और फीचर-लेखन को कुछ अध्येता साहित्य की विधाओं के रूप में अभी स्वीकार करने में असुविधा अनुभव कर रहे हैं। हमारे विचार से ये विधाएं भी साहित्य के रूपों में गिनी जानी चाहिए। इनमें भी वैसी ही रचनात्मकता विद्यमान है, जैसी पत्र, डायरी, रिपोर्ताज, यात्रावृत्तान्त आदि विधाओं में होती है।

इस प्रखण्ड में हम इन्हीं नई विधाओं के लक्षण, स्वरूप, रचना-तत्त्व, विशेषताओं आदि पर प्रकाश डाल रहे हैं।

B-4 (1) साक्षात्कार

साहित्य की नव्य विधाओं में 'साक्षात्कार' (इण्टरव्यू) एक महत्त्वपूर्ण कथेतर गद्य विधा है। यह विधा विशुद्ध रूप से पत्रकारिता की देन है। इसमें साक्षात्कार लेने वाला व्यक्ति स्वयं बहुत कम सामने आता है, वह समाने वाले व्यक्ति के व्यक्तित्व एवं विचारों को प्रमुखता के साथ सामने लाता है।

अंग्रेजी के 'इण्टरव्यू' शब्द का हिन्दी रूपान्तर 'साक्षात्कार' है। इसे 'भेंटवार्ता' भी कहा जाता है। यों तो साक्षात्कार किसी भी क्षेत्र में विशिष्ट योगदान करने वाले किसी व्यक्ति से लिया जा सकता है, किन्तु हमारे विचार से जब हम साहित्यिक विधा के रूप में 'साक्षात्कार' की बात करते हैं तो साहित्य और कला के क्षेत्र में योगदान करने वाले व्यक्ति के साक्षात्कार ही इसके अंतर्गत आने चाहिए। अन्य क्षेत्रों (राजनीति, सामाजिक-सांस्कृतिक, धर्म-इतिहास, अर्थशास्त्र, विज्ञान इत्यादि) के व्यक्तियों के नहीं। या फिर उन साक्षात्कारों का सम्बन्ध कहीं-न-कहीं साहित्य और कला के प्रश्नों से अवश्य होना चाहिए।

राजेन्द्र यादव का एक कथन हमें यहां याद आता है। वे कहते हैं, "हमारे यहां चुटकुलों और ग़ज़लों के नाम पर वज़न और काफियाहीन गालियों या धिक्कारों की जो बाढ़ आयी हुई है उनसे भी बुरी हालत इंटरव्यूयों और परिचर्चाओं की है। हर पत्र आज इन्ही से भरा होता है, जहां न व्यक्तिदर्शन है और न विषय का खुलासा।" (हंस, मई-जून 1990, पृष्ठ -12)

इसी क्रम में वे एक कटुसत्य का उद्घाटन करते हुए आगे कहते हैं, "पहली गलतफहमी तो

हमारे यहां यह व्याप्त है कि इण्टरव्यू लेने वाला हमेशा देने वाले के मुकाबले छोटा होता है और यह एक अपेक्षाकृत घटिया या दूसरे-तीसरे दर्जे का काम है। इसलिए प्रशिक्षण के दौरान ही पत्रकारिता के महत्त्वाकांक्षी प्रायः साहित्यकारों, अभिनेताओं कलाकारों और राजनेताओं के इण्टरव्यू लेकर अपनी कलम साफ करते हैं या कभी-कभी बड़ों के कन्धों पर खुद महत्त्व पाने की चालाकी के शिकार होते हैं। उधर दुनिया की पत्रकारिता में यह न दूसरे दर्जे का काम है और न यह हल्का-फुल्का शुगल। वहां वस्तुतः यह दो प्रबुद्ध दिमागों की मुठभेड़ है, जहां दोनों अपने-अपने सर्वश्रेष्ठ रूप में होते हैं।"

साक्षात्कार विधा का पारिभाषिक स्वरूप

'साक्षात्कार' का शाब्दिक अर्थ है–देखना, अनुभव करना। 'इण्टरव्यू' वह है जो विचारों से सम्बद्ध हो।

वस्तुतः पारिभाषिक शब्द के रूप में यह शब्द उस साहित्यिक विधा के लिए प्रयुक्त होता है, जिसमें बातचीत के माध्यम से किसी विशिष्ट व्यक्ति के विचारों, भावनाओं और दृष्टिकोण, जीवन-दर्शन आदि को समझा जाता है। उन्हें सामने लाया जाता है। यह भेंटवार्ताएं होती हैं, जिनका उद्देश्य जिज्ञासा-पूर्ति और व्यक्तित्व-उद्घाटन होता है।

डॉ० सत्येन्द्र के अनुसार, "इण्टरव्यू या भेंट में किसी व्यक्ति से मिल कर किसी विशेष दृष्टि से प्रश्न पूछे जाते हैं। इसमें इण्टरव्यू-लेखक जीवन का पुट देता है और उत्तरों के द्वारा इण्टरव्यू के नायक के बाह्य के साथ आंतरिक स्वरूप का विशेष अध्ययन भी हो जाता है।"

पं० कन्हैयालाल मिश्र 'प्रभाकर' इण्टरव्यू को एक तरह का युद्ध, एक रणनीति या व्यूह-रचना मानते हुए कहते हैं कि, "इण्टरव्यू के द्वारा हम सामने वाले के अंतर में एक व्यूह रचना करते हैं। यह एक तरह का युद्ध है और इण्टरव्यू हमारी रणनीति, स्ट्रेटेजी, व्यूह रचना है।"

इन्टरव्यू विधा की रचना का वैशिष्ट्य बताते हुए *डॉ० नगेन्द्र* कहते हैं कि, "इण्टरव्यू से अभिप्राय उस रचना से है जिसमें लेखक व्यक्ति विशेष के साथ साक्षात्कार करने के बाद, प्रायः किसी निश्चित प्रश्नमाला के आधार पर उसके व्यक्तित्व एवं कृतित्व के सम्बन्ध में प्राथमिक जानकारी प्राप्त करता है और फिर अपने मन पर पड़े प्रभाव को लिपिबद्ध कर डालता है।" लेकिन हमारे विचार से निश्चित प्रश्नमाला का उपयोग केवल भटकने या विषयान्तर से बचने के लिए ही होता है, महत्त्वपूर्ण प्रश्न तो बातचीत के बीच ही उठते हैं।

दुर्भाग्य से हमारे यहां "या तो कुछ ऐसे प्रश्न बनाये या लिख कर थमा दिये जाते हैं जिसमें सब कुछ इण्टरव्यू देने वाले को ही करना है। कभी-कभी तो वह प्रश्न भी स्वयं ही बना लेता है, या अगर इण्टरव्यू लेने वाला अपने को बहुत कुछ लगाने की कुण्ठा से मुक्त नहीं है तो वह दो-दो पैराग्राफ के ऐसे सवाल बना देगा जिनका उत्तर हां या न में ही दिया जा सकता है। यह सब एकालाप होकर रह जाता है-

– कभी इण्टरव्यू देने वाले और कभी इण्टरव्यू लेने वाले का!" (राजेन्द्र यादव, हंस, मई-जून 1990)।

साक्षात्कार प्रायः उसी व्यक्ति का लिया जाता है जिसका कृतित्व बड़ा हो। वह व्यक्ति किसी भी क्षेत्र में विख्यात होना चाहिए। साहित्यिक रचना के रूप में जो साक्षात्कार लिए जाते हैं, वे प्रायः साहित्यकारों और उनके परिवार के व्यक्तियों के होते हैं। कहने का अर्थ यह है कि साक्षात्कार देने वाले व्यक्ति का विख्यात और महिमामय होना चाहिए। इसी स्थिति में उसके उत्तर मूल्यवान होते हैं तथा पाठकों का ध्यान आकर्षित करते हैं। पाठकों के मन में उस व्यक्ति के व्यक्तित्व, विचार, दर्शन, दृष्टिकोण, रहन-सहन, आदतों, रचना-प्रक्रिया इत्यादि विषयक जिज्ञासाएं होती हैं। साक्षात्कार इन जिज्ञासाओं को शांत करता है और नई धारणाओं को जन्म देता है। वह विचारोत्तेजक बहस भी शुरू कर सकता है।

उपर्युक्त विवरण के आधार पर हम साक्षात्कार विधा के सामान्य लक्षण इस प्रकार निर्धारित कर सकते हैं–

(1) साक्षात्कार में किसी व्यक्ति विशेष से उसके कृतित्व और व्यक्तित्व से सम्बन्धित प्रश्न पूछे जाते हैं। वह व्यक्ति विशेष उनके उत्तर अपने ढंग से देता है।

(2) इन प्रश्नोत्तरों को प्रायः ज्यों का त्यों प्रस्तुत किया जाता है।

(3) इस विधा की रचनाओं में वह व्यक्ति विशेष महत्त्वपूर्ण होता है, जिसका साक्षात्कार लिया जाता है। लेकिन इसका अर्थ यह कदापि नहीं कि साक्षात्कार लेने वाला व्यक्ति बहुत छोटा या सामान्य होता है। इसके विपरीत अनेक बातों में वह सामान्य व्यक्ति से हटकर होता है। उसे साक्षात्कार लेने वाले व्यक्ति के व्यक्तित्व-कृतित्व की अच्छी जानकारी होती है। नहीं होती, तो होनी चाहिए। कई बार साक्षात्कार लेने वाले और साक्षात्कार देने वाले व्यक्ति समान टक्कर के होते हैं। ऐसी स्थिति में ही कहा जाता है कि "साक्षात्कार दो दिमागों की मुठभेड़ है"। यह एक अच्छी स्थिति है। संवाद की सार्थकता ऐसी स्थिति में देखी जाती है।

(4) साक्षात्कार में प्रश्नकर्त्ता को बहुत सजग रहना पड़ता है। आवश्यक नहीं कि वह उत्तर देने वाले व्यक्ति के **उत्तरों** से शब्दशः सहमत हो। वह उन उत्तरों को ज्यों का त्यों स्वीकार नहीं भी कर सकता है। वह उसके व्यक्तित्व से प्रभावित हो भी सकता है और नहीं भी। उसकी मान्यताएं सामने वाले से टकरा भी सकती हैं। ऐसी स्थिति में तर्क और जिज्ञासाओं से संवाद बहुत नाटकीय ढंग से आगे बढ़ता है।

(5) प्रश्नकर्त्ता साक्षात्कार देने वाले व्यक्ति के अन्दर छिपी भावनाओं, सत्यों, मान्यताओं, जीवन-प्रसंगों आदि को कुछ इस ढंग से कुशलता के साथ निकालता है कि अभिव्यक्त न करना चाहते हुए भी, उत्तरदाता को जाने-अनजाने वह सब कुछ कहना पड़ जाए। इसी में साक्षात्कारकर्त्ता की सफलता निहित है। यानी, "वार्तालाप की उत्कृष्ट कला वह है जहां आप दूसरे के भीतर से, उसके भीतर के सर्वश्रेष्ठ और ईमानदार को निकाल लेते हैं।"

कहने का अर्थ यह है कि साक्षात्कार व्यक्ति विशेष के प्रकट व्यक्तित्व के भीतर छिपे अप्रकट

व्यक्ति को सामने लाता है। उसके व्यक्तित्व के मानवीय आयामों—उसकी दुर्बलताओं, उसके झूठें, उसके बौद्धिक और नैतिक विचलन को उसके व्यक्ति के मुंह में हाथ डाल कर निकाल कर लाता है।

इस आधार पर यदि साक्षात्कार विधा को, इस विधा वर्ग की रचनाओं को परिभाषित करना हो, तो हम कहेंगे–'*साक्षात्कार कथेतर गद्य वर्ग की वह विधा है, जिसमें कोई व्यक्ति विशेष और एक सजग प्रश्नकर्त्ता आमने-सामने हैं। उनके प्रश्नोत्तरों के माध्यम से व्यक्ति विशेष की साहित्यिक, सांस्कृतिक आदि मान्यताएं, जीवन-जगत् यानी व्यक्तित्व-कृतित्व का उद्घाट न होता है। उसका चरित्र और उसकी अवधारणाएँ सामने आती हैं। उस व्यक्ति के अन्तरमन के देखे-अनदेखे कोनों की झांकी दिखाई जाती हैं।*"

साक्षात्कार के रचना-तत्त्व

किसी साक्षात्कार - रचना में तीन तत्त्व प्रमुख होते हैं–

(1) संवाद,

(2) पात्र का बाह्यान्तर व्यक्तित्व,

(3) दृष्टिकोण।

संवाद-साक्षात्कार का आधारभूत तत्त्व है। प्रश्नोत्तरों अथवा संवाद के माध्यम से ही यह विधा आकार पाती है। वार्तालाप के बिना साक्षात्कार लिया ही नही जा सकता। एक तरह से यह दो रचनाओं की संयुक्त रचना है!

संवादों में यह ध्यान रखा जाता है कि वे ऐसे हों जो कुशलतापूर्वक इच्छित जिज्ञासा पर सामने वाले पात्र के विचार, मनोभावों और दृष्टिकोण (मंतव्य) आदि को समेट लें। कभी-कभी प्रश्नकर्त्ता अपनी टिप्पणी भी जोड़ सकता है।

पं० कन्हैयालाल मिश्र 'प्रभाकर' इसके लिए यह आवश्यक मानते हैं कि, "सामने वाला जो नहीं कहना चाहता वह भी उससे हम कहलवा लेते हैं।" और संवादों के माध्यम से, "सामने वाले को प्रेरणा देना भी इण्टरव्यू का अंग है।" इसलिए मिश्र जी के समानान्तर हम यह कह सकते हैं कि साक्षात्कार एक संवाद-युद्ध है। विशेष रूप से प्रश्नकर्त्ता का मोर्चा। देखना यह होता है कि सामने वाला इस मोर्चे का, इस संवाद-प्रहार का, सामना किस तरह करता है!

सच तो यह है कि साक्षात्कार लेने वाले व्यक्ति को पहले कई प्रश्नों के हमले को झेलना पड़ता है। इस सन्दर्भ में विश्व की धाकड़ पत्रकार और इण्टरव्यू के क्षेत्र में विशेषरूप से चर्चित *ओरियाना फल्लाची* का यह कथन ध्यान देने योग्य है, "लोगों के पास मैं किसी जर्राह या भाव शून्य संवाददाता की तटस्थता के साथ नहीं गई। मैं क्षोभ की हजारों अनुभूतियों के साथ गई थी, उन हजारों सवालों के साथ जो उन पर मेरे हमले के पहले मुझ पर हमला करते रहे थे।"

पात्र का बाह्यांतर व्यक्तित्व-साक्षात्कार का दूसरा महत्त्वपूर्ण तत्त्व है। इस विधा में साक्षात्कार देने

वाले व्यक्ति के बाहरी और भीतरी व्यक्तित्व को उभार कर सामने लाना होता है। बाहरी रूपाकार वेशभूषा आदि का रेखाचित्र-शैली में अंकन भी साक्षात्कार का अंग है, जिसे प्रश्नकर्त्ता प्रारंभ में (और बीच-बीच में भी) अंकित कर सकता है। इसी तरह पात्र के मनोभावों, भाव भंगिमाओं, रहन-सहन, प्रवृत्तियों, रुचियों, घृणाओं आदि को भी बीच-बीच में अंकित किया जाता है। इससे साक्षात्कार में जीवन्तता आ जाती है।

प्रायः प्रश्नकर्त्ता साक्षात्कार लेने उस व्यक्ति विशेष के व्यक्तित्व-कृतित्व से प्रभावित होकर उसके सामने पहुंचाता है। कई बार उसे उस व्यक्ति से प्रेरणा मिलती है। वह उससे मिलना तीर्थ करने जैसा अनुभव करता है। इसके विपरीत कई बार ऐसा भी होता है कि वह अपने नन में उस विशेष व्यक्ति के अनूठे व्यक्तित्व का बहुत अच्छा प्रभाव लेकर जाये और उस व्यक्ति से मिलने के बाद उसे निराश होना पड़े! पुनः हम यहां *ओरियाना फल्लाची* को उद्धृत कर उसकी बात से सहमत होना सहज पाते हैं कि, "कुछ ही लोग ऐसे होते हैं जो एक की जगह कोई दूसरा मोड़ लेते हों, कुछ ही लोग ऐसे हैं जो एक की बजाय किसी दूसरे रास्ते पर ले जा पाते हों। कुछ ही लोग ऐसे हैं जो विचारों, आविष्कारों, क्रांतियों और युद्धों को जन्म देते हैं तथा आतताईयों का वध करते हैं। हताश होकर हम पूछते हैं, वे कुछ लोग हैं कैसे? हम से अधिक बुद्धिमान, शक्तिमान, प्रबुद्ध और उद्यमी? या हमारी ही तरह के साधारण लोग, न बेहतर न बदतर! ऐसे साधारण लोग जो न तो हमारी प्रशंसा, ईर्ष्या के योग्य हैं, न क्रोध के!"

संक्षेप में यह कि साक्षात्कार-कर्त्ता कई बार साक्षात्कार लेने इस उद्देश्य के साथ जाता है कि सूचनाओं के अलावा यह पता चले कि आखिर ये लोग हम लोगों से किस तरह अलग हैं?

उस पात्र के अतः बाह्य व्यक्तित्व को उद्‌घाटित करने के लिए साक्षात्कार कर्त्ता को उस व्यक्ति के गहन मनोअध्ययन की आवश्यकता होती है।

दृष्टिकोण साक्षात्कार विधा की रचनाओं का तीसरा तत्त्व है। पात्र विशेष का दृष्टिकोण सामने लाने के साथ-साथ कहीं-कहीं प्रश्नकर्त्ता का अपना दृष्टिकोण भी उभारना चाहिए। यों तो, साक्षात्कार के आरम्भ मे ही प्रश्नकर्त्ता का दृष्टिकोण स्पष्ट हो जाता है। वह किस व्यक्ति का साक्षात्कार कर रहा है और किस लिए, किस विषय पर? लेकिन फिर भी बीच-बीच में उसके प्रश्नों की टोन तथा उनमें निहित आशय उसके दृष्टिकोण की ओर संकेत कर सकते हैं। साक्षात्कार में उस पात्र विशेष का दृष्टिकोण एवं जीवन-दर्शन भी केन्द्र में रहता है। कभी-कभी प्रश्नकर्त्ता और उत्तरदाता के दृष्टिकोण की टकराहटें भी देखी जा सकती हैं। ऐसे साक्षात्कार अलग ही आस्वाद देते हैं।

इन आधारभूत तीन तत्त्वों के अलावा साक्षात्कार विधा की रचनाओं में परिवेश, रोचकता, सहजता, वक्रता, गम्भीरता, घटना और विचारों का संस्मरण आदि का श्रृखंलाबद्ध प्रस्तुतिकरण प्रश्नकर्त्ता की टिप्पणियां आदि तत्त्व भी साक्षात्कार को एक सफल साहित्यिक विधा का स्वरूप देते हैं।

रचना-विधान की दृष्टि से यह भी देखना होता है कि साक्षात्कार का आरम्भ सुविचारित भूमिका से हो। उसका क्रमशः विकास हो। यह नहीं कि एक ही तथ्य के तर्क-वितर्क लम्बे तथा बोझिल हो जायें।

ऐसा होने पर साक्षात्कार में स्थिरता और ऊब आ जाती है। चरम सीमा तक पहुंचते-पहुंचते प्रायः सभी जिज्ञासाओं का समाधान हो जाना चाहिए। शेष प्रश्नों को संक्षेप में चरमसीमा के आसपास पहुंचने पर पूछ लेना चाहिए, अन्त में रही-सही बातें, भावी योजनाओं, सन्देश आदि के विषय में पूछना चाहिए। इस समूचे आयोजन को सिलसिलेबार कलमबद्ध करना चाहिए। इस प्रभाव के साथ कि वह बातचीत पाठक 'सुन' सके!

साक्षात्कार के लिए कलम, कागज के अतिरिक्त टेपरिकार्डर तथा कैमरा जैसे उपकरण आवश्यक हैं। कई बार साक्षात्कार देने वाला व्यक्ति कह सकता है कि मैने ऐसा नहीं कहा! तब टेपरिकार्डर विश्वसनीय साधन है, जो तथ्यों का रिकार्ड रखता है।

साक्षात्कार की प्रस्तुति

साक्षात्कार चाहे आमने-सामने बैठ कर लिया जाए (और सच तो यही है कि साक्षात्कार होता ही आमने-सामने से हैं!), या फिर प्रश्नावली भेज कर; उसका मूल उद्देश्य है व्यक्ति विशेष के विचार, उसका दृष्टिकोण उसकी जीवन-शैली, उसकी मान्यताएं किसी विशेष सन्दर्भ में इस तरह सामने लाई जा सकें कि उसका व्यक्तित्व मूर्तमान हो जाए। इस के लिए स्वयं साक्षात्कारकर्त्ता को इस योग्य होना चाहिए कि वह इस तरह के प्रश्न पूछे जो इस उद्देश्य की पूर्ति का साधन बन सकें। इस प्रकार इस कलात्मक आयोजन में प्रश्नों का विशेष महत्त्व है। कई बार अच्छे उत्तरों से अधिक मूल्यवान होता है अच्छे प्रश्न खड़े करना। पूछे जाने वाले प्रश्न उस व्यक्ति से अधिक साक्षात्कारकर्त्ता के व्यक्तित्व तथा दृष्टि कोण के परिचायक होते हैं।

प्रश्नों को और उनके प्राप्त उत्तरों को साथ के साथ लिख लेना चाहिए। अच्छा यह रहता है कि उनको टेपरिकार्ड में रिकार्ड कर लिया जाए। इससे समय की बचत होती है और सभी तथ्य ज्यों के त्यों एकत्र हो जाते हैं। लेकिन इसमें उत्तरदाता सजग हो जाता है और वह कई बातें छिपा भी सकता है। रेडियो तथा दूरदर्शन पर आमने-सामने बैठ कर प्रायः पहले ही रिकार्डिंग कर ली जाती है। अनावश्यक चीजों को या आपत्तिजनक कथनों को अथवा समय की सीमा अधिक हो जाने पर पूरे कार्यक्रम को संपादित कर दिया जाता है। कभी-कभी सीधा प्रसारण (लाइव टेलिकास्ट) भी होता है। ऐसा करने की स्थिति में अतिरिक्त सावधानी की आवश्यकता होती है। इससे भी प्रायः सहजता खत्म हो जाती है। लिखित प्रश्नों पर साक्षात्कार किए गए व्यक्ति के हस्ताक्षर करा लेना ठीक रहता है। इससे उस साक्षात्कार की प्रमाणिकता एवं विश्वसनीयता बनती है, साथ ही विवाद से बचा जा सकता है।

यह भी प्रश्न उठ सकता है कि क्या उस सामग्री को यथावत् प्रस्तुत कर देना ही साक्षात्कार का लिखित रूप है? और क्या तब उस रूप में इसे साहित्यिक रचना माना जा सकता है? वास्तविकता यह है कि अपने यथावत रूप में प्रस्तुत की गई साक्षात्कार की सामग्री रचनात्मक साहित्य की श्रेणी में नहीं

आ सकती। अपने यथावत् रूप में तो वह वैसी ही कच्ची सामग्री होगी, जैसी जीवनीकार, संस्मरणकार या आत्मकथाकार के पास मूल रूप में रहा करती है। जिस प्रकार वे अपनी सामग्री को साहित्यिकता प्रदान करते हैं, उसी प्रकार 'साक्षात्कार-लेखक' के लिए भी प्रायः आवश्यक हो जाता है कि वह उसमें साहित्यिकता का समावेश करे। लेकिन इसके लिए उसे अपनी मूल जिज्ञासा पर ध्यान देना होगा कि उसने साक्षात्कार किस दृष्टिकोण से किया है? उसी दृष्टि को केन्द्र में रख कर प्राप्त उत्तरों को यथा-अपेक्षा रखते हुए उनमें उत्तरदाता के व्यक्तित्व के मूल्यांकनात्मक अंशों को जोड़ कर रोचक ढंग से प्रस्तुत करने पर ही साहित्यिकता प्रदान की जा सकती है।

जिस व्यक्ति का साक्षात्कार किया जा रहा है, उसके उत्तरों को प्रायः ज्यों का त्यों उसकी मुद्राओं को-उसके बोलने के ढंग, सोचने, रुकने, मुस्कराने, झुंझलाने, तीव्र या मन्द, बोलने, बात घुमाने, छिपाने, मुख-मुद्रा आदि संकेतों को कोष्ठक में देते हुए अंकित कर देना चाहिए। इससे उस व्यक्ति के व्यक्तित्व को तो उभारा ही जा सकता है, साथ ही साक्षात्कार में सहजता, रोचकता, नाटकीयता आदि का समावेश हो जाता है।

कई बार साक्षात्कार प्रश्नोत्तर रूप में नहीं लिखा जाता है। निरन्तर आगे बढ़ते हुए बीच-बीच में अपने प्रश्न, जिज्ञासाएं, मान्यताएं एक बातचीत के रूप में लगभग वर्णन-शैली में हम साक्षात्कार लिख सकते हैं। इसमें संस्मरण की अथवा जीवनी की झलक समाविष्ट हो सकती है। रोचकता और सहृदयता का समावेश किया जा सकता है। ऐसा करने से पाठ्कीय जिज्ञासा भी बढ़ जाती है, जो साक्षात्कार को रोचक बनाती है। उसकी प्रभावोत्पादकता में भी वृद्धि हो जाती है।

मोटे तौर पर प्राप्त साक्षात्कार के तीन भाग किए जा सकते हैं–

(1) परिचय (Intro)

(2) काया (Body)

(3) अंत (End)

प्रायः साक्षात्कार को छायाचित्र के साथ देना चाहिए। छायाचित्र से उस व्यक्ति के व्यक्तित्व का एक अहम हिस्सा प्रकाश में आता है और ऐसा करने से साक्षात्कार में पूर्णता आ जाती है।

B-4(2) परिचर्चा

"परिचर्चा" पिछले कुछ वर्षों में विकसित विधा है, जो मुख्यतः पत्रकारिता जगत् में प्रचलित है। पत्र-पत्रिकाओं में इस विधा को हम अक्सर देखते हैं। साहित्यिक पत्र-पत्रकाओं में और साहित्यिक विषयों, समस्याओं आदि पर लेखकों-पाठकों के विचार एवं दृष्टिकोण को सामने रखने वाली "परिचर्चा" साहित्य की एक विधा के रूप में परिगणित की जानी चाहिए, ऐसा हमारा प्रस्ताव है।

परिचर्चा का पारिभाषिक स्वरूप

"परिचर्चा" का शब्दकोशीय अर्थ है, "किसी तथ्य, विषय, पुस्तक आदि की विशेष तथा विस्तृत रूप से की जाने वाली चर्चा।" (रामचन्द्र वर्मा, मानक हिन्दी कोश (भाग-3), पृष्ठ -414) लेकिन इससे "परिचर्चा" का पूरा स्वरूप नहीं उभरता।

वस्तुतः "चर्चा" में "परि" उपसर्ग जुड़ कर "परिचर्चा" शब्द बना है। "परि" का अर्थ हैं – (1) आसपास या चारों ओर, (2) अच्छी या पूरी तरह अथवा हर तरह, (3) अतिरिक्त रूप से, बहुत अधिक या बहुत जोरों से, (4) दोष दिखलाते या निन्दनीय ठहराते हुए, (5) किसी विशिष्ट क्रम या नियम से। (मानक हिन्दी कोश (भाग-3) पृष्ठ -216)

इनमें से हम साहित्य की विधा के रूप में जिस "परिचर्चा" शब्द को ग्रहण करते हैं, वह ऐसी "चर्चा" है जो "अच्छी तरह या पूरी तरह (हर तरह), किसी विशिष्ट क्रम से, की जाती है। और "चर्चा" का इस संदर्भ में ग्राह्य अर्थ है, "विचार पूर्वक किसी बात के सब पक्षों पर होने वाला विचार।"

"परिचर्चा" में किसी एक विषय पर, साहित्यिक-सामाजिक-राजनीतिक- मनोवैज्ञानिक आदि किसी क्षेत्र की समस्या पर, किसी व्यक्ति अथवा कृति के सम्बन्ध में कई व्यक्तियों के विचार एक जगह पर एकत्र किए जाते हैं। मौखिक रूप से की जाने वाली चर्चा भी परिचर्चा ही होती है, लेकिन हमारा आशय उन विचारों के लिखित या मुद्रित रूप से है। मौखिक चर्चा/परिचर्चा में तो विचार -विमर्श, तर्क-वितर्क की गुंजाइश बनी रहती है, लेकिन लिखित रूप से एकत्र विचारों में हमें सम्बद्ध व्यक्ति का मत अथवा दृष्टिकोण एक टिप्पणी के रूप में पढ़ने को मिलता है। रेडियो और टेलीविज़न पर परिचर्चा का दूसरा रूप देखने -सुनने को मिलता है।

"परिचर्चा" को किसी परिभाषा में बांधनें से पूर्व हम उसके लक्षण और विशेषताओं को बिन्दुवार इसप्रकार रेखांकित कर सकते हैं-:

(1) परिचर्चा में किसी विषय, समस्या, व्यक्ति अथवा कृति पर कई व्यक्तियों के विचार आमंत्रित किए जाते हैं।

(2) आवश्यक नहीं कि उन विचारों से परिचर्चा-आयोजक की सहमति हो ही। वह उनसे पूर्णतया

या आंशिक रूप में सहमति-असहमति रख सकता है।

(3) परिचर्चा में जिस विषय को सामने रखा जाता है, उस पर अपनी विचार धारा, अपने दृष्टिकोण और अपनी सुविधा से वे व्यक्ति अपना मत टिप्पणी के रूप में रखते हैं जिनको परिचर्चा के लिए चुना जाता है।

(4) आंमत्रित विचार विषय-निष्ठ और व्यक्ति-निष्ठ दोनों तरह के हो सकते हैं।

(5) "परिचर्चा" आंमत्रित विभिन्न मतों का मौखिक, लिखित अथवा मुद्रित एकत्र रूप है, जिसे परिचर्चा-आयोजक अपनी इच्छा और सुविधा से अपनी टिप्पणी देते हुए क्रम देता है और अन्त में वह अपनी ओर से सभी मतों के परिप्रेक्ष्य में समाहार अथवा निष्कर्ष भी दे सकता है।

उपर्युक्त लक्षणों और विशेषताओं को सामने रखते हुए "परिचर्चा" को साहित्य की एक विधा के रूप में इस प्रकार परिभाषित कर सकते हैं:- *"परिचर्चा वह कथेतर गद्य विधा है, जिसमें किसी विषय, समस्या, व्यक्ति अथवा कृति पर कुछ लोगों के निजी विचार आमंत्रित कर एकत्र किए जाते हैं। यह मुक्त गद्य रूप उस चयनित विषय पर विविध रंग और गंध वाले मतों को गुलदस्ते की तरह सजा कर सामने रखता है। विषय का चुनाव तो परिचर्चा-आयोजक करता है, किन्तु विचार आमंत्रित व्यक्तियों के होते हैं।"*

परिचर्चा के रचना-तत्त्व

"परिचर्चा" के विधायक उपकरण अथवा तत्त्व निम्नलिखित हैं-:

(1) विषय-विशेष,

(2) मत वैभिन्य,

(3) सम्यक् विचार,

(4) साहित्यिक प्रस्तुति।

"परिचर्चा" में *विषय-विशेष* पर विचार प्रस्तुत किए जाते हैं। यह विषय समस्यामूलक भी हो सकता है और सामान्य भी। कई प्रश्नों का गुच्छा भी हो सकता है और मात्र एक प्रश्न के रूप में। विषय का चयन परिचर्चाकार अर्थात् परिचर्चा का आयोजक करता है। वह अपनी इच्छा से उन व्यक्तियों या क्रहें विशेषज्ञों का चुनाव भी करता है, जिनसे विचार आमंत्रित किए जाने हैं। आमंत्रित विचार उस विषय के इर्द-गिर्द ही घूमते हैं। मौखिक परिचर्चा में तो यह सुविधा बनी रहती है कि विषयान्तर होने पर परिचर्चाकार या परिचर्चा में सम्मिलित व्यक्ति कोई प्रश्न उठा कर बातचीत की दिशा मोड़ दे, और पुनः सभी को मूल विषय पर ले आए, लेकिन लिखित परिचर्चा में तो संभावित उत्तरों की कल्पना कर अथवा उस विषय के विविध पक्षों पर कई प्रश्न पूछे जाते हैं। उनके उत्तर, विषयान्तर आदि बातें अन्य लोगों पर निर्भर रहती हैं। अतः परिचर्चा-आयोजक को ध्यान रखना चाहिए कि विषय, समस्या, व्यक्ति अथवा कृति पर जो प्रश्न सामने रखा जाए वह स्पष्ट हो। विषय एकदम साफ हो। साथ ही मौलिक हो जिसमें मत-

मतान्तरों की गुंजाइश हो।

"परिचर्चा" का दूसरा विधायक उपकरण है–*मत वैभिन्य* । "मुंडे-मुंडे मतिर्भिन्ना" का कथन यहां चरितार्थ होता है। "परिचर्चा"के विषय पर व्यक्तियों या कहें विशषज्ञों के विचार अलग-अलग हो सकते हैं। बल्कि प्रायः अलग-अलग ही होते हैं। कुछ बातों में सहज साम्य हो सकता है। अतः यहां विषय-चयन की मौलिकता, नवीनता, विवादास्पदता, रोचकता आदि की बात आ जाती है। इनके अभाव में न तो मत वैभिन्य होगा, न परिचर्चा अपने उद्देश्य की पूर्ति में सफल होगी। परिचर्चाकार (आयोजक) प्रायः एक विषय-विशेष पर उस क्षेत्र के विशेषज्ञों, अधिकारी, विद्वानों, विभिन्न रुचि के पाठकों, विभिन्न विचारधारा, विभिन्न वर्गों के व्यक्तियों के विचार आमंत्रित करता है। तब उन प्राप्त मतों या विचारों को स्वेच्छा से क्रम देकर प्रस्तुत करता है। मौखिक परिचर्चा में आमने-सामने विचार-विनिमय होता है और परिचर्चा-आयोजक तटस्थ होकर सूत्रधार की भूमिका का निर्वाह करता है। यही भूमिका वह लिखित परिचर्चा में भी निभाता है।

"परिचर्चा" का तीसरा विधायक उपकरण है–*सम्यक् विचार*। "परिचर्चा में जुड़ा "परि" उपसर्ग इसी तत्त्व का द्योतक है। अर्थात् परिचर्चा में सम्मिलित व्यक्ति उस विषय पर अच्छी तरह, क्रमबद्ध रूप से, प्रायः सभी पक्षों को ध्यान में रख कर अपने विचार प्रस्तुत करता है। यदि कई प्रश्न हैं, तो वह क्रमशः उनके ऊपर टिप्पणी करता है, अपना मत देता है, अपना दृष्टिकोण सामने रखता है। अतः इससे यही अपेक्षा रही है कि वह विषय-विशेष पर सम्यक् विचार सामने रखे। उसके विचार उसके व्यक्तित्व और चरित्र के उद्‌घाटक होते हैं। वह सरल अथवा उलझे हुए, अपूर्ण या पूर्ण, रोचक या शुष्क, किसी भी रूप में अपनी रुचि और व्यक्तित्व, अध्ययन, जानकारी आदि के अनुरूप दे सकता है। अपने उत्तर देने के लिए वह स्वतंत्र है।

"परिचर्चा" का अन्तिम विधायक उपकरण है–*साहित्यिक प्रस्तुति*। यह विधायक उपकरण लिखित परिचर्चा के लिए तो बहुत ही आवश्यक है। परिचर्चाकार प्रथमशः अपने उद्देश्य और विषय को स्पष्ट करता है। प्रश्न-सूची (यदि कई प्रश्न हों) आरम्भ में ही देता है। संक्षेप में विषय को प्रस्तावना के रूप में सामने रखता है। फिर उन व्यक्तियों को स्वेच्छा से क्रम देकर, साथ ही उनका संक्षिप्त परिचय देते हुए उनके विचारों को ज्यों का त्यों सामने रख देता है। अन्त में वह पूरी परिचर्चा का समाहार प्रस्तुत करता है। यह परिचर्चाकार की साहित्यिक रुचि, इच्छा और आवश्यकता पर निर्भर करता है कि वह प्राप्त विचारों को कौन-सा क्रम दे। साहित्यिक परिचर्चा के लिए इस क्रम, प्रस्तुतिकरण, विषय-चुनाव, व्यक्ति चयन आदि का विशेष महत्त्व है।

"परिचर्चा" की प्रस्तुति में उसके आयोजक अथवा संयोजक का महत्त्व इतना ही है कि वह समस्या या विषय का चुनाव करता है। उस समस्या या विषय के अधिकारी पात्रों का चयन कर उनसे विचार आमंत्रित करता है। प्राप्त विचारों को क्रमशः अंकित करते हुए उन्हें प्रकाशन-योग्य रूप देता है।

B-4(3) फ़ीचर

पृष्ठभूमि

'फ़ीचर' आधुनिक लेखन विधा है, जो पत्रकारिता के क्षेत्र में विकसित, पल्लवित और समृद्ध हुई है। निबन्ध और लेख से बहुत सीमा तक निकटता रखने वाला अभिव्यक्ति का यह रूप इन दोनों ही विधाओं से पर्याप्त भिन्न है।

आजकल समाचारपत्रों के मुख्यतः चार अंग होते हैं—समाचार, फ़ीचर, लेख और चित्र। समाचार और लेख तो अनेक समाचार पत्रों में थोड़े-बहुत हेर-फेर के साथ एक जैसे होते हैं या हो सकते हैं, लेकिन फीचर नहीं। फीचर की अलग सत्ता है; प्रत्येक फीचर का अपना अलग व्यक्तित्व है, उसकी अपनी अलग विशेषताएं होती हैं। यही कारण है कि किसी समाचार-पत्र अथवा पत्रिका व्यक्तित्व को उभारने में उसमें प्रकाशित फीचर का बहुत योगदान रहता है। उस पत्र-पत्रिका की लोकप्रियता बढ़ाने में उसमें प्रकाशित फीचर बहुत सहायक होते हैं। क्योंकि जो समाचार-पत्र अथवा पत्रिका जितने अच्छे, आकर्षक, समसामयिक, समस्यामूलक, रम्य और ज्ञानवर्द्धक फीचर प्रकाशित करता है, पाठ्क उसके प्रति उतना ही अधिक आकर्षित होते हैं।

फ़ीचर क्या हैं? इस प्रश्न का एक सीधा-सा उत्तर यही है कि फीचर ऐसा रचनात्मक तथा कुछ-कुछ स्वानुभूतिमूलक लेख है, जिसका गठ्न किसी घटना स्थिति अथवा जीवन के किसी पक्ष के सम्बन्ध में पाठ्क का मूलतः मनोरंजन करने एवं सूचना देने के उद्देश्य से किया गया हो। (डेनियल आर० विलियमसन, फीचर राइटिंग फार न्यूजपेपर्स)। दरअसल यह अभिव्यक्ति का ऐसा रूप है जिसमें ज्ञान, कल्पना, यथार्थ, घटनाएं, चमत्कार, कौतूहल, समस्या आदि सभी कुछ भावना-प्रधान एवं रसमय गद्य में बुना हुआ रहता है। दृश्यात्मकता इसका आवश्यक गुण है। यानी कहने का ढंग ऐसा कि पाठक के सामने उस स्थान, परिवेश और घटना का चित्र खड़ा हो जाए। इसीलिए माना गया है कि फीचर नीरस, लम्बा और गम्भीर नहीं होना चाहिए।

फ़ीचर को कुछ लोग 'रूपक' भी कहते हैं, लेकिन हमारे विचार से इसे 'रूपक' कहना ठीक नहीं है। 'रूपक' शब्द तो 'रूप का आरोप' किए जाने से नाटक के एक प्रकार के लिए किया जाता है। रंगमंच पर जिसे देखा जाए, उसे रूपक कहेंगे। इसमें प्रदर्शक या नट वर्णित चरित्रों के रूप को अपने में आरोपित कर, दृश्य और श्रव्य के माध्यम से प्रदर्शित करता है। हमारे यहां प्राचीन काल से ही नाट्य को रूपक कहा गया है और 'नाट्यदर्पणकार' आदि ने रूपित किए जाने के कारण नाटक आदि को रूपक की संज्ञा दी है। भरतमुनि ने रूपक के दस भेदों का वर्णन किया है–प्रकरण, भाण, व्यायोग, समवकार, डिम, ईहामृग, अंक, वीथी और प्रहसन। इसके 18 उपभेद भी हैं। संगीत में भी एक ताल का नाम रूपक है। तात्पर्य यह कि इस विधा के लिए 'फीचर' नाम ही उचित है।

फ़ीचर के लक्षण तथा स्वरूप

एक फ़ीचर में क्या गुण होते हैं? इस विधा के क्या-क्या लक्षण हैं? अब हम इल पर विचार करते हैं। साथ ही इस पर भी कि उसमें क्या-क्या गुण होने चाहिए। फ़ीचर के'फ़ीचर्स' जानने के लिए उपर्युक्त प्रश्नों का उत्तर हमारी सहायता करेगा। इस सम्बन्ध में *प्रेमनाथ चतुर्वेदी* के ये शब्द पठनीय हैं–"फीचर स्थिति का विहंगावलोकन ही नहीं करता, वह प्रश्नों का उत्तर भी देता है और अज्ञात् का ज्ञान भी करता है। फीचर मानो किसी घटना की दूरबीन से जांच करता है। अच्छे फीचर के गुणों की जब हम बात करते हैं, तो उसके मूल चार आधारों पर हमारा ध्यान जाना आवश्यक है। ये हैं–जिज्ञासा, सत्यता, योग्यता और विश्वास।" (फीचर लेखन, पृष्ठ -5)

हम उपर्युक्त मत के सन्दर्भ में यह कहना चाहेंगे कि अच्छे फ़ीचर के गुणों में चार में से दो आधार ही मान्य हैं –जिज्ञासा और सत्यता। योग्यता से लेखक का क्या तात्पर्य है, यह स्पष्ट नहीं किया गया है। सत्यता से विश्वास स्वतः ही आएगा, इसलिए विश्वास नामक चौथा आधार गिनाना अनावश्यक ही है। अतः हमारे विचार से एक अच्छे फ़ीचर के आधार हैं-जिज्ञासा, सत्यता, मानवीय भावना, चित्रात्मकता, स्पष्ट विश्लेषण।

इन आधारों से ही उसमें रोचकता या मोहकता आती है। स्पष्ट विश्लेषण किसी भी फ़ीचर के लिए अनिवार्य है। इसके अभाव में वह दुरूह, विचार-प्रधान निबन्ध बन जाएगा। चित्रात्मकता और रोचकता के अभाव में वह रिपोर्ताज बनकर रह जाएगा। सत्य को आकर्षक, जिज्ञासामूलक, ज्ञानबर्द्धक ढंग से सामने लाना फ़ीचर का मुख्य उद्देश्य होता है, इसलिए उसमें तथ्यों के प्रभाव और महत्त्व पर विशेष बल दिया जाता है।

इसके साथ ही कल्पना का समुचित समावेश फ़ीचर के प्रभाव को बढ़ाता है। फ़ीचर में किसी विशेष और अनोखे सत्य का विश्लेषण किया जाता है, इसलिए वह स्वतः ही पाठ्क की जिज्ञासा को बढ़ाता और शांत करता है, उसमें आश्चर्य जगाता है और उसे किसी नए सत्यलोक में ले जाता है। यहीं डेनवर विश्वविद्यालय के पत्रकारिता-विभाग के अध्यक्ष *एलमों स्काट वाटसन* की यह धारणा याद आती है कि फ़ीचर किसी भावना के इर्द-गिर्द चक्कर काटता है। समाचार को ऐसा रूप दिया जाता है कि वह और आकर्षक बने, पाठ्क का ध्यान खींचे और सामान्य पाठ्क की भावनाओं को छू जाए। कारण यह है कि पाठ्क समाचार के महत्त्व से उतना आन्दोलित नहीं होता, जितना मानवीय संवेदना (प्रेम, घृणा आदि) से। किसी अच्छे फीचर को पढ़ने के बाद पाठ्क को किसी-न-किसी तरह का संतोष प्राप्त होता है, जो मनोरंजन, जानकारी अथवा शिक्षा के रूप में हो सकता है। संभवतः इन बातों की ही दृष्टिपथ में रख कर *डॉ० रामचन्द्र तिवारी* ने कहा है कि फ़ीचर-लेखक अपने आंख-कान, भावों, अनुभूतियों, मनोवेगों और अन्वेषणों का सहारा लेकर उसे रुचिकर, आकर्षक और हृदयग्राही बनाता है। (सम्पादन के

सिन्द्धान्त, पृष्ठ -105)। वास्तव में सच तो यह है कि मानवीय भावना के बिना कोई भी लेखन पाठ्क की संवेदना को जाग्रत नहीं कर सकता, न लोकप्रियता प्राप्त कर सकता है और न वह साहित्य की श्रेणी में आता है।

फ़ीचर की शक्ति तथा प्रभावशीलता इस बात पर निर्भर करती है कि उसमें अंतर्निहित सत्य, मानवीय संवेदना और घटनाओं के पीछे सक्रिय कारणों का विश्लेषण कितनी जीवन्तता के साथ किया गया है। साधारण समाचार से भिन्न फ़ीचर में लेखक का अनुभव, उसकी संवेदना, ललित शैली में समाचार को पिरोए रहती हैं। अर्थात् फीचर में समाचार का आधार निहित रहता है, किन्तु वह अपने आप में समाचार मात्र नहीं होता। समाचार कुछ ही समय के लिए ताज़ा रहता है, फिर इतिहास के खाते में चला जाता है, इसके विपरीत फीचर उसी समाचार का उपयोग करते हुए भी, सदैव पठ्नीय और ताज़गी लिए रहता है।

कुल मिलाकर हम कह सकते हैं कि फ़ीचर हमारे समाज में स्थित अथवा गतिवान नवीनतम हलचलों का ऐसा शब्दचित्र है, जिसमें तथ्यों का स्पष्ट विश्लेषण, प्रामाणिकता और रोचकता के साथ किया जाता है। सृजनात्मक भूमि पर अवस्थित यह लेखन मानवीय भावना और मूल्यों का पोषक होता है। इसी क्रम में *डॉ० विवेकी राय* का कथन है कि वह समाचारों अथवा सूचनाओं का वैचारिक कोण से स्वस्थ स्पर्श है। वह पत्रकार द्वारा सम्पन्न ऐसा शुद्ध साहित्यिक कार्य है, जो सृजनात्मक मूल्यों से जुड़ा होता है। फीचर में सूचनात्मकता को भावनात्मकता और कल्पनात्मकता का पुट देकर ऐसा प्रस्तुत किया जाता है कि मुख्य तथ्य की विश्वसनीयता और पुष्ट होती चलती है। (द्रष्टव्य, हिन्दी में फीचर लेखन (लेख), पाण्डेय, शर्मा (संपा०) समकालीन आलोचना के प्रतिमान, पृष्ठ 77)

फ़ीचर के प्रकार

फ़ीचर क्योंकि समाचारों की दुनिया की विधा है, इसलिए उसका फलक बहुत व्यापक है। वह सुई से लेकर चन्द्र-यात्रा तक, परमाणु से लेकर पहाड़ तक किसी भी विषय और घटना को केन्द्र में रख कर लिखा जा सकता है। यह व्यक्ति-प्रधान विधा न होकर विषय-प्रधान है, इसलिए इसका वर्गीकरण विषयवस्तु के आधार पर ही किया जाना उचित है। और जैसा कि हमने कहा, फ़ीचर के विषय की कोई सीमा नहीं है, अतः इसके प्रकारों का निर्धारण करना अत्यन्त कठिन काम है। हम यहां पुनः *विवेकी राय* का मत उद्धृत करते हुए उनके-द्वारा प्रस्तावित वर्गीकरण देखें। श्री राय कहते हैं कि,फीचर का वृत्त इतना विशाल है, जीवन की ही भांति वह इतना व्यापक है कि उसमें समस्त विषयों का समावेश हो जाता है और वे सहज ही पृष्ठभूमि बन जाते हैं। शर्त केवल उन्हें सम-समायिक सन्दर्भ में देखने की होती है। समसामयिकता की यह परख साहित्यकार से अधिक पत्रकार में होती है, अतः वह इसकी रचना का अव्वल अधिकारी होता है। विषयों की विविधता और उसके विस्तार की दृष्टि से फ़ीचर का वर्गीकरण

करें, तो कुछ निम्नलिखित प्रकार के वर्ग निर्धारित किए जा सकते हैं–

(1) विशिष्ट घटना, जैसे–युद्ध, अकाल, दुर्घटना, दंगा, आन्दोलन-आधारित फीचर,

(2). राजनीतिक घटनाओं पर आधारित फ़ीचर,

(3) सामाजिक समस्याओं को उजागर करने वाले फ़ीचर

(4) वाद-विचार सम्बन्धी चिन्तनात्मक फ़ीचर,

(5) स्थानिक या आंचलिक फ़ीचर,

(6) व्यक्ति विशेष के फ़ीचर,

(7) समाचाराधारित फ़ीचर,

(8) मेला, मनोरंजन, सभा आदि सम्बन्धी सांस्कृतिक फ़ीचर,

(9) महत्त्वपूर्ण साहित्यिक प्रकाशन आदि फ़ीचर,

(10) सोद्देश्य फ़ीचर।

यह वर्गीकरण एक सीमा तक ही स्वीकार किया जा सकता है। अन्त के 2 वर्ग हमारे विचार से उचित नहीं हैं। क्रम सं० 9 स्पष्ट नहीं है और 10 निरुद्देश्य है! सोद्देश्य फीचर से *विवेकी राय* का क्या तात्पर्य है, यह हमारी समझ में नहीं आया। क्या अन्य फ़ीचर निरुद्देश्य होते हैं? जब सभी फ़ीचर किसी न किसी उद्देश्य से लिखे जाते हैं, तब एक अलग वर्ग 'सोद्देश्य फीचर' क्यों बनाया जाए?

हम फीचर के प्रकार इस रूप में निर्धारित करने का आग्रह करेंगे–

(1) सामाजिक-सांस्कृतिक फ़ीचर (इसमें सामाजिक रीति-रिवाज, रहन-सहन, मेले, त्योहारों, पर्वों, कला, खेल, सांस्कृतिक विरासत, प्राचीन तीर्थ, स्थान आदि सम्बन्धी फीचर सम्मिलित किए जायेंगे।)

(2) घटनापरक फ़ीचर (इसमें युद्ध, अकाल, दुर्घटना, दंगा, आन्दोलन इत्यादि से सम्बन्धित फ़ीचर आयेंगे।)

(3) प्राकृतिक फ़ीचर (इसमें प्रकृति की क्रोड़ में बसे पर्यटक स्थलों, प्राकृतिक सुषमा आदि सम्बन्धी फीचर आयेंगे।)

(4) साहित्यिक फ़ीचर (इसमें साहित्यिक गतिविधियों, साहित्यकारों आदि से सम्बन्धित फ़ीचर आयेंगे।)

(5) राजनीतिक फ़ीचर (इसमें राजनीतिक घटनाओं, राजनीतिक विचारों, राजनितिज्ञों आदि से जुड़े फ़ीचर रखे जाने चाहिए।)

(6) प्रकीर्ण। (उपर्युक्त वर्गों में न आ सकने वाले शेष किन्हीं विषयों पर लिखे फ़ीचर।)

एक वर्गीकरण और संभव है, जो दरअसल विषय-आधारित वर्गीकरण न होकर, फ़ीचर की प्रकृति को ध्यान में रख कर किया जा सकता है। इसे वर्गीकरण न कह कर फीचर के दो खांचे बनाने का प्रयास कह सकते हैं। इन दो खांचों में उपर्युक्त प्रस्तावित वर्गीकरण के सभी फ़ीचर रखे जा सकते हैं।

अर्थात् दोनों तरह के फ़ीचर में ये सभी छः प्रकार के फ़ीचर हो सकते हैं। ये दो खांचे हैं–

(1) समाचारी फीचर अथवा तात्कालिक फ़ीचर,

(2) विशिष्ट फ़ीचर।

तात्कालिक फ़ीचर वे समाचार-आधृत फ़ीचर हैं, जो किसी दैनिक समाचार को मनोरंजक ढंग से प्रस्तुत करते हैं। इनमें कल्पना कम, तथ्य अधिक रहते हैं। जिन घटनाओं का कोई समाचारिक महत्त्व नहीं होता, किन्तु जो पाठक को आकर्षक लगने वाली होती हैं, उन्ही को जल्दी और संक्षेप में मनोरंजक तथा आकर्षक ढंग से लिख कर फीचर का रूप दे दिया जाता है। उदाहरण के तौर पर किसी स्त्री का बच्चा नदी में डूब कर मर गया। यह तो समाचार हुआ। दुखिया स्त्री को सपना आया। उसने नदी के किनारे अपने पुत्र के कपड़े देखे। उन्हें वहां जाकर पहचाना और इस प्रकार पुत्र के डूब कर मर जाने की पुष्टि हुई। पुत्र-वियोग, स्वप्न-ज्ञान और सबके साथ जुड़ी हुई मातृत्व की भावना को प्रकाश में ला देने से समाचारी फ़ीचर तैयार हो गया।

विशिष्ट फ़ीचर तात्कालिक फ़ीचर से भिन्न होते हैं। तात्कालिक या समाचारी फ़ीचर तो तात्कालिक होते हैं। समाचार आया, उसका किसी ने अनुगमन किया और फ़ीचर बन गया। तब रह गया तो रह गया, आगे किसी और समाचार का इंतजार करना पड़ेगा। विशिष्ट फ़ीचर के लिए सामग्री एकत्र भी की जा सकती है। कुछ समय लेखक के पास हैं। पुरानी एकत्र सामग्री भी काम आ सकती हैं। पुरानी स्मृतियों को ताजा किया जा सकता है। नियतकालिक विषयों पर लिखे गए फीचर थोड़े हेर-फेर के साथ कभी भी काम में आ सकते हैं। उत्सवों, ऋतुओं, पर्यटन स्थलों, ऐतिहासिक स्थानों, महापुरुषों, चिरस्मरणीय घटनाओं तथा जीवन के शाश्वत प्रश्नों पर लिखे गए फ़ीचर सदैव ताजा रहते हैं। उन्हें सदा पसन्द किया जाता है। (प्रेमनाथ चतुर्वेदी, वही, पृष्ठ -15)

उपर्युक्त परिप्रेक्ष्य में *श्री चतुर्वेदी* ने फ़ीचर के भेद दूसरी तरह से निर्धारित किए हैं–

(1) वर्णनात्मक,

(2) चित्रात्मक,

(3) व्याख्यात्मक।

हमारे विचार से ये वर्ग उचित नहीं हैं। क्योंकि किसी फ़ीचर में इनमें से दो या सभी पद्धतियों का प्रयोग किया जा सकता है। प्रायः सभी फ़ीचर वर्णन, व्याख्या और चित्रात्मकता को लिए हुए होते हैं। इसलिए उन्हें इनमें से किसी वर्ग में रखना कठिन है।

फ़ीचर की रचना-प्रक्रिया

फ़ीचर की रचना प्रक्रिया दो नहीं तीन आयामों वाली है। यह विधा जहां सर्जनात्मक साहित्य की तरह घटनाओं के, स्थितियों के पार की संवेदना को उभारती है, अपने लालित्य के कारण पाठक को

आकर्षित करती है, विचारों-भावों के संयोजन से नया संसार रचती है; उद्वेलित, आनन्दित और प्रेरित करती है; वहीं सूचनात्मक साहित्य अथवा पत्रकारिता के अनुरूप ज्ञानवर्द्धन करती है, सूचना देती है। इसलिए फ़ीचर-लेखन को किसी सीमा में नहीं बांधा जा सकता। यह एक ऐसी विधा है जो एक ओर तो साहित्य के कमरे में रचनारत रहती है, दूसरी ओर वह पत्रकारिता के ड्राइंग रूम में बैठ कर समाचार-जगत् से आने वाले समाचार-तत्त्वों को ग्रहण करती है। इस विधा के लिए कच्चा माल हर कहीं उपलब्ध रहता है। यह एकान्त में बैठ कर लिखने की चीज नहीं है, अपितु इसके लिए बाहर निकलना पड़ता है, स्थितियों से टकराना और उन्हें जीना पड़ता है, अध्ययन और अध्यवसाय के सहअस्तित्व से ही इस विधा का जन्म संभव है।

कहने का अर्थ यह है कि फ़ीचर-लेखन सामान्य पत्रकारिता की भांति केवल समाचार सूचित करने या उनकी 'स्टोरी' गढ़ने के काम से नितान्त भिन्न हैं, बेशक उसका आधार समाचार हो सकता है। न यह तुरत-फुरत का लेखन है। न समाचारों की तरह चटपटा या नीरस सूचनात्मक गद्यखण्ड। दूसरी ओर न साहित्य की तरह केवल मनोरंजक, कल्पनापरक, रसात्मक या प्रज्ञात्मक। अपितु दोनो ही क्षेत्रों का संतुलित समायोजन फीचर में निहित रहता है। इसलिए फ़ीचर-लेखन लेखक के लिए एक 'शक्ति परीक्षण' से कम नहीं होता!

सर्वप्रथम तो यह आवश्यक है कि फ़ीचर- लेखक में गहन निरीक्षण शक्ति, मानवीय दृष्टिकोण, घटनाओं के पीछे देखने की क्षमता, मार्मिक प्रसंगों की पहचान और उन्हें रचने की कला जैसे गुण होने चाहिए। इन गुणों के साथ ही उसका अनुभव और अध्ययन गहरा तथा व्यापक होना आवश्यक है। विषय और क्षेत्र की पूरी जानकारी तथ्यों को चुनने, उनके विश्लेषण तथा अपने अनुभवों, दृष्टिकोण तथा पाठकीय संवेदना को ध्यान में रख कर घटनाओं, स्थितियों, तथ्यों को बुनने की कला फीचर-लेखक के लिए बहुत आवश्यक है। इनसे समृद्ध मानसिकता वाले व्यक्ति को ही फ़ीचर लेखन के क्षेत्र में उतरना चाहिए। तब आता है सवाल फ़ीचर की लेखन-प्रक्रिया का।

लेखन-प्रक्रिया या रचना-प्रक्रिया का पहला बिन्दु तो है–*विषय-चयन*। फ़ीचर का विषय ऐसा होना चाहिए जो लोक-रुचि का हो, लोक-मानस को छुए, पाठकों में जिज्ञासा जगाए और कोई नई जानकारी दे। सामान्य से सामान्य विषय को चुना जा सकता है, लेकिन लेखक को चाहिए कि वह उसे इस कोण से देखे कि इस विषय की उपयोगिता क्या है, पाठक क्यों उसे पढ़ेगा, इसका समसामयिक महत्त्व क्या है, इसमें नया क्या दिया या दिखाया जा सकता है? किस पत्र या पत्रिका के लिए फ़ीचर लिखा जा रहा है? इस बात का भी ध्यान रखा जाना चहिए। उस पत्र-पत्रिका के पाठक किस वर्ग के हैं? किस रुचि के हैं? और इसी क्रम में इस बात पर भी विचार कर लेना चाहिए कि इस विषय पर सामग्री कहां-कहां से और कितनी मिलेगी?

रचना-प्रक्रिया का दूसरा बिन्दु है–*सामग्री-संकलन*। इसके लिए लेखक को विषय वस्तु के निकट

जाना होता है। घटना-स्थल, पर्यटन स्थल, मेलास्थल, रीति-रिवाज, रहन-सहन, वस्त्राभूषण आदि के अध्ययन के लिए उस समाज या स्थान विशेष—कहने का अर्थ यह है कि उन सभी स्थलों पर, जहां से फ़ीचर की सामग्री मिल सकती है या लेनी है; वहां पर पूरी तैयारी के साथ उसे जाना होता है। कलम, नोटबुक और कैमरा, टेपरिकार्डर आदि उस लेखक के सबसे विश्वसनीय, सहायक उपकरण या साथी हैं। स्वयं अपने निरीक्षण से ही काम नहीं चलता, लेखक को घटनाओं की सत्यता जानने, घटनाओं पर प्रतिक्रिया जानने, घटनाओं की तह में जानने आदि के लिए वहां के लोगों से मिलना पड़ता है। बातचीत करनी पड़ती है। इसलिए यह ध्यान रखना पड़ता है कि यह एक लोकतांत्रिक विधा है। इसमें सम्बद्ध वस्तु या घटना के विषय में सभी पक्षों की प्रतिक्रिया या जानकारी समेट कर रखनी पड़ती है। इसी जानकारी से लोक-रुचि भी सन्तुष्ट हो सकती है। यानी, हर 'एंगल' से उस विषय वस्तु, स्थान और घटना को देखना पड़ता है, तदनुकूल सामग्री जुटाई जाती है। ऐतिहासिक, सामाजिक, सांस्कृतिक आर्थिक पृष्ठभूमि के लिए लेखक उस समाज से तो रस ग्रहण करता ही है, उसे सम्बन्धित 'साहित्य' का भी अध्ययन करना पड़ता है। वहां से सन्दर्भ लेने होते हैं। हर स्थिति में फीचर लेखक को अपने आंख, कान और बुद्धि को ग्रहणशील तथा चौकन्ना रखना चाहिए, तभी वह सामग्री-संकलित कर सकता है। उसकी तर्क शक्ति जितनी अच्छी होगी, उसकी निरीक्षण शक्ति जितनी प्रखर और सूक्ष्म होगी, उसका दृष्टिकोण जितना अधिक रचनात्मक होगा वह उतना ही अधिक सफल संग्राहक होगा। कब, कहां, कौन, कैसे, क्यों, किसलिए आदि प्रश्न सदैव लेखक के भीतर गूंजते रहने चाहिए। इनका समाधान अच्छी सामग्री खोज सकता है।

सामग्री संकलन के बाद ही फ़ीचर-लेखन की *अभिव्यक्तिपरक प्रक्रिया* शुरू होती है। इससे पहले की दोनों स्थितियां अनुभूतिमूलक हैं। आभ्यंतरिक हैं। सामग्री को एकत्र करने के बाद लेखक लिखना शुरू करता है इसके लिए कोई सामान्य नियम नहीं हो सकता, क्योंकि हर लेखक की रचना-प्रक्रिया अपनी निजी होती है। फिर भी फ़ीचर लेखन के लिए रचना-प्रक्रिया के क्रम में जिन बातों से सुविधा हो सकती है, वे निम्नलिखित हैं-

(१) आरम्भ

फ़ीचर का आरम्भ प्रायः एक खाका बनाकर करना चाहिए। इससे सुविधा यह रहती है कि कोई आवश्यक बिन्दु छूटने नहीं पाता और न अनावश्यक तथ्य घुसने पाते हैं।

आरम्भ में जिसे प्रस्तावना कहें, या समाचार की भाषा में 'इंट्रो' कहें या आमुख कहें; एक पैराग्राफ में सम्बन्धित विषय की संक्षिप्त जानकारी दी जाती है।

इसे लिखने का कोई सर्वसामान्य नियम नहीं है। फिर भी इतना ध्यान रहना चाहिए कि इस प्रारंभिक पैराग्राफ में कम से कम वाक्यों में, रोचक ढंग से, संतुलित रूप में फ़ीचर का परिचय दिया जाए। पाठक का आकर्षण बढ़ाया जाए। एक तरह से यह फ़ीचर की आत्मा है। इसलिए कम शब्दों में, सरल वाक्यों में, आकर्षक ढंग से यह परिचायात्मक भूमिका बनानी चाहिए कि इसे पढ़कर पाठक स्वतः ही पूरी

रुचि के साथ फ़ीचर पढ़ने को लालायित हो उठे। जैसा कि हमने कहा, इसे लिखने का कोई विशेष नियम नहीं है; यह विषय और लेखक की लेखन-शैली पर निर्भर करता है। फिर भी कुछ बातें इस प्रकार हैं जो आमुख लिखने में सहायता कर सकती हैं–

(1) किसी आकर्षक उद्धरण, काव्य पक्तियों, किसी प्रश्न-श्रृखंला, दृष्टान्त आदि से फीचर का आरम्भ किया जाए तो वह अच्छा बन सकता है,

(2) आरम्भ में कोई ऐसा वक्तव्य दिया जा सकता है, जो असाधारण लगे,

(3) किसी व्यक्ति के रेखाचित्र, परिचय, उम्र, स्थान, अथवा उसकी बातचीत से फीचर का आरम्भ किया जा सकता है। वह व्यक्ति सामान्य भी हो सकता हैं, विशेष भी।

(4) प्राकृतिक दृश्य, घटनांश, कहानी (लघुकथा) आदि से भी फीचर का 'इंट्रो' दे सकते हैं,

(5) पाठकों को सम्बोधित करने वाले शब्दों से भी आरम्भ किया जा सकता है।

उपर्युक्त के अतिरिक्त भी कोई विधान लेखक अपनी रुचि से कर सकता है।

ध्यान यह रखना चाहिए कि आरम्भ अपने आप में आकर्षित करने वाला, पूर्ण, सन्तुलित, विषय से जुड़ा हुआ, फ़ीचर के किसी मार्मिक पक्ष का प्रतिपादक होना चाहिए। असन्तुलित और असम्बद्ध आरम्भ महत्त्वहीन होता है।

(२) मध्य

आरम्भ अच्छी तरह करने के बाद मूल विषय का उद्‌घाटन करना चाहिए। रूप-रेखा के अनुसार आगे बढ़ते रहना चाहिए। आवश्यक नहीं कि उन्हीं बिन्दुओं के इर्द-गिर्द रहा जाए, लेखक विषय की मांग के अनुसार जिस पक्ष पर बल देना चाहे, उसे अधिक विस्तार, मार्मिकता, कलात्मकता, और तल्लीनता के साथ उभार सकता है। निरन्तर जुड़ी हुई घटनाओं, स्थितियों, क्रियाओं-प्रतिक्रियाओं आदि को इस तरह संजोकर आगे बढ़ते चलना चाहिए कि पाठक हमारे साथ-साथ चले। हर कदम पर लेखक को अपने पाठक का ध्यान रखना होता है। जैसा कि हमने शुरू में ही कहा कि लेखन एक संवाद है। हम दूसरों से अपने अनुभव बांटते हैं। इसलिए इस तथ्य को सदैव ध्यान में रख कर चलना चाहिए कि पाठक हमारी बात सुन रहा है, सुनेगा अथवा नहीं।

फ़ीचर के लिए तो विश्वसनीयता सर्वप्रथम अनिवार्य है। सत्य को किस तरह हम सामने ला रहे हैं; यह देखना ज़रूरी है। पाठक में जिज्ञासा बढ़ाते चलना और उत्तेजना आदि की सृष्टि करते जाना कुशल लेखक अवश्य ध्यान में रखता है। अपनी बातों में बांध कर फ़ीचर लेखक आसानी से अपना दृष्टिकोण पाठक के मन में भर सकता है। या तो पाठक सहज रूप से लेखक की बात मान जाता है, अन्यथा उसके मन में प्रतिक्रिया होती है। वह असहमत हो सकता है। दोनों ही स्थितियां उचित हैं। घटना के प्रति अपना दृष्टिकोण तो लेखक सामने रखता ही है, औरों का भी दृष्टिकोण बताता है और इन दोनों के साथ ही वह पाठक को भी शामिल कर लेता है। कभी-कभी निर्णय पाठक पर भी छोड़ देता है।

फ़ीचर एक कविता की तरह या कहानी की तरह, या नाटक की तरह, उपन्यास की तरह, मानसिक तृप्ति भी देता है, उद्वेलित भी करता है और किसी भी संघर्ष के लिए पाठक को तैयार भी करता है। इसलिए फीचर का मध्य भाग संतुलित, विवेचन और विश्लेषण से युक्त होना चाहिए। लेखक अपनी इच्छा से, अपने दृष्टिकोण से, विषय की मांग के अनुरूप तटस्थ भी रह सकता है।

फ़ीचर लिखने में ललित निबंध, व्यंग्य, रेखाचित्र, संस्मरण, डायरी, रिपोर्ताज, फैंटेसी, साक्षात्कार, लघुकथा, पत्र आदि सभी विधाएँ सहायक हैं। इनका उपयोग लेखक अपनी इच्छा और आवश्यकता के अनुसार करने के लिए स्वतंत्र है। रोचकता, लालित्य, आकर्षक तथ्य-कथन, प्रकृति-चित्रण, नाटकीयता, काव्यात्मकता, उद्धरण, बातचीत, उन्मुक्त विचार-प्रवाह, प्रश्नों की श्रृखंला और ऊहात्मकता—किसी भी तरह से अपनी शैली के अनुरूप लेखक फ़ीचर लिख सकता है। हां, इतना अवश्य ध्यान रखना चाहिए। कि फीचर में लेखक का व्यक्तित्व हावी नहीं होना चाहिए। वह 'निबन्ध' की शर्त हो सकती है फीचर की नहीं। फीचर लेखक मूलतः पत्रकार का दायित्व निभाता है, अतः जितना अधिक लेखक का व्यक्तित्व फीचर में छिपा रहेगा, उतना ही उचित है। फ़ीचर के मूल विषय और वातावरण को प्रमुखता मिलनी चाहिए, न कि लेखक के व्यक्तित्व को। घटनाओं के विश्लेषण के क्रमं में या स्थितियों को उभारने में लेखक को सदैव यह ध्यान देना चाहिए कि कहीं वह उपदेश तो नहीं दे रहा? शुष्क वर्णन तो नहीं कर रहा? पाठक से आत्मीयता तो नहीं खो बैठा? उसे चाहिए कि वह तर्क संगत और विश्वसनीय बात ही कहे। किसी की भावना को ठेस नहीं पहुंचाए।

इस सन्दर्भ में हम तीन समीक्षकों के मत विशेष रूप से उद्धृत करना चाहेंगे, जिनको ध्यान में रख कर फ़ीचर-लेखक आतियों या दोषों से बच सकते हैं—पहला कथन है *डॉ० एस० मेहता* का। श्री मेहता कहते हैं कि, 'फ़ीचर से उस तथ्य को उभारा जाता है, जो महत्त्व का होते हुए भी स्पष्ट नही होता और उसका प्रस्तुतिकरण ही फ़ीचर के व्यक्तित्व, उसकी शक्ति और उसके औचित्य का बोध देता है। अध्ययन, अनुसंधान और साक्षात्कारों के बल पर फ़ीचर में तथ्यों का विस्तार किया जाता है।" (मास कम्युनिकेशन एण्ड जर्नेलिज्म इन इण्डिया, पृष्ठ -80)

दूसरा कथन *एलमों स्काट वाटसन* का है, जो डेनबर विश्वविद्यालय के पत्रकारिता विभाग के अध्यक्ष हैं। *श्री वाटसन* का कहना है कि फ़ीचर किसी भावना के इर्द-गिर्द चक्कर काटता है। समाचार को ऐसा रूप दिया जाता है कि वह आकर्षक बने, पाठक का ध्यान खींचे और सामान्य पाठक की भावनाओं को छू जाए। कारण यह है कि पाठक समाचार के महत्त्व से उतना आन्दोलित नहीं होता, जितना मानवीय संवेदना (प्रेम, घृणा आदि) से।"

तीसरा कथन है *डॉ० ब्रजभूषण सिंह* का। उनके अनुसार, "अच्छा फ़ीचर किस विषय की पार्श्वभूमि में 'समाचार' के पीछे 'समाचार' का विश्लेषण, चर्चा तथा स्पष्टीकरण प्रस्तुत करता है। वह ज्ञात अथवा अल्पज्ञात घटना का समीक्षण कर लेखबद्ध चित्र प्रस्तुत कर पाठक को नवीन तथ्यों से

अवगत कराता है। वह अन्वेषण करता है तथा विषय वस्तु की अनावृत्ति कर विश्वसनीय साक्ष्य से अपनी उपपत्तियों को परिपुष्ट बनाता है। वह घटनाओं द्वारा जनता पर होने वाले प्रभाव का पूर्वानुमान करता है तथा संभावित परिणामों की ओर ध्यानार्कर्षित करता है।"

मध्य भाग के पश्चात् फीचर-लेखन का अन्तिम बिन्दु आता है।

(३) अन्त

किसी फ़ीचर का अन्तिम भाग एक तरह से सारांश होता है। यह आवश्यक नहीं कि लेखक निष्कर्ष गिनाए। इससे फीचर की प्रभावान्विति घट सकती है। वह नए विचार सूत्र दे सकता है। सुझाव दे सकता है। सबसे अच्छा रहता है पूरे फ़ीचर के विषय को समसामयिकता से जोड़ कर अपनी बात समाप्त करना। कुछ ऐसे प्रश्न छोड़ देना जिनके उत्तर पाठक तलाशे। एक चुनौती वह सामने रख सकता है। अंतिम पैराग्राफ यद्यपि विश्राम का पड़ाव है, फिर भी शब्दों को विराम देने से पूर्व अपने परिश्रम का निचोड़ लेखक किस तरह सामने रखता है, यह यह बात विशेष महत्त्व रखती है। अन्तिम पैराग्राफ और वाक्य ऐसा होना चाहिए कि लेखक का दृष्टिकोण, उसका मन्तव्य पाठकों तक प्रभावपूर्ण ढंग से पहुंच सके। इसका कोई नियम नहीं है। हर लेखक अपनी तरह स्वतंत्र है।

शीर्षक - कई बार फ़ीचर-लेखक पहले ही, और प्रायः लिखने के बाद उसका शीर्षक निर्धारित करता है। फ़ीचर का शीर्षक उसका प्राण है। इसलिए बहुत सोच-विचार कर सावधानी से शीर्षक का चयन करना चाहिए। प्रायः नाटकीय, गतिसूचक, काव्यात्मक, आश्चर्य बोधक, सनसनीखेज, तुलनात्मक, उक्तियां, अनुप्रासी, प्रश्नसूचक शीर्षक फ़ीचर का आकर्षण बढ़ा देते हैं। सामान्य शीर्षक फ़ीचर पढ़ने से पाठक को रोक सकता है। इसलिए ऐसा शीर्षक देना चाहिए कि पाठक बरबस ही उसे पढ़ने को आतुर हो, बल्कि बाध्य हो जाए।

इस पूरे परिप्रेक्ष में हम पाते हैं कि गद्य की अन्य विधाओं की अपेक्षा फ़ीचर लेखन एक जिम्मेदार, अतिरिक्त सजगता की अपेक्षा रखनेवाला ललित और लोकप्रिय कर्म है। यह 'ड्राइंगरूम' में बैठ कर लिखने की विधा नहीं है, जीवन और जगत् के महाभारत से जुड़ कर प्राप्त जीवनानुभवों को दृश्यमूलक शब्दों में बांधने, जांचने-परखने और समाज के साथ उन पर सार्थक बहस करने के लिए प्रस्तुत की गई विधा है। इस विधा में जीवन से साक्षात्कार तो होता ही है, इतिहास के खण्डहरों में भी एक नया आश्चर्य लोक खुलता है। यह विधा इतिहास को वर्तमान और भविष्य से जोड़ती है। या फिर कहें कि 'त्रिकाल बोधक' है।

B-4 (4) संपादकीय और भूमिका

संपादित ग्रंथों अथवा साहित्यिक पत्र-पत्रिकाओं के संपादकीय और भूमिका को भी एक विधा का दर्जा देने की आवश्यकता है। यद्यपि यह टिप्पणी, लेख आदि किसी रूप में हो सकती हैं, समीक्षा अथवा निबन्धों के निकट हो सकती हैं, लेकिन उनसे अलग विधा हैं। कोई लेखक स्वयं अपनी कृति की भूमिका लिख सकता है। ऐसी स्थिति में कई बार वह आत्मकथ्य के अधिक निकट होगी या रचना-प्रक्रिया के। कोई अन्य अधिकारी विद्वान्, मित्र अथवा सम्मानित रचनाकार लिख सकता है। ऐसे में वह भूमिका समालोचनात्मक, आशीर्वचनात्मक अथवा अनुसन्धानपरक प्रकृति की होगी।

संपादकीय और भूमिका दोनों में ही उसके लेखक का चिन्तन, व्यक्तित्व, विचार-धारा और दृष्टिकोण मुखर होता है। पत्र-पत्रिकाओं के सम्पादकीय विभिन्न अंकों में विभिन्न विषयों और समस्याओं पर सम्पादक के विचार एवं दृष्टिकोण सामने रखते हैं। ये एक अंक की विषय-सामग्री पर भी केन्द्रित हो सकते हैं, स्वतंत्र विषय पर भी। कई बार एक ही समस्या पर धारावाहिक रूप में क्रमशः भी चल सकते हैं।

पुस्तकीय भूमिकाओं में प्रायः पुस्तक की विषयवस्तु से सम्बद्ध आलेख रहता है। इन्हें विशेष रूप से किसी अधिकारी विद्वान्-द्वारा लिखवाया जाता है।

संपादकीय का स्वरूप एवं विशेषताएं

"सम्पादकीय" का अर्थ है—संपादक-द्वारा स्वयं लिखी हुई सामग्री। संपादक-द्वारा पत्र-पत्रिका अथवा संपादित पुस्तक के आरम्भ में लिखी हुई टिप्पणी या आलेख को "संपादकीय"कहा जाता है।

संपादकीय की कुछ विशेषताएं निम्नवत् हैं -

(1) संपादकीय किसी पत्र-पत्रिका या कृति के सम्पादक-द्वारा लिखी हुई टिप्पणी है।

(2) इसमें संपादक के विचार, दृष्टिकोण, मत और प्रतिक्रियाएं व्यक्त की जाती हैं।

(3) इसमें तर्क-वितर्क, विश्लेषण और स्थापनाएं निहित रहती हैं।

(4) किसी एक समस्या अथवा कई समस्याओं पर भी संपादक अपना दृष्टिकोण सामने रख सकता है।

(5) संपादित कृतियों के संपादक प्रायः उस कृति के उद्देश्य, उसमें निहित विषय-सामग्री आदि बातों को केन्द्र में रख कर अपनी बात करता है।

(6) प्रायः संपादकीय अपने पाठकों से संवाद करने के लिए लिखा जाता है। इसलिए उसमें आत्मीयता होती है, रोचकता और नाटकीयता का समावेश भी किया जा सकता है।

(7) संपादकीय में विचार, क्रमबद्ध रूप में रखे जाते हैं और संपादक का यत्न रहता है कि वह

अपने पाठकों को अपने विचार, अपनी धारणा, स्थापना अथवा मत पूरी तरह समझा सके।

(8) अच्छे संपादकीय पाठकों को जाग्रत करते हैं, उन्हें उत्तेजित करते हैं, समस्याओं से जूझने-टकराने के लिए तैयार करते हैं, वास्तविकता को परिचित कराते हैं।

(9) संपादकीय किसी भी शैली में लिखे जा सकते हैं। यथा-पत्र शैली में, निबन्ध शैली में, कविता के रूप में, गद्य-गीत रूप में।

(10) संपादकीय में संपादक का व्यक्तित्व निबन्ध में निहित व्यक्तित्व की भांति प्रभावी रहता है। साथ ही पत्र-पत्रिका की नीतियां, विचार-धारा, कृति की विषय-वस्तु आदि को भी प्रकट किया जाता है। अतः हम किसी संपादकीय को संपादक तथा पत्र-पत्रिका अथवा कृति दोनों के व्यक्तित्व का दर्पण कह सकते हैं।

इस आधार पर कहा जा सकता है, *"संपादकीय वह कथेतर गद्य विधा है, जिसमें किसी पत्र-पत्रिका अथवा कृति के संपादक के स्वतंत्र विचार, दृष्टिकोण, प्रतिक्रियाएं, मान्यताएं, श्रृंखलाबद्ध रूप में निहित होती हैं। प्रायः संपादकीय सम्बन्धित पत्र-पत्रिका अथवा कृति की विषयवस्तु, उद्देश्य, नीतियों आदि की ओर संकेत करते हैं और पाठकों से संवाद स्थापित कर उन्हें जागरूक बनाते हैं।"*

"भूमिका" का स्वरूप तथा विशेषताएं

"भूमिका" का अर्थ है : स्थान या भूमि। किसी प्रकार की रचना। कोई ऐसा आधार जिस पर कोई चीज आश्रित या स्थित हो। पृष्ठभूमि (बैक ग्राउंड)। किसी ग्रंथ के आरम्भ में लेखक का वह वक्तव्य जिसमें उस ग्रंथ से सम्बन्ध रखने वाली आवश्यक तथा ज्ञातव्य बातों का उल्लेख होता है। इसे आमुख/मुखबन्ध (प्रीफेस) भी कह सकते हैं।

सामान्यतः कोई महत्त्वपूर्ण बात कहने से पहले कही जाने वाली वे बातें "भूमिका" कहलाती हैं, जिनके फलस्वरूप उस महत्त्वपूर्ण बात का उपर्युक्त परिणाम या फल होता या हो सकता है। इसीलिए किसी बात की "भूमिका बांधना" या "भूमिका बनाना" मुहावरा प्रचलित है, जिसका आशय है कुछ कहने से पहले उसे प्रभावशाली बनाने के लिए कुछ बातें कहना।

किसी ग्रंथ के आरम्भ में दी गई "भूमिका" यही काम करती है। अतः एक नवविकसित, नव-परिगणित, साहित्यिक विधा के रूप में "भूमिका" उस गद्य-रूप को कहेंगे, जिसमें कोई ग्रंथ-लेखक उस ग्रंथ में समेटे गए विषय पर हमारा ध्यान आकर्षित करने के लिए महत्त्वपूर्ण बातें कहता है।

ये महत्त्वपूर्ण बातें लेखक प्रायः स्वयं ही कहता है, लेकिन कुछ लेखक उस विषय पर किसी अधिकारी विद्वान् से भी "भूमिका" लिखवाते हैं। इसके मूल में पुस्तक की महत्ता बढ़ाने की भावना सक्रिय रहती है।

"भूमिका" की सामान्य उल्लेखनीय विशेषताएं हैं -

(1) "भूमिका" में सम्बन्धित कृति के विविध पक्षों पर महत्त्वपूर्ण तथ्य रेखांकित किए जाते हैं

(2) भूमिका पाठ्कों का ध्यान आकर्षित करने के लिए दी जाती हैं।

(3) इसमें लेखक की स्थापनाएं, रचना-प्रक्रिया, परिस्थितियों और चयनित विषय पर ठोस विचार निहित रहते हैं।

(4) विषय पर सीधे उतरने से पहले "भूमिका" दी जाती है, ताकि पाठ्क अपने-आपको मानसिक रूप से उस विषय के लिए तैयार कर सके।

(5) "भूमिका" में कृति की विषयवस्तु से जुड़ी वे आवश्यक बातें संकलित रहती हैं, जो विषयवस्तु को समझने में सहायक होती हैं। इस दृष्टि से भूमिका सहायक सामग्री का भी काम करती हैं।

(6) अन्य व्यक्तियों से लिखाई गई भूमिका प्रायः आशीर्वचन, प्रशंसा, महत्त्व रेखांकित कराने की इच्छा व्यक्त करती हैं। यह महत्त्व-रेखांकन लेखक का भी हो सकता है और कृति का, उसकी विषय-वस्तु का भी।

(7) अन्य व्यक्तियों से लिखाई गई भूमिका कई बार ऐसी भी होती है, जिसमें उस कृति की विषय-वस्तु की समीक्षा की जाती है अथवा उस विषय पर सम्पन्न हो चुके कार्य की जानकारी देते हुए उसके विकास-क्रम में उस पुस्तक के स्थान, महत्त्व, मौलिकता आदि को रेखांकित करने वाली भी।

(8) भूमिका में भूमिका-लेखक का व्यक्तित्व मुखर होता है।

(9) भूमिका प्रायः "निबन्ध" के रूप में होती है, लेकिन यह कोई अनिवार्य शर्त नहीं है।

(10) कृतिकार द्वारा लिखी गई भूमिका में प्रायः कृतज्ञता-ज्ञापन भी होता है।

समग्रतः "भूमिका" एक साहित्यिक विधा के रूप में वह कथेतर गद्य रूप है, जो किसी कृति की प्रस्तावना, उस कृति की उपादेयता, उद्देश्य आदि पर प्रकाश डालते हुए भूमिका-लेखक की विचारधारा, मान्यता, दृष्टिकोण आदि को रेखांकित करता है। कई बार इसमें कृतज्ञता-ज्ञापन, पूर्ववर्ती कार्य और मौलिकता, आशीर्वचन एवं मंगलकामना के भाव भी रहते हैं।"

संपादकीय तथा भूमिका के रचना-तत्त्व

"संपादकीय" तथा "भूमिका" के निम्नलिखित विधायक-तत्त्व निर्धारित किए जा सकते हैं

(1) लेखकीय व्यक्तित्व, (2) विचार-श्रृंखला, (3) निजी दृष्टिकोण और प्रतिक्रियाएं। इन रचना तत्त्वों के कारण ये विधाएं निबन्ध के अधिक निकट पड़ती हैं। इनमें वस्तुनिष्ठता और व्यक्तिनिष्ठ का अद्‌भुत समन्वय होता है।

सम्पादकीय और भूमिका के समानान्तर ही हम एक और विधा देख सकते हैं, वह है "**टिप्पणी**"। यों टिप्पणी एक तरह से लघु निबन्ध ही है, लेकिन "सम्मादकीय" के साथ या "भूमिका" के साथ जुड़ जाने पर वह "सम्पादकीय-टिप्पणी" या "भूमिका" में ही अंगीकार कर ली जाती है। टिप्पणी-लेखन भी लेखक की अपनी निजी मान्यताओं, निजी दृष्टिकोण और प्रतिक्रियाओं की अभिव्यक्ति है। इसलिए हमने स्वतंत्र रूप से इसे नई "विधा" का दर्जा नहीं दिया है। यह "संपादकीय" के अधिक निकट है।

अन्त में

अंत में

कथेतर गद्य : कुछ सवाल

'कथेतर' गद्य 'मुक्त' गद्य है। ऐसा कहने से हमारा आशय यह नहीं है कि इनका शिल्प बिखरा हुआ है अथवा ये विधाएं साहित्यिकता से मुक्त हैं! मुक्त 'कथेतर' बल्कि गद्य रूप का तात्पर्य गद्य में सृजित उन साहित्यिक विधाओं से है, जिनमें व्यापक प्रबंधात्मक कथा परिवेश नहीं बुना गया होता। यह धर्म तो कथा-वर्ग के महाप्रबन्ध गद्य–*उपन्यास* विधा का है, जिसमें मानव-जीवन का व्यापक अंकन होता है। इन गद्य रूपों में खण्ड प्रबन्ध कथात्मक गद्य रूप–*कहानी* से निकटता अवश्य दीख पड़ती है, किन्तु जिन कथेतर मुक्त गद्य रूपों; (विशेषतः रेखाचित्र, संस्मरण) में कहानी से निकटता दिखाई देती है, वह रचाव तथा प्रभाव की दृष्टि से दूर हो जाती है। मुख्य रूप से रेखाचित्र में चित्रोपमता अनिवार्य है और उसमें कहानी की अपेक्षा स्थिरता रहती है। कहानी गत्यात्मक विधा है, साथ ही कहानी के अन्दर विषय की एकात्मकता नहीं होती। उल्टे इधर कहानियां-सी दिखने वाली कई रचनाएं रेखाचित्र के अधिक निकट हैं, कहानी के बहुत कम। अन्य गद्य विधाएं–संस्मरण, यात्रावृत्तान्त, रिपोर्ताज, फ़ीचर, साक्षात्कार, डायरी, पत्र आदि बिल्कुल अलग व्यक्तित्व रखती हैं।

कई बार प्रश्न उठाया जाता है कि इन 'कथेतर मुक्त गद्य रूपों' को (जिन्हें 'नवीन गद्य विधाएं' कहा जाता है) स्वतंत्र विधाओं का दर्जा दिया जाए अथवा नहीं? दूसरे शब्दों में इन गद्य रूपों को 'साहित्य' अर्थात् सर्जनात्मक साहित्य की श्रेणी में रखा जाए या नहीं? कुछ गद्य रूप स्वतंत्र विधाओं का दर्जा पा चुके हैं, लेकिन कुछ को अभी प्रतीक्षा है। इस दृष्टि से देखें तो–जीवनी, संस्मरण, रेखाचित्र, गद्य-गीत को स्वतंत्र विधाओं की मान्यता मिल चुकी है। साक्षात्कार, पत्र, यात्रावृत्तान्त, रिपोर्ताज को कम ही आलोचक साहित्य की विधाओं में गिनते हैं। फ़ीचर, परिचर्चा, सम्पादकीय और भूमिका को साहित्य की विधाओं का दर्जा अभी तक नहीं दिया गया। इतना ही नहीं 'रिपोर्ताज' बलपूर्वक पत्रकारिता से साहित्य में आई विधा है, जबकि फ़ीचर, परिचर्चा और संपादकीय अभी तक विशुद्ध पत्रकारिता की विधाएं बनी हुई है! हमें निष्पक्ष होकर, पूर्वग्रहों को छोड़ कर इस स्थिति पर विचार करना होगा। गद्य की विधाओं के अध्ययन-क्रम में हम उपन्यास, कहानी और निबन्ध से आगे नहीं बढ़ना चाहते। बहुत हुआ तो रेखाचित्र, सस्मरण, रिपोर्ताज और जीवनी तक। बस। हमें यह जड़ता छोड़नी पड़ेगी।

इसी से जुड़ा एक गम्भीर सवाल यह है कि इन गद्य-विधाओं में रचनात्मक क्षरण दिखाई दे रहा

है। समकालीन युवा लेखक इन गद्य-विधाओं में सृजन के प्रति उदासीन हैं। कभी रेखाचित्र, संस्मरण, जीवनी, यात्रावृत्तान्त, रिपोर्ताज, डायरी और पत्र-लेखन आदि नवीन गद्य-रूप साहित्य की बहुमूल्य थाती थी। इनकी प्रतिष्ठ कविता, कहानी और उपन्यास से किसी तरह कम नहीं थी। लेकिन आज इनकी क्या स्थिति है? या तो इन विधाओं में आज लिखा नहीं जाता या फिर उन लेखकों-द्वारा ही लिखा जाता रहा है, जिन्होंने अपने लेखन की शुरूआत चार-पांच दशक पहले की थी। इस स्थिति का कारण क्या है? हम सब को इस पर गहराई से विचार करना होगा।

हमारे विचार से इन रचना-रूपों का पतन हमारे गद्य का पतन है। हम अपने गद्य की शक्ति को या तो भूलते जा रहे हैं या उसे बिगाड़ते चले जा रहे हैं। यह बात यों ही किसी जुमले की तरह नहीं कही जा रही, एक सुविचारित तथ्य के रूप में सामने रखी जा रही है। 'गद्य-काव्य का निकष है और गद्य का निकष निबन्ध है,' आचार्य शुक्ल के इस कथन को हिन्दी गद्य के आरम्भिक दौर में प्रायः प्रत्येक रचनाकार अपना आदर्श मानता था। कोई माने या न माने, लेकिन यह सही है कि भाषा पर अधिकार गद्य-लेखन से ही आता है, विशेष रूप से ग़ैर कथात्मक गद्य-लेखन से। इसका कारण यह है कि इस तरह के गद्य-लेखन में रचनाकार को भाषा के साथ खिलवाड़ करने की स्वतंत्रता नहीं रहती। भाषा व्याकरण से बंधी रहती है। युवा समीक्षक *जवरीमल्ल पारख* ने इस स्थिति पर विचार करते हुए बहुत सही बात कही है (द्रष्टव्य : नवभारत टाइम्स, 8 अक्टूबर, 1989 अंक में इनकी टिप्पणी–लुप्त होते रेखाचित्र, संस्मरण और यात्रा लेखन)-गद्य की भाषा को लेखक दो ढंगों से रूपांतरित करता है। वह अत्यन्त प्रचलित और रूढ़ गद्य-भाषा को सर्जनात्मकता प्रदान करता है। दूसरे, इस सर्जनात्मक भाषा में वैयक्तिक विशिष्टता का गुण भी भरता है। ऐसा करते हुए वह भाषा को कलात्मक उत्कर्षता प्रदान करता है। यह आकस्मिक नहीं है कि आधुनिक युग के प्रायः सभी श्रेष्ठ कवियों ने श्रेष्ठ गद्य की भी सर्जना की है। कथेतर कथा-मुक्त (गैर कथात्मक) गद्य-लेखन की यह परम्परा छठे दशक के बाद धीमी पड़नी शुरू हो गई। अकविता और अकहानी के कवियों-लेखकों में गद्य-लेखन के प्रति पहले जैसा आकर्षण न रहा। शायद इसका कारण बदलती परिस्थितियों में निहित था। गद्य की इन विधाओं के लेखन के लिए जितनी अनुकूल परिस्थितियां चौथे-पांचवें दशक में थीं, वे बाद में कभी भी नहीं रहीं।

हिन्दी गद्य की शुरूआत बहुत पुरानी नहीं है। भारतेन्दु युग (1870-1900) से खड़ी बोली गद्य के निर्माण की जो प्रक्रिया शुरू हुई थी, वह तीसरे दशक तक आते-आते ठोस और प्रौढ़ आकार ग्रहण कर चुकी थी। अब हिन्दी गद्य में जीवन के नए-नए अनुभवों और ज्ञान के नए-नए क्षेत्रों को व्यक्त करने की क्षमता हासिल हो चुकी थी। इसके साथ-साथ नई-नई विधाओं का उदय हो रहा था। भाषा भी समृद्ध और परिनिष्ठित होती जा रही थी। इसी दौर में सबसे अधिक रेखाचित्र, संस्मरण, यात्रा-लेखन, रिपोर्ताज

आदि लिखे गए। यह प्रक्रिया छठे दशक तक आते-आते धीमी पड़ने लगी। स्वतंत्रता-प्राप्ति के एक दशक बाद ही मध्य वर्ग का मोह भंग होने लगा। आशा और उत्साह की जगह अब हताशा और कुण्ठा नजर आने लगी। ज्ञान और अनुभव के नए क्षेत्र तो खुल रहे थे, लेकिन रचनाकार के लिए सभी दरवाजे बन्द हो गए थे। जीवन इतनी तेजी से बदल रहा था कि मध्य वर्ग का रचनाकार हतप्रभ-सा एक तरफ खड़ा रह गया था। छठे-सातवें दशक की रचनाओं में मध्य वर्ग की इस असहाय स्थिति को आसानी से देखा और समझा जा सकता है। अपने में ही सिकुड़ता जा रहा रचनाकार जीवन को उसकी पूर्णता में कैसे ग्रहण करता?

कुछ वर्ष पहले *रघुवीर सहाय* ने गद्य के इस पतन पर गहरी चिन्ता प्रकट करते हुए सार्थक टिप्पणी की थी (देखें : जनसत्ता, 3 जनवरी, 1988 अंक में उनका लेख 'गद्य में होती है आजादी की पहचान'।) उन्होंने कहा था, "आज गद्य की ताक़त को बिसरा देने का या नहीं तो बिगाड़ देने का ख़तरा बढ़ रहा है। शायद जो ख़तरा बढ़ रहा है, वह गद्य को बिसराने या बिगाड़ने का नहीं, अपाहिज करके जिलाए रखने का है और यह पहले वाले दोनों खतरों से ज्यदा बड़ा है। आख़िरकार गद्य वही विधा है जो आनन-फानन में हमें अपने प्रतिरूप मनुष्य की खबर देती हैं और भाषा के अनेक इस्तेमालों के बीच से साक्षर और निरक्षर दोनों के इस्तेमाल चुनती है जो स्वाधीनता के मूल्यों को जीवित रखने में मांगने पर मदद देता है। xxx यहां लोकतन्त्र और गद्य के रिश्ते की बहुत सी बारीकियों में न जाकर एक तथ्य की ओर ध्यान दिलाना काफी होगा। 1947 के बाद के चालीस वर्षों का मूल्यांकन करते हुए यदि हम गद्य की यात्रा का स्मरण करें तो क्या हम और कुछ नहीं अपनी चालीस वर्ष पुरानी आजादी के स्वभाव और चरित्र का विश्लेषण नहीं कर रहे होंगे? गद्य की हालत क्या हैं–यह देखने से झलक जाएगा कि स्वाधीनता की हालत क्या है। पता चल जाएगा कि जनता की आकांक्षा और पीड़ा व्यक्त करने की भाषा में जीवन की नई चुनौतियां समझनें और बताने की शक्ति क्या है और उसी के अनुसार उसमें विविधता और स्वतंत्रता कितनी है, यह आजादी की पहचान होगी।"

स्वतंत्रता के बाद के गद्य को उपर्युक्त सन्दर्भों में जांचने का निमंत्रण हमारे सामने है। समूचे गद्य को छोड़ हम नई गद्य विधाओं के गद्य को ही जांच लें। क्या इन विधाओं में यथार्थ से टकराने, रागात्मक घात-प्रतिघात से कोई राजनीतिक सजगता देने की चेष्टा दिखाई देती है? और हमारे गद्य लेखन से साहित्यिक भाषा का जो संस्कार हो रहा है, क्या वह समाज को भी मिल रहा है?

गद्य-भाषा के पतन पर *निर्मल वर्मा* की चिन्ता भी उल्लेख करने योग्य है (द्रष्टव्य–शब्द और स्मृति, पृष्ठ 81)। वे लिखते हैं, "पिछले दशक में गद्य किस तरह अपनी गरिमा खोता गया है, यह अपने में एक आश्चर्यजनक घटना है। यह भयनाक घटना भी है। गद्य का ह्रास भाषा के अवमूल्यन के साथ

जुड़ा है और उसका सीधा असर साहित्य की उन विधाओं पर पड़ता है–रिपोर्ताज, निबन्ध, संपादकीय लेख–जिनका आइना अंतर्मुखी न होकर सीधे सपाट ढंग से हमारी-आपकी दैनिक जिन्दगी से होता है। अकाल, भूकम्प, और युद्ध की भयानकता को हम नंगी आंखों से देख सकते है, किन्तु भाषा किस खामोशी और कितने अदृश्य ढंग से ध्वस्त हो जाती है, इस ओर कम लोगों का ध्यान जाता है।"

निर्मल जी ने रेखांकित किया है कि 'गद्य के विकास में महज स्वतंत्र व्यक्तित्व ही काफी नहीं है', 'उस परिवेश का भी उससे गहरा सम्बन्ध है, जिसमें लेखक शब्दों के सम्पर्क में आता है।' वे इस निष्कर्ष पर पहुंचे हैं कि "टेलीविज़न और नैपाम बम की 'सभ्यता' शब्दों का उतना ही क्रूर ढंग से हनन करती है, जितनी वह व्यवस्था जो क्रान्ति और समाजवाद के शब्दों को खोखला करते हुए एक छोटे देश में टैंक भेजती है।"

रघुवीर सहाय निष्कर्ष निकालते हैं (वही लेख) कि, "भाषा पर दो बड़े-बड़े आक्रमण आजादी के चालीस वर्षों के भीतर हुए हैं। एक तो; एक सम्पर्क भाषा को शक्तिवान और शक्तिहीन वर्ग के बीच डाल दिया गया है। यह किसी हालत में भारतीय भाषा नहीं बन सकती। भारतीय लोग उसे सीख भले ही लें। इस आक्रमण के द्वारा जो ध्वंस पीढ़ी दर पीढ़ी हो रहा है, उसका विवरण और विश्लेषण यहां अभीष्ट भले ही हो, संभव नहीं है। इतना कहना काफी होगा कि एक गूंगा-बहरापन हिन्दी ही नहीं सभी भारतीय भाषाओं में पैठता जा रहा है। दूसरा आक्रमण भाषा के ध्वनि और दृश्य पर आश्रित माध्यम का संपूर्ण रूप से केन्द्रीयकरण करके उसे उन शक्तियों को सौंप देने से हुआ है, जिनके सामने भाषा का उद्देश्य अभिव्यक्त करना नहीं, मानव संवेदनाओं पर कब्जा करना है। कब्जा करके उनका इस्तेमाल वे फिलहाल प्रकटतः मनुष्य की शारीरिक और मानसिक जरूरतों को उस पर लादने के लिए कर रहे हैं, पर किसी वक्त यह उसकी राजनैतिक और आध्यात्मिक जरूरतों का भी नियमन करेंगे।"

लगभग यही चिन्ता अपनी अनेक टिप्पणियों में *सुधीश पचौरी* व्यक्त करते हैं। उनकी ये टिप्पणियां दूरदर्शन और हमारे समाज के हमारे साहित्य के सन्दर्भ में हैं। यहां इन पर विस्तार से लिखने का औचित्य नहीं है।

वस्तु स्थिति यह है कि रेखाचित्र, संस्मरण, रिपोर्ताज, फीचर आदि कथेतर गद्य विधाएं लेखक को अपने खोल से बाहर निकल कर अपने आसपास और दूर के यथार्थ से मुठ भेड़ करने को प्रेरित करती हैं। कविता और कहानी जैसी विधाओं में तो रचनाकार आत्मनिष्ठ तथा कल्पनाजीवी बना रह सकता है, लेकिन इन गद्य विधाओं में उसे 'स्व' के बाहर निकलना पड़ता है, उसे अपने आसपास के लोगों को, अपने परिवेश को, घटनाओं और सच्चाइयों को वस्तुगत रूप से देखना पड़ता है। सामाजिक वास्तविकताओं से दो-चार होना पड़ता हैं। यह निश्चय ही अधिक साहसिक काम है।

इन विधाओं में आई शिथिलता का कारण क्या यह मान लिया जाए कि आज का लेखक स्व-केन्द्रित, आत्मग्रस्त या अंतर्मुखी हो गया है? अथवा उसमें जीवन की वास्तविकताओं से टकराने का साहस नहीं है? या आज के रचनाकारों में जीवन के प्रति आशा, उत्साह और जागरूकता नहीं है? यह बात नहीं है। आज के रचनाकार जागरूक भी हैं, साहसी भी और जनोन्मुख। फिर? इसकी पड़ताल *जवरीमल्ल पारख* ने करते हुए ठीक ही कहा है (वहीं लेख, नवभारत टाइम्स) कि, "आज के अधिकांश रचनाकार प्रगतिशील और जनवादी विचारशीलता में विश्वास करते हैं। जनोन्मुखी और प्रगतिशील विचार दृष्टि के बावजूद यह सच्चाई है कि एक लम्बे समय तक रचनाकार को जीवन को उसकी संपूर्णता में ग्रहण करने की प्रेरणा नहीं मिली। वैचारिक पक्षधरता को संकुचित राजनीतिक अर्थों में ग्रहण किया गया। नए अनुभवों, नए विचारों, नई विधाओं और शैलियों को पनपने और आजमाने के अनुकूल वातावरण न बन सका। अब भी कविता और कहानी के क्षेत्र में जब कोई रचाकार नई भाव-भंगिमा और नई रचना-शैली लेकर आगे आता है तो उसके लेखन को आसानी से स्वीकृति नहीं मिलती, वरन् आधुनिकतावादी, पतनोन्मुख, कलावादी आदि कह कर तिरस्कृत किया जाता है। ऐसे माहौल में निश्चय ही रचनाकारों को किसी अप्रचलित विधा में रचना करने की प्रेरणा नहीं मिल सकती।''

इसी के समानान्तर एक तथ्य यह भी है कि आज के रचनाकार संभवतः इन रचना-रूपों की क्षमता और सफलता के प्रति स्वयं भी आश्वस्त नहीं हैं। शंकित हैं। उनमें आत्म विश्वास की कमी दिखाई देती है। प्रयोगधर्मी रचनाकारों को शायद यह भी लगता है कि इन विधाओं में प्रयोग की संभावनाएं नहीं है।

इस अविश्वास, आशंका और निरुत्साह का कोई ठोस कारण है नहीं। दरअसल ये विधाएं कुछ अतिरिक्त सजगता की मांग करती हैं। यथार्थ-बोध इन विधाओं का मुख्य आधार है, जिसके प्रति सजगता रचनाकार के लिए आवश्यक है। इनमें से अधिकांश विधाएं पत्रकारिता से जुड़ी हैं, अतः इनमें मानव-सम्बन्धों के ज़रिए नये मनुष्य के निर्माण की चिन्ता विद्यमान है। साहित्यकार और पत्रकार दोनों ही व्यक्तित्व इन विधाओं में एक लेखक की समान भूमि पर अवस्थित रहते हैं। इसलिए 'खबर' इन विधाओं में मुख्य न होकर, गोण होती है, मुख्य होती है नए समाज की कल्पना। घटनाओं के पीछे के सत्यों का उद्घाटन तथा उन्हें मानवीय सरोकारों से जोड़ने की दृष्टि इन विधाओं को समसामयिक सन्दर्भों में प्रासंगिकता प्रदान करती है। मानव जीवन में बहुत कुछ ऐसा होता है जो मात्र कविता, कहानी या उपन्यास में व्यक्त नहीं किया जा सकता। जीवन के ऐसे अनुभव जिन्हें अधिक आत्मीयता और संवेदनशीलता के साथ प्रस्तुत करने की आवश्यकता होती है, उन्हें हम इन नवीन गद्य- विधाओं में प्रस्तुत कर सकते हैं। जीवन के अनेक पक्ष ऐसे होते या हो सकते हैं जिन पर सिर्फ शास्त्रीय दृष्टि से विचार करना पर्याप्त नहीं

होता, उनके लिए निबन्ध विधा छोटी रह जाती है। एक समाजशास्त्री, वैज्ञानिक, इतिहासकार या पत्रकार किसी घटना या वस्तु, स्थान या समस्या का अधिक बारीकी से विश्लेषण कर सकता है, लेकिन एक साहित्यकार उसके कई ऐसे आयाम खोज लाएगा, जो उस घटना, वस्तु, स्थान या समस्या को मानवीय अर्थवत्ता प्रदान कर सकें; उस सामान्य से जीवन-अनुभव को सौन्दर्यानुभव में बदल सकें। कहना न होगा कि ये नई गद्य-विधाएं सामान्य जीवनानुभव को सौन्दर्यानुभव में बदल कर सामने लाती है। इस प्रक्रिया में लेखक की संवेदना और दृष्टि अधिक मानवीय तथा व्यापक बन जाती है। यथार्थ के साथ वह जो रिश्ता कायम करता है, उसकी ऊर्जा और आर्द्रता सीधे पाठ्कों के हृदय तक पहुँचती है। पाठ्क रचना में उसका सहयात्री बनता है। इसी सन्दर्भ में *रघुवीर सहाय* के शब्द याद आते हैं। वे कहते हैं, "वास्तविकताओं के परस्पर सम्बन्ध को नये सिरे से सजाकर साहित्यकार जब एक नये संसार की सृष्टि करता है, तों एक नया संभव यथार्थ होता है। पत्रकार के लिए यथार्थ वहीं है, जो संभव हो चुका हो; साहित्यकार के लिए वह है, जो संभव हो सकता हो। पर दोनों यदि घटनाओं के भीतर छिपे अर्थ नहीं खोजते तो दोनों असफल रहते हैं। जो पत्रकार निरी सूचनाएं जमा कर के उन्हें सजा देता हैं, वह उसी कहानीकार या कवि के समान असफल है जो निरी भावनाएं जमाकर उन्हें सजा देता है। जिस हद तक ये दोनों लेखक घटनाओं के भीतर मानव-सम्बन्ध के बदलते रूप देखते हैं, उस हद तक एक-दूसरे के निकट आते हैं।" (वही लेख, जनसत्ता)। यहां सवाल साहित्यकार और पत्रकार को अलग देखने की दृष्टि का है। साहित्यकार वे भी हैं, जो रोजी केलिए अखबारों में नौकरी करते हैं। यहां उनके लेखन से तात्पर्य है (खासतौर से रिपोर्ताज, यात्रावृत्तान्त, संपादकीय तथा फीचर-लेखन से)। ये विधाएं अन्य प्रकार के साहित्य-लेखन से थोड़ा हट कर पत्रकारिता की मुहंताज भी हैं। इन्हें वे घटनाएं, वे खबरें और सामाजिक, राजनीतिक औजार चाहिए, जो इन विधाओं को सघनता देते हैं। हमारी चिन्ता यह है कि इस तथ्य के परिज्ञान के अभाव में, इस ओर ध्यान न देकर हमारे नवीन रचनाकार इन औजारों के इस्तेमाल के सही ढंग नहीं अपनाते।

इसी क्रम में हमारा ध्यान जाता है *'इतिहास-बोध'* पर। गद्य की इन नवीन विधाओं में इतिहास-बोध कई बार आवश्यक होता है। कुछ विधाओं में तो समकालीन समाज, लोक-संवेदना और इतिहास का समृद्ध संसार चाहिए, जिसके बिना काम नहीं चल सकता। लेकिन, जीवन की द्रुततर गति के चलते हमें न तो इतिहास लिखने का उचित समय मिलता है और न इतिहास पढ़ने का हमारे अन्दर धैर्य होता है। हम ऐतिहासिक सर्वेक्षण से काम चला लेना चाहते हैं। तथ्यों, सूचनाओं, समाचारों या निरी जानकारियों से परे, उनके नीचे जीवन के अंतः-स्पन्दन का अधूरा बोध इन रचनाओं को निष्प्रभावी बना देता है। जीवनीपरक कथेतर गद्य-रूपों; विशेषतः 'जीवनी' विधा को ही लें। अच्छी जीवनियां दुलर्भ क्यों हैं? इसका

मूल कारण है ऐतिहासिक तथ्यों और ऐतिहासिक सामग्री के प्रति हमारे अन्दर अभी तक एक गहरी उदासीनता का भाव है। जैसा कि *अज्ञेय* ने कहा है, (द्रष्टव्य : समकालीन भारतीय साहित्य, जनवरी-मार्च, 1987, पृष्ठ -88) "हमारी शिक्षा-पद्धति नें पश्चिम की अवधारणाएं और परिभाषाएँ तो अपना ली हैं, शोध-पद्धतियां भी वहीं हैं: लेकिन आधार-सामग्री के प्रति उदासीनता हमारी अपनी हैं। किसी ऐतिहासिक पुरुष के हमारे बीच से उठते ही उसका जीवन-चरित्र किवंदंतियों और प्रवादों और संस्मरणात्मक चुटकुलों के कुहासे में यों लपेट दिया जाता है कि कुछ ही दिनों में पहचान असम्भव हो जाती है: दूसरी ओर तथ्यों की खोज और प्रतिष्ठापना के लिए जो आधार-सामग्री अपेक्षित होती हैं, उसे नष्ट हो जाने दिया जाता है।"

यहीं बात आती है 'आत्मकथा' की। एक विशिष्ट जीवन की महत्त्वपूर्ण घटनाओं को उनके विशुद्ध चमकीले पारदर्शी रूप में इस प्रकार प्रस्तुत करना कि लेखक की अहंमन्यता का प्रभाव निरस्त हो जाए, आत्मकथा लेखन की बुनियादी शर्त है। ऐसे में झूठ से बचना बड़ा कठिन हो जाता है। 'निजी' और 'आभ्यन्तर' सच की विनम्र अभिव्यक्ति कभी-कभी छद्म का शिकार हो जाती है। परिणाम प्रायः यह होता है कि व्यक्तित्व-खण्डित रचनाएं ही सामने आ पाती हैं। जिस ईमानदारी और समझदारी की आवश्यकता इस विधा के लिए अनिवार्य है, आज वह कितनों के पास हैं? यही घेरा अपने भीतर अन्य जीवनीपरक कथेतर विधाओं–जीवनी, रेखाचित्र, संस्मरण, डायरी आदि को भी समेट लेता है। हमारे पूर्वग्रह बार-बार सच और झूठ के बीच की विभाजक रेखा मिटाते रहते हैं। संस्मरणों में मनघड़न्त चुटकुलों की घुसपैठ और रेखाचित्रों में चरित्र-चित्रण की फन्तासियों का संसार इन विधाओं का मूल चरित्र बिगाड़ देता है।

तो गद्य के इन कथेतर मुक्त रूपों के प्रति हमें नए सिरे से सोचना चाहिए। उनका स्वरूपगत चरित्र समझना चाहिए। उनके प्रति आते जा रहे उदासीनता के भाव की पड़ताल करनी चाहिए। उन कारणों पर ध्यान देना चाहिए, जिनके चलते ये विधाएं लगभग ठहर चुकी हैं या अपनी सार्थकता नहीं रच पाई हैं। जिन कथेतर विधाओं में गद्य का मुक्त रूप, खुलापन, गरिमा और विनम्रता, मानवीय सरोकार आदि का अभाव दिखाई देता है, उस पर ठीक से ध्यान देना होगा। सवाल यही है कि क्या हमारा आज का यथार्थ इन विधाओं के अनुकूल नहीं है? क्या ये विधाएं उपर्युक्त दृष्टि से चुक गई हैं? ऐसा नहीं है। हां, इतना हो सकता है कि इनका ठीक उसी रूप में इस्तेमाल नहीं हो पा रहा, जिस रूप में चौथे-पांचवें दशक में किया गया था। यह विश्वास करने की और जगाने की आवश्यकता अवश्य है कि न तो ये विधाएं निरर्थक हो चली हैं, न इनका कोष बिल्कुल रिक्त है। जो रचनाएं यदा-कदा सामने आ रही हैं, उनके सही मूल्यांकन की आवश्यकता है। इन विधाओं के रचनात्मक स्वरूप को समझने की जरूरत है। उनकी दुर्बलताओं को समझ कर, उनमें नई हरकत लाने की चेष्टा की जानी चाहिए। हमें ध्यान देना चाहिए कि भारतेन्दु-युग से द्विवेदी-काल तक का हिन्दी गद्य एक संघर्षरत परम्परा का क्रमगत विकास है। *निर्मल वर्मा* के अनुसार,

उसमें पश्चिमी गद्य का सघन और बहुमुखी अहसास न भी हो–वह एक साहसपूर्ण, साफ, लागलपेट से मुक्त, निश्छल गद्य था, जिससे जुड़ने का मतलब ही एक लड़ाकू परम्परा से जुड़ना था। और आज? "आज अखबार का सूचनात्मक गद्य जैसे रचना-क्षेत्र पर छाया हुआ है, या फिर एक दूसरे तरह का गद्य लालित्य के छौंक से बनता है–फीके इतिवृत्त और बलात् लालित्य के बीच साधारण सामान्य अच्छा गद्य दुर्लभ है।" (रामस्वरूप चतुर्वेदी , 'गद्य की सत्ता')। इस अच्छे गद्य की मांग और जरूरत नवीन गद्य विधाओं में नवीनता लाने से पूरी होगी। इन विधाओं की रचना-शक्ति को पहचान कर अपने लिए उन्हें इस्तेमाल करने का योग करना होगा। जागरूकता के साथ यथार्थ को समग्रता से समझाना होगा और उससे टकराना होगा। परिवेश को जानना होगा। उस परिवेश में विकसित भाषा के चरित्र को देखना होगा। यह भाषा गद्य की ताकत को बढ़ाए, ऐसा प्रयास करना होगा। भ्रष्ट भाषा में लिखे गद्य को अपाहिज करके जिलाए रखने से उत्पन्न खतरे से सावधान होना होगा। समर्थ कभी अपनी दुर्बलताओं को पहचानने से नहीं कतराता, बल्कि पहचान कर ही मजबूत बनने का उपक्रम करता हैं। यही विकास का सूत्र है।

इन नयी गद्य विधाओं का अपना तन्त्र है, उस तन्त्र को समझकर ही कुछ किया जा सकता है। घेरों को तोड़ कर प्रयोग की संभावनाओं को टटोलना चाहिए। अन्यथा हमारा यह मुक्त गद्य पूर्ण रूप से विकसित होने से पहले ही मुरझा जाएगा! जो प्रयास इस दिशा में हुए हैं, उन्हें आगे बढ़ाने की आवश्यकता है। ताकि हमारा यह गद्य समृद्ध हो सके।

❑❑❑❑